地球の歩き方 J10 ● 2024～2025年版

# 愛知
# Aichi

●地球の歩き方編集室●

とこにゃん（常滑市／P.321）

AICHI  CONTENTS

## エリアガイドの見方

人口は令和2年国勢調査（2020年10月1日現在）の数値、面積は国土地理院令和4年全国都道府県市区町村別面積調（2022年10月1日時点）のデータです。

歴史ある文化財とテーマパークが集まる
いぬやまし
犬山市
エリアの基本情報
人口 73,090人（24位）
面積 74.90㎢（17位）
市の花 サクラ
市の木 カナメモチ
市制施行日：
昭和29（1954）年4月1日
ひみつきち

犬山城のおひざ元に広がる城下町のメインストリート・本町通り。電線を地中化するなどして歴史的景観を保護している

**日進市はどえりゃあすごいがね！**

**日本唯一！ドライブスルー公衆電話**

車に乗ったまま電話がかけられる公衆電話。日本にここだけしかないため、話のネタに行ってみる価値あり。日進市役所の近くにある。

各市町村が誇るご当地自慢をピックアップして紹介しています。

市町村章とその由来を紹介しています。

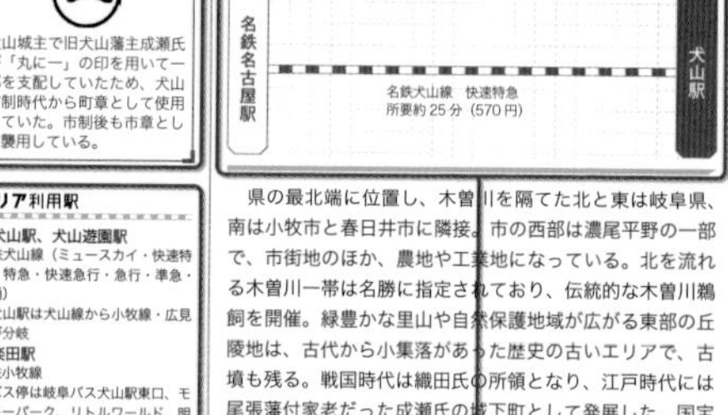

市章
犬山城主で旧犬山藩主成瀬氏が「丸に一」の印を用いて一郡を支配していたため、犬山町制時代から町章として使用していた。市制後も市章として襲用している。
犬山市への行き方
名鉄名古屋駅
犬山駅
名鉄犬山線 快速特急
所要約25分（570円）


エリアや市町村でおもに利用する駅を示しています。

**エリア利用駅**

◎犬山駅、犬山遊園駅
名鉄犬山線（ミュースカイ・快速特急・特急・快速急行・急行・準急・普通）
※犬山駅は犬山線から小牧線・広見線が分岐

◎楽田駅
名鉄小牧線
※バス停は岐阜バス犬山駅東口、モンキーパーク、リトルワールド、明治村、犬山市コミュニティバス犬山駅東口、寂光院口を利用

犬山市観光協会
inuyama.gr.jp

県の最北端に位置し、木曽川を隔てた北と東は岐阜県、南は小牧市と春日井市に隣接。市の西部は濃尾平野の一部で、市街地のほか、農地や工業地になっている。北を流れる木曽川一帯は名勝に指定されており、伝統的な木曽川鵜飼を開催。緑豊かな里山や自然保護地域が広がる東部の丘陵地は、古代から小集落があった歴史の古いエリアで、古墳も残る。戦国時代は織田氏の所領となり、江戸時代には尾張藩付家老だった成瀬氏の城下町として発展した。国宝犬山城とともに、当時の町割りが現在も見られる。地名の由来には諸説あり、古くは犬を用いて狩猟をするのによい場所であったためとされる。ほかにも、小野山から転じた説や大荒田命から転じた説も。

原則として名古屋駅から鉄道を利用した場合の行き方とおよその所要時間、運賃の目安を示しています。駅によっては複数の行き方があり、所要時間や運賃はさまざまです。あくまで一例としてご利用ください。

166 info 犬山は「串物の町」？ 明治時代から愛されてきた串物「でんがく」や「五平餅」は、犬山の名物料理。ほかにも、ジューシーな肉汁の「串かつ」、奇抜な食材や調理法の「進化系串料理」など、新たな串料理も登場している。

本文で紹介できなかった補足情報やクチコミなどを紹介しています。

## データ欄の記号

 観光スポット

 体験

 買う

 食べる

MAP 別冊P.5-A1
別冊地図上の位置を表示

住 住所
TEL 電話番号
営 開 営業時間または開館時間
休 定休日
決まった定休日がない場合は不定休。年末年始や臨時の休日については基本記載していない

料 料金（税込）
CC 利用できるクレジットカード
A アメックス
D ダイナース
J JCB
M マスターカード
V ビザカード
P 駐車場の有無

## 地図の記号

**本誌掲載物件**

体験
見どころ
グルメ・カフェ・喫茶店
ショップ
ホテル・旅館
道の駅
000 掲載ページ

**コンビニエンスストア**

セブン-イレブン　ローソン
ファミリーマート

**ファストフード**

マクドナルド　KFC ケンタッキーフライドチキン
モスバーガー

**カフェ**

ドトール
スターバックス コーヒー

**ローカルアイコン**

コメダ珈琲店　Sugakiya スガキヤ
コンパル

**記号**

愛知県庁　◎ 市区役所・町村役場
宿泊施設　学校　郵便局
警察署／交番　消防署
銀行　卍 寺　⛩ 神社　病院
空港　▲ 山頂　信号
ガソリンスタンド

**鉄道**

新幹線　JR線
私鉄線

**道路**

高速・有料道路
51 国道
24 県道・一般道

鉄道、バス、車を利用した場合の最寄り駅、停留所、ICと、駅・停留所・ICからのおよその所要時間
チェックインの時間
チェックアウトの時間
客室数
URL（http://、https://は省略）

## 号について

では原則的に年号表記を和暦暦）年と記載しています。

■本書の特徴

本書は、日帰り旅行から滞在型の旅まで、愛知県をじっくり楽しみたい方のためのガイドブックです。旅行者の方はもちろん、県民の方にも愛知の新たな魅力を発見していただけるよう情報を充実させるとともに、できるだけ使いやすいものを心がけて作りました。

■掲載情報のご利用に当たって

編集部では、できるだけ最新で正確な情報を掲載するように努めていますが、現地の規則や手続きなどがしばしば変更されたり、またその解釈に見解の相違が生じたりすることもあります。このような理由に基づく場合、または弊社に重大な過失がない場合は、本書を利用して生じた損失や不都合などについて、弊社は責任を負いかねますのでご了承ください。また、本書をお使いいただく際は、掲載されている情報やアドバイスがご自身の状況や立場に適しているか、すべてご自身の責任で判断のうえご利用ください。

■取材および調査期間

この本は令和5（2023）年1～5月の取材をもとに編集されています。記載の住所、料金などのデータは基本的にこの時点のものです。料金については原則として税込で表示、定休日についてはゴールデンウイーク、お盆休み、年末年始を省略しています。無休と記していてもこれらの期間は休日になる場合がありますのでご注意ください。ホテルのチェックイン、チェックアウトについては基本的なプランの時間を記載しています。プランやお部屋のタイプによって時間が異なる場合があります。また、時間の経過とともにデータの変更が生じることが予想されるとともに、営業時間等の変更や臨時休業などが実施される可能性があります。そのことをお含みおきのうえ、事前に最新の情報を入手されることをおすすめします。

■発行後の情報の更新と訂正について

発行後に変更された掲載情報や訂正箇所は、『地球の歩き方』ホームページ「更新・訂正情報」で可能なかぎり案内しています（ホテル、レストラン料金の変更などは除く）。

URL book.arukikata.co.jp/support/

# ジェネラルインフォメーション

## 愛知県の基本情報

### 愛知県の主要メディア

**●中日新聞**

東海3県で約70%のシェアを占める。中部経済界や企業情報を網羅した「中日BIZナビ」などのデジタルサービスも充実。「大相撲名古屋場所」や美術展など、スポーツや文化イベントの開催も手がける。

**●東海テレビ放送**

生活に役立つヒントや東海地方の魅力あるスポットを紹介する情報番組「スイッチ！」や「タイチサン！」のほか、フィギュアスケートなど多彩なスポーツ番組を発信。

**●名古屋テレビ（メ〜テレ）**

食や旅など豊富な話題を提供する「ドデスカ！」は人気のローカルワイド番組。東海3県のモーニングを毎日1店舗紹介する「モーニングにメ〜ロメロ！」にも注目。

**●CBCラジオ**

1951年に、名古屋で日本初の民間ラジオ放送を開始。コミックシンガーのつボイノリオさんがパーソナリティを務める「つボイノリオの聞けば聞くほど」、仏事の疑問やお悩み相談にのってくれる「ラジ和尚・長谷雄蓮華のちょっと、かけこまナイト！」など、名物番組が多数。

**●東海ラジオ**

中部地方の基幹ラジオ局。東海オンエアのレギュラー番組「東海オンエアラジオ」のほか、ドラゴンズを全力で応援する「ドラゴンズステーション」や、マラソン中継などのスポーツ番組を特番編成するなど、スポーツ好きのリスナーから支持を得ている。

### ❖県章

1950年、第5回国民体育大会の愛知県開催を機に一般公募され、全国からの応募作品1600点のなかから選定。「あ」「い」「ち」の文字を図案化し、太平洋に面した県の海外発展性を印象づけ、希望に満ちた旭日波頭を表している。

### ❖県旗

えんじ色に、白の県章を旗の中心に配置している。愛知県広報7238号（1978年9月1日公告）で、形及び規則を示している。

### ❖愛知県民の歌

県章と同時期、歌詞を一般公募するなどし、作詞・若葉清成氏、補作・西條八十氏、作曲・古関裕而氏の作品が採用され、題名「われらが愛知」として制定。愛知県のウェブサイトで歌を聴くことができるほか、伴奏付きの楽譜をダウンロードできる。

### ❖県の花…カキツバタ

平安時代の歌人・在原業平朝臣が現在の知立市八橋を訪れたとき、あたりに咲く花の美しさに旅情をなぐさめ、カキツバタの5字を謳ったと伝えられている（『伊勢物語』）。1954年、NHK・全日本観光連盟などの共催により制定された。

### ❖県の木…ハナノキ

中部地方のみに自生するムクロジ科の落葉樹で、北設楽郡豊根村の茶臼山山麓にある「川宇連ハナノキ自生地」は、国の天然記念物に指定されている。1966年、県民投票により選ばれた。

### ❖県の鳥…コノハズク

アジアやアフリカ、ヨーロッパに分布するフクロウ科の渡り鳥で、全長約20cmとフクロウ類のなかでは最小。日本では本州の山地や大木のある森林で繁殖する。1965年、愛知県鳥獣審議会の県民投票により、選定された。

### ❖県庁所在地

愛知県名古屋市

### ❖愛知県の面積

5173.24㎢

※日本の面積

37万7973.74㎢

※国土交通省国土地理院

※2023年5月1日現在

### ❖愛知県の人口

総数：748万1957人

男：372万5787人

女：375万6170人

※愛知県ホームページより

※2023年5月1日時点（推計）

### ❖日本の人口

1億2449万人

※総務省統計局人口推計

※2023年3月概算値

### ❖愛知県知事

大村秀章（第20代）

2023年6月5日現在

知事の任期は4年で、愛知県全域からひとりを選出するための愛知県知事選が行われ、愛知県民の投票によって決まる。

### ❖愛知県の予算

2023年度の一般会計当初予算の規模は2兆9657億2800万円。2022年度に比べて4.9%の増加となっている。県民ひとり当たりの一般会計歳出規模は39万4762円。※愛知県ホームページより

## 愛知県の構成

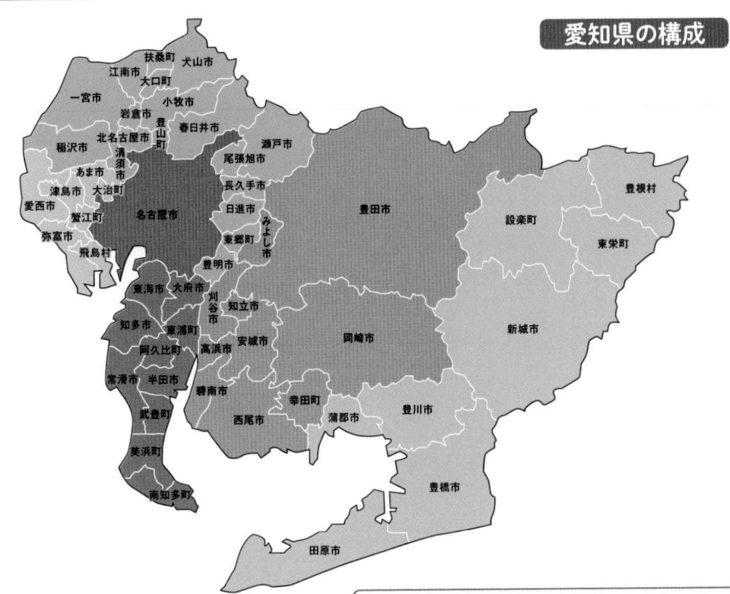


### ❖ 愛知県は38市14町2村

一般的に尾張地方・三河地方の2地域に分けられ、さらに尾張は4地域、三河は2地域に分けられる。

**●尾張地方（名古屋）**
名古屋市

**●尾張地方（尾張）**
一宮市、瀬戸市、春日井市、犬山市、江南市、小牧市、稲沢市、尾張旭市、岩倉市、豊明市、日進市、清須市、北名古屋市、長久手市、東郷町、豊山町、大口町、扶桑町

**●尾張地方（海部）**
津島市、愛西市、弥富市、あま市、大治町、蟹江町、飛島村

**●尾張地方（知多）**
半田市、常滑市、東海市、大府市、知多市、阿久比町、東浦町、南知多町、美浜町、武豊町

**●三河地方（西三河）**
岡崎市、碧南市、刈谷市、豊田市、安城市、西尾市、知立市、高浜市、みよし市、幸田町

**●三河地方（東三河）**
豊橋市、豊川市、蒲郡市、新城市、田原市、設楽町、東栄町、豊根村

### ❖ 愛知県の国宝

建造物3件、太刀などの工芸品9件、絵画2件、書跡・典籍4件が国宝に指定されている。（文化庁「国指定文化財等データベース」より）

徳川美術館所蔵の国宝 初音の調度

**【建造物】**

- **犬山城天守**／犬山市
DATA 国宝犬山城 P.44
- **如庵**／犬山市
DATA 有楽苑 P.48
- **金蓮寺弥陀堂**（こんれんじみだどう）／西尾市
鎌倉時代中期の建立で、県内最古の木造建築。面取角柱や半蔀や板扉、檜皮葺屋根が美しく、内部に阿弥陀三尊像を安置する。

**【工芸品、絵画、書跡・典籍】**

- **徳川美術館**／名古屋市 DATA P.147
婚礼調度類、『紙本著色源氏物語絵巻（絵十五段、詞十六段）』、太刀や短刀など計9件を保管
- **大須観音（北野山真福寺寶生院）**／名古屋市
DATA P.122
『古事記（賢瑜筆）』など4件の書跡・典籍を所有
- **熱田神宮**／名古屋市 DATA P.134
鎌倉時代の『短刀〈銘来国俊／正和五年十一月日〉』が「剣の宝庫 草薙館」にある
- **斉年寺**／常滑市
雪舟筆の絵画『紙本墨画淡彩慧可断臂図』を所有

## 祝祭日

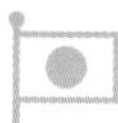

「技能五輪・アビリンピックあいち大会2014」のイメージキャラクター。現在は、愛知県の産業人材育成などの事業推進イメージキャラクターとして活躍している。世界最速で走り、器用に獲物を捕らえる「チータ」と「愛知県」を合わせ、「アイチータ」と名づけられた。

2010年の名古屋開府400年祭マスコットとして誕生した「はち丸」。風呂敷の中に、願いボシの「かなえっち」を入れ、旅先で出会った人にプレゼントし交流を続ける。物知り博士「だなも」、好奇心旺盛な「エビザベス」、「かなえっち」とともに名古屋市の魅力をPR。

### ❖ あいち県民の日

| | |
|---|---|
| 11月27日 | 愛知県は1872年11月27日に誕生し、2022年に県政150周年を迎えた。これを機に11月27日を「あいち県民の日」と制定、愛知県内の公立学校（幼稚園、小・中学校、高等学校、特別支援学校）は、11月21～27日までの「あいちウィーク」の期間中の1日を「県民の日学校ホリデー」に指定し休業日とした。 |

### ❖ 国民の祝日

| | |
|---|---|
| 元日　1月1日 | 年の初めを祝う。 |
| 成人の日　（二十歳のつどい）<br>1月の第2月曜日 | 大人になったことを自覚し、自ら生き抜こうとする青年を祝い励ます。 |
| 建国記念の日　2月11日 | 建国をしのび、国を愛する心を養う。 |
| 天皇誕生日　2月23日 | 天皇の誕生日を祝う。 |
| 春分の日　3月20または21日 | 自然をたたえ、生物をいつくしむ。 |
| 昭和の日　4月29日 | 激動の日々を経て、復興を遂げた昭和の時代を顧み、国の将来に思いをいたす。 |
| 憲法記念日　5月3日 | 日本国憲法の施行を記念し、国の成長を期する。 |
| みどりの日　5月4日 | 自然に親しむとともにその恩恵に感謝し、豊かな心をはぐくむ。 |
| こどもの日　5月5日 | 子供の人格を重んじ、子供の幸福をはかるとともに、母に感謝する。 |
| 海の日　7月の第3月曜日 | 海の恩恵に感謝するとともに、海洋国日本の繁栄を願う。 |
| 山の日　8月11日 | 山に親しむ機会を得て、山の恩恵に感謝する。 |
| 敬老の日　9月の第3月曜日 | 多年にわたり社会に尽くしてきた老人を敬愛し、長寿を祝う。 |
| 秋分の日　9月22または23日 | 祖先をうやまい、なくなった人々をしのぶ。 |
| スポーツの日　10月の第2月曜日 | スポーツを楽しみ、健康な心身を培う。 |
| 文化の日　11月3日 | 自由と平和を愛し、文化をすすめる。 |
| 勤労感謝の日　11月23日 | 勤労をたっとび、生産を祝い、国民たがいに感謝しあう。 |

※内閣府ホームページより

・「国民の祝日」は、休日とする。
・「国民の祝日」が日曜日に当たるときは、その日後においてその日に最も近い「国民の祝日」でない日を休日とする。
・その前日および翌日が「国民の祝日」である日（「国民の祝日」でない日にかぎる。）は、休日とする。

## おもな地方都市からの移動時間

▶ 愛知への道
→P.430

### ❖ 飛行機（地方空港から中部国際空港へ）

札幌（新千歳空港）1時間40分～
仙台（仙台空港）1時間25分～
福岡（福岡空港）1時間～
沖縄（那覇空港）2時間～

### ❖ 新幹線（地方駅から名古屋駅へ）

仙台駅（東京駅経由）3時間11分～
新潟駅（東京駅経由）3時間50分～
新大阪駅 49分～
広島駅 2時間17分～
博多駅 3時間24分～

中部国際空港セントレア

JR名古屋駅太閤通口の東海道新幹線

## 愛知県の気候

四季をとおして温和な気候だが、夏季は雨が多く高温で、8月の平均気温は30度前後。冬季は雨が少なく乾燥しており、濃尾平野の北西から西にかけては、伊吹山地、養老山地、鈴鹿山地などの影響を受け、大陸方面からの季節風による降雪がみられる。西部の尾張地方は、関ヶ原などの山あいをとおる季節風により、雪が降り積もることもある。渥美半島と知多半島南部は、黒潮の影響を受けて温暖だが、低気圧などの通過時は、暖かく湿った気流が入りやすく、梅雨期や台風の接近時には大雨になることがある。北東部の山間部は比較的冷涼な気候。

**名古屋市と南知多町の気温と降水量**

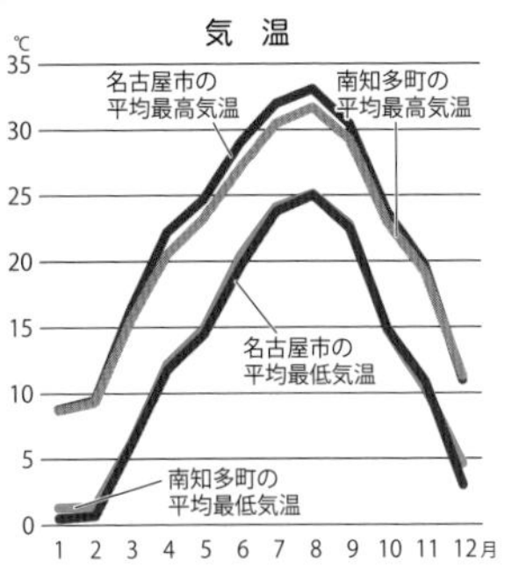


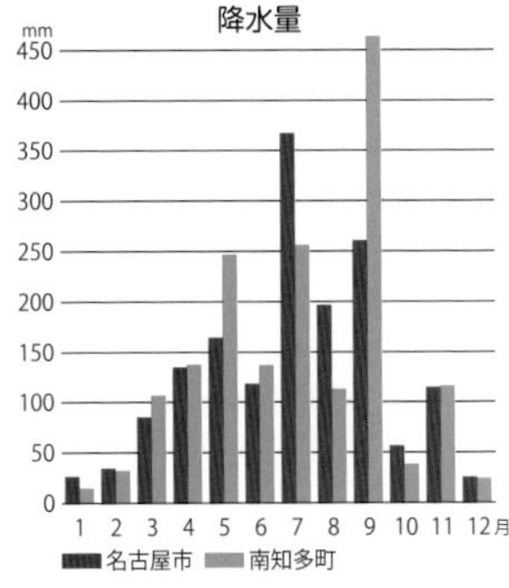


※気象庁気象統計情報より

**名古屋の夏は暑い**

南西から濃尾平野に吹き込む暖かい風がフェーン現象を起こし加熱される名古屋。愛知県のなかでも特に蒸し暑く、30度を超える日が続くこともざらにある。市内は車道・歩道ともに幅が広く高層ビルが少ないためヒートアイランド現象に。暑さ回避のため涼しい地下街を利用する人が圧倒的に多い。

## 安全とトラブル

愛知の治安は一般的に良好だが、夜の繁華街やお祭りなど多くの人が集まるエリアや時期には、トラブルに巻き込まれないように気をつけよう。また、ゲリラ豪雨による洪水や地震などにより、公共交通機関の計画運休が実施されることがあるので、気象情報をチェックしよう。また、南海トラフ地震が発生すれば、愛知県内に大きな被害を及ぼす可能性がある。揺れを感じたら周囲の状況を確認しながら、収まるのを冷静に待とう。

**●愛知県警察**

**TEL 052-951-1611（代表）**

URL www.pref.aichi.jp/police

▶ **旅の安全情報とトラブル対策 →P.446**

## その他

▶ **習慣とマナー →P.448**

### ❖ エスカレーター

名古屋では東京同様、左側に立つのがマナーになっているが、2023年10月には歩かないように求める条例が制定される予定。日本エレベーター協会も、安全基準に則って立ち止まっての利用を推奨している。キャリーバッグやスーツケースはしっかりと引き寄せて立とう。

### ❖ 喫煙

愛知県では受動喫煙防止対策として、学校、医療施設は原則として敷地内禁煙、オフィスや店舗は原則として屋内禁煙。2020年4月2日以降に開設された飲食店は規模にかぎらず、店舗全体を禁煙可能にすることと、喫煙室での飲食が禁止されている。名古屋市内の路上禁煙地区で喫煙した場合、過料2000円が科される。

### ❖ 写真撮影

スマホでもデジタルカメラでも、県内の観光スポットは、自撮り棒を規制しているところがある。駅の構内、ホーム、車内では全面禁止となっている。

### ❖ 運転マナー

愛知県は都道府県別年間交通事故死者数ワーストワンの常連県。「信号無視」「ノーウインカー」「車線またぎ」「スピード違反」「右折時の早曲がり」が特に多いとされ、「名古屋走り」と呼ばれて恐れられている。充実した道路インフラでついつい気持ちが緩んでしまいがちだが、運転の際は十分気をつけよう。

**愛知の方言**

『Dr.スランプ』の作中で名古屋弁が多用されたり、タレントが名古屋弁の「みゃあ」をもじって「エビフリャー」と発音したり、1980年代初頭は愛知言葉が一躍注目を浴びた。なかには実在しない方言もあるため、県外人は不用意に使わないようにしよう。（→P.451）

小さな白い三層楼、
何と典麗な、
しかもまた均斉した、
美しい天主閣
であらう。
この城あつて初めて
この景勝の
大観は生きる。
生きた脳髄であり、
レンズの焦点である。
まつたくかの城こそは
日本ラインの白い兜
である。

（北原白秋『白帝城』）

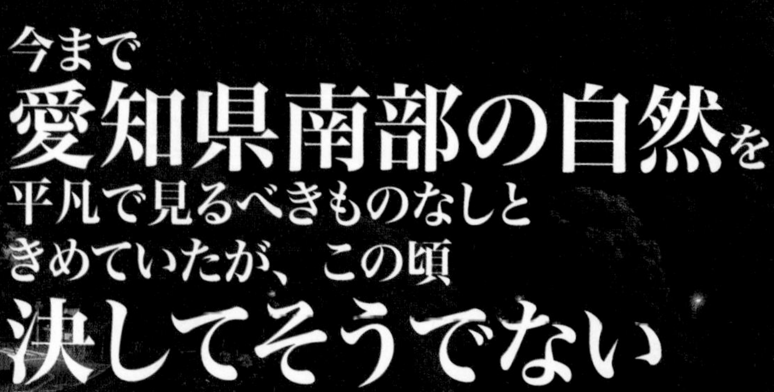

今まで
愛知県南部の自然を
平凡で見るべきものなしと
きめていたが、この頃
決してそうでない
ことが解って来た。
（昭15・4・2　新美南吉の日記より）

# 愛知へようこそ

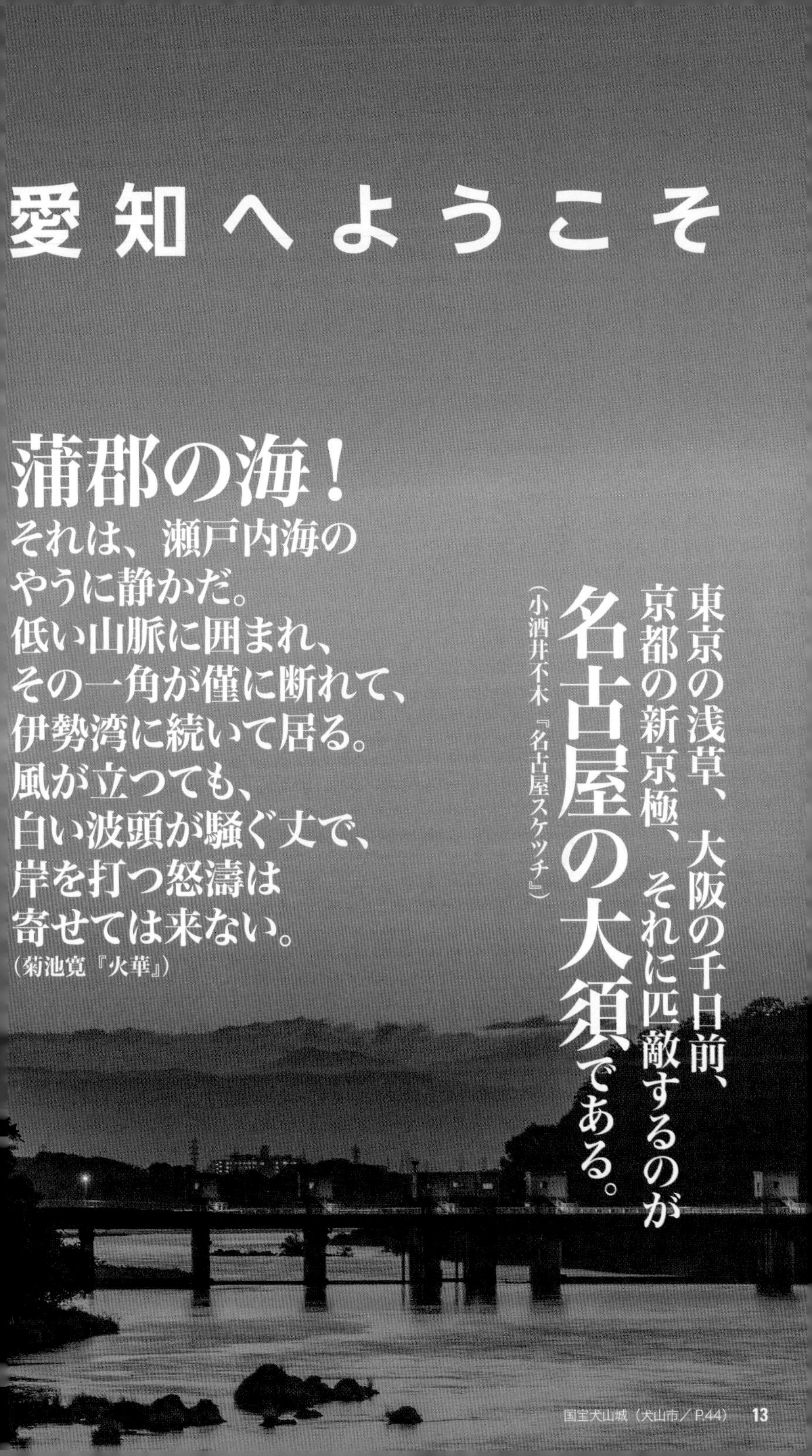

東京の浅草、大阪の千日前、京都の新京極、それに匹敵するのが名古屋の大須である。
（小酒井不木『名古屋スケッチ』）

蒲郡の海！
それは、瀬戸内海の
やうに静かだ。
低い山脈に囲まれ、
その一角が僅に断れて、
伊勢湾に続いて居る。
風が立つても、
白い波頭が騒ぐ丈で、
岸を打つ怒濤は
寄せては来ない。
（菊池寛『火華』）

国宝犬山城（犬山市／P.44）

54市町村を比較

# 地図とデータで読み解く 愛知早わかりナビ

愛知とはどんな地域なのか、どのような特徴があるのか、
まずは基礎知識をしっかり頭に入れて、お出かけプランを練ってみよう。

## 「愛知」の由来は『万葉集』

「愛知」という地名は、万葉集巻三にある高市連黒人（たけちのむらじくろひと）の歌「桜田へ鶴鳴き渡る年魚市潟（あゆちがた）潮干にけらし鶴鳴き渡る」にある「あゆち」が転じたとされる。年魚市潟は現在の名古屋市熱田区～南区にあたり、当時海岸だった一帯のこと。

### 尾張地方①

**尾張** P.162

**海部**

愛知県の北西部に位置する海部地域。県内有数の水田地帯で、弥富市では豊かな水を使って金魚の生産も盛ん。あま市七宝町の七宝焼など、伝統工芸品も名高い。

◎おもな見どころ
鳳凰山甚目寺（甚目寺観音）→ P.219
津島神社→ P.361
あま市七宝焼アートヴィレッジ → P.405

**尾張**

名古屋市の北部に広がる尾張地方は、織田信長ゆかりの地。清洲城や犬山城、小牧城などの城郭が旅行者に人気。名古屋鉄道や JR を利用して名古屋からのアクセスも良好。

◎おもな見どころ
国宝犬山城→ P.44
ジブリパーク→ P.50
あいち航空ミュージアム → P.201

扶桑町 犬山市 江南市 大口町 一宮市 小牧市 岩倉市 春日井市 豊山町 北名古屋市 稲沢市 瀬戸市 清須市 尾張旭市 あま市 津島市 大治町 長久手市 愛西市 名古屋市 豊田市 豊根村 設楽町 蟹江町 日進市 弥富市 東郷町 飛島村 みよし市 東栄町 豊明市 東海市 大府市 知立市 刈谷市 知多市 東浦町 安城市 岡崎市 新城市 阿久比町 高浜市 常滑市 半田市 碧南市 幸田町 武豊町 西尾市 蒲郡市 豊川市 美浜町 豊橋市 南知多町 田原市

### 三河地方

**西三河** P.224

愛知県のほぼ中心を南北に広がる地域。日本のデンマークとも呼ばれた安城市を筆頭に畜産や園芸など農林水産業が盛ん。豊田市は世界に冠たる自動車産業の中心。

◎おもな見どころ
香嵐渓→ P.24
トヨタ鞍ヶ池記念館→ P.227
まるや八丁味噌→ P.371

**東三河** P.262

愛知県東部、豊橋を中心に奥三河の山間部から渥美半島のビーチまで、多彩な自然を楽しめるエリア。渥美半島の表浜海岸は、アカウミガメの産卵地となっている。

◎おもな見どころ
茶臼山高原→ P.26
伊良湖岬灯台→ P.283
豊川稲荷（妙厳寺）→ P.288

### 尾張地方②

**名古屋** P.100

愛知だけでなく中部地方最大の都市で、愛知県の行政、文化、経済活動の中心。16 の行政区をもつ政令指定都市で、中枢中核都市にも指定されている。

◎おもな見どころ
熱田神宮→ P.134
名古屋城→ P.144
徳川美術館→ P.147

**知多** P.298

伊勢湾と三河湾、知多湾に挟まれた知多半島には中部国際空港セントレアがあり、空路で訪れる旅行者はたいていこの地を経由する。常滑など焼き物の産地としても知られる。

◎おもな見どころ
日間賀島→ P.74
半田運河→ P.318
INAX ライブミュージアム → P.327

# 愛知なんでもランキング

## 人口　全国 4 位

愛知県の人口は 748 万 1957 人。男性が 372 万 5787 人、女性は 375 万 6170 人で、わずかに女性のほうが多い。15 歳未満は減少し、65 歳以上が増加する傾向にある。（2023 年 5 月 1 日現在）

| 順位 | 市町村 | 人口 |
|---|---|---|
| 1 位 | 名古屋市 | 233 万 2176 人 |
| 2 位 | 豊田市 | 42 万 2330 人 |
| 3 位 | 岡崎市 | 38 万 4654 人 |

※「令和 2 年国勢調査人口等基本集計結果（統計表）」より

### 人口増加率

| 順位 | 市町村 | 人口増加率 |
|---|---|---|
| 1 位 | 長久手市 | 0.89% |
| 2 位 | 日進市 | 0.79% |
| 3 位 | 大治町 | 0.50% |

※「愛知県人口動向調査結果 年報（2022 年）」より

長久手市をはじめ、豊山町やみよし市など、おもに名古屋市のベッドタウンとなる 11 の市町で人口が増加している。

### 15 歳未満の人口の割合

| 順位 | 市町村 | 15 歳未満の人口の割合 |
|---|---|---|
| 1 位 | 阿久比町 | 17% |
| 2 位 | 長久手市 | 16.8% |
| 3 位 | 幸田町 | 16.4% |

※「令和 2 年国勢調査人口等基本集計結果（統計表）」年齢別人口より

15 歳未満の人口が多いのは名古屋市のベッドタウンとなる長久手市のほか、環境がよく子育てしやすい阿久比町や幸田町など。

### 65 歳以上の人口の割合

| 順位 | 市町村 | 65 歳以上の人口の割合 |
|---|---|---|
| 1 位 | 豊根村 | 52.4% |
| 2 位 | 設楽町 | 51.2% |
| 3 位 | 東栄町 | 50.8% |

※「令和 2 年国勢調査人口等基本集計結果（統計表）」年齢別人口より

東三河の山間部にある町村は高齢化が進んでおり、65 歳以上が占める割合が人口の半数を超えるところが多い。

### 財政力指数

| 順位 | 市町村 | 財政力指数 |
|---|---|---|
| 1 位 | 飛島村 | 2.00 |
| 2 位 | 東海市 | 1.27 |
| 3 位 | 安城市 | 1.25 |

※愛知県「2022 年度財政力指数」より、小数点以下第 3 位切捨て

「財政力指数」とは地方公共団体の財政力を示す数値。この数値が高いほど財源に余裕がある。飛島村は全国の市町村でもトップクラス。

## 面積　全国 27 位

愛知県の面積は 5173 平方キロメートルで、愛媛県に次いで全国 27 位の広さがある。総面積の 40% 近くが森林で、次いで宅地が約 19%、農地約 14%、道路約 8% となっている。

| 順位 | 市町村 | 面積 |
|---|---|---|
| 1 位 | 豊田市 | 918.32km² |
| 2 位 | 新城市 | 499.23km² |
| 3 位 | 岡崎市 | 387.2km² |
| : | : | : |
| 52 位 | 岩倉市 | 10.47km² |
| 53 位 | 大治町 | 6.59km² |
| 54 位 | 豊山町 | 6.18km² |

※国土地理院「令和 4 年全国都道府県市区町村別面積調」より

## 名古屋の外食代　全国 3 位

総務省の統計によると、1 世帯当たりの年間支出に占める外食費の割合は、東京都区部、岐阜市に次いで名古屋市が全国 3 位。喫茶店好きの土地柄が影響しているのかも。

※家計調査（二人以上の世帯）2020 〜 2022 年平均

## 名古屋の認知度　全国 2 位

ブランド総合研究所による「地域ブランド調査 2022」において、名古屋市は市町村認知度が全国 2 位となった。神戸や横浜を上回るのは、名古屋市民には誇らしいのでは。

## 加藤さんの人数　全国 2 位

愛知県に多い名字は 1 位から順に鈴木、加藤、伊藤、山田と意外に普通。5 位の近藤、10 位の水野、12 位の杉浦あたりから地域性が出る。

| 順位 | 名字 | 人数 |
|---|---|---|
| 1 位 | 鈴木さん | 約 20 万 1000 人 |
| 2 位 | 加藤さん | 約 17 万 5000 人 |
| 3 位 | 伊藤さん | 約 16 万 1000 人 |

※「名字由来 net」より

## ノーベル賞受賞者数　全国 1 位

愛知出身のノーベル賞受賞者は 4 人で、都道府県別では大阪と並び全国 1 位、うち名古屋市出身は 3 人。県内の大学や研究機関に在籍するなどゆかりのある人物も 6 人いる。（2022 年 12 月時点）

| 受賞者 | 出身 | ノーベル賞 |
|---|---|---|
| 利根川進 | 名古屋市 | 生理学・医学賞 昭和 62（1987）年 |
| 小柴昌俊 | 豊橋市 | 物理学賞 平成 14（2002）年 |
| 小林誠 | 名古屋市 | 物理学賞 平成 20（2008）年 |
| 益川敏英 | 名古屋市 | 物理学賞 平成 20（2008）年 |

# 愛知×産業

トヨタ自動車を筆頭に工業のイメージが強いものの、実は農水産業や商業も盛んな、バランスが取れた産業構造になっている。

## 工業 都道府県別製造品出荷額 44年連続1位

経済産業省の工業統計による都道府県別製造品出荷額は、愛知が昭和52（1977）年来ダントツの1位で、令和2（2020）年度の統計で約43兆9880億円。2位の大阪は約16兆9758億円で、約2.6倍の開きがある。

**市町村別製造品出荷額**

| 順位 | 市町村 | 金額 |
|---|---|---|
| 1位 | 豊田市 | 14兆6978億4925万円 |
| 2位 | 名古屋市 | 2兆9931億7118万円 |
| 3位 | 安城市 | 1兆9320億8005万円 |

※総務省・経済産業省「令和3年経済センサス」より

愛知県の業種別出荷額では、輸送用機械を筆頭に電気機械、鉄鋼など重化学工業が70%以上を占める。残りは食料品などの軽工業。

**製造品出荷額等の業種別構成**

| | |
|---|---|
| 輸送用機械 | 53.1% |
| 電気機械 | 7.7% |
| 鉄鋼 | 4.9% |
| 生産用機械 | 4.6% |
| 食料品 | 4.1% |
| プラスチック | 3.5% |
| 窯業・土石 | 1.7% |
| その他 | 20.4% |

輸送用機械など10業種で出荷額全国1位！

※総務省・経済産業省「令和3年経済センサス」より

## 農水産業

### 農業 農業産出額 全国8位

愛知の農業産出額は令和3（2021）年の統計で2922億円。花きは全国1位、野菜は5位、麦類と鶏卵および乳用牛は7位と、立派な農業県でもある。

愛知県の学校給食で使われる米は、平成11（1999）年から100%愛知県産のものを使用している。

名古屋コーチンやうずらのほか、みかわ牛などブランド化した畜産品も多い。

**製造品出荷額等の業種別構成**

| | |
|---|---|
| 野菜 | 35.3% |
| 果実 | 6.6 |
| 花き | 18.5% |
| 米 | 8.0% |
| 畜産 | 28.7% |
| その他 | 2.9% |

※農林水産省「令和3年農林水産統計」より

**全国トップ5に入る野菜の産地**

年間を通じて比較的気候が温暖なだけでなく、木曽川や矢作川、豊川の豊かな水を用いた農業用水が、野菜の生産に貢献している。

産出額全国上位
- シソ（1位）
- キャベツ（2位）
- トマト（3位）
- いちご（6位）

※農林水産省「令和3年農林水産統計」より

**昭和37(1962)年から出荷量全国1位**

温暖な気候と長い日照時間を生かして、江戸時代から花きの生産が盛ん。キク出荷量の約半数は、渥美半島の電照菊。

出荷量全国1位
- キク
- 洋ラン類
- バラ
- 観葉植物 など

※農林水産省「令和3年農林水産統計」より

### 水産業 多彩な魚種で全国有数の産地

大きな河川が流入する伊勢湾や三河湾、大陸棚が広がる渥美半島の外海は、愛知に豊かな海の恵みをもたらしてくれる。沿岸漁業や養殖業が中心で、養殖ウナギの収穫量は鹿児島に次いで全国2位。

漁獲・収穫量全国1位
- あさり類
- ガザミ類
- クルマエビ
- 養殖アユ

※農林水産省「令和4年漁業・養殖業生産統計」より

## 商業 事業所数・従業者数・年間商品販売額 全国3位

東京、大阪に並ぶ日本3大都市圏の中核都市だけあって、事業所数、従業者数、年間商品販売額は全国3位。令和2（2020）年の年間商品販売額は約39兆円と目をみはる額。名古屋市だけで約26兆円をたたき出す。

**市町村別年間商品販売額**

| 順位 | 市町村 | 金額 |
|---|---|---|
| 1位 | 名古屋市 | 25兆8374億1400万円 |
| 2位 | 豊田市 | 2兆523億2300万円 |
| 3位 | 豊橋市 | 1兆2378億1800万円 |

※総務省・経済産業省「令和3年経済センサス」より

info 個性豊かな伝統野菜　守口大根（→P.165）など21品目35品種を「あいちの伝統野菜」として選定。いずれも昭和30年頃に栽培されていて、今でも種や苗があり、入手可能であること、愛知県に由来しているものという定義を満たしている。

## 全国への経済波及効果48兆円！

### 世界と愛知を結ぶ名古屋港

明治40（1907）年に開港した名古屋港は、中部地方の製造業を物流面で支える存在。内航船と外航船合わせて年間３万隻以上の船舶が出入りする、国際総合港湾だ。地元では「名港（めいこう）」と呼ばれて親しまれている。

**20年連続 1位！**
総取扱貨物量
（1億7779万トン）

**24年連続 1位！**
貿易黒字額
（7兆1913億円）

**43年連続 1位！**
自動車輸出台数
（117万台）

※国土交通省「令和３年港湾統計」、財務省「令和３年貿易統計」より

# 愛知×日本一&日本初

日本の中心・愛知には日本一や日本初のものがたくさん！

### 寺院の数日本一！

愛知県内にある寺院の数は4533寺で、2位の大阪の3369寺に比べ突出して多い。その理由は諸説あるが、明治初期の人口が全国3位だったことや僧・蓮如が熱心に布教した地域であったことなどが挙げられる。

※文化庁「宗教年鑑 令和4年版」より

### エレベーター生産量日本一！

エレベーターの国内シェアNo.1を誇る三菱電機の稲沢ビルシステム製作所が稲沢市にある。高さ173mのエレベーター試験塔が有名。

### 日本初の歩道橋

日本で最初の歩道橋は、昭和34（1959）年6月に西枇杷島町（現・清須市）の二見交差点に造られた。平成22（2010）年に老朽化のため撤去。

### 招き猫生産量日本一！

常滑焼で名高い常滑市は招き猫の生産地としても知られる。名鉄常滑駅から陶磁器会館に向かう道路は、猫のオブジェが飾られた招き猫通り。

### 日本初の女優

日本の女優第1号とされる川上貞奴は、引退後名古屋に居を構え、事業家福沢桃介のパートナーとして絹の生産販売会社を設立した。

# 愛知×文学

『鶉衣（うずらごろも）』を執筆した江戸時代の俳人・横井也有（やゆう）をはじめ、坪内逍遥や二葉亭四迷など、愛知県にゆかりのある作家や文学者は多い。

### 愛知で育ったミステリー作家たち

江戸川乱歩も名古屋育ち

『怪人二十面相』や『人間椅子』などの作品で知られる江戸川乱歩は、三重県名張市生まれだが、実は名古屋市育ち。乱歩が世に出るきっかけを作り、自ら探偵小説も執筆した小酒井不木は、愛知県海東郡新蟹江村（現・蟹江町）生まれだ。理系ミステリーの名手・森博嗣も愛知出身で、退官するまで名古屋大学に勤務しながら作品を発表していた。

名古屋にある江戸川乱歩旧居跡記念碑。令和5（2023）年はデビュー100周年

**愛知ゆかりの作家**

| | | |
|---|---|---|
| 坪内逍遥 | 名古屋市育ち | 安政6（1859）年生まれ。小説家、翻訳家。代表作は『小説神髄』『当世書生気質』。翻訳は『新修シェークスピア全集』。 |
| 二葉亭四迷 | 名古屋市育ち | 元治元（1864）年生まれ。小説家、翻訳家。言文一致体を用いた近代小説の開祖。代表作は『浮雲』『其面影』。翻訳はツルゲーネフの『めぐりあひ』。 |
| 城山三郎 | 名古屋市生まれ | 昭和2（1927）年生まれ。小説家。経済小説や伝記小説を多く手がける。代表作は『硫黄島に死す』『落日燃ゆ』『官僚たちの夏』など。 |
| 宗田理 | 現・西尾市生まれ | 昭和3（1928）年生まれ。小説家。『ぼくらの七日間戦争』『ぼくらの天使ゲーム』などのぼくらシリーズや、2年A組探偵局シリーズがある。 |
| 大沢在昌 | 名古屋市生まれ | 昭和31（1956）年生まれ。小説家。ハードボイルドや冒険小説を執筆。代表作は『新宿鮫』『感傷の街角』『心では重すぎる』など。 |
| 中村文則 | 東海市生まれ | 昭和52（1977）年生まれ。小説家。ミステリー風味もある重厚で陰鬱な作風。代表作は『土の中の子供』『掏摸』『教団X』『逃亡者』など。 |

info 名古屋弁ミステリー　愛知郡天白村（現・名古屋市天白区）出身の作家・清水義範は、『蕎麦ときしめん』や人気小説シリーズ『やっとかめ探偵団』など名古屋弁や名古屋文化を前面に押し出した作品を執筆している。

# 愛知イベントカレンダー

## 上旬

**名古屋城冬まつり（名古屋市）** 1月1～9日
新しい年の始まりを祝い、名古屋城初開門や干支の置物のプレゼント、スタンプラリーなどのイベントが盛りだくさん。

**こうた凧揚げまつり（幸田町）** 1月上旬
十畳を超える大凧から小凧まで全国からさまざまな凧が集まり、約150基もの手作り凧が幸田の空を彩る。

**大須観音節分会（名古屋市）** 2月3日
福の神宝船・大須丸が久屋大通公園から大須観音まで練り歩き、福の神による「鬼追いの儀式（豆まき）」を開催。1枚3000円の祈祷料で舞台から豆をまく体験もできる。

**渥美半島菜の花まつり（田原市）** 1～3月
メイン会場の「伊良湖菜の花ガーデン」をはじめ、渥美半島のいたるところで菜の花が咲く。

**渥美半島ノルディックウォーク on伊良湖（田原市）** 3月上旬
2本のポールを両手に持ち、大股で歩くエクササイズ。下半身への負担が軽く健康維持を目標に幅広い年齢層が参加する。

犬山祭

**犬山祭（犬山市）** 4月第1土・日曜
昼は豪華な13輌の車山が、からくり人形を披露し、夜は365個の提灯をともして桜並木の城下町を練り歩く。3トン超の車山の前輪を上げて方向転換する「どんでん」は最大の見どころ。

**上中のしだれ桃（豊田市）** 4月上旬～中旬
約1km続く散歩道のいたるところに、約3000本のしだれ桃が咲く桃の群生地。

**知立まつり（知立市）** 5月2～3日
江戸時代から続く伝統行事で、山車の台上で奉納上演される「山車文楽」「からくり人形芝居」は、国の重要無形民俗文化財。

知立まつり

**亀崎潮干祭（半田市）** 5月3～4日
300年以上も続くといわれる神前神社の祭礼。豪華な幕で飾られた5輌の山車を潮干の浜へ引き下ろし、波打ち際を進む様子は必見。

**設楽原決戦場まつり（新城市）** 6月第
天正3（1575）年の長篠・設
戦いのあった設楽古戦場を
火縄銃の演武や子供武者に
防柵演武などが行われ当時
を再現する。

## 中旬

**てんてこ祭（西尾市）** 1月3日
五穀豊穣を祈念し熱池（にいけ）八幡社で斎行される。赤装束の厄男が大根で作った男性のシンボルを下げ太鼓の囃子にあわせ町内を練り歩く。

**湧水広場の氷瀑（豊田市）** 1月上旬～2月下旬
稲武町の水道屋が山から流れてくる清水を使い氷の滝を作る。ライトアップは、暗闇の中に浮き上がる氷瀑が神秘的。

**佐布里池梅まつり（知多市）** 2月11日～3月12日
25種類約6000本もの梅が咲き、春の訪れをいち早く知らせてくれる。薄ピンク色の小さな佐布里池梅は知多市の天然記念物。

**鳥羽の火祭り（西尾市）** 2月第2日曜
竹と茅で作った高さ5mのすずみに火をつけ、「福地」「乾地」のふたつの地区に分かれ、その年の天候と豊凶を占う。

**犬山城下町あったか鍋と地酒まつり（犬山市）** 3月上旬
11蔵の酒造メーカーの酒と地元の酒粕を使った石狩風鍋やおでん鍋など趣向を凝らした鍋を味わえる。犬山の甲冑武者隊のパレードなど多彩な催事。

**田縣神社豊年祭（小牧市）** 3月15日
直径60cm、長さ2m余りの男性茎形を厄男たちが担ぎ、五穀豊穣、子孫繁栄を祈願する。

**尾張津島藤まつり（津島市）** 4月中旬～5月上旬
長さ275mの見事な藤棚に壮麗な藤の花が咲く。藤棚の下を流れる疎水の水面に映る藤の花が美しい。

**こうなん藤まつり（江南市）** 4月下旬～5月上旬
11種類約60本の色鮮やかな藤が、曼荼羅寺公園の藤棚一面に花を咲かせる。期間中は夜間ライトアップやさまざまなイベントを開催。

**長篠合戦のぼりまつり（新城市）** 5月3～5日
長篠の戦いの将士慰霊をするための祭り。火縄銃の演武や長篠陣太鼓が盛大に行われる。

**太閤まつり（名古屋市）** 5月第2土・日曜
豊臣秀吉を祀る豊國神社が斎行する例祭。競輪場から中村公園まで豊太閤頭巾行列や稚児行列が練り歩く。

**桶狭間古戦場まつり（豊明市）** 6月
土・
桶狭間の戦いで戦死した武
養祭。300名を超える甲冑を
けた人々が織りなす迫力ある
列は最大の見どころ。

**稲沢あじさいまつり（稲沢市）** 6月上
中
ガクアジサイなど多種多様なア
が園内に咲き誇る。会場の性
残されている文化財の見学も
る。

## 下旬

**はだか祭（稲沢市）** 2月頃（旧正月13日）
尾張一円から、ふんどしと白足袋をつけただけの厄年の男が集まり、笹奉納やもみ合いを繰り広げ厄を祓う。

はだか祭

**しだれ梅まつり（名古屋市）** 2月23日～3月21日
農業センターのしだれ梅園に、一重咲きの白や八重咲の桃色など、約12品種700本の梅が華やかに咲き誇る。

**岡崎の桜まつり（岡崎市）** 3月下旬～4月上旬
岡崎城を中心に約800本のソメイヨシノが咲き誇る。露店が並ぶほか、夜間のライトアップも実施。

**岩倉桜まつり（岩倉市）** 3月下旬～4月上旬
五条川沿い約7.6kmにわたり約1400本もの桜が堤両岸を飾る。桜のシーズン中には「岩倉桜まつり」を開催。

**とこなめの春まつり（常滑市）** 3月下旬～5月上旬
お囃子に合わせて豪華な山車の引き回しや、巫女舞、子供神輿が行われる。

**史跡八橋かきつばたまつり（知立市）** 4月下旬～5月中旬
古くからの名勝で、平安の歌人・在原業平が、「かきつばた」の5文字を句頭に入れて歌を詠んだ『伊勢物語』が有名。

**芝桜まつり（豊根村）** 5月中旬～6月上旬
標高1358mの茶臼山高原に、ピンク、白、青紫など40万株の色鮮やかな芝桜が咲き誇る。

**花しょうぶまつり（碧南市）** 5月下旬～6月中旬
愛知県最大の自然湖沼「油ヶ淵」の公園に80品種1万3000株の花しょうぶが開花し、さまざまなイベントを開催。

**手羽先サミット®（名古屋市）** 6月
全国から手羽先を集め、来
投票で世界一グランプリを決
愛知県知事と名古屋市長も
大いに盛り上がりをみせる。

**納涼まつり（豊橋市）** 6月
大正時代から続く祭り。金魚
や、わた菓子など約200軒の
並び、にぎわいをみせる夏の風

ユネスコ無形文化遺産に登録されている祭りや、ユニークな祭り、
美しい風景を愛でるイベントに合わせて、旅の計画を立てるのもおすすめ。
※開催日は2023年を基準に掲載しています。年や状況により変更・中止される場合もあるので事前に確認を。

## 7月

**田んぼアート（尾張旭市）** 7～8月
田んぼをキャンバスにして、4色の稲を使い毎年異なるテーマのイラストを描き公開している。城山公園旭城の4階展望室から見ることができる。

安城七夕まつり

**岡崎城下家康公夏まつり（岡崎市）** 7～9月
神輿の練り歩きなど、期間中さまざまな夏祭りを開催。メインイベントは8月の花火大会。

**豊橋祇園祭（豊橋市）** 7月第3 金～日曜
花火を打ち上げ疫病祓いをする江戸時代から続く祭り。前夜祭を含め3日間に及ぶ、夏の一大風物詩。

**豊浜鯛まつり（南知多町）** 7月中旬の土・日曜
竹と木材を組み合わせ白木綿を巻いて作った巨大な鯛が町を練り歩き、豊漁と海の安全を祈る。

尾張津島天王祭

**尾張津島天王祭（津島市）** 7月第4 土・日曜
夜は巻藁船、朝は車楽舟（だんじりぶね）が天王川に漕ぎ出し、灯と水の華麗な共演を開催。ユネスコ無形文化遺産に登録。

**万燈祭（刈谷市）** 7月最終 土・日曜
万燈と呼ばれる、最大高さ約5m、重さ約60kgの張子人形を担ぎ、市内を練り歩き火難防除を祈願する。

## 8月

**世界コスプレサミット（名古屋市）** 8月4～6日
「コスサミ」の愛称で親しまれ、30を超える国や地域からコスプレイヤーが集う。

**安城七夕まつり（安城市）** 8月第1 金・土・日曜
願いが書かれた短冊を飾る、竹飾りのストリートが日本一長いといわれ、「願いごと、日本一。」をテーマに開催。

**須成祭（蟹江町）** 8月第1 土・日曜
「車楽船（だんじりぶね）の川祭」と「神葭（みよし）の神事」の2部構成。提灯をともした巻藁船が幻想的。

**三河一色大提灯まつり（西尾市）** 8月第4 土・日曜
海の魔物を鎮めるためにたかれたかがり火が起源。全長6～10m、6組12張の巨大な提灯が夜空に浮かび上がる。

**元気の出る花火大会in MIHAMA（美浜町）** 8月下旬
東海エリア最大級の花火大会。花火に音楽やレーザー光線、電飾などを織り交ぜた華やかな花火が楽しめる。打ち上げ前には特設ステージでライブイベントも開催する。

## 9月

**せともの祭（瀬戸市）** 9月第2 土・日曜
瀬戸川両岸に約150軒の瀬戸物問屋や窯元などが陶磁器を販売する。新作発表や陶芸展なども行われる。

**神楽船まつり（南知多町）** 9月中旬
長さ約10m、高さ15mの屋形船に108個の提灯を飾り、内海川の内海橋と千歳橋の間、約500mを往復する、航海と安全を祈願する祭り。提灯の明かりが川面に揺れ、幻想的な雰囲気を醸し出す。

**諏訪南宮神社祭典（東栄町）** 9月下旬
山車が町内を練り歩き、夜は打ち上げ花火や手筒花火、スターマインなどが夜空を彩る、秋の大祭宵祭り。

## 10月

香嵐渓もみじ祭り

**尾張津島秋まつり（津島市）** 10月第1 日曜とその前日
七切、今市場、向島、神守の4地区で個性豊かな山車が市内を練り歩く。

**高浜おまんと祭り（高浜市）** 10月第1 日曜とその前日
約200年の歴史を誇る駆け馬奉納行事。鈴や造花を背負い疾走する馬に地下足袋姿の若い衆が飛びつき、人馬一体となって駆け回る勇壮な祭り。

**名古屋まつり（名古屋市）** 10月中旬の 土・日曜
郷土英傑行列や「山車揃」「神楽揃」など、無形文化財や無形民俗文化財が一堂に会する。名古屋の秋を彩る最大の祭り。

**三谷祭（蒲郡市）** 10月第3または第4土・日曜
約200人の男衆が絢爛豪華な4台の山車を担ぎ、水しぶきを浴びながら海を進む「海中渡御」が見どころ。

**はんだ山車まつり（半田市）** 10月下旬
5年に1度、市内10地区から31輌の山車が集結する勇壮な祭り。豪華な装飾や彫刻、伝統的なからくりに加え、急カーブを曲がる曳き回しは迫力満点。夕方から夜間にかけて行われる宵祭りも必見。

## 11月

**香嵐渓もみじ祭り（豊田市）** 11月1～30日
紅葉の名所で名高い。夜は約4000本のモミジがライトアップされ、幻想的な雰囲気のなか散策が楽しめる。

**小原四季桜まつり（豊田市）** 11月1～30日
春と秋の1年に2度開花する四季桜。紅葉と淡いピンク色の桜を同時に観賞できる。

**鳳来寺山もみじまつり（新城市）** 11月上旬～下旬
山全体が国の名勝・天然記念物に指定され、中腹に鳳来寺が立つ。愛知県の県鳥、コノハズクが生息していることでも知られる。

**そぶえイチョウ黄葉まつり（稲沢市）** 11月下旬
祖父江町山崎地区の約1万1000本のイチョウが黄金色に染まる。夜は祖父江ぎんなんパークや祐専寺周辺でライトアップも。

## 12月

**小牧駅周辺イルミネーション（小牧市）** 12月1日～2月15日
季節にちなんだ花やカラーリングを施したイルミネーションが、小牧駅から西へ500mほどの通りを彩る。駅前広場ではイベントごとに装飾が変わる。

**はんだ蔵のまち どぶろくまつり（半田市）** 12月3日
冬の時期しか味わえない生のどぶろくを有料試飲できるイベント。日本酒をモチーフにした和菓子や、山吹の押し寿司の販売などもある。

**家康公生誕祭（岡崎市）** 12月中旬
1542年12月26日（旧暦）に岡崎で生まれた徳川家康の誕生日を祝う祭り。甲冑試着体験や弓引き体験などのイベントを開催する。

そぶえイチョウ黄葉まつり

**奥三河星空フェスタ（設楽町）** 12月下旬
望遠鏡体験やハンモック観望会、プラネタリウムなど、冬の星空を楽しめるイベントが盛りだくさん。

# 愛知のハイライトから穴場まで楽しむ
# 2泊3日&1泊2日モデルプラン

PLAN1
2泊3日

## 愛知全域の魅力を網羅！ いいとこどり弾丸ドライブ

### 1日目 名古屋・尾張

START

8:00

### 名古屋でモーニング&観光

たっぷりのコーヒーで目覚める

愛知県の喫茶店を代表するコメダ珈琲店 本店でモーニングをいただこう。車で約30分の名古屋北部エリアへ移動し、名古屋城や徳川美術館を見学。

コメダ珈琲店 本店→P.62
名古屋城→P.144
徳川美術館→P.147

車約20分

12:00

### ランチは名古屋めし

明治創業の老舗店、宮鍵で名物のひつまぶしを堪能。う巻と肝吸いが付く、ひつまぶし定食がおすすめ。

宮鍵→P.389

車約50分

14:00

### 犬山城&城下町散策

厳骨庵できびだんご♪

国宝犬山城を訪ね、戦国の世を生き抜いた武将たちに思いをはせながら、天守から濃尾平野を一望。歴史的建造物が並ぶ城下町では、散策を楽しみながら厳骨庵で銘菓を購入。

国宝犬山城→P.44 厳骨庵→P.49

車約50分

18:00

### 名古屋の居酒屋で乾杯

車を宿泊先に預けたら、どて焼き 島正へ。串かつや味噌おでんなど伝統の味を楽しもう。

どて焼き 島正→P.396

徒歩約15分

20:00

### 都心のライトアップに感動

毎日22:00までライトアップされるオアシス21。四季折々のモチーフでシンボルの水の宇宙船を彩る。

オアシス21→P.116

電車+徒歩約15分

21:00

### 温泉のあるホテルで宿泊

繁華街にありながら、ホテルの地下から温泉が湧き出る都市の天然温泉名古屋クラウンホテル。たっぷりの湯で1日の疲れを癒やせる。

都市の天然温泉名古屋クラウンホテル→P.425

2日目 三河

作品の世界に浸れる!

© Studio Ghibli

車約50分

10:00
## 自然豊かな公園でランチ

ホテルから車で約50分、愛・地球博記念公園へ。ジブリパークのチケットがなくてもジブリ作品の世界を楽しめる、エレベーター塔や稲楼門も必見。 愛・地球博記念公園→P.180

12:00
## 徳川家康ゆかりの地を訪ねる

岡崎市に到着したら白亜の岡崎城がそびえる岡崎公園や、家康の産土神として名高い六所神社を訪れよう。マジカルでは家康の焼き印入りチーズケーキをゲット。

写真提供：岡崎市

岡崎公園→P.230
六所神社→P.230
マジカル→P.232

車約5分

15:30
## 老舗の醸造蔵を見学

八丁味噌の伝統製法と文化を守り続けるカクキュー八丁味噌（八丁味噌の郷）とまるや八丁味噌を見学。おみやげも忘れずに。

カクキュー八丁味噌（八丁味噌の郷）→P.370
まるや八丁味噌→P.371

カクキューの味噌ソフトクリームはぜひ

車約30分

17:00
## 広々フードコートで夕食

高速道路と一般道のどちらからもアクセス可能な刈谷ハイウェイオアシス。味噌かつやきしめんなど、名古屋めしが豊富に揃う。23:00までオープンの天然温泉もある。

刈谷ハイウェイオアシス→P.94

車約35分

20:00
## 名古屋のホテルに連泊

車約1時間

3日目 知多

9:00
## ドライブ前に熱田神宮でパワーチャージ

長い歴史をもつ熱田神宮を参拝し旅の無事を祈願。参拝後はきよめ餅総本家できよめ餅を買って出発もよいだろう。

熱田神宮参拝みやげの大定番!

熱田神宮→P.134
きよめ餅総本家→P.133

13:00
## 知多半島でドライブを満喫

海沿いに国道が走る絶好のドライブコース。羽豆岬や野間埼灯台の絶景スポットへ立ち寄ったあとは、納屋～Cucina creativa～で魚介のランチ。えびせんべいの里 美浜本店でおみやげもチェック。

羽豆岬→P.301
野間埼灯台→P.301
納屋～Cucina creativa～→P.313
えびせんべいの里 美浜本店→P.398

車約1時間

16:00
## スーパー銭湯で汗を流す

広々とした炭酸風呂や高温サウナ、プールなみの水風呂と、エンタメ型のスーパー銭湯、天空 SPA HILLS 竜泉寺の湯 名古屋守山本店でリフレッシュ。

天空 SPA HILLS 竜泉寺の湯 名古屋守山本店→P.72

車約30分

18:30
## 旅のシメは豆腐懐石

できたてのおぼろ豆腐は甘い!


最後の夕食は自慢の手作り豆腐をいただこう。豆腐懐石くすむらでは、焼き物、天ぷらなどが付く懐石コース料理や炭焼き田楽が味わえる。

豆腐懐石くすむら→P.388

GOAL

PLAN2

# 伝統のものづくりと島旅も満喫！尾張＆知多1泊2日プラン

## 1日目

START

### 9:00 散歩道で常滑焼に触れる

常滑駅から徒歩５分、やきもの散歩道のスタートは常滑市陶磁器会館から。角山陶苑など、常滑焼の展示や販売、体験もできるスポットが点在。ランチは常滑屋で。

常滑市陶磁器会館・角山陶苑→P.368
常滑屋→P.369

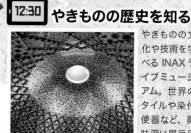

徒歩
約20分

### 12:30 やきものの歴史を知る

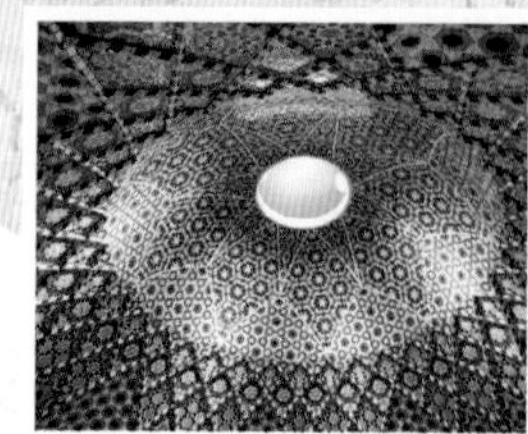

INAXライブミュージアム→P.327

やきものの文化や技術を学べるINAXライブミュージアム。世界のタイルや染付便器など、興味深い展示品が多数。

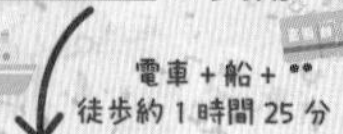

電車＋船＋
徒歩約1時間25分

### 15:30 日間賀島で島内サイクリング

タコが名物のコンパクトな日間賀島。自転車なら30分で1周できる。安楽寺でタコの絵馬に良縁を祈願。

港では
タコが
お出迎え

日間賀島→P.74
安楽寺→P.75

船15分

### 16:45 篠島で夕日ウオッチ

万葉の丘から眺める夕日は1日の締めくくりにぴったり。篠島に泊まって海の幸に舌鼓。

篠島→P.77

## 2日目

### 9:45 レトロタウンをさんぽ

篠島から船と電車を乗り継いで約1時間30分。醸造蔵が残る半田運河周辺を散策。街並みを楽しみながら魚太郎 蔵のまちカフェで海鮮ランチを。

半田運河・魚太郎
蔵のまちカフェ→P.318

海鮮の
名店で
ランチ♪

電車＋
徒歩30分

### 14:00 童話『ごんぎつね』の舞台へ

半田市出身の児童文学作家・新美南吉記念館で南吉文学に触れる。周辺の里山風景にも癒やされる。

新美南吉記念館→P.316

電車＋バス＋
徒歩約1時間

### 16:00 知多木綿の里でショッピング

黒板塀やなまこ壁の蔵が残る岡田地区は、江戸期から知多木綿の中心地として栄えた。Chita Cotton478で、雑貨や洋服をチェック。

Chita Cotton478→P.406

バス＋電車
約50分

GOAL

### 名鉄名古屋駅

PLAN3

# 歴史発見&パワーチャージ 三河1泊2日プラン

## 1日目

### 10:00 START トヨタのおひざ元を散策

自動車メーカートヨタの歴史を知るなら、名鉄豊田市駅からバスで20分のトヨタ鞍ヶ池記念館へ。モダニズム建築が美しい豊田市美術館へも立ち寄ろう。

トヨタ鞍ヶ池記念館→P.227
豊田市美術館→P.236

徒歩+バス 約30分

### 13:30 足助地区を訪ねてみよう

塩の道の宿場町で栄えた足助町は妻入り、平入りの家屋が立ち並ぶ風情ある町で歴史スポットが点在。ランチは複合施設百年草のレストランで。

足助町→P.240
百年草→P.241

百年草 バーバラはうすのパン

バス+電車+徒歩 約2時間20分

### 17:00 蒲郡の老舗ホテルに泊まる

目の前に竹島と三河湾を望む蒲郡クラシックホテルでゆったり過ごす。

蒲郡クラシックホテル→P.418

## 2日目

### 8:00 早起きして竹島を歩く

竹島水族館のサンゴ水槽

ホテルから徒歩10分、竹島全域が境内の八百富神社を参拝し運気アップを祈願。徒歩5分の蒲郡市竹島水族館で珍しい深海生物も見ておきたい。

八百富神社→P.277
蒲郡市竹島水族館→P.274

徒歩+電車 約30分

### 12:00 古刹奉拝といなり寿司食べ比べ

味もいろいろ! いなり寿司

日本3大稲荷で名高い豊川市の豊川稲荷で商売繁盛をお願いし、門前町を散策しながら名物のいなり寿司を味わおう。

豊川稲荷(妙厳寺)→P.288
いなり寿司食べ比べ→P.289

電車+徒歩 約15分

### 15:00 路面電車で豊橋市内観光

豊橋市公会堂をはじめ、市内各スポットを巡るなら路面電車の利用がおすすめ。おみやげは享保19(1734)年創業の御菓子所 絹与の絶品羊羹を。

路面電車→P.270
豊橋市公会堂→P.271
御菓子所 絹与→P.392

紅白の羊羹はお祝いにぴったり

電車+徒歩 約15分

GOAL JR豊橋駅

"ベスト"を知ればもっと楽しめる

# 大自然が生み出す絶景7選

巴川の水面に映える
5色に染まった
鮮やかな紅葉

ベスト シーズン

11月中旬～下旬

紅葉の時期には、さまざまなイベントが開催され、日没から21:00までのライトアップでは、昼間とは違った幻想的な光景が現れる。

イベント 香嵐渓もみじまつり

01 豊田市

周辺観光はP.240もチェック！

## 香嵐渓（こうらんけい）

全国有数の紅葉の名所。巴川沿いから香積寺（こうじゃくじ）にかけて約1kmにわたり、11種類4000本ものモミジが紅葉する。この飯盛山（いいもりやま）のモミジの歴史は、寛永11（1634）年に遡る。香積寺の11世三栄和尚が、「美しい自然をより美しく」との願いを込め、巴川沿いの参道から境内にかけて、カエデや杉の木などを、般若心経一巻を唱えるごとに一本一本植えたのが始まりといわれる。秋の紅葉だけでなく、春にはカタクリの花や山野草の可憐な花々を楽しめる。

MAP 別冊P.25-C1
住 豊田市足助町飯盛地内 TEL 0565-62-1272（豊田市足助観光協会） 営 散策自由 P あり 交 名鉄三河線猿投駅からとよたおいでんバスさなげ・足助線で香嵐渓下車すぐ ※11月中旬～末のみ、八草駅から香嵐渓直行バスも出る

ベスト スポット 待月橋

❶ライトアップでは巴川に映る黄金色の紅葉も ❷香嵐渓のシンボル待月橋と紅葉。5色に変化しながら染まっていく「五色もみじ」

ここを押さえたい！

### 風景写真家・西川さんに聞いたおすすめ撮影ポイント

撮影は朝日が差し込む東側の一の谷から始め、昼頃に三州足助屋敷へ移動。午後からは待月橋と紅葉のトンネル付近へ、巴橋から望む絶景はいちばんの見どころ。早めに撮影場所を確保して、薄暮の時間帯にライトアップも押さえたい。

西川貴之さん

絶景を愛する風景写真家。日本各地の花風景や滝、里、棚田、城、祭り、夜景などを撮影している。Instagram：@coolheartgallery

info 山野草の宝庫でもある　香嵐渓は紅葉で有名ではあるが、「スプリングエフェメラル（早春の妖精）」とも呼ばれるカタクリの花の群生地がある。3月中旬には薄紫の絨毯を敷き詰めたように咲き誇る。

# 02 稲沢市

# 祖父江(そぶえ)のイチョウ(いちょう)

祖父江ぎんなんパーク P.215 もチェック！

❶江戸時代末期に植えられたという久治イチョウ原木 ❷黄色く染まったイチョウに赤い名鉄電車が映える。地区内には1万本以上のイチョウが見られる ❸樹齢約250年のイチョウがライトアップされる祐専寺

ベストスポット 久治イチョウ原木

樹齢100年を超える大樹が多く残っており、晩秋には黄金色のイチョウが立ち並ぶ姿を一望できる。この地域には「伊吹おろし」が吹き付けるため、防風林を兼ねて、昔から神社・仏閣・屋敷にイチョウが植えられた。現在、この実を出荷していることから、祖父江町のぎんなんは「屋敷ぎんなん」といわれる。祐専寺など山崎地区に点在するイチョウを眺めながら散策できるが、ぎんなんを生産する畑には入らないなど、マナーを守って楽しみたい。

MAP 別冊P.8-A2
住 稲沢市祖父江町山崎地区一帯 TEL 0587-22-1414（稲沢市観光協会）
営 散策自由 P あり 交 名鉄尾西線山崎駅から徒歩1分～

## 祖父江町は古くからのぎんなんの産地

100年ほど前からぎんなんを収穫しており、日本でいちばん古くから生産栽培を始めたとされる。食品用に大粒の品種が好まれ、現在では久寿（久治）、金兵衛、藤九郎、栄神などがある。

オレンジ色の実の中にぎんなんが入っている

黄金色に染まるイチョウのなか晩秋の散策を楽しみたい

ベストシーズン

**11月中旬～下旬**

見頃の時期には、祖父江ぎんなんパーク、名鉄山崎駅、祐専寺を巡る散策コースを歩いてみたい。ライトアップも開催される。

イベント そぶえイチョウ黄葉まつり

南アルプスの山々を望む
色鮮やかな天空の花回廊

## 03 豊根村

# 茶臼山高原（ちゃうすやまこうげん）

愛知県でいちばん高い標高1415mの茶臼山は、愛知県と長野県にまたがる雄大な自然をもつ。その周囲に広がる茶臼山高原は、四季を通じてさまざまな表情を見せてくれる。春には、茶臼山向かいの萩太郎山頂上付近に「芝桜の丘」ができ、色とりどりの芝桜が咲き誇る様子は圧巻。夏にはカヌー、秋は紅葉、冬ならスキーを楽しむこともできる。

ベストシーズン

**5月中旬～6月上旬**

ピンク・薄紫・白など、色や形が異なる6種類の芝桜が丘一面を埋め尽くす光景は「天空の花回廊」と呼ばれる。2万2000平方メートルの広大な敷地に40万株もの芝桜が敷き詰められている。

イベント 芝桜まつり

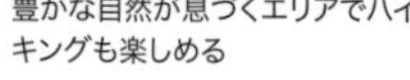

豊かな自然が息づくエリアでハイキングも楽しめる

MAP 別冊P.5-D1

住 豊根村坂宇場御所平70-185　TEL 0536-87-2345（茶臼山高原協会）　営 散策自由、芝桜の丘は9:00～16:30　休 木（芝桜の丘）　料 萩太郎山観光リフト 往復800円、片道500円　P あり　交 JR東栄駅から車で40分

## 04 豊田市

# 川見四季桜の里（せんみしきざくらのさと）

四季桜とは、1年に2回花を見ることができる珍しい品種。秋から冬にかけて多く咲き、秋の紅葉とともに桜の花を愛でることができる。夏にできた小さな花芽は、冬越しをして春にも咲くが、花の数は春より秋のほうが多い。小原地区で最も四季桜が多い川見四季桜の里では、1200本もの四季桜と紅葉の絶景を見ることができる。

MAP 別冊P.9-D2

住 豊田市川見町　TEL 0565-65-3808（豊田市小原観光協会）　営 散策自由　P あり（まつり期間有料。混雑期駐車不可）　交 名鉄豊田線豊田市駅からとよたおいでんバス小原・豊田線上仁木行きで上仁木下車、徒歩15分

紅葉と桜を同時に見られる
幻想的な四季桜の里

ベストシーズン

**11月中旬～下旬**

小原地区には1万本もの四季桜がある。川見四季桜の里のほか、小原ふれあい公園、川沿いの柿ヶ入り遊歩道などを巡る散策もおすすめ。

イベント 小原四季桜まつり

四季桜は白か淡紅色の一重の花

info 濃いピンク色の芝桜も　川見四季桜の里では、4月中旬～5月初旬に、春の訪れを告げる芝桜が咲き始める。開花の時期は天気や気温によって異なるが、ゴールデンウイークの頃には満開になり、鮮やかなピンクで彩られる。

## 05 新城市

# 四谷(よつや)の千枚田(せんまいだ)

標高約883mの鞍掛山(くらかけやま)の麓には、400年前に開墾されたという昔懐かしい棚田が広がる。高低差200mにもなる420枚の棚田は、山の中腹から湧き出る水で潤い、この水は大雨が降っても濁ることがないという。澄んだ水と豊かな緑に育まれた石積みの棚田には、多くの動植物もすむ。棚田は大切な稲を育てている私有地なので、マナーを守って訪れたい。

「日本の棚田百選」に選定 守り継がれる日本の原風景

7〜8月

**ベストシーズン**

**4月下旬〜10月**

4〜6月は田んぼに水が張られ、周囲を写す水鏡のようになる。7・8月には青々とした稲が茂り、9・10月には稲穂が黄金色になる。

MAP 別冊P.5-D2

住 新城市四谷　TEL 0536-29-0829（新城市観光協会）　営 見学自由　P あり　交 JR本長篠駅から豊鉄バス四谷千枚田口行きで終点下車、徒歩12分

9月下旬

photo© 小山舜二

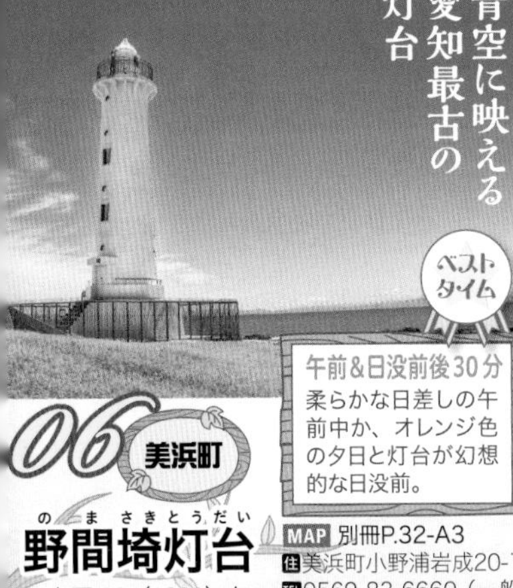

青空に映える愛知最古の灯台

## 06 美浜町

# 野間埼灯台(のまさきとうだい)

大正10（1921）年に設置された高さ18mの灯台で、無筋コンクリート造という珍しいもの。平成20（2008）年にLEDを使ったレンズへ交換され、令和4（2022）年には登録有形文化財に指定。恋愛成就のデートスポットとしても知られる。

**ベストタイム**

**午前＆日没前後30分**

柔らかな日差しの午前中か、オレンジ色の夕日と灯台が幻想的な日没前。

MAP 別冊P.32-A3

住 美浜町小野浦岩成20-1　TEL 0569-83-6660（一般社団法人あいち美浜町観光協会）／050-3138-3380（一般社団法人 美浜まちラボ）　営 散策自由、内部見学は月2回ほどで不定期開催（美浜まちラボのウェブサイトで要確認）　料 内部見学300円　P あり　交 名鉄知多新線野間駅から美浜町巡回ミニバス自然号で野間灯台停留所下車すぐ　※ミニバスの運行は1日8本ほど。野間駅から車10分

## 07 田原市

# 太平洋ロングビーチ(たいへいようろんぐびーち)

遠州灘に面した海岸線に長く広大な砂浜が続く。道路沿いにはヤシの木が並び、弁天様を祀った岩礁の島「弥八島」を望むこともできる。日本有数のサーフスポットで、サーフボードを手にした若者たちも行き交う。

MAP 別冊P.7-C3

住 田原市赤羽根町大石　TEL 0531-23-3516（渥美半島観光ビューロー）　営 散策自由　P あり　交 豊鉄渥美線三河田原駅から車20分

**ベストタイム**

**午前＆日没前後30分**

日の出は「日出(ひい)の石門」で。オレンジから赤に変わっていく夕日も美しい。

ヤシの木が並ぶサーフィンのメッカ

愛知 愛 Interview

# 「菜の花の向こうに青い海が見える美しい場所が故郷です」

タレント

## 大久保佳代子さん

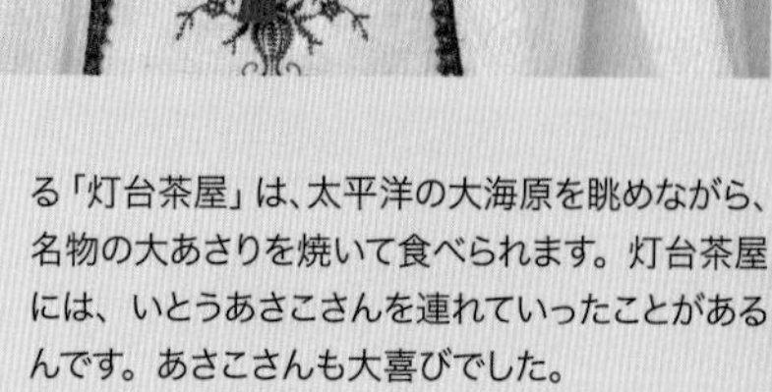

**愛知県田原市に生まれ、大学生になった 18 歳で上京するまで、田原で過ごした大久保さん。当時の思い出とともに故郷・愛知のおすすめを語ってもらった。**

―ご出身の田原市は渥美半島全域を占める市ですね。渥美半島には吉胡(よしご)貝塚などの縄文遺跡も多く出土していますから、古くから住みやすい環境だったのでしょうね。

山があり、海があり……、新鮮な食材もたくさん手に入る。子供の頃は何にもないなって思っていましたけれど、自然が豊かないい所です。初日の出の名所の赤羽根海岸に沿って、渥美半島南端の**「伊良湖岬灯台」**（→ P.283）に向かうドライブルートは絶景ですよ。

渥美半島で有名な菜の花は、1 月から咲き始めて 4 月まで見られます。かなり長く楽しめるので、田原の菜の花は特別に元気なのかな（笑)。春に伊良湖岬を車で走ると、一面が菜の花色に染まって、その先に青い海が見えて……。とってもきれいですよ。「伊良湖菜の花ガーデン」※1) という公園もあります。伊良湖岬灯台の手前にある「灯台茶屋」は、太平洋の大海原を眺めながら、名物の大あさりを焼いて食べられます。灯台茶屋には、いとうあさこさんを連れていったことがあるんです。あさこさんも大喜びでした。

それから名産のキャベツはいつもいただいていたので、買ったことがないですね。近所でお互いのキャベツを渡し合う回覧板状態でした（笑)。田原市では今、キャベツコロッケ、略して「キャベコロ」※2) を推しています。それからトマトとミニトマトも名産ですね。私の友人も珍しい品種のトマトを育てています。

―さすが農業産出額全国 2 位*の田原市。ミニトマト狩り体験ができる農園などを旅のプランに加えるのも楽しそうです。大久保さんにとっての「思い出の場所」といえば?

*農林水産省「令和 3 年市町村別農業産出額（推計)」より

### Profile

**大久保 佳代子**
おおくぼ かよこ

昭和 46（1971）年、愛知県生まれ。平成4（1992）年、幼なじみの光浦靖子と「オアシズ」を結成。「ゴゴスマ」（TBS 系)、「ノンストップ!」（フジテレビ系)、「上田と女が吠える夜」（日本テレビ系）など、情報番組からバラエティ番組まで幅広く活躍中。

### インフォメーション

**同世代の女性から共感の嵐!**

『まるごとバナナが、食べきれない』（集英社）大久保佳代子著

雑誌連載時から、女性の共感を呼んだエッセイに大幅な加筆修正を加え、単行本化!
本当は受け継いでいきたい「大久保家の味」。酒の力を借りてぐいぐいアピールしてきた若かりし日の恋。大福の皮とあんこを分け合う、相方・光浦さんとの関係。OL と兼業だった自分を育ててくれた「めちゃ× 2 イケてるッ!」の思い出……。大久保佳代子の半世紀が食の思い出とともに、等身大の飾らない文章でユーモラスに描かれている。

「権現の森」かな。渥美半島を象徴する蔵王山の麓にある公園で、アスレチックなどの遊具がある所なんですけど、私はそこに好きな男の子を呼び出して、生まれて初めてチョコレートを渡しました。100mくらい先で友人がそんな私をそっと見守っていてくれるという、少女漫画みたいな思い出のある場所です（笑）。

―青春ですね。それでは、「思い出の味」はありますか？

高校生くらいになると、豊橋に行くようになりました。映画を観て帰る前に**「お亀堂」**（藤沢店→P.269）に寄って、ちょこっと何か食べるんです。お亀堂は三河の老舗和菓子屋さんですが、メニューにラーメンがあるので、だいたいそこで〆ていました。好きな地元の味は、やっぱりひつまぶしですね。三河一色産のウナギは格が違います。もちろん地元で手軽に買えるウナギも、たれまでみんなおいしいんです。よく買うのは「千春うなぎ」の直売所でした。それから土鍋にモツと大根とコンニャクを入れて、赤味噌で煮込んだ土手煮は故郷の母の味。白いご飯を赤味噌で汚しながら食べるのが最高です。

モーニングは「阿蘭陀屋」によく行きました。コーヒーの香りが漂う、昭和レトロな雰囲気の地元のお店です。カフェではなくて「喫茶店」なのが愛知らしいかな。飾らないところが、かえって魅力になるような。地元にはレストランなのにジョッキでワインを出しちゃうお店があって、絶妙に力が抜けているところが故郷っぽい（笑）。

―大久保さんが感じる「愛知の県民性」はどんなイメージですか？

三河と尾張で異なるので一概には決めつけられませんが「愛知は大阪と東京に囲まれて、プライドが高い」なんていわれますけど、少なくとも地元の友達は「私よりおもしろいんじゃない？」っていう子ばかり。会話のテンポがいいんですよね。三河の方言は、三河弁の特徴でもある語尾をつなげて「じゃんだらりん」って言います。上京してから友達の結婚式に呼ばれて、余興でじゃんだらりん音頭 ※3) を披露するって連絡が来たんですよ。「佳代子はぶっつけ本番にはなるけど、私たちのまねをしていれば大丈夫だから」って言われて。当日は旅館の浴衣みたいな衣装を着て10人ぐらいの若い女性で謎の踊りを披露しました。控室に戻ると、みんなやり切った顔をしていましたね（笑）。ちなみに、じゃんだらりん音頭って、伝統芸能ではないですから。私のなかでは今もって謎の踊りです。

―地元以外でおすすめしたい県内の旅行先や旅のこだわりがあれば教えてください。

**豊橋の路面電車**（→P.270）に先日、久しぶりに乗ったんです。のんびりと街の中を進んでいき、ノスタルジックな気分になりました。結構、おすすめです。それから三河湾に浮かぶ**日間賀島**（→P.74）かな。夏はタコ、冬はフグのコース料理がリーズナブルに食べられます。伊良湖岬から船が出ていて20～30分で渡れますよ。宿泊先は、蒲郡の「三谷温泉 ホテル三河 海陽閣」かな。ペットOKで、夜の宴会にパコ美（大久保さんの愛犬）も参加させてもらえました。

「荷物は少なく」というタイプですが、やっぱりガイドブックは紙の本を持っていって、移動中にじっくり読みます。あさこさんと行くときは別々のガイドブックを買って、交換しながら読むんです。それで気になるスポットは、スマートフォンでもチェックします。

―ツールを使い分けていらっしゃるんですね。では、最後に「これだけは伝えたい」という渥美半島の魅力をお聞かせください。

令和2（2020）年に、伊良湖岬に温泉が出まして ※4)。「景色もきれい、海もある、気候もよくて、食事もおいしい。足りないのは温泉だ！って狙って掘った」って市長が言っていました（笑）。実家に帰るときは、新幹線を豊橋で降り、車に乗り換えて三河港大橋を渡ります。すると海が両側から迫ってきて、やがて右手にトヨタの工場が見えてくる。私はそれを眺めて「ああ、帰ってきた」って実感するんです。自然や食の魅力がいっぱいの渥美半島。愛知にお越しの際には、ぜひ足を延ばしてくださいね。

**※1）伊良湖菜の花ガーデン**
旧伊良湖フラワーパーク。夏のヒマワリ畑も人気。入園料はシーズンで変動する

**※2）キャベコロ**
ジャガイモを入れず、田原産のキャベツだけで作るコロッケ。俵型にするのが基本

**※3）じゃんだらりん音頭**
田原市民まつり用に作ったオリジナル曲で正しくは「じゃんだらりん踊り」。かつてはパフォーマンスを競うコンテストも行われた

**※4）伊良湖温泉**
塩分を含む湯は湯冷めしにくく、冷え性に効果あり。弱アルカリ性で「美肌の湯」ともいわれる

**おすすめスポット**

渥美半島一帯に1000万本以上の菜の花が咲く

「名古屋からいちばん近い島」といわれる日間賀島

㊎ 昔は近所のスーパーにもスガキヤがあって、ソフトクリームを100円で食べられたり……。ソウルフードについて掘り下げるだけで、この座談会終わっちゃいますね。大ナゴヤツアーズを主催する立場から観光という視点で俯瞰的に愛知県を見ても、これだけ独自の食文化が発展しているのは全国的にも珍しい。モーニングから始まって、名古屋めしを中心に観光しても2泊3日じゃ足りません。

古 本当に愛知の食文化は魅力的だと思います。とんかつは赤味噌、喫茶店では鉄板ナポリタンと、小さい頃から名古屋めしと日常的に親しんできました。といっても八丁味噌は岡崎、お抹茶は西尾とか、周辺地域の特産物をうまく取り入れているのも名古屋らしいかも。

福 ひとつの器にうどんと中華麺が入った「うちゅう」という麺とか、名古屋には何でもありな懐の深さがありますね。鉄板ナポリタンは喫茶店の店主がイタリア旅行でヒントを得て、見よう見まねで作ったらしいですよ。もちろん王道の味をきっちり守っている店もあるけど、お客さんに「こんなもん出してくれん？」「ああええよ」って感じでやっちゃうのが愛知の喫茶店文化。

**「スガキヤの味は愛知人のDNAを刺激する味」**

小 **「スマホとひつまぶしは同じ」**※6)と書かれたマーケティングの本があります。スマホは携帯電話とインターネットを合体し、ひつまぶしはウナギとお茶漬けを一緒にしたもの。愛知は何かと何かを組み合わせて独自のものを作るのが得意なんでしょう。僕は豊川の観光大使として**豊川いなり寿司**※7)をPRする立場ですが、B1グランプリではウナギをのっけちゃったり、サーモンとイクラを包んで親子いなりにしたり。各店がオリジナルな味を生み出していますよ。

鉄板ナポリタンは卵が敷かれているものが多い

スガキヤのラーメン390円。お値打ち価格と飽きのこない味が魅力

## スポーツのレベル高過ぎ※8)＆驚愕の奇祭

編 愛知は野球にサッカー、フィギュアスケート、バスケットと多くのトップアスリートを輩出していますね。

加 コメダ珈琲店の大須スケートリンク店によく行くんですが、ここのリンクから浅田真央さんや村上佳菜子さん、宇野昌磨選手が育ったんですよ。トップ選手の滑りを間近で見られる環境も、あとに続く子供たちに大きな影響を与えていると思います。

小 愛知県は超バスケット大国でもあります。B1リーグは名古屋と三河で各2チーム、女子は14チーム中5チームが愛知県。高校も全国トップクラスの名門校揃い。本場アメリカで活躍中の選手もいるし、次のNBAスターが愛知から誕生するかもしれない。アイシンやデンソーといったトヨタ系企業がチームを持ち、バスケット文化を支えてきたのも大きいですね。

福 娘を小学3年生まで豊川で育てたんですが、地域スポーツが盛んで、小学校に上がったらほぼ強制的にバスケをやらされていました。夏休みに毎日学校行って、近所の経験あるおじさんがコーチに来て。それって豊川だけかな？

小 三河は子供会や町内会が盛んで、保護者がコーチになって地区大会とかやりますよね。町内会の存在理由はお祭りのためでもあって。

**欄外ネタ②** 名古屋に転勤したばかりのサラリーマンは、真夏の酷暑と閉鎖的な名古屋人の態度に泣かされる。外回りの営業マンは「ウチはもう決まった取引先があるで」と、けんもほろろに追い返されるのが常とか。しかしいったん心を開いた相手には、とことん面倒見がいいのも名古屋人。転勤で他地域へ移るとき、今度は離れ難さで泣いてしまうという。

**欄外ネタ③** 味噌煮込みに埋もれがちだが、きしめんも愛知ならではの独自の麺。大量の塩分を含む硬い生地を24時間寝かせ、綿棒で伸ばして平たく切る。お湯でゆがくといい具合に塩分が抜ける（これを讃岐うどんでやるとブチブチに切れてしまうとか）。きしめんは手間がかかるうえ少々地味なせいか、「大変だで、もうやめたわ」という店も目立つのが残念だ。

きしめん

味噌煮込みうどん

## 「愛知は異文化の融合が得意」

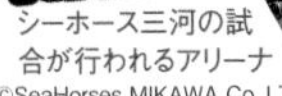

シーホース三河の試合が行われるアリーナ
©SeaHorses MIKAWA Co.,LTD.

僕の地元に**「うなごうじ祭り」**※9) という天下の奇祭があります。昔、城主が豊作を祝って「今日は無礼講だから飲みまくれ」って始まったらしい。酔っ払って肩組んで「ヤンヨウ神の〜」とか歌いながら路上にひっくり返り、誰かに起こされるまで起きちゃダメっていうのがルール。みうらじゅんさんが「日本の祭りのなかでトップクラスに好き」と言ってくれています（笑）。僕は子供の頃から見ていて、祭りとは酔っ払って地面にゴロゴロするものなんだと強烈に印象づけられました。

福 三河は**手筒花火**※10) で有名。両親の実家がある新城市では、孫ができたぞドーン！　息子が結婚するぞドーン！と、各家庭で朝から打ち上げ花火大会で、まるで寝てらんない。奥三河は岩盤質のため、残響がいつまでも山にこだましてとても神秘的でしたね。

手筒花火は豊橋市発祥とされる

古 名古屋では熱田祭りとみなと祭りがよく知られています。小学生の頃は町内のお祭りで神輿や獅子舞が出たけれど、今では見かけなくなりました。みんな大きいお祭りに行くようになって、地元の小さなお祭りは減った気がしますね。

加 お祭りのツアーをいくつか企画していますが、愛知県には山車の文化があり、特に知多半島の半田は有名ですね。山車を持てるのは豊かさの象徴。お酒がらみでベロベロの人が町にあふれるのはどこも同じ（笑）。

### 移住者が２度泣く？「小さな都会」

編 歴史も産業もグルメも自慢できるのに、あまり地元をほめない傾向がありますね。

福 そう、だから愛知の人って、ディスられてもあまりムカつきません。「なんでも味噌かけるでしょ？」と言われても「そうだね」って聞き流しちゃう。愛知で生まれ育ち、大学も就職先も地元の人は結構多いし、実家率も高い。よそに行かないから比較対象がないし、よくも悪くも地元を意識することが少ないのかも。

古 私も名古屋の実家から出たことがないです。東京や大阪に比べると小さな都会ですが、それゆえ本当に住みやすい。出ていく理由がないし、ずっといればいいじゃんって。名古屋走りとか名古屋飛ばしとか、派手好きでキンキラキンで見栄っ張りとか、そんなイメージはもう古いと思います。今は肯定的な意味で名古屋のよさを発信している世代が多い印象ですね。

加 名古屋は「最初と最後に2度泣く町」といわれるんです。他府県の人が愛知や名古屋に転勤を命じられると、最初は震え上がって泣いちゃうらしい。よそ者を受け入れてくれなさそうなイメージがありますから。でも転勤なのでまた離れる日が来ますが、最後はあまりにも居心地がよくて離れるのが嫌で泣いてしまうと。（→欄外ネタ②）

「居心地がよくて
出ていく
理由がない!」


小 留学や関東に住んだ経験から、これほど魅力ある場所はないと実感しています。どこへ行くにも便利で、食も自然も豊か。地元愛が強く堅実で保守的な部分もあるけれど、その反面クリエイティブで柔軟。尾張と三河という異色のものがぶつかり融合して、また新しい文化が生まれるのが愛知ではないでしょうか。

**用語解説**

※1) シーホース三河：刈谷市が本拠地のクラブ。多数の日本代表選手が在籍する。→特集 P.70
※2) グランパス：英語で鯱の意味
※3) コメダ珈琲店：名古屋市に本社を置く喫茶店チェーン →特集 P.62
※4) スガキヤ：名古屋市に本社を置くラーメン・甘味などのチェーン店→特集 P.384
※5) ユニー：稲沢市に本社を置く総合スーパー
※6)『ひつまぶしとスマホは、同じ原理でできている』（理央周、日経プレミアムシリーズ新書）
※7) 豊川のいなり寿司：一説には日本３大稲荷のひとつ「豊川稲荷」の門前町がいなり寿司発祥の地とも→特集 P.289
※8) 愛知のスポーツ事情→特集 P.64
※9) うなごうじ祭り：愛知県の無形民俗文化財指定。参加者がうじ虫のように転がる姿から命名→詳細 P.35
※10) 手筒花火：火薬を詰めた竹筒を人が抱えて行う花火

# 尾張と三河をざっくり知る

「愛知県」とひとつに括りがちだが、尾張と三河では、文化・風習・気質など異なる部分も多い。両地域の違いを知るために、歴史や特性をひも解き、各種データを眺めてみよう。

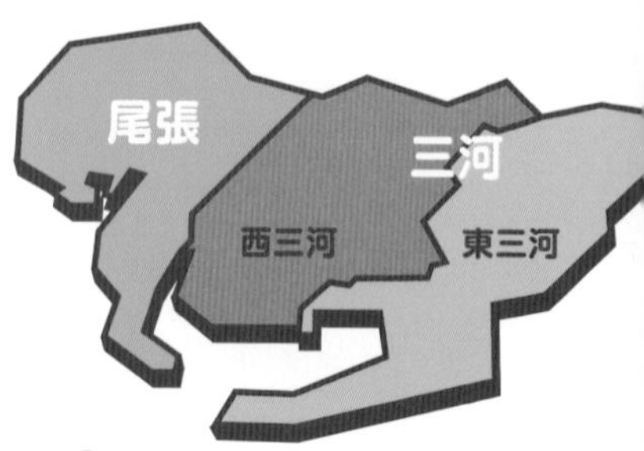


## 01 大化の改新後 尾張と三河に分かれる

古代ヤマト王権の頃は、「尾張国」「三河国（現在の西三河）」「穂国（現在の東三河）」の3国からなっていた。大化の改新（645年〜）後の律令制下で尾張と三河の2国となり、この区分けは江戸時代まで続く。2国の境界については諸説あるが、みよし市と豊田市の境にある永田池を源とする境川の付近といわれている。

## 02 江戸時代の尾張と三河

御三家筆頭の尾張徳川家が、代々尾張一国を治めた。一家による管理が続いたこともあり、尾張には名古屋城を中心とした城下町が栄え、独自の文化が花開いた。対する三河は、徳川家発祥の地として、譜代大名が藩主となることが多く、中小の藩が林立。江戸時代には計19の藩が存在し、三河一国を支配する強権は生まれなかった。

## 03 明治時代に愛知県として統合

明治4（1871）年の廃藩置県により、尾張に2県、三河に10県が置かれたが、同年11月に、知多郡を除く尾張は名古屋県に、三河と知多郡は額田県となった。翌年、名古屋県は愛知県と改称し、同年11月に額田県を愛知県に統合した。しかし、この統合に三河側は不満を抱いたようで、明治の中頃には三河の独立運動が起きている。

尾張と三河をデータで比較

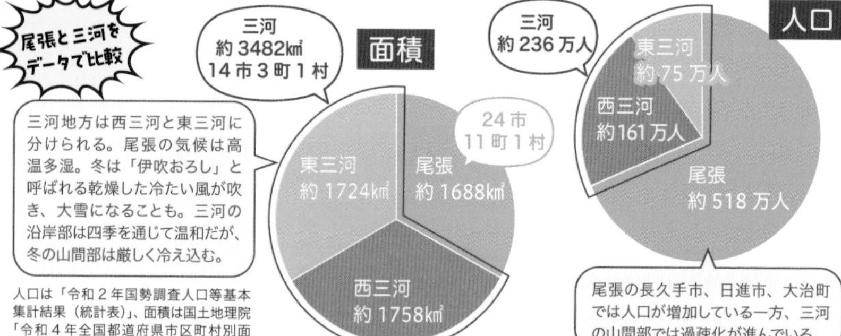


三河地方は西三河と東三河に分けられる。尾張の気候は高温多湿。冬は「伊吹おろし」と呼ばれる乾燥した冷たい風が吹き、大雪になることも。三河の沿岸部は四季を通じて温和だが、冬の山間部は厳しく冷え込む。

尾張の長久手市、日進市、大治町では人口が増加している一方、三河の山間部では過疎化が進んでいる。

人口は「令和2年国勢調査人口等基本集計結果（統計表）」、面積は国土地理院「令和4年全国都道府県市区町村別面積調」より

| | 尾張 | 三河 |
|---|---|---|
| おもな産業 | 陶磁器産業、醸造業、鉄鋼業、航空宇宙産業 | 自動車産業、農業、林業、水産業 |
| 大学の数<br>※大学本部のある場所 | 40校（うち名古屋市20校）（国立2、公立3、私立35） | 11校（国立2、私立9） |
| 公立図書館の数<br>※図書施設や専門ライブラリーは除く | 67館（＋図書施設13） | 33館（＋図書施設4） |
| おもな動物園・水族館 | 名古屋港水族館、東山動植物園、南知多ビーチランド、日本モンキーセンターなど | 豊橋総合動植物公園（のんほいパーク）、竹島水族館、赤塚山公園（ぎょぎょランド）、岡崎市東公園動物園など |

尾張の代表的な企業は、名古屋に本社のある名古屋鉄道やカゴメのほか、半田市のミツカンなど、三河はトヨタ自動車を中心にトヨタグループの企業が多数。

三河（豊田市）の鞍ヶ池公園動物ふれあい広場、尾張（日進市）の動物牧場など、動物と触れ合える施設も。

info 領主の気質の違い　尾張は織田信長と豊臣秀吉を生み、三河は徳川家康が誕生した場所。ふたつのエリアの違いは、領主たちの気質に例えられ、尾張の人は進取の気性に富み、三河の人は粘り強いなどともいわれる。

## 工業だけじゃない！「農業」もすごい

自動車を中心とした工業県というイメージが強いが、農業も盛ん。県土の約4割を占める森林を生かした林業も行われており、伊勢湾・三河湾は魚介類の宝庫でもある。

### 産出数全国1位の農林水産物

シソやフキ、食用菊、あさり類は産出数全国1位。バラ、キク、観葉植物をはじめとする花きの産出額は、昭和37（1962）年から連続日本一。キャベツやイチジク、ギンナンは全国2位。

| 品目 | 全国シェア | おもな産地 |
|---|---|---|
| シソ（収穫量3870t） | 約46% | 豊橋市、豊田市 |
| 食用菊（収穫量368t） | 約51% | 豊橋市、蒲郡市、豊川市 |
| あさり類（産出額11億8100万円） | 約46% | 伊勢湾、三河湾沿岸域 |
| バラ（出荷量3220万本） | 約17% | 豊川市、田原市 |
| 観葉植物（出荷量2150万鉢） | 約50% | 田原市、西尾市 |

※農林水産省「令和2年産野菜生産出荷統計」より（バラ、観葉植物は令和3年産のデータ）

### 県内農業産出数トップ5

生産性の高い農業が展開されており、東三河エリアに上位が多い。全国ランキングでも、田原市が2位、豊橋市が14位にランクインしている。

| 順位 | 市町村 | 産出額 |
|---|---|---|
| 1 | 田原市 | 848億9000万円 |
| 2 | 豊橋市 | 383億5000万円 |
| 3 | 豊川市 | 151億4000万円 |
| 4 | 西尾市 | 134億8000万円 |
| 5 | 愛西市 | 110億8000万円 |

※農林水産省「令和3年市町村別農業産出額（推計）」より

## 「ハイブリッド系グルメ」を作るのが得意

愛知には異なる食材を2種類以上組み合わせた「ハイブリッド系グルメ」が豊富。次々と新しい組み合わせが試され、新作が生まれている。

味噌×とんかつ

**味噌かつ**
とんかつに甘めの味噌だれをかけたもの。愛知特産の豆味噌「八丁味噌」を使うのが特徴。

味噌かつ→P.378

あんこ×トースト

**小倉トースト**
塩気のあるバタートーストに、優しい甘さのあんこをのせたもの。あんこは別添えの場合も。

モーニング特集→P.58

**抹茶小倉スパ**
抹茶の麺にホイップクリームとあんこをのせた甘口系スパゲティ。西尾の抹茶を使用。

喫茶マウンテン→P.140

ホイップ×あんこ×パスタ

## 愛知は「奇祭」の宝庫

古くから伝わる祭りのなかには、地域によって違う独特の風習や伝承による、少し変わった「奇祭」があり、今も大切に継承されている。

田縣神社の豊年祭（→P.189）やはだか祭（→P.363）のほか、豊川市・牛久保八幡社の「うなごうじ祭（若葉祭）」も天下の奇祭として知られる。行列の中心となる「やんよう神」が、笹踊りの囃子にのって所かまわず寝転がる様子がなんとも不思議。また、奉納行事の祭礼やイベントで上げられる東三河の手筒花火は、豊橋市の吉田神社が発祥とされる。その原形は、情報伝達の手段である「狼煙（のろし）」といわれ、450年の歴史をもつ伝統的なもの。

うなごうじ祭。一度転んだ「やんよう神」は、仲間が起こしてくれるまで寝ていなければならないしきたり

info 花火の発展　戦国時代に登場した花火は、江戸時代の元禄期以降、庶民に広まったといわれる。三河地域で花火が発展し、製造が盛んになったのは、徳川家康が三河衆に火薬製造を任せたためとされる。

# 信長・秀吉・家康の始まりの場所
# 愛知が生んだ三英傑の魅力とゆかりの地

**愛知（尾張国・三河国）は戦国時代に天下統一を目指し、「三英傑」と称される織田信長、豊臣秀吉、徳川家康を輩出した地域だ。群雄割拠の乱世のなかで彼らが抜け出た理由は何かを探る。**

## 5つの要素が揃った好立地

三英傑が天下統一をなし遂げられたのは、地理・生産・物流・経済・人物の5点がうまく重なったからだといわれている。尾張は京へ上りやすい一方で、室町幕府の勢力争いには直接的に巻き込まれにくい、京からほどよい距離だった。木曽川、長良川、揖斐川の木曽三川が形造った肥沃で広大な濃尾平野を擁し、積雪が少ない太平洋岸気候とあわせて農業生産性が高い。律令時代に設けられた京へつながる東海道は尾張をとおり、当時の主要物流手段である船舶が集まる津島もあったため、商工業の先進地域としても栄えていた。

## 条件が整った場所にカリスマ現る

これら好条件の場所に信長という統率者が現れた。信長は三河の家康と盟約を結ぶことで西進に集中。全国に多くの実力者がいたなかで、いち早く京を押さえて勢力を拡大した。また、家康はこの選択によって将来の天下取りへの道をつなげたといえるだろう。信長は本能寺にて命を落とすが、その枠組みを引き寄せた秀吉、家康によって戦国の世に終止符が打たれた。

### 三英傑の歩み　略年表

| 西暦 | 和暦 | 織田信長 | 齢 | 豊臣秀吉 | 齢 | 徳川家康 | 齢 |
|---|---|---|---|---|---|---|---|
| 1534年 | 天文3年 | 勝幡城で誕生 | 1 | | | | |
| 1537年 | 天文6年 | | | 愛知郡中村郷で誕生 | 1 | | |
| 1542年 | 天文11年 | | | | | 岡崎城で誕生 | 1 |
| 1554年 | 天文23年 | 清須城を攻略 | 21 | 信長に仕える | 18 | | |
| 1559年 | 永禄2年 | 尾張を制圧 | | | | | |
| 1560年 | 永禄3年 | 桶狭間の戦いで今川軍を破る | 27 | | | 今川軍として桶狭間に出陣 | 19 |
| 1562年 | 永禄5年 | 清須城で家康と同盟を結ぶ | 29 | | | 信長と清須同盟を結ぶ | 21 |
| 1563年 | 永禄6年 | 小牧山に城を築く | 30 | | | 元康から家康に改名 | 22 |
| 1564年 | 永禄7年 | | | | | 一向一揆を平定し三河制圧 | 23 |
| 1565年 | 永禄8年 | 犬山城を攻略。尾張を統一 | 32 | | | | |
| 1566年 | 永禄9年 | | | | | 松平から徳川に改姓 | 25 |
| 1573年 | 天正元年 | | | 木下から羽柴に改姓 | 37 | | |
| 1575年 | 天正3年 | 長篠の戦いで武田軍を破る | 42 | 長篠の戦いに参戦 | 39 | 信長と連合した長篠の戦い | 34 |
| 1582年 | 天正10年 | 本能寺で自害 | 49 | 明智光秀を破る<br>清須会議に参加 | 46 | | |
| 1584年 | 天正12年 | | | 小牧・長久手の戦いで敗戦 | 48 | 長久手で秀吉軍を破る | 43 |
| 1585年 | 天正13年 | | | 関白となる | 49 | | |
| 1586年 | 天正14年 | | | 豊臣姓を賜る<br>太政大臣に任じられる | 50 | 大坂城で秀吉に謁見 | 45 |
| 1598年 | 慶長3年 | | | 伏見城で没 | 62 | | |
| 1603年 | 慶長8年 | | | | | 征夷大将軍となる<br>江戸に開幕 | 62 |
| 1610年 | 慶長15年 | | | | | 名古屋城を築城<br>この頃に清須越を行う | 69 |
| 1616年 | 元和2年 | | | | | 駿府城で没 | 75 |


3つの戦い❶ P.40
3つの戦い❷ P.41
3つの戦い❸ P.42
pick up① P.37
pick up② P.38
pick up③ P.39


※おもに尾張国、三河国での出来事を抜粋。秀吉の生年は諸説あり。本書では名古屋への清須越以前は「清須」、移転後は「清洲」と表記している

info　平均死亡年齢は42歳　一説によると1561～1590年生まれの武士の平均寿命は42.3歳だったと推測されている。庶民はもっと短く、20歳後半から30歳くらい。それと比較すると家康の75歳はとても長寿だ。

## 天下統一に先鞭をつけた変革者

# 織田信長

天文 3（1534）年～
天正 10（1582）年
尾張国海東郡～中島郡勝幡城（現・稲沢市～愛西市）生まれ
幼名 吉法師（きっぽうし）
※出生地は諸説あり

清須を本拠とする尾張守護代・織田大和守家の庶流で、同家に仕える三奉行のひとりだった織田信秀の長男として生まれた。信秀死去により家督を相続し、岩倉を本拠とする織田伊勢守家の織田信賢を永禄 2（1559）年に討ち、尾張国を制圧した。永禄 3（1560）年に桶狭間の戦いで今川義元を敗死させたあとに、三河の松平元康（後の徳川家康）と同盟。美濃への進出を図った。永禄 10（1567）年に美濃（現在の岐阜）の斎藤龍興を破り、京と天下布武への道筋を作った。若い頃は周囲から「うつけ者（愚か者）」と呼ばれ、万松寺での信秀の葬儀の際は位牌に抹香を投げつけるなど、傾奇者だったというエピソードが残る。斎藤龍興の妹（道三の娘）を妻とした。

人物エピソード

### 信長は筆まめ？

信長が部下に送った書状が今も多く残っている。秀吉の正妻おねが安土城を訪ねた際に美貌が前回対面時よりも勝っていると述べ、不満をもらす秀吉は言語道断であるとたしなめたものなどがあり、信長の人間味が垣間見える。

## 信長ゆかりのスポット

織田家 3 代の居城　稲沢市

### 勝幡城跡

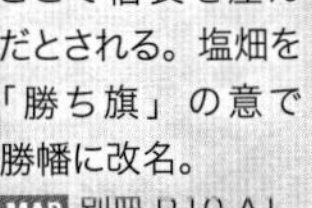

信長の祖父・信定、父・信秀が暮らした城。信秀の継室・土田御前がここで信長を産んだとされる。塩畑を「勝ち旗」の意で勝幡に改名。

現在は石碑が残るのみ。2ヵ所あるうち、日光川前が稲沢市指定史跡

MAP 別冊 P.10-A1
住 稲沢市平和町城之内　TEL 0587-22-1414（稲沢市観光協会）　開 散策自由　P なし　交 名鉄津島線勝幡駅から徒歩 8 分

信長も眺めた？ 紅葉の名所　犬山市

### 寂光院

白雉 5(654）年に孝徳天皇の勅願で建てられた真言宗の寺。信長が黒印地※50 石、山林 50 町歩を寄進し、清須城の鬼門鎮護とした。

※黒印状によって寄進された地領

もみじ千本が植わる別名「尾張のもみじでら」

MAP 別冊 P.8-B1
住 犬山市継鹿尾杉ノ段 12　TEL 0568-61-0035
開 8:00 ～ 17:00　休 無休　料 無料　P あり
交 名鉄犬山線犬山遊園駅から車で 5 分

信秀建立の織田家菩提寺　名古屋市

### 万松寺

天文9(1540) 年創建。名古屋城築城時に現在地へ移転。大正元(1912) 年に広大な寺域を開放し、大須の繁華街ができた。

2時間おき（10～18時）に動く信長のからくり人形がある

MAP 別冊 P.19-C1
住 名古屋市中区大須 3-29-12　TEL 052-262-0735
開 10:00 ～ 18:00　休 無休　料 無料　P あり　交 地下鉄上前津駅から徒歩 3 分

pick up

### 信長が初めて築いた城

桶狭間の戦いの 3ヵ月後に美濃攻略の拠点として築城の名手・丹羽長秀に建設を命じたのが小牧山城。信長の居城が岐阜に移ると廃城となった。

天守風建物の歴史館がそびえる

**小牧山城**　MAP 別冊 P.8-B2
住 小牧市堀の内 1-1　TEL 0568-72-0712（小牧山歴史館）　開 散策自由　P あり　交 名鉄小牧線小牧駅から徒歩 25 分
**小牧山城史跡情報館（れきしるこまき）、小牧山歴史館**　DATA P.188

info 城じゃない小牧山城　小牧山に現在ある城は、昭和42（1967）年に名古屋の実業家の故・平松茂氏が寄贈した鉄筋コンクリート造の歴史館だ。名古屋工業大学の故・城戸久教授が西本願寺の飛雲閣を模して設計した。

天下の道を駆け上った戦国の寵児

# 豊臣秀吉（とよとみひでよし）

天文 6（1537）年～
慶長 3（1598）年
尾張国愛知郡中村郷中村
（現・名古屋市中村区）生まれ
幼名　日吉丸
※生誕年と出生地は諸説あり

農民の子とも下級武士の子ともいわれるが、出自は定かではない。当初、今川家家臣・飯尾氏の寄子である松下之綱（ゆきつな）に仕えた。その後は信長に士官し、織田家中にて成果を積み上げげた。江戸時代の創作の可能性は高いが、信長の草履を懐で温めて歓心を得た、信長の美濃侵攻の際に交通の要所であった長良川西岸の洲俣（すのまた）（墨俣）にわずかな期間で城を築き、斎藤氏攻略を成功につなげた（墨俣一夜城）、などの逸話が残る。天正元（1573）年に織田家重臣の丹羽長秀と柴田勝家の姓から一字をもらい羽柴に改姓。本能寺で信長が倒れると、謀反人の明智光秀を山崎の戦いで破り、天下人へと近づいた。天正 13（1585）年に関白に。翌年朝廷から豊臣の姓を賜り、太政大臣となった。

人物エピソード

**戦国で最も出世した人物**

農民（下級武士とも）から国のトップともいえる太政大臣にまで上り詰めた秀吉。戦国随一の立身出世をなし遂げた理由として、持ち前の才覚をベストなタイミングで発揮した機動力・戦略・人心掌握術などが考えられる。

## 秀吉ゆかりのスポット

秀吉母も祈願した子宝神社

### 日吉神社（ひよしじんじゃ）　清須市

山王を祀る清須城下の総鎮守神として、病や厄除けのため建てられた。秀吉の母は同神社で祈願したところ秀吉を授かったため、幼名を日吉丸としたという。同神社の使いが猿であることから秀吉の身のこなしが猿に似ているとも。

MAP 別冊 P.10-B1
住 清須市清洲 2272　TEL 052-400-2402　開 9:00～16:00　休 無休　料 無料　P あり　交 名鉄名古屋本線新清洲駅から徒歩 8 分

❶境内の子産石に触れると懐妊すると伝わる　❷拝殿前には狛犬の代わりに三番叟（さんばそう）を舞う姿の猿が鎮座する

秀吉と加藤清正の関連地が点在

### 中村公園（なかむらこうえん）　名古屋市

豊國神社（→ P.152）を中心とした市営公園で、純日本風廻遊式林泉庭園をもつ。園内の中村公園記念館は、同じく中村出身で秀吉子飼いの武将だった加藤清正没後 300 年を記念して明治 34（1901）年に迎賓館として建てられた。

MAP 別冊 P.12-A2
住 名古屋市中村区中村町　TEL 052-413-5525　開 散策自由　P あり　交 地下鉄中村公園駅から徒歩 7 分

❶中村公園内に広がる豊國神社　❷園内の池で最も大きなひょうたん池

pick up

**天下へのターニングポイント「清須会議」**

本能寺の変後の事態収拾のため、柴田勝家、丹羽長秀、羽柴秀吉、池田恒興（つねおき）が信長の後継問題や、明智光秀の旧領再分配などを話し合ったのが、清須城で行われたいわゆる「清須会議」だ。

信長の次男・信雄（のぶかつ）と三男・信孝は互いに後継を譲らなかったが、秀吉が信長の長男の長子である嫡流・三法師を擁立。光秀討伐に功労ある秀吉の発言権は強く、三法師が後継になったとされる。秀吉が織田家中の主導権を握ったことで勝家との対立が起き、後に賤ヶ岳（しずがたけ）の戦いで両者は衝突する。

清洲城　DATA P.197

信長と家康の軍事同盟である清須同盟も清須城で結ばれた

info 初代・中村勘三郎も中村出身　中村勘三郎などの名跡で知られる歌舞伎の中村屋。平成29（2017）年に中村公園内に初代勘三郎生誕記念像が建立された際には、6代中村勘九郎と2代中村七之助兄弟がお披露目を行った。

人質の身から太平の世を作った

# 徳川家康（とくがわいえやす）

天文 11（1542）年～
元和 2（1616）年
三河国岡崎藩岡崎城
（現・岡崎市康生町）
生まれ
幼名　竹千代

岡崎城主・松平広忠と三河刈谷城主・水野忠政の娘との間に生まれる。6 歳の時に人質として駿府の今川義元のもとへ送られるが、織田方に捕えられ尾張で過ごした。広忠の死後、今川と織田の捕虜交換協定により駿府へ。同地で元服し、初めは元信、次に元康と名乗った。桶狭間の戦いでは今川方で参戦。義元の敗死後に信長と和睦した。永禄 6（1563）年に家康と名を変えた。同年に三河一向一揆が起きるも、翌年に鎮圧。結果的に三河国を統一した。永禄 9(1566)年に徳川に改姓。信長および秀吉存命中は指揮下の有力大名だったが、秀吉死後の関ヶ原の戦いで豊臣方の石田三成を破る。慶長 8（1603）年に征夷大将軍となり、江戸幕府を開いた。

人物エピソード

### 天下取りを支えた家臣団

家康古参の家臣で特に功績を立てた酒井忠次、本多忠勝、榊原康政、井伊直政を「徳川四天王」と呼ぶ。さらに加えて徳川十六神将とすることも。武一辺倒の三河家臣団のなかで異彩を放った本多正信・正純親子などもいる。

## 家康ゆかりのスポット

家康が生まれた別名・龍ヶ城　岡崎市

### 岡崎城（おかざきじょう）

現在の天守は昭和34（1959）年に復興されたもの

家康の祖父・清康が現在の場所に移して以来、同地にある。家康が誕生した際には、城の上に黄金の龍が現れたという逸話が残されている。

MAP 別冊 P.26-A2
住 岡崎市康生町 561-1　TEL 0564-22-2122
開 9:00 ～ 17:00（最終入館 16:30）　休 無休
料 300 円　P あり　交 名鉄名古屋本線東岡崎駅から徒歩 15 分

松平氏発祥の地・松平郷に鎮座　豊田市

### 松平東照宮（まつだいらとうしょうぐう）

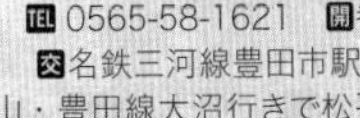

家康と松平家の始祖・親氏（ちかうじ）を祀る神社。かつて松平家の屋敷があった場所とされ、家康も産湯として使ったという「産湯の井戸」がある。

井戸の水は不老長寿や安全の御利益があるとか

MAP 別冊 P.25-D3
住 豊田市松平赤原 13　TEL 0565-58-1621　開 参拝自由　休 無休　P あり　交 名鉄三河線豊田市駅からとよたおいでんバス下山・豊田線大沼行きで松平郷下車、徒歩 5 分
松平郷館　DATA P.238

家康が何度も立ち寄った寺　半田市

### 常楽寺（じょうらくじ）

本尊の阿弥陀如来立像は国の重要文化財

桶狭間の戦いのあとや本能寺の変の際などに立ち寄ったという家康と縁の深い寺。家康の母方の従兄弟である典空（てんくう）顕朗（けんろう）も住職を務めた。

MAP 別冊 P.33-C3
住 半田市東郷町 2-41　TEL 0569-21-0268　開 参拝自由　休 無休　P あり　交 名鉄河和線成岩駅から徒歩 5 分

pick up

### 天下の一大プロジェクト「清須越（きよすごし）」

江戸時代初め、家康は尾張の中心を清須から名古屋へ移して城下町を整備。約 6 万の人と約 100 の寺社、67 の町すべてが移転した。

堀川にかかる五条橋も清須から運ばれた。現在の橋は複製

五条橋（ごじょうばし）　MAP 別冊 P.15-D2
住 名古屋市西区那古野 1 付近　開 見学自由　P なし　交 JR 名古屋駅から徒歩 15 分

info　なぜ清須から名古屋に？　清須は低地で洪水や水攻めに遭う恐れがあったが、名古屋は台地で熱田の港も近く交通の便がよかった。この町割りが現在の名古屋の原型となり、本町通、広小路、四間道（→P.112）といった今ある通りができた。

# 桶狭間の戦い

永禄３（1560）年５月19日

織田信長 ⚔ 今川義元

場所 現・名古屋市緑区または豊明市付近

桶狭間古戦場公園にある若き信長と東海道一の弓取りと称された義元の像

桶狭間の戦いは、尾張国・清須城主だった信長にとって東海道での勢力を強め、天下統一につながる契機となった。駿河、遠江、三河を支配していた今川義元は、永禄３（1560）年５月に数万の大軍を率いて西進。尾張にある信長方の砦を打ち破りつつ三面起伏の低地である桶狭間北方、おけはざま山にて休息していたところ、風雨のなか数千の兵で急襲してきた信長に首を取られた。正確な場所は諸説あるが、名古屋市緑区と豊明市の２ヵ所が公園として整備されている。

今川軍の駿府退却により今川方の松平元康（徳川家康）は空城となった岡崎城へ入り独立。織田方と清須同盟を結んだ。信長は東の脅威が減ったことで、北の美濃との戦に専念できるようになった。

今川義元が討ち死にした地

## 桶狭間古戦場公園

田楽坪ともいわれる桶狭間の戦いの中心地であり、今川義元最期の地が公園として整備されている。信長に襲われた今川本陣は旗本300旗で応戦したが次第に押され、義元は織田方の服部小平太と毛利新介に首を取られた。

MAP 別冊 P.11-D3

住 名古屋市緑区桶狭間北３ TEL 052-755-3593（桶狭間古戦場観光案内所） 開 見学自由 P あり（桶狭間古戦場観光案内所） 交 名鉄名古屋本線有松駅から市バス藤田医科大学病院（南大高駅東）行きで桶狭間古戦場公園下車、徒歩２分

❶田楽坪のねず塚から出土した義元の墓碑。「駿公墓碣（すんこうぼけつ）」と刻まれている ❷義元水汲みの泉ともいわれる首洗いの泉 ❸当時の街道や砦などを再現

❶昭和12（1937）年に国指定史跡に指定 ❷明和8（1771）年に建てられた七石表（一号碑）は、今川義元の戦死場所を示す最も古い石碑だ

国指定史跡の古戦場跡

## 桶狭間古戦場伝説地

諸説ある今川義元本陣跡のうち唯一、国指定史跡となっている。義元は同地で討ち取られたとされ、敷地内には明治９（1876）年に建てられた義元の墓碑がある。

MAP 別冊 P.11-D3

住 豊明市栄町南舘11 TEL 0562-92-8317 開 見学自由 P なし 交 名鉄名古屋本線中京競馬場駅前から徒歩３分

info 桶狭間古戦場まつり　桶狭間古戦場伝説地を中心に行われる武者の供養祭であり、300人を超える武者行列が石塚公園交差点から高徳院までを練り歩く。なお、高徳院では合戦再現劇が、沓掛城址では火縄銃の実演がある。（→P.193）

火縄銃の実演を行う設楽原決戦場まつりの様子

市民団体が再現した馬防柵

鉄砲が雌雄を決した激戦地

## 設楽原決戦場（したらがはらけっせんじょう）

織田・徳川連合軍が武田軍を破った決戦の場所で、周囲には同地で命を落とした武将たちの墓が点在している。現地には馬防柵が約 100m にわたって再現されている。

MAP 別冊 P.7-D1
住 新城市竹広大宮清水 1-9 TEL 0536-22-0673（設楽原歴史資料館）開 見学自由 休 火（祝日の場合は翌平日）P あり（設楽原歴史資料館第2第3駐車場）交 JR 三河東郷駅から徒歩 20 分

信長・家康連合軍が武田軍主力を撃破

## 長篠・設楽原（したらがはら）の戦い

天正 3（1575）年 5 月 21 日

**織田信長 徳川家康 ⚔ 武田勝頼**

場所 現・新城市大宮付近

織田・徳川連合軍が武田勝頼軍を破った戦いによって、徳川と武田との間で紛争が続いていた三河を徳川が完全に掌握することになった。また、浅井長政と朝倉義景らを滅ぼし、将軍・足利義昭を京都から追放していた信長がさらに勢力を拡大させる契機に。織田・徳川軍は設楽原を流れる連吾川（れんごがわ）を堀に見立て、川沿い南北 2 km にわたって土塁と三重の馬防柵を築き、鉄砲隊を用いた。この野戦戦術は当時の日本では画期的であり、織田・徳川軍の勝利は日本のその後の戦術や築城法に影響を与えたといわれる。敗れた武田は多くの重臣を失い、以後武田は織田と和睦を試みるも、天正 10（1582）年に領内へ侵攻され滅亡した。

武田の猛攻に耐え勝機を作った

## 長篠城跡（ながしのじょうあと）

交通の要所で徳川方の奥平貞昌が守った。武田の猛攻を凌ぎ、織田・徳川の援軍到着まで耐えたことが長篠・設楽原の勝利につながった。

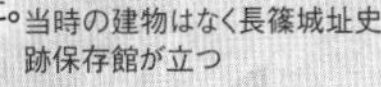

当時の建物はなく長篠城址史跡保存館が立つ

MAP 別冊 P.7-D1
住 新城市長篠市場 22-1 TEL 0536-32-0162（長篠城址史跡保存館）開 見学自由 P あり 交 JR 長篠城駅から徒歩 8 分

戦国と幕末の分岐点を扱う

## 設楽原歴史資料館（したらがはられきししりょうかん）

長篠・設楽原の戦いについて紹介する資料館。設楽原の旗本の 3 男で幕末の日米修好通商条約調印に尽力した岩瀬忠震（いわせただなり）の展示もある。

古戦場の跡に立つ。古式銃の展示数は日本一

MAP 別冊 P.7-D1
住 新城市竹広信玄原 552 TEL 0536-22-0673 開 9:00 ～ 17:00 休 火（祝日の場合は翌平日）料 330 円 P あり 交 JR 三河東郷駅から徒歩 15 分

info 火縄銃で当時を再現　長篠城跡では毎年5月5日に長篠合戦のぼりまつり、設楽原決戦場では毎年6月に設楽原決戦場まつりが開かれる。前者は数千本ののぼりの献植を、また両者ともに武者姿での火縄銃の演武がある。

秀吉と家康が対決した最初で最後の戦い

# 小牧・長久手の戦い

天正12（1584）年3～11月

豊臣（羽柴）秀吉 ✕ 織田信雄 徳川家康

場所 現・小牧市や長久手市など

尾張の小牧・長久手を中心に起きた羽柴秀吉と徳川家康・織田信雄連合軍の衝突が小牧・長久手の戦いだ。本能寺の変で織田信長と長男・信忠が明智光秀に討たれると、秀吉は光秀を山崎の戦いで破ったあとに、清須会議にてまだ幼い信忠の長男・三法師を織田家当主に擁立した。信長の次男・信雄は三法師の後見になったが、その後に秀吉との関係が悪化。信雄は家康に援助を求め、秀吉と信雄・家康の間で争いが起きた。各所での戦闘を経て戦況がこう着状態になると、天正12（1584）年11月に両者は和睦した。この交渉により秀吉は全国統一のめどが立ち、家康は力をもったまま豊臣政権での重要な位置から天下をうかがうことになった。

秀吉と家康が激突した跡地

## 史跡長久手古戦場

小牧・長久手の戦いの主戦場で国の史跡。敷地内には戦死した羽柴方の池田恒興の塚（勝入塚）とその長男・元助の塚（庄九郎塚）がある。ここでは織田・徳川軍が勝利した。

公園には古戦場を縮景で表現した広場もある

MAP 別冊 P.23-C3

住 長久手市武蔵塚204　TEL 0561-62-6230（長久手市郷土資料室）
開 見学自由　P あり　交 愛知高速交通東部丘陵線（リニモ）長久手古戦場駅から徒歩3分

古戦場公園内にある展示室

## 長久手市郷土資料室

合戦400年を記念して昭和60（1985）年に開館。小牧・長久手の戦いに関する資料や地域の民俗資料を陳列する。

営 9:00～17:00（入室は～16:30）　休 月（祝日の場合は翌平日）　料 無料

秀吉が指揮を執った砦

## 久保山砦跡

秀吉ゆかり

秀吉方の砦として築かれ、秀吉がここで合戦の指揮をしたとされることから「太閤山」とも呼ばれる。現在は跡地に熊野神社が鎮座し、社殿の横をさらに登った先に石碑が立つ。

MAP 別冊 P.8-B2

住 小牧市久保一色山新田227　営 見学自由　P なし
交 名鉄小牧線味岡駅から徒歩10分

家康軍議の腰掛け石が残る

## 色金山歴史公園

家康ゆかり

長久手古戦場から2km先にあり、家康が軍議を開いた際に腰掛けたと伝わる床机石が残る。茶室では抹茶体験（～15:30、250円）も可能。

MAP 別冊 P.23-C2

住 長久手市岩作色金37-1　TEL 0561-61-3131　開 9:30～16:00　休 月　料 無料　P あり　交 地下鉄藤が丘駅から名鉄バス瀬戸駅前行きなどで岩作下車、徒歩5分

秀吉が陣を張った場所

## 龍泉寺

最澄が創建した天台宗の寺院。秀吉が退却する際に池田恒興隊が放火し、焼失した。14年後に再建されたが、明治期に再び焼失し再々建された。

MAP 別冊 P.11-D1

住 名古屋市守山区竜泉寺1-902　TEL 052-794-3647　開 9:00～16:00　休 無休　料 無料　P あり
交 ゆとりーとライン龍泉寺口駅から徒歩3分

家康が金扇の馬標を立てた

## 御旗山

小牧・長久手の戦いにおける桧ケ根の戦いで羽柴方の堀秀政は勝利したが、御旗山に家康の馬標を確認。形勢の不利を悟り、池田恒興親子と森長可の援軍要請を無視して退却した。

MAP 別冊 P.23-C2

住 長久手市富士浦602　TEL 0561-56-0627（長久手市生涯学習課）開 見学自由　P なし　交 愛知高速交通東部丘陵線（リニモ）はなみずき通駅から徒歩10分

info JALの列車「リニモ」　日本初のリニア実用路線・東部丘陵線は、HSSTという日本航空開発の車両が走行する路線。その後、名鉄が協力し、愛知万博の会場アクセスで実用化された。実験線は名鉄常滑線大江駅と東名古屋港駅間にあった。

## 三英傑ゆかりの地を巡る１日モデルプラン

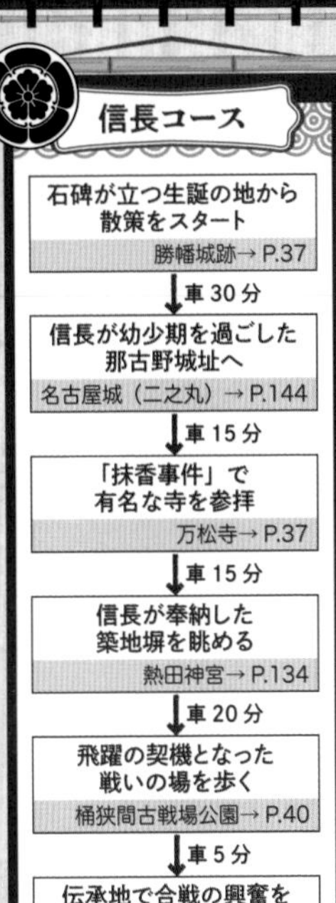

### 信長コース

石碑が立つ生誕の地から散策をスタート
勝幡城跡→ P.37

↓車 30 分

信長が幼少期を過ごした那古野城址へ
名古屋城（二之丸）→ P.144

↓車 15 分

「抹香事件」で有名な寺を参拝
万松寺→ P.37

↓車 15 分

信長が奉納した築地塀を眺める
熱田神宮→ P.134

↓車 20 分

飛躍の契機となった戦いの場を歩く
桶狭間古戦場公園→ P.40

↓車 5 分

伝承地で合戦の興奮を空想する
桶狭間古戦場伝説地→ P.40

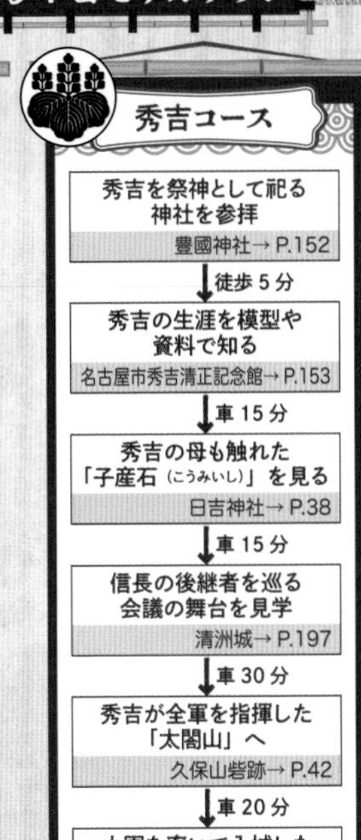

### 秀吉コース

秀吉を祭神として祀る神社を参拝
豊國神社→ P.152

↓徒歩 5 分

秀吉の生涯を模型や資料で知る
名古屋市秀吉清正記念館→ P.153

↓車 15 分

秀吉の母も触れた「子産石（こうみいし）」を見る
日吉神社→ P.38

↓車 15 分

信長の後継者を巡る会議の舞台を見学
清洲城→ P.197

↓車 30 分

秀吉が全軍を指揮した「太閤山」へ
久保山砦跡→ P.42

↓車 20 分

大軍を率いて入城した城を訪れる
国宝犬山城→ P.44

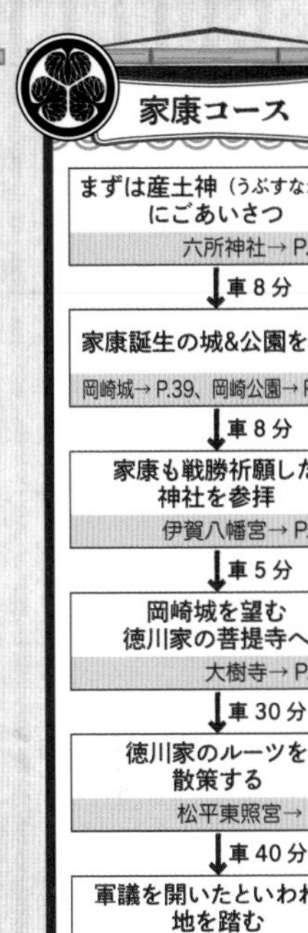

### 家康コース

まずは産土神（うぶすながみ）にごあいさつ
六所神社→ P.230

↓車 8 分

家康誕生の城&公園を歩く
岡崎城→ P.39、岡崎公園→ P.230

↓車 8 分

家康も戦勝祈願した神社を参拝
伊賀八幡宮→ P.233

↓車 5 分

岡崎城を望む徳川家の菩提寺へ
大樹寺→ P.233

↓車 30 分

徳川家のルーツを散策する
松平東照宮→ P.39

↓車 40 分

軍議を開いたといわれる地を踏む
色金山歴史公園→ P.42

祭りのメイン「郷土英傑行列」は必見!

## 名古屋まつり

**開催日　10月中旬の土・日**

名古屋最大の祭りにして秋の風物詩。ハイライトは三英傑や鎧武者などによる「郷土英傑行列」だ。市指定文化財「山車揃（だしぞろえ）」や市文化財「神楽揃（かぐらぞろえ）」、生花で彩られたフラワーカーパレードなども見逃せない。当日は各会場でイベントが行われるほか、名古屋城や東山動植物園といった市内の観光施設が無料開放されるなど、名古屋が祭り一色に染まる。

【開催場所】
行列：名古屋駅〜矢場町、市役所〜矢場町
会場：久屋大通公園、オアシス 21、名古屋城など
【問い合わせ】052-972-7611（名古屋まつり協進会）
※祭りの内容は変更になる可能性があります。

❶豪華絢爛な衣装を身にまとい、信長・秀吉・家康の三英傑が沿道の観客を魅了する　❷各地区が誇る9輛の山車が市役所前に一堂に会する。市役所前から栄交差点まで曳行される　❸久屋大通公園会場のステージの様子。名古屋めしや名古屋の伝統・文化体験などのブースも登場

info 三英傑に応募できる　郷土英傑行列の三英傑は毎年25歳以上の名古屋市内在住者または在勤者から公募する。さらに信長役は乗馬ができることが応募資格となっている。書類審査と面接を経て決定される。

犬山のシンボル・犬山城は
木曽川沿いに天文6（1537）年に
築城されたといわれる。
日本にわずか5ヵ所しかない
国宝指定の天守をもつ
名城を訪ねてみよう。
完全図解


現存する日本最古の天守

# 国宝犬山城の歩き方

犬山城の歴史を知る

## 5つのポイント

ポイント1

### 木曽川が背後を守る後堅固の城

背後にある川面から約50mの断崖と木曽川を天然の堀として使う。正面は本丸、杉の丸、樅の丸などを階段状に連ねて配置し、城下町と一体になった総構えの構造だ。天守以外のほとんどの建物は明治6（1873）年の廃城令以降、寺社や個人に払い下げられた。

ポイント2

### 「白帝城」への登城ルートはふたつ

犬山城の別名である白帝城は、三国志や李白の詩にも登場する中国・三峡にある白帝城のようだと、江戸時代の儒学者・荻生徂徠により命名された。登城には犬山遊園駅から木曽川遊歩道を歩くルートと、犬山駅から本町通りを上るルートがある。

ポイント3

### 戦国時代は幾度も激戦の舞台に

織田信長の叔父・信康により築城されたとされるが、のちに信長の家臣・池田恒興が城主に。尾張と美濃の国境にあり、中山道と木曽街道に通じることから、政治・経済・交易の要衝として栄え、何度も戦いの舞台になった。小牧・長久手の戦いでは一時的に秀吉が入城した。

ポイント4

### 全国唯一! 個人所有の城だった

明治維新をきっかけに城は藩主だった成瀬家から県の所有になったが、明治24（1891）年に起きた濃尾地震で天守が半壊。修理を条件として県から成瀬家に譲与された。成瀬家と犬山町民は義援金を募り修復を行なった。

ポイント5

### 9代にわたり城を守った成瀬家

尾張徳川家の付家老だった成瀬正成が元和3（1617）年に徳川秀忠より犬山城を拝領。幕末まで成瀬家が代々城主を務めた。明治に入って9代正肥の代にいったん手を離れたが再び城主に。平成16（2004）年に個人から財団法人犬山城白帝文庫へ所有を移した。

**国宝犬山城** MAP 別冊 P.22-A1
住 犬山市犬山北古券65-2　TEL 0568-61-1711
営 9:00～17:00　休 無休　料 550円　CC 不可
P あり　交 名鉄犬山線犬山遊園駅から徒歩20分

info 大名並みの付家老　付家老とは、江戸時代に幕府から親藩に、または大名の本家から分家に監督や補佐役として付けられた家老のこと。成瀬家含む徳川御三家の筆頭付家老5家は、大名並みの所領をもった。

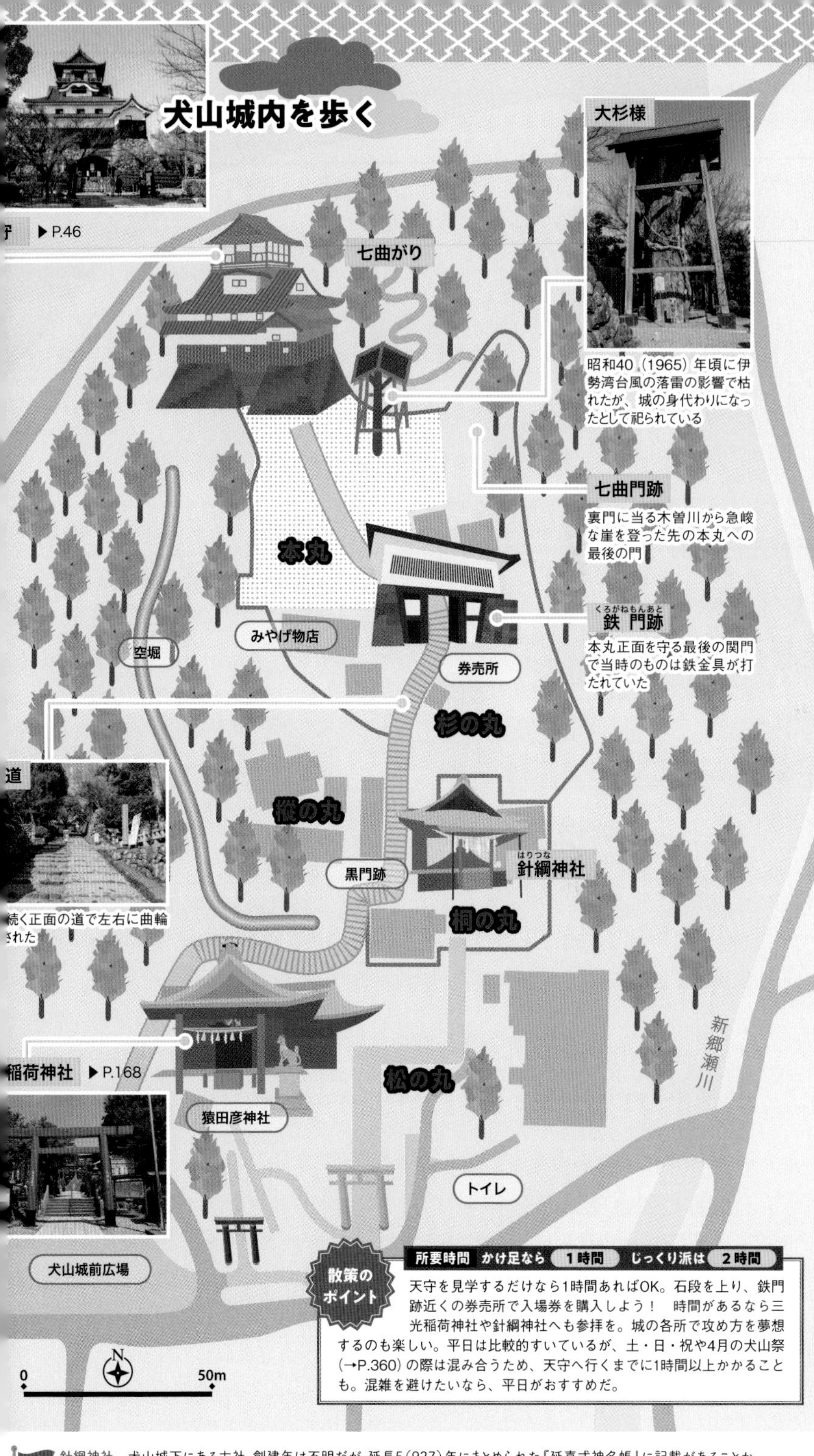

犬山城内を歩く
▶P.46
七曲がり
大杉様
昭和40（1965）年頃に伊勢湾台風の落雷の影響で枯れたが、城の身代わりになったとして祀られている
七曲門跡
裏門に当る木曽川から急峻な崖を登った先の本丸への最後の門
本丸
みやげ物店
空堀
鉄門跡
本丸正面を守る最後の関門で当時のものは鉄金具が打たれていた
券売所
杉の丸
道
樅の丸
黒門跡
針綱神社
続く正面の道で左右に曲輪
桐の丸
稲荷神社 ▶P.168
猿田彦神社
松の丸
新郷瀬川
トイレ
犬山城前広場
0
50m
N
散策のポイント
所要時間 かけ足なら 1時間 じっくり派は 2時間
天守を見学するだけなら1時間あればOK。石段を上り、鉄門跡近くの券売所で入場券を購入しよう！　時間があるなら三光稲荷神社や針綱神社へも参拝を。城の各所で攻め方を夢想するのも楽しい。平日は比較的すいているが、土・日・祝や4月の犬山祭（→P.360）の際は混み合うため、天守へ行くまでに1時間以上かかることも。混雑を避けたいなら、平日がおすすめだ。

info 針綱神社　犬山城下にある古社。創建年は不明だが、延長5（927）年にまとめられた『延喜式神名帳』に記載があることから、1000年以上の歴史があることがわかる。犬山の春の風物詩である犬山祭は針綱神社の春季祭礼。

## 天守を観る

犬山城の天守は3重4階地下2階の望楼型だ。地下1・2階の穴倉の上に2重2階の入母屋造の建物を置き、その上に望楼部が乗る。

鯱瓦（しゃちがわら）
望楼部屋根の両端には鯱瓦が乗る。最も新しいのは北側のもので、平成29(2017)年の落雷で破損し、翌年作り直した
華頭窓（かとうまど）
上部が尖頭アーチ状の窓。鎌倉時代に伝わった中国の禅宗建築だが、後に寺院以外でも使われるようになった。犬山城の場合、窓枠だけで開閉はできない
真壁造（しんかべづくり）
望楼部は柱や桁を塗り込めず、むき出しにした造りとなっている。同じ構造の天守は福井県にある丸岡城のみだ
魔除け
亀の甲羅に桃が乗る様子をモチーフとした瓦が魔除けとして取り入れられている
付櫓
天守の入口を防備するための櫓で、入口に対して側面から攻撃を加える役割をもつ
天守の高さ 約19m
唐破風（からはふ）
弓なり状にせり上がった屋根の妻側の造形。成瀬正成の代に唐破風を増築するなどして現在の形になった
石落とし
床を開いて石を落とし、石垣からの侵入者を防ぐ防御設備。1階の北西と北東にあり、石垣から突き出している
石垣の高さ 約5m


知っておきたい「天守」のあれこれ

### 天守が誕生したのは戦国時代末期

初めて天守を備えた城は信長が建てた安土城だといわれる。天守の原型は戦乱期における物見櫓の役割だったが、太平の世になっていくと次第に城下町の象徴に変わった。

### 「現存12天守」とは

江戸時代以前に建てられた天守が現存する12城のこと。江戸時代には全国に約170城あったといわれるが、明治の廃城令や戦乱、災害などで多くの城郭が失われた。犬山城天守は「現存12天守」のなかでも最古[※1]のもの。築城当時の様式を残す貴重な天守として昭和27(1952)年に国宝に指定[※2]された。

※1「日本最古の天守」については諸説あるが、令和3(2021)年3月、犬山市教育委員会は柱や梁などの年輪年代測定の結果、「現存最古の天守であることが科学的にわかった」と発表した

※2 昭和10(1935)年、旧国宝指定

現存最古!

**現存12天守**

① 犬山城（愛知県）
② 松本城（長野県）
③ 彦根城（滋賀県）
④ 姫路城（兵庫県）
⑤ 松江城（島根県）
⑥ 丸岡城（福井県）
⑦ 丸亀城（香川県）
⑧ 宇和島城（愛媛県）
⑨ 備中松山城（岡山県）
⑩ 高知城（高知県）
⑪ 弘前城（青森県）
⑫ 伊予松山城（愛媛県）

※建築年順（推定含む）
※①～⑤は国宝

info ふたつの城跡　犬山城周辺には城跡がふたつある。西の木曽川対岸にある丘陵が伊木山（いぎやま）城跡で、北東の対岸、犬山橋近くの岩山が鵜沼（うぬま）城跡。小牧・長久手の戦いで秀吉方の池田恒興は鵜沼城を拠点に犬山城を落とした。

# 天守の構造を知る

## 4階

天守最上階で、高欄と廻縁が取り巻く望楼となっている。現在は赤い絨毯が敷かれているが、これは江戸時代に絨毯を敷いていた跡が見つかったことから。昭和の大修理のときに再現された。

❶成瀬家12代の歴代城主の肖像画や写真が掲げられている高欄の間　❷外に出て1周できる廻縁。成瀬家による増築とされる　❸西側の眺め。木曽川と対岸の鵜沼を一望

## 3階

東西はもとからの入母屋破風だが、南北は成瀬家によって加えられたといわれる唐破風が施されている。

当初は明り取りの窓だったが、唐破風に改築された

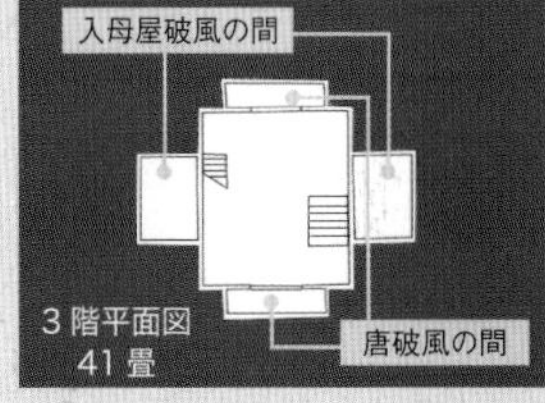


## 2階

中央は武具の間となり、武具棚が備えられている。その周囲には武者走りと呼ばれる外壁内側の通路が囲む。

東西北の3方にある武具棚は延宝3（1675）年に追加されたもの

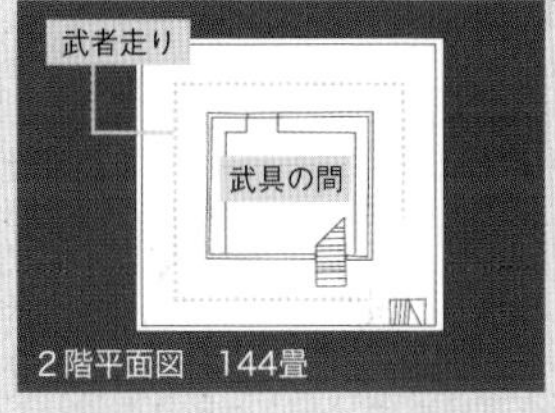


## 1階

中央部の4室を武者走りが囲む。城主の部屋である上段の間は、城内で唯一畳が敷かれている。

上段の間の背後には護衛の武士が隠れる武者隠しの間がある

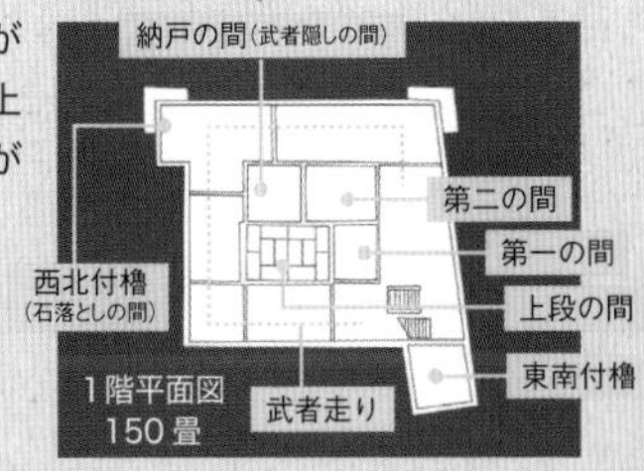


## 地下1・2階

天守の出入口であり、物を備蓄しておく倉庫の役割もあった。

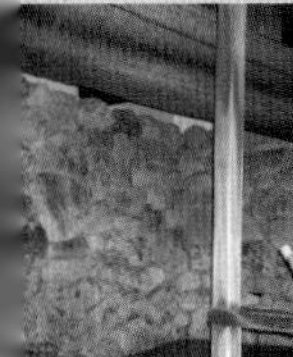

Check!

### 撮影スポットは木曽川対岸

木曽川に架かるライン大橋を渡って岐阜県鵜沼にも行ってみよう。天守を美しく写真に収めることができる。

info 鉄道併用だった犬山橋　犬山城北東の犬山橋は、かつて車と列車が同じ橋を渡る鉄道道路併用橋だった。特急が路面電車のように車と並走したが、交通量の増大から平成12（2000）年に横に道路橋ができ鉄道専用に。

犬山城見学のあとは……

# 犬山城下町さんぽ

犬山城築城時にもとからあった町を整備して作ったのが犬山城下町。当時と変わらぬ町割りに歴史的建造物が並ぶ。

❶

**モデルコース**
●所要3～4時間

- 国宝犬山城
  - ↓ 徒歩10分
- 1 有楽苑
  - ↓ 徒歩10分
- 2 山田五平餅店
  - ↓ 徒歩3分
- 3 どんでん館
  - ↓ 徒歩1分
- 4 桜屋菓舗
  - ↓ 徒歩3分
- 5 木之下城伝承館・堀部邸
  - ↓ 徒歩1分
- 6 厳骨庵
  - ↓ 徒歩2分
- 7 若松屋阡壱
  - ↓ 徒歩15分
- 名鉄犬山駅

国宝茶席3名席のひとつ

## 1 有楽苑

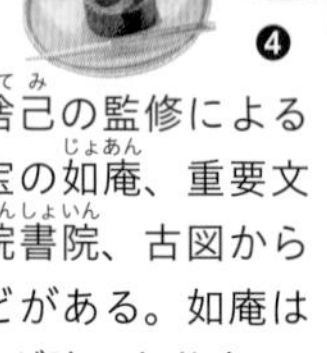
❹

国宝

建築家・堀口捨己の監修による日本庭園で、国宝の如庵、重要文化財の旧正伝院書院、古図から復元した元庵などがある。如庵は信長の弟・有楽斎が建てた茶室で、有楽窓※や斜めの壁など、随所に独創性が凝らされた貴重な文化財だ。

※外側に細い丸竹を詰め打ちした窓

MAP 別冊 P.22-B1
住 犬山市犬山御門先1　TEL 0568-61-4608
開 9:30～17:00（最終入苑16:30）　休 水
料 1200円　P あり　交 名鉄犬山線犬山遊園駅から徒歩8分
写真提供：名古屋鉄道株式会社

❶如庵が京都にあった当時の庭園の様子を高い精度で再現　❷柿葺（こけらぶき）入母屋風の屋根を有す如庵。特別見学会でのみ建物内部を見られる　❸有楽斎の隠居所だった旧正伝院書院。内部は非公開だが、外からのぞくことも可能　❹弘庵では呈茶をいただける（一服600円）。犬山焼の茶器と同苑限定和菓子「有楽風（うらくかぜ）」

食べ歩き

冬は焼き芋、夏はかき氷も人気

焼きたての手作り五平餅

## 2 山田五平餅店

本町通り沿いでゴマ、くるみ、ピーナッツが入る特製たれの五平餅（1本100円）を販売する。

MAP 別冊 P.22-A2
住 犬山市犬山東古券776　TEL 0568-61-0593　営 11:00～16:30　休 月（祝日の場合は翌日）　CC 不可　P なし
交 名鉄犬山線犬山駅から徒歩10分

犬山祭を年中体感できる

## 3 どんでん館

毎年4月の第1土・日曜に行われる国の重要無形民俗文化財「犬山祭」の車山を4輌展示する。

MAP 別冊 P.22-A2
住 犬山市犬山東古券62　TEL 0568-65-1728　営 9:00～17:00　休 なし　料 100円　P なし　交 名鉄犬山線犬山駅から徒歩10分



info 国宝3号に指定の如庵　如庵は国宝3号だが、1号は平泉の中尊寺金色堂で2号は鎌倉の円覚寺舎利殿だ。犬山には昭和47（1972）年に移築。それ以前は大磯の三井高棟の別荘や東京の三井本邸など各地を転々とした。

かわいらしい和菓子が並ぶ

## 4 桜屋菓舗（さくらやかほ）

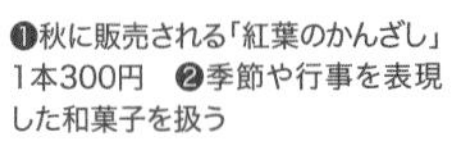

❶秋に販売される「紅葉のかんざし」1本300円　❷季節や行事を表現した和菓子を扱う

創業60余年の和菓子店。本町通りに本店を、犬山駅東に支店の「東みせ」を構える。有楽苑限定の呈茶菓子「有楽風」は同店の製造だ。

MAP 別冊 P.22-A3　住犬山市犬山西古券 72-1　TEL 0568-61-1537　営 9:00〜18:00　休水　CC 不可　P あり　交名鉄犬山線犬山駅から徒歩 10 分

❶明治初期に建てられ、増改築が重ねられた。国登録有形文化財　❷木造2階建ての主屋と離れ座敷などからなる　❸邸内には提灯工房とカフェを併設する

城下町唯一の武家風屋敷

## 5 木之下城伝承館・堀部邸（きのしたじょうでんしょうかん・ほりべてい）

城下町南にあり、犬山城主・成瀬家に仕えた堀部家の屋敷と旧堀部家の収蔵品を公開している。犬山城築城以前は城の南側地区にあったとされる木之下城に関する情報も展示する。

MAP 別冊 P.22-A3
住犬山市犬山南古券272　TEL0568-90-3744
開12:00〜18:00　休月・火（祝日の場合は翌日）
料無料　Pなし　交名鉄犬山線犬山駅から徒歩10分

銘菓「げんこつ」の老舗

## 6 厳骨庵（げんこつあん）

最初は硬いが口の中でやわらかくなる

黒糖ときな粉で作る犬山銘菓の「げんこつ」を製造・販売する。創業180余年の老舗だ。

MAP 別冊 P.22-A3
住犬山市犬山南古券266　TEL0568-61-2117
営8:30〜17:00　休水、ほかに月1〜2回休業日あり　CC不可　Pあり（店舗向かい側）　交名鉄犬山線犬山駅から徒歩10分

犬山名物の桃を使う和菓子

## 7 若松屋阡壱（わかまつやせんいち）

90余年続く和菓子店。桃の産地である犬山にちなみ、桃を使った菓子を多数揃える。愛知県産いちじくのジャムも扱う。

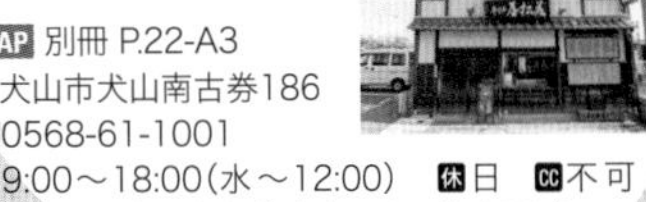

❶地元産の桃を使った和じゃむ・もも648円　❷桃と小豆のカステラが重なる桃錦水（とうきんすい）1本1080円

MAP 別冊 P.22-A3
住犬山市犬山南古券186
TEL0568-61-1001
営9:00〜18:00（水〜12:00）　休日　CC不可
Pあり　交名鉄犬山線犬山駅から徒歩10分

### 着物で城下町を歩こう

城下町の周辺には着物と浴衣のレンタル店がある。手ぶらで利用でき、柄の種類も豊富だ。男性向けもあり、カップルでも利用できる。

**清華堂（せいかどう）** MAP 別冊 P.22-A2
住犬山市犬山北古券7-2犬山ローレライ麦酒丸の内店2階　TEL0568-55-4921
営10:00〜17:00（レンタル受付〜14:00）、夏季〜18:00（レンタル受付〜15:00）
休水・木、第1金曜　料6600円〜　CCVM
Pなし　交名鉄犬山線犬山駅から徒歩10分

info 犬山市と桃　犬山市で桃の生産が始まったのは昭和初期頃から。現在はおもに「日川白鳳」「白鳳」「愛知白桃」の3品種を栽培している。また、木曽川沿岸には桃の鳥居がインパクト大の桃太郎神社（→P.169）がある。

見て触れて
歩いて
発見!

# 遊びスポットを徹底調査

訪れること自体が旅の目的にもなる遊びスポット。愛知のなかでも特に注目すべき3つのパークの見どころを調査した。

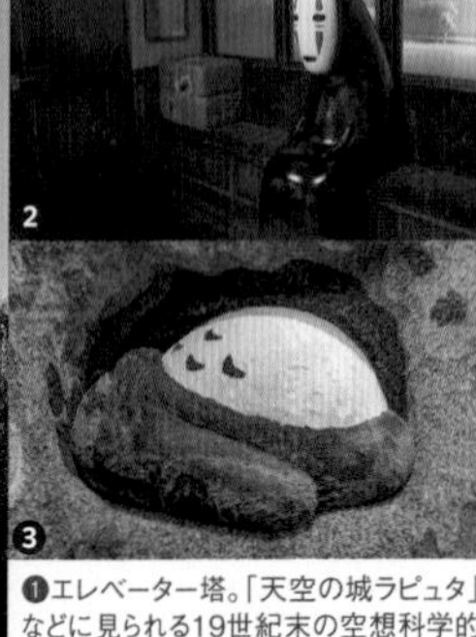

❶エレベーター塔。「天空の城ラピュタ」などに見られる19世紀末の空想科学的な世界感をイメージしてデザイン　❷「ジブリの大倉庫」で第1期開園に合わせて期間限定で開催中の企画展示「ジブリのなりきり名場面展」。映画の名シーンになりきれる　❸「ジブリの大倉庫」のどこかで眠るトトロ

## 長久手市 ジブリパーク（じぶりぱーく）

スタジオジブリ作品の世界を表現した公園施設で、愛・地球博記念公園（モリコロパーク）内にある。194ヘクタールという広大な敷地の一部がジブリパークとなり、令和5（2023）年4月現在、第1期の3エリアが開園している。「森と相談しながら」公園づくりをしているというだけあって、緑の中、風を感じながら歩いていくと、スクリーンで見たような風景が忽然と現れ、感動もひとしお。アトラクションや乗り物はないが、物語の世界に迷い込んだような気分が味わえる。

MAP 別冊 P.23-D3
住 長久手市茨ケ廻間乙1533-1 愛・地球博記念公園内
TEL 0570-089-154（ジブリパーク営業時間中）　営 10:00〜17:00、土・日・祝と学校の長期休暇期間中 9:00〜17:00
休 火（祝日の場合は翌平日、学校の長期休暇期間中は営業の場合あり）　CC ADJMV　P なし　交 愛知高速交通東部丘陵線（リニモ）愛・地球博記念公園駅からすぐ

### 「ジブリパーク」の楽しみ方

**所要時間**
ジブリの大倉庫　2〜3時間
青春の丘・どんどこ森　各1時間程度

**欲張らずにゆっくり回る**
チケットは日時指定の予約制。エリア外の公園散策と一緒に楽しもう。グッズ購入の待ち時間や移動時間も加味してプランニングを。愛・地球博記念公園の園内無料バスも利用できる。

愛・地球博記念公園駅
↓ 徒歩3分
メインゲート
↓ 徒歩10分
青春の丘
↓ 徒歩5分
ジブリの大倉庫
↓ 徒歩20分
どんどこ森

（メインゲート〜どんどこ森 徒歩40分）

### チケットの購入方法

チケットは日時指定の予約制。指定されているのは入場時間のみで退場時間の制限はない。Boo-Wooチケット、全国のローソン・ミニストップ店頭のLoppiで販売。料金・入場時間など詳しい情報は公式ウェブサイトで確認を。
ジブリパーク公式サイト　https://ghibli-park.jp/

**新たに2エリアがオープン**

『もののけ姫』に登場した乙事主の遊具やタタリ神のオブジェがある「もののけの里」と『魔女の宅急便』や『ハウルの動く城』などをイメージしたヨーロッパ風の「魔女の谷」が令和5（2023）年度に第2期開園予定だ。

もののけの里

魔女の谷



info エリア外にもジブリ作品の世界が　無料で入場できる愛・地球博記念公園にもジブリ作品の世界に触れられる場所がある。エレベーター塔や稲楼門がその代表だ。ほかにも園内ベンチに映画に由来するオブジェが置かれている。公園散策と一緒に楽しもう。

## 調査 1 猫サイズの事務所がすごい
青春の丘

『耳をすませば』に登場

❶ポストの中にも何かが……のぞいてね　❷アンティークショップに、バイオリン工房も！

『猫の恩返し』に登場する猫の事務所は、猫サイズながら、建物の基礎から木材を組んで仕上げるところまで、本物の建築工程にのっとって制作。事務所をのぞくと、そこには……。

## 調査 2 隠れキャラを探せ！
ジブリの大倉庫

見つけた！

❶美しいタイル造形も見ものだ　❷タイルに描かれたキャラクターを探そう

第１期メインエリアで、“ジブリの大博覧会”ともいえる「ジブリの大倉庫」には、巨大な倉庫の中に、企画展示やショップ・カフェなどが詰まっている。

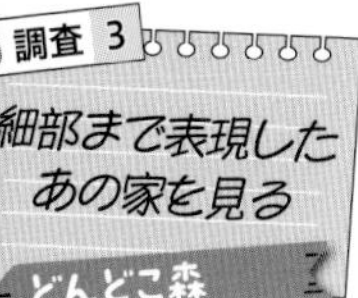

家の中の引き出しやタンスは自由に開けられる

## 調査 3 細部まで表現したあの家を見る
どんどこ森

サツキとメイの家は『となりのトトロ』の時代設定にあわせて昭和初期の建築様式や、昭和30年代の生活様式を踏まえ１年ほどかけて建てられた「本物の家」。

ジブリパークMAP

愛・地球博記念公園駅
青春の丘
公園北口
メインゲート
もののけの里
ジブリの大倉庫
魔女の谷
稲楼門
公園西口
どんどこ森

山頂と麓をつなぐスロープカー

## 調査 4 豊かな自然を生かした遊び場
どんどこ森

❶どんどこ森には売店や休憩所もある　❷ベビーカーや車椅子の利用者らが優先して乗車できる

サツキとメイの家の裏山のどんどこ森には豊かな自然が広がっている。散策路を登ってたどり着く山頂には、愛知県産の杉やヒノキなどを使用したトトロを模した木製遊具「どんどこ堂」が。小学生以下は中に入って遊べる。

## 調査 5 工の技が光る「稲楼門（とうろうもん）」
エリア外

稲楼門は『千と千尋の神隠し』の油屋のよう。名古屋市内にあった旧料亭稲本の楼門で、都市景観重要建築物の指定を受けていたが、料亭営業終了とともに指定を解除されて解体。愛・地球博記念公園内に、移設・復原された。

散策の休憩に利用できるよう、広場内には東屋がある

info ロタンダ 風ヶ丘　公園北口近くの「ロタンダ 風ヶ丘」にはショップとカフェテリアがある。ショップではおもちゃやオリジナルグッズとジブリ作品のグッズなどを、カフェテリアではおにぎりや和スイーツを販売。愛・地球博記念公園駅を降りてすぐ。

名古屋市

# レゴランド®・ジャパン

「とことん子供を楽しませる場所であること」を追求したレゴランド®・ジャパン・リゾートは、テーマパーク、ホテル、水族館（シーライフ名古屋→ P.160）の３つで構成されている。テーマパークは３歳から利用できるアトラクションも多く、子供が遊んでいる間、保護者が近くで見られるスペースをしっかり用意。子供の自主性や積極性を促す仕組みも多い。わが子が「子供」でいる時間はわずか。その貴重な今を家族で楽しもう。子供はもちろん大人を夢中にさせる仕掛けもいっぱいだ。

MAP 別冊 P.21-C3
住 名古屋市港区金城ふ頭 2-2-1 TEL 0570-05-8605 営 日によって異なる 休 不定休 CC ADJMV P なし 交 あおなみ線金城ふ頭駅から徒歩５分

園内のスタッフは「子供をケアするプロ」。安心して楽しめる

### チケットの購入方法

当日の窓口購入のほか、公式ウェブサイトと全国のセブン-イレブンで事前購入ができる。窓口で購入すると、チケット１枚につき 500 円の発券手数料がかかるので、事前購入がお得。

| 料金 | 1DAY パスポート 4500 円～（日付変動制） |
|---|---|

## 調査 1 大人にもおすすめ できたてのレゴ®ブロックをもらえる

ファクトリー

黄色いプラスチックの粒がブロックへと生まれ変わる様子を見学できる。世界各国のレゴランドでも歩いて回れるのはここだけ。出口にはブロックの詰め放題（有料）がある。

❶見学の終わりに、できたてのレゴを手に入れよう ❷デザインが変わることもある

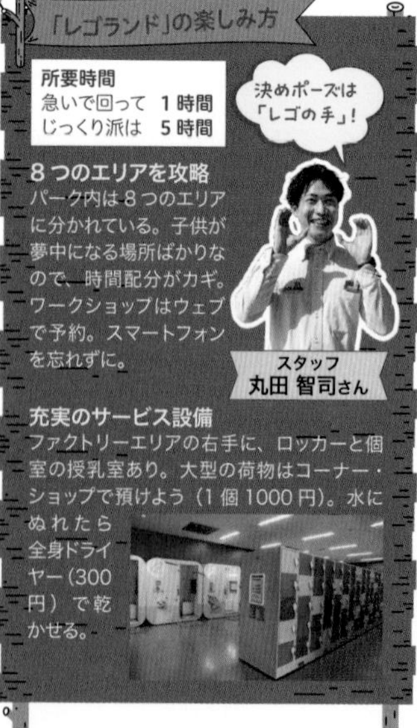

### 「レゴランド」の楽しみ方

**所要時間**
急いで回って　1 時間
じっくり派は　5 時間

決めポーズは「レゴの手」！

スタッフ 丸田 智司さん

**8 つのエリアを攻略**
パーク内は 8 つのエリアに分かれている。子供が夢中になる場所ばかりなので、時間配分がカギ。ワークショップはウェブで予約。スマートフォンを忘れずに。

**充実のサービス設備**
ファクトリーエリアの右手に、ロッカーと個室の授乳室あり。大型の荷物はコーナー・ショップで預けよう（1 個 1000 円）。水にぬれたら全身ドライヤー（300 円）で乾かせる。

## 調査 2 ミニフィギュア（レゴの人形）のトレードで子供が成長

パーク全体

園内にあるミニフィギュア（ミニフィグ）は、原則的にすべて交換できる。子供が大人のスタッフに「話しかける」という体験をさせるための仕掛けだ。園内には日本唯一のミニフィグ専門店も。

❶交換するときはミニフィグ同士でハイタッチ！ ❷自分だけのミニフィグを作ろう

info ギネス認定の桜　エントランスを入ると、季節で変わるレゴ製巨大オブジェが出迎えてくれる。春に登場する桜の木は「レゴブロックで作られた最大の桜の木」として、平成30（2018）年、ギネス世界記録®に認定されている。

調査 3 大人にもおすすめ

## レゴビルダー渾身のレゴブロック製の世界を旅する

ミニランド

❶イベント開催中に撮影。通常は近寄って撮影はできないので注意 ❷名古屋城に実際にいる武将隊

レゴビルダーの手で２年がかりで作り上げられたミニランドで、名古屋の名所も世界遺産も観光できる。ミニランドの住人「ミニランダー」のユーモラスな姿にも大注目。

❸ドーム球場。手元のボタンを押すと選手が走る！ ❹名古屋市役所。本物も観光しよう ❺市長を発見! ノボリも忠実

調査 4 大人にもおすすめ

## 世界に3ヵ所しかないサブマリンアドベンチャー

アドベンチャー

本物の水の中を進む潜水艦アトラクション。色とりどりの魚とレゴが競演する先には、レゴの遺跡が……。

本物の魚が2000匹以上! 大人が思わずうなる

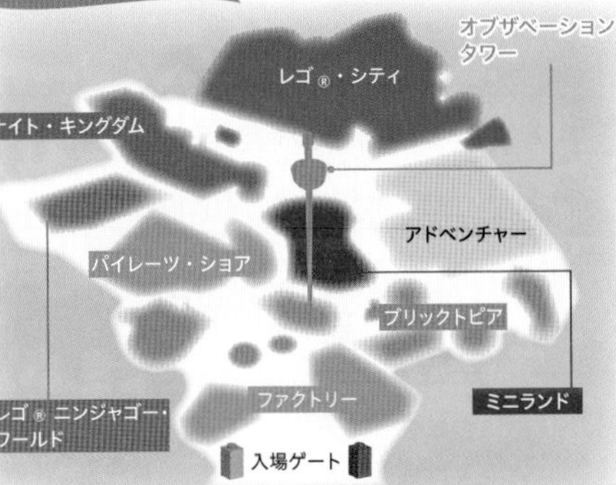


調査 5

## 誕生日の子は特別待遇

パーク全体

誕生日に入園するとポップコーンなどのパッケージを誕生日限定デザインに変えてもらえたり、ゲームのチャレンジ回数が増えたりという特典がある。さらに「バースデー・パッケージ」の購入で体験がグレードアップ！

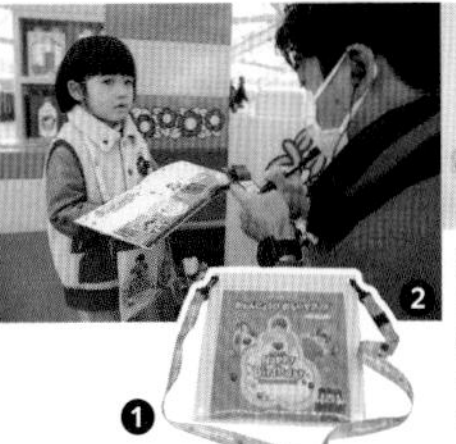

❶「おたんじょうびおもいでブック」を首から下げてアピール ❷特別ミッションをクリアしてシールをGET！ ❸食事も特別仕様。スペシャルな1日になる

レゴブロックの世界にもっと浸るなら……

### 「レゴランド®・ジャパン・ホテル」に泊まろう

暗号を解いて鍵を開けるおみやげ入りのトレジャーボックスを全室に設置。ワークショップや水深 60cm のプールがあるウォーター・プレイ・エリアといった楽しみも。
料全プラン朝食付き３万 5000 円～（1 室 3 名の場合） TEL 0570-05-8605（水・日以外）

壁紙や装飾でレゴの世界を再現! パークの興奮がそのまま続くホテルだ

info 大人が疲れない工夫　アトラクションの待機列やホテルのレストランなどに、レゴで遊べるスポットが用意されている。子供がぐずらず、飽きずに過ごしてくれるので、大人のテーマパーク疲れも最小限で済む。

ビーズ細工の装飾品とカラフルな毛布が特徴

衣装の着脱も簡単!

調査 1

## 民族衣装を着て世界のリアルな家と暮らしを知る

民家のたたずまいや内装、壁画を眺めれば、背景にある文化や生活様式が見えてくる。珍しい民族衣装の試着（レンタル料 500 円～）もお忘れなく。

世界随一の野外民族博物館

一部エリアを除き、ワンちゃん連れもOK

犬山市

# 野外民族博物館(やがいみんぞくはくぶつかん) リトルワールド(りとるわーるど)

世界のさまざまな文化を楽しく学べる博物館。広い敷地には世界中から収集した本物の伝統建築物を移築、あるいは本場の建築家を招いて材料や建築方法を可能なかぎり正確に復元した家屋が立ち並ぶ。さまざまな国の美しい民族衣装を身につけられるのも人気の理由。各地の名物料理も味わいながら、半日で世界一周旅行を楽しめる。とにかく広いので、歩きやすい靴で訪れよう。

MAP 別冊 P.8-B1

住 犬山市今井成沢 90-48　TEL 0568-62-5611　営 日によって異なる　休 不定休　料 1900 円　CC ADJMV　P あり　交 名鉄バスセンターから東農鉄道高速バス、または名鉄犬山線犬山駅から岐阜バスモンキーパーク・リトルワールド行きでリトルワールド下車すぐ

### 「リトルワールド」の楽しみ方

食事と民族衣装体験はエリア別に実施。体験したい内容を事前に組み立ててから出発を。園内バス（500 円）は 20 分間隔で運行。

所要時間
急いで回って　2 時間
じっくり派は　4 時間

ゾーンⅥ

### 南アフリカ ンデベレの家

南アフリカ共和国の内陸部に住む民族の家。幾何学模様の壁絵は、現地から招いた 4 人の女性が描いた。

ゾーンⅡ

### ペルー 大農園領主の家

厳かな礼拝堂をチェック

16 世紀末～20 世紀にかけて続いた大農園制度の領主のスペイン植民地様式の豪邸を再現。

邸内には欧州風の豪華な調度品が置かれる

### リトルワールド MAP

| | |
|---|---|
| ゾーンⅠ | 石垣島　アイヌ　台湾 |
| ゾーンⅡ | ティピ　ナバホ　トリンギット　ペルー |
| ゾーンⅢ | バリ島　トバ・バタック　ヤップ　サモア |
| ゾーンⅣ | ドイツ　フランス　イタリア |
| ゾーンⅤ | 世界のテント村 |
| ゾーンⅥ | ニャキュウサ　ンデベレ　アフリカンプラザ　カッセーナ |
| ゾーンⅦ | ネパール　インド　タイ　トルコ |
| ゾーンⅧ | 韓国 農家　韓国 地主　山形 |

info 民族衣装体験のコツ　体験は500円～。衣装は服の上から着用できるようになっている。インドのサリーなど、透けやすい素材もあるので無地の服で挑戦しよう。季節を限定した衣装もあるため、事前にチェックを。

色鮮やかな
フレスコ画に
注目
ドイツ
伝統衣装

ゾーンⅣ

## ドイツ バイエルン州の村

バイエルン州の観光地ガルミッシュ・パルテンキルヘンをモデルに民家、礼拝堂など村全体を復元。「風の絵」と呼ばれる壁絵（フレスコ画）が特徴的。

❶広場を中心にレストランやおみやげ店がある ❷「風の絵」という名前は、そよ風のように手早く描きあげる技法が由来

ゾーンⅦ

## ネパール 仏教寺院

極彩色の
本堂内部も
お見逃しなく

シェルパの人々の大工を招き、ヒマラヤ山中に建てられたチベット仏教のタキシンド寺院の一部を復元。チベット仏教を深く信仰するシェルパにとって寺院は心の支えなのだ。

❶本尊、宿坊、チョテルン（仏塔）などを復元 ❷内部のマンダラは現地の絵師10名が1年以上かけて描いた傑作

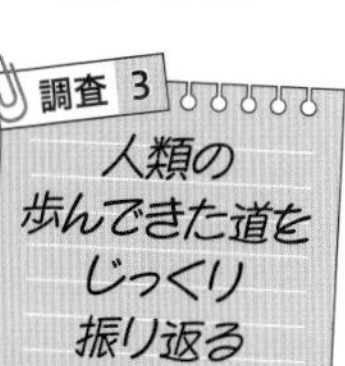

## 調査 2 世界のグルメとおみやげをチェック

おみやげとグルメは各ゾーンのお店のほか、入口近くのリトルワールドバザール（カフェ）で。ただ各ゾーンで同じものがあるとはかぎらないので注意が必要。

ペルー料理に
欠かせない
アヒ（唐辛子）
使用
ミュンヘン白
ソーセージは
皮をむいて
食べる

ペルーの炊き込みご飯 アロス・コン・ポヨ

ソーセージ5種盛り合わせ

各国の民芸品も揃う。おみやげにいかが？

## 調査 3 人類の歩んできた道をじっくり振り返る

本館展示場には約 6000 点の資料があり、5 つのテーマを追いながら各地の文化を学ぶことができる。世界各国の宗教、儀礼、芸術、芸能にまつわる資料が並ぶ展示は圧巻だ。

❶畏怖の念が沸いてくる巨大なチベットの仏尊像 ❷人類の英知を感じる展示資料の数々 ❸韓国の仮面舞劇を紹介したコーナー

info 世界のスタンプを集める　もっと楽しみたい人は、スタンプラリーにチャレンジを！ ショップで販売しているパスポート型のスタンプラリー帳400円を購入して、園内すべてのスタンプを集めると記念品がもらえる。

## 愛知県出身の世界的建築家
# 黒川紀章設計の建築を訪ねる

美術館や博物館を中心に国内外で多くの実績を残し、長く建築界をリードした黒川紀章氏は愛知県の出身。県内の代表的建築物でその足跡をたどろう。

スタジアムと橋が連動し美しいフォルムを描く

豊田市　平成13(2001)年竣工

## 豊田スタジアム（とよたすたじあむ）

豊田市中央公園内に位置し、国内の球技専用競技場では2番目の規模を誇る。4本のマスト（柱）で屋根をつる独自の構造により、視界に妨げのない広々とした空間を実現。フィールドと観客席の距離が近く、世界でも有数の臨場感ある設計だ。スタジアム内にはレストランや屋内プールも併設されていて、イベントのない日でも楽しむことができる。

MAP 別冊 P.24-B2
住 豊田市千石町7-2
TEL 0565-87-5200
交 名鉄豊田市駅から徒歩15分

❶4本のマストと湾曲した屋根が印象的な造りとなっている
❷4階席の最大傾斜角は38度で、後方の席からもフィールドがよく見える

ここに注目

### 歩行者優先のブリッジ

矢作川に架かる豊田大橋は同じく黒川紀章設計により平成11（1999）年に竣工。車道より歩道の幅が広く、橋をとおって直接スタジアムのある中央公園にアクセスできる。

画像提供:豊田市

©Kisho Kurokawa

### 黒川紀章（くろかわきしょう）(1934-2007)　メタボリズムの旗手として活躍

愛知県海部郡蟹江町生まれ。京都大学建築学科を経て東京大学大学院博士課程修了。26歳でデビュー後、世界20ヵ国に作品を展開し高い評価を得ている。建築界のノーベル賞といわれるフランス建築アカデミー・ゴールドメダルほか受賞歴多数。建物も新陳代謝により増改築しやすい設計にする「メタボリズム理論」を提唱したことでも知られる。

info 快適な観戦のための配慮　豊田スタジアムは全席背もたれ付きの個席で、通路スペースも広めに確保。段差の解消、滑りにくい床、車椅子専用の観客席など、誰もが快適にスポーツ観戦が楽しめるユニバーサルデザインを随所に採用している。

日本の伝統的手法が
随所に見られる

名古屋市 昭和63（1988）年竣工

# 名古屋市美術館（なごやしびじゅつかん）

公園内に立つ美術館として屋根が周辺樹木を超えないよう、3フロアの1階を地下に掘り下げ、高さを2階建てに抑えている。吹き抜けロビー天井から地階まで自然光が降り注ぐ構造。南北に長い三角形の敷地を生かし、南北の主軸と北西方向に開いた福軸によるV字型の建物が形造られた。主軸の延長線は名古屋城につながる仕掛けだ。

DATA P.116

ここに注目

**屋外展示も見逃せない**

木曽川の流れや名古屋城の石垣など、建物周りに配された東海地域のさまざまな風景を探してみよう。

❶玄関アプローチには鳥居をイメージした意匠が組み込まれている ❷白川公園内に位置

瀬戸市 平成16（2004）年竣工

# パルティせと（ぱるてぃせと）

焼き物の町「瀬戸」の玄関口・尾張瀬戸駅のすぐ隣に建てられた、市民活動の拠点施設。パルティとはフランス語のpartir（パルティール：出発する）に由来する。楕円形の斬新なガラス張りの外観は、地域のランドマークとなっている。1・2階には商業施設が、3～5階には公共施設などが入居。

万博開幕直前に完成
市民活動の拠点

ここに注目

**床に水玉模様が出現**

建物のガラス全面に配された白丸が太陽光に透かされ、床面に水玉模様となって現れるのが印象的だ。

1階には瀬戸観光案内所があり、観光情報の発信やおみやげ販売を行っている

MAP 別冊 P.23-C1
住 瀬戸市栄町45 TEL 0561-97-1600
交 名鉄瀬戸線尾張瀬戸駅すぐ横

ほかにもある

## 県内の黒川紀章建築

**■天野製薬本社ビル**
**（現：天野エンザイム本社ビル）**
昭和55（1980）年竣工
住 名古屋市中区錦1-203-1

**■安田火災名古屋ビル**
**（現：損保ジャパン名古屋ビル）**
平成元（1989）年竣工
住 名古屋市中区丸の3-22-21

**■大口町立統合中学校**
平成20（2008）年竣工
住 大口町丸1-38

## 黒川紀章の生家を移築したレストラン

# 合掌レストラン大蔵（がっしょうれすとらんおおくら）

松阪牛や飛騨牛、黒毛和牛を使用したハンバーグステーキ（2079円～）が名物のレストラン。母屋は富山県五箇山から移築した合掌造りの建物を利用。離れは江戸中期の建築で、愛知県蟹江町にあった黒川紀章氏の生家を移築したものだ。
※建物についての問い合わせはレストランへ。

❶モダンな古民家で特選牛肉をお値打ちに味わえる ❷築約300年の伝統的日本家屋を離れの特別室に復元 ❸離れには往事の茶室も残る

MAP 別冊 P.8-B2 住 小牧市村中新町63 TEL 0568-77-2541 営 11:00～14:30（L.O.13:45）、17:00～21:45（L.O.21:00） 休 月（祝日の場合は翌日） CC JMV（座敷利用時は不可） P あり 交 名鉄小牧駅から車8分

info 生まれ変わった名建築　黒川紀章の代表作といえば、昭和47（1972）年に竣工した中銀（なかぎん）カプセルタワービル。老朽化などを理由に令和4（2022）年に解体されたが、取り外したカプセルを美術館などで再活用するプロジェクトが始動している。

## おもてなしの心がすご過ぎる！

# 「モーニング文化」を大解剖

「愛知の一宮が発祥」と噂のモーニングサービスを徹底調査。
破格のサービスを支えるのは、おもてなし精神だった。

モーニングとは？
喫茶店で朝コーヒーを頼むと無料で付く、または追加料金で付けられる朝食メニューのサービスのこと
モーニングサービスの一例
コーヒー
濃いめのコーヒー＆濃いめのフレッシュ（ミルク）が愛知流
ゆで卵
副菜としてゆで卵が定番。ミニサラダが付いてくる場合もある
トースト
バターを塗ったトーストに小倉（あんこ）が付く場合も

オーソドックスなモーニングメニューの一例

話をうかがいました！

## モーニングの誕生と愛知の県民性

明治にいち早く工業化を成し遂げ、毛織物の町として発展した一宮市には、機屋（はたや）と呼ばれる小規模の機織り屋さんがたくさんありました。機屋の社長たちは商談の場として、騒がしい工場ではなく、喫茶店を日に何度も利用するんです。１日に何回も利用していると、やがて店主のサービス精神で、一斗缶にいっぱい入ったピーナッツをスプーンでひとすくいし、サッと出してくれる。それがゆで卵になり、モーニングサービスへと発展していったのです。（栃倉勲会長）

一宮は養鶏が盛んだったこともありますが、卵が高級品だった時代に、価値があるものをあえてサービスするところに心意気を感じます。そもそも尾張のお百姓さんたちは農作業の休憩に抹茶を点て談笑する習慣があり、文政 12（1829）年には、藩主が禁止令を出したという歴史があるんです。お茶を出して客人に一服してもらいたいというおもてなしの心が、県民の根っこにあるのでしょう。それがモーニング文化の伝播にひと役買ったと思います。（森隆彦相談役）

一宮モーニング公式キャラクター ICHIMO

一宮モーニング
一宮モーニングマップ

❶左から、一宮モーニング協議会　森隆彦相談役、栃倉勲会長　❷フルカラーの一宮モーニングマップ。観光案内所などで無料配布中

info ICHIMOくんの由来　ICHIMOには“I love Ichinomiya.”“I love morning.”というふたつの意味が込められている。この名前は、応募総数1000件から厳正なる審査で選ばれた。

## モーニング発祥の地の人気店

一宮市

### 土曜の朝は生演奏！
## cafe merneige
（かふぇ めーるねーじゅ）

ワッフルときんぴらの
奇跡のマリアージュ


キッズモーニング280円もありますよ

オーナー
遠藤由香里さん

**menu**
**ワッフルサンド**
ドリンク代に＋150円
提供時間 オープン〜L.O.11:00
甘いワッフルときんぴらの塩気が絶妙にマッチ

❶大きな建物ですぐに見つけられる　❷オーナーの遠藤さんが歌うことも

30年以上この地で営業をしていた父親の喫茶店を譲り受けオープン。「地域の方にとって毎日の暮らしの一部になっていた場所でした。常連さんにも、若い世代にも楽しんでもらえるよう、明るくて開放的な店づくりを心がけています」とオーナーの遠藤由香里さん。代替わりしてすでに20年が過ぎた。土曜の朝にはジャズの演奏会が催される。モーニングメニューのコンセプトは朝食にふさわしいもの。ワッフルサンドの具材は全10種類。

MAP 別冊 P.8-A1
住一宮市木曽川町外割田四の通り106-1　TEL 0586-87-2456　営8:30〜17:00（L.O.16:00）、土・日8:00〜18:00（L.O.17:00）、モーニングはL.O.11:00　休木
CC ADJMV　P あり　交名鉄名古屋本線名鉄一宮駅から名鉄バスイオンモール木曽川行きで外割田下車、徒歩1分

### ボリュームモーニング
## COCORO CAFE
（こころかふぇ）

コクの秘密はだしにあり！
本格ビーフシチュー

見学していた工場で特徴的なパン型を見つけ「ピン！」とひらめいたというマスターが、お店の看板メニューとしてシチューパンを考案。「シチューを食べ尽くしたら、残ったパンにマーガリンを付けてトーストすることもできます。この食べ方もおいしいですよ」と奥様の中村正枝さん。シチューは16時まで注文できるが、通常のモーニングは14時まで。その後はおやつタイムとなり、日替わりおやつの無料サービスがある。

MAP 別冊 P.8-B2
住一宮市千秋町佐野字郷西40-1　TEL 0586-52-4684
営6:00〜17:00（L.O.16:00）　休水
CC 不可　P あり
交名鉄犬山線石仏駅から車で6分

日替わりモーニングもありますよ

スタッフ
中村正枝さん

**menu**
**ビーフシチューモーニング**
1000円　※サラダと390円のドリンク付き
提供時間 6:00〜L.O.16:00
具材はそれぞれ別に煮込んでおり、しっかりした食感が楽しめる

❶れんが模様の建物が目印　❷メディア取材も多い。有名人と同じ席に座れるかも？

info モー1グランプリ　モーニングのグランプリを決定するモー1（ワン）グランプリ。一宮モーニング協議会が主催している。cafe merneigeとCOCORO CAFEはどちらもグランプリ受賞店だ。

# モーニングのある名物喫茶

知立市

## コーヒー、コーヒー……
## 珈琲遇暖 知立店

「コーヒー、コーヒー、イトウコーヒー！」で名古屋ではおなじみの株式会社イトウ珈琲商会の直営喫茶店。ハンドドリップ、サイフォン、エスプレッソなど多彩なコーヒーが楽しめる。平日にかぎり席の予約が可能。

MAP 別冊 P.6-B1
住 知立市宝3-6-1　TEL 0566-83-7533　営 7:00～17:00（L.O. 16:00）　休 無休　CC ADJMV
P あり　交 名鉄名古屋本線三河線知立駅から徒歩10分

❶落ち着いた雰囲気の内装は常連客に好評 ❷隣接する「焙煎香房」で焙煎したての豆を買える

ソフトバゲット
フレンチトースト

menu
**フレンチトースト**
ドリンク料金に+319円
提供時間 7:00～L.O.12:00
フレンチトーストはバゲットタイプ。サラダとヨーグルト付き

東海市

## 占いができる喫茶店
## 珈琲一心

体調で選べるハーブティーなどお客様ファーストのメニューが揃う。何かと利用客から相談を受ける気さくな人柄のオーナーが「力になれたら……」と始めた四柱推命が大評判。混雑回避のため、占いは予約制で1回3000円。

MAP 別冊 P.8-B3
住 東海市富木島町貴船61-2　TEL 052-604-6568
営 7:00～20:00（L.O.19:30）
休 水　CC 不可　P あり
交 名鉄常滑線太田川駅から車で7分

サンドイッチのオリジナルソースが絶品

ふかふかの卵焼きとオリジナルソースが相性抜群

サンドイッチには自信あり！

マスター
小出隆昌さん

menu
**ふかふか玉子・野菜サンド**
700円 ※ドリンク・サラダ付き
提供時間 7:00～L.O.11:30
温かい卵焼きで、パンまでホカホカ！

プレスで食べやすい
ハムエッグトースト

名古屋市

## 名古屋の老舗チェーン
## コンパル 大須本店

戦後すぐの昭和22（1947）年に創業し、名古屋独自の喫茶文化を牽引してきたコンパルでは、昭和35（1960）年から本格的なサンドイッチメニューを展開。エビフライを3本使ったエビフライサンドを代表に、20種類以上のサンドイッチメニューを揃え、どれも食事としても十分なボリュームがあり本格的なものばかり。コーヒーは創業当時から変わらないブレンドで、濃厚な深みのある味わいとまるみのあるコクが特徴だ。

MAP 別冊 P.19-C1
住 名古屋市中区大須3-20-19
TEL 052-241-3883　営 8:00～19:00（L.O.18:30）　休 無休
CC 不可　P なし　交 地下鉄上前津駅から徒歩3分

menu
**モーニングセット**
ドリンク代+130円
提供時間 8:00～L.O.11:00
生乳だけでできたフレッシュも名物。フレッシュはぜひ頼んで

これも食べたい！

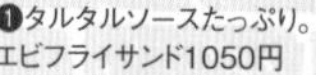

❶タルタルソースたっぷり。エビフライサンド1050円 ❷創業者が中国で見かけた繁盛店の「金春」にあやかった店名 ❸昭和の香り漂う店内

info コーヒーチケットは店保管　地域に根付いた喫茶店のカウンターやレジ周りには、名前入りのコーヒーチケット（回数券）がズラリと並んでいる。常連客が購入したチケットは、客側ではなく店側が保管するのが愛知流なのだ。

名古屋市

終日行列必至の人気店

## コーヒーハウスかこ 花車本店

昭和 47（1972）年に、名古屋で初めて自家焙煎を導入。パンは名古屋で有名な本間製パンのものを使用。誰もがこれを目当てに訪れるというシャンティールージュスペシャルは、お店で炊いたあんこや自家製のフルーツコンフィチュール（ジャム）がふわふわのホイップクリームの上にのっている。あっさりとした上品なホイップは本物志向の証だ。

MAP 別冊 P.15-D3
住 名古屋市中村区名駅 5-16-17 花車ビル南館１Ｆ　TEL 052-586-0239
営 7:00～19:00（L.O.18:30）、土・日・祝～17:00（L.O.16:30）、夏季は短縮営業の場合あり　休 無休　CC 不可
P なし　交 地下鉄国際センター駅から徒歩３分

季節によって変わるフルーツコンフィチュール

コンフィチュールで四季を感じて

マスター
土屋賞蔵さん

menu
**シャンティールージュスペシャル**
ドリンク代＋400円
提供時間 7:00～L.O.11:00
※単品（800円）は終日提供
定番のオレンジマーマレードは水を変えながら３時間煮こぼし１週間かけて作る

❶味わいのある店構えも、本物志向だからこそ
❷マスターが雰囲気を見て選ぶカップも楽しみ

王道のトースト&ゆで卵が無料で付いてくる

❶『孤独のグルメ』にも登場
❷主人公の五郎さんも食べた名物・あんトースト500円

menu
**モーニングサービス**
ドリンク代のみ
提供時間 平日のみ 8:00～L.O.10:00
ゆで卵はあくまでサービス。品切れの場合はご容赦を……

これも食べたい！

名古屋市

アットホームな雰囲気が魅力

## 珈琲処カラス

初代マスターであった父の跡を継ぎ、お店を切り盛りする西脇美穂さん。混雑時には常連客がさっと手を差し伸べるアットホームな店だ。コーヒーはネルドリップで落とし、提供前に温めてくれる。クリームソーダも人気。

MAP 別冊 P.16-A3
住 名古屋市中区栄 1-12-2　TEL 052-231-1563　営 8:00～18:00（L.O.17:30）、土・日・祝 9:00～　休 不定休
CC 不可　P なし　交 地下鉄伏見駅から徒歩５分

名古屋市

終日モーニングタイム

## モーニング喫茶リヨン

マスターの川合和行さんは「時間を区切ると１分遅れた人にはモーニングが出せないし、モーニングが終わるとお客さんって減っちゃうからさ」と笑う。オーナーのご厚意の終日モーニング。ありがたくいただこう。

MAP 別冊 P.15-C3
住 名古屋市中村区名駅南 1-24-21 三井ビル別館地下１階　TEL 052-551-3865　営 8:00～16:00（L.O. 15:30）　休 無休　CC 不可　P なし　交 近鉄名古屋線名古屋駅から徒歩３分

menu
**モーニングサービス**
ドリンク代のみ
提供時間 終日
リヨンは小倉トーストブームの火付け役としても有名だ

コーヒー450円の味がいい。ぜひ味わって

小倉トーストといえばモーニング喫茶リヨン

info ミニチュア純喫茶　かこのシャンティールージュスペシャル、カラスのソーダフロート、コンパルのエビフライサンドはミニチュアフィギュアになっている。株式会社ケンエレファントが発売。詳しくは同社HP URL kenelephant.co.jpで。

# 名古屋式サービスで人気
# コメダ珈琲店に潜入せよ

名古屋式の喫茶店文化を全国に広めたといわれるコメダ珈琲店。
ファンの心をつかんで離さない、コメダ珈琲店の魅力の源泉に迫る!

グループ店舗数
**987**店舗
内、愛知 **220**店舗
海外 **37**店舗
※令和5（2023）年3月1日時点

## 日本最大級のフルサービス型喫茶店

モーニング、コーヒーチケット、苦味とコクを感じる重厚なコーヒー。「The 愛知の喫茶店」という要素がギュッと詰まったコメダ珈琲店。多彩なドリンクとおいしいフードメニュー、そして何よりも「街のリビングルーム」を目指した、ゆっくりとくつろげる空間が利用客の心をつかみ、全国区の人気を誇る。ちなみに、創業者の家業が米屋であったことから「コメダ」となった。

❶令和4（2022）年に建て替えられた本店。コメダ珈琲店の特徴であるログハウス調の建物だ
❷改装前に使われていた看板など面影が残る

### コメダ珈琲店の歩み

| | |
|---|---|
| 昭和 43（1968）年 | 名古屋市西区にて「コメダ珈琲店」を開店 |
| 昭和 52（1977）年 | シロノワール誕生 |
| 平成 25（2013）年 | 国内 500 店舗達成 |
| 平成 28（2016）年 | 海外進出。中国上海市に滬南公路店をオープン |
| 平成 29（2017）年 | コメダファンコミュニティ「コメダ部」発足 |
| 平成 30（2018）年 | 創業 50 周年。"心にもっとくつろぎを" プロジェクトスタート |
| 令和元（2019）年 | 青森県に出店し、全都道府県に進出達成 |
| 令和 2（2020）年 | 公式コミュニティサイト「さんかく屋根の下」開設 |
| 令和 5（2023）年 | 国内外 1000 店舗達成予定 |

黒っぽいデニッシュパンの上に白いソフトクリームがのっていることから「シロ（＝白）ノワール（＝黒）」と命名

**Q コメダブレンドのこだわりは?**
A 厳選した豆を焙煎後、独自の比率でアフターブレンド。濃厚なフレッシュと砂糖の両方を入れるのがおすすめだ。

**Q ロゴの男性は誰? 女の人もいるって本当?**
A 名前は「コメダおじさん」。中世ヨーロッパに住んでいたコーヒー好きの紳士という設定だそう。女性のMs.コメダはお手洗い表示や壁掛け時計に登場。探してみて。

**Q コメダおじさんのそっくりさんは何者?**
A コメダの "くつろぎ" ナビゲーターのコメダンディ。コメダおじさんの末裔として平成30(2018)年に誕生。「ですぞ」が口癖。

**Q「たっぷりサイズ」って?**
A レギュラーの約 1.5 倍量で提供されるドリンク。「くつろぎの時間をゆっくり過ごしていただけるように」との思いで用意されている。

**Q 豆菓子ってお替わりできるの?**
A できる! プラス10円で追加してもらえる。ちなみに豆菓子のパッケージは、シーズンで変わり、令和5(2023)年3月現在、地元愛知県の大学生がデザインしたものを使用中。

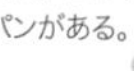

**Q パンの種類とこだわりを教えて!**
A 自社工場で職人が作っている。山食パン、カツパン、バンズパン、ドッグパン、バゲット、ローブパン、ロイヤルパンがある。

info 「くつろぎの日」を制定　50周年を迎えた平成30(2018)年に"心にもっとくつろぎを"プロジェクトの一環で、9月26日を「く(9)つ(2)ろ(6)ぎ"の日」とし、日本記念日協会の認定を受けた。9月26日に合わせて毎年異なる企画を実施。

メダ珈琲店
気の秘密を探る
メダファンの聖地、
店に潜入し、
力を探った。
行くゾ～
ほどよい高さのパーテーションがプライベート空間を守る
ひろびろ～
ここが本店だ!
座り心地を重視したソファ。ソファプレゼント企画には3万人もの応募があった
モーニング
各店舗、毎朝開店～11:00までドリンク代だけでモーニングが付く
ローブパンか山食パンを選べる
ここでは名古屋名物にこだわりたい。トーストに「コメダ特製おぐらあん」を
お待たせしました
ヌリヌリ……
お待ちかねの選べるモーニング
「コメダ特製おぐらあん」のほか、「定番ゆで玉子」「手作りたまごペースト」を選べる場合も
パンに塗るトッピングは「バター または マーガリン」「いちごジャム」からひとつ選ぶ
仕上げはみんな大好きなアレだな……
ひんやりソフトクリーム。デニッシュパンとの温度差は約60℃
でん!
シロノワール
普通サイズ700円とミニサイズ500円がある
※価格は店舗により異なる
デニッシュパンは64層。ソフトクリームとシロップが染み込む
直径約15cm、ミニサイズは直径約10cm
左右約18cm×高さ約7cmのシェアサイズ
みそカツパン
揚げたてのカツを「濃厚みそダレ」とあわせてサンド
友達と分けるもよし。ひとりで満腹になるのもよし。コスパがいいのもコメダの魅力
心ゆくまでくつろいでください
スタッフ
杉原百音さん


**コメダ珈琲店 本店**（こめだこーひーてん ほんてん）

MAP 別冊 P.13-D3
住 名古屋市瑞穂区上山町3-14-8 TEL 052-833-2888 営 6:30～23:30（L.O.23:00） 休 無休 CC ADJMV P あり 交 地下鉄いりなか駅または総合リハビリセンター駅から徒歩15分

本店裏話
昭和52（1977）年に初の戸建て店舗として営業開始。当時としては珍しい戸建ての店舗で、他店との差別化を図り利用者に楽しんでもらうために開発されたのがシロノワールなのだとか。新本店は「ステナイ店舗」として三重県にある「コメダの森」の間伐材を使用するなど、さまざまな取り組みを実施している。

※サイズはいずれも地球の歩き方調べ

なぜ強い？ 有名アスリートを多数輩出

# Sports王国 Aichiの謎

野球をはじめ、バスケットやバレーの強豪校が多数、フィギュアスケートでも多くのメダリストが生まれている。その理由を探ってみたい。

愛知県出身のおもなアスリート

| 競技 | 選手名 | 出身地 |
|---|---|---|
| 野球 | イチロー | 豊山町 |
| | 稲葉篤紀 | 北名古屋市 |
| | 金田正一 | 稲沢市 |
| | 工藤公康 | 豊明市 |
| | 近藤貞雄 | 岡崎市 |
| | 千賀滉大 | 蒲郡市 |
| サッカー | 秋田豊 | 名古屋市 |
| | 中西哲生 | 名古屋市 |
| 柔道 | 谷本歩実 | 安城市 |
| | 谷本育実 | 安城市 |
| | 吉田秀彦 | 大府市 |
| フィギュアスケート | 浅田真央 | 名古屋市 |
| | 安藤美姫 | 名古屋市 |
| | 伊藤みどり | 名古屋市 |
| | 宇野昌磨 | 名古屋市 |
| | 小塚崇彦 | 名古屋市 |
| | 鈴木明子 | 豊橋市 |
| | 村上佳菜子 | 名古屋市 |

※競技ごとに五十音順に表記。敬称略

## 高校スポーツの強豪校がしのぎを削る

### 各種目にレジェンド級の高校がずらり

野球では、愛工大名電、中京大中京、東邦が甲子園優勝校で、強豪校が多い愛知大会は、全国屈指の超激戦区として知られる。女子バスケットボールなら、インターハイや国体で20回以上の優勝を誇る桜花学園、男子バスケットボールは中部大第一や桜丘が強豪校。男子バレーボールは星城と愛工大名電が県内2強で、星城は2年連続3冠を達成している。選手が社会人になると、トヨタなど地元企業が受け入れ、サポートする体制も整っている。

## なぜ中京大学はスポーツが強いのか？

### 建学の精神に則ったスポーツの殿堂

「学術とスポーツの真剣味の殿堂たれ」が建学の精神で、昔からスポーツに力を入れてきた。ハンマー投げの室伏広治、競泳の松田丈志のほか、フィギュアスケートでは浅田真央、安藤美姫、宇野昌磨ら多くの選手を輩出している。レベルの高い選手が集まって切磋琢磨し、競技ごとに専門コーチがていねいな指導をした賜物でもある。

**70年の歴史をもつ屋内リンク**

### 大須スケートリンク（おおすすけーとりんく）

**(名古屋スポーツセンター)**

世界で活躍するアスリートも練習するリンクで、気軽にスケートを楽しめる。レンタルソリ「あしか君」も人気。

選手たちが実際に使用したスケート靴などの展示もある

MAP 別冊 P.18-B1 住 名古屋市中区門前町 1-60 TEL 052-321-1591 営 12:00～18:00（土・日・祝 10:00～） 休 無休 料 大人 1500円、中・高・大学生 1300円、小学生以下 900円、貸靴料 500円 CC ADJMV P あり 交 地下鉄大須観音から徒歩 5 分

## 世界レベルのトップスケーターがいっぱい！

### 「フィギュア王国」の歴史と原点

昭和23（1948）年に「愛知県スケート連盟」ができたのが、王国となる歴史の始まり。さらに昭和28（1953）年、原点ともいえる大須スケートリンクがオープン。このリンクに家族と遊びにきていたのが、小さな頃の伊藤みどり。練習する選手たちをまねてジャンプをしていたらスカウトされたという。伊藤みどりはもちろん、愛知出身の五輪選手、浅田真央や村上佳菜子宇野昌磨の練習拠点でもあった。

### トップ選手の練習を間近で見られる

遊びにいったリンクで、回転やジャンプをする選手に憧れて本格的にスケートを始める子も多い。リンクにはお手本となる選手がいるため、ジャンプのタイミングや回転の速さなど、さまざまなことをそばで見て成長することができる。こうして次世代の選手が育つ好循環が生まれていった。

info **至学館大学レスリング部**　大府市にある至学館大学は、女子レスリングの名門として知られる。女子レスリング個人で世界大会16連覇の吉田沙保里をはじめ、伊調馨・千春、土性沙羅、川井梨紗子・友香子選手らを輩出している。

愛知県出身の

# アスリートに聞きました！

各競技の第一線で活躍する方々にアンケートを実施。アスリートを育てた思い出の場所や味はこれだ！

たくさんの人でにぎわう大須商店街は食べ歩きグルメ天国

## Q1 村上さんが考える愛知県の魅力とは？

A：**おいしいものがいっぱい！** B級グルメ・ソウルフードもたくさんあるし、フルーツや野菜なども多く栽培されています。

## Q2 愛知県がトップアスリートを多数輩出できる理由は何だと思いますか？

A：**両親が熱心！** スケートに関して言えば、町なかにリンクがあるなど、スケートが身近にあるから。誰でもリンクへ遊びにいったことがあると思います。

## Q3 お気に入りグルメを教えてください

A：**互楽亭の「カレーあんかけうどん」**です。

フィギュア選手が足しげく通う

### 互楽亭（ごらくてい）

佳菜ちゃんはいつも「カレーあんかけうどん」を食べます

3代目 井上一夫さん

昭和8(1933)年創業の老舗食堂。村上佳菜子さんや浅田真央さんなど多くのフィギュア選手が通っていたことで知られる。練習で疲れた体にうれしい濃いめの味付けが特徴。

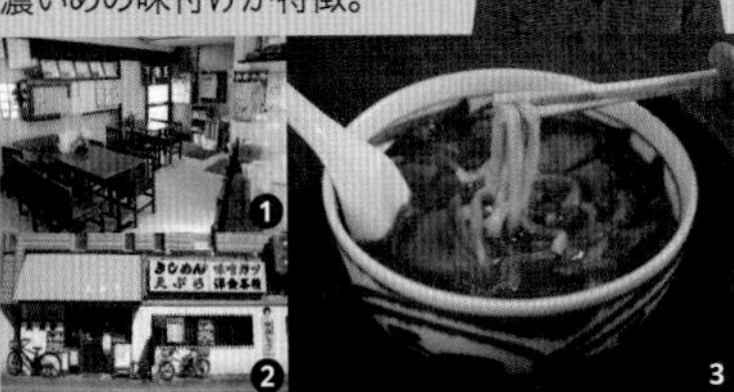

❶メニュー数は豊富だが、選手たちはなぜかいつも決まったものを頼むという ❷大須スケートリンクの隣にある ❸片栗粉でとろみをつけたカレーあんかけうどん 750円

MAP 別冊 P.18-B1 住名古屋市中区大須 2-24-28 TEL 052-231-0505 営 11:30 ～ 14:00、17:30 ～ 21:00（L.O.20:30、日は L.O.20:00)、第 1 日曜は昼のみ 休月～水 CC 不可 P なし 交地下鉄大須観音駅から徒歩 3 分

## Q4 愛知県内の思い出の場所は？

A：中学校の通学路だった**大須商店街**（→P.126）です。学校帰りに隠れて揚げパン屋さんに寄り道していました。また、小さい頃によく名古屋市科学館へ行っていたので、科学館のある**白川公園**（MAP 別冊P.16-B3）へ行くと心が落ち着いて気分転換になります。あとは、大須スケートリンク・中京大学のスケートリンクと家の往復ばかり……。

緑あふれる白川公園

## Q5 愛知県で行ってほしい場所はありますか？

A：**熱田神宮**（→P.134）や**犬山城**（→P.44）はおすすめです。犬山城は城下町もすてきなので、お城と一緒に楽しんでほしいです。イベントや時期によって服装が変わる**ナナちゃん**（→P.105）やエッフェル塔を模した造りが異空間な雰囲気のテレビ塔がある**久屋大通**（Hisaya-odori Park→P.118）もおもしろいですよ。あとは、**ジブリパーク**（→P.50）。大倉庫のすぐ横にはスケートリンクがあります！

★★★★★ 名古屋市中区出身

プロフィギュアスケーター

# 村上佳菜子（むらかみかなこ）さん

**profile** 平成6（1994）年生まれ。3歳からスケートを始め、平成26（2014）年ソチオリンピックの日本代表になるなど、国内外で活躍する。平成29（2017）年に現役を引退。現在はプロフィギュアスケーターとして活動する一方、多くのバラエティ番組に出演している。

Twitter @Canyanpy1107

Instagram @kanako_m_official

Kanako Murakami

Basketball

Q1 髙田さんが考える愛知県の魅力とは？

A：すばらしい歴史があり、伝統工芸品や文化、自然も豊か、さらに離島もあるなど、世界に誇れるものがたくさんあるのが魅力的です。

Q2 愛知県がトップアスリートを多数輩出できる理由は何だと思いますか？

A：愛知県にはさまざまな競技のトップチームが集結しています。選手たちが活躍する姿を幼い頃から身近に見ることで憧れをもち、スポーツを始める人が多いからだと思います。

Q3 愛知県内の思い出の場所は？

A：私の出身地である豊橋市にある豊橋総合動植物公園（のんほいパーク）は、動物園と植物園、自然史博物館が併設されています。子供のときには夢の国状態でしたし、大人になっても楽しめる場所です。お弁当を持って家族で行ったのがいい思い出です。毎年夏になると、家族で伊良湖岬（→P.283）へ行って海水浴をしたのも思い出のひとつですね。

動物や自然に触れる総合公園

**豊橋総合動植物公園**（とよはしそうごうどうしょくぶつこうえん）

（のんほいパーク）

140種類以上の生き物がいる動物園や世界の植物を展示する植物園、自然史博物館、遊園地があり、1日中遊べる。

週に1度、給餌の様子が見られる「ライオンのワイルド飯」

DATA P.266

★★★★★

豊橋市出身 バスケットボール女子日本代表

# 髙田真希（たかだまき）さん

**profile** 平成元（1989）年生まれ。桜花学園高校時代から多くの全国タイトルを獲得、卒業後はデンソーアイリスに加入。平成30（2018）年から女子日本代表のキャプテンに就任、令和3（2021）年の東京オリンピックで銀メダルを獲得した。株式会社TRUE HOPE代表も務める現役アスリート社長。

Twitter @Takada08 Instagram @maki_takada

YouTube 髙田真希チャンネル@channel/UCSjomld2R711bjrrYuuwevg

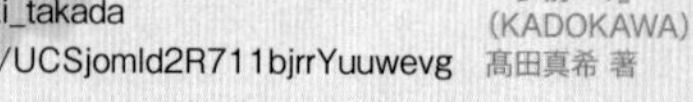

『苦しいときでも、一歩前へ！』（KADOKAWA）髙田真希 著

Q2 愛知県がトップアスリートを多数輩出できる理由は何だと思いますか？

A：ほどよくスポーツをやる環境が整っているところだと思います。

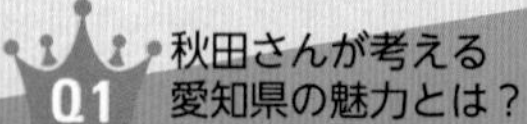

Q1 秋田さんが考える愛知県の魅力とは？

A：味噌煮込みや味噌かつ、手羽先など、ほかにはない食を楽しめることが魅力です。

とんかつに味噌ベースのソースをかけた味噌かつ

Q3 秋田さんにとってのゲン担ぎスポットは？

A：熱田神宮（→P.134）です。初詣は必ず行っていました。

Q4 愛知県のおすすめの楽しみ方はありますか？

A：どこかいいスポットというより、いろいろな食を楽しむのがおすすめです。店を巡るのが最高に楽しいと思います。

Maki Yutaka Akito

クチコミ 試合帰りに行っていたのが、中村公園にある洋食軒石井（MAP別冊P.12-A2）です。ヒレカツが絶品。（秋田さん）

akado

愛知県出身のアスリートに聞きました！

**Q4** 髙田さんにとってのゲン担ぎスポットは？

A：初詣は毎年、**豊川稲荷**（→ P.288）へ行っていました。

**Q5** お気に入りグルメを教えてください

A：**ヤマサちくわ**のチクワや練り物が大好きで、お取り寄せして食べたり、新幹線に乗るときは売店で買ったりします。
今は「プロテインちくわ」も出ているので、それを試合後に食べることも。

ヤマサちくわ 本店 DATA P.268
ヤマサちくわの里 DATA P.286

高タンパク&低カロリーのプロテインちくわ＋（プラス）1本216円

**Q6** 愛知県のおすすめの楽しみ方はありますか？

A：家族で楽しむなら、**のんほいパーク**。1～5月はイチゴ狩りやメロン狩りのできる**渥美半島**。陶芸が好きなら常滑焼で有名な常滑市で**陶芸作り体験**。夏はマリンアクティビティを楽しめる**日間賀島**（→ P.74）がおすすめです。

高速船を利用して日間賀島へ

濃厚な甘さが特徴の渥美半島のメロン。日研農園（→P.283）などでメロン狩りを体験できる

元サッカー日本代表

# 秋田豊（あきた ゆたか）さん

**profile** 昭和45(1970)年生まれ。鹿島アントラーズ、名古屋グランパス、京都サンガF.C.でDFとして躍動。平成10(1998)年フランスW杯と平成14(2002)年日韓W杯に日本代表として出場している。2007年シーズンに現役引退。現在はいわてグルージャ盛岡の運営会社で代表取締役オーナー兼代表取締役社長、株式会社サンクト・ジャパン代表取締役を務める。

Twitter @akita_yutaka　Instagram @yutaka.akita.3

**Q5** 愛知県内の思い出の場所は？

A：**内海海水浴場**。学生時代よく行って楽しかった思い出があります。

愛知県を代表する海水浴場

## 内海海水浴場（うつみかいすいよくじょう）

約2kmにわたって弓状に広がる、東海地区最大の海水浴場。メインビーチの千鳥ヶ浜は遠浅の海岸で、ほかの砂浜と比べて砂粒が小さくきめの細かい白砂が特徴的。

MAP 別冊 P.32-A3 住 南知多町内海 TEL 0569-62-3100（南知多町観光協会）開 散策自由（遊泳期間は6月末～8月）P あり 交 名鉄知多新線内海駅から徒歩15分

❶海水浴場からすぐのところに宿泊施設が立ち並ぶ ❷名古屋から近い海水浴場として県内外から多くの人が訪れる

迫力の試合を観戦しよう

# 地元スポーツチームを応援

野球にサッカー、ラグビー、バスケットボール……愛知のスポーツチームは数多い。熱戦を繰り広げる地元チームの応援で盛り上がろう。

© 株式会社ナゴヤドーム

NPB ●セントラル・リーグとパシフィック・リーグに分かれ、各6チームがリーグごとに戦う。セ・パ両リーグの公式戦や交流戦、統一のチャンピオンを決める日本シリーズもある。

Baseball

熱心なファンが多い
地元で愛される球団

## 中日ドラゴンズ（ちゅうにちどらごんず）

創設当初のチーム名は「名古屋軍」だったが、のちに「中日ドラゴンズ」に改名。90年近い歴史のあるチームであり、中部地方を中心に幅広い年代のファンに支えられている。セ・リーグ優勝は9回を誇り、個性あふれる最強チームを作り上げた闘将・星野仙一監督、オレ流・落合博満監督が記憶に新しい。令和4（2022）年からは立浪和義監督が率いている。

URL dragons.jp

チームデータ

創　設●昭和11（1936）年　本拠地●バンテリンドーム ナゴヤ（名古屋市東区）　収容人数3万6418席（プロ野球開催日）　DATA P.146

### 注目1 次代を担う若手選手が躍動

根尾昂、髙橋宏斗、岡林勇希、石川昂弥選手ら若手が奮闘。能力・個性とも豊かな選手が加わり、従来の選手も含めた厳しい生存競争のなか、新しいチームへと変革を続けている。

### 注目2 自由過ぎるマスコット・ドアラ

平成6（1994）年にデビューのコアラをモチーフにしたマスコットで、背番号も1994。軽快なダンスや自由な振る舞いなどが話題になり、「自由過ぎるマスコット」として人気を集めている。

オリジナルグッズも！

ドアラが表紙のドラゴンズダイアリー

**スタッフの声**　広報担当の磯貝さん

野球を知らない人でも楽しめる！？　マスコット界屈指の人気者「ドアラ」を応援していれば何かしら元気になれますよ。監督2年目の立浪監督のリベンジにもご注目ください。

## 観戦　基本インフォメーション

### チケットの購入方法

ウェブサイト、コンビニ、バンテリンドーム ナゴヤ、栄プレチケ92、DRAGONS BASEで購入可能。公式ファンクラブ会員ならチケットサイト「ドラチケ」も利用できる。

### NPBのシーズン

レギュラーシーズンは3月末～10月前半。オープン戦2月下旬～3月下旬、セ・パ交流戦5月下旬～6月下旬、オールスターゲーム7月中旬、日本シリーズ10月下旬～11月初旬。

check!

### 応援グッズ

「ミズノ社製レプリカユニホーム ホーム」1万450円や、「フェイスタオル 勝たん」2200円などを使って応援を。

info パノラマDP席　バンテリンドーム ナゴヤで大好評のバックネット裏の5階席で、高い所から全体を見渡せる。売れ行きに応じて価格が変動する席で、うまくハマれば絶好のロケーションでおトクに観戦できる。

Jリーグ●平成3（1991）年設立、2年後に開幕したプロサッカーリーグ。平成11（1999）年にJ1とJ2の2部制に移行、平成26（2014）年にはJ3が加わり3部制となった。J1の下位とJ2の上位、J2の下位とJ3の上位で入れ替えがある。

攻守に連動したサッカーを目指す地元密着型チーム

# 名古屋(なごや)グランパス(ぐらんぱす)

Jリーグ発足時に加盟した10チームのひとつであり、リーグ優勝を含む4つのタイトルを獲得。正式名称は名古屋グランパスエイトで、地域活性化にも力を注いでいる。元日本代表の楢﨑正剛、本田圭佑、吉田麻也選手、監督としても長年チームを率いたストイコビッチ選手らが在籍した。令和4（2022）年からは長谷川健太監督がチームを率いている。

URL www.nagoya-grampus.jp

チームデータ

創　設●平成4(1992)年
本拠地●豊田スタジアム（豊田市）　収容人数4万4380席　DATA P.56　／パロマ瑞穂スタジアム（名古屋市瑞穂区）　収容人数常設3万席予定（建て替え中）　MAP 別冊P.11-C2

## 注目1 「ファン愛着度ワースト1」からのV字回復

平成25（2013）年のJリーグ観戦者調査で、クラブへの愛着度がJ1リーグで最も低い結果に。来場者の伸び悩みもあり、改善に向けてマーケティングを強化。ファン層や観客が求めるものを徹底調査したことにより、現在では熱心なファンがつき、観客動員数も増加している。

## 注目2 Jリーグマスコット総選挙2連覇のグランパスくん

「鯱(しゃち)」をキャラクター化したマスコットで、総選挙で2連覇し、人気が定着してきている。かわいい感じの見た目の割に、女の子やお酒が好きといった一面も。

Football

### スタッフの声　広報 西村さん

グランパスの魅力は、攻守にアグレッシブに連動するサッカーを展開するところ。ファン・サポーターの熱気も高く、スタジアムは臨場感あふれる空間になっています。

## 観戦 基本インフォメーション

### チケットの購入方法

ウェブサイトで買うなら、グランパスチケットストア、チケットぴあ、CNプレイガイドで。コンビニや中日新聞での店頭購入も可能。ファンクラブ会員なら電話でも購入できる。

### Jリーグのシーズン

J1は2月中旬～12月初旬。J2は2月中旬～11月中旬。J3は3月初旬～12月初旬。3月初旬～6月中旬には、J1·J2·J3のチームが参加するカップ戦、ルヴァンカップも開催される。

check!

### スタジアムグルメ

超熟成芋を使った「焼きいもブリュレ」550円や藤田屋（→P.382）の「グラン巻き」300円～など、種類豊富。

info グランパスエイトとは？　ホームタウンの名古屋市にちなみ、グランパス＝名古屋のシンボル「鯱/しゃちほこ」、エイト＝名古屋市市章の末広がりを表す「八」から名づけられた。

Basketball

©NAGOYAD
2022-23シーズンの写真

若手の有力選手も多い

なごやだいやもんどどるふぃんず
## 名古屋ダイヤモンドドルフィンズ

活動理念は、誰もが誇れる町・名古屋のシンボルとして「ドルフィンズ」が想起されること。日本代表の選手も所属する。

URL nagoya-dolphins.jp

2022-23シーズン
西地区3位／8チーム
（43勝17敗）

チームデータ
**創設**●昭和25（1950）年
**本拠地**●ドルフィンズアリーナ（名古屋市中区） 収容人数5500人 MAP 別冊P.21-D2

©SeaHorses MIKAWA co.,LTD.

スピードある攻撃的なスタイル

しーほーすみかわ
## シーホース三河

西三河を拠点としたチームで、「シーホース=タツノオトシゴ」には、龍のように強く、勇ましく成長して欲しいという願いが込められている。

URL go-seahorses.jp

2022-23シーズン
中地区5位／8チーム
（27勝33敗）

チームデータ
**創設**●昭和22（1947）年
**本拠地／アリーナ**●ウィングアリーナ刈谷（刈谷市） 収容人数3330席 MAP 別冊P.6-B1

不死鳥のように新たな時代を築く

さんえんねおふぇにっくす
## 三遠ネオフェニックス

「三遠」とは、愛知県の東三河地域と静岡県の遠州地域のことで、県をまたいで活動する唯一のプロバスケットボールチーム。

URL www.neophoenix.jp

2022-23シーズン
中地区6位／8チーム
（23勝37敗）

チームデータ
**創設**●昭和40（1965）年
**本拠地**●豊橋市総合体育館（豊橋市） 収容人数3400席 MAP 別冊P.7-C2／浜松アリーナ（静岡県浜松市） 収容人数4500席 MAP 別冊P.5-D3

©FE NAGOYA
2022-23シーズンの写真

シュート力とスピードで勝負

ふぁいてぃんぐいーぐるすなごや
## ファイティングイーグルス名古屋

激しいディフェンスと速い攻撃が信条。「SKY HIGH」をスローガンに常に高みを目指し、地域に愛されるチームを目指している。

URL www.fightingeagles.jp

2022-23シーズン
西地区6位／8チーム
（22勝38敗）

チームデータ
**創設**●昭和32（1957）年
**本拠地**●名古屋市枇杷島スポーツセンター（名古屋市西区） 収容人数3000席 MAP 別冊P.12-A1

### 観戦 基本インフォメーション

#### チケットの購入方法

ウェブサイトのB.LEAGUEチケットで購入可能。完売していなければ、当日会場のチケット売場でも買える。アリーナの席と料金は、各チームのウェブサイトで確認しておくといい。

#### Bリーグのシーズン

レギュラーシーズンは9月下旬～5月初旬。プレシーズンが8月下旬～9月下旬。年間優勝チームを決めるためのトーナメント戦「Bリーグチャンピオンシップ」は5月初旬から。

check!

©NAGOYAD
2022-23シーズンの写真

#### パフォーマンス

試合開始直前、チアリーダーのパフォーマンスと炎や照明を使った光の演出で盛り上がる。ハーフタイムショーではマスコットが登場することも。

info アリーナグルメ　試合前の空き時間にお気に入りのメニューを見つけたい。例えば、シーホースは対戦チームに合わせて変わる対戦汁、ファイティングイーグルスは焼きたてパン、ドルフィンズは選手がプロデュースする選手マルシェなど。

リーグワン●トップリーグに変わり、令和4(2022)年に開幕したリーグで、DIVISION1 ～ 3の3部制。DIVISIONごとの入れ替え戦もある。段階的にプロ化していく予定。ラグビー W杯2023はフランスで9 ～ 10月に開催。

多くの日本代表を輩出

## トヨタヴェルブリッツ

トヨタ自動車のチームで、日本選手権優勝3回、全国社会人大会優勝5回の古豪。チーム名は「緑=VERDE」と「稲妻・力強さ=BLITZ」の造語。NO8姫野和樹選手をはじめ61名の日本代表を輩出。2023-24年シーズンにニュージーランド代表選手も加わる。

URL sports.gazoo.com/verblitz

チームデータ

**創設**●昭和16(1941)年
**所属リーグ**●リーグワン(D1)
**おもな試合会場**●豊田スタジアム(豊田市) 試合日収容(平均)1万2000人 DATA P.56 ／パロマ瑞穂ラグビー場(名古屋市瑞穂区) 試合日収容5000人 MAP 別冊P.11-C2

注目 **W杯2019でも活躍した姫野選手**

W杯2023でも日本の顔として活躍が期待される。トヨタヴェルブリッツでは入社以来7季キャプテンを務めるなど、圧倒的なリーダーシップで来季もチームを牽引。

日本代表のリーダー的存在でもある姫野選手

D1昇格を目指す

## 豊田自動織機シャトルズ愛知

「シャトルズ」は、自動織機で使われる部品「シャトル」にちなんで命名された。チームが目指すラグビーは無尽蔵なスタミナ、獣のような激しさ、稲妻のようなスピード。

URL sports.toyota-shokki.co.jp/rugby

チームデータ

**創設**●昭和59(1984)年 **所属リーグ**●リーグワン(D2) **おもな試合会場**●パロマ瑞穂ラグビー場(名古屋市瑞穂区) 収容人数1万5000席 MAP 別冊P.11-C2／ウェーブスタジアム刈谷(刈谷市) 収容人数4000人 MAP 別冊P.6-B1

試合開始前、ハドルを組む選手たち ©Yumi Hattori

Rugby

## 観戦 基本インフォメーション

### チケットの購入方法

ファンクラブ会員用のチーム公式チケットサービス、またはウェブサイトのTicket Rugbyで購入する。事前にウェブサイトなどで各競技場の料金・席割図を確認しておくといい。

### リーグワンのシーズン

12月中旬から5月下旬。週末に試合があることが多い。第1節～第16節が終わったあと、プレーオフの準決勝、3位決定戦、決勝戦がある。DIVISION の昇格・降格を決める入替戦は5月。

check! **寒さ・雨対策は万全に**

観客席で傘を広げるのはNGなので、雨の日はレインコートやポンチョなどが必須。荷物を入れたりするビニール袋もあるといい。寒い日には足と体用の使い捨てカイロが便利。

info 観戦に便利なもの シートクッションがあると快適に過ごせるし、寒さ対策にもなる。また、スタジアムや座席によってはグラウンドまで遠いことも。スクラムやゴールキック、選手のアップを見たいならオペラグラスを用意しよう。

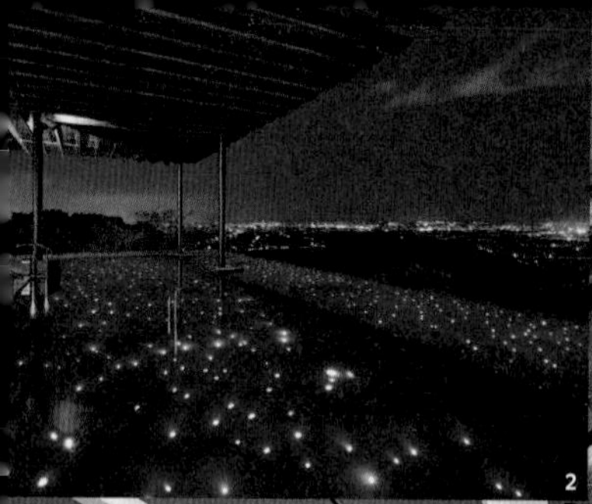

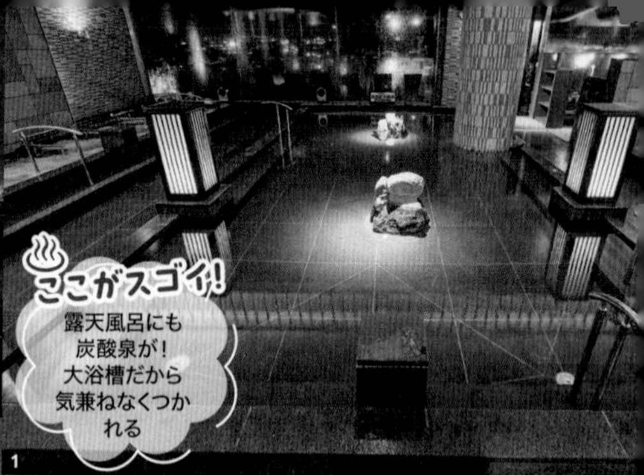

ここがスゴイ!
露天風呂にも炭酸泉が!大浴槽だから気兼ねなくつかれる

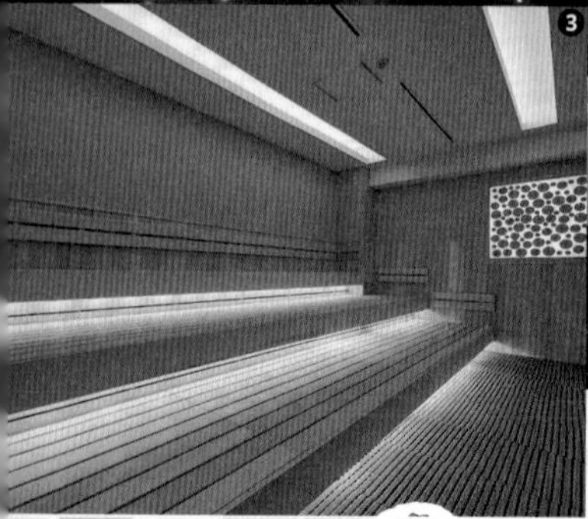

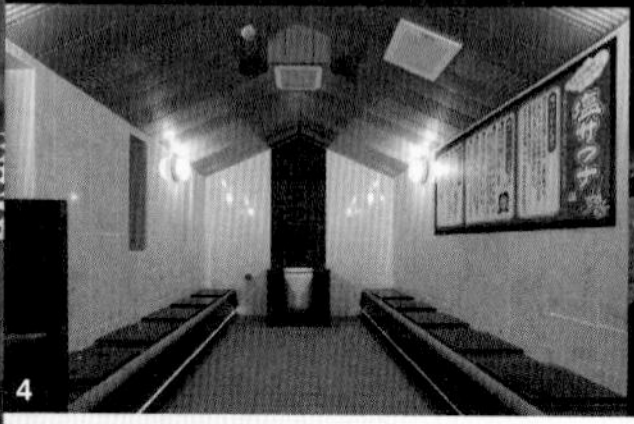

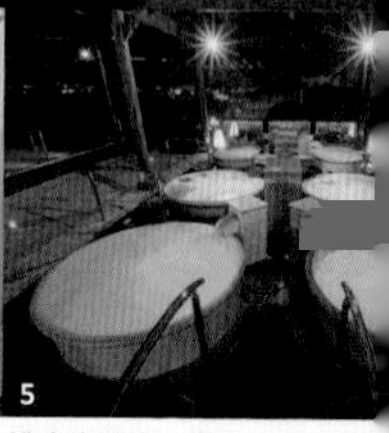

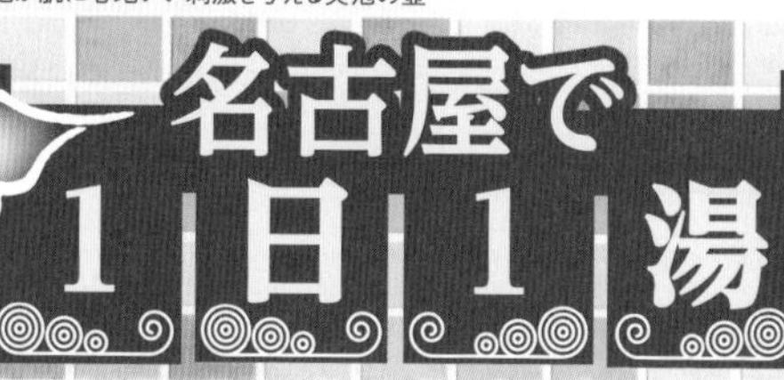

❶肌の角質や毛穴の汚れを除去する効果のある高濃度炭酸泉　❷展望露天風呂天空ほたるの湯。LEDの点滅が幻想的な雰囲気を演出　❸黄土サウナは30分間隔でオートロウリュを開始　❹発汗効果や引き締め効果のあるソルトサウナ　❺気泡が肌に心地いい刺激を与える美泡の壺

**スーパー銭湯とは?**

風呂のほか、岩盤浴や食事処、ボディケアコーナーなどが併設されている大規模な入浴施設。

**スーパー銭湯の発祥地!?**

# 名古屋で1日1湯

大浴場や露天風呂は当たり前、今やブームの炭酸泉にサウナ、岩盤浴も完備するスーパー銭湯。発祥の地といわれる名古屋最強の温浴施設を巡ってみよう。

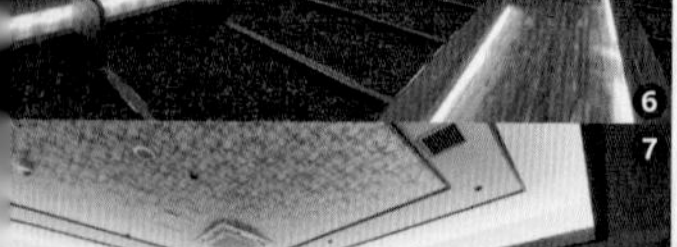

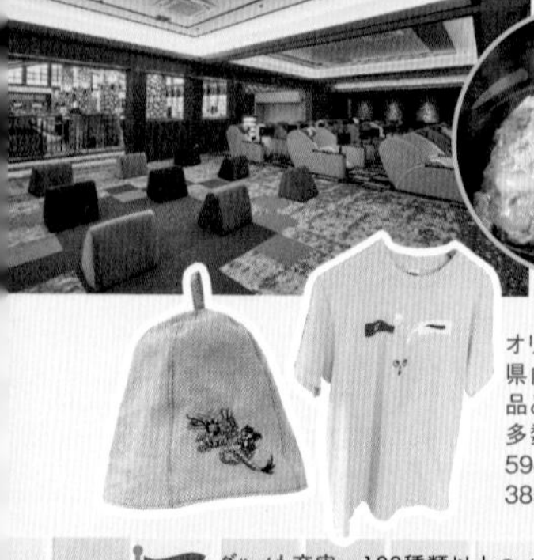

❻美宝石を敷き詰めた岩盤浴アロマゲルマは女性専用　❼湯上りはリクライニングベッドもあるフォレストヴィラで休憩　❽カツを赤玉卵で包み込んだ極上かつ丼1080円はサウナのあとにおすすめ

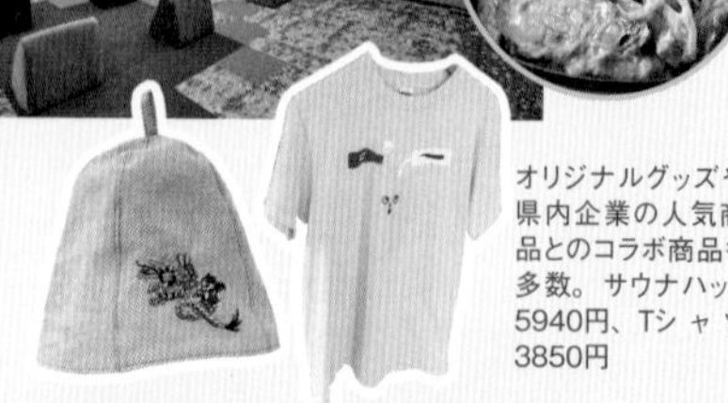

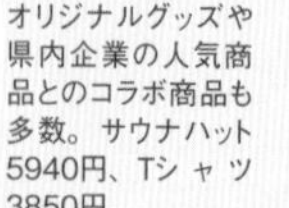

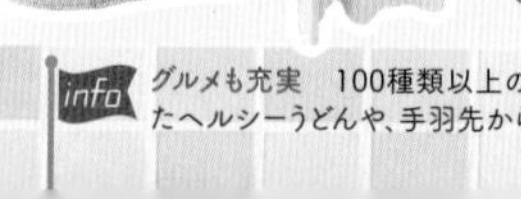

オリジナルグッズや県内企業の人気商品とのコラボ商品も多数。サウナハット5940円、Tシャツ3850円

**県内一巨大な炭酸風呂につかる極上時間**

## 天空 SPA HILLS 竜泉寺の湯 名古屋守山本店

（てんくう すぱ ひるず りゅうせんじのゆ なごや もりやまほんてん）

日本初のスーパー銭湯として昭和64(1989)年にオープン。話題の高濃度炭酸風呂を全国で初めて導入し、平成31(2019)年には以前の1.5倍の広さへと全面改装した。高台に位置するメリットを生かして登場した露天風呂は、景色と一体化したインフィニティスタイル。風呂の充実ぶりに加え、数種類の岩盤浴やライブラリーなどを設けた中学生以上が対象の有料休憩エリア「フォレストヴィラ」も備わる。

MAP 別冊 P.11-D1

住 名古屋市守山区竜泉寺1-1501　TEL 052-793-2601　営 6:00～翌3:00（最終受付翌2:15）、フォレストヴィラ～翌2:30（最終受付翌1:30）、朝風呂6:00～9:00（9:00以降の滞在・入浴可）、そのほか施設により異なる　休 年2回のメンテナンス日　料 700円、小学生300円、未就学児無料、フォレストヴィラ500円（中学生以上利用可）　CC ADJMV　P あり　交 JR大曽根駅から名古屋ガイドウェイバスゆとりーとラインで竜泉寺下車、徒歩2分

info グルメも充実　100種類以上のメニューを用意する「湯あがりキッチン一休」。炭水化物が気になる人向けに素材を工夫したヘルシーうどんや、手羽先から揚げなどのご当地グルメ、サウナあとにおすすめの「サ飯」などバリエーションも豊富。

ここがスゴイ！
全館 Wi-Fi 対応。キーワードを入力し目当てのコミックを検索できる

❶4万冊のコミックが読み放題！ ❷アルカリ性単純温泉の湯が満ちる「岩の湯」で天然温泉を満喫 ❸小型プラネタリウム使用で夜空を再現した、瞬 汗蒸幕ープラネタリウムの房 ❹無料のコーヒーを飲みながらくつろげるグランピングエリア ❺約30種類の世界のビールを集めたGARDEN DINING楽。釜焼きピザとともに

5 種の岩盤浴とコミック読み放題で話題

## RAKU SPA GARDEN（らくすぱがーでん） 名古屋（なごや）

樹齢 400 年のカエデの木が迎えるエントランスから館内にいたるまで、緑に囲まれた癒やしの空間を演出。都心にありながら良質な温泉が堪能でき、アロマの香る個性豊かな 5 種類の岩盤浴も楽しめ、入浴後はグランピングエリアで好きなコミックを読みふける優雅な時間が過ごせる。ファミリーの利用にもうれしい、授乳室やオムツ替えスペースも完備する。

MAP 別冊 P.11-D1
住 名古屋市名東区平和が丘 1-65-2 TEL 052-769-1126 営 9:00 〜翌 2:00（最終受付翌 1:00）、金・土・祝前日 9:00 〜翌 8:00（最終受付翌 1:00）、朝風呂土・日・祝 5:00 〜 8:00（最終受付 7:30） 休 無休 料 1848 円（土・日・祝 2398 円）、4 歳〜小学生 660 円（土・日・祝 770 円）※朝風呂、夜風呂、深夜追加料金あり CC ADJMV P あり 交 地下鉄自由ヶ丘駅から徒歩 20 分 ※送迎バスあり（詳細は HP）

広々サウナと潜れる水風呂でキャラ立ち

## Canal Resort（きゃなるりぞーと）

ここがスゴイ！
潜りも OK。水温 14 度前後で火照った体を急速冷却

日本最大級の広さでオートロウリュが発動する高温サウナや炭酸風呂など、エンタメ性抜群の風呂が勢揃い。令和 4（2022）年、深さ 2 m（女湯 1.85 m）の潜れる炭酸水風呂が登場した。

MAP 別冊 P.10-B2
住 名古屋市中川区玉川町 4-1 TEL 052-661-9876 営 9:00 〜翌 1:00（金・祝前日〜翌 2:00）、土 8:00〜翌 2:00（日・祝〜翌 1:00)、最終受付は閉店 40 分前 休 無休 料 850 円（土・日・祝 950 円）、4 歳〜小学生 350 円（土・日・祝 400 円）、3 歳以下無料 ※岩盤浴エリア TERA SPA は別料金 CC ADJMV P あり 交 地下鉄六番町駅から徒歩 17 分 ※送迎バスあり（詳細は HP）

❶サウナ横の露天風呂エリアに設置された潜れる炭酸水風呂 ❷保湿効果の高い温泉が楽しめる「流れの湯」 ❸アロマ香るオートロウリュが発動！ 高温フィンランド式ロウリュサウナ

風呂と娯楽で 24 時間たっぷり遊べる

## 湯〜とぴあ宝（ゆ〜とぴあたから）

ここがスゴイ！
サウナストーンにアロマ水をかけて一気に温度上昇！

男女合わせて 30 種類の風呂と 8 種類のサウナ、リラクセーションコーナや食事処を完備し、1 日ゆったりとくつろげる。「樹木の湯」と「輝石の湯」を男女月替わりで利用できる。

MAP 別冊 P.11-C3
住 名古屋市南区前浜通 1-9 TEL 052-611-1126 営 24 時間（浴場 5:00 〜翌 1:00） 休 無休 料 2400 円（土・日・祝 2800 円）、4 〜 12 歳 600 円、3 歳以下無料 ※ 17:00 〜翌 2:00 半額 CC ADJMV P あり 交 JR 笠寺駅から徒歩 7 分

❶「輝石の湯」にあるセルフロウリュサウナ香花石房 ❷牛タン炙りしゃぶしゃぶ1人前1380円。鉄板個室のみ提供の特別メニュー ❸24時間無料で利用できるフィットネススタジオ

クチコミ Canal Resortの高温サウナ室には2台の大型テレビが設置されている。番組が異なるので、内容によって座る位置を変えられるのがうれしい。テレビに夢中になって長居しないように気を付けよう。（編集S）

三河湾の離島巡り

# 日間賀島(ひまかじま)で"多幸&福"の旅

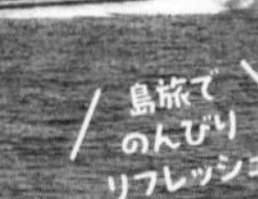


1周約5.5kmの小さな島ながら、名物のタコやフグを求めて訪れる人でにぎわう日間賀島。名古屋から約1時間30分で行ける近さも魅力だ。海の幸と絶景を楽しみにプチトリップへ出かけよう！

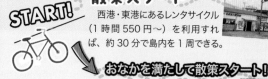

❶タコをモチーフにした駐在所　❷漁港や堤防で見かけるタコを取る際に使うタコ壺　❸島で唯一の信号。小学生はここで信号のことを学ぶそう

**島へのアクセス**

名鉄名古屋駅
↓ 名鉄河和線 特急46分
河和駅
↓ 徒歩5分
河和港
↓ 高速船 20分
日間賀島西港・東港

## ①港で自転車を借り散策スタート

START!

西港・東港にあるレンタサイクル（1時間550円〜）を利用すれば、約30分で島内を1周できる。

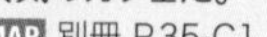

おなかを満たして散策スタート！

## ②島カフェ Barca(しまかふぇばるか)

しらす工場の直営店で、水揚げされたばかりのしらすや、日間賀島のタコを使った、たこ串が名物。港に着いたら最初に立ち寄りたい人気のカフェだ。

MAP 別冊 P.35-C1
住 南知多町日間賀島小戸地72
TEL 0569-68-2895　営 10:30〜15:00 (L.O.14:30)　休 火・水
CC 不可　P なし
交 東港から徒歩すぐ

しらす屋さんの生しらす丼単品1000円、定食1200円。釜揚げしらすと生しらすの両方を味わえる

港の目の前にあり、海を眺めながら海の幸を味わえる

日間賀島 MAP

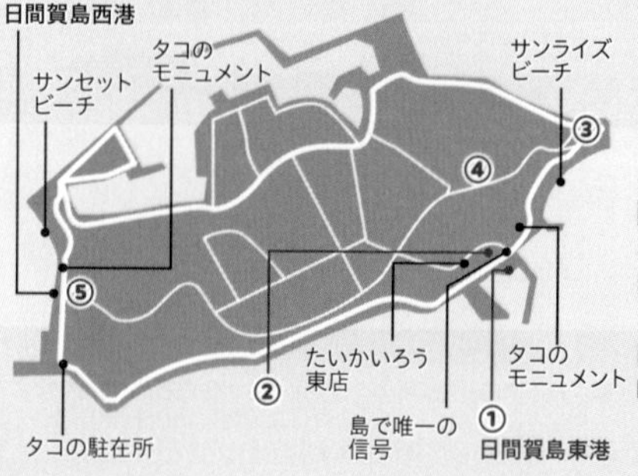

醤油をかけて香ばしく焼き上げた、たこ串440円

できたばかりの当初は「ハイジのブランコ」と呼ばれていた

## 人気のフォトスポットへ

### ③恋人ブランコ（こいびとぶらんこ）

東港からサンライズビーチに向かい、その先の高台にある丸太のブランコ。スローに揺れるブランコに乗り、海と空の絶景をひとり占めできる。

MAP 別冊 P.35-C1
住南知多町日間賀島北地 72 TEL 0569-68-2388（日間賀島観光協会） 営自由 P なし 交東港から徒歩 10 分

## タコ伝説が残るお寺を奉拝

### ④安楽寺（あんらくじ）

明応 3（1494）年創建、章魚（たこ）阿弥陀像を祀る寺。大漁と海上安全、子孫長久、そして吸い付くタコにちなみ、縁結びの御利益があるといわれる。

MAP 別冊 P.35-C1
住南知多町日間賀島里中 48 TEL 0569-68-2172 開奉拝自由 休無休 P なし 交東港から徒歩 5 分

正月3日にはタコ供養を斎行する

タコの絵馬500円は持ち帰りOK。御朱印にもタコが描かれている

平成16（2004）年に修復された章魚阿弥陀像

## 見てびっくり！ イカせんべい

### ⑤鈴円本舗（すずえんほんぽ）

地元の漁師が取る良質のあかしゃエビを使ったえびせんべいや、イカをその場でプレスしたイカの姿焼きせんべいが名物。

MAP 別冊 P.35-C1
住南知多町日間賀島西浜 28 TEL 0569-68-9110 営 9:00～16:00（土・日～15:00） 休不定休 P なし 交西港から徒歩すぐ CC 不可

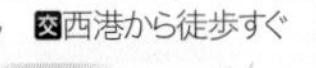

プレス焼きされたイカの姿焼きせんべい（一皿800円）はビールのつまみに最高

せんべいの詰め合わせや、味付けのり「島のり」をおみやげに

島風たこ432円。日間賀島産のタコ入りせんべい

## 島内に点在するタコを探そう

名物のタコは、日間賀島のシンボル的存在。島内を歩くといたるところでタコにちなんだスポットに出合える。

タコ壺から姿を現したタコの周りにカモメと南知多町の花、スイセンを描いたマンホール

タコのモニュメント。東港は「がっしー」、西港は「にっしー」という名前

東港と西港の道の一部に、タコなどの魚介や島の方言などを描いたタイルが並ぶタイルロード

# 島グルメ

三河湾と伊勢湾に囲まれ豊富な海の幸に恵まれた島のグルメをご紹介

タコやアナゴのほか、春は貝料理、夏はハモ料理など魚介尽くしのメニューが盛りだくさん

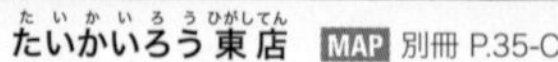

ここで食べられる

**たいかいろう東店** MAP 別冊 P.35-C1

住南知多町日間賀島東港 TEL 0569-68-3773 営 11:00～14:30（L.O.14:00）、17:30～20:00（L.O.19:30） 休不定休 CC 不可 P なし 交東港から徒歩すぐ

## 通年 ◎タコ

栄養豊富な環境で育つためうま味の強いタコは1年を通して楽しめる。刺身やしゃぶしゃぶ、から揚げなどさまざまな調理法でいただけるが、なかでも日間賀島いち押しは「タコの丸ゆで」。甘味があり、やわらかな歯応えで地元でも大人気。

## 春 ◎白ミル貝 ◎たいら貝 ◎大あさり

春に身を大きくする貝類。白ミル貝（写真）は漁獲量全国1位を誇りコリコリとした食感が美味。大あさりの酒蒸しも人気。

## 夏 ◎ハモ ◎ウニ ◎車エビ

白身の淡泊な味わいで夏の高級料理に代表されるハモや、甘味の強い車エビ（写真）やウニなどが勢揃い。

## 秋 ◎伊勢エビ ◎天然真鯛 ◎ワタリガニ

濃厚な味わいでぷりぷり食感の伊勢エビ、肥えて脂ののりがよい真鯛、栄養満点のワタリガニ（写真）が登場。

## 冬 ◎フグ

10月に解禁し、3月までがハイシーズン。1匹のトラフグからわずかな量しか取れない白子は「白いダイヤ」と呼ばれる貴重な高級食材。

# 体験

海に囲まれた日間賀島ならではの体験は、忘れられない旅の思い出になるはず！

イルカとの距離の近さに感動

## イルカタッチ

西浜海水浴場（サンセットビーチ）にやってくるイルカと触れ合うことができる。距離感ゼロのタッチや餌やりをじかに体感してみよう。

MAP 別冊 P.35-C1

TEL 0569-68-2388（日間賀島観光協会） 体験期間：5～9月

所要時間：30分

料金：要問い合わせ

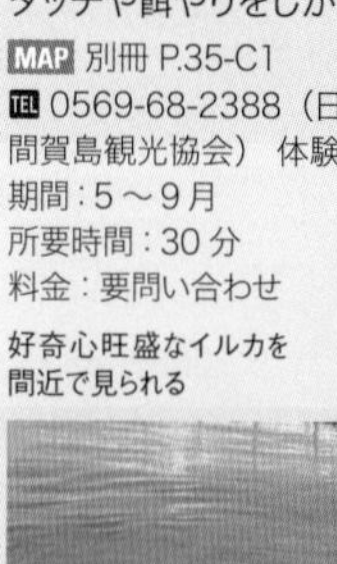

好奇心旺盛なイルカを間近で見られる

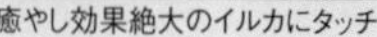

癒やし効果絶大のイルカにタッチ

生きたタコをつかまえるのは至難の業

吸い付く吸盤と格闘!?

## 漁業体験・魚・たこつかみ取り

地元の漁師の船に乗り、遊覧と釣り、漁船クルージング体験ができる。魚・たこのつかみ取りはここでしかできない貴重な体験。

さまざまな種類の魚をキャッチ

TEL 0569-68-2388（日間賀島観光協会） 体験期間：4～10月 所要時間：30～60分 料金：要問い合わせ

info 新鮮なしらすを堪能　南知多町の大井・片名・師崎・日間賀島・篠島の5地区からなる「南知多しらす街道」では取れたてのしらすをさまざまな料理法で味わえる店が約100店舗ある。4～12月の旬の時期に訪れるのがおすすめ。

# ひと足延ばして夕日の名所 篠島(しのじま)へ行こう!

日間賀島から船で10分

日間賀島からの定期船も運行している１周約8kmの有人島。愛知県では唯一「日本の夕陽百選」に選ばれていて、特に島の西側からの眺めは抜群だ。

## ①万葉の丘(まんようのおか)

島を代表する景勝地。ここから島全体や夕日に染まる松島を眺められる。『万葉集』の歌碑が立つ。

MAP 別冊 P.35-D2
住 南知多町篠島汐味　TEL 0569-67-3700（篠島観光協会）　開 散策自由　交 篠島港から徒歩25分

万葉の丘からの眺望。夕焼けをバックに松島のシルエットが浮かぶ

## ②太一岬・キラキラ展望台(たいちみさき・きらきらてんぼうだい)

伊勢神宮の遷宮で下賜された古材で造られた鳥居

伊勢神宮遥拝所として島民に親しまれる。展望台からは伊良湖や三重県の鳥羽まで望む。島の最南端にあるため日の出スポットとしても人気。

MAP 別冊 P.35-D2
住 南知多町篠島鯨浜17-18
TEL 0569-67-3700（篠島観光協会）　営 散策自由　交 篠島港から徒歩30分

## ③島の駅SHINOJIMA(いまのえき しのじま)

島内を歩き始める前に立ち寄って情報を集めよう

観光船のきっぷ売り場・待合所、観光案内所が揃う島の玄関口。売店・軽食コーナーでは篠島特産のしらすを使ったおみやげなどを購入できる。

MAP 別冊 P.35-D1
住 南知多町篠島浦磯28
TEL 0569-67-3700（篠島観光協会）　営 9:00～16:30
休 無休　交 篠島港からすぐ

## 篠島に泊まって絶景&新鮮魚介を満喫

古くから「東海の松島」と呼ばれ、『万葉集』にもこの地を舞台に詠まれた歌が残る。しかし、篠島の魅力は眺望だけではない。三河湾と伊勢湾の潮流が混ざる豊かな漁場として知られ、とらふぐや鯛、しらすなどの新鮮な魚介類を味わえるうえ、愛知県唯一の海上釣り堀があって釣りも楽しめるのだ。最低でも１泊して島の魅力を味わい尽くしたい。

info 義良（のりよし）親王ゆかりの地　延元3（1338）年、義良親王（のちの後村上天皇）が暴風雨によって漂着したのが篠島。島内には親王の飲用に掘られた井戸・帝井（みかどい）や皇子ヶ膝（おうじがひざ）などゆかりの場所が残る。

## アートの島！ 佐久島(さくしま)を歩く

三河湾のほぼ中央に位置し、島のいたるところにアート作品を展示しているのが特徴。常設展示22点のほか期間限定の作品が登場することもある。

作品に腰掛けるとアートの一部になれる

### ①おひるねハウス

西集落の黒壁がモチーフ。作品に上って三河湾を眺めることができる。人気アニメ映画に登場したことで知られ、写真撮影待ちの列ができることも。

場所 石垣(しがけ)海岸

作者 南川祐輝（2004年制作、2013年・2023年再制作）

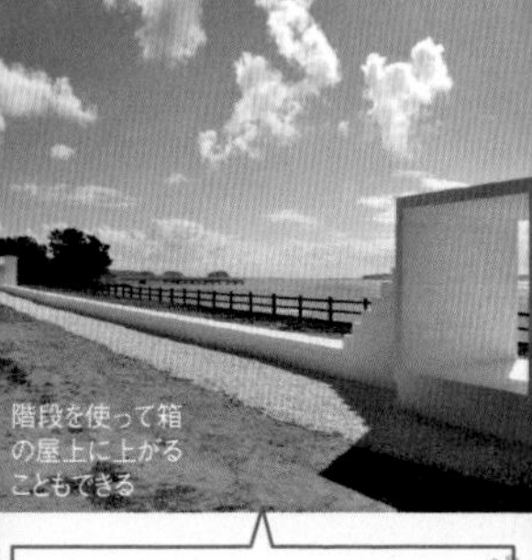

階段を使って箱の屋上に上がることもできる

### ②イーストハウス

対岸にあるおひるねハウスと対をなす真っ白な箱。ふたつの東屋を長さ60mのベンチがつなぐ。東地区にある東屋のためこの名がついたという。

場所 大島桟橋ポケットパーク

作者 南川祐輝（2010年制作）

### ③カモメの駐車場

石積み堤防の上に60羽のカモメがずらり。風見鶏になっているため、風の向きによって回転する。

場所 大浦海水浴場

作者 木村崇人（2005年制作）

**歩き方**

1周約11.5km。バスやタクシーはないが、レンタサイクルの貸出はある。歩きなら半日、自転車なら約2時間で1周できる。

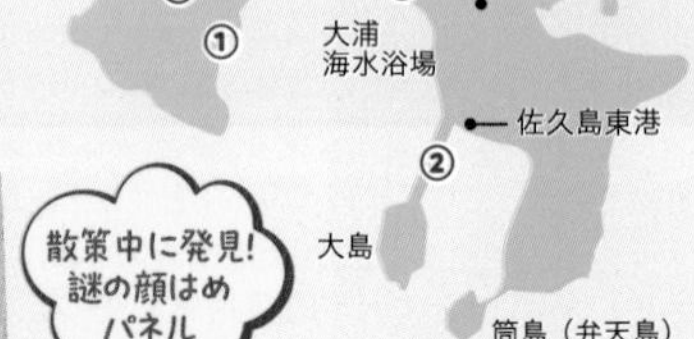

散策中に発見！謎の顔はめパネル

「船頭重吉」は佐久島で生まれ育った江戸時代の船乗り。29歳のときに暴風雨に遭い、484日（約17ヵ月）に及ぶ太平洋漂流の末、イギリス船に救助された。これは世界最長漂流記録なのだとか。しかも、鎖国のため帰国したのは5年後だったという。

info アートで島おこし　佐久島に現代アート作品が展示されるようになった背景には、島の抱える「過疎化」と「高齢化」の問題がある。島を活性化するために、年間をとおして美術展やワークショップなどさまざまなイベントを開催している。

## フォトスポットと島時間に癒やされる

島の８割を占めるのは里山。南の島を思わせる暖地性植物が茂り、野鳥や海辺の生き物たちが多数生息する。島を歩けば、自然と調和したアート作品やノスタルジックな雰囲気の集落が。島内にはスーパーやコンビニ、信号機すらひとつもない。時計やスマホを見るのはやめて、島独特の穏やかでゆったりした時間に身を委ねてみよう。

### Check 1 佐久島観光の拠点

散策の途中に立ち寄りたいのが古民家を利用した弁天サロン。島の歴史や文化に関する資料があるほか、お茶を飲みながら休憩できる。

**弁天（べんてん）サロン** MAP 別冊 P.35-C3
住西尾市一色町佐久島西側４１ TEL 0563-78-2001
営 9:00 ～ 17:00 休月（祝日の場合は翌平日、７・

８月は無休） 交佐久島西港から徒歩３分

お茶はセルフサービス

### Check 2 「三河湾の黒真珠」って何？

西集落を中心に黒壁の木造家屋が並ぶ。光沢のある黒は、潮風から建物を守るために塗られたコールタールの色。ほかの地域では見られない独特の景観は「三河湾の黒真珠」と称される。島の象徴ともいえる家並みを守るため、ボランティアが中心となって保存活動を行っている。

迷路のような細い路地の両側に黒壁の家が林立

## 立ち寄りスポット

長居したくなる古民家カフェ

### ④蔵ssic（くらしっく）

「蔵」の字が書かれたのれんが目印。広い庭を眺めながらオリジナルブレンドのコーヒーと手作りケーキでほっとひと息つける。多忙な店主が営むため、営業は不定期。

MAP 別冊 P.35-C3
住西尾市一色町佐久島西側 97 TEL 080-5124-2707 営要問い合わせ 休月～金、不定休 CC不可 交佐久島西港から徒歩６分

❶広々とした店内は居心地抜群。島の猫がふらりとやってくることもあるとか ❷瓦の積み重なった塀に囲まれている

海の幸と島野菜のランチ

### ⑤Cafe OLEGALE（かふぇおれがれ）

具材をたっぷりサンドしたおにぎり「オレマキ」が人気のカフェ。島で取れる野菜やこだわりの調味料を使っている。天然色素のクリームソーダなど、ドリンクの種類も豊富。

MAP 別冊 P.35-C3
住西尾市一色町佐久島下遠田 34 TEL 090-1232-7484 営 11:00 ～ 17:00（土・日・祝 10:00 ～） 休不定休 CC不可 交佐久島西港から徒歩 10 分

❶島のちょうど真ん中あたりに位置する ❷大アサリ丼800円は特製ソースが絶品

info 島グルメあれこれ　特産品は大あさり（ウチムラサキ）。うま味が凝縮した大ぶりの身を使った大アサリ丼は、島内の各飲食店で提供されている。タコと島野菜をさっと湯通しするタコしゃぶや、タコの冷しゃぶもおすすめ。

## 日間賀島・篠島へのアクセス

美浜町の河和港、南知多町の師崎港、田原市の伊良湖港から定期高速船が運行する。日間賀島と篠島の行き来も可能。海上タクシーも選択肢のひとつだ。

### 定期高速船

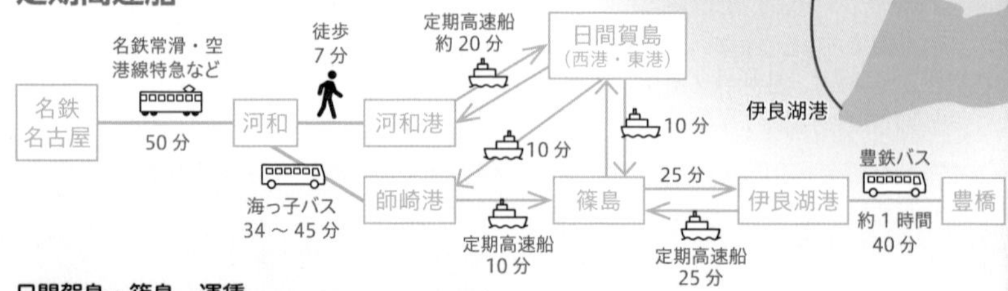


**日間賀島・篠島　運賃**

| | 日間賀島 | 篠島 | 伊良湖 |
|---|---|---|---|
| 河和 | 1420円（往復2720円） | 1420円（往復2720円） | 2340円（往復4470円） |
| 師崎 | 710円（往復1360円） | 710円（往復1360円） | 1440円（往復2760円）※篠島または日間賀島で乗り継ぎ |
| 日間賀島 | - | 410円（往復790円） | 1420円（往復2720円） |
| 篠島 | 410円（往復790円） | - | 1420円（往復2720円） |

※小人運賃（小学生）の設定あり

問い合わせ　名鉄海上観光船［TEL］0569-63-2035（予約センター）

### 海上タクシー

時間を気にせず島へ渡れるのが最大のメリット。大人数で利用するなら定期高速船よりも割安になる。複数社運行。

**2島を巡るなら……**

日間賀島と篠島を巡るなら、名鉄海上観光船の「島めぐり料金」がお得。師崎港発着なら1600円、河和港・伊良湖港発着なら3000円。河和港発・師崎港着など異なる港で発着する場合は2200円（河和港・伊良湖港発着の場合3000円）。各乗船窓口で購入可能。

## 佐久島へのアクセス

西尾市の一色さかな広場東側にある乗船場から高速船に乗って約25分。佐久島西港→佐久島東港の順番で停まる。

運賃(片道)　中学生以上830円、小学生420円

問い合わせ　佐久島行船のりば（一色）［TEL］0563-72-8284

**バス・船　時刻表**

| 名鉄東部交通バス | | 西尾市営渡船 | | | 名鉄東部交通バス | |
|---|---|---|---|---|---|---|
| 西尾駅発 | 一色さかな広場・佐久島行船のりば着 | 一色港発 | 佐久島東港発 | 佐久島西港発 | 一色さかな広場・佐久島行船のりば発 | 西尾駅着 |
| : | : | 6:30 | 7:00 | 7:07 | : | : |
| : | : | 7:40 | 8:30 | 8:37 | 9:18 | 9:47（9:50） |
| 8:40 | 9:07 | 9:30 | 10:10 | 10:17 | 11:05 | 11:33（11:34） |
| 10:15 | 10:42 | 11:30 | 12:30 | 12:37 | 13:23 | 13:51（13:55） |
| 12:45 | 13:12 | 13:40 | 14:50 | 14:57 | 15:35 | 16:03（16:04） |
| 14:45 | 15:12 | 15:50 | 17:15 | 17:22 | 18:00 | 18:28（18:29） |
| 17:15 | 17:42 | 17:50 | 18:20 | 18:27 | : | : |

赤字は土・日・祝

### 佐久島渡船

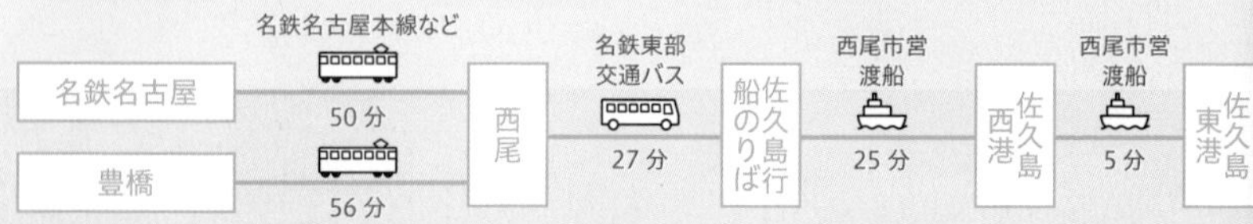


info　3島を巡るなら　JR東海ツアーズの「愛知の離島3島めぐり！島たびパス」ならEXサービス会員限定で日間賀島～佐久島間を運航する貸切海上タクシーを利用でき、3島周遊が可能。期間限定運航のため、詳細は事前に確認を。島たびクーポンも付く。

# 第1章

# 交通ガイド

# 愛知県の交通 完全攻略ガイド

エリアによって交通事情の異なる愛知を効率よく巡るには、交通手段の選択がカギにな
る。名古屋を中心にコンパクトに旅するなら電車が便利だが、三河など県内を広く回る
ならレンタカーがおすすめ。行き先や目的によって計画を練ろう。

## 鉄道

県内を走る鉄道は36路線。新幹線の発着する名古屋駅を拠点に、JR線や名鉄線を中心とした鉄道網が形成されている。ローカル線のJR飯田線や豊橋市内の路面電車、平成17（2005）年開催の愛知万博の際に開業した「リニモ」など、愛知独自の路線も多い。

### JR 東海 6 路線 → P.84

❶東海道新幹線（名古屋～豊橋）
❷東海道本線（豊橋～木曽川）
❸中央本線（名古屋～定光寺）
❹関西本線（名古屋～弥富）
❺武豊線（大府～半田～武豊）
❻飯田線（豊橋～東栄）

### 名古屋鉄道 17 路線 → P.85

❼名鉄名古屋本線（豊橋～名鉄名古屋～木曽川堤）
❽名鉄豊川線（国府～豊川稲荷）
❾名鉄西尾線（新安城～吉良吉田）
❿名鉄蒲郡線（吉良吉田～蒲郡）
⓫名鉄三河線（知立～碧南、知立～豊田市～猿投）
⓬名鉄豊田線（豊田市～赤池）
⓭名鉄常滑線（神宮前～常滑）
⓮名鉄空港線（常滑～中部国際空港）
⓯名鉄築港線（大江～東名古屋港）
⓰名鉄河和線（太田川～河和）
⓱名鉄知多新線（富貴～内海）
⓲名鉄津島線（須ケ口～津島）
⓳名鉄尾西線（玉ノ井～名鉄一宮～津島～弥富）
⓴名鉄犬山線（枇杷島分岐点～犬山～犬山遊園）
㉑名鉄広見線（犬山～善師野）
㉒名鉄小牧線（犬山～上飯田）
㉓名鉄瀬戸線（栄町～尾張瀬戸）

※（　）は愛知県内のおもな停車駅

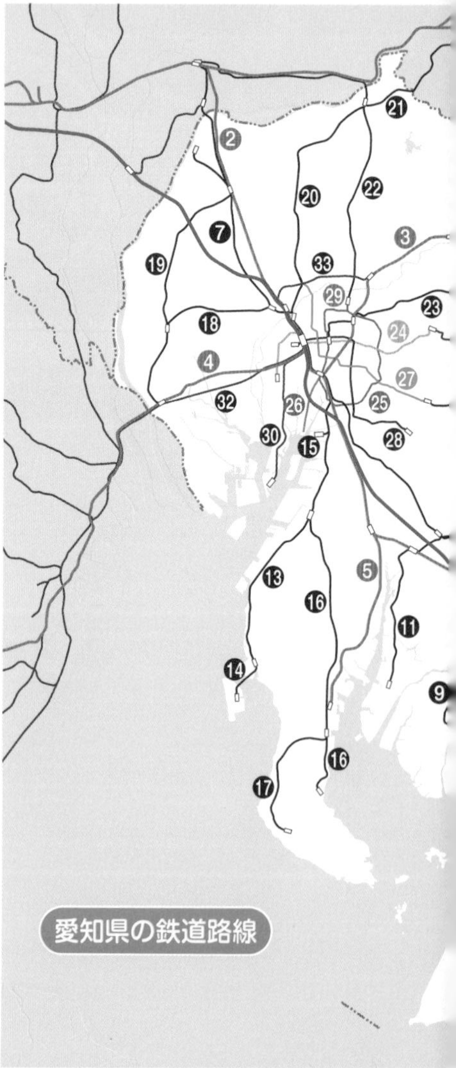

愛知県の鉄道路線



info 目的地で選べる地下鉄券売機　令和5（2023）年3月から名古屋駅・栄駅・金山駅に旅行者向け券売機が登場。観光名所や駅番号から地下鉄経路が検索可能で、乗車券を購入できる。日本語のほか、英語、中国語（簡体・繁体）、韓国語に対応。

## 相互利用可能な交通系ICカード

事前に現金をチャージしておく交通系ICカードは、きっぷを買う手間が省けるほか、駅構内のキオスクやコンビニ、自動販売機などでも利用できる。東海エリアで主流のmanacaやTOICAを含め、全10種の交通系ICカードは相互利用が可能。

**◆manaca／マナカ**
名古屋鉄道・豊橋鉄道・リニモ・名古屋市営地下鉄・あおなみ線、バス（一部を除く）などで利用可。販売額2000円など5種類（デポジット500円含む）。

**◆TOICA**
JR東海が発行。券売機や精算機でチャージできる。販売額2000円（デポジット500円含む）。名前の由来は「Tokai IC Card（東海ICカード）」の頭文字。

**名古屋市交通局６路線　→ P.86**

- ㉔東山線（高畑～名古屋～藤が丘）
- ㉕名城線（大曽根～栄～金山～大曽根）
- ㉖名港線（金山～名古屋港）
- ㉗鶴舞線（赤池～上小田井）
- ㉘桜通線（太閤通～名古屋～徳重）
- ㉙上飯田線（平安通～上飯田）

- ㉚名古屋臨海高速鉄道あおなみ線　P.86（名古屋～金城ふ頭）
- ㉛愛知環状鉄道線　P.86（岡崎～新豊田～高蔵寺）
- ㉜近鉄名古屋線　P.86（近鉄名古屋～近鉄弥富）
- ㉝東海交通事業城北線　P.87（枇杷島～勝川）
- ㉞豊鉄渥美線　P.87（新豊橋～三河田原）
- ㉟豊鉄豊橋市内線　P.87（駅前～赤岩口、運動公園前）
- ㊱愛知高速交通東部丘陵線（リニモ）　P.87（藤が丘～八草）

info　manaca／マナカのポイント　1ヵ月の鉄道・バスの利用実績に応じてポイントが貯まる。翌月10日以降に券売機やチャージ機などでカードに還元すれば、manaca／マナカ交通事業者の鉄道やバスの乗車時に利用可能。10ポイント＝10円。

新幹線を軸に東海で展開

## JR東海

運賃 片道普通運賃 150円〜

URL jr-central.co.jp

3大都市圏を結ぶ日本の大動脈である東海道新幹線をはじめ、名古屋・静岡の都市部など、東海地方を中心に12線区の在来線を運行している。愛知県内をとおる幹線は、東西を結ぶ東海道本線、長野方面への中央本線、三重方面への関西本線。地方交通線では、武豊線や飯田線がある。正式名称は東海旅客鉄道。

### ① 東海道新幹線

東京から新大阪まで552.6 kmの区間すべてがJR東海の管轄。昭和39（1964）年に開通した世界初の高速鉄道であり、日本で最も古い歴史をもつ新幹線。1日当たり300本以上（2021年）運行する。

日々多くの旅客を運ぶ東海道新幹線

### ② 東海道本線 CA

東京〜神戸を結ぶ幹線で、新橋〜横浜間は日本で初めて開業した路線でもある。熱海駅から米原駅まで341.3kmの区間がJR東海の管轄。愛知県では名古屋駅や岡崎駅などの主要都市に停車する。

### ③ 中央本線 CF

東京、山梨、長野、岐阜などを抜け、名古屋にいたる幹線。JR東海の管轄は、塩尻駅と名古屋駅を結ぶ174.8kmの区間。名古屋から岐阜の馬籠や恵那峡、長野の妻籠などへ行くのにも活用できる。

### ④ 関西本線 CJ

名古屋駅から三重、京都、奈良を経て、大阪の難波駅を結ぶ幹線。名古屋駅〜亀山駅の59.9 kmがJR東海の管轄。三重の伊勢地区へ向かう快速、南紀へ向かう特急列車も一部区間を運行する。

### ⑤ 武豊線 CE

大府駅〜武豊駅を走る19.3kmという短い地方交通線。東海道本線を建設する資材を運ぶため、愛知県で最も早く開業した鉄道で、明治19（1886）年に開通した。歴史ある路線を巡るぶらり旅も楽しめる。

## 秘境駅が人気のローカル線「飯田線」 ⑥ CD

豊橋駅と長野の辰野駅とを結ぶ195.7kmの長距離地方交通線。各駅停車の列車に乗った場合、全線6〜7時間ほどで、愛知県内の停車駅は豊橋駅から東栄駅までの26駅。豊川稲荷や砥鹿神社付近をとおり、鳳来寺山の脇を抜けて愛知と静岡の県境付近を北上する。弁当や飲み物を用意すれば、1日かけた鉄道旅を満喫できる。大自然に囲まれた沿線には、人里離れた秘境駅が点在しており、その秘境駅に降りて見学できるイベント列車「急行 飯田線秘境駅号」も不定期で運行している。

東栄駅に停車する飯田線秘境駅号

鬼面をイメージした東栄駅の駅舎

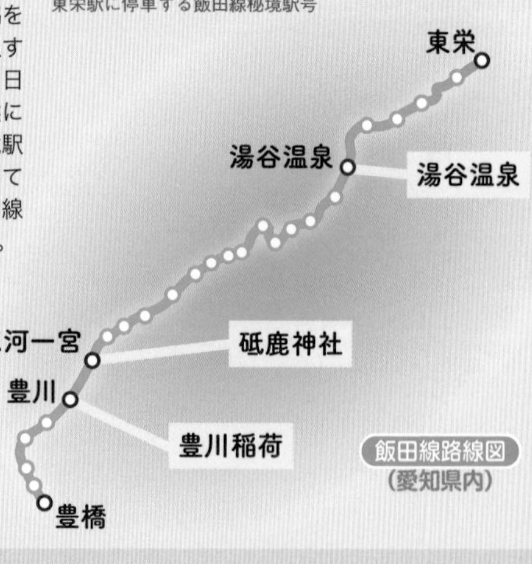


info 貨物専用の鉄道も　笠寺駅の南部に数路線が走る名古屋臨海鉄道は、名古屋港周辺の物流を担っている。赤い車体が人気の衣浦臨海鉄道もあり、知多半島の半田または碧南と大府を結ぶ。いずれもディーゼル機関車。

日本3大私鉄のひとつ

# 名古屋鉄道

運賃 初乗り 170円

URL top.meitetsu.co.jp

一般に「名鉄」と呼ばれ、愛知県と岐阜県にまたがる444.2 kmの路線を展開。名古屋市と愛知県内の主要都市、岐阜県南部をメインに、1日約100万人が利用する。名古屋本線を中心に20の路線を運営（愛知県内は17路線）。名鉄といえば往年の赤い展望車「パノラマカー」で知られるが、現在も後継車両として「パノラマsuper」が走る。

## ⑦ 名古屋本線 NH

豊橋駅と名鉄岐阜駅を結ぶ全長99.8 kmの主要路線で、通称「名鉄本線」。名鉄最大のターミナル駅である名鉄名古屋駅をはじめ、他路線との接続駅も多い。

前面展望車の「パノラマsuper」

## ⑧ 豊川線 TK

豊川市内を走る、5駅7.2 kmの短距離ローカル線。豊川稲荷への参拝路線のため、年末年始は混雑する。日中以外は名古屋本線への直通列車が運行し、豊川稲荷駅でJR飯田線に乗り換え可能。

## ⑪ 三河線 MU MY

猿投駅と碧南駅を南北につなぐ、全長39.8 kmの比較的長い路線。名古屋本線の支線で、知立駅を境に、北にある豊田市の猿投駅までは「山線」、南側の碧南駅までは「海線」と呼ばれている。

## ⑨ 西尾線 ⑩ 蒲郡線 GN

新安城駅～吉良吉田駅が西尾線。吉良吉田駅～蒲郡駅が蒲郡線。ふたつ合わせて西蒲線とも呼ばれる。車窓から三河湾を楽しめる南部路線は、県内有数の温泉地がある。

## ⑫ 豊田線 TT

日進市の赤池駅と豊田市の梅坪駅を結ぶ全長15.2kmの路線。名古屋や豊田方面への通勤に使われるほか、沿線の大学や高校への通学でも利用される。三河線、地下鉄鶴舞線と接続している。

## ⑬ 常滑線 ⑭ 空港線 TA

名古屋市の神宮前駅と常滑駅を結ぶのが常滑線。中部国際空港開業にともない、常滑駅から空港線が延伸した。中部国際空港駅からは全車特別車ミュースカイも運行。

さわやかなイメージの「ミュースカイ」

## ⑮ 築港線 CH

大江駅と東名古屋港駅をつなぐ2駅1.5 kmの短い路線。名古屋港沿岸にある工場への通勤に使われる。路線自体は他社線を経由してJR東海道本線に接続しており、車両や資材の運搬にも利用される。

## ⑱ 津島線 ⑲ 尾西線 TB BS

津島線は、清須市の須ケ口駅と西部にある津島駅を結ぶ。津島駅で尾西線に接続している。尾西線は一宮市の玉ノ井駅と南部の弥富駅をつなぐ路線で、津島駅のほか名鉄一宮駅を経由する。

## ⑯ 河和線 ⑰ 知多新線 KC

知多半島の東を走る河和線は、太田川駅と河和駅を結ぶ。河和線の富貴駅には、知多半島西岸の内海駅に抜ける知多新線が接続する。日間賀島や篠島、海水浴場がある内海へ行くのに使用されている。

## ⑳ 犬山線 IY

名古屋本線に次ぐ名鉄の幹線。枇杷島分岐点～岐阜県の新鵜沼駅を南北に走る。名古屋市と北部ベッドタウン、犬山の観光地などをつないでおり利用客が多い。小牧線や地下鉄鶴舞線などにも接続。

## ㉑ 広見線 HM

犬山駅と岐阜県の御嵩駅を結ぶ北部の路線。新可児駅からは名古屋方面との直通列車やミュースカイも運行するが、新可児駅～御嵩駅の区間は、単線の路線となっている。

## ㉒ 小牧線 KM

名古屋市の上飯田駅から小牧駅を経て犬山駅まで運行しており、一部に高架や地下を走る区間もある。名古屋市営地下鉄の上飯田線と相互直通運転している。

## ㉓ 瀬戸線 ST

名古屋市の栄町駅から瀬戸市の尾張瀬戸駅にいたる路線。明治38（1905）年に、陶磁器の産地である瀬戸からの貨物輸送のため、瀬戸自動鉄道として開業した。

瀬戸線を走る4000系の車両

### 駅のナンバリング

駅に路線記号と駅番号を割り当てる制度。アルファベット記号と数字を使い、海外から来た人でも簡単に識別できるように導入された。

info パノラマsuper　1000系は昭和63（1988）年に誕生した特急専用車。前面の展望を楽しめるハイデッカー展望席やバケットタイプの回転リクライニングシートを採用。1200系と総称されるが、1000系の特別車と1200系の一般車で構成されている。

## 市内を縦横無尽に走る
# 名古屋市交通局

運賃 初乗り 210円

URL www.kotsu.city.nagoya.jp

名古屋市内の地下鉄や市バスを運行する市営交通機関で、令和(2022) 年に100周年を迎えた。地下鉄は、公営では都営地下鉄に次いで2番目に長い93.3kmで6路線。1日に145万人が利用してお り、市内交通の基幹として大きな役割を果たす。名古屋市内や近の見どころへ行くのにも活用しやすい。

### ㉔ 東山線 H

名古屋市内を東西に横断する路線。昭和32 (1957) 年、名古屋市で最初に開業した。高畑駅から藤が丘駅まで22駅で、名古屋駅や栄駅といった名古屋の繁華街や主要部を走るため利用客が多い。

### ㉕ 名城線 M

栄駅のほか、大曽根駅、金山駅などの主要駅に停車する環状線。全国初の地下鉄環状運転を実現し、全28駅のうち8駅でほかの5路線と接続する。運行方向は右回り、左回りと表示される。

### ㉖ 名港線 E

金山駅〜名古屋港駅間の7駅を結ぶ路線。運行は名城線と一体となって行われており、インカラーは名城線と同じ色。名古屋港駅は、名古屋水族館などがある名古屋港ーデンふ頭の最寄り駅。

### ㉗ 鶴舞線 T

名古屋市西区の上小田井駅から日進市の赤池駅までを結ぶ。上小田井駅では名鉄犬山線と、赤池駅では名鉄豊田線と相互直通運転をしている。大須の最寄り駅である大須観音駅にも停車する。

### ㉘ 桜通線 S

名古屋駅、久屋大通駅などの繁華街を抜け、住宅地として開発が進む南東部の徳重駅へいたる。混雑する東山線のバイパス路線としての機能もある。沿線の桜山駅は、名古屋市博物館への最寄り駅でもある。

### ㉙ 上飯田線 K

名城線と接続する平安通駅と上飯田駅を結ぶ2駅0.8kmの短路線。日本一距離が短い地下鉄路線でもある。ただし上飯田駅以北は、名鉄小牧線とつながっており、犬山駅まで直通で運行。

## 通称「あおなみ線」を運行
# 名古屋臨海高速鉄道

運賃 初乗り 210円

URL www.aonamiline.co.jp

金城ふ頭行きの「あおなみ線」の車両

名古屋の都心部と金城ふ頭を結ぶ路線を運営。名古屋駅から金城ふ頭駅まで15.2km、11駅元々は貨物の路線だったが、名古屋市西南部地域の基幹公共交通の充実と沿線の均衡あるまちづくりの促進のため開業した。沿線には、名古屋市国際展示場、リニア・鉄道館、レゴランド®・ジャパン・リゾートなどの施設がある。

### ㉚ あおなみ線

「あおなみ」は、名古屋臨海高速鉄道のシンボルカラーの「あお」と名古屋の「な」、みなとの「み」を組み合わせた愛称。

## 名古屋周辺部の都市をつなぐ
# 愛知環状鉄道

運賃 初乗り 180円

URL www.aikanrailway.co.jp

岡崎駅から新豊田駅、瀬戸市駅を経て、春日井市の高蔵寺駅にいたる、東海道本線と中央本線をつなぐ路線。岡崎〜瀬戸市の区間は岡崎と多治見を結ぶ計画だった岡多線、瀬戸市〜高蔵寺の区間は瀬戸線の一部を引き継いだ。愛環線または愛環とも呼ばれ、沿線の高校や大学、企業などへの通学・通勤に利用されている。

### ㉛ 愛知環状鉄道線

愛知環状鉄道の2000系車両。八草駅で「リニモ」に乗り換え可能

## 三重への旅でも利用できる
# 近畿日本鉄道

運賃 初乗り 180円

URL www.kintetsu.co.jp

写真提供:近畿日本鉄道株式会社

名阪特急「ひのとり」

一般には「近鉄」と呼ばれ、大阪、奈良、京都、三重、愛知にまたがる路線を運営。総延長501.1kmで、民営鉄道では最長の路線をもつ。ふたつの国立公園、5つの世界遺産を沿線に有し、都市間輸送、観光輸送、都市近郊輸送、地域輸送など、さまざまな役割を担っている。

### ㉜ 名古屋線

名古屋駅から三重へ抜ける路線で、通勤・通学等に利用される。三重の観光名所である伊勢志摩へ向かうのにも便利。名古屋〜大阪間では名阪特急「ひのとり」が運行。

info 地下鉄路線の名前 名古屋市交通局の地下鉄名、「東山線」「名城線」「名港線」「鶴舞線」「桜通線」は愛称。これらの愛称は一般公募されたもの。

高架の城北線を運行する

## 東海交通事業

運賃 初乗り 230円

URL tkj-i.co.jp

高架の勝川駅

JR東海グループのひとつで、名古屋市北部周縁を走る城北線を運営。ほかにも、愛知、静岡、岐阜を中心に、東海道本線、中央本線、飯田線など、多くの在来線の駅窓口業務作業を受託する。お客さまサポートサービス、問い合わせや遺失物の対応をするJR東海テレフォンセンターなどの業務も行っている。

### ㉝ 城北線

勝川駅～枇杷島駅を結ぶ全長11.2km、6駅の路線で、すべて高架線。枇杷島駅を除いて無人駅。乗車時に整理券を取り、降りる前に運賃と整理券を運賃箱に入れる。

渥美半島と豊橋市内を結ぶ

## 豊橋鉄道

運賃 初乗り 渥美線140円 豊橋市内線180円

URL www.toyotetsu.com

豊橋市と田原市で、渥美線や豊橋市内線を運営する。鉄道の渥美線は、新豊橋駅から三河田原駅までを結ぶ通勤・通学路線。終点の三河田原駅からバスで伊良湖岬へ向かうこともできる。市内線は、豊橋駅前から赤岩口・運動公園前までを走る路面電車。平成21（2009）年には「T1000形ほっトラム」車両がローレル賞を受賞した。

市内線の超低床車両リトルダンサー

### ㉞ 渥美線

自動車への依存を避け、渋滞を緩和するパーク＆ライド方式を採用。駅にパーキングを設け、列車と車との共存を目指している。伊良湖岬への旅の起点となる三河田原の駅舎は、建築家・安藤忠雄の設計。10種の花々をテーマに飾り付けられたカラフルトレインも運行する。

### ㉟ 豊橋市内線

豊橋の顔でもある、市内を走る路面電車。かつて名鉄岐阜市内線で活躍したレトロな車体の3200形のほか、モダンな全面低床車両T1000形など、5つの車種が走っている。期間限定でビールやおでんを楽しめる車両も運行。日本一急なカーブがあり、通称R11と呼ばれている。

## 愛知高速交通東部丘陵線 通称「リニモ」に乗ろう ㊱

日本でここだけの常電導吸引型磁気浮上式リニアモーターカー。地下鉄東山線の藤が丘駅、愛知環状鉄道の八草駅と接続している。愛知万博の開催と同時期に開業した路線で、全長8.9km、9駅、最高時速100キロ。沿線には長久手古戦場やトヨタ博物館、愛・地球博記念公園などがあり、観光路線としても活用できる。開業当初から使用している100形の車体は、2005年度にグッドデザイン賞、2006年度にはローレル賞を受賞。

車両は3両編成で白を基調にしたスッキリとしたデザイン

運賃 初乗り 170円

URL www.linimo.jp

浮上して走行するため、騒音や振動が小さく快適な乗り心地

**リニアモーターで推進**
車体下の電磁石の吸引力で浮上し、リニアモーターで前へと進む仕組み。リニアモーターとは、通常の回転式モーターを平たく伸ばし、直線的に動くようにしたもの。

リニモ路線図

藤が丘
長久手古戦場
トヨタ博物館
芸大通
愛・地球博記念公園
モリコロパーク ジブリパーク
八草

info 日本初＆唯一の鉄道システム　平成17（2005）年に開業した「リニモ」は、日本初にして唯一の磁気浮上式リニアモーターカー。開業日である3月6日は日本記念日協会認定の「リニモの日」で、記念グッズの販売や特別車両の運転が行われたことも。

## お得な乗車券を使いこなす

**乗れば乗るほど得をする**

### 名古屋鉄道　まる乗り1DAYフリーきっぷ

名鉄全線の電車に1日フリーで乗車できる。10:00〜16:00なら特別車も乗り放題になる（座席指定不可）。日本モンキーパーク、リトルワールド、博物館 明治村、南知多ビーチランドで入場料100円引き。中部国際空港では、対象店舗で特典が受けられるクーポン券あり。

運賃　大人 3200円　小児 1600円

### 名古屋鉄道　名鉄電車全線2DAYフリーきっぷ

名鉄全線の電車に連続する2日間、フリーで乗車できる。1DAYフリーきっぷと同様、テーマパークでの入場割引や中部国際空港で使えるクーポン券もある。ただし、特別車の乗り放題はつかない。1日券との差額は800円なので、2日連続で使いたい人には便利。

運賃　大人 4000円　小児 2000円

### 名古屋市交通局　バス・地下鉄全線一日乗車券

市バスやなごや観光ルートバス、地下鉄に1日何回でも乗車することができる。有効期限内の一日乗車券を提示することにより、割引などの特典が受けられる店舗や施設もある。

運賃　大人 870円　小児 430円

### 名古屋市交通局　ドニチエコきっぷ

土・日・祝（土・日・祝のダイヤで運行する日も含む）と毎月8日に、市バスやなごや観光ルートバス、地下鉄が1日乗り放題になる乗車券。一日乗車券同様の割引制度もある。

運賃　大人 620円　小児 310円

### JR東海　青空フリーパス

土・日・祝と年末年始（12/30〜1/3）に、フリー区間内の快速や普通列車の普通車自由席が乗り放題になる1日券。フリー区間には、岐阜市内や下呂、三重県の伊勢や鳥羽など愛知県外の観光地も含まれている。グリーン車や指定席も追加料金を払えば利用可能。

運賃　大人 2620円　小児 1310円

### 名古屋臨海高速鉄道　一日乗車券

「あおなみ線」が1日乗り放題になる乗車券。特典は、金城ふ頭駅近くにあるリニア・鉄道館の入館料割引などのほか、メイカーズ ピアの商品券100円分がもらえる。「あおなみ線」全駅の券売機で利用当日に購入できる。（事前購入不可、払い戻し不可）

運賃　大人 800円　小児 400円

### 愛知環状鉄道　土日に乗ろう のりのり1dayパス

愛知環状鉄道の電車に、1日何度でも乗り降りできる1日フリー乗車券。土・日の利用に加え、GWやお盆、年末年始にも利用可能日が設けられている。有効期間内に提示することで割引を受けられる施設もある。

運賃　大人 1500円　小児 750円

### 豊橋鉄道　いこまい豊橋 電車・バス1日フリー乗車券

市内路面電車、豊橋市内の渥美線と豊鉄バス（高速バス等を除く）が、1日乗り放題になる。ほかにも、渥美線全線の列車に乗り降り自由の「渥美線1日フリー乗車券」、新豊橋駅〜伊良湖岬を電車とバスで巡るのに使える「伊良湖旅きっぷ」なども発売されている。（土・日・祝のみ）

運賃　大人 1000円　小児 500円

### 愛知高速交通　1DAYフリーきっぷ（1日乗車券）

購入日当日1日にかぎり、東部丘陵線「リニモ」に何回でも乗り降りできる。乗車券を提示すれば、トヨタ博物館や名都美術館に割引入場できるほか、モリコロパーク、長久手温泉ござらっせ、すまいるベリーズ長久手でも利用料や飲食代などが割引になる。

運賃　大人 800円　小児 400円

### 名古屋ガイドハイウェイバス　モバイルホリデー1日乗車券

「ゆとりーとライン」で眺望抜群の高架区間（大曽根〜小幡緑地）が1日乗り放題になる乗車券。土・日・祝にプラスして、お盆や年末年始、毎月8日に利用できる。アプリ「乗換案内」から購入するデジタルパス。指定の施設で使える優待クーポン付き。

運賃　大人 500円　小児 250円

info　名鉄のお得な切符　木曽川鵜飼プラン、名鉄御朱印めぐり、犬山城下町きっぷ、お城めぐりきっぷ、明治村時間旅行きっぷなど、乗車券と入場券、優待クーポンなどがセットになった、旅に便利な切符もある。

# バス

鉄道や地下鉄の駅から少し離れた場所や地方の観光地を訪れる際に活躍する。地方の主要都市で路線が多い名鉄バスのほか、各地域で路線バスや自治体運営のコミュニティバスが運行している。名古屋市営の市バスでは観光に利用できるルートも用意されている。

## バスの乗り方

バス停で、行き先、停車するバス停、時刻表などを確認。車体にある行き先の表示を見て乗車する。降りるときには、アナウンスなどを確認して、近くにある降車ボタンを押す。市バスと名鉄バスは、乗降が前扉なのか後扉なのかや、精算のタイミングが逆なので注意。名鉄グループの知多バス、豊鉄バス、名鉄東部交通は名鉄バスと同様。

大曽根のバス停に停車する市バス

名古屋市全域を網羅する

## 名古屋市営バス

運賃 210円

乗り方 料金は距離に関係なく1乗車ごとの均一制。前扉から乗車し、後扉から降車する。支払いは乗車時。ただし、基幹バス新出来町線のみ、後ろ乗り前降りで降車時に精算。1000円札なら紙幣も使える。

URL www.kotsu.city.nagoya.jp/jp/pc/bus

名古屋市が運行する公営バス。全路線164系統あり、営業距離は763.4km。市内バス路線の9割を占める。運行本数が多い基幹や幹線バスのほか、役所などの公共施設、地下鉄、大規模商業施設を巡る地域巡回バスもある。都心部の回遊性を高めるためのループバスC-758も運行している。

青ラインの市バス。基幹バスはエンジのライン

おもな運行系統

| | |
|---|---|
| 基幹１ | 栄、矢場町、笠寺駅などに停車 |
| 基幹２ | 名古屋駅、市役所、徳川園新出来などに停車 |
| C-758 | 名古屋駅、栄大津、大須本町通などに停車 |
| 名駅11 | 名古屋駅、ノリタケの森、トヨタ産業技術記念館などに停車 |

名古屋市近郊や観光地を結ぶ

## 名鉄バス

運賃 初乗り 170円
※令和5（2023）年10月、料金改定予定。

乗り方 後扉から乗り、前扉から降りる。乗車時に整理券を取り、前方の運賃表示板で整理券番号の料金を確認する。精算は降車時に行い、確認した運賃と整理券を運賃箱に入れる。1000円札は、運転手横の両替機で両替可能。

URL www.meitetsu-bus.co.jp

路線バスは、愛知県内の主要都市と岐阜の一部をカバーする。ほかに、名古屋市近郊の都市やジブリパーク（愛・地球博記念公園）、博物館 明治村などを結ぶ近距離高速バス、中部国際空港と周辺都市を結ぶ空港アクセスバスも運行。名鉄バスセンターを起点に、東北や九州など広いエリアの都市をつなぐ長距離高速バスもある。

赤いラインが特徴の名鉄バス

おもな運行系統

| | |
|---|---|
| 名鉄バスセンター（名古屋駅） | ⟷長久手古戦場駅⟷トヨタ博物館前 |
|  | ⟷ジブリパーク（愛・地球博記念公園） |
| 豊田市駅 | ⟷鞍ケ池公園前⟷足助 |
| 名鉄東岡崎駅 | ⟷康生町⟷大樹寺 |

info 都心ループバスC-758　観光やショッピングなど都心部の回遊性を高めるため開通した路線。名古屋駅から栄や矢場町を経由し、大須エリアを循環する。一般の市バスや基幹バスとは違うデザインで、赤・白・グレーの縦ラインが入った車体。

西尾と岡崎を中心に運行

## 名鉄東部交通

運賃 初乗り 170円（西尾市200円）

URL www.meitetsu-toubukoutsu.com

西尾市内、および西尾市と岡崎市を結ぶ路線バスを運営する。名鉄東岡崎駅～JR岡崎駅～西尾駅をつなぐバスのほか、佐久島へ渡る船が出る「一色さかな広場 佐久島行船のりば」と西尾駅などを結ぶバスも運行している。お得な普通回数券、昼間回数券などもある。

知多半島全域に路線が走る

## 知多バス（知多乗合）

運賃 初乗り 100円

URL www.chitabus.co.jp

知多市や半田市、常滑市、南知多など知多半島全域と、大府市や東浦町にまたがるエリアで路線バスを運営する。常滑のやきもの散歩道や知立・刈谷と中部国際空港を結ぶ空港バスも運行。地方自治体などが運営するコミュニティバスも受託運行している。

東三河をつなぐバス

## 豊鉄バス

運賃 初乗り 170円

URL www.toyotetsu.jp

豊橋市、豊川市、田原市、新城市、設楽町で路線バスを運行する。田原駅前から恋路ヶ浜や伊良湖岬までは、伊良湖本線を利用できる。鳳来寺や四谷千枚田方面へは、本長篠駅から鳳来寺をとおって走る田口新城線が運行。東京と豊橋を結ぶ高速乗合バスもある。

南西部を走り三重と結ぶ

## 三重交通

運賃 初乗り 190円

URL www.sanco.co.jp

名前のとおり、三重をメインエリアとするが、愛知県でも南西部の弥富市や蟹江町などと名古屋駅をつなぐ路線がある。名古屋駅の名鉄バスセンターから三重のナガシマリゾートやなばなの里といったテーマパークをはじめ、湯の山温泉、伊賀を結ぶ高速バスも運行する。

尾張北部を走る路線バス

## あおい交通

運賃 初乗り 160円

URL aoi-komaki.jp

名古屋市北部、小牧市、犬山市など、北尾張で路線バスを運営する。ピーチバスは、小牧市東部の丘陵地帯にある桃花台ニュータウンから小牧原駅を経由し小牧駅前などを結んでいる。春日井駅と桃花台間を走る桃花台バスや名古屋空港直行バスも運行している。

犬山の観光名所へ行くのに便利

## 岐阜バス

運賃 初乗り 170円

URL www.gifubus.co.jp

博物館 明治村やリトルワールド、寂光院への路線がある。

名古屋と岐阜を結ぶ路線もある

## 東鉄バス（東濃鉄道）

運賃 初乗り 170円

URL tohtetsu.co.jp

名鉄バスセンターとリトルワールドを結ぶ高速バス（1010円）も運行している。

## 日本で唯一の交通システム 名古屋ガイドウェイバス「ゆとりーとライン」

　鉄道とバスのいいところを併せもつシステムで、採用路線は日本でここだけ。高架専用軌道を走る際は、案内装置がレールに沿うように誘導してくれるため、ハンドル操作は不要。一般道路に入ると普通のバスとして運行する。名古屋市の大曽根駅と春日井市の高蔵寺駅とを結んでおり、高架専用軌道を走る大曽根～小幡緑地では、車窓から名古屋市街のほか、岐阜や長野の山々を望める。

運賃 初乗り 200円　URL www.guideway.co.jp

高架専用軌道でも一般道路でも乗り換えなしで同じ車両で走る

高架を走る際には案内装置が車体から出る

交通渋滞を回避できる路線　「ゆとりーとライン」の高架専用軌道は、道路の中央分離帯の上に設けられた専用道。そのため、交差点や踏切がなく、ラッシュが起こりやすい時間帯でも定時で高速運行することができる。

自治体運営の地元住民の足

# おもなコミュニティバス

| 市町村名 | 名称 | 路線 | 運賃 | ICカード |
|---|---|---|---|---|
| ■尾張 | | | | |
| 犬山市 | わん丸君バス | 楽田西部線、上野線、楽田東部線、栗栖・富岡線、善師野・塔野地線、今井・前原線、内田線、入鹿・羽黒線 | 1日200円 | × |
| 瀬戸市 | コミュニティバス | 下半田川線、曽野線、上半田川線、片草線、岩屋堂線、本地線、上之山線、こうはん線 | 100円 | × |
| 長久手市 | N-バス | 中央線（右回り・左回り）、西部線（右回り・左回り）、藤が丘線、東部線（右回り・左回り）、三ケ峯線 | 100円 | ○ |
| 一宮市 | i-バス | 一宮コース、尾西北コース、尾西南コース、木曽川・北方コース、千秋町コース、大和町・萩原町コース | 100円・200円 | 一部× |
| 小牧市 | こまき巡回バス「こまくる」 | 小牧駅市役所線、河内屋線、藤島線、市之久田線、小牧原線、岩崎線、桃花台線、味岡桃花台線、文津線、野口大山線、舟津線、三ツ渕北線、村中線、間々原線、春日寺線、多気線、田県線、久保一色線、岩崎原線、篠岡光ヶ丘線、城山大草線、池之内上末線、高根線 | 1日200円 | × |
| 豊明市 | ひまわりバス | 中央循環コース（赤ルート）、中央循環コース（青ルート）、南部循環コース（緑ルート）、南部循環コース（紫ルート） | 100円 | ○ |
| 清須市 | きよす あしがるバス | オレンジルート、グリーンルート、サクラルート、ブルールート | 100円 | × |
| 豊山町 | とよやまタウンバス | 北ルート、南ルート | 町内100円（町外200～500円） | × |
| 春日井市 | かすがいシティバス はあとふるライナー | 東北部線、東南部線、西環状線、南部線、北部オンデマンドバス | 200円 | 一部○ |
| 日進市 | くるりんばす | 赤池線、米野木線、三本木線、梅森線、五色園線、岩崎線、循環線 | 200円 | ○ |
| 北名古屋市 | きたバス | もえの丘線、鍛治ケ一色線、中之郷線、六ツ師道毛線、片場・沖村線、さくら（北部）線、はなみずき（西部）線、かえで（中部）線、けやき（東部）線、つつじ（南部）線 | 100円 | × |
| ■西三河 | | | | |
| 岡崎市 | 額田地域コミュニティ交通 | 下山地区線（ささゆりバス）、形埜地区線(乙川バス)、宮崎地区線（のってこバス）、豊富・夏山地区線（ほたるバス） | 200円・300円・500円 | × |
| 豊田市 | とよたおいでんバス | 旭・足助線、豊田・渋谷線、小原・豊田線、下山・豊田線、藤岡・豊田線（加納経由）、保見・豊田線、旭・豊田線、稲武・足助線、さなげ・足助線、中心市街地玄関口バス、藤岡・豊田線（西中山経由）、土橋・豊田東環状線 | 100～1200円 | ○ |
| 西尾市 | 六万石くるりんバス・いっちゃんバス | 市街地線、三和線、室場線、平坂中畑線、寺津矢田線、米津線、西野町線、福地線、いっちゃんバス | 200円 | × |
| 安城市 | あんくるバス | 循環線（右まわり・左まわり）、安祥線、桜井線、南部線、高棚線、東部線、西部線、作野線、北部線、桜井西線 | 100円 | 一部○ |
| 高浜市 | 「いきいき号」 | 吉浜コース、高取コース、港コース、翼コース、刈谷市コース | 100円 | × |
| ■東三河 | | | | |
| 豊橋市 | 「地域生活」バス・タクシー | 東部東山線「やまびこ号」（東部地区）、柿の里バス（北部地区）、しおかぜバス（前芝地区）、かわきたバス「スマイル号」（川北地区）、愛のりくん（南部地区） | 200～500円 | × |
| 蒲郡市 | くるりんバス | 形原地区「あじさいくるりんバス」、東部地区「とがみくるりんバス」、西部地区「みかんの丘くるりんバス」、三谷地区「おおしまくるりんバス」、大塚地区「ひめはるくるりんバス」 | 100円 | × |
| 田原市 | ぐるりんバス | ぐるりんバス市街地線、ぐるりんバス童浦線、ぐるりんバスサンテパルク線、ぐるりんミニバス表浜線、ぐるりんミニバス中山線 | 100円・200円 | × |
| 豊川市 | コミュニティバス | ゆうあいの里八幡線、千両三上線、小坂井線、一宮線、音羽線、御津線、音羽地区地域路線、御津地区地域路線、一宮地区地域路線、御油地区地域路線 | 200円 | × |
| 新城市 | Sバス | 西部線、北部線、中宇利線、吉川市川線、作手線、秋葉七滝線、長篠山吉田線、湯谷温泉もっくる新城線、布里田峯線、塩瀬線、守義線（つくでバス） | 100円・200円・400円 | × |
| 新城市 | 高速乗合バス「山の湊号」 | 新城から名古屋藤が丘・長久手 | 1000円 | × |
| ■知多 | | | | |
| 南知多町 | 海っ子バス | 西海岸線、豊浜線 ※令和5（2023）年10月より南知多・美浜環状線（400円）のみに変更。 | 160円・300円 | × |
| 美浜町 | 巡回ミニバス | 東部コース、西部コース、巡回コース | 無料 | × |
| 半田市 | 半田市コミュニティバス | 亀崎・有脇線、半田中央線、青山・成岩線、岩滑小線、成岩東部線、瑞穂線 | 100円 | × |
| 常滑市 | コミュニティバス グルーン | 常滑北部・市役所線、常滑北部・大野線、常滑中部・市役所線、ボートレースとこなめ周遊線、常滑南部・上野間線、常滑南部・武豊線 | 無料 | × |
| 東海市 | らんらんバス | 北ルート、中ルート、南ルート | 100円 | ○ |

※運賃やバス路線は変更されることが多いため、利用前に最新情報をご確認ください。

# 観光スポットを巡るルートバス＆水上バス

簡単に観光地を巡ることができる

## なごや観光ルートバス「メーグル」

金のシャチホコのイメージもあるゴールドの車体が目印

便利な1DAYチケットもある

名古屋駅から発着し、名古屋城や栄駅周辺など、中心部の観光名所をぐるりと1周できる循環型のバス。金色の車体はオリジナルデザインで、開放的なガラスルーフの明るい車内。1DAYチケットを使えば、都心ループバスC-758系統への乗車や、観光施設の割引、飲食店やホテルなどでの特典もある。

運賃　210円　1DAYチケット500円

運行時間　平日は30分～1時間に1本。土・日・祝は20～30分に1本

運休日　月（休日の場合は直後の平日）

URL www.nagoya-info.jp/useful/meguru

ルート
- 0 名古屋駅バスターミナル 11番のりば
- 1 トヨタ産業技術記念館
- 2-A ノリタケの森西
- 2-B ノリタケの森
- 3 四間道
- 4 名古屋城
- 5 名古屋城東・市役所
- 6 徳川園 徳川美術館 蓬左文庫
- 7 文化のみち二葉館
- 8 市政資料館前
- 9 中部電力 MIRAI TOWER
- 10 広小路栄
- 11 広小路伏見

※17:00発の帰路は名古屋城、四間道、ノリタケの森、トヨタ産業技術記念館には立ち寄らない。トヨタ産業技術記念館と名古屋城は、往路と帰路が同じバス停から発着するので、乗り間違いに注意。

船で名古屋を巡る

## クルーズ名古屋

運河沿いの景色を楽しみながらゆったりと巡りたい

名古屋の都心や名古屋港エリアを船で巡る。クルーズ乗船中には音声ガイドを聞きながら、運河の歴史を知ったり風景を満喫したりできる。水の上ならではの迫力ある橋の撮影も可能。屋外デッキがある船など、4種類のクルーズ船がある。また、運河周辺施設との相互優待割や不定期で船内企画が実施されることも。

運賃　300～1500円 ※乗車区画による

運航時間　土・日・祝を中心に運航　日時の詳細はウェブサイトで要確認

運休日　土・日・祝以外　URL cruise-nagoya.jp

＼詳細はP.155もCheck！／

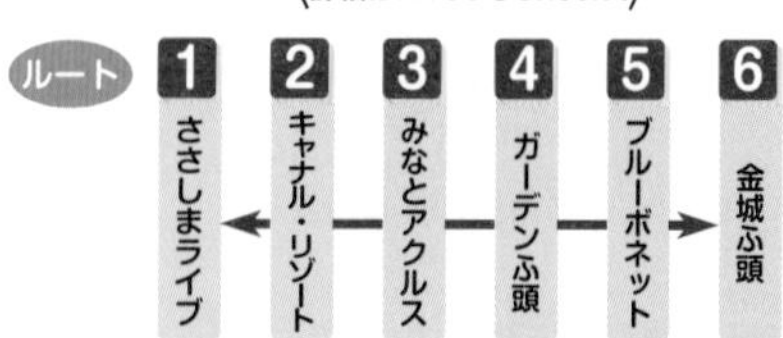


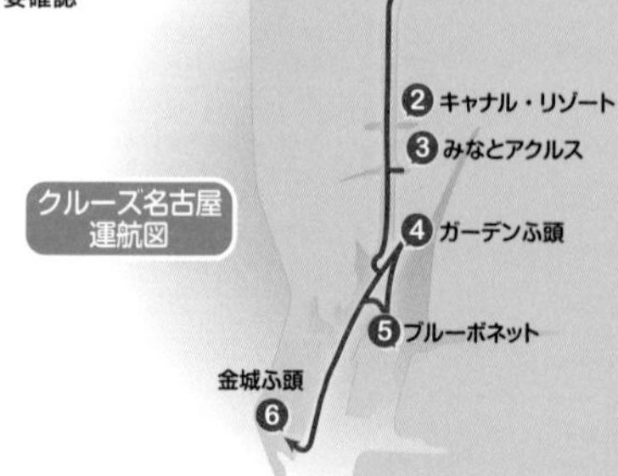


info メーグルは各種チケット利用可能　1DAYチケットなら、都心ループバスC-758系統にも乗車できる。おもに鉄道会社が発行する10種類の交通系ICカードのほか、バス・地下鉄全線一日乗車券、バス全線一日乗車券、ドニチエコきっぷも利用可能。

# レンタカー

名古屋市の中心部では地下鉄やバスなど、交通機関が充実しているが、郊外や自然豊かな知多半島、三河地方などに出かけるなら、レンタカー利用も便利。名古屋駅前で借りることもできるが、地方を巡るなら、各地域の拠点となる町で借りたほうが運転しやすいだろう。

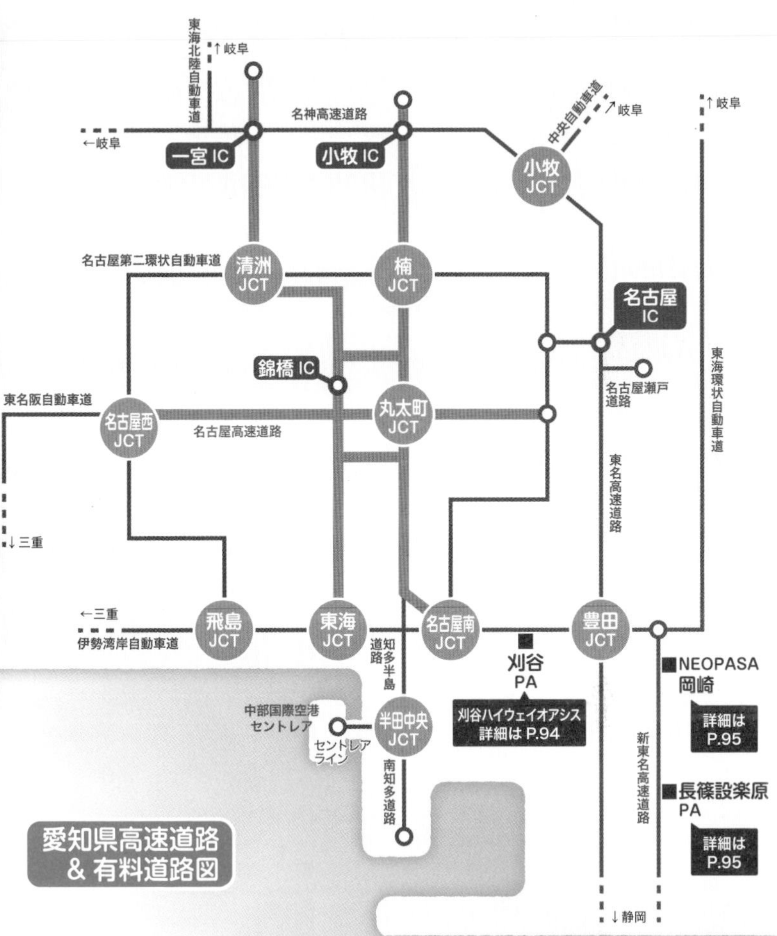


## 愛知のドライブ注意点

**広々とした道路**
愛知は自動車保有台数日本一(2021年)。このためか、名古屋市内を含め、県内では比較的道幅の広い道路が多い。道路が広ければ走りやすいともいえるが、それが仇になることも。ついついスピードを出し過ぎたり、車線数が多い場合には曲がるときの車線変更が大変になったりするので要注意。

**名古屋高速は要確認**
多くの路線で、規制速度は基本的に時速60キロだが、スピードを出している車も多いという。90度に近いカーブやS字カーブなど、急なカーブがあり、入口の右側合流も慣れないと混乱しやすい。利用の際は路線や出入口の確認をしておきたい。特に名古屋高速都心環状線の時計回りルートは要注意。

info 名古屋高速の走り方のコツ　急カーブや合流の対処方法など、注意点を動画で確認できるウェブサイトもあるので、利用予定の人はチェックしておくといい。URL www.nagoya-expressway.or.jp/safedrive

ドライブ途中におすすめ！

# 立ち寄りたい SA・PA(サービスエリア パーキングエリア)&道の駅

テーマパークのようなSA・PAや、産直品にみやげ物、ご当地グルメも充実の道の駅は、見ているだけでも楽しい。併設の温泉で旅の疲れを癒やすのもおすすめ。

高速道路と一般道路の両方から入場できる利便性のよさも魅力

## SA・PA

刈谷市

工夫がすごい！
一大レジャースポット

## 刈谷ハイウェイオアシス(かりやはいうぇいおあしす)

伊勢湾岸自動車道の刈谷PAと岩ケ池公園が隣接する、大人気のハイウェイオアシス。鮮度のよい魚介類や野菜、くだものが安く買える産直市場や、愛知の人気グルメが集まるフードコート、屋外には観覧車やメリーゴーラウンド、ゴーカートも備える。１日たっぷり遊んだあとは、天然温泉でのんびり疲れを癒やそう。

MAP 別冊 P.9-C3
住 刈谷市東境町吉野55　TEL 0566-35-0211
営 7:00～22:00（施設により異なる）
休 無休、岩ケ池公園・天然温泉かきつばたは毎月15日（土・日・祝の場合は翌平日）　CC 店舗により異なる
P あり　交 名鉄三河線刈谷駅から刈谷市公共施設連絡バスで刈谷ハイウェイオアシス下車すぐ

エビフライと味噌かつを八丁味噌に漬け込んだ刈谷店限定の「鯱丼（しゃちほこどん）」1100円

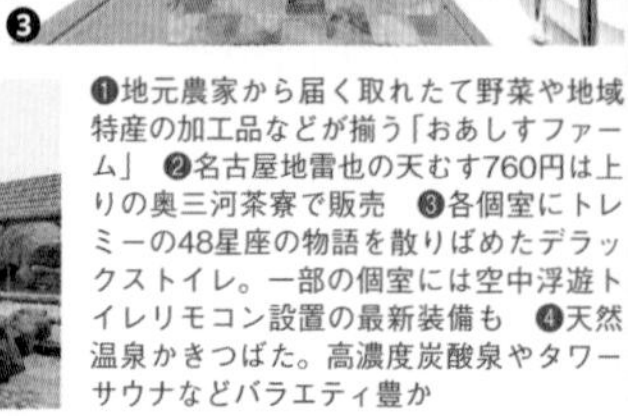

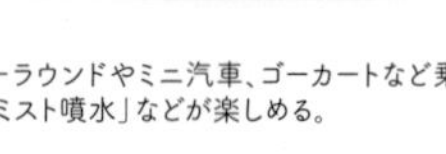

❶地元農家から届く取れたて野菜や地域特産の加工品などが揃う「おあしすファーム」　❷名古屋地雷也の天むす760円は上りの奥三河茶寮で販売　❸各個室にトレミーの48星座の物語を散りばめたデラックストイレ。一部の個室には空中浮遊トイレリモコン設置の最新装備も　❹天然温泉かきつばた。高濃度炭酸泉やタワーサウナなどバラエティ豊か

info 岩ケ池公園　豪華な装飾のメリーゴーラウンドやミニ汽車、ゴーカートなど乗り物系のアトラクションが豊富。夏は足元から噴き出す噴水で涼める「ジャブジャブ・ミスト噴水」などが楽しめる。

## 岡崎市　愛知のご当地グルメが多く揃う

# NEOPASA 岡崎（ねおぱーさおかざき）

新東名高速道路の上り線と下り線が集約され、どちらからでも利用が可能。三河エリアを代表する八丁味噌関連の限定品などがあり、おみやげ探しにぴったり。味噌かつで有名な矢場とんも初出店。24時間利用できる個室シャワーやコインランドリーもある。

MAP 別冊 P.7-C1
住 岡崎市宮石町六ツ田10-4
TEL 0564-64-5592
営 24時間　休 無休
CC ADJMV
P あり

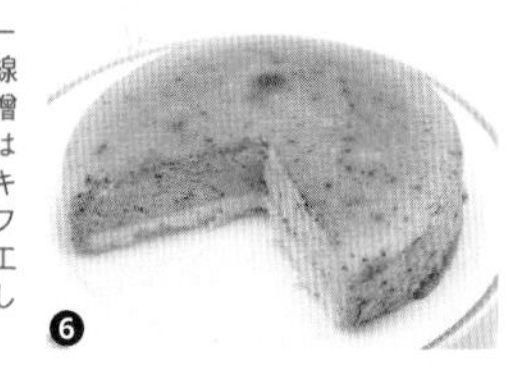

❶上り線は東海道五十三次の岡崎宿をイメージ　❷コノハズクの顔をイメージした下り線　❸わらじとんかつ定食1900円。秘伝の味噌だれがたっぷりのったやわらかな豚ロースは通常の2倍サイズ　❹八丁味噌の老舗カクキューの八丁味噌を練り込んだ、八丁味噌ソフト400円　❺屋外で子供が自由に遊べる人工芝を敷き詰めたルーフガーデン　❻ココでしか買えない八丁味噌チーズケーキ1922円

---

## 新城市　歴史好きなら一度は訪れたい

# 長篠設楽原PA下り線（ながしのしたらがはらぱーきんぐえりあくだりせん）

戦国テーマパーク型のPA。レプリカの刀剣や火縄銃など、戦国情緒に浸れるコーナーでは、県内の名産品や限定商品などが揃い、記念撮影コーナーもあり楽しめる。戦国武将の名がついたグルメを提供する長篠陣屋食堂のほか、五平餅などのファストフードが充実の長篠陣屋台がある。

「長篠・設楽原の戦い」の本陣に見立てた外観

MAP 別冊 P.7-D1
住 新城市富永住居田33－3　TEL 0536-25-7710　営 24時間、長篠陣屋食堂7:00～22:00、長篠陣屋台11:00～19:00　休 無休　CC ADJMV（長篠陣屋食堂は不可）　P あり

火縄銃や長篠・設楽原の戦いの資料を展示する

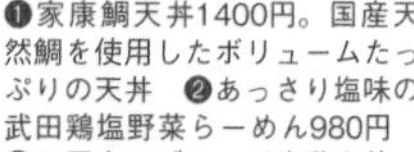

❶家康鯛天丼1400円。国産天然鯛を使用したボリュームたっぷりの天丼　❷あっさり塩味の武田鶏塩野菜らーめん980円　❸田原市のブランド牛乳を使った「どうまい牛乳ソフト」350円　❹信長縁起餅（10個入り）760円。高級感のある小包装でおみやげにおすすめ

クチコミ　柑橘系がお値打ち　蒲郡産のデコポンや、関東では高値のせとかといった柑橘類が、NEOPASA岡崎では驚くほどリーズナブルに販売していて、思わず箱買い！（編集S）

道の駅

## 豊橋市 食と農業の魅力を発信

# 道の駅 とよはし

地元のこだわり食材を使った飲食店や特産品を扱うショップが入居する「Tomate(トマッテ)」、旬の農産物を取り揃える「あぐりパーク食彩村」を核に展開する、愛知県最大級の道の駅。オリジナルクラフトビールなど、限定商品の開発にも力を入れている。

MAP 別冊 P.7-D3
住豊橋市東七根町字一の沢113-2
TEL0532-21-3500
営9:00～19:00（レストランL.O.18:30）、食彩村・花マルシェ～18:00
休無休（食彩村・花マルシェ第1水曜）
CC店舗により異なる
Pあり
交JR豊橋駅から豊鉄バス豊橋技科大線りすぱ豊橋行きまたは福祉村行きで技科大前下車、徒歩8分

豊橋牛と鰻のひつまぶし膳（1900円）。豊橋新ブランド「豊橋牛」とウナギを使用したひつまぶし。薬味やだしはもちろん、名産のうずらとろろをかけていただくのが豊橋流

アクティビティや毎月開催しているマルシェなど、ここでしかできない体験も多数用意

電気で走るネクストクルーザーの体験プログラム。120分6600円、2名以上、土･日･祝のみ催行

愛知県立三谷水産高等学校製造部監修の「ごはんじゅれ」各450円。カツオのうま味とショウガ味が絶妙

## ココだけで買える！ 限定商品

### 道の駅オリジナルクラフトビール 各710円

大人の初恋レモンと女神のほほえみを使用したさわやかな味わいの1本

### 22時のジュース 380円

愛知大学の学生とのコラボで誕生。濃厚なオレンジとさわやかな酸味が特徴

### うずらいもチップス 324円

ウズラの卵の殻を混ぜて育てたサツマイモをカラッと揚げたチップス

## 豊根村 愛知県第1号の道の駅

# 道の駅 豊根グリーンポート宮嶋

みちのえき とよねぐりーんぽーとみやじま

ドライブ途中に立ち寄りやすい国道151号線沿いに位置する

　春は芝桜、秋は紅葉で有名な茶臼山高原にほど近いロケーション。地元で育ったチョウザメの料理や、露地栽培の原木しいたけなど、郷土色の濃い品揃えが自慢。青空テラスもあるので、テイクアウトメニューをゆったり味わうのにもおすすめ。

MAP 別冊 P.5-D1
住 北設楽郡豊根村坂宇場字宮ノ嶋29-3
TEL 0536-87-2009
営 9:00〜16:00、レストラン10:00〜15:30(L.O.15:00)
休 水　CC 不可　P あり
交 三遠南信自動車道鳳来峡ICから車40分

❶村内で取れたブルーベリーを使用したブルーベリービネガー1300円は、健康ドリンクとして人気　❷チョウザメの切り身を甘酢のたれと絡めたザメ重。外はパリッと中身はふっくら　❸奥三河の味噌とクルミだれとの相性が抜群の五平餅　❹豊かな風味としっかりとした歯応えの原木しいたけ。一度食べたらクセになる

---

## 豊田市 宿場町のにぎわいを再現

# 道の駅 どんぐりの里いなぶ

みちのえき どんぐりのさといなぶ

長野県と岐阜県の県境に位置する道の駅

　令和4(2022)年にリニューアルオープン。米どころでも名高い稲武の米は、食事処のどんぐり横丁のメニューやオリジナル商品に使われており、米粉入りのパンはいちばん人気。併設のどんぐりの湯は1階と2階に分かれ、ジャクージや歩行浴など、湯船の種類も豊富に揃う。

MAP 別冊 P.5-C1
住 豊田市武節町針原6-1
TEL 0565-82-3666
営 9:00〜17:00(テイクアウトコーナー〜16:30、テナント〜L.O.16:00)、店内食堂11:00〜15:00
休 木(12〜3月)、6・12月に3日間の休業あり
CC ADJMV
P あり
交 名鉄三河線豊田市駅から直行便とよたおいでんバス快速いなぶ行きで終点下車すぐ

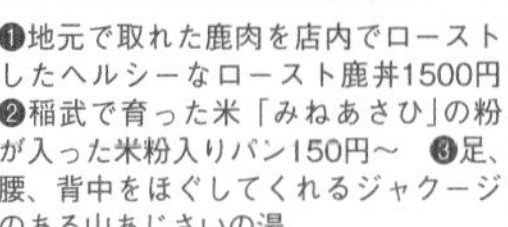

❶地元で取れた鹿肉を店内でローストしたヘルシーなロースト鹿丼1500円　❷稲武で育った米「みねあさひ」の粉が入った米粉入りパン150円〜　❸足、腰、背中をほぐしてくれるジャクージのある山あじさいの湯

## タクシー

鉄道やバスに比べて待ち時間が少なく、荷物が多いときや疲れたときの強い味方。鉄道やバスではアクセスしづらい場合にも活用できる。主要鉄道駅やおもな地下鉄駅にはタクシー乗り場があるが、タクシーを拾えないときには、タクシー配車アプリの利用もおすすめ。

### 愛知のタクシー（普通車）運賃表

| | 尾張・三河地区 | 名古屋地区 |
|---|---|---|
| **距離制運賃** | 初乗り1.124kmまで630円　加算253mごとに100円 | 初乗り1.011kmまで500円　加算232mごとに90円 |
| **時間距離併用制運賃** | 1分35秒ごとに100円(時速10キロ以下) | 1分25秒ごとに90円(時速10キロ以下) |
| **深夜早朝割増** | 2割増（22:00～翌5:00 距離制運賃および待料金に適用） | 2割増（22:00～翌5:00 距離制運賃および待料金に適用） |

※一部タクシー事業者では上記とは違う運賃を適用

### なごやガイドタクシー

基本コース各ゾーンの設定から施設を選び、オリジナルルートを作成して割安な定額運賃で巡ることができる。このタクシーには、観光施設のほか、歴史や文化、外国語などの実地研修を行い、認定試験に合格した「なごやかガイド」が乗務する。

## シェアサイクル

観光やショッピングなどに気軽に利用でき、気持ちよく移動を楽しめる。複数のポートまたはステーションと呼ばれる駐輪場があり、借りた場所と違う駐輪場でも返却可能。ウェブサイトやスマホのアプリで会員登録すれば、その後は手軽に借りられるものが多い。

### Charichari（チャリチャリ）

スマホアプリでポートを見つけ、二次元コードを読み込み鍵を開けるシステム。ベーシック（シティサイクル）と電動アシスト車体を混在して展開。名駅や栄を中心に、名古屋城、ナゴヤドーム、金山、熱田神宮にいたるまで広範囲にポートがある。

簡単で気軽に利用できる

料金 **ベーシック 1分6円**
**電動アシスト車 1分15円**

URL charichari.bike

### 名鉄協商シェアサイクル カリテコバイク

名古屋駅や栄周辺の繁華街を中心に、名古屋城、神宮前、大曽根など300ヵ所以上のポートがある。電動アシスト付き自転車なので、楽に走行できる。予約時の暗証番号を入力するか、車体によっては二次元コードの読み取りで利用開始。24時間利用可能。

ポートが比較的たくさんある

料金 **30分165円（以降110円/30分。最大料金の設定あり）**

URL www.cariteco-bike.com

### HELLO CYCLING

ひとつのアカウントで全国のHELLO CYCLINGが利用できる。複数台の予約も可能。名古屋市、岡崎市、蒲郡市、清須市で展開している。

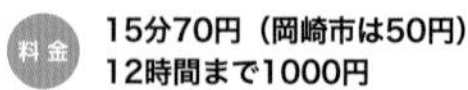

料金 **15分70円（岡崎市は50円）、12時間まで1000円**

URL www.hellocycling.jp

### でらチャリ

栄、大須、名古屋城など、栄ミナミエリアで利用可能。会員登録や貸し出し、駐輪場の検索、返却手続きも、すべてスマホで行うことができる。

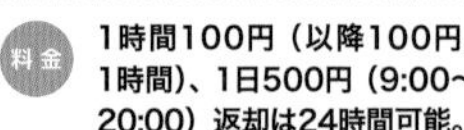

料金 **1時間100円（以降100円/1時間）、1日500円（9:00～20:00）返却は24時間可能。**

URL www.sakaeminami.jp/derachari

### 安城市レンタサイクル

安城市が運営。市内に11のポートがあり、受付で申込書に記入して鍵を受け取る。

※令和5（2023）年内に新しいシェアサイクルに移行予定。

料金 **無料**

URL www.city.anjo.aichi.jp/kurasu/dorokotsu/jitensya/rentasaikuru.html

info なごやガイドタクシー　料金は時間制で3コースあり、普通車1万4000～2万円。要予約で前払い制。多くのタクシー会社で利用可能。料金には入館料や拝観料、駐車料金などは含まれない。

# 第2章 エリアガイド

# エリアナビ 名古屋

中部地方最大の都市。三英傑をはじめ、戦国時代に活躍した大名ゆかりの地など、歴史や文化を肌で感じるスポットが多い。大型施設のリニューアルが進む一方、昔懐かしい商店街も残り、名古屋めしも楽しめる。

## 1
新旧の表情を見せる名古屋観光の玄関口
## 名古屋駅周辺

P.104 MAP 別冊P.14-15

名古屋駅は JR、地下鉄、近鉄、名鉄が乗り入れ、長距離バスも発着するターミナルになっている。駅前には商業施設が立ち並び、日本初の本格的地下街・サンロードも健在。駅の東側には柳橋中央市場や円頓寺商店街といった昔ながらの趣を残す街並みが広がる。

JR 名古屋駅の新幹線ホームから名鉄名古屋駅まで徒歩約 10 分。名鉄百貨店は駅の上

## 2
名古屋随一の活気あふれるエリア
## 栄・伏見

P.114 MAP 別冊P.16-17

栄は、テレビ塔や立体型公園の「オアシス 21」などの、個性ある娯楽施設が集まるにぎやかなエリア。名古屋めしも楽しめる、市内有数のグルメスポットとしての顔ももつ。美術館や科学館、御園座が点在する伏見では、多彩なアートや芸術に触れることができる。

広場や緑、ショップが一体となった「オアシス 21」は栄の観光拠点

## 3
個性豊かな商店街と進化する金山界隈
## 大須・金山

P.120 MAP 別冊P.18-19

古くから門前町として栄えてきた「大須商店街」は、ランドマーク的存在。神社や寺が多く、食べ歩きが楽しめるグルメスポットが軒を連ねる、エネルギッシュなエリアだ。金山は名古屋駅に次ぐ重要な観光路線をもつ金山総合駅があり、セントレアへのアクセスも抜群。

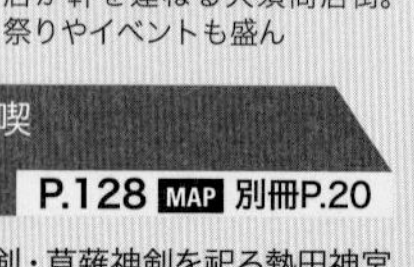

老舗の食堂やおしゃれな雑貨店が軒を連ねる大須商店街。祭りやイベントも盛ん

## 4
熱田神宮と有松を巡り伝統美を満喫
## 南部

P.128 MAP 別冊P.20

エリアの代表は、日本武尊を護った神剣・草薙神剣を祀る熱田神宮。伊勢神宮に次ぐ国家鎮護の神宮だが、地元では「熱田さん」と呼ばれ親しまれている。本宮のほか宝物館などの見どころがある。絞り染めで繁栄した有松は、江戸時代の雰囲気を残す町の散策が楽しい。

1900 年以上も昔に創建された熱田神宮。織田信長が桶狭間の戦いを前に勝利を祈願した

名古屋駅周辺
6
西区
中村区
名古屋駅
1
中区
伏見駅
中村公園駅
名古屋西Jct
3
金山駅
7 西部
中川区
熱田区
地下鉄名港線
港区
8 港
名古屋港駅
伊勢湾岸自動車道
金城ふ頭駅

## エリアの基本情報

人口：2,325,294人（1位）
面積：326.50㎢（4位）
市の花：ユリ
市の木：クスノキ
市制施行日：
明治22（1889）年10月1日

名古屋城→ P.144

### 市章

尾張徳川家が合印として使用した「〇に八の字」印に由来。「丸」は無限に広がる力、「八」は末広がりで発展を示す。

### 全16区 人口ランキング

※「2023年5月1日現在あいちの人口」より

| 順位 | 区 | 人口 | 順位 | 区 | 人口 |
|---|---|---|---|---|---|
| 1位 | 緑区 | 247,819人 | 9位 | 港区 | 141,154人 |
| 2位 | 中川区 | 217,920人 | 10位 | 中村区 | 139,466人 |
| 3位 | 守山区 | 176,871人 | 11位 | 南区 | 131,716人 |
| 4位 | 千種区 | 165,108人 | 12位 | 昭和区 | 108,098人 |
| 5位 | 天白区 | 162,999人 | 13位 | 瑞穂区 | 107,699人 |
| 6位 | 名東区 | 162,400人 | 14位 | 中区 | 98,314人 |
| 7位 | 北区 | 161,179人 | 15位 | 東区 | 86,253人 |
| 8位 | 西区 | 151,369人 | 16位 | 熱田区 | 66,929人 |

## 5 参道散策やレア動物の見物が楽しみ 東部

P.136 MAP 別冊P.13

覚王山日泰寺の参道沿いにはハイセンスなショップやカフェが集う。ここでしか出合えない動物など見どころ満載の東山動植物園に、大学が多く若者でにぎわう八事、ライブハウスや人気のサウナがひしめき合う夜がおもしろい今池など、気になるスポットが点在。

東山動植物園内の東山スカイタワーから市内を一望できる。夜景もおすすめ

桜や牡丹、花菖蒲、ヒガンバナ、寒椿と1年をとおして花観賞が楽しめる徳川園

## 6 歴史的建造物と緑が調和する 北部

P.142 MAP 別冊P.21上図

国指定重要文化財の愛知県本庁舎と名古屋市役所本庁舎、徳川の城・名古屋城は歩いて回れる。地元の味が楽しめる金シャチ横丁も観光スポットから徒歩圏内。国宝や文化財を多数収蔵する徳川美術館、四季折々の自然が美しい徳川園など徳川家ゆかりのスポットも多い。

## 7 武将生誕地と昭和の香り漂う商店街 西部

P.150 MAP 別冊P.12

荒子観音寺周辺は、豊臣秀吉、前田利家、加藤清正らが誕生した武将の故郷。豊國神社や中村公園内など、戦国武将ゆかりのスポットが点在する。名駅西側の見どころは、名古屋駅西銀座通商店街。1日中モーニングが食べられる喫茶店など、ユニークな店が軒を連ねる。

豊臣秀吉が主祭神、摂社には加藤清正を祀る豊國神社。拝殿には秀吉の肖像画もある

## 8 ウオーターフロントに大型レジャー施設が集結 港

P.156 MAP 別冊P.21下図

国内トップクラスの貿易港。水族館や海洋博物館、さまざまな体験が楽しめる戸田川緑地など、広大なスペースを生かしたレジャー施設が数多くある。名港トリトンの愛称をもつ海上橋の夜間ライトアップも見どころのひとつ。各スポットを巡る水上バスも運航する。

イルカパフォーマンスとシャチの公開トレーニングが人気の名古屋港水族館

名古屋駅発着

# テーマ別に楽しむ 名古屋1dayモデルプラン

テーマを決めれば、旅はもっと充実する！　王道を押さえたい、名古屋めしを食べまくりたい、歴史に興味がある……それぞれの希望をかなえるとっておきプランをご紹介。

## テーマ① 王道

これぞ王道！

名所×グルメ×体験を1日でとことん満喫

**8:00** 名古屋駅

駅のホームできしめんを食べて腹ごしらえ

電車25分

**9:00** 緑に囲まれた**熱田神宮**を参拝 → P.134

徒歩10分

**11:00** **あつた蓬莱軒**で ひつまぶしランチ → P.376

特に土日は混雑するので要注意

電車30分

**13:00** 金のシャチホコを頂く**名古屋城**へ → P.144

徒歩8分

**14:00** 愛知が誇る**2大名建築**を鑑賞

愛知県庁本庁舎、名古屋市役所本庁舎→ P.149

ふたつの建物が同時に見られる

電車20分

**15:00** **珈琲処カラス**で ちょっとひと休み   → P.61

徒歩5分

**16:00** **名古屋市科学館**に プラネタリウムを見にいく → P.117

投影時間は事前にチェックを！

電車20分

**18:30** **味仙**で 台湾ラーメンを味わう → P.380

電車20分

**20:00** **オアシス21**で 夜景を眺める → P.116

時間や時期によってライトアップの色が変わる

電車10分

**20:45** **名古屋駅**で おみやげ探し → P.109・383・415

人気のぴよりんグッズも買える

## テーマ② グルメ

胃袋の限界に挑戦

### 名古屋めしを食べ尽くす

8:25 名古屋駅

徒歩 分

8:30 モーニング 喫茶リヨンでモーニング →P.61

電車 0分

10:00 大須商店街で食べ歩き →P.126

活気あふれる商店街をうろうろ

徒歩 5分

12:00 ランチは山本屋本店の味噌煮込みうどん →P.379

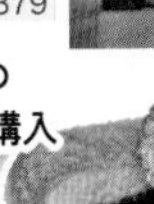

電車 5分

13:30 おやつに中屋パンのあんドーナツを購入 →P.402

電車 7分

14:15 梅花堂の鬼まんじゅうを持ち帰り →P.139

電話予約を忘れずに!



電車 20分

15:00 スパゲッティ・ハウスヨコイであんかけスパ →P.381

バス 5分

16:30 腹ごなしに名駅地下街を散策 →P.106

電車 5分

18:00 伍味酉で名古屋めしのラストスパート →P.381

心残りのないように

電車 5分

20:00 名古屋駅

## テーマ③ 歴史と文化

大人の修学旅行へ

### 歴史と伝統の舞台をたどる

8:40 名古屋駅

電車 30分

9:10 有松の町を歩く →P.130・404

電車とバス 1時間

11:20 徳川美術館で貴重な文化財を鑑賞 →P.147

徳川園(→P.146)も一緒に散策

バス 10分

13:15 ランチはきしめんの名店・川井屋へ →P.377

徒歩 1分

14:00 文化のみち二葉館(名古屋市旧川上貞奴邸)を見学 →P.145

ステンドグラスが美しい

徒歩 5分

15:00 旧豊田佐助邸の建築様式に注目 →P.145

徒歩 7分

16:00 名古屋市市政資料館を足早で見る →P.145

バス 15分

17:00 和菓子の老舗・美濃忠でおみやげ購入 →P.393

徒歩 5分

17:30 四間道の街並みをぶらりおさんぽ →P.112

夕食もここで食べよう

徒歩 15分

19:30 名古屋駅

東海エリアの経済と交通の中心地

# 名古屋市 名古屋駅周辺

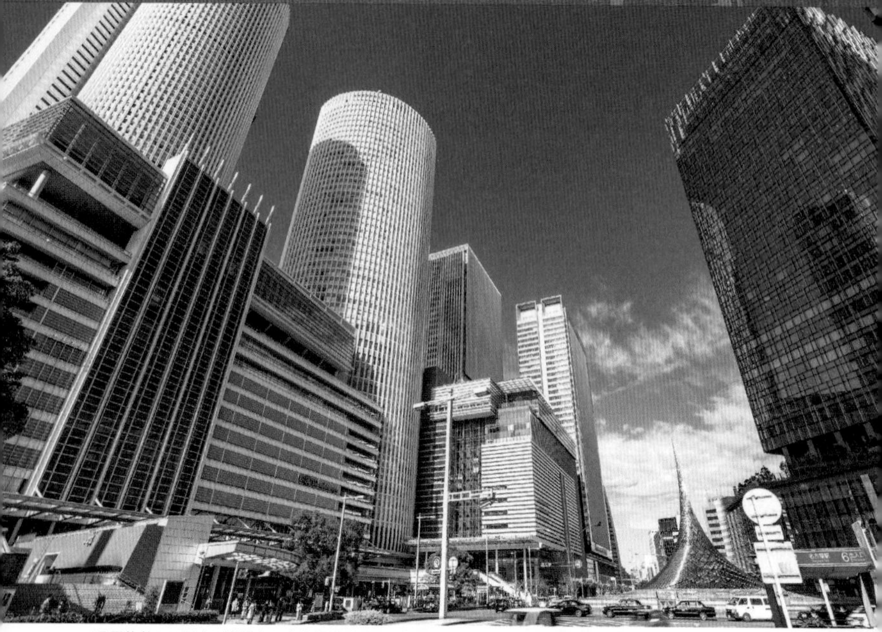

1日平均約111万人が利用する名古屋駅周辺には高層オフィスビルや商業施設が立ち並ぶ

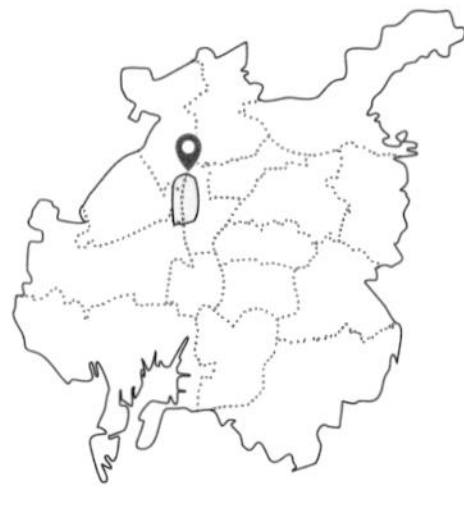

**エリア**利用駅

**◎名古屋駅**
JR 東海道線・中央本線・関西本線、地下鉄東山線・桜通線、名古屋臨海高速鉄道あおなみ線

**◎名鉄名古屋駅**
名鉄名古屋本線

**◎近鉄名古屋駅**
近鉄名古屋線

※バス停は市バス名古屋駅や、名鉄バス名鉄バスセンターを利用

ℹ 公益財団法人名古屋観光コンベンションビューロー
URL www.nagoya-info.jp

## 名古屋駅周辺への行き方

中部国際空港駅 → 名鉄名古屋駅
名鉄空港線特急
所要約 35 分（890 円）

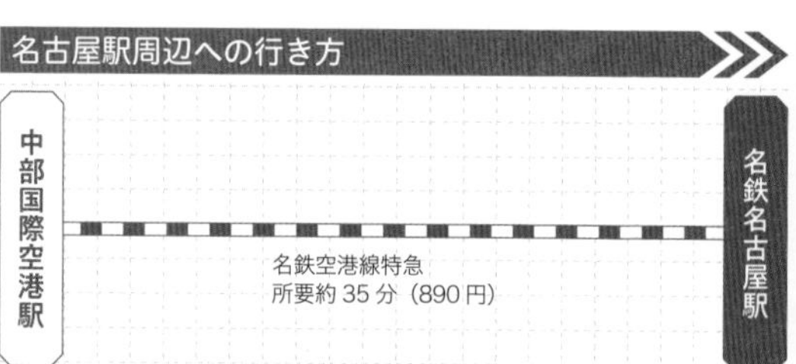

明治 19（1886）年に開設された官設鉄道名護屋駅（現在の JR 名古屋駅）が、昭和 12（1937）年に現在地へと移転。その後、今は廃止された路面電車のほか、私鉄や市営地下鉄、東海道新幹線などが相次いで開業し、名古屋駅周辺は東海地方の経済の中心地へと成長を遂げた。現在、駅前には高層ビルが立ち並び、230 万人都市名古屋の顔ともいえる風景を造り出している。リニア中央新幹線の開業に向けた再開発計画もあり、さらなる発展が期待される。一方で、ビル群の向こう側へ足を踏み入れると、わずか徒歩 15 分圏内に昔ながらの商店街や城下町の面影を残す街並みが広がる。古い建物を活用した飲食店も点在し、散策の楽しさがあるエリアだ。

info 金時計での待ち合わせ　JR名古屋駅の中央コンコース桜通口近くには四方を向いた金時計がある。待ち合わせの定番だが、混雑する日は相手を見つけにくいとの説も。困ったらエスカレーターを上って見下ろすのがおすすめ。

## 名古屋駅周辺はどえりゃあすごいがね！

**日本初！
本格的な地下商店街**

地下街が多い名古屋だが、今も約80店舗が営業する名駅地下街サンロードは日本初の本格的地下街として昭和32（1957）年に開業した。

**日本一発着本数が多い
名鉄名古屋駅のホーム**

11路線が発着している名鉄名古屋駅は、1線で1日約450本もの列車が行き交う。1線あたりの発着本数は実に東京駅の3倍以上だ。

**日本が世界に誇る
陶器メーカーの原点**

現在のノリタケやTOTOなどのルーツである日本陶器合名会社は、明治37（1904）年1月に森村市左衛門らによって名古屋で創業した。

## 名古屋駅周辺の歩き方

### 駅前の高層ビル街とは違う名古屋の表情

駅前の高層ビルの東側、全行程で徒歩1時間ほどの範囲が今回のコースだ。名古屋駅からわずか5分、かつての問屋街にある**柳橋中央市場**では、一般客も鮮魚や高級食材を購入でき、冷蔵コインロッカーも完備。飲食店も複数あり、新鮮な魚介の朝食も楽しめる。

納屋橋の高欄には堀川の開削奉行を務めた福島正則や三英傑の家紋がある

市場を出て南東方向へ行けば、鉄製の欄干の装飾に大正期の面影を残す、**納屋橋**に到着。その後は堀川沿いを北進し、途中で西側の道へ入って**四間道**へ。城下の商人町には、今も土蔵と町屋が立ち並ぶ。直進して左手にアーケードが現れたら、**円頓寺商店街**の始まり。若い店主による新しい試みの店も多い。大通りを挟んだ先は円頓寺本町商店街で、食べ歩きできる名古屋式お好み焼きの店もある。

名古屋最古のふたつの商店街を抜けたら、北西の**ノリタケの森**へ。町なかとは思えない木々に囲まれたれんが造りの建物にミュージアムやショップが入る。すぐそばの**トヨタ産業技術記念館**で自動織機や自動車の技術に触れるのも楽しい。

**おさんぽプラン**

❶ 柳橋中央市場（▶ P.110）
⬇ 徒歩8分
❷ 納屋橋（▶ P.109）
⬇ 徒歩11分
❸ 四間道（▶ P.112）
⬇ 徒歩3分
❹ 円頓寺商店街（▶ P.112）
⬇ 徒歩15分
❺ ノリタケの森（▶ P.108）
⬇ 徒歩10分
❻ トヨタ産業技術記念館（▶ P.108）

小ネタ
**ささしまの新たな複合施設**

名古屋駅からあおなみ線でひと駅南にある、ささしまライブ24地区。かつて貨物駅があったこのエリアには再開発によりオフィスや商業施設が建てられ、平成29（2017）年には2棟の高層ビルなどからなる「グローバルゲート」が誕生。コンベンションホールやホテルを備えたこの複合施設は、リニア中央新幹線開通後を見据えた新たなランドマークだ。

もっと知りたい！
**あいちの話**

### 巨大なマネキン「ナナちゃん」

名鉄百貨店の東側通路にそびえ立つ、身長6.1mと巨大なのにどこか愛らしいマネキン、ナナちゃん。昭和48（1973）年、名鉄百貨店セブン館の開業1周年を記念して誕生。以来、名古屋駅前エリアのシンボルとして親しまれている。令和3（2021）年秋に化粧直しのため一時不在となったときには、大きなニュースに。交通安全のたすき姿や水着姿など、季節やイベントごとの衣装替えでも知られ、人気映画とのコラボやマスク姿などもたびたび話題になる人気者だ。

MAP 別冊P.15-C3

名前の由来は名鉄百貨店セブン館（のちのヤング館）の「セブン」から

info 日本有数の忙しい駅　名鉄名古屋駅は、日本有数の「忙しい駅」といわれる。上りと下りそれぞれ1本の線路を、普通から特急まで、行き先も車両編成も違う電車が約2分間隔で発着する。乗るときは停車位置にご注意を。

# 日本の地下街の歴史を紡ぐ "名駅"地下迷宮を歩く

昭和63（1988）年、改装工事前のユニモールの様子

名古屋駅の下には、バンテリンドーム ナゴヤ約1.8個分もの地下街が広がる。天候に左右されず快適に移動できる、観光客の味方だ。

## 昭和の戦後復興とともに広がり続けた巨大地下街

戦後復興で増加した交通需要に対応すべく、昭和32（1957）年11月に名古屋初の市営地下鉄東山線が開業。これに先駆け、同年3月に「ナゴヤ地下街」がオープンした。昭和30年代の駅周辺開発や昭和40年代の自家用車の普及にともない、安全確保のため人と車両で交通を分けることに。100m道路※などの広幅員道の地下部が有効活用された。昭和47（1972）年、大阪で大規模ビル火災が起きると防災問題が急浮上し、開発はペースダウン。現在はリニューアルをメインとした発展を続けている。地下街の老舗だけあり、階段がやや多い。車椅子やスーツケースを引いての移動は、目的地近くのエレベーターの位置などを事前に確認しておこう。

※戦災復興の都市計画で造られた道幅100mほどの道路の通称。全国で計24本計画されたが3本しか整備されず、うち2本が名古屋市内（久屋大通、若宮大通）に存在

### 名駅地下街の歴史

| | |
|---|---|
| 昭和32(1957)年3月 | ナゴヤ地下街（現サンロード）開業。当時61軒だった店は現在80軒に |
| 昭和32(1957)年7月 | 新名フード地下街（現キタチカ）開業。生鮮食料品中心の店が主体 |
| 昭和32(1957)年11月 | メイチカ開業　※令和5（2023）年4月～休業中 |
| 昭和38(1963)年9月 | ミヤコ地下街開業。当時地上部にあった都ホテルが名前の由来 |
| 昭和40(1965)年5月 | 大名古屋ビル連絡地下街（愛称・ダイナード）開業。名駅最小規模の地下街 |
| 昭和45(1970)年11月 | ユニモール開業。全長は名駅地下街最長の430m |
| 昭和46(1971)年12月 | エスカ開業。Ekinishi（駅西）Shopping Center Avenueが由来 |
| 昭和47(1972)年12月 | ナゴヤ地下街がサンロードに名称変更 |
| 昭和51(1976)年11月 | 名古屋駅前地下街テルミナ（現ゲートウォーク）開業 |
| 平成元(1989)年9月 | 桜通線開通にともない、ファッションワン開業 |
| 平成27(2015)年11月 | テルミナがゲートウォークに名称変更 |
| 令和3(2021)年3月 | 新名フード地下街がキタチカにリニューアル |

このほか名駅周辺のデパ地下ともつながっている

### 地下街MAP

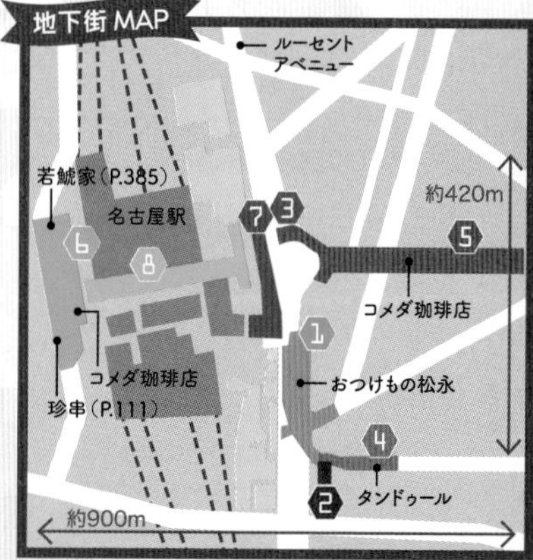


### 名駅地下街ここがすごい！

- ❶ 日本初の本格地下商店街
- ❷ 全国でトップ5に入る広さを誇る
- ❸ サンロードやユニモールなど、テーマソングをもつ地下街がある

### 地下街歩きのコツ

観光なら地下街ならではのユニークな見どころを事前にチェックしてから散策を。買い物目的ならコンセプトにあった通りを選んで。

info アートな巨大地下通路　平成19（2007）年に開通した名古屋駅から名古屋ルーセントタワーを結ぶ地下道「ルーセントアベニュー」は、ショップこそないが通り全体がアート作品になっている。美しいライティングも人気だ。10番出口直結。

## 1 日本初の本格的な地下商店街
### 名駅地下街サンロード Sun Road

名駅地下街のメインストリート。開業当時から今も残るのは「おつけもの松永」のみ。地下鉄の軌道上に建設されており、軌道に沿って通路が一部、湾曲している。

MAP 別冊 P.15-C3
TEL 052-582-0521（防災センター） 交 東山線南改札正面。または近鉄線近鉄パッセ側改札を出て地下へ

## 2 昔ながらの地下街がスタイリッシュに変身
### キタチカ Kitachika

サンロードとミヤコ地下街をつないでいた新名フード地下街。この地下街が、名古屋三井ビル北館地下と一体化して誕生した。ミシュラン・ビブグルマン獲得のウナギ店もある。

MAP 別冊 P.15-C3
TEL 052-526-9580（名古屋三井ビル北館防災センター） 交 名古屋三井ビル北館を目指す。サンロードとミヤコ地下街に連絡

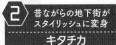

## 3 名古屋のランドマークの地下に広がる
### ダイナード Dinard

名古屋のランドマークとして、昭和の時代から親しまれた大名古屋ビルヂングの地下エリアに直結している。コンパクトながらも広々として、道幅があり歩きやすい地下街。

MAP 別冊 P.15-C2
TEL 052-569-2604（大名古屋ビルShops & Restaurants） 交 東山線中改札口から大名古屋ビルヂング方面へ

## 4 昭和な雰囲気を楽しめるレトロエリア
### ミヤコ地下街 Miyako Chikagai

都ホテル（現センチュリー豊田ビル）をつなぐ目的で開業。中央市場がある柳橋方面に向かうのに便利。マニアも注目の老舗カレーショップ「タンドゥール」がある。

MAP 別冊 P.15-C3
交 サンロードの南端からつながる。錦通りの真下

## 5 利便性抜群! 2本の通路が並行する
### ユニモール UNIMALL

ファッションからグルメ、リラクセーションまで揃う、歩いて楽しい地下街。なかには、階段状の店舗や奥行きのない壁面の店舗など独特な構造の店もある。

MAP 別冊 P.15-C2
TEL 052-586-2511 交 桜通口から地下に降り、地下鉄桜通線国際センター駅方面へ

## 6 出発間際まで名古屋を堪能できる
### エスカ ESCA

名古屋めしを食べるならここ。最古参の「珍串」やカレーうどんの「若鯱家」など、テナント約80店舗のうち約35軒を飲食店が占める。新幹線利用時にアクセスしやすい。

MAP 別冊 P.14-B3
TEL 052-452-1181（代表） 交 太閤通口（新幹線のりば側）から地下へ

## 7 化石が拝める特別な通り
### ゲートウォーク Gate Walk

普段使いのショップが揃う何かと便利な地下街。アンモナイトやベレムナイトの化石が複数ある壁面に注目。

MAP 別冊 P.15-C3
TEL 052-586-7999（総合インフォメーション） 交 JRセントラルタワーズを目指す。JRゲートタワー地下直結

## 8 JR名古屋駅の地下
### ファッションワン FASHION ONE

国内外を代表する7つのアウトドアショップが集結。通路床にハートのタイルが隠れていたり、柱のラッピングが間違い探しになっていたりと遊び心がいっぱい。JR名古屋駅コンコースの真下に広がる。

MAP 別冊 P.14-B3
交 中央コンコースの金時計、または銀時計前の階段から地下へ

info 休業中のメイチカ　地下鉄東山線名古屋駅の中改札と南改札間を結んでいた、地下鉄名駅地下街「メイチカ」は名古屋駅駅前広場の再整備にともない、換気空調設備を造り変えるため、令和5（2023）年4月から休業中。通行は可能だ。

### トヨタ産業技術記念館

住名古屋市西区則武新町4-1-35　TEL052-551-6115
開9:30～17:00（最終受付16:30）　休月（祝日の場合は翌平日）　料500円、中・高校生・65歳以上300円、小学生200円　CCAJMV　Pあり
交名鉄名古屋本線栄生駅から徒歩3分

赤れんがの豊田紡織株式会社本社工場を展示館として利用している

完成当時、世界一の性能と評価されたG型自動織機の生産ライン

トヨタグループ発祥の地に立つ博物館　MAP 別冊P.12-B1

## トヨタ産業技術記念館（とよたさんぎょうぎじゅつきねんかん）

トヨタグループの歴史と技術をとおして、モノづくりの大切さを次世代に伝える施設。「繊維機械館」は大正時代に建てられた紡織工場そのままに、豊田佐吉が明治29(1896)年に発明した日本初の動力織機など、国の発展を支えた繊維機械が展示されている。自動車の国産化や大衆化に挑んだ歴史と技術を紹介する「自動車館」には、ボタン操作で動く本物の機械や映像展示も多くおもしろい。モノづくりに関する資料が豊富に揃う図書室やミュージアムショップ、カフェ、レストランもあり1日楽しめる。

「自動車館」には、初代クラウンや初代カローラといった時代を代表するトヨタ車も展示されている

写真提供：トヨタ産業技術記念館

### ノリタケの森

住名古屋市西区則武新町3-1-36
TEL052-561-7114
営ウェルカムセンター・クラフトセンター・ノリタケミュージアム10:00～17:00（ショップ～18:00）※詳細はHPにて要確認
休月（祝日の場合は翌平日）、ショップ、カフェは無休
料無料（クラフトセンター・ノリタケミュージアムは有料）、絵付け体験2000円～
CC施設により異なる
Pなし（隣接のイオンモール駐車場利用。有料）
交地下鉄亀島駅から徒歩5分、JR名古屋駅または名鉄名古屋本線栄生駅から徒歩15分

明治時代の赤れんが建築

陶磁器の美と伝統に触れる　MAP 別冊P.14-B1

## ノリタケの森（のりたけのもり）

世界に誇る陶磁器メーカー「ノリタケ」が創立100周年を記念して2001年にオープン。敷地内には多くの木々が植えられ、自然を感じることができる。明治から昭和初期のオールドノリタケなどを展示するノリタケミュージアムのほか、食器やテーブル雑貨を販売するノリタケの直営店、レストランやカフェもある。製造工程を見学できるクラフトセンター2階で絵付け体験も楽しめる。

上／ボーンチャイナの皿やマグカップに自由に絵を描ける。作品は後日発送
下／ノリタケミュージアムでは、明治から現在まで歴代のディナー皿が展示されている

info　ものづくり文化の道　名古屋城の西側地域は、かつて城下の町人地で、名古屋友禅などの伝統工芸が育った。現在はそれらに加えて製靴・革工芸の工房などが並び、円頓寺商店街や四間道（→P.112）とあわせて「ものづくり文化の道」となっている。

名古屋駅近くにある堀川七橋のひとつ MAP 別冊P.15-D3

## 納屋橋（なやばし）

徳川家康の命で福島正則が開削した堀川に架かる堀川七橋のうち、上流から4番目の橋。名古屋市中心部のメインストリートである広小路通と堀川の交差点に架かっている。大正2（1913）年に造られた青銅鋳鉄の欄干とアーチ型の橋脚デザインを残し、昭和56（1981）年に架け替えられた。

橋中央の半円形の展望部には、開削奉行を務めた福島正則の家紋、中貫十文字が ©(公財)名古屋観光コンベンションビューロー

**納屋橋**
住 名古屋市中村区名駅南1、中区栄1、錦1
TEL なし
営 散策自由
P なし
交 地下鉄伏見駅から徒歩8分

三英傑の家紋も欄干に飾られている ©(公財)名古屋観光コンベンションビューロー

250種類以上の名古屋みやげが大集合！ MAP 別冊P.14-B3

## グランドキヨスク名古屋（ぐらんどきよすくなごや）

名古屋を代表する銘菓に県内定番のおみやげ、ご当地弁当＆駅弁が揃う名古屋駅構内最大級のギフトショップ。改札に近く、新幹線の始発前から終電近くまで開いているので、待ち時間に立ち寄れて便利。生菓子など日持ちしないおみやげは、新幹線乗車前にここで購入するのがおすすめだ。

こだわりのご当地弁当も豊富で、どれにするか迷いそう

**グランドキヨスク名古屋**
住 名古屋市中村区名駅1-1-4
TEL 052-562-6151
営 6:15〜22:00
休 無休
P なし
交 JR名古屋駅中央コンコース東側
CC ADJMV

豆をおもしろくする豆菓子の老舗 MAP 別冊P.15-C1

## 豆福（まめふく）

創業80余年、工房を併設する豆菓子専門店。昔ながらの大豆やそら豆の豆菓子だけでなく、アーモンドやピスタチオに、フレーバーはフランボワーズやアールグレーなど、個性的な商品が豊富に揃う。遊び心のあるかわいいパッケージの小分け商品は、バラまきみやげにもぴったり。

「八丁味噌カシュー」と「えびしおアーモンド」が各3袋入った「豆でなも」648円

**豆福**
住 名古屋市西区新道2-14-10
TEL 052-571-4057
営 10:00〜17:00
休 日・月
P あり
交 JR名古屋駅から徒歩15分
CC ADJMV

世界唯一？　豆を祀る神社がある本店

info 豆福の菓子作り三原則　一、豆をもっとおいしく、おもしろく。二、豆よりも、豆らしく。三、素材選びは「何を使うか」よりも「何を使わないか」。三原則を基に作られた商品の数々をお試しあれ。

## 柳橋中央市場

約150店舗が軒を連ねる東海地方の台所 MAP 別冊P.15-C3

# 柳橋中央市場

東海地方の台所として約100年の歴史をもつ卸売市場。明治後期に自然発生的に生まれた万物問屋をまとめたのが始まりとされ、名古屋駅前の一等地、約4000坪の市場内に約150店舗がひしめき合う。中心的存在のマルナカ食品センターは、昭和44（1969）年に開業。鮮魚、食肉、野菜などあらゆる食材を一流料理人に提供する。一般客もプロのおめがねにかなった新鮮食材を市場価格で買える。

上／鮮度・品揃えとも抜群。食材はもちろん包装資材や調理器具も扱う　下／名古屋駅から徒歩5分

住名古屋市中村区名駅4-11-3
TEL052-581-8111（マルナカ食品センター）
営早朝〜10:00頃、店舗により異なる
休日・祝、水曜は不定休
CC店舗により異なる
Pあり
交JR名古屋駅から徒歩5分、または地下鉄国際センター駅から徒歩3分

安くて新鮮な食材が手に入るマルナカ食品センター

食事処は穴場のグルメスポット

## 喫茶チロル

喫茶店で名古屋名物のきしめんを MAP 別冊P.14-B2

# 喫茶チロル

ヨーロッパのロッジを思わせる、昭和38（1963）年創業の老舗喫茶店。隣のテーブルとの間隔が広く、レトロな赤い椅子が並ぶ店内は、落ち着きある雰囲気でのんびりできる。焼きたての厚切りトーストとゆで卵、ドリンクが付くモーニングは、今では入手困難な銀のトレーで供される。酸味と苦味のバランスが絶妙なコーヒーは、ノリタケ特注のロゴ入りカップで。初代が麺好きだったことから登場したきしめんは、カツオ節と醤油で仕上げたシンプルな味わい。今では看板メニューのひとつだ。

きしめん650円。もちもち食感とツルリとしたのど越しの麺を、あっさりした汁とともに味わう。朝食におすすめ

住名古屋市西区牛島町5-3
TEL052-561-2802
営7:00〜10:30、13:00〜18:00、土8:00〜14:00
休日・祝、振替休日
CC不可　Pなし
交地下鉄名古屋駅から徒歩10分

ドリンクかデザートにトーストとゆで卵が付くモーニングは7:00〜10:30

みそかつ定食やえびフライ定食などの日替わりサービスランチは850円

クチコミ　名古屋市中村区にある梱包材メーカー川上産業株式会社の本社前には、なんとプチプチ®の自動販売機が設置されている。ちなみに「プチプチ®」は川上産業の登録商標。ウエブサイトからオーダーメイドやカスタマイズも可能だ。（編集N）

古民家で味わう青ウナギのひつまぶし MAP 別冊P.15-D2

## うなぎ家しば福や

外はカリ、中はふわふわ、軽やかで深みのあるタレで焼き上げた上質な青ウナギを満喫できる。名古屋では珍しいお重に入ったうなぎ重5300円や、薬味やだしで3度おいしいひつまぶしもうまい。肝わさびや鰻のスモークなどウナギの創作料理が、焼き上がるまでの時間を楽しくしてくれる。

まぶしば丼3600円。ひつまぶしとうなぎ丼をいっぺんに楽しめてお得

**うなぎ家しば福や**

住名古屋市西区那古野1-23-10
TEL052-756-4829
営11:30〜14:30（L.O.14:00）、17:30〜20:30（L.O.20:00）
休火、第2・4水曜
CCADJMV
Pなし
交地下鉄国際センター駅から徒歩6分

江戸から続く那古野・四間道の街並みに溶け込む店舗

日本一高い場所にあるスターバックス MAP 別冊P.14-B2

## スターバックス コーヒー 名古屋 ＪＲ ゲートタワー店

名古屋駅直結のビルに入る、店内100席、テラス62席の席数を誇るスターバックス。バーカウンターのある客席スペースと、ビル15階にありながら緑や風を感じられる屋外テラスが。ガラス張りのオブザーベーションデッキからは、晴天の日には中央アルプスの山並みを望めることもある。

地上約70mにあり、昼夜問わず市内の眺望を楽しめる絶景スポット

**スターバックス コーヒー 名古屋 JRゲートタワー店**

住名古屋市中村区名駅1-1-3 JRゲートタワー15階
TEL052-589-2834
営7:00〜22:00
休不定休
CCADJMV
Pなし
交JR名古屋駅から徒歩2分

窯元で使用されなくなった陶器を一部再使用したオリジナルアート

店主との会話も肴に昼から一杯！ MAP 別冊P.14-B3

## 珍串

エスカ地下街の老舗居酒屋。開店から通し営業で、常連から出張族まで長年のファンも多く、串揚げや味噌かつなどの名古屋めしをビールの肴はもちろん、定食で味わえる。いち押しは、絶妙な揚げ具合で豚肉のうま味を凝縮したロースカツ。ソースは味噌だれ、塩、ソースの3種類。

ロースカツ1050円。たれは客の好みで自由に味わえるように3種類出してくれる

**珍串**

住名古屋市中村区椿町6-9 エスカ地下街
TEL052-452-2588
営10:30（土・日・祝10:00）〜22:00（L.O.21:30）
休2月第3木曜、9月第2木曜
CCADJMV
Pあり（エスカ駐車場）
交JR名古屋駅から徒歩3分

駅地下の好立地。串かつ盛り合わせ6本1080円も人気

info 商店街入口の三英傑像　円頓寺本町商店街の入口には、織田信長、豊臣秀吉、徳川家康の三英傑像がある。近年は台座ごと倒される残念ないたずらの被害に遭ったことも。地域の誇りと思いが込められた像を大切に鑑賞したい。

## 江戸の風情漂う町並み保存地区
# 四間道をそぞろ歩き

かつて名古屋城下の商人の町として栄えた四間道界隈。当時の面影を探しながら散策してみたい。

©（公財）名古屋観光コンベンションビューロー
堀川から2筋西側の通りが四間道

### 防火と商業活動のための町づくり

江戸時代初期の清須越にともなって造られたエリアで、堀川の水運を利用して商人が商業活動を行った。元禄 13（1700）年の大火後は、延焼を防ぐために土蔵が奨励され、道幅を拡張。道の両端に土蔵と町家が並ぶ現在の特徴的な景観は元文年間（1740 年頃）に形成された。歴史的に貴重だとして、名古屋市の町並み保存地区に指定されている。古民家を改装したカフェや雑貨店が軒を連ねるほか、近くに円頓寺商店街もあり、そぞろ歩きにぴったりだ。

**四間道**　MAP 別冊 P.15-D2
住 名古屋市西区那古野　TEL なし　開 散策自由　P なし
交 地下鉄国際センター駅から徒歩 5 分

### 四間道の特殊な町並みを知る

裕福な商人の家
美濃路（大船町通）
庶民の家
四間道
盛り土
堀川
4 間（約 7m）

**町家**

通りの西側は労働者などが生活する町家が立ち並んでいた。計画的に造られた城下町のため、身分によって居住地が分割された。

**「四間道」の由来**
大火前は 2 ～ 3 間（約 3.6 ～ 5.5m）だった道幅を、防火帯として 4 間（約 7m）に広げたことからこの名前がついたとされる。

**土蔵**

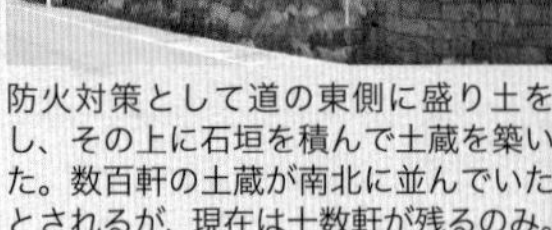

防火対策として道の東側に盛り土をし、その上に石垣を積んで土蔵を築いた。数百軒の土蔵が南北に並んでいたとされるが、現在は十数軒が残るのみ。

### 立ち寄りスポット

#### 円頓寺商店街

名古屋で最も古いといわれる商店街。明治から続く老舗やユニークな新規店が混在し、約 36 店舗が軒を連ねる。フリーマーケットや「円頓寺秋のパリ祭」などイベントも多い。

MAP 別冊 P.15-D1
住 名古屋市西区那古野 1-6-16　TEL 052-551-6800（代表：喫茶、食堂、民宿。なごのや）　営 休 CC 店舗により異なる　P なし　交 地下鉄国際センター駅から徒歩 5 分

レトロなアーケード商店街

#### 喫茶、食堂、民宿。なごのや

昭和 7（1932）年開業の名喫茶がリニューアル。1 階のレトロな喫茶＆食堂の人気はタマゴサンド。和室やドミトリーのある 2 階ゲストハウスには、世界中から旅人が集まる。

名物タマゴサンド750円

MAP 別冊 P.15-D1
住 名古屋市西区那古野 1-6-13　TEL 052-551-6800
営 8:00 ～ 10:00、11:00 ～ 18:00（L.O. 17:30）、ラウンジタイム～ 22:00（要予約）
休 不定休　CC ADJMV　P なし　交 地下鉄国際センター駅から徒歩 5 分



info **大火の被害**　元禄13（1700）年の大火によって、1640軒以上の町屋と15の寺社が焼失。城下の西半分が被害に遭ったという。こうした状況を受けて尾張藩4代藩主の徳川吉通が火事に強い町づくりを進めた。

# 四間道界隈の見どころを歩く

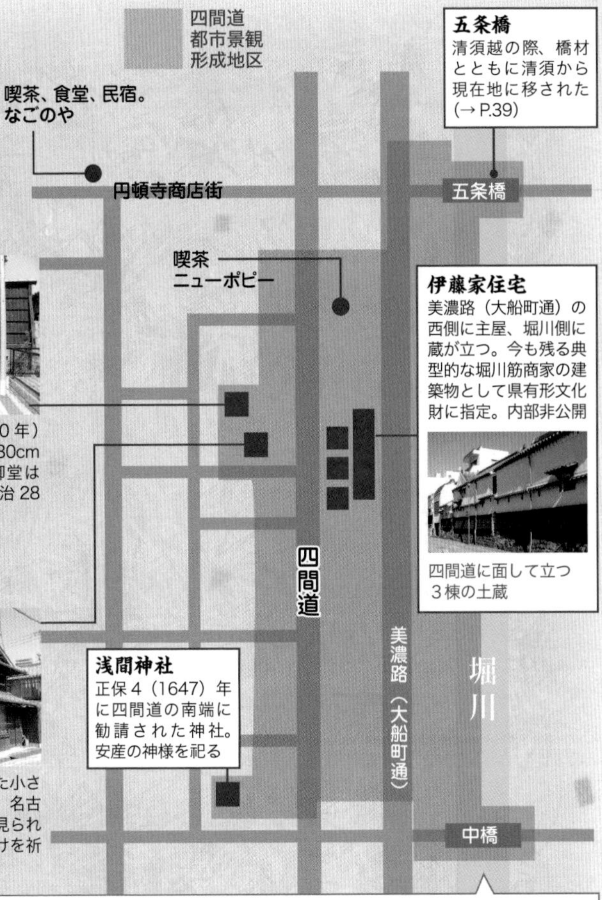

四間道都市景観形成地区

喫茶、食堂、民宿。なごのや

円頓寺商店街

喫茶ニューポピー

五条橋

中橋

四間道

美濃路（大船町通）

堀川

### 五条橋

清須越の際、橋材とともに清須から現在地に移された（→ P.39）

### 子守地蔵尊

安政年間（1854 ～ 1860 年）に地中から発見された約 30cm の地蔵を祀る。現在の御堂は地元の有志によって明治 28（1895）年に建てられた。

### 伊藤家住宅

美濃路（大船町通）の西側に主屋、堀川側に蔵が立つ。今も残る典型的な堀川筋商家の建築物として県有形文化財に指定。内部非公開

四間道に面して立つ３棟の土蔵

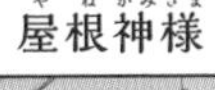

### 屋根神様（やねがみさま）

民家の屋根の上に祀られた小さな祠。尾張独特の風習で、名古屋とその周辺地域でよく見られる。神様に疫病や火災除けを祈願したという。

### 浅間神社

正保４（1647）年に四間道の南端に勧請された神社。安産の神様を祀る

### 物流輸送の大動脈「堀川」

江戸時代初期、名古屋城築城と同時に名古屋城下から海に面した熱田湊を結ぶ物資運搬水路として開削。天保 15（1844）年編纂の地誌『尾張志』に「府下第一の用川也」と記されるなど、物流の大動脈として町の発展を支えた。

## 喫茶ニューポピー（きっさにゅーぽぴー）

昭和 52（1977）年に名駅３丁目で創業して 34 年愛された「喫茶ポピー」が、「喫茶神戸館」としての営業を経て、新たに四間道でよみがえった。蔵造りの店内は天井が広く、レトロな雰囲気。毎日店内で焙煎する入れたてコーヒーとともに喫茶飯を味わえる。

MAP 別冊 P.15-D2
住 名古屋市西区那古野 1-36-52　TEL 052-433-8188　営 8:00 ～ 18:00（金・土～ 22:00）　休 木（祝日の場合は営業）　CC 不可　P なし　交 地下鉄丸の内駅から徒歩５分

❶鉄板小倉トースト1000円。熱々の鉄板に小倉トーストとアイスがのっている
❷2階建ての店内の中央は開放的な吹き抜け　❸小路を入ったところに入口がある

info 喫茶ニューポピーの喫茶飯　食事メニューで人気なのが、ポピーのコーヒーライスカレー1100円。コーヒーで炊いたご飯にスパイスから作るオリジナルのカレールーがかかっている。特製カレーを使った鉄板カレーパン1100円もおすすめ。

名古屋を代表する商業と娯楽の中心地

# 名古屋市 栄・伏見

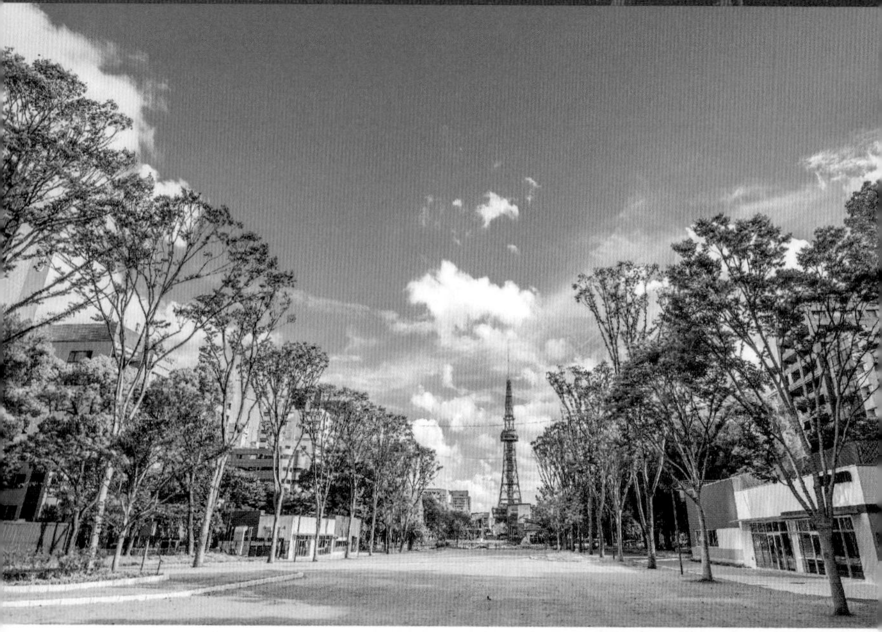

Hisaya-odori Park（久屋大通公園）は4つのゾーンからなる南北約1kmにわたる市民のオアシス

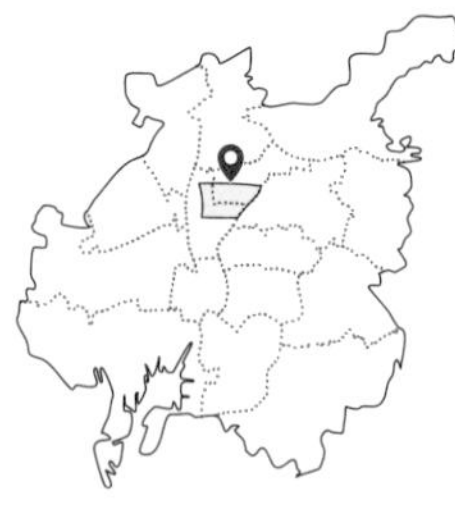

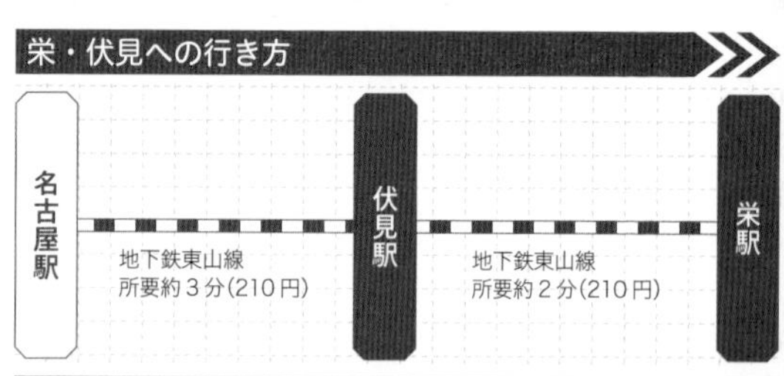

**エリア**利用駅

◎**栄駅**
地下鉄東山線・名城線
◎**栄町駅**
名鉄瀬戸線
◎**久屋大通駅**
地下鉄名城線・桜通線
◎**伏見駅**
地下鉄東山線・鶴舞線
※バス停は市バス栄や広小路伏見、科学館西、名古屋市美術館東を利用

ℹ 公益財団法人名古屋観光コンベンションビューロー
URL www.nagoya-info.jp

## 栄・伏見への行き方

名古屋駅 —— 地下鉄東山線 所要約３分（210円） —— 伏見駅 —— 地下鉄東山線 所要約２分（210円） —— 栄駅

シンボルタワーや地下街、百貨店、娯楽施設などが集まる繁華街、栄。金融機関や企業、問屋、商店などが集まり、名古屋市科学館や美術館もある伏見。市内でも活気あふれるこのエリアは、徳川家康が江戸時代に築いた碁盤割の城下町のうち、町人が暮らしたエリアだ。万治３（1660）年、大火により一部が焼失したが、それを機に火よけのため現在の広小路通を拡幅。その広小路通は、明治時代の鉄道開業にともなって名古屋駅まで延伸され、後に路面電車も開通し、中心地として発展を遂げてきた。近年は電波塔の役目を終えた現在の中部電力 MIRAI TOWER にホテルが開業したり、その周辺が Hisaya-odori Park としてリニューアルしたりするなど、新たな魅力が加わっている。

info デパートといえば3M　かつて名古屋の百貨店は、松坂屋、名鉄百貨店、丸栄の3Mと呼ばれた。その後、三越と高島屋を合わせて4M1Tに。現在、丸栄は閉業し、ショッピングモール「マルエイガレリア」となっている。

## 栄・伏見はどえりゃあすごいがね！

### 世界最大級のプラネタリウム

名古屋市科学館のプラネタリウムドーム「NTPぷらねっと」は内径35mで世界最大。平成23(2011)年にギネス世界記録®にも認定された。

### 県内随一の規模を誇る繁華街

ふたつの百貨店に3つの地下街、夜の街・錦三丁目（通称キンサン）、若者が集まる栄の南側（通称栄ミナミ）などがあり、常に多くの人でにぎわう。

### 日本で最初の集約電波鉄塔

昭和29（1954）年に完成した名古屋テレビ塔(現在の中部電力 MIRAI TOWER)。建設当時は満足な機材がなく、鉄骨上げまでも手作業だった。

## 栄・伏見の歩き方

### 名古屋を代表するランドマークを巡る

建物や町の姿を楽しみながら、各スポットを回ろう。地下鉄伏見駅から東へ進み、長島町通を南へ入ると、プラネタリウムの巨大な球体が出現。これが**名古屋市科学館**で、同じ白川公園内には、建築家の黒川紀章が設計した**名古屋市美術館**もあり、屋外にも23のアート作品が点在する。

学芸員の生解説とともに星空を眺められる名古屋市科学館のプラネタリウム

続いて北東の栄エリアへ。途中、南北の通りの名称に本町や長者町など清須越の名残が見つかる。やがて現れる巨大な楕円形のガラスを頂く建造物が**オアシス21**。上部は中央に水をたたえた空中庭園だ。すぐ西側には、「耐震構造の父」内藤多仲（たちゅう）が設計しテレビ塔として親しまれた**中部電力 MIRAI TOWER**があり、足下に広がるのが令和2(2020)年オープンの**Hisaya-odori Park**。タワー付近はショップが並ぶが、北側の陸橋・セントラルブリッジを渡ると、芝生やケヤキの木立にブックカフェなどが点在する憩いのエリアだ。オアシス21や中部電力 MIRAI TOWERは、夜のライトアップも美しい。

### おさんぽプラン

1. 名古屋市科学館 (▶P.117)
   ⬇ 徒歩3分
2. 名古屋市美術館 (▶P.116)
   ⬇ 徒歩21分
3. オアシス21 (▶P.116)
   ⬇ 徒歩3分
4. 中部電力 MIRAI TOWER (▶P.117)
   ⬇ 徒歩3分
5. Hisaya-odori Park(▶P.118)

小ネタ

### 繁華街の金ピカ郵便ポスト

栄の繁華街、東西の錦通と南北の呉服町通の交差点。その南西の角に、目を引く金ピカの郵便ポストがあり、尾張藩第7代藩主・徳川宗春の人形がてっぺんに鎮座する。この**宗春ポスト**は、名古屋を元気にするため活動するNPO法人「宗春ロマン隊」が平成22（2010）年に設置したもの。投函した郵便物はもちろんちゃんと届けられる。

MAP 別冊P.16-B2

もっと知りたい！あいちの話

### 60年超の歴史ある「森の地下街」

地下鉄栄駅の東山線ホームの改札外（地下）と、そこから南北両側へ階段を下りたエリアが「森の地下街」。昭和32(1957)年の地下鉄開通にともない開業した名古屋最古の地下街のひとつで、テナントは飲食店から整体までバリエーション豊か。南側エリアにある老舗の喫茶店・コンパルや、朝から深夜まで営業の居酒屋・酒津屋は根強い人気で、懐かしい牛乳スタンドも。栄にはほかにサカエチカやセントラルパークなどの地下街があり、森の地下街から続いている。

MAP 別冊P.17-C2

中央一番街を中心として北一・二番街、南一〜四番街に約100店舗が出店

info 知る人ぞ知る演劇の町　伏見といえば、歌舞伎やミュージカルなど大物俳優の舞台が上映される御園座（みそのざ）が有名。明治29（1896）年創業の老舗劇場で、建築家の隈研吾氏による設計監修で平成30（2018）年に改装された。

## フォトスポットとして人気の立体型公園 MAP 別冊P.17-C2

# オアシス21

地上14mの空中散歩が楽しめるガラスの大屋根「水の宇宙船」、芝生が広がる地上公園「緑の大地」、半地下階にはバスターミナルがある。地下はイベントに使われる「銀河の広場」や約30店舗のバラエティに富んだショップやレストランが入る立体型公園。毎日23:00までライトアップされ、「水の宇宙船」は四季ごとに光のモチーフが変わる。12月にはクリスマスバージョンも。14本の円柱からなるスピーカーオブジェ「風のオルガン」や園路も夜には優しい光を放ち、施設全体が幻想的な雰囲気に包まれる。

**オアシス21**

住名古屋市東区東桜1-11-1
TEL052-962-1011
営「水の宇宙船」10:00～21:00、「銀河の広場」6:00～23:00、店舗により異なる
休なし　料無料
Pなし
交地下鉄栄駅直結、または名鉄瀬戸線栄町駅から徒歩1分

「水の宇宙船」上部には200mの周回路が。中心の水面から噴水も上がる

ガラスの上面には水が流れ、無数の光の波紋を描き出す

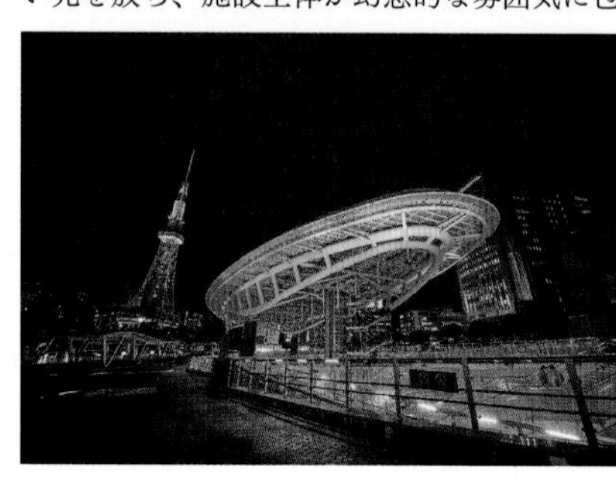
夜は四季折々のライトアップや期間限定の特別ライトアップにより幻想的な雰囲気が楽しめる

## 市中心部の緑豊かな白川公園にある MAP 別冊P.16-B3

# 名古屋市美術館

地元作家を集めた「郷土の美術」、モディリアーニや藤田嗣治を中心とした「エコール・ド・パリ」、フリーダ・カーロを代表とする「メキシコ・ルネサンス」、草間彌生などの「現代の美術」の4カテゴリー約8500点の作品を所蔵。施設は建築家・黒川紀章により設計され(→P.57)、江戸の天文図や茶室の模擬、名古屋城の石垣といった日本の伝統と文化をモチーフにした意匠が随所に見られる。

**名古屋市美術館**

住名古屋市中区栄2-17-25 芸術と科学の杜・白川公園内
TEL052-212-0001
開9:30～17:00（最終入館16:30）、祝日を除く金曜～20:00（最終入館19:30）
休月（祝日の場合は翌平日）
CC不可　料300円、高・大学生200円、中学生以下無料、特別展は展覧会により異なる
Pなし　交地下鉄伏見駅から徒歩8分、または大須観音駅から徒歩7分

アメデオ・モディリアーニ『おさげ髪の少女』(1918年頃)

上／入場料300円で名画に出合えるのも魅力
下／西欧と日本の文化の共生がテーマの建物

info オアシス21の夜景　夜の「オアシス21」は必見！ 42基のLED投光器を駆使した「水の宇宙船」や「風のオルガン」、「記憶の路」など、間接照明を効果的に利用した幻想的な光景が広がる。海外からの観光客にも人気の撮影スポットだ。

8700件以上のコレクションを擁する MAP 別冊P.17-C2

## 愛知県美術館（あいちけんびじゅつかん）

愛知芸術文化センターの10階に位置する美術館。クリムトやムンク、黒田清輝や横山大観などに始まり、現代の奈良美智まで20世紀以降の美術を中心に、重要文化財の江戸時代絵画を含む木村定三コレクションなども合わせた多くの作品を所蔵。多様なテーマによるコレクション展のほか、企画展を開催している。

地下鉄栄駅からオアシス21連絡通路を利用

**愛知県美術館**

住名古屋市東区東桜1-13-2
TEL052-971-5511 開10:00～18:00（金～20:00）、入館は閉館30分前まで 休月（祝日の場合は翌平日）、展示入替期間 料500円、高・大学生300円、中学生以下無料 ※企画展は別料金 CC不可 Pあり
交地下鉄栄駅から徒歩3分

企画展や今後の展覧会情報はHPで確認を

高さ180mのランドマークタワー MAP 別冊P.17-C2

## 中部電力 MIRAI TOWER（ちゅうぶでんりょく みらいたわー）

昭和29（1954）年開業の日本初のテレビ塔で、令和4（2022）年にタワーとしては全国で初めて国の重要文化財に指定された。地上90 mの屋内展望台「スカイデッキ」、地上100mの吹き抜けの「スカイバルコニー」から名古屋市内を一望できる。スカイデッキの夜景とプロジェクションマッピングの演出も幻想的で美しい。

Hisaya-odori Park（久屋大通公園）に立つ町の象徴

**中部電力 MIRAI TOWER**

住名古屋市中区錦3-6-15先
TEL052-971-8546 開展望台10:00～21:00（土～21:40）、最終入場は閉館20分前 休無休
料1300円、小・中学生800円、未就学児無料 CCADJMV
※営業時間・料金はイベント内容により異なる Pなし
交地下鉄栄駅から徒歩3分

スカイデッキからの夜景は感動的

世界最大級のプラネタリウムを観賞 MAP 別冊P.16-B3

## 名古屋市科学館（なごやしかがくかん）

生命館・理工館・天文館からなり、4mもの電気火花が放たれる「放電ラボ」や、全天周オーロラ映像が見られるマイナス30度の「極寒ラボ」など、子供から大人まで楽しめる展示や体験が約260種類。プラネタリウムでは、巨大ドームに投影されたかぎりなく本物に近い星空を眺めることができる。

巨大な球体の内部に内径35mのプラネタリウムドームがある

**名古屋市科学館**

住名古屋市中区栄2-17-1
TEL052-201-4486 開9:30～17:00（最終入館16:30） 休月（祝日の場合は翌平日）、第3金曜（祝日の場合第4金曜）
料展示室とプラネタリウム：800円、高・大学生500円、展示室のみ：400円、高・大学生200円 ※ともに中学生以下無料 CC不可 Pなし 交地下鉄伏見駅から徒歩5分

生命館2階ではドラマ「ガリレオ」の撮影が行われた

info ギネス認定のプラネタリウム　名古屋市科学館のプラネタリウムドームは、平成23（2011）年に「世界最大のプラネタリウム」としてギネス世界記録®に認定された。専門学芸員による生解説が特徴のひとつ。

電気やエネルギーを遊びながら学べる MAP 別冊P.16-B3

## でんきの科学館

電気をはじめ環境やエネルギーについて、さまざまな角度から探る「展示室」、科学のふしぎを解き明かす「おもしろ実験」、クイズやゲームに挑戦する「オームシアター」など、楽しさいっぱい。

人気撮影スポット・プラズマボールと小学4年生のスーパーおうむ君

**でんきの科学館**
住名古屋市中区栄2-2-5
TEL052-201-1026
開9:30～17:00
休月（祝日の場合は翌平日）、第3金曜（8月は除く）
料無料
Pあり（有料）
交地下鉄伏見駅から徒歩2分

久屋大通公園がリニューアル！ MAP 別冊P.17-C1

## Hisaya-odori Park

久屋大通に沿って南北に延びる長さ約1kmの公園。4つのゾーンに、ケヤキヒロバやメディアヒロバといった5つのヒロバと、ファッション・スポーツ・グルメなどの約40のショップが点在する。

ミズベヒロバは12月、ミストとレーザーで幻想的空間に

**Hisaya-odori Park**
住名古屋市中区丸の内1、錦3ほか
TEL052-265-5575（受付時間10:00～17:30）
営休店舗により異なる
料無料
Pあり
交地下鉄久屋大通駅・栄駅または名鉄瀬戸線栄町駅から徒歩1分

ショッピングを兼ねて立ち寄れる美術館 MAP 別冊P.17-C3

## 松坂屋美術館

国内外の絵画や博物、工芸など、多彩なジャンルの展覧会を開催。開館20周年の「茶碗―今を生きる 樂歴代と時代を語る名碗」など、企画展は毎回、国内外で高く評価されている。

繁華街、栄の真ん中で気軽にアートに触れられる

**松坂屋美術館**
住名古屋市中区栄3-16-1 松坂屋名古屋店南館7階
TEL052-251-1111（代表）
開10:00～18:00（最終入館17:30）
休不定休
料展示会により異なる
CCADJMV
Pあり
交地下鉄矢場町駅直結、または栄駅から徒歩5分

市街地から海へ水陸両用バスでダイブ！ MAP 別冊P.17-C2

## 名古屋マリンライダー

栄から熱田神宮の前を走り抜け市街地の景観を楽しんだら、名古屋港から海へ豪快にスプラッシュ・ダイブ！　バスに乗ったまま海上クルージングが体験できる、名古屋の新しい観光スタイル。

水陸両用バスは窓がなく開放的
※荒天や名古屋港の潮位が低い日は運航中止

**名古屋マリンライダー**
住名古屋市港区港町1-1　TEL052-854-7345　営海上ルートのみ9:30～、11:05～、14:50～、16:00～、栄から名古屋港行き8:30～、13:50～　休月　料海上ルートのみ3000円、小学生1500円、2歳～未就学児550円、栄から名古屋港行き3800円、小学生1900円、2歳～未就学児550円　CCADJMV　Pなし　交地下鉄名古屋港駅（名古屋港乗り場）または久屋大通駅（栄乗り場）から徒歩3分

info 展覧会情報はSNSで　松坂屋美術館は、平成3（1991）年3月21日松坂屋名古屋店の南館オープンとともに開館した。展覧会の最新情報は公式X（Twitter）を確認しよう。

中心地・栄のランドマーク MAP 別冊P.17-C2

## SUNSHINE SAKAE

名古屋市最大の繁華街に位置する、全ゴンドラシースルーの観覧車Sky-Boatが目印の複合施設。アミューズメントやリラクセーションを完備し、アイドルグループ「SKE48」の専用劇場もある。

1周約15分、冷暖房完備の観覧車

**SUNSHINE SAKAE**

住名古屋市中区錦3-24-4
TEL052-310-2211
営7:00～24:00（店舗により異なる）
休不定休
料観覧車Sky-Boat1名600円、3歳以下無料
CCADJMV
Pあり
交地下鉄栄駅直結

老舗姉妹店のカレー煮込みうどん MAP 別冊P.16-A2

## 鯱市 錦通伏見店

味噌煮込みうどんの老舗「山本屋本店」の姉妹店。山本屋本店と同じだしと、20種類のスパイスが入った特製ルゥで仕上げたカレーは、噛み応えのある麺と絡まって新しくも懐かしい味わい。

カレー煮込うどん 玉子入り950円。土鍋で熱々のまま提供

**鯱市 錦通伏見店**

住名古屋市中区錦2-16-21
TEL052-223-2531
営11:00～15:00（L.O.14:30）、17:00～21:00（L.O.20:30）
休無休
CCADJMV
Pなし
交地下鉄伏見駅から徒歩1分

行列必至！　濃厚たまり醤油の中華そば MAP 別冊P.16-A1

## 濃厚中華そば 佐とう

メニューは中川醸造のたまり醤油を使った中華そばのみ。ネギとニンニクの効いたスープに中太ストレート麺がよく絡み、丸の内のビジネス街で働く人たちのおなかを満たしている。

麺大盛＆半熟卵付きの特盛チャーシュー中華そば1060円。薄口の注文も可

**濃厚中華そば 佐とう**

住名古屋市中区丸の内2-8-25
TEL052-222-0191
営11:00～14:00、17:30～L.O.20:30、スープがなくなり次第終了
休日
CC不可
Pなし
交地下鉄丸の内駅から徒歩3分

皮パリ、中ジュワーの元祖手羽先唐揚 MAP 別冊P.17-D2

## 風来坊 栄店

肉はジューシーに、表面はパリッと2度揚げして秘伝の熟成たれを隙間なく塗り、特選塩コショウとゴマで仕上げる、名古屋名物・元祖手羽先唐揚。手羽先以外の鳥料理メニューも豊富。

甘辛だれがあと引くうまさの元祖手羽先唐揚5本583円

**風来坊 栄店**

住名古屋市中区栄4-5-8 エアリビル1F
TEL052-241-8016
営17:00～23:00（L.O.22:30）、金・土～24:00（L.O.23:30）
休不定休
CCADJMV
Pなし
交地下鉄栄駅または名鉄瀬戸線栄町駅から徒歩5分

info 刀剣ファン必見　全国の日本刀を鑑賞できる名古屋刀剣博物館「名古屋刀剣ワールド」（MAP 別冊P.16-B3）が令和5（2023）年開館予定。甲冑・浮世絵も展示するほか、等身大の甲冑・騎馬武者なども見られる。

江戸時代から栄えた門前町と交通結節点

# 名古屋市 大須・金山

活気あふれる大須商店街のなかでも特ににぎわう万松寺通り。アーケード街になっている

## 大須・金山への行き方

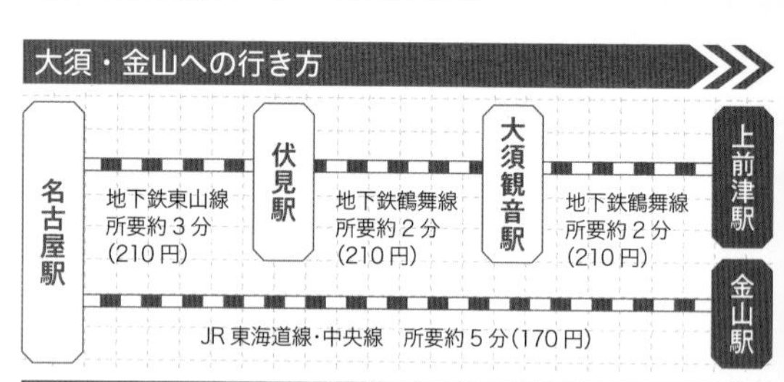


**エリア**利用駅

◎**大須観音駅**　地下鉄鶴舞線
◎**上前津駅**　地下鉄名城線・鶴舞線
※バス停は市バス大須観音、大須本町通を利用
◎**金山駅**
JR 東海道線・中央線（特別快速・新快速・快速・区間快速・普通）、名鉄名古屋本線（ミュースカイ・快速特急・特急・快速急行・急行・準急・普通）、地下鉄名城線・名港線
※バス停は市バス金山、金山南口を利用

ℹ 公益財団法人名古屋観光コンベンションビューロー
URL www.nagoya-info.jp

清須越にともなって、現在の岐阜県羽島市から名古屋城の城下町の南側へと移転した大須観音が、大須の地名の由来。一帯には数々の寺社が建立され、参詣者が立ち寄る芝居小屋や料亭などが立ち並んだ。明治～昭和期には映画館や劇場が並ぶ歓楽街に。その後、一時はシャッター街となったが、現在の大須商店街は「日本一元気な商店街」と称されるほどにぎわっている。大須の南に位置する金山エリアは、名古屋城と熱田神宮を結んだ本町と、熱田宿と桑名宿を結んだ佐屋街道が交わり、多くの人々が往来した場所。戦後は副都心として開発され繁華街となった。現在も名古屋駅に次ぐ交通結節点・金山総合駅から市内各方面やセントレアへアクセスしやすく、観光の拠点にも最適だ。

info **電気街でもあった大須**　昭和世代には、大須は電気部品の町。商店街が苦境にあった昭和52（1977）年、東京の秋葉原から70店以上の電気店を誘致し一大電気街に。若者とマニアが集まる町となった今も、アメ横ビルに一部の店が残る。

## 大須・金山はどえりゃあすごいがね！

### 世界で活躍するフィギュア選手を輩出

浅田真央さんや村上佳菜子さんなど有名スケーターのホームが大須観音駅近くの大須スケートリンク（名古屋スポーツセンター）。一般の人も利用可能だ。

### 大須商店街の店舗数は県内最大級

店舗数は県内屈指の1200に上り、若者から高齢者までが訪れる。その昔、寺社の門前に芝居小屋や見世物小屋が並んだのが、商店街のルーツ。

### 全国的に珍しい町づくり専門図書館

金山総合駅南隣の名古屋都市センター 12 階には、一般書籍のほか行政資料など約 7 万 6000 冊もの蔵書を誇る「まちづくりライブラリー」がある。

## 大須・金山の歩き方

### かつての門前町・大須商店街のにぎわい

四方を大通りに囲まれた、東西約 700 m×南北約 500 mの**大須商店街**は、大部分の通路に屋根があり雨でも楽しめる。古着などのファッションやサブカルチャー、電子部品、激安弁当が人気のスーパーをはじめ、飲食関係だけでも名古屋グルメや老舗洋食店、和菓子店、本格ピッツェリアまで揃う。近年は若い人に人気だが、何でもあるのでどの世代にも楽しめる何かが見つかる商店街だ。**大須観音**や**万松寺**、**七寺**など、由緒ある寺社を巡るのもいい。みたらしやトルコアイス、ケバブの食べ歩きも。ひと休みするなら甘味処やカフェもあるし、**大須演芸場**で寄席や落語会を見るのもおすすめ。不定休なので事前にチェックしておこう。

松重閘門は1976（昭和51）年に閉鎖されたが、市民の要望で保存されている

目先を変えるなら、商店街を出て南西方向の**松重閘門**（まつしげこうもん）へ向かってみよう。レトロな西洋風の2本の塔が、幹線道路を隔てて2組立つ。これは昭和初期に建てられた、堀川と中川運河の水位を調節する施設。名古屋市の都市景観重要建築物にも指定され、夜間のライトアップ姿も美しい。

### おさんぽプラン

❶ 大須観音 (▶ P.122)
⬇ 徒歩 3 分
❷ 大須演芸場 (▶ P.123)
⬇ 徒歩 3 分
❸ 新雀本店 (▶ P.127)
⬇ 徒歩 2 分
❹ 青柳総本家 大須本店 (▶ P.123)
⬇ 徒歩 17 分
❺ 中川運河 松重閘門 (▶ P.122)

小ネタ

### 存在感を増す金山総合駅

平成元（1989）年完成の金山総合駅には、JR 中央線と東海道線、名鉄名古屋本線、名古屋市営地下鉄の名城線・名港線、市バスターミナルが集まる。市内外へのアクセスが便利で、金山南ビル美術館棟（旧名古屋ボストン美術館）などの文化施設や商業施設も隣接。この好条件を生かし、再び副都心として重点開発する計画が進行中だ。

もっと知りたい！ あいちの話

## 大須は大道芸とコスプレの聖地

地元の人が大須商店街と聞いて思い浮かべるのは、ショッピングやグルメだけではない。毎年10月には、大道芸の一大イベント・**大須大道町人祭**が開催。がまの油売りや飴細工から、金粉ショーまで。なかでも艶やかな衣装をまとって商店街を練り歩くおいらん道中は、最大の盛り上がりを見せる。また、毎年8月に開かれる**世界コスプレサミット**は、平成 15（2003）年に大須で始まったイベント。現在も商店街の中がパレードのコースとなっていて、1000 人を超えるコスプレーヤーが参加する。

毎年、世界中のコスプレーヤーが集結する世界コスプレサミット

info 金山の地名は神社から　かつてこの地にいた鍛冶職人たちは、鍛冶や鋳物の神様である金山彦命（かなやまひこのみこと）を祀った金山神社を建てた。これが金山の地名の由来といわれる。金山神社は、現在の金山駅南口から徒歩3分の場所にある。

**大須観音（北野山真福寺寶生院）**

住名古屋市中区大須2-21-47
TEL052-231-6525
開参拝6:00～19:00（寺務所9:00～17:00）
休無休
Pなし
交地下鉄大須観音駅から徒歩2分

徳川宗春をテーマにしたからくり人形。約6分の演技を披露

日本3大観音のひとつとされる観音霊場 MAP 別冊P.18-B1

## 大須観音（北野山真福寺寶生院）

元弘3（1333）年に尾張国長岡庄大須郷（現・岐阜県羽島市大須）で創建され、名古屋城築城の際に徳川家康により現在の場所に移された。『古事記』の最古写本(国宝)など、1万5000冊の貴重書を所蔵する大須文庫は、本朝三文庫のひとつ。節分会（せつぶんえ）の豆まきでは、寺宝に鬼面があるため「鬼は外」は禁句だという。なごや七福神を安置しており、室町時代から続く福の神による「鬼追いの儀式」が行われる。毎月18日と28日の縁日に開催される骨董市も楽しい。

御本尊・聖観音が祀られている「大悲殿」。現在の本堂は昭和45(1970)年に再建されたもの

**中川運河 松重閘門**

住名古屋市中川区山王1
TELなし
営散策自由
Pなし
交名鉄名古屋本線山王駅から徒歩7分

夜はライトアップされ美しい中世ヨーロッパ風の塔が浮かび上がる

夜空に浮かび上がる「水上の貴婦人」 MAP 別冊P.18-A2

## 中川運河 松重閘門

名古屋港とささしまライブ24地区（旧国鉄笹島貨物駅）を結ぶ中川運河。水位差があるこの中川運河と堀川を運航できるよう昭和7（1932）年に全線開通した松重閘門は、水門が上下に動くストーニー式。ふたつの水門で仕切られた閘室内の水位を調整することで、運航を可能にしている。印象的な2基の尖塔は、高さが約21m、水門を上下させるおもりを収納するための塔だ。水運物流減少により昭和43（1968）年に閉鎖されたが、市民の要望により保存されることに。周辺の松重閘門公園は、桜の名所としても名高い。

昭和61(1986)年に名古屋市指定有形文化財、平成5(1993)年には名古屋市都市景観重要工作物に指定



info 毎月18日はご縁日　毎月18日は大須観音の御本尊である聖観音のご縁日。通常の護摩に加えて、朝6:00から護摩、18:00から護摩と大般若転読会が行われる。

地上 50m から市内一望の穴場スポット MAP 別冊P.18-B3

## 名古屋都市センター

「名古屋のまちづくり」の総合拠点として、戦後の復興土地区画整理事業から現在までの町の成り立ちがわかる展示などを行っている。専門図書館では、都市計画に関する貴重な地図や資料も閲覧できる、知的好奇心を満たす施設。ビル11～14階にあり、晴れた日には窓から遠くの山々まで見渡せる。

11階にある1000分の1サイズの精巧な都市模型は必見

**名古屋都市センター**

住名古屋市中区金山町1-1-1 金山南ビル11～14階
TEL052-678-2208 開10:00～18:00（土・日・祝・振替休日～17:00） 休月（祝日の場合は翌平日）、第4木曜（ライブラリーのみ） 料無料 Pあり（有料） 交JR・名鉄名古屋本線・地下鉄金山駅から徒歩1分

戦前・戦後の市域図などが観覧できるまちづくりライブラリー

名古屋・東京・大阪の芸人が集う寄席 MAP 別冊P.18-B1

## 大須演芸場

江戸の頃から芝居小屋が立ち並び「芸どころ名古屋」の中心だった大須地区にある演芸場。中京圏唯一の寄席で、平成27（2015）年にリニューアルオープンした。日本古来の大衆芸能の寄席（落語、講談、漫才など）を、毎月1～7日に1日2公演で開催。当日券もあるが、完売の場合、立見となる。

古きよき大衆演芸場の面影を残す。1階は椅子席、2階は桟敷席。前売り券・当日券ともに自由席だ

**大須演芸場**

住名古屋市中区大須2-19-39
TEL0577-62-9203
開1～7日の定席寄席第1部11:00～13:30、第2部14:30～17:00、8日からの貸席公演の日程は公演により異なる
休不定休
料定席寄席3000円、65歳以上2700円、中・高・大学生2500円、小学生以下2300円、貸席公演の料金は公演により異なる
CC不可
Pなし
交地下鉄大須観音駅から徒歩3分

明治12（1879）年創業の老舗和菓子店 MAP 別冊P.18-B1

## 青柳総本家 大須本店

初代の後藤利兵衛が旧尾張藩主・徳川慶勝より「青柳」の屋号を与えられ創業した。名古屋名物で有名な青柳ういろうは、味も豊かで形もさまざま。ロングセラーの人気商品「カエルまんじゅう」3個入443円は、名古屋みやげの定番。「カエルまんじゅう」を使った「ケロトッツォ」も大人気。

ケロトッツォ「クリームチーズ＆レモン」350円（左）、「ラムレーズン＆くるみ」360円

**青柳総本家 大須本店**

住名古屋市中区大須2-18-50
TEL052-231-0194
営10:00～18:30、喫茶12:00～（L.O.17:00）
休水（祝日の場合は翌平日）
CCADJMV
Pなし
交地下鉄大須観音駅から徒歩2分

本店には喫茶コーナーも併設。大須散策の休憩にぜひ

クチコミ 今では当たり前ともいえる冷温式自販機。この偉大な発明のアイデアは名古屋発祥なのだとか。自販機の聖地ともいえる名古屋・大須には昆虫食や「お米のねんど」などちょっと変わった商品を購入できる自販機が続々と設置されている。（編集N）

## 元祖 鯱もなか本店

住名古屋市中区松原2-4-8
TEL052-321-1173
営9:00〜17:30（日・祝〜17:00）
休不定休
CC不可
Pなし
交地下鉄大須観音駅から徒歩7分

店内には、地元アイドルとのコラボ商品なども多数飾られている

SNSでバズりまくる老舗和菓子店 MAP 別冊P.18-A1

### 元祖 鯱もなか本店（がんそ しゃちもなかほんてん）

明治40（1907）年創業。名古屋銘菓「元祖 鯱もなか」が有名だが､最中の皮やアーモンドを使った洋菓子「鯱も、一息。」6個入1458円､皮や自家製あんの入ったキット「手作り鯱もなか」8個入1458円〜も好評。SNSがきっかけでイラストレーターやアイドルとのコラボを実現し全国区の人気に。

香ばしい皮に自家製つぶあんの入った元祖 鯱もなか8個入1430円

## SURIPU

住名古屋市中区千代田2-16-20
TEL052-263-3371
営8:00〜19:00、売り切れ次第閉店
休月・火
CCAJMV
Pなし
交地下鉄鶴舞駅から徒歩２分

大きなミモザの木が目印のかわいい店には、開店前から行列が

並んでも食べたい人気のベーカリー MAP 別冊P.19-D1

### SURIPU（すーりーぷー）

こぢんまりとした店ながら、自家製天然酵母や国産小麦など素材にこだわったパンを求める客で連日行列ができる。グルメサイトの愛知県パン部門人気ランキングでは1位を獲得。午前中に売り切れることもあるという食パンやクロワッサンが人気だが、サンドイッチやキッシュなど総菜系パンもおすすめ。

外パリ、中ふわっ、バターが香る人気のクロワッサン

## 鯛福茶庵 八代目澤屋

住名古屋市中区大須2-18-2 1階
TEL052-223-8308
営11:00〜18:00
休水
CC不可
Pなし
交地下鉄大須観音駅から徒歩3分

おいしさの秘密は焼き加減と秘伝の隠し味が入った生地と自家製あん

一丁焼がこだわりの天然たい焼き MAP 別冊P.18-B1

### 鯛福茶庵 八代目澤屋（たいふくさあん はちだいめさわや）

江戸後期の天保年間から8代続く店。大須観音の門前町で、昔ながらの焼型を使い、1匹ずつていねいに焼き上げる「一丁焼」が名物。十勝産小豆で作る自家製あんがしっぽまでぎっしり詰まったたい焼きは、外はカリッ、中はホクホク。焼きたてはもちろん、冷めてもおいしいと評判だ。

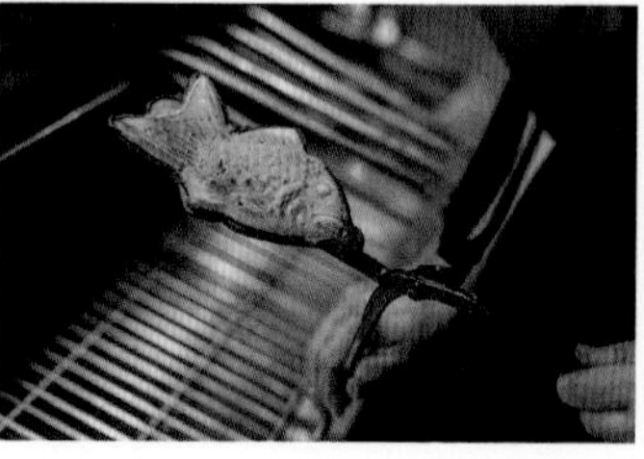

一丁2kgもある焼型をコンロで転がし、焼き具合を調節している

クチコミ 「名古屋コーチン」は愛知が誇るブランド鶏。金山駅のミュープラット2階には、名古屋コーチン料理が24時間365日買える冷凍自動販売機が設置されている。参鶏湯や親子丼などお店の味を自宅で気軽に味わえる。（編集N）

本物の大衆的ナポリピッツァを全国に MAP 別冊P.18-B1

## SOLO PIZZA Napoletana da Piccolo 大須本店

「2010年ピッツァナポレターナS.T.G.」優勝の世界最優秀ナポリピッツァ職人・牧島昭成氏が代表を務める。ナポリと同じ素材でEUが定めた伝統製法を守り、専用窯で焼く。本場のように「早い、安い、旨い、体によい」アツアツのナポリピッツァをセルフサービスのファストフードとして提供する。

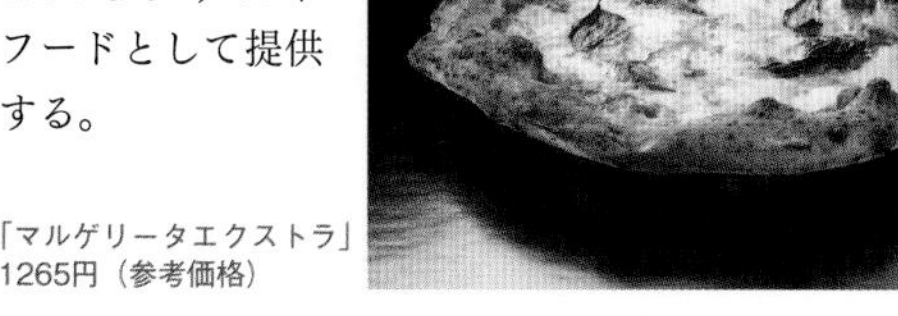

「マルゲリータエクストラ」1265円（参考価格）

**SOLO PIZZA Napoletana da Piccolo 大須本店**

住 名古屋市中区大須3-36-44
TEL 052-251-0655
営 11:00〜21:30（L.O.21:15）
休 無休
CC ADJMV
P なし
交 地下鉄上前津駅または大須観音駅から徒歩8分

名古屋を中心に国内外に6店舗。シンプルトマトピッツァは550円台〜

親父の味噌かつの味を継ぐ串かつ居酒屋 MAP 別冊P.19-D1

## みそかつかつみや鶴舞分店

昭和48（1973）年創業、味噌かつの名店「かつみや」の秘伝の味噌だれを守りながら、2代目が立ち上げた串かつ居酒屋。昼は先代考案の味噌だれ＋三河もち豚のとんかつの「みそかつの定食」、夜は三河もち豚使用の串かつが中心。特製スープに3種の味噌を配合した味噌だれは、甘さ控えめでクセになる。

とんかつ屋の本気の串カツ名物味噌ダレ1本165円

**みそかつかつみや鶴舞分店**

住 名古屋市中区千代田3-8-1
TEL 052-212-8832
営 11:30〜14:00(L.O.13:30)、17:00〜23:00(L.O.22:30)、金〜23:30(L.O.23:00) 休 日、土曜ランチ CC 不可 P なし
交 地下鉄鶴舞駅から徒歩3分

夜は、お酒とともに極旨豚みそ鍋や大海老フライなどが味わえる

もっと知りたい! あいちの話

### 約120の屋台が並ぶ県内最大級の朝市

「暮らしを豊かに、アイデアや人とのつながりを楽しめる朝市」がコンセプト。真宗大谷派の宗祖である親鸞聖人の命日（28日）を縁として、毎月「8」の付く日に東別院境内で開催される。オーガニック野菜や弁当、総菜などのフード類からアクセサリーや洋服、陶器といった生活雑貨まで、地元の人気店や手作り作家による屋台などが並び多くの客でにぎわう。開催の決定は前日12時頃にウェブサイトで発表される。

**東別院暮らしの朝市**

MAP 別冊P.18-B2
住 名古屋市中区橘2-8-55 真宗大谷派名古屋別院（東別院）境内
TEL 0567-58-5733（暮らしの市実行委員会）
開 毎月8・18・28日10:00〜14:00
CC 店舗により異なる
P なし
交 地下鉄東別院駅から徒歩3分

上／開催日により店が変わるので、何度訪れても発見がある　下／手作り作家の屋台も多い。作品との出合いは一期一会だ

info 昼と夜で業態が変わる　みそかつかつみや鶴舞分店は、昼はとんかつ屋だが、夜は串かつ居酒屋にチェンジ。低温調理で仕上げた鶏レバー刺身風、鰹ムロアジ三河もち豚の極上スープの極旨豚みそ鍋などの創作料理とともに一杯楽しめる。

# 名古屋人の愛する名物グルメ多数！
# 大須商店街をぶらり散策

古着屋、家電店、サブカルショップに世界各地のグルメなど何でも揃う巨大商店街。見どころが豊富で、食べ歩きも楽しいエリアだ。

## 別名「ごった煮の町」
## 大須商店街（おおすしょうてんがい）

南大津通・伏見通・大須通・若宮大路の東西南北の通りに囲まれた大須2丁目から3丁目付近にある商店集積地。お店・施設の数は約1200。寺町として発展し、神社や仏閣も多い。

MAP 別冊 P.18-B1～P.19-C1

### 「大須」の由来から商店街の誕生まで

年代不明ながら、着物姿の買い物客が見られる

慶長17（1612）年、名古屋城築城にともない、徳川家康は清須の町全体を名古屋へと移築する「清須越」を行った。その一環として岐阜羽島から大須観音が移設され、界隈は「大須」と呼ばれる寺町として発展、名古屋一の盛り場と呼ばれるまでになる。戦後一時、衰退したが、地元の人の力で復興し、今にいたる。

大須商店街では、道幅いっぱいに買い物客があふれる

### 御利益スポットを訪ねる

大須観音（写真／→ P.122）に加え織田家ゆかりの万松寺（→ P.37）、縁結びで有名な三輪神社、女性の病気に御利益があるという赤門明王院など多数が点在する。

### 楽しい祭りやイベント

春には大売り出しの「無茶売祭」、夏には「世界コスプレサミット」を開催。10月の「大須大道町人祭」には毎年約30万人が訪れる（詳細は P.121）。

### 大須にみんな、来い来い！
## ❶大須まねき猫（おおすまねきねこ）

平成11（1999）年に「もっとにぎわいを！」と市が設置。「人を招く」といわれる左前足を上げている。商店街のランドマークとして愛され、まねき猫の前でイベントも行われる。

MAP 別冊 P.19-C1
住 名古屋市中区大須3-33地先
交 地下鉄上前津駅から徒歩5分

### 地元の人も太鼓判
## ❷御幸亭（みゆきてい）

大正12（1923）年から100年以上、地元で愛され続ける老舗洋食店。お店のこだわりはパンではなく、ご飯に合う洋食を提供することだ。メニューにもスープではなく赤だしがある。タンシチューのほか、カキフライは常連が「これを楽しみに冬を待つ」というほどの逸品。レトロながら清潔感あふれる店内は、家族経営ならではのあたたかさが感じられる。

MAP 別冊 P.18-B1
住 名古屋市中区大須3-39-45 TEL 052-241-0741 営 11:00～14:30(L.O.14:15)、土日のみ夜営業あり17:30～L.O.19:15 休 水 CC 不可 P あり
交 地下鉄上前津駅から徒歩5分

仕込みに1ヵ月かけるタンシチュー1850円

伝統の味を守ります

4代目の安田周平さん

大須交差点を本町通方面に曲がってすぐ

info 1日5回のからくり上演　名古屋市は大須観音に「からくり時計」を設置している。名古屋の芸能文化を育んだ尾張7代藩主・徳川宗春をはじめとしたからくり人形が、約6分間の演技を披露する。上演時間は11:00、13:00、15:00、17:00、18:30。

そばや
みそ煮込みも
ぜひ

職人の平野豊和さん

## 老舗の味噌煮込みうどん

### ❸にこみのたから

大須で唯一の味噌煮込みうどん専門店。麺は細打ちで固さ控えめ。「しっかりした強いだしだけれど、風味豊かで最後まで飲み干せる」と親子数世代にわたるファンも多い。基本の味噌にこみうどんは950円。玉子、かしわ（鶏肉）、天ぷら、餅入りのバリエーションがある。お店のおすすめは玉子とかしわ入りの親子にこみうどん。ご飯と漬物付きの定食も人気で、味噌のだしをご飯にかけたり、鍋にご飯を入れておじや風にしたりと楽しめる。

MAP 別冊 P.18-B1
住名古屋市中区大須2-16-17　TEL052-231-5523
営11:00～15:00(L.O.14:45)、17:00～L.O.19:00
休木（祝、18・28日が木曜の場合はその前日）
CC不可　Pなし　交地下鉄大須観音駅から徒歩5分

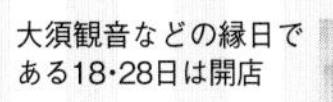

大須観音などの縁日である18・28日は開店

玉子とかしわ入りの親子にこみうどん1200円

店内のテーブルなどは東京藝大の教授のデザイン

きしめんは900円、冷たいざるきしは1000円

## 大須で最も古い店のひとつ

### ❹丁字屋

観光客に人気のきしめんは、つるつるとしたのど越しが特徴。「きしめんもそばも国産原料の手打ち。そば屋なので、だしには自信があります。だしを使った丼やカレーも食べてください。長野県松本市から信州内藤流の内藤峯吉名人を呼び寄せ、名古屋で初めて本格信州そば店として開店しました」とお店の方。大須の地で70年を迎えた名店だ。生けすを泳ぐ三河湾の天然車エビは、秘伝のたれがかかった上天ざる3000円で楽しめる。

MAP 別冊 P.19-C1
住名古屋市中区大須3-29-6　TEL052-241-1492
営11:00～20:30（L.O.19:30）　休火（祝日の場合は翌日）　CC不可　Pなし（万松寺駐車場を利用）
交地下鉄上前津駅から徒歩5分

商店街見どころ＆グルメMAP

info 大須案内人が案内　商店街で見かける紺色法被の「大須案内人」は、平成22（2010）年に行われた「大須検定」をクリアした大須好きのスペシャリスト。土日の13:00～16:00頃に、大須商店街の見どころを案内してくれる。拠点はふれあい広場。

神宮から東海道へ続く繁栄の足跡

# 名古屋市 南部 熱田神宮・有松周辺

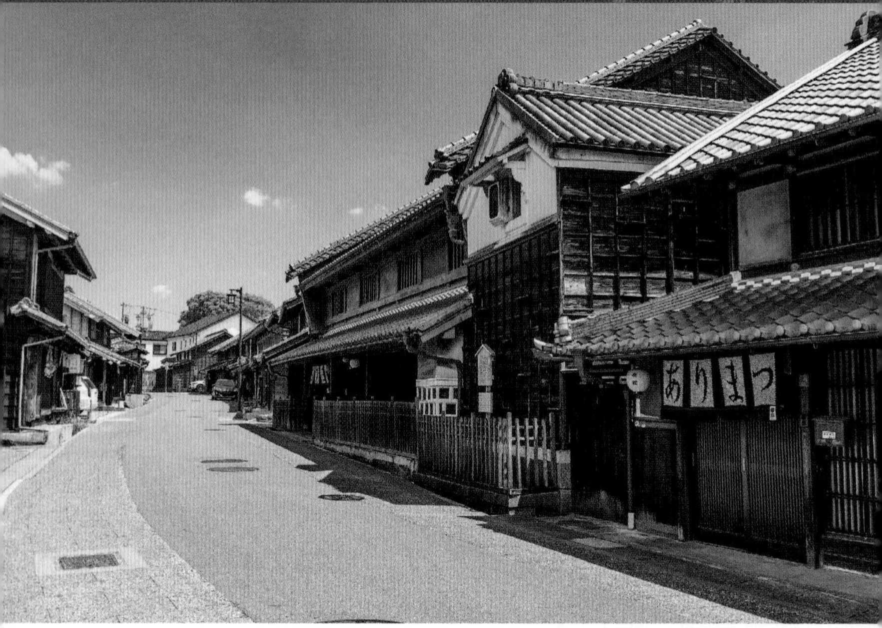

国の重要伝統的建造物群保存地区に選定されている有松の街並み

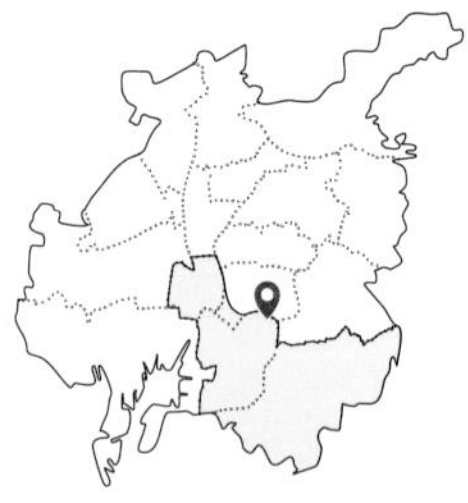

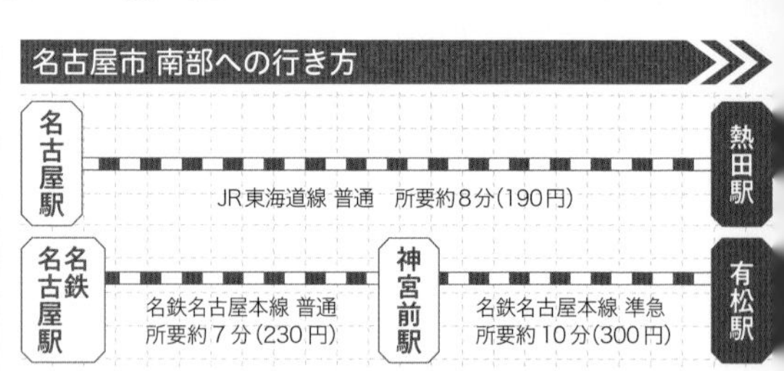

**エリア**利用駅

◎**熱田神宮西駅**
地下鉄名城線
◎**熱田駅**
JR 東海道線（普通）
◎**神宮前駅**
名鉄名古屋本線（ミュースカイ・快速特急・特急・快速急行・急行・準急・普通）
※バス停は市バス神宮東門を利用

◎**有松駅**
名鉄名古屋本線（準急・普通）

ℹ 公益財団法人名古屋観光コンベンションビューロー
URL www.nagoya-info.jp

## 名古屋市 南部への行き方

名古屋駅 → 熱田駅
JR 東海道線 普通　所要約 8 分（190 円）

名鉄名古屋駅 → 神宮前駅
名鉄名古屋本線 普通
所要約 7 分（230 円）

神宮前駅 → 有松駅
名鉄名古屋本線 準急
所要約 10 分（300 円）

景行天皇 43（113）年創建の熱田神宮は、江戸時代に入ると名古屋城との間を「本町」という 1 本の道で結ばれ、付近には東海道の宮宿が置かれた。当時この場所は海岸線に近く、桑名宿への船が出る七里の渡しや、城下町の暮らしを支える魚市場が開かれ、多くの人や物が行き交う活気ある場所であった。この宮宿の東隣にある鳴海宿と、さらに東の池鯉鮒宿との間に置かれた、宿泊施設のない間宿が有松だ。人どおりがなくうっそうとした場所だったが、慶長 13（1608）年、尾張藩主の徳川義直が往来の安全を図るため、移住と屋敷の建設を奨励した。その移住者たちが有松絞を生み出し、一帯は発展。商家が並ぶ街並みは現在も保存され、当時の雰囲気を感じられる。



info 熱田神宮境内のニワトリ　熱田神宮には、白や茶色のニワトリがいる。鶏は神鶏（しんけい）様と呼ばれ、神様の使いとされていて、出合うと幸運に恵まれるとか。木の枝の上にいることもあるので、注意深く見回してみよう。

## 名古屋市 南部はどえりゃあすごいがね！

### 三種の神器 草薙神剣が祀られる

八咫鏡、八坂瓊勾玉と並ぶ三種の神器のひとつ、草薙神剣。約1900年前にこの剣を御神体として祀ったのが熱田神宮の起源とされている。

### 東海地方最大級の前方後円墳

熱田神宮から北西へ徒歩約15分の場所にある断夫山古墳。当時一帯を支配した尾張氏が祀られ、その名が尾張地方の由来となっている。

### 名古屋めしの名店が集まる

名古屋めしの代表格「ひつまぶし」のあつた蓬莱軒や、熱田神宮が発祥の地である宮きしめん、名古屋蒲鉾の老舗などがこの界隈にある。

## 名古屋市 南部の歩き方

### 熱田の杜と絞り染めの町・有松を隅々まで

歴史の深い2大エリアをじっくり見て回ろう。**熱田神宮**の広い敷地内には、本宮以外にも、年始の商売繁盛祈願「初えびす」で知られる上知我麻神社、刀剣などを収蔵する宝物館や草薙館、美肌になれるといわれる清水社北側の湧き水、織田信長が奉納した信長塀などの見どころがある。

有松絞の歴史に触れるなら有松・鳴海絞会館へ。絞りの実演も行う

有松へは、熱田神宮を東門から出て名鉄名古屋本線で。有松駅に停車するのは準急と普通のみなので、乗車の際は気をつけたい。

有松駅の南側を線路と並行に走る旧東海道沿いが、**有松伝統的建造物群保存地区**。全長800mほどの範囲に、絞り染めで繁栄した、なまこ壁や虫籠窓の商家が並ぶ。屋根の上にうだつやガス燈が残る家もあるので、目線を上にも向けてみよう。昔の旅人気分で、絞り染めの小物から和服までのショッピングを楽しむことができ、職人の技の見学や絞り染め体験もできる。古い建物を生かしたカフェやベーカリーも人気だ。

#### おさんぽプラン

❶ 熱田神宮（▶P.134）
⬇ 徒歩3分
❷ きよめ餅総本家（▶P.133）
⬇ 電車10～20分+徒歩10分
❸ 神半邸（▶P.132）
⬇ 徒歩1分
❹ 服部家住宅（▶P.131）
⬇ 徒歩1分
❺ 有松・鳴海絞会館（▶P.130）

小ネタ

#### 大高緑地はレジャーの宝庫

有松駅の西にある県営の大規模な公園、大高緑地。ゴーカートやボート、ベビーゴルフ場などの施設があり、動く恐竜模型に遭遇できるテーマパーク・ディノアドベンチャー名古屋も。園内北西部には、第1回名古屋まちなみデザイン20選にも選出された竹林散策路もあり、子供から大人まで楽しめる憩いの場所となっている。
MAP 別冊P.11-C3

もっと知りたい！ あいちの話

### からくり人形が見事な山車

名古屋市内の各地区では、山車行事をともなう祭りが今も行われ、市の無形民俗文化財に指定。有松伝統的建造物群保存地区にある山車会館には、この地区に伝わる東町布袋車、中町唐子車、西町神功皇后車のなかから毎年1台を展示し、毎週土日と祝日に公開。江戸～明治期に製作された、精巧なからくり人形が乗った山車を間近で見られる。

**有松山車会館**
MAP 別冊P.20-B3
営土・日・祝10:00～16:00
料200円、高校生100円、中学生以下無料

3台の山車を1年交代で見られる有松山車会館。平日は予約受付時のみ開館する。写真は中町唐子車

info 有松・鳴海絞発祥地　江戸時代、有松に移住した竹田庄九郎が絞り染めを考案・確立。尾張藩の保護政策を受けて藩の特産品になり、東海道を行き交う旅人がこぞって買い求めた。現在も伝統的工芸品として人気だ。

## 江戸から続く有松絞の作品作りに挑戦 MAP 別冊P.20-B3

# 有松・鳴海絞会館

絞りの町・有松の歴史は、慶長13（1608）年に竹田庄九郎らが入植したことに始まる。尾張藩が有松絞を藩の特産品として保護し、東海道を旅する人たちから尾張みやげとして知られるように。葛飾北斎や歌川広重の浮世絵に描かれた鳴海宿は、実は有松を描いたものだという。絞会館2階では、工芸士による絞りが実演されており、染色前に布を「くくる」作業などを見学できる。約1時間かけてオリジナル作品を作れる「絞り教室（要事前予約）」も開催。作品は後日染め上げ、約3週間後に自宅に送ってもらえる。

**有松・鳴海絞会館**
住 名古屋市緑区有松3008
TEL 052-621-0111
開 9:30～17:00（実演～16:30）
休 無休、臨時休館あり
料 無料、絞り教室（ハンカチ）1800円、小・中学生1700円
CC ADJMV　P あり
交 名鉄名古屋本線有松駅から徒歩5分

白いハンカチの絞った箇所にきれいな柄が浮かび上がる

重要伝統的建造物群保存地区にある絞会館。有松は街並みもきれい

異なる技法の2名の工芸士による「くくり」の実演を目の前で見学できる

## 自然豊かな大高緑地の森で恐竜探検 MAP 別冊P.11-D3

# ディノアドベンチャー名古屋

約106ヘクタールの県営公園「大高緑地」（→ P.129）内にある恐竜テーマパーク。全長900mのコースには、動く・吠えるティラノサウルスやトリケラトプスといった、リアルな原寸大の恐竜たちが20種類以上。かわいいイグアノドンや、卵からかえったばかりの赤ちゃんもいるマイアサウラ、周辺の木より大きなブラキオサウルスなど、種類ごとに解説が付いているため、事前知識がなくても子供から大人まで楽しめる。恐竜のフィギュアやオリジナルグッズを販売する売店には、恐竜の卵の化石も展示されている。

**ディノアドベンチャー名古屋**
住 名古屋市緑区大高町文根山1-1
TEL 052-693-8798　開 10:00～16:00（土・日・祝9:00～、夏季～16:30）、チケット販売・入場は閉園の1時間前まで　休 月（祝日の場合は翌平日）　料 800円、中学生以下600円　CC ADJMV（売店のみ）　P あり　交 名鉄名古屋本線左京山駅から徒歩15分

全長約15mの大型肉食恐竜ティラノサウルスは迫力満点！

恐竜グッズが並ぶ入口そばの売店。入場しなくても売店の利用可

1周900m、徒歩で約30分ほど。森林浴を楽しみながら、恐竜探索ができる

愛知県の町中華は、ランチの麺とご飯もののセットにも、たいてい台湾ラーメンが選択肢にある。（愛知県在住・ライターT）

東海地方随一の規模を誇る日本庭園 MAP 別冊P.20-A1

## 白鳥庭園（しろとりていえん）

築山を御嶽山、そこからの水の流れを木曽川、流れの注ぎ込む池を伊勢湾と、中部地方の地形を再現した池泉回遊式庭園。秋の紅葉、冬の雪吊りと季節ごとに美しい風景が広がる。毎週土曜日は、園内の見どころや歴史などの解説を聞きながらより楽しく散策できるガイドツアーを実施。園内の「茶寮汐入」では、潮の満ち引きにより表情を変える「汐入の庭」を眺めながら抹茶や甘味がいただける。

上／紅葉の見頃は11月中旬～12月上旬　下／茶室「清羽亭」(有料貸出施設。予約方法はHPまたは電話で確認）では茶の湯を楽しめる

**白鳥庭園**
住名古屋市熱田区熱田西町2-5
TEL052-681-8928
開9:00～17:00（最終入園16:30）
休月（祝日の場合は翌平日）
料300円、中学生以下無料
CC不可
Pあり
交地下鉄熱田神宮西駅から徒歩10分

「茶寮汐入」の抹茶と日替わり和菓子がセットになった「和菓子セット」650円

江戸情緒が残る有松の代表的な大屋敷 MAP 別冊P.20-B3

## 服部家住宅（はっとりけじゅうたく）

有松絞で繁栄した、東海道沿いに商家が並ぶ有松を代表する建物で、有松では最大の45mもの間口のある大屋敷。主屋、井戸屋形、客室、門長屋、蔵など、江戸末期から明治時代に整備された建物11棟からなり、昭和39（1964）年に県の有形文化財に指定された。文久元（1861）年に建てられた主屋は、木造2階建の塗籠（ぬりごめ）造で、2階を低くした厨子（つし）二階、窓は虫籠（むしこ）窓。蔵は、下の部分に瓦と漆喰を使ったなまこ壁の土蔵造。現在も「井桁屋」として、主屋で有松絞を販売している。

東海道の約800mの区間に、江戸後期から昭和にかけて建てられた街並みが残る散策スポット

**服部家住宅**
住名古屋市緑区有松2313
TEL052-623-1235（井桁屋）
営10:00～17:00（井桁屋）
休不定休（井桁屋）
CCADJMV
Pあり
交名鉄名古屋本線有松駅から徒歩5分

主屋西側にある樹齢約370年の「クロガネモチ」は市の都市景観保存樹

info 四季の風情を満喫　白鳥庭園では例年紅葉が見頃になる期間に冬の風物詩といえる雪吊りとともに紅葉がライトアップされる。桜の時期は観桜会、アジサイの時期は紫陽花茶会など、季節ごとにイベントを開催。

## 昭和初期の旧家の中に人気店舗が MAP 別冊P.20-B3

# 神半邸（かみはんてい）

有松で13代続いた絞り問屋、神谷半太郎の旧家で、当主の名前から神半邸と呼ばれる。昭和初期に建てられた白の漆喰が目を引く伝統的ななまこ壁と格子窓の建物には、自然酵母を使ったパンを販売する「ダーシェンカ・蔵 有松店」（→ P.402）などが入り、風情のある庭で食事も楽しめる。

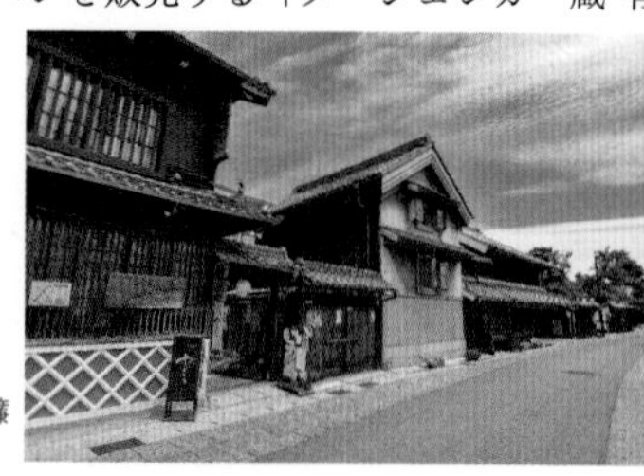

鮮やかな藍の有松紋の暖簾がかかる旧家

**神半邸**
住 名古屋市緑区有松2304
TEL なし
営 店舗により異なる（外観は見学自由）
休 CC 店舗により異なる
P なし
交 名鉄名古屋本線有松駅から徒歩3分

## 手漉き（てす）き和紙と世界の紙を揃えた専門店 MAP 別冊P.20-B2

# 紙の温度（かみのおんど）

紙のぬくもりがあふれる店内には、日本の伝統的な手漉き和紙や輸入紙など、世界25ヵ国以上のさまざまな紙製品2万アイテムが並ぶ。和紙と世界の手漉き紙の品揃えでは日本屈指といわれ、海外からの客も多い。紙は実際に手に取り質感を確かめて、1枚から購入可能。

2階のオープンスペースでは紙を使った創作教室も開催されている

**紙の温度**
住 名古屋市熱田区神宮2-11-26
TEL 052-671-2110
営 10:00～17:30
休 日　CC MV　P あり
交 地下鉄熱田神宮伝馬町駅から徒歩5分

本物の桜貝をそのまま和紙に漉き込んだ、桜貝はがき1枚176円

## 有松絞の技法を使った革製品専門店 MAP 別冊P.20-A3

# 革を絞る くくる（かわをしぼる くくる）

尾張の特産品として江戸時代から続く伝統工芸、有松・鳴海絞。この絞りの技法を革に施すことで、起伏に富んだ美しい柄と余白が美しい革製品が生まれる。染めた面はしっとりとやわらかく、革と絞りの独特の素材感は触り心地もよい。職人が手作りするため、すべて同じ柄がない一点物だ。

革を絞る「くくり」の柄が上品なバッグ「ippin」

**革を絞る くくる**
住 名古屋市緑区有松1035
TEL 050-5437-4136
営 10:00～17:00
休 月～木
CC ADJMV
P なし
交 名鉄名古屋本線有松駅から徒歩5分

スマホポシェットや財布など普段使いできる革製品が並ぶ

江戸からの伝統「熱田参りにきよめ餅」 MAP 別冊P.20-B1

## きよめ餅総本家

天明5（1785）年頃、熱田神宮の門前に「きよめ茶屋」が設けられ、熱田神宮の参拝者はここで疲れを癒やし、姿を正して神前に参拝するのが習わしになった。こしあんを羽二重餅でくるんだ、つるんとやわらかい「きよめ餅」は熱田神宮参拝みやげの大定番として、今も人気のお菓子だ。

焼き印が伝統の証。「きよめ餅」5個入り750円

**きよめ餅総本家**
住 名古屋市熱田区神宮3-7-21
TEL 052-681-6161
営 8:30〜18:00
休 無休
CC V
P あり
交 名鉄名古屋本線神宮前駅から徒歩2分、または地下鉄熱田神宮伝馬町駅から徒歩5分

特選和三盆を使った上品な和菓子なども販売する

備長炭で焼くできたてのうな丼 MAP 別冊P.11-C2

## 炭焼きの店 うな豊

昭和35（1960）年創業、『ミシュランガイド』にも掲載されたウナギの名店。注文を受けてから、備長炭で生から焼き上げるため、臭みがなく味は格別だ。ウナギをくぐらすのは3日以上寝かせた秘伝のたれ、保温なしの炊きたてご飯、ぬか漬けも自家製と、どれをとっても抜け目なしのおいしさ。

うな豊丼（肝吸い付き）5120円。うな丼1740円とうれしい価格

**炭焼きの店 うな豊**
住 名古屋市瑞穂区豊岡通3-40
TEL 052-851-2632
営 11:00〜14:30（L.O.14:00）、火〜土17:00〜21:00（L.O. 20:30）、日・祝16:30〜
休 月、第2・4火曜（祝日の場合は翌平日） CC 不可 P あり
交 地下鉄瑞穂運動場西駅から徒歩5分

食べログうなぎ百名店に3度選出。休日は行列ができる予約必須店

皇室献上の高級フルーツを味わう MAP 別冊P.13-D3

## トップフルーツ八百文

クラウンメロン親善大使の名物店長がいるフルーツショップ。昭和35（1960）年の開店以来地域で愛されている。イチジクの産地・愛知県でも幻といわれる弥富産完熟白いちじくコンポートや蒲郡産若薔薇（じゃばら）みかん100%果汁は、花粉症予防とおみやげに最適。フルーツサンドや生ジュースも販売している。

美肌効果も期待できるパインジュースと旬のいちご生ジュース500円〜

**トップフルーツ八百文**
住 名古屋市瑞穂区汐路町1-5
TEL 052-852-0725
営 9:00〜17:00（L.O.16:00）
休 水
CC ADJMV
P あり
交 地下鉄桜山駅から徒歩7分

1本の木に1個のメロンしか実らせないという、皇室献上のクラウンメロンが店のシンボルマーク

三種の神器のひとつ
「草薙神剣」を祀る

# 熱田神宮を参拝

神話の時代から歴史を紡ぐ名社。「熱田さま」の名で親しまれている市民の心のオアシスを訪ねてみよう

## 1900年以上の歴史を誇るお社

景行天皇43（113）年創建。日本武尊の妃である宮簀媛命が熱田の地に草薙神剣を祀ったことに始まるとされる。19万平方メートルの広大な境内は静寂に満ち、樹齢1000年を超えると伝わる大楠など、さまざまな樹木が生い茂る。主祭神は熱田大神。草薙神剣を御霊代とする天照大神だ。古くから国家鎮護のお社として朝廷や武将にあがめられ、特に織田信長は桶狭間の戦いの前に必勝祈願して大勝したことで知られる。悠久の歴史を感じながら厳かな気持ちで参拝したい。

**熱田神宮** MAP 別冊 P.20-B1
住 名古屋市熱田区神宮1-1-1 TEL 052-671-4151 開 参拝自由 P あり 交 名鉄名古屋本線神宮前駅から徒歩3分、または地下鉄熱田神宮伝馬町駅・熱田神宮西駅から徒歩7分

### 参拝前に知っておきたい 三種の神器とは

代々の天皇が継承する「草薙神剣」「八坂瓊曲玉」「八咫鏡」のこと。神剣の本体は熱田神宮にあり、分身にあたる形代が皇居内の「剣璽の間」に曲玉とともに奉斎されている。御鏡の本体は三重県の伊勢神宮に、形代が皇居の「賢所」に祀られている。

## 参拝 モデルルート 所要約2時間

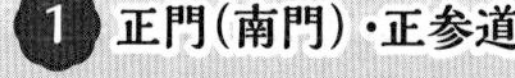

### 1 正門（南門）・正参道

木製の一の鳥居が参拝者を出迎える。脱帽し、一礼してから境内に足を踏み入れると、本宮へと真っすぐに参道が続いている。正門から参拝する場合の最寄り駅は地下鉄熱田神宮伝馬町駅だ。

### 2 剣の宝庫 草薙館

草薙神剣を祀ることから古来、各時代にわたって刀剣の奉納がされてきた熱田神宮ならではの刀剣展示館。貴重な名刀や史料を紹介するほか、通称「真柄大太刀」の複製拵に触れる体験コーナーもある。

MAP 別冊 P.20-B1
TEL 052-671-0852（熱田神宮宝物館）
開 9:00～16:30（最終入館16:00、共通券の最終入館15:30） 休 毎月最終木曜の2日前 料 500円、宝物館共通券800円

熱田神宮所蔵の刀剣約450口を月替わりで展示する

### 参拝後のお楽しみ 境内で名古屋めしを味わう

大正12(1923)年創業、きしめんの老舗。厚みがありもっちりした食感の麺と香り高いだしつゆがたまらない。くさなぎ広場にある。

宮きしめん750円（温）、850円（冷）
※（冷）は夏季のみ提供

**宮きしめん 神宮店**
MAP 別冊 P.20-B1
住 名古屋市熱田区神宮1-1-1 熱田神宮境内くさなぎ広場 TEL 052-682-6340 営 9:00～L.O.16:30 ※年末年始は特別営業あり 休 無休 CC ADJMV

info 熱田神宮の祭典・神事　1月15日の歩射神事、5月1日の舞楽神事など、年間約70の祭典や神事が行われる。最も重要かつ荘厳な祭典は、「熱田まつり」の名で知られる6月5日の例祭。さまざまな奉納行事が境内で催される。

### 3 大楠

弘法大師のお手植えと伝わる、樹齢1000年を超すといわれる御神木。力強く枝を伸ばす姿が神々しい。参道脇の手水舎北側にある。

### 4 信長塀

織田信長が桶狭間での戦勝の御礼として奉納した築地塀。土と石灰を油で練り固めたものを瓦で挟み、厚く積み重ねている。

兵庫県西宮神社の大練塀、京都府三十三間堂の太閤塀に並ぶ日本3大土塀のひとつ

### 5 本宮

屋根には鰹木（かつおぎ）が並び、両端に千木（ちぎ）が突き出る

御本殿には三種の神器のひとつ、草薙神剣をお祀りする。年間およそ700万人もの参拝者でにぎわう。

### 6 こころの小径

本宮の裏を巡る自然豊かな参道。平成24（2012）年から通行できるようになった。通行は9:00から16:00まで。

### 7 清水社

清水社では水を司る神様・罔象女神をお祀りする。社殿奥に湧き出る水は、目や肌がきれいになるという信仰が伝わっている。

ひしゃくで石に3度水をかけると願いがかなうといわれている

### 熱田神宮境内マップ

一之御前神社
⑥こころの小径
下知我麻神社
⑦清水社
本宮授与所
⑤本宮
④信長塀
③大楠
⑧熱田神宮文化殿（熱田神宮宝物館）
西門
くさなぎ広場
②剣の宝庫 草薙館
東門
宮きしめん 神宮店
別宮 八剣宮
上知我麻神社
①正門（南門）・正参道

### 8 熱田神宮文化殿（熱田神宮宝物館）

1階の宝物館は皇室をはじめ、将軍や藩主、一般の篤志家から寄進された資料約6000点を収蔵。そのなかから選りすぐりの宝物を月替わりで展示する。

校倉造風の外観。国宝1点、重文107点を含む180点近い指定文化財を所蔵

MAP 別冊 P.20-B1
TEL 052-671-0852　開 9:00～16:30（最終入館16:00、共通券の最終入館15:30）　休 毎月最終木曜とその前日　料 500円、草薙館共通券800円

### おもな別宮・摂社・末社

#### 別宮 八剣宮

和銅元（708）年鎮座、本宮と同じ御祭神を祀る。信長や家康など武家からの信仰があつく、社殿の修理や造営を行った記録が残る。

#### 一之御前神社

熱田大神の荒々しい側面である「荒魂」を祀る境内摂社。こころの小径の奥に鎮座する。本宮のお参りのあと、心静かに参拝しよう。

#### 上知我麻神社

「知恵の文殊様」としてあがめられる。両脇に大国主社（大黒）と事代主社（恵比須）が祀られ、「初えびす」では大いににぎわう。

### 授与品

授与所（7:00～日没）で開運・招福のお守りをいただこう。日本武尊の白鳥伝説にちなんだお守りもある。

福槌（ふくづち）小1000円は金銀の2色

白鳥（しろとり）守 1000円

info 二十五丁橋　参道の西側にある花崗岩製の反り橋は、板石が25枚並んでいることから「二十五丁橋」と呼ばれる。渡ることはできないが、『尾張名所図会』や「名古屋甚句（じんく）」にも登場する歴史ある橋だ。

動植物園や大学がある山の手エリア

# 名古屋市 東部 覚王山・東山公園 星ヶ丘・八事周辺

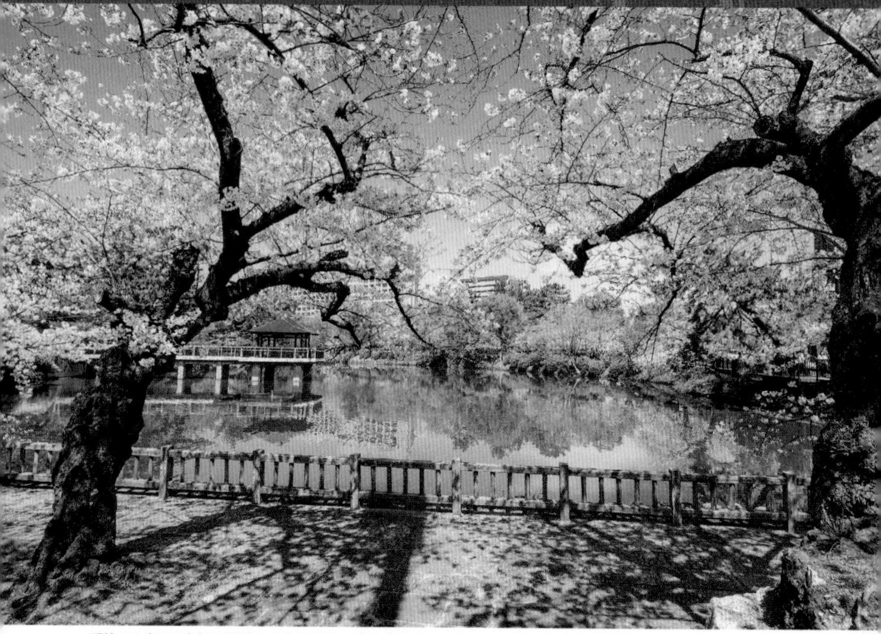

明治42（1909）年に開園した鶴舞公園。花の名所として知られ、特に桜の時期は圧巻の美しさ

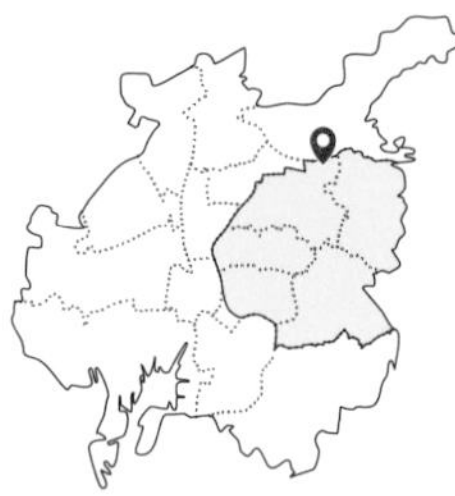

**エリア利用駅**

◎**今池駅**
地下鉄東山線・桜通線
◎**覚王山駅・東山公園駅・星ヶ丘駅**
地下鉄東山線
◎**八事駅**
地下鉄名城線・鶴舞線
※バス停は市バス今池・覚王山・東山公園・星ケ丘・八事を利用

ℹ 公益財団法人名古屋観光コンベンションビューロー
URL www.nagoya-info.jp

## 名古屋市 東部への行き方

- 名古屋駅 → 覚王山駅：地下鉄東山線 所要約14分（240円）
- 覚王山駅 → 星ヶ丘駅：地下鉄東山線 所要約6分（210円）
- 名古屋駅 → 伏見駅：地下鉄東山線 所要約3分（210円）
- 伏見駅 → 八事駅：地下鉄鶴舞線 所要約16分（270円）

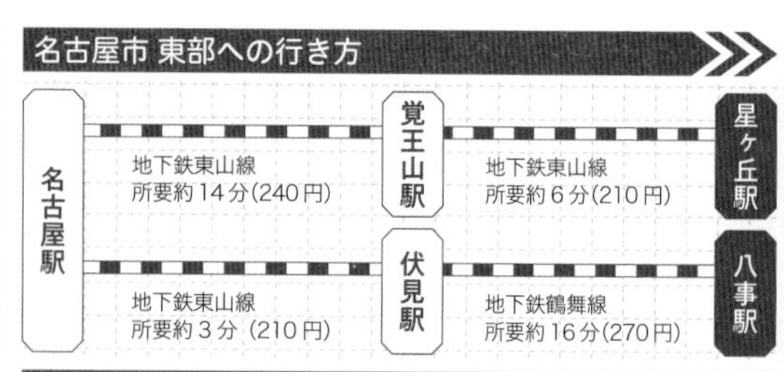

丘陵地の名古屋市東部は、明治時代まで大部分が農村だった。明治末期の覚王山日泰寺創建、昭和12（1937）年の東山動植物園開園により、次第に人が集まるように。昭和30年代の高度経済成長期には、大規模な宅地開発が進んだ。現在も地下鉄沿線は店舗が連なりにぎわう一方、住宅街は閑静で住みたい町ランキング上位の常連だ。覚王山駅と東山公園駅の間にある本山駅から南へ約3kmの八事駅周辺は、江戸時代に名古屋城と信州を結んだ飯田街道の宿場町。興正寺の創建後は門前町となり、景勝地としても人を集め、後に企業家などの邸宅が並んだ。八事周辺には中京大学、名城大学、南山大学があり、すぐ北の名古屋大学と合わせて一大文教地区を形成する。

info 頭上に傘の花が咲く！　ショッピングモール・星が丘テラスでは、梅雨を中心とした時期、通路の頭上に色とりどりの透明傘を吊した「アンブレラフラワー」のディスプレイが出現。晴れた日には青空に華やかな傘が映える。

## 名古屋市 東部はどえりゃあすごいがね！

### 飼育種類数は日本一！

東山動植物園で見られる動物は約450種。そのうち約120種が絶滅危惧種で、施設では保護・繁殖活動に積極的に取り組んでいる。

### 名古屋市内屈指の夜景スポット

標高80mの丘に立つ高さ134mの東山スカイタワーからの夜景は、名古屋で唯一「夜景100選」に認定されている。360度のパノラマは必見。

### 桜の名所 鶴舞公園が人気

エリア西端にある鶴舞公園は、日本さくら名所100選のひとつ。毎春、約700本ものソメイヨシノが咲き誇り、ライトアップも楽しめる。

## 名古屋市 東部の歩き方

### 昔も今も市民に愛され続ける場所を行く

**覚王山日泰寺**を参拝したあとは、参道をぶらぶら歩いてみよう。みたらし店に、インドカレーと紅茶の老舗、有名ペストリーまで、新旧の店が混在する。毎月21日は弘法大師の月命日の縁日が開かれる。**揚輝荘**は参道から少し東へ入った場所。名古屋の昔ながらのおやつである鬼まんじゅうの名店・**梅花堂**(ばいかどう)は、参道入口から東へ60mほど。確実に買うには電話予約しておくといい。

大きな芋の粒がたくさん入った名古屋名物の鬼まんじゅうが買える梅花堂

覚王山駅から**桃巌寺**(とうがんじ)最寄りの本山駅、**東山動植物園**最寄りの東山公園駅へはひと駅間隔なので、健脚の人なら徒歩でも苦にならないだろう。動物園だけでも見応えがあるが、植物園も見どころが豊富。「東洋一の水晶宮」と称された国指定重要文化財の温室前館や、古墳時代から鎌倉時代までこの地域が国内の一大陶器生産地だった名残の、斜面を利用した「登り窯」の跡がある。帰りは来た道を戻ってもいいが、植物園の星が丘門を出て坂を下れば、ショッピングモール・**星が丘テラス**をとおり、星ヶ丘駅に到着する。

### おさんぽプラン

❶ 覚王山日泰寺
↓ 徒歩5分
❷ 揚輝荘（▶P.138）
↓ 徒歩5分
❸ 梅花堂（▶P.139）
↓ 徒歩18分
❹ 桃巌寺
↓ 徒歩15分
❺ 東山動植物園（▶P.141）

小ネタ

**「サウナー」注目の繁華街**

今池は東部の繁華街・歓楽街として知られ、中華料理店や居酒屋を中心とした飲食店、カラオケ店、ライブハウスなどが集まる。地下鉄今池駅から南へ徒歩約7分の商店街には、全国のサウナーが「聖地」とあがめる、男性専用の**サウナ＆カプセルホテル ウェルビー今池店**が。ラウンジのソファやメニュー豊富なレストランも人気だ。
MAP 別冊P.13-D2

もっと知りたい！ あいちの話

## 覚王山にお寺が集まった理由

覚王山エリアには、覚王山日泰寺を中心とした半径1km以内に、現存するだけでも20ほどのお寺があり、史跡巡りも楽しめる。明治37（1904）年の日泰寺創建のあと、この界隈では京都の東山をまねた町づくりが行われ、市内各地から再開発などで移転したお寺も集まった。名古屋市になる以前、一帯は東山村という名称だったが、その理由も名古屋城の東部の丘陵地であることに加え、京都の東山にちなんだからだといわれる。「住みたい町」としておなじみのエリアで古都の趣を探してみよう。

覚王山日泰寺までは地下鉄覚王山駅1番出口から徒歩15分

info 「八事」の地名の由来　8つの何かがある土地かと思いきや、「や」は岩、「ごと」は古語の「こごし」＝凝り固まってごつごつしていること。現在も坂の多いこの地が、その昔は硬い岩のある場所だったことを表している。

## 揚輝荘（ようきそう）

さまざまな国の様式を取り入れた建築意匠 MAP 別冊P.13-D2

大正から昭和初期に建てられた近代建築の代表作で、株式会社松坂屋初代社長・15代伊藤次郎左衛門祐民（すけたみ）の別荘。華族、政治家、文化人などが集う社交場だったという。池泉回遊式の北園には、「白雲橋（はくうんきょう）」や尾張徳川家ゆかりの「伴華楼（ばんがろう）」、茶室「三賞亭（さんしょうてい）」が残る。枯山水石庭の南園には、迎賓館「聴松閣（ちょうしょうかく）」や「揚輝荘座敷（非公開）」があり、この５つが市指定の有形文化財。

上／聴松閣の旧食堂。庭園が見えるカフェ（2023年5月現在営業中止。再開未定）を併設　下／べんがら色が映える欧州山荘風外観の聴松閣

**揚輝荘**

住名古屋市千種区法王町2-5-17
TEL052-759-4450
開9:30～16:30（貸室～20:00）
休月（祝日の場合は翌平日）
料南園300円、中学生以下無料、北園無料　CC不可　Pなし
交地下鉄覚王山駅から徒歩10分

京都の修学院離宮の千歳橋を模したといわれる白雲橋

三賞亭は伊藤家本家から移築された揚輝荘最初の建物

## 古川美術館・分館 爲三郎記念館（ふるかわびじゅつかん・ぶんかん ためさぶろうきねんかん）

アート鑑賞後は日本庭園を眺めお茶を MAP 別冊P.13-D2

実業家・古川爲三郎が長年にわたり収集した日本画・洋画・書・工芸品のほか中世の装飾写本ブシコー派の時禱書（じとうしょ）など2800点以上を所蔵。日本庭園や茶室のある私邸を分館として公開している。

年間5回の企画展や特別展を開催。分館では日本庭園を眺めながらお茶を楽しめる

**古川美術館・分館 爲三郎記念館**

住名古屋市千種区池下町2-50
TEL052-763-1991
開10:00～17:00（最終入館16:30）
休月（祝日の場合は翌平日）
料1000円～、高・大学生500円、中学生以下無料（古川美術館と分館 爲三郎記念館との2館共通入館券）
CCADJMV
Pあり
交地下鉄池下駅から徒歩3分

## 八勝館（はっしょうかん）

4000坪の庭園をもつ２つ星の名料亭 MAP 別冊P.11-D2

大正14（1925）年創業。建築家・堀口捨己や芸術家・北大路魯山人ゆかりの宿で、現在は料亭として、四季折々の庭の風景とともに上質な料理を堪能できる。建物の大半が国の重要文化財に指定。

北米の照明デザイン賞受賞の庭。12の趣の異なる部屋すべてが庭に面している

**八勝館**

住名古屋市昭和区広路町石坂29
TEL052-831-1585
営12:00～15:00、18:00～21:00
休水（振替あり）
CCADJMV
Pあり
交地下鉄八事駅から徒歩3分

クチコミ 優秀な子は名大（メーダイ。愛知の人にとってメーダイは明治大学ではなく名古屋市の名古屋大学）に行く。名大に入れれば「とても優秀」であり地元で一目置かれる。愛知の教育ママにとっては「名大からのトヨタ」が夢。（愛知県在住・K）

18～20世紀のフランス美術品を展示 MAP 別冊P.13-C2

## ヤマザキマザック美術館

愛知県に本社のある工作機械メーカー・ヤマザキマザック株式会社が運営。ロココ、印象派、エコール・ド・パリなどフランス美術の流れを一望できる絵画と、アール・ヌーヴォーのガラス作品や家具を展示するほか、エミール・ガレ最晩年のガラスの花器も鑑賞できる。音声ガイドの無料貸出も。

優雅なアール・ヌーヴォー様式の寝室用家具が配された展示室

**ヤマザキマザック美術館**

住名古屋市東区葵1-19-30
TEL052-937-3737
開10:00～17:30（土・日・祝～17:00）、最終入館は閉館30分前
休月（祝日の場合は翌平日）
料1000円、小・中・高校生500円、特別展は展示会により異なる
CCADJMV
Pあり
交地下鉄新栄町駅直結

フルーツが丸ごと入った絶品大福 MAP 別冊P.13-D2

## 覚王山 フルーツ大福 弁才天本店

専用の餅切り糸で切ると現れる美しい断面が評判となり、手みやげとして人気に。主役のフルーツを引き立てるため、周囲を包む白あんと求肥は甘さ控えめ。高級羽二重粉を使った求肥は、とろけるようなやわらかさがたまらない。季節によって内容は変わるが、店頭には常時約10種の大福が並ぶ。

白いイチゴ「白い宝石」や高級みかん「せとか」の大福。商品・価格は季節によって変わる

**覚王山 フルーツ大福 弁才天本店**

住名古屋市千種区日進通5-2-4
TEL052-734-6630
営10:00～19:00
休無休
CCADJMV
Pなし
交地下鉄覚王山駅から徒歩9分

遊び心のあるフルーツ大福は個別包装でギフトにもおすすめ

名古屋名物の黄金色の鬼まんじゅう MAP 別冊P.13-D2

## 梅花堂

愛知の郷土菓子「鬼まんじゅう」といえばこの店。ごろっとサツマイモが入り、手のひらに収まるサイズの金色に光るまんじゅうは、甘さ控えめの素朴な味で、食べ応え十分。鬼のツノや金棒に見えることから「鬼まんじゅう」の名が付いたとか。1日1000個以上売れることもあり予約は必須。

ツヤツヤの表面が食欲をそそる鬼まんじゅう1個170円

**梅花堂**

住名古屋市千種区末盛通1-6-2
TEL052-751-8025（予約は電話と店頭のみ）
営8:00～17:00（鬼まんじゅうの販売9:00～）
休不定休
CC不可
Pあり
交地下鉄覚王山駅から徒歩2分

古くから続く和菓子司で、店頭には大福やわらび餅なども並ぶ

info 名古屋の東の玄関口　名古屋市最東部の名東区には、東名高速道路名古屋ICをはじめ、名古屋市を囲むように走る名古屋第二環状自動車道などの計6つのICがある。

## 名古屋ならでは！　金箔入りコーヒー MAP 別冊P.13-D3

### 喫茶(きっさ)サマディ(さまでぃ)

閑静な住宅街にたたずむ喫茶店で、きらびやかな金箔入りのコーヒーが飲める。近年、食用金の入手が難しいことや、金の値上げで厳しいなか、メニューを提供し続けている。デザートのフルーツゼリーにも惜しげもなく金のトッピングが。庭に咲く花を愛でながらゆったりできる。

純金箔入り珈琲デザート付き1800円。カップ＆ソーサのデザインも上品

**喫茶サマディ**

住名古屋市昭和区檀渓通4-39
TEL052-842-3912
営10:00～14:00
休火
CC不可
Pあり
交地下鉄川名駅から徒歩10分

家族で営むあたたかみのある喫茶

## 異彩を放つ名喫茶。甘口スパは衝撃の味 MAP 別冊P.11-D2

### 喫茶(きっさ)マウンテン(まうんてん)

名物は、抹茶味のパスタ「甘口抹茶小倉スパ」。煮込みうどんの鍋に入ったアツアツの「しるこスパ」に、春冬限定の「甘口イチゴスパ」はピンクのパスタでかわいいビジュアル。ハンバーグカレーライスやトマトピラフなど、300種類以上のメニューはどれもボリューミーで大満足。

看板メニューの甘口抹茶小倉スパ1200円

**喫茶マウンテン**

住名古屋市昭和区滝川町47-86
TEL052-832-0897
営9:00～21:30（L.O.21:00）
休月（祝日の場合は翌平日）
CC不可
Pあり
交地下鉄八事日赤駅から徒歩8分

山荘をイメージした建物で、店内はレトロな雰囲気が漂う

## 親子３代で守る伝統の味噌煮込みうどん MAP 別冊P.13-D3

### まことや

昭和42（1967）年の創業から変わらぬ味で人気の味噌煮込みうどん店。カツオやムロアジなどで取った上だしに帝国醸造の豆味噌、不揃いの食感が楽しい手打ちうどんと、寿司ネタにも使える車エビの海老天が鍋でまとまり、食欲をそそる。醤油味のオーダーも可能だが、ここではやはり味噌一択！

調理場から響く店主の威勢のいいあいさつも名物

**まことや**

住名古屋市昭和区檀渓通4-14
TEL052-841-8677
営11:00～20:30（L.O.20:15）
休金
CC不可
Pあり
交地下鉄川名駅から徒歩10分

味噌煮込みに欠かせない海老天トッピング先駆けの店

info 巨大木魚と巨大大仏　名古屋市千種区にある桃巌寺（とうがんじ）は、樹齢100年のクスノキで作られた日本最大級直径1mの木魚や、台座を含め全長15mにもなる緑色の巨大な名古屋大仏で知られる。

# 動物の飼育種類数日本一！
# 東山動植物園がおもしろい

イケメンで有名なニシゴリラのシャバーニをはじめ、希少な動物たちの行動を間近に観察でき、四季折々の植物にも出合える人気のスポットだ。

漫画家・鳥山明氏デザインのコアラ舎シンボルマーク

ニシゴリラ
「シャバーニ」
2児の父としてのイクメンぶりも人気の秘密
ジャングルキャット
展示は国内唯一！
ギネス掲載のラーテル
クマのなかで最小のマレーグマ

❶シャバーニがイケメンと評される理由は目の上の出っ張りが少なく力強いまなざしだとか　❷昭和59（1984）年、日本で初めてコアラを公開　❸大きい耳と長い足、褐色系の毛並みが美しいジャングルキャット　❹ここでしか飼育していない珍しい動物。ライオンにも反撃するといわれることから、「世界一怖いもの知らずの動物」としてギネスブックに登録されている　❺好物のハチミツを巣から取り出すための長い舌がユニークなマレーグマは隠れた人気者

## 行動展示で知る動物たちの暮らし

広大な敷地内に、約450種の動物と約7000種の植物を展示する、大自然のミュージアム。東海地方ではここでしか見られないコアラは動物園のシンボル的存在。令和5（2023）年7月には、アジアの熱帯雨林エリアがオープン。スマトラトラやスマトラオランウータンなどの動物舎ができる。さらに秋にはプールで泳ぐ姿を見られる新しいジャガー舎もオープン予定。7年の修復を終え令和3（2021）年に再オープンした、国の重要文化財指定の温室前館の建築も必見だ。

**東山動植物園**（ひがしやまどうしょくぶつえん）　MAP 別冊 P.11-D2
住 名古屋市千種区東山元町3-70　TEL 052-782-2111　開 9:00～16:50(入園～16:30)　休 月（祝日の場合は直後の平日）　料 500円　CC ADJMV　P あり　交 地下鉄東山公園駅から徒歩3分

写真提供：東山動植物園

### 東山動植物園の楽しみ方

- ✔ゾウやキリンを最初に見るなら正門から、ゴリラやチンパンジー目的なら北園門から入園を
- ✔シャバーニなど人気の動物見学は活発に動く午前中が狙い目
- ✔お目当ての動物の「お食事タイム」は事前にチェック
- ✔お弁当持参ならフードコート ZOOASIS 横の中央休憩所の利用がおすすめ

❻東洋一の水晶宮と称される温室前館。巨大なヤシの「フタゴヤシ」は見ておきたい
❼無料の植物園園内バスもある

### 必見！メダカ専門水族館「世界のメダカ館」

世界に生息する39種類のメダカのうち、ここでは31種類を飼育繁殖している（2023年4月現在）。メダカのホットスポットといわれる、インドネシアのスラウェシ島の個性的なメダカたちを楽しめる。

絶滅危惧種のニホンメダカ

### レストラン&ショップ

テナントがいくつも入るフードコートのZOOASIS。動物モチーフのメニューなどが楽しめる。オリジナルグッズなどはZOOBOGATEで販売。カフェも併設する。

飼育員のアドバイスで顔の表情や毛並みにこだわったシャバーニぬいぐるみ5500円。背中のシルバーバックも再現

Shabani

室温25度で10分経過しても溶けないアイスで話題沸騰！　チョコ味のシャバーニアイス400円

info 珍しい動物に出合う　自然動物館には、夜行性動物や爬虫類、両生類を展示していて、グリーンやオレンジなど色鮮やかな動物たちも見ることができる。1階と2階をつなぐスロープでは巨大なワニの姿も！

かつての武家屋敷町と東に広がる丘陵地

# 名古屋市 北部

## 名古屋城・名城公園 大曽根・守山周辺

5層5階地下1階の名古屋城天守閣。空襲で焼失するも、豊富な史料をもとに復元された 写真提供：名古屋城総合事務所

### 名古屋市 北部への行き方

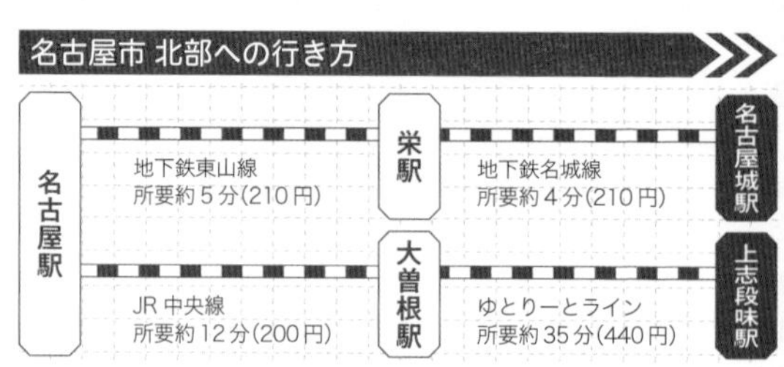


**エリア**利用駅

◎**名古屋城駅・名城公園駅**
地下鉄名城線
◎**大曽根駅**
JR 中央線（快速・普通）、名鉄瀬戸線（急行・準急・普通）、地下鉄名城線
※バス停は市バス名古屋城、名古屋城正門前、名城公園、大曽根、上志段味駅、またはゆとりーとライン上志段味駅を利用

徳川家康は慶長15（1610）年、清須越と名古屋城の築城、城下町の建設に着手した。やがて城の東側には武家屋敷が広がり、さらにその東側、現在の徳川園の一帯は、尾張藩2代藩主である徳川光友の隠居所に。明治以降はこの地から陶磁器輸出などの産業が興り、実業家の邸宅などが建てられた。現在も大正ロマン漂う建物が多く残り、「文化のみち」として観光コースになっている。徳川園の北東にある大曽根駅は、JR や地下鉄、名鉄瀬戸線などが集まる交通のハブ。ここから守山周辺へは、高架を走る日本唯一のガイドウェイバス「ゆとりーとライン」でアクセスできる。貴重な古墳が多く集まるしだみ古墳群や、標高198.3 mの東谷山がある、自然豊かな丘陵地だ。

i 公益財団法人名古屋観光コンベンションビューロー
URL www.nagoya-info.jp



info 日本一短い地下鉄？　名城線平安通駅と、名鉄小牧線上飯田駅の間の0.8km。かつては徒歩やバスで多くの人が移動したこの区間を結ぶのが、たったひと駅の名古屋市営地下鉄上飯田線だ。列車はそのまま名鉄小牧線に乗り入れる。

## 名古屋市 北部はどえりゃあすごいがね！

### 国内有数の刀剣を収蔵

徳川美術館では、家康の遺品の国宝「短刀 無銘正宗 名物 庖丁正宗」をはじめ、武士の魂ともいえる価値ある刀剣の数々を江戸時代の姿のまま展示。

### 金のしゃちほこを頂く日本最大級の天守閣

名古屋城天守閣は、天守の高さ36 m、石垣を合わせると55.6 mとなる。延べ床面積とともに日本最大級だ。※老朽化や耐震性確保のため閉館中

### 日本でここだけ！チベット仏教寺院

守山区にある強巴林（ちゃんばりん）は、チベット最古の寺院を踏襲して建立された公認寺院。釈迦堂には良縁に御利益があるという御本尊が安置されている。

## 名古屋市 北部の歩き方

### 江戸時代から大正期への発展の足跡をたどる

オレンジ屋根が特徴的な文化のみち二葉館。3月にオオカンザクラが花開く

平成30（2018）年に完成した**名古屋城本丸御殿**を鑑賞し、その後は東へ「文化のみち」を歩いてみよう。武家屋敷の地割りが残る「町並み保存地区」を含むこのエリアでは、**名古屋市市政資料館**や、**旧豊田佐助邸**、日本初の女優とされる川上貞奴の居宅を移築した**文化のみち二葉館**（名古屋市旧川上貞奴邸）といった、大正時代の和洋折衷建築を堪能できる。さらに東には、昭和初期に建てられた**名古屋陶磁器会館**や、尾張徳川家の菩提寺である**建中寺**、日本庭園が美しい**徳川園**と**徳川美術館**などがある。

ほぼ平坦な市街地で、途中に喫茶店がいくつもあるので、寄り道しながら歩くのがおすすめ。公共交通機関を使うなら、なごや観光ルートバス「メーグル」（市バス）が便利。乗り放題の1DAYチケット（500円）や、バスと主要な10施設の入場料がセットの名古屋1DAY満喫クーポン（3000円）もある。ただしここで紹介した名古屋市の施設とメーグルは月曜と年末年始は休業なので注意したい。

### おさんぽプラン

❶ 名古屋城（▶P.144）
⬇ 徒歩10分
❷ 名古屋市市政資料館（▶P.145）
⬇ 徒歩10分
❸ 旧豊田佐助邸（▶P.145）
⬇ 徒歩5分
❹ 文化のみち二葉館（▶P.145）
⬇ 徒歩20分
❺ 徳川園（▶P.146）
⬇ 徒歩1分
❻ 徳川美術館（▶P.147）

小ネタ

**地下鉄名古屋城駅へと改称**

令和5（2023）年1月4日より、地下鉄名城線市役所駅が「名古屋城駅」に。7番出口には、復元された本丸御殿と同じ裏木曽ヒノキ製の新しい駅名看板が掲げられた。ちなみにこれと同時に、名城線の神宮西駅が「熱田神宮西駅」に、伝馬町駅が「熱田神宮伝馬町駅」に変更。いずれも観光で訪れる人にわかりやすい駅名となった。

もっと知りたい！あいちの話

### 建中寺界隈に伝わる「妖怪伝説」

尾張2代藩主徳川光友が建立した徳川家の菩提寺で、名古屋市指定の文化財でもある重厚な山門をもつ**建中寺**。その周辺は昔ながらの商店街もあり、和やかな雰囲気だ。一方、今も数多くの寺があるこの界隈には、天狗による連れ去りやムカデの祟り、夜な夜な姿を現す老婆といった妖怪伝説が伝えられるという。建中寺の東側にあたる百人町や黒門町周辺には今も一部に江戸時代の面影が残る。丁字路や入り組んだ道を歩けば、妖怪の気配を感じられるかもしれない。

MAP 別冊P.13-C2

建中寺の南側にあり、敷地の中央に参道がとおる建中寺公園

info しゃちほこの雄と雌　名古屋城天守閣の金のしゃちほこは、北側が雄で、南側が雌。雄のほうが大きいが、うろこの数は雌のほうが多く、きらびやかになっている。ちなみにしゃちほこは想像上の生き物で、火災を防ぐ守り神だ。

**名古屋城**

住 名古屋市中区本丸1-1
TEL 052-231-1700
開 9:00～16:30（本丸御殿・西の丸御蔵城宝館の最終入場16:00）
休 不定休
料 500円、中学生以下無料
CC ADJMV
P あり
交 地下鉄名古屋城駅から徒歩5分

約3万平方メートルの広さをもつ名勝・二之丸庭園

城の東南隅櫓近くに立つ「清正公石曳きの像」。天守石垣工事で活躍した加藤清正の像

名古屋のシンボル金鯱（きんしゃち）を頂く徳川の城 MAP 別冊P.21-C1

## 名古屋城（なごやじょう）

慶長15（1610）年に豊臣方への備えとして築城を開始。巨大な天守に豪華な本丸御殿、巧妙な縄張などをもつ近世城郭の完成形といわれ、以来260年にわたり尾張徳川家16人の藩主の居城となる。空襲により焼失したが、昭和34（1959）年に鉄骨鉄筋コンクリート造で天守閣を再建。その後、本丸御殿も障壁画や細部の装飾にいたるまで忠実に復元され、平成30（2018）年6月に完成公開を迎えた。

上／江戸時代から名古屋城の象徴とされた天守の金鯱。現在は2代目の金鯱が輝く
下／徳川の威信をかけて築かれた名城
※令和5（2023）年6月現在、耐震性が低いため天守閣は閉館中

写真提供：名古屋城総合事務所

**復元により優美な姿を見せる「本丸御殿」**

尾張藩の政庁が置かれた本丸御殿。慶長20（1615）年に完成し、空襲により昭和20（1945）年に焼失したが、豊富な史資料をもとに復元を進め、平成30（2018）年に「上洛殿」や「湯殿書院」が完成した。

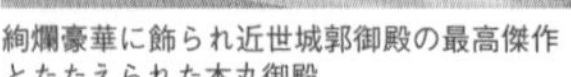

絢爛豪華に飾られ近世城郭御殿の最高傑作とたたえられた本丸御殿

3代将軍家光のために造られた本丸御殿で最も格式が高い上洛殿

もっと知りたい！あいちの話

### 400年前からよみがえった武将たちが名古屋の魅力を発信

名古屋開府400年のPR大使として、天下に名をはせた織田信長、豊臣秀吉、徳川家康、前田利家、加藤清正、前田慶次の6名の武将たちと、4名の陣笠（足軽）で結成される「**名古屋おもてなし武将隊®**」。名古屋城を拠点に、甲冑ダンスや和太鼓の演奏、観光客との記念撮影などを行っている。出陣スケジュールは公式サイトをチェック！

全国の武将隊の先駆けとして平成21（2009）年に結成


info 名古屋城の音声ガイド　本丸御殿の音声ガイドは、笑点の司会でおなじみの落語家・春風亭昇太さんと名古屋おもてなし武将隊®の徳川家康公が担当。全20ヵ所で本丸御殿の歴史や魅力を伝えてくれる。1回100円、本丸御殿中之口部屋受付で申し込み

食のエンターテインメントゾーン MAP 別冊P.21-C2

## 金シャチ横丁

「義直ゾーン」には伝統・正統をコンセプトに、味噌煮込みうどんやひつまぶしなど名古屋めしの老舗が、新風・変化がコンセプトの「宗春ゾーン」には、名古屋発の新進気鋭の飲食店が入る。

名古屋城正門横にある尾張徳川家の初代藩主の名を冠した「義直ゾーン」

**金シャチ横丁**
TEL 052-951-0788（金シャチ横丁事務局） 休 名古屋城に準ずる CC ADJMV P なし
【義直ゾーン】住 名古屋市中区三の丸1-2-3～5 営 10:30～17:30 交 地下鉄名古屋城駅から徒歩10分
【宗春ゾーン】住 名古屋市中区二の丸1-2・3 営 11:00～22:00 交 地下鉄名古屋城駅から徒歩1分
※営業時間は時期・店舗により異なる

19世紀ヨーロッパ様式の国の重要文化財 MAP 別冊P.21-D2

## 名古屋市市政資料館

大正11（1922）年に創建され、裁判所などに使用された建物。19世紀ネオ・バロック調の外観、中央階段正面や天井のステンドグラスなど、まるで欧州の宮殿のような品格と華やかさがある。

外壁の赤れんがと白、ドームなどの銅板の緑、屋根の黒を組み合わせた荘厳な外観

**名古屋市市政資料館**
住 名古屋市東区白壁1-3
TEL 052-953-0051
開 9:00～17:00
休 月（祝日の場合は翌平日）、第3木曜（祝日の場合は第4木曜）
料 無料
P あり
交 地下鉄名古屋城駅から徒歩8分

豊田家の唯一今も残る大正期の旧邸 MAP 別冊P.13-C1

## 旧豊田佐助邸

豊田自動紡織の礎を築いた豊田佐吉の実弟で、佐吉を支えた実業家・豊田佐助の大正時代に建てられた邸宅。ふり金手法の大きな襖絵や「とよだ」の文字と鶴亀デザインの自然換気口が見どころ。

600坪もの敷地にある建物は、タイル張りの洋館と和風建築が連なる和洋併設

**旧豊田佐助邸**
住 名古屋市東区主税町3-8
TEL 052-678-2220（名古屋まちづくり公社）
開 10:00～15:30
休 月（祝日の場合は翌平日）
料 無料
P なし
交 地下鉄高岳駅から徒歩15分

ピカソを魅了した女優・川上貞奴の邸宅 MAP 別冊P.13-C2

## 文化のみち二葉館（名古屋市旧川上貞奴邸）

日本の女優第1号といわれる川上貞奴と電力王・福沢桃介が暮らした邸宅を移築・復元した施設。大正9（1920）年の建築当時としては最新の電気設備や自家発電装置が設置されていたという。

斬新な外観や豪華さから「二葉御殿」と呼ばれていた

**文化のみち二葉館（名古屋市旧川上貞奴邸）**
住 名古屋市東区橦木町3-23
TEL 052-936-3836
開 10:00～17:00
休 月（祝日の場合は翌平日）
料 200円、中学生以下無料
CC 不可
P あり
交 地下鉄高岳駅から徒歩10分

info 金シャチと記念撮影　金シャチ横丁の義直ゾーンにある「金シャチみやげ 鯱上々」の店内には金のシャチホコが展示されている。名古屋みやげを手に入れたあとは、店員さんにひと声かけてシャチホコと記念撮影をしよう。

### 徳川園

住名古屋市東区徳川町1001
TEL052-935-8988
開9:30～17:30（最終入園17:00）
休月（祝日の場合は翌平日）
料300円、中学生以下無料
CC不可
Pあり
交JR大曽根駅から徒歩10分

落差6m、三段の滝「大曽根の瀧」

尾張徳川家2代・光友の隠居跡にある MAP 別冊P.13-D1

## 徳川園（とくがわえん）

約7000坪の敷地には、起伏のある地形や滝、自然の岩組を生かした美しい池泉回遊式庭園が広がり、四季折々の風景を楽しめる。清流が滝から渓谷を下り、海に見立てた池へと流れる風景は、日本の自然景観を見事に表現。徳川園の魅力を楽しむコンサートやイベントも多数開催。

龍仙湖のほとりにある「観仙楼」。レストランやおみやげが買える「ショップ葵」も隣接する

### 愛知縣護國神社

住名古屋市中区三の丸1-7-3
TEL052-201-8078
開参拝自由
休なし
Pあり
交地下鉄名古屋城駅から徒歩7分

一命を捧げ平和の礎となった御英霊９万３千余柱を祀る

平和を願い健康と幸福をもたらす MAP 別冊P.21-C2

## 愛知縣護國神社（あいちけんごこくじんじゃ）

愛知県ゆかりの御英霊を祀る社。御英霊への感謝を地上9.3mの杉の真柱に託した「太玉柱（ふとたまばしら）」があり、平和と安泰を祈念している。4・10月下旬の「春・秋のみたま祭」では郷土芸能や民踊の奉納、武道大会などがあり、8月16日の「献燈祭」では奉納された雪洞を境内一円にともし、御英霊に感謝をささげる。

本殿横に御神田があり稲刈りが終わると花畑となる

### バンテリンドーム ナゴヤ

住名古屋市東区大幸南1-1-1
TEL052-719-2121
営料イベントにより異なる
Pあり
交地下鉄ナゴヤドーム前矢田駅から徒歩5分

弁当や料理付きペアシートなど、好みの席やスタイルで野球観戦
©株式会社ナゴヤドーム

プロ野球・中日ドラゴンズの本拠地 MAP 別冊P.13-D1

## バンテリンドーム ナゴヤ（ばんてりんどーむ なごや）

プロ野球の試合だけでなく、ライブやイベントも多数開催されているドーム球場。1塁側3階のドラゴンズワールドには、歴史展示やアトラクションも。マスコット「ドアラ」グッズは、オープンデッキの「プリズマクラブ」で購入可能だ。種類豊富な球場の弁当「球弁（たまべん）」は大人気！

最寄り駅から屋根付き連絡通路があるので雨の日も安心

info 豪華な和洋折衷建築　文化のみち二葉館は、日本初といわれる洋風住宅専門会社「あめりか屋」が設計。大広間のステンドグラスは、福沢桃介の義弟でグラフィックデザイナーの先駆者である杉浦非水がデザインした。

徳川家康や尾張徳川家代々の遺愛品１万件

# 徳川美術館

尾張徳川家伝来の品を所蔵し、収蔵品の質の高さや保存状態のよさに定評がある。昭和10(1935)年に完成した本館は、国の登録有形文化財に登録されている。

❶名品コレクション展では武具甲冑、茶や能道具などの大名道具を展示 ❷代々様御譲として尾張徳川家歴代の嫡男の具足始めに用いられた「黒塗白糸威具足」

## 「初音」の由来

国宝「初音蒔絵調度」は、調度全体に『源氏物語』第二十三帖「初音」の帖を題材にした意匠が施されている。「日本一の嫁入り道具」と称される豪華な蒔絵技法は徳川幕府の権威を表しているようだ。

明治33（1900）年完成、尾張徳川家邸宅の総けやき造りの三間薬医門の先に美術館がある

## 国宝・名品に出合い 歴史ロマンに浸る

徳川家康の遺品を中心に、尾張徳川家・初代義直以下代々の大名道具や美術品約１万件を所蔵。大名道具コレクションの数では日本随一を誇り、「源氏物語絵巻」などの国宝９件、重要文化財は59件に及ぶ。第１～６展示室で開催される名品コレクション展では、毎月作品を入れ替え、江戸時代の大名の生活や文化を紹介。当主の居所だった名古屋城二之丸御殿を部分的に復元し、その空間に美術品などを展示することで、季節の移ろいに合わせた日本の伝統美「取り合わせの美」を鑑賞できるようにしている。

**徳川美術館**（とくがわびじゅつかん） MAP 別冊 P.13-D1

住 名古屋市東区徳川町1017
TEL 052-935-6262
開 10:00～17:00（最終入館16:30）
休 月（祝日の場合は翌平日）
CC ADJMV
料 1600円、高・大学生800円、小・中学生500円、毎週土曜は高校生以下無料
P あり
交 JR大曽根駅から徒歩8分

3代将軍家光の娘・千代姫が、尾張徳川家2代・光友に婚嫁する際に持参した「初音の調度」。写真は香を聞くための道具を飾り付ける「初音蒔絵香盆」

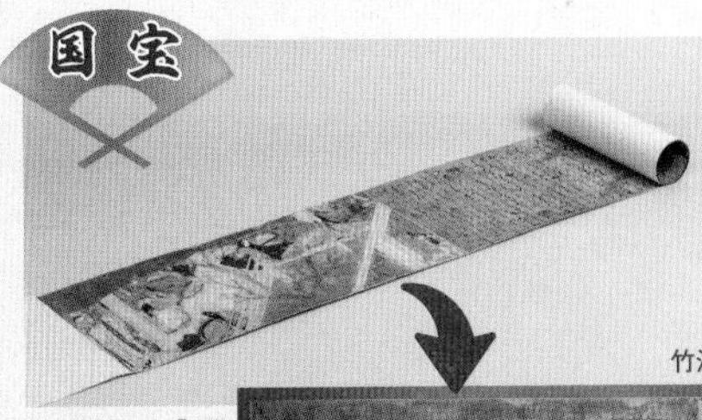


絵画化された『源氏物語』現存最古の遺品、国宝「源氏物語絵巻」。徳川美術館には15巻の絵巻が所蔵されている

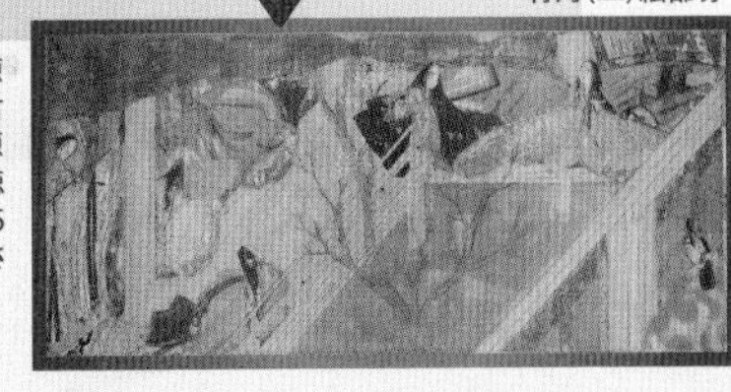

竹河(二)絵部分

## 自家果樹園&熱帯園の取れたてフルーツグルメ MAP 別冊P.9-C2

# 東谷山フルーツパーク

リンゴなど17種類の果樹園のほか、世界の熱帯果樹温室では約100種類の熱帯・亜熱帯の珍しい果実や花を観察できる。園内で収穫されたくだものなどが並ぶマルシェに、レストランも併設。

マルシェではフルーツや新鮮な地元野菜などを販売

**東谷山フルーツパーク**

住名古屋市守山区上志段味東谷2110 TEL052-736-3344
営9:00～16:30（マルシェ～15:30）、レストラン11:00～15:30（L.O.15:00）、土・日・祝10:30～ ※収穫体験不定期（要確認） 休月（祝日の場合は翌平日） 料無料、世界の熱帯果樹温室300円、中学生以下無料 CC不可 Pあり
交JR高蔵寺駅から徒歩25分、または東名高速道路守山スマートICから車10分

## 名古屋カレーうどんの元祖 MAP 別冊P.13-C1

# 鯱乃家

鶏ガラスープに香味野菜、カツオ節、数種類のカレースパイスをブレンドしたつゆに、極太うどんがマッチ。最後にカレーのつゆに、ライス（150円）を加えて〆るのがおすすめ。

カレーうどん750円。豚肉、油揚げ、ハスネギ、かまぼこ入り

**鯱乃家**

住名古屋市北区田幡2-14-1
TEL052-915-8156
営11:00～14:00、17:30～21:00（日・祝18:00～）、第3月曜はランチのみ（第3月曜が祝日の場合は夜も営業）
休木
CC不可
Pなし
交地下鉄黒川駅から徒歩3分

## イタリアンスパゲッティは必食 MAP 別冊P.17-D1

# コーヒー&レストラン キャラバン

モーニングから定食まで豊富なメニューを提供。なかでもいちばん人気が、イタリアンスパゲッティ。熱々の鉄板皿に生クリームを加えた卵、自家製ソースたっぷりの麺がのる。

イタリアンスパゲッティ（鉄板ナポリタン）900円。パルメザンチーズもぜひ加えて

**コーヒー&レストラン キャラバン**

住名古屋市東区泉2-3-22 カーサ南白壁1階
TEL052-931-3898
営7:30～21:00（L.O.20:30）
休火
CCADJMV
Pあり
交地下鉄高岳駅から徒歩7分

## 古きよき純喫茶の面影を残す MAP 別冊P.17-D1

# 洋菓子・喫茶ボンボン

昭和24（1949）年創業の喫茶店。ショーケースに並ぶ30種類以上のケーキは、自慢のオリジナルブレンドとともに。昔懐かしいパフェグラスに盛り付けられたパフェが店の雰囲気とよく合う。

昭和の風情が色濃く残る店内

**洋菓子・喫茶ボンボン**

住名古屋市東区泉2-1-22
TEL052-931-0442
営8:00～21:00（L.O.20:40）
休無休 CC不可 Pあり
交地下鉄高岳駅から徒歩4分

完売することも多い人気のプリン330円。レトロな食器とサクランボは昭和のまま

ここに注目
3層構成の外壁や城郭風の屋根などにより日本趣味を強調した外観
1
2
3

昭和13(1938)年築

国指定 重要文化財

城郭的な色彩が濃い独特の外観

## 愛知県庁本庁舎（あいちけんちょうほんちょうしゃ）

国威発揚が叫ばれた昭和初期は、日本の伝統を建築にも反映させる風潮が高まっており、洋風建築の上に城郭風の屋根をのせた帝冠様式が採用された。名古屋市役所本庁舎と名古屋城との調和にも配慮されている。昭和に建てられた現役庁舎としては、名古屋市役所本庁舎とともに、初めて国の重要文化財に指定された。

MAP 別冊 P.21-D2
住 名古屋市中区三の丸 3-1-2　TEL 052-954-6055　営 8:45～17:30（正庁・知事室など室内の見学は要予約）　休 土・日・祝　料 無料　P あり　交 地下鉄名古屋城駅から徒歩1分

**県庁見学は平日開催**
詳しい説明を聞きながら庁舎内を巡ることができる。所要1時間程度。要予約。

❶ 外壁の黄褐色のタイルは愛知の陶磁器を意識したもの　❷ 正庁と呼ばれる式典などの公式行事を行う場　❸ 大理石貼りの腰壁や床が見事なエレベーターホール

地下鉄「名古屋城駅」からすぐ

# 2大名建築を見学しよう

名古屋城の外堀に隣り合わせに立つ、愛知県庁本庁舎と名古屋市役所本庁舎。どちらも名古屋城をリスペクトした名建築として知られる。

国指定 重要文化財

昭和8(1933)年築

中央の時計塔が印象的

## 名古屋市役所本庁舎（なごやしやくしょほんちょうしゃ）

3代目の庁舎として、一般公募のなかから現・豊山町出身の平林金吾の案を採用して建設された。愛知県庁本庁舎同様、名古屋城との調和を意識した屋根をもつ日本趣味を基調とした近世式。大理石の階段がある玄関ホールや全長約100mという長い廊下がある庁舎内は、映画やドラマのロケ地としても人気を集める。

MAP 別冊 P.21-D2
住 名古屋市中区三の丸 3-1-1　TEL 052-961-1111（代表）　営 8:45～17:30　休 土・日・祝　料 無料　P あり（見学の際は公共交通機関を利用）　交 地下鉄名古屋城駅から徒歩1分

❶ 中央広間は国会議事堂と同じ大理石を使用　❷ 本会議が開かれる議場は全国的にも珍しい円形　❸ 高さ53.5mの時計塔に2層の屋根を配した独特の外観

1
2
ここに注目
時計塔にかぶさる屋根の塔頂には四方をにらむ鯱がのっている
3

**県庁と市庁舎をW撮影**

地下鉄名古屋城駅の7番出口を出た交差点の角あたりが、ふたつの庁舎を撮影できるベストスポット。

info 地下鉄駅出口も和風　県庁と市庁舎への地下鉄の最寄駅は名古屋城駅。階段にも名古屋城が描かれ、7番出口は珍しい瓦屋根の出入口になっている。なお、令和5(2023)年1月に市役所駅から名古屋城駅に駅名が変更された。

豊臣秀吉、前田利家、加藤清正の出身地

# 名古屋市（なごやし） 西部（せいぶ）

## 名駅西側（めいえきにしがわ）・荒子観音寺周辺（あらこかんのんじしゅうへん）

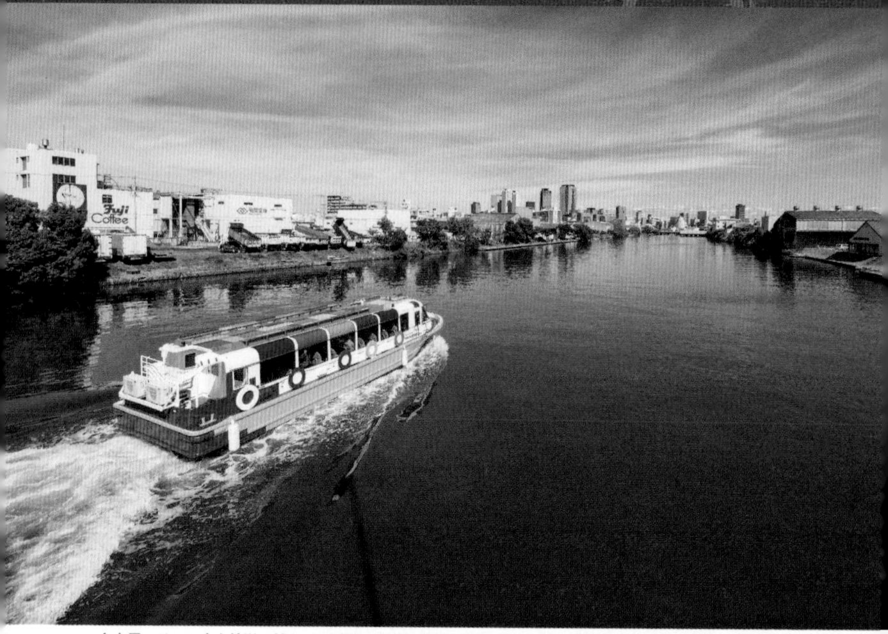

名古屋エリアの水上輸送の軸として活躍した中川運河。都心と港・ふ頭エリアを結ぶクルーズ船が定期運航

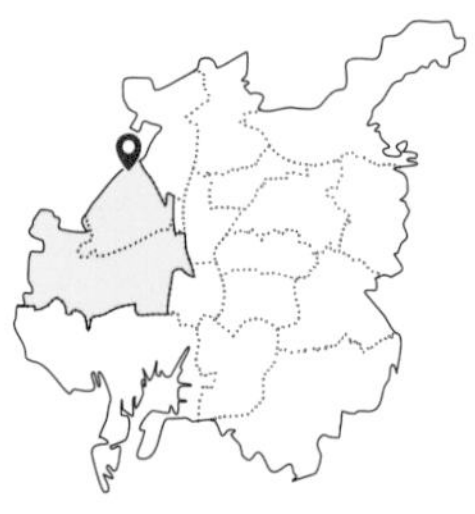

### エリア利用駅

◎中村公園駅・高畑駅
地下鉄東山線
◎荒子駅
名古屋臨海鉄道あおなみ線
※バス停は市バス中村公園、地下鉄高畑、荒子観音を利用

### 名古屋市 西部への行き方

名古屋駅 → 地下鉄東山線 所要約6分（240円） → 中村公園駅 → 地下鉄東山線 所要約6分（240円） → 高畑駅

名古屋駅 → 名古屋臨海鉄道あおなみ線 所要約6分（240円） → 荒子駅

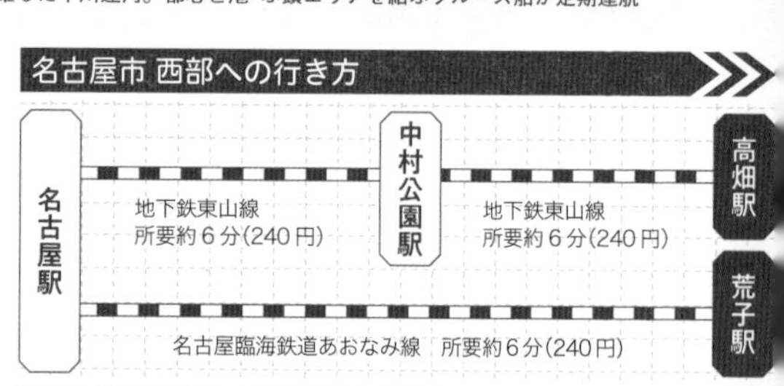

名古屋駅の西側からその南側一帯は、戦国時代にはほとんどが農地だったが、名だたる武将を輩出している。織田信長の家臣として活躍し、後に豊臣秀吉を支えた前田利家の生誕地とされる場所のひとつが、名古屋市中川区の荒子観音寺に近い荒子城。天下統一を果たした豊臣秀吉と、秀吉に仕えた築城の名手・加藤清正の生誕地は、現在の中村公園のあたり。その中村公園のある名古屋市中村区には、今も太閤通や清正公通といった名の通りや数々の史跡が残る。一方、名古屋駅の近辺は繁華街で、アニメ関連のショップなど今どきの店も多く集まる。エリアの東部を南北に流れる中川運河は、近年は両岸に商業施設が開業。水上バスのクルーズやイベントも催され、注目されている。

ℹ 公益財団法人名古屋観光コンベンションビューロー
URL www.nagoya-info.jp

info 豊臣秀吉のモニュメント　名古屋駅太閤通口－中村公園間の太閤秀吉功路に点在する全30基のモニュメントは、レリーフで秀吉の出世ストーリーを表現。説明板の二次元コードをスマホで読み取ると、アニメーションが見られる。

## 名古屋市 西部はどえりゃあすごいがね！

### 天下人に上り詰めた豊臣秀吉の生誕地

全国統一をなし遂げ、太閤と呼ばれた豊臣秀吉は尾張国中村で誕生した。中村公園内にある豊國神社の東側には「豊公誕生地之碑」がある。

### 日本で最も多くの円空仏を所蔵する寺

円空の手による山門の仁王像が見事な荒子観音寺は、1250余体もの円空仏があることでも知られる。円空仏の一般公開は毎月第2土曜の13～16時。

### 東洋一の建築美と謳われた中村遊郭

大正から昭和初期にかけて栄えた中村遊郭。今も妓楼建築の建物が数軒残り、そのうちの1軒は介護施設として活用されている。

## 名古屋市 西部の歩き方

### 武将ゆかりの地からディープな昭和エリアへ

荒子観音寺の御本尊は聖観世音菩薩像で、33年に一度御開帳される

尾張四観音のひとつで、多数の円空仏や市内最古の木造建築物・多宝塔で知られる**荒子観音寺**へは、名古屋駅から地下鉄か名古屋臨海鉄道あおなみ線でアプローチできる。拝観後は近くの**冨士権現天満宮**へ。前田利家の生誕地はこの場所か、ここから西へ3kmほどの**前田城**だとされ、前田城へも地下鉄高畑駅前から市バスで行くことができる。**豊國神社**へは高畑駅から地下鉄で3駅の中村公園駅で下車。地上に出ると高さ24mの大鳥居がそびえ立ち、その下をくぐって行けば迷わず着ける。中村公園内には、**名古屋市秀吉清正記念館**や加藤清正の生誕地など史跡が集積。4月下旬から5月上旬にかけては藤棚も美しい。公園を出たら「太閤秀吉功路」に沿って名古屋駅方面へ。秀吉公の出世を記した全30基のモニュメントをチェックしながら行けば、**駅西銀座（名古屋駅西銀座通商店街）**にたどり着く。昭和感の漂う商店街で、終日注文できるモーニングや名古屋ではスタンダードな醤油味のたこ焼きなどを味わえる。

### おさんぽプラン

❶ 荒子観音寺（▶P.152）
⬇ 徒歩5分
❷ 冨士権現天満宮（▶P.154）
⬇ 地下鉄5分+徒歩17分
❸ 豊國神社（▶P.152）
⬇ 徒歩1分
❹ 名古屋市秀吉清正記念館（▶P.153）
⬇ 徒歩25分
❺ 名古屋駅西銀座通商店街（▶P.153）

**梅苑が見事な荒子公園**

荒子観音寺の北50mほどの荒子公園内にある前田利家・荒子梅苑。腕を広げるように力強く枝を伸ばす白梅「前田臥龍梅」や、散策路沿いに並ぶしだれ梅など、30種類・約400本もの梅が植えられている。2月下旬～3月中旬に見頃を迎え、梅まつりも開かれる。なお、この荒子公園は中川区。港区の荒子川公園とは別なのでご注意を。
MAP 別冊P.10-B3

もっと知りたい！ あいちの話

### にぎわいを見せる中川運河周辺

昭和7（1932）年に完成し、名古屋港から都心部への物流を担った中川運河。当時は東洋一の大運河と称され、名古屋の発展を支えた。昭和40年代以降は自動車の普及で利用が激減したが、近年では中川運河再生計画のもと、沿岸に緑地や、調理器具メーカーの直営施設バーミキュラ ビレッジ、温泉施設Canal Resort（キャナルリゾート）といった商業施設を整備。名古屋駅南のささしまライブから名古屋港エリアまで最短約40～50分でつなぐ水上バスも運航し、新たなにぎわいが生まれている。

中川運河に面したロケーションのバーミキュラ ビレッジ

info 全国に多数残る円空仏　円空は江戸時代の僧で、諸国を行脚しながら、荒削りながら愛らしい表情の木彫りの仏像を生涯に12万体残したとされる。全国に現存する約5350体のうち、名古屋市内には約1900体、その3分の2が荒子観音寺に保存されている。

## 尾張四観音のひとつ「荒子の観音さん」 MAP 別冊P.12-A3

# 荒子観音寺（あらこかんのんじ）

天平元（729）年創建の天台宗の寺院で、正式名称は「浄海山圓龍院観音寺」。荒子城主・前田家の菩提寺で、後の加賀藩主・前田利家が越前に移る際に再建したといわれる。円空が彫った木彫りの仏「円空仏」が1250体以上保存され、毎月第2土曜13:00～16:00の一般公開時には、円空仏を彫る体験教室も開催。境内では毎月第1日曜に「荒子円空市」も開かれ、地元の店を中心に露店が並びにぎわう。

上／多宝塔は、天文5（1536）年に再建された市内最古の木造建築物であり国の重要文化財
下／本堂に安置されている本尊・聖観音は、33年に1度だけ開帳される秘仏

**荒子観音寺**

住 名古屋市中川区荒子町宮窓138
TEL 052-361-1778
開 7:00～17:00
休 無休
P あり
交 地下鉄高畑駅または名古屋臨海高速鉄道あおなみ線荒子駅から徒歩10分

山門を守る2体の仁王像は円空作。昭和47（1972）年に多宝塔から1000体以上の円空仏が発見された

## 豊臣秀吉を祭神に祀る出世開運神社 MAP 別冊P.12-A2

# 豊國神社（とよくにじんじゃ）

豊臣秀吉の生誕地・中村に、地元の有志らによって明治18（1885）年に創建された神社。豊臣秀吉を祭神に、摂社には同じく中村で生まれた加藤清正が祀られている。出世や受験などに御利益があるといわれ、貧しい農民の子から天下人になった秀吉にあやかろうと、全国から多くの参拝者が訪れる。御朱印の種類も多く、秀吉が好んだ派手な金箔の御朱印が人気だという。参道入口には高さ24mの大鳥居があり、神社の境内を中心に整備された中村公園は回遊式林泉庭園をもち、「秀吉清正公園」の名で親しまれている。

拝殿には秀吉の肖像画が飾られている。毎年旧暦1月1日に生誕祭が執り行われる

**豊國神社**

住 名古屋市中村区中村町木下屋敷
TEL 052-411-0003
開 参拝自由
P なし
交 地下鉄中村公園駅から徒歩10分

上皇の在位30年を記念して造られた三の鳥居と参道に並ぶ灯篭

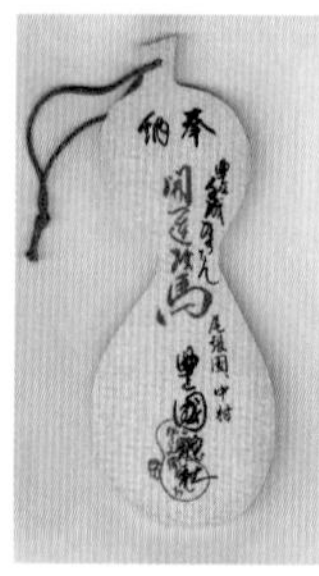


秀吉の馬印・千成ひょうたん形の絵馬。ひょうたんの授与品も多い

info ひょうたん尽くし　豊臣秀吉の馬印（戦場で馬のそばに立てて武将がその存在を誇示した）がひょうたんだったことから、豊國神社にもひょうたんが多数。手水舎には金のひょうたんがあり、龍口もひょうたん形だ。

カオスな映画体験ができるミニシアター MAP 別冊P.14-B3

## シネマスコーレ

昭和58（1983）年に若松孝二監督が造った座席51席のミニシアターで、アジア映画を中心に世界中の映画、インディーズ作品などおもしろい映画なら何でも上映するのがポリシー。地元では「入るのに勇気がいる」といわれるそうだが、扉の向こうにはここでしか観られない映画の世界が広がる。

コロナ禍のときに某有名俳優が空席1週間分を購入した

**シネマスコーレ**

住 名古屋市中村区椿町8-12 アートビル1階
TEL 052-452-6036
営 上映スケジュールにより異なる　休 無休
料 1700円、学生1300円、60歳以上1200円、サービスデイあり　CC 不可　P なし
交 JR名古屋駅から徒歩3分

デジタル上映が中心だが、旧作は35mmフィルムで上映されることも

ノスタルジックな風情漂う駅近商店街 MAP 別冊P.14-A3

## 名古屋駅西銀座通商店街

名古屋駅の新幹線口近くにある昔ながらの商店街。名古屋B級グルメの鉄板あんかけスパ「スパゲッティハウス シェフ」や着物の「玉喜屋」、銭湯「金時湯」（→P.154）など昭和の香り漂う個性的な店と、1日中モーニングが食べられる「喫茶モーニング」のように古民家リノベの新しい店が同居する。

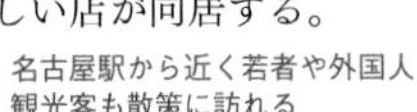

名古屋駅から近く若者や外国人観光客も散策に訪れる

**名古屋駅西銀座通商店街**

住 名古屋市中村区竹橋町15-17
TEL 052-451-0213（玉喜屋）
営 休 CC P 店舗により異なる
交 JR名古屋駅から徒歩3分

商店街の老舗、優しい味の町中華「中国料理 富士」

戦国時代の尾張武将に思いをはせる MAP 別冊P.12-A2

## 名古屋市秀吉清正記念館

名古屋市中村区で生まれた豊臣秀吉と加藤清正に関する品を収集・展示する資料館。常設展では、天下統一へと突き進んだ織田信長と秀吉、秀吉の天下統一、清正と尾張の武将、関ヶ原の戦い、大坂の陣で豊臣氏が滅亡するまでをテーマに分けて紹介。年5回の特集展や写真パネル展、秋には特別陳列も開催する。

記念館周辺には秀吉や清正生誕の地と伝わる寺などが点在

**名古屋市秀吉清正記念館**

住 名古屋市中村区中村町茶ノ木25
TEL 052-411-0035
開 9:30〜17:00
休 月（祝日の場合は翌平日）、第4火曜（祝日は除く）、館内点検日
料 無料
P あり
交 地下鉄中村公園駅から徒歩10分

常設展では秀吉の馬蘭後立兜（ばりんうしろだてかぶと）の複製も展示

出身地を聞かれると名古屋と答えているが、名古屋の出身ではない。名古屋以外は誰も知らず、愛知というと愛媛と間違えられるので、名古屋と言っている。（愛知県在住・ながい）

## 前田利家誕生の地といわれる荒子城址 MAP 別冊P.12-A3

# 冨士権現天満宮（荒子城址）

荒子城は、前田利家の父・利昌によって天文年間に築城されたといわれ、永禄12（1569）年に利家が城主となった。東西68 m、南北50 mの堀に囲まれた小規模な館のような城で、利家の長男・利長が越前府中に移る際に廃城に。冨士権現天満宮には、木花開耶姫命と前田家の祖神とされる菅原道真が祀られている。

本堂左側に「前田利家卿誕生之遺址」の碑が立つ

**冨士権現天満宮（荒子城址）**
住名古屋市中川区荒子4-208
TELなし
開参拝自由
Pなし
交名古屋臨海高速鉄道あおなみ線荒子駅から徒歩20分

## 名古屋駅近の手ぶらで行ける昭和の銭湯 MAP 別冊P.14-A3

# 金時湯

昭和3（1928）年創業の地元で愛されてきたレトロ銭湯。名古屋駅西銀座通商店街にあり、お湯は地下120mの井戸水を汲み上げ使用している。昔懐かしい椅子に座って使う「おかま型ドライヤー」や3分20円のマッサージチェアがいまだ現役。タオル無料貸出、石鹸30円～を販売しているので手ぶらでOK！

中央に大きな湯船、壁側に電気風呂や泡風呂がある

**金時湯**
住名古屋市中村区竹橋町39-10
TEL052-451-6639
営15:40～22:30
休木
料500円、小学生180円、未就学児100円
CC不可
Pあり
交JR名古屋駅から徒歩10分

築50年以上の金時湯の建物は、市の登録地域建造物資産に認定

## 運河沿いビレッジでバーミキュラ体験 MAP 別冊P.12-B3

# バーミキュラビレッジ

名古屋発祥の老舗鋳造メーカーが立ち上げた鋳物ホーロー調理器ブランド・バーミキュラ。食材のおいしさを引き出す密閉性の高い鍋は、一流料理人の間でも人気が高い。同ビレッジは、バーミキュラで作った料理を味わえるレストランやベーカリーカフェ、旗艦店からなるブランド発信拠点。

旗艦店ならではの品揃え。料理が楽しくなる調理器

**バーミキュラビレッジ**
住名古屋市中川区舟戸町2 運河沿い バーミキュラ ビレッジ
TEL052-746-3330（スタジオ）、052-355-6800（ファウンダリー）、052-355-6801（ポットメイドベーカリー）
営スタジオ10:00～17:00（金・土・日・祝～18:00）、ファウンダリーランチ11:00～14:30、ディナー17:00～22:00（金・土・日・祝のみ）、ポットメイドベーカリー10:00～16:00
休無休 料無料（一部有料体験あり） CCADJMV Pあり
交JR名古屋駅から市営バス野跡駅行きまたは東海橋行きで小栗橋下車、徒歩1分

水上からいつもと違う名古屋観光　MAP 別冊P.12-B2

## クルーズ名古屋（くるーずなごや）

名古屋市中心部から名古屋港の金城ふ頭まで、最短75分でつなぐ定期運航の水上バス。東洋一の大運河と呼ばれた中川運河、その水上から眺める高層ビル群や大観覧車、下から見上げる名港トリトンと、普段とはまた違った景色が楽しめる（→P.92）。港エリアの観光スポットには水上移動がおすすめ。

中川運河沿いには倉庫群や大型クレーンなどが残る

**クルーズ名古屋**
住名古屋市中川区運河町周辺（ささしまライブ乗船場）
TEL052-659-6777（東山ガーデン）
営9:30～17:30（受付時間）
休月～金（祝日を除く）
料300～1500円、小学生150～750円、未就学児は大人ひとりにつき1名無料、乗船区間により異なる
CC不可
Pなし
交名古屋臨海高速鉄道あおなみ線ささしまライブ駅から徒歩3分（ささしまライブ乗船場）

必見！「カフェオレの天井落とし」　MAP 別冊P.12-A2

## 喫茶ツヅキ（きっさつづき）

昭和21（1946）年から続く人気老舗喫茶店。カフェオレを頼むと、店主が脚立に乗り、天井近くからコーヒーとミルクを注いでくれる。カフェオレが注がれる瞬間を撮影したいといえば、店主がカメラアングルやシャッターチャンスを教えてくれるそう。器からはみ出す映えパフェも大人気。

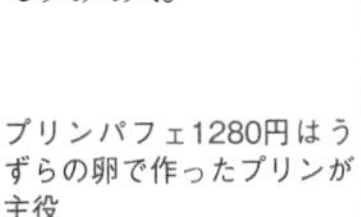
プリンパフェ1280円はうずらの卵で作ったプリンが主役

**喫茶ツヅキ**
住名古屋市中村区太閤通6-1 ツヅキビル2階
TEL052-482-0001
営7:30～18:00（L.O.17:00）、モーニング7:30～11:00、ランチ11:00～14:00
休水、不定休あり
CC不可　Pなし
交地下鉄太閤通駅から徒歩8分

フラワーショップのように、たくさんの花で飾られた華やかな店内

名古屋名物・台湾まぜそば発祥店　MAP 別冊P.12-A3

## 麺屋はなび高畑本店（めんやはなびたかばたほんてん）

唐辛子とニンニクの効いた醤油味のピリ辛台湾ミンチを、極太麺にのせるという独自のアイデアから生まれた台湾まぜそばは、この店から全国に広がった。具を絡めるため釜揚げ麺を棒でかきまぜ、傷をつけて粘りを出すそう。ミンチ代わりの炙りチャーシュー入り「キミスタ」にも注目！

ピリ辛ミンチとニンニクがクセになる元祖台湾まぜそば1000円

**麺屋はなび高畑本店**
住名古屋市中川区高畑1-170
TEL052-354-1119
営11:30～14:00（土・日11:00～14:30）、18:00～21:00
休月、第1・3火曜
CCADJMV
Pあり
交地下鉄高畑駅から徒歩4分

麺屋はなびのすべてが詰まった豪華な1杯。DX台湾まぜそば1450円

国内有数の貿易港と娯楽施設が共存

# 名古屋市 港 名古屋港・金城ふ頭

名古屋港エリアにはファミリー向け屋外型テーマパーク「レゴランド®・ジャパン・リゾート」が広がる

**エリア利用駅**

◎**名古屋港駅**
地下鉄名港線

◎**金城ふ頭駅**
名古屋臨海鉄道あおなみ線
※バス停は市バス名古屋港、金城ふ頭を利用

ℹ 公益財団法人名古屋観光コンベンションビューロー
URL www.nagoya-info.jp

## 名古屋市 港への行き方

江戸時代まで海だった港区。寛永17（1640）年に新田開発が始まると、干拓によって熱田の海岸線より南側に人工の土地が造成された。明治40（1907）年の名古屋港開港や昭和43（1968）年の金城ふ頭コンテナターミナル完成を経て、国内トップクラスの国際貿易港へ成長を遂げ、沿岸は工業地帯に。現在、地下鉄名港線沿線の市街地には大型ショッピングモールがあり、終点の名古屋港駅に近いガーデンふ頭には、水族館などウオーターフロントの魅力を生かした施設が並ぶ。金城ふ頭もコンベンション施設・ポートメッセなごややレゴランド®・ジャパン・リゾート（→ P.52）などでにぎわっている。一方、港区西部には戸田川緑地といった市民の憩いの場が広がる。

info 熱田港から名古屋港へ　名古屋港は明治29（1896）年に建設が始まった当初は、熱田港という名称だった。しかし明治40（1907）年、熱田町が名古屋市に編入され、名古屋港と名称を変更。開港したのはその年の11月10日だ。

## 名古屋市 港はどえりゃあすごいがね！

### 日本最大級の鉄道ジオラマ

幅約33m×奥行き約8m、多彩なフィギュアで東海道新幹線沿線の風景を精緻に再現したリニア・鉄道館のジオラマは、国内最大級のスケール。

### 日本一大きな野外水槽！

名古屋港水族館の自慢は日本最大の野外水槽（メインプール）。日本では2ヵ所でしか見られない「海の王者」シャチの公開トレーニングは迫力満点！

### 全長100m！南極観測船が係留

国内2代目の南極観測船で砕氷艦の「ふじ」が、ガーデンふ頭に係留されている。実際に船内に入って、当時の姿が残された操舵室や船室を見学できる。

## 名古屋市 港の歩き方

### ウオーターフロントは水上バス移動で満喫

黒潮大水槽やウミガメの繁殖で有名な**名古屋港水族館**と、**南極観測船ふじ**、**名古屋海洋博物館**が並ぶガーデンふ頭。**リニア・鉄道館**や、ものづくりがテーマの商業施設**Maker's Pier**などがある金城ふ頭。両エリア間の移動は市バスと名古屋臨海鉄道あおなみ線を、稲永駅か野跡駅で乗り継ぐ方法もあるが、運航日なら水上バスがおすすめだ。海の上からは、沿岸に並ぶ製鉄所や沖合に停泊する大型船など、港ならではの迫力ある風景を楽しめる。名港トリトンの愛称で知られる3本の斜張橋のうち、中央の名港中央大橋をくぐる際、真下から見上げる光景は圧巻。季節の花々が咲き誇る広大な庭園施設・**名古屋港ワイルドフラワーガーデン ブルーボネット**にも、冬季閉園の1～2月以外なら、同じ水上バスが立ち寄るコースとなっている。金城ふ頭から名古屋駅へはあおなみ線で1本。春なら途中下車して**荒子川公園**に立ち寄るのもおすすめ。川の両岸を桜が埋め尽くす、市内の名所のひとつで、6月ならラベンダーも見頃だ。

ガーデンふ頭でひときわ存在感を放つのがオレンジ色の南極観測船ふじ

### おさんぽプラン

❶ 名古屋港水族館（▶P.159）
⬇ 徒歩5分
❷ 南極観測船ふじ（▶P.161）
⬇ 徒歩2分
❸ 名古屋海洋博物館（▶P.158）
⬇ 水上バス25分+徒歩6分
❹ リニア・鉄道館（▶P.158）
⬇ 徒歩5分
❺ Maker's Pier（▶P.161）

小ネタ

#### 干潮時に姿を現す藤前干潟

国指定鳥獣保護区で、国際的に重要なラムサール条約湿地でもある藤前干潟。干潮時に現れる最大238ヘクタールもの広大な干潟には、トビハゼやチゴガニといった海の生き物が生息し、スズガモやハマシギなど渡り鳥の群れも多く飛来する。一時はゴミ処分場の建設が計画されたものの、自然環境が保全されることとなり現在にいたる。
MAP 別冊P.21-C3

もっと知りたい！あいちの話

### 3色の海上橋・名港トリトン

東海市から名古屋市港区を経て、飛島村へと続く臨海の埋め立て地を東西につなぐ、伊勢湾岸自動車道の3本の橋。青い「名港東大橋」、白い「名港中央大橋」、赤い「名港西大橋」は、名港トリトンの愛称で親しまれる。主塔と扇状に張られたケーブルが美しい斜張橋は、海上にあるものとしては世界最大級で、3橋をあわせた全長は2628m。夜間のライトアップは、明石海峡大橋など日本を代表する橋梁を多数手がける、世界的照明デザイナーの石井幹子によるものだ。
MAP 別冊P.21-C3

金城ふ頭と潮見ふ頭を結ぶ名港中央大橋。橋の長さは1170m

info **豪華客船や帆船が寄港**　ガーデンふ頭には、豪華客船が入港することも。航海訓練を行う帆船の日本丸・海王丸の寄港時には、イベントも開催される。金城ふ頭には、旅客数4000人以上の超大型クルーズ船が寄港することもある。

# 港のおもな見どころ

## リニア・鉄道館

住名古屋市港区金城ふ頭3-2-2
TEL052-389-6100　開10:00～17:30（最終入館17:00）
休火（祝日の場合は翌平日）
料1000円、小・中・高校生500円、3歳～未就学児200円
Pなし　CCADJMV　交名古屋臨海高速鉄道あおなみ線金城ふ頭駅から徒歩2分

ずらりと並ぶ32両。懐かしい旅の思い出が車両とともによみがえる

N700系新幹線の実物大運転台と大型曲面スクリーンの新幹線シミュレータ「N700」(15分500円)

在来線からリニアまで39両を実物展示 MAP 別冊P.21-C3

### リニア・鉄道館（りにあ・てつどうかん）

世界最高速度を記録した3車両をはじめ歴代の新幹線、在来線を含め39両の実物車両を展示。間近に見るだけでなく、触れたり、乗ったりできる。鉄道ジオラマや超電導リニアの時速500kmの世界を模擬体験できるミニシアター、在来線運転シミュレータ（10分100円）、実物大在来線車掌シミュレータ（15分500円）など、子供から大人まで楽しめる展示＆体験が充実。おなかがすいたら駅弁と実際の新幹線内でも販売しているコーヒーやアイスクリームを買って屋外へ。展示中のN700系車内で、鉄道旅気分でいただこう。

世界最高速度を記録したシンボル3車両。左からC62形式蒸気機関車、955形新幹線試験電車、超電導リニアMLX01-1

## 名古屋海洋博物館

住名古屋市港区港町1-9
TEL052-652-1111
開9:30～17:00（8月の土・日・お盆期間～19:00）、最終入館は閉館30分前
休月（祝日の場合は翌平日）、GW・7～9月・年末年始・春休みは無休
料300円、小・中学生200円、幼児無料
CC不可
Pあり
交地下鉄名古屋港駅から徒歩5分

マスコットキャラクターのポータンが出迎える博物館入口

操船シミュレータでひと味違った体験を MAP 別冊P.21-D2

### 名古屋海洋博物館（なごやかいようはくぶつかん）

「日本一の国際貿易港・名古屋港」をテーマに、港の役割や生活との関わりを紹介する博物館。「日本一の名古屋港」ゾーンには、飛島ふ頭の自働化コンテナターミナルの電動模型や、2500分の1スケールの大迫力の「ライブジオラマ名古屋港」が。子供たちに人気なのは、リアルな船舶のブリッジで、制服を着て船長気分を味わえる「おたのしみブリッジ」。ガントリークレーンや船の操縦体験ができるシミュレータは、夢中になる大人が続出。6000年以上続く船の歴史や東西の交易品なども展示されている。

白い帆船をイメージした名古屋港ポートビルの3・4階が博物館。親子で楽しめるイベントを開催するなど、自動車輸出台数など複数の項目で日本一を誇る名古屋港について知ることができる

info 共通券をチェック　名古屋海洋博物館は「名古屋港ポートビル展望室（名古屋市港区）」「南極観測船ふじ（→P.161）」との3施設共通券、さらに「名古屋港水族館（→P.159）」を入れた4施設共通券がある。

500種5万匹を展示する日本最大級の水族館 MAP 別冊P.21-D2

## 名古屋港水族館（なごやこうすいぞくかん）

「35億年はるかなる旅～ふたたび海へもどった動物たち～」がテーマの北館では、シャチやイルカなどの海棲ほ乳類が元気に泳ぐ。南館では、「南極への旅」をテーマに魚やウミガメ、ペンギンなどの日本から南極までの地域・水域にすむ生き物たちを紹介。また、同館ではウミガメやペンギンの繁殖研究に力を入れている。約11種500匹のクラゲが泳ぐ「くらげなごりうむ」のほか、ケープペンギンの散歩を見られる「ペンギンよちよちウォーク」など心癒やされるイベントも人気がある。

幅60m・奥行き30m・最大水深12m、国内最大のメインプールで見られるイルカのパフォーマンスは迫力満点！（1日3～4回、所要約15分）

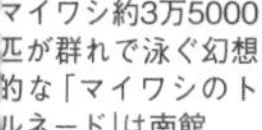

マイワシ約3万5000匹が群れで泳ぐ幻想的な「マイワシのトルネード」は南館

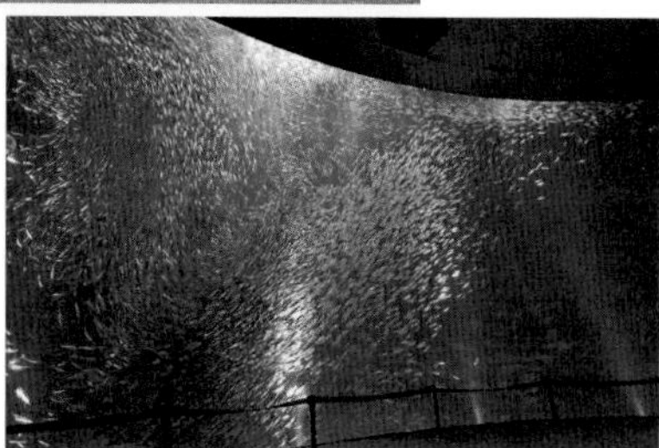

**名古屋港水族館**

住 名古屋市港区港町1-3
TEL 052-654-7080
開 9:30～17:30（GW・夏休み期間～20:00、冬期～17:00）、最終入館は閉館1時間前
休 月（祝日の場合は翌平日）、GW・7～9月・年末年始・春休みは無休
料 2030円、小・中学生1010円、幼児（4歳以上）500円
CC ADJMV
P あり
交 地下鉄名古屋港駅から徒歩5分

南館と北館のふたつの施設からなる、日本屈指の規模と人気を誇る水族館

小ネタ

**イルカパフォーマンスの穴場**

北館2階の「水中観覧席」は、ひそかにおすすめの観覧スポット。縦4m×横29mの大きな水中観察窓からイルカがいきいきと泳ぎ回る様子を見られる。絨毯敷の階段になっていて、座ってじっくり眺められるのもうれしい。

名古屋港に浮かぶ花と緑の癒やしの庭 MAP 別冊P.21-D3

## 名古屋港ワイルドフラワーガーデン ブルーボネット（なごやこうわいるどふらわーがーでん ぶるーぼねっと）

自然風庭園をコンセプトに、新名古屋火力発電所の緑地の一部だった場所に造られた庭園。自生する野生の草花が一面に咲く「自然のお花畑」や「森林浴の小径」、名古屋港を対岸に見渡せる「シーサイドプロムナード」など、約2万平方メートルの敷地内に23のガーデンが広がる。

小川に沿ってビオトープと田舎の道端に咲く花が作り出す「花の谷」

**名古屋港ワイルドフラワーガーデン ブルーボネット**

住 名古屋市港区潮見町42
TEL 052-613-1187
開 9:30～17:00（12/1～25は～16:00）、最終受付は閉園30分前
休 月（祝日の場合は翌平日）、12/26～2月、名古屋みなと祭り開催日
料 300円、65歳以上200円、小・中学生150円
CC 不可　P あり　交 地下鉄新瑞橋駅またはJR金山駅、名鉄名古屋本線・常滑線神宮前駅から市バス ワイルドフラワーガーデン行きで終点下車、徒歩3分
※2023年12月25日からリニューアルにともなう長期休園（リニューアルオープンは2025年4月中旬予定）

info 南館と北館　名古屋港水族館は、平成4（1992）年開館の南館と平成13（2001）年開館の北館からなる。南館の1階から3階を貫く「サンゴ礁大水槽」では、ダイバーが水中から解説するイベントもあり人気。

## シーライフ名古屋

🄬名古屋市港区金城ふ頭2-7-1 TEL0570-05-8605（レゴランド®・ジャパン・リゾート） 営9:00〜17:00 休レゴランド®・ジャパン営業日に準ずる（詳細は公式HPで要確認） 料1800円〜、子供1400円〜 CCADJMV Pあり 交名古屋臨海高速鉄道あおなみ線金城ふ頭駅から徒歩5分

タツノオトシゴや「ニモ」でおなじみのカクレクマノミなどを間近に観察

レゴランド®・ジャパン・リゾート隣接 MAP 別冊P.21-C3

# シーライフ名古屋（しーらいふなごや）

約150種類、3500匹以上の海の生き物たちを眺めたり触れたりしながら、生体について学べる体験型水族館。アオウミガメや色鮮やかな魚が泳ぐ竜宮城に見立てた竜宮トンネルなど、テーマごとに11のゾーンに分かれている。バックヤードツアーで子供たちとアクアリストが直接触れ合える。

竜宮城には玉手箱を手に持つ乙姫の姿も

## とだがわこどもランド

住名古屋市港区春田野1-3616 TEL052-304-1500 営9:00〜18:00（10〜3月〜17:00） 休月（祝日の場合は翌平日） 料無料、一部有料遊具、有料イベントあり（HPで要確認） Pあり 交地下鉄高畑駅から市バス南陽交通広場行きで八百島下車、徒歩10分

春から夏にかけ水遊びができる「じゃぶじゃぶ池」が登場！

親子で楽しめる大型児童センター MAP 別冊P.10-B2

# とだがわこどもランド（とだがわこどもらんど）

戸田川緑地にある広い園内には、東海地区最大級の大型木製遊具をはじめ、サイクルモノレール（3歳以上100円）や足踏み式ゴーカート（10分50円、身長100cm以上）、幼児向け遊具が並ぶ広場がある。本館では工作体験や乳幼児親子向けイベント、親子クッキング教室など、楽しい企画が盛りだくさん。

戸田川緑地約1万7000平方メートルの広い園内

## 名古屋市野鳥観察館

住名古屋市港区野跡4-11-2 稲永公園内 TEL052-381-0160 開9:00〜16:30 休月（祝日の場合は翌平日）、第3水曜（祝日の場合は第4水曜） 料無料 Pあり 交名古屋臨海高速鉄道あおなみ線野跡駅から徒歩15分

1階と2階にある30台の望遠鏡で、庄内川河口付近の野鳥を自由に観察

全国有数の渡り鳥の飛来地で野鳥観察 MAP 別冊P.21-C3

# 名古屋市野鳥観察館（なごやしやちょうかんさつかん）

水鳥が生息する国際的に重要な湿地として、ラムサール条約に登録されている藤前干潟。庄内川・新川・日光川の河口部に広がる干潟には、春秋はシギやチドリ、冬には数千羽のカモの群れなど、年間120種類以上の野鳥が飛来。館内の30台の望遠鏡で、干潟の野鳥を間近に観察できる。

稲永公園内にある観察館では野鳥観察会や写真展も開催

本物の南極観測船で南極への旅を体験 MAP 別冊P.21-D2

## 南極観測船ふじ

昭和40（1965）年から18年間、2代目南極観測船として活躍した「ふじ」。当時の姿のまま南極に関する博物館として公開されている。南極隕石や世界で初めてオゾンホールを発見した日本隊の軌跡をたどる展示のほか、極感ドラマチックシアターでは、ふじで南極大陸を航行する疑似体験も。

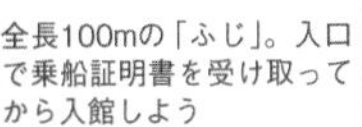
全長100mの「ふじ」。入口で乗船証明書を受け取ってから入館しよう

**南極観測船ふじ**

住名古屋市港区港町108
TEL052-652-1111
開9:30～17:00（8月の土・日・お盆時期～19:00）、最終入館は閉館30分前
休月（祝日の場合は翌平日）、GW・7～9月・年末年始・春休みは無休
料300円、小・中学生200円、幼児無料
CC不可
Pあり
交地下鉄名古屋港駅から徒歩5分

名古屋市最大規模の公園で農業体験 MAP 別冊P.10-B2

## 農業文化園・戸田川緑地

農業の大切さを伝える「農業文化園」と、戸田川両岸の南北約2.5kmに広がる「戸田川緑地」を合わせた総合公園。野菜の収穫や農業体験ができる体験農園＆水田に、広大な芝生広場、BBQができるピクニック広場、そして、大型児童センター「とだがわこどもランド」（→ P.160）もあり、家族で1日中楽しめる。

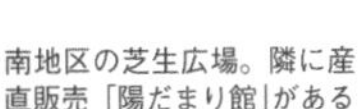
南地区の芝生広場。隣に産直販売「陽だまり館」がある

**農業文化園・戸田川緑地**

住名古屋市港区春田野2-3204
TEL052-302-5321
開散策自由、農業科学館・フラワーセンター・陽だまり館9:00～16:30（サービスセンター10:00～、最終発券16:00）
休月（祝日の場合は翌平日）
料無料、貸出遊具は有料
Pあり
交地下鉄高畑駅から市バス南陽交通広場行きで蟹田下車、徒歩10分（戸田川緑地中央地区）、地下鉄東海通駅から市バス河合小橋行きで南陽支所下車、徒歩5分（農業文化園・戸田川緑地南地区）

多彩なモノづくりができる体験パーク MAP 別冊P.21-C3

## Maker's Pier

北欧の港町の街並みのようなカラフルな建物に、約40店舗のレストランやショップ、体験施設などが入る。子供と一緒に楽しめるピザ職人体験、食品サンプルやハンドソープ作り、吹きガラス、陶芸、珍しい本漆での簡単な金継ぎに瀬戸切子ガラスなど、体験メニューは30種類以上と豊富。

毎時00分に開催される大迫力の噴水ショー。夜にはライトアップも

**Maker's Pier**

住名古屋市港区金城ふ頭2-7-1
TEL052-304-8722
開店舗により異なる（ウエルカムセンター10:00～17:00）
休料店舗により異なる
CCADJMV
Pなし
交名古屋臨海高速鉄道あおなみ線金城ふ頭駅から徒歩4分

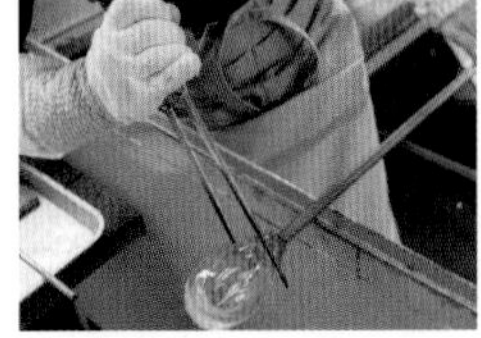
色ガラス入りのコップや小鉢が作れる「吹きガラス体験」

info 冒険ロマンを体感　南極観測船ふじの展示室「南極の博物館」は、ヘリコプター格納庫を改装して造られたもの。南極の美しさや、これまでの南極観測の歴史や成果などを知ることができる。

# エリアナビ 尾張

名古屋市の北部と東部に位置する14市4町、西部に位置する4市2町1村からなるエリア。都市と自然のバランスがよく、水源も豊富で農業が盛ん。国宝犬山城や大型テーマパーク、焼き物の産地と観光スポットも多い。

由緒ある尾張国の一之宮
→ P.185 真清田神社（一宮市）

約90年続く老舗の羽二重餅
→ P.414 松屋長春（稲沢市）

## 1 城下町とテーマパークが共存 犬山市

P.166 MAP 別冊P.22

戦国時代は合戦の舞台に、江戸時代には城下町として発展した。最大の見どころは国宝の犬山城。由緒ある神社や古墳も残る。博物館 明治村など大型テーマパークも訪れたい。

## 2 瀬戸焼の発祥地 瀬戸市

P.172 MAP 別冊P.23上図

約1000年前から途切れることなく焼き物の生産を続けてきた。瀬戸焼は日本六古窯のひとつで、日本遺産に認定。瀬戸駅から徒歩5～10分の距離に見どころが集中している。

## 3 自然と都市の利便性を両立 長久手市

P.178 MAP 別冊P.23下図

愛知万博を機にリニモが開通、東名高速道路や名古屋瀬戸道路のICも近く、若い世代が多く住む。小牧・長久手の激戦地としても有名で、戦いの歴史を紹介するスポットが点在する。

## 4 繊維産業で発展した都市 一宮市

P.182 MAP 別冊P

平安時代から繊維の町として繁し、今なお毛織物業を営む建物群国の有形文化財に登録されている。年はモーニング発祥の地としても知れ、盛り上がりを見せている。

## 5 観光拠点は小牧山 小牧市

P.186 MAP 別冊P.8

利便性に優れた交通網という立地条件に恵まれ、航空産業などの内陸工業都市へと発展。織田信長が小牧城を築き居城とした小牧山周辺に、歴史を伝える施設が点在する。

## 6 名古屋都市圏のベッドタウン 豊明市

P.190 MAP 別冊P.11

名鉄名古屋駅から準急で約25分、幹線道路も充実していることから新興住宅地として注目されている。アジア最大級の巨大な花の卸売市場や桶狭間の戦いの舞台は、見応えがある。

## 7 弥生時代から人が定住した 清須市

P.194 MAP 別冊P.1

尾張平野のほぼ中央に位置する然環境に恵まれた場所。織田信長天下取りの出発点であり、映画『清会議』の舞台となった清洲城や清洲園は、人気の観光スポット。

尾張でしたいこと5

一里塚本業窯→ P.366

1. 国宝犬山城と城下町散策を楽しむ » P.44
2. 2大テーマパークで遊び尽くす » P.54、170
3. 「モーニング」発祥地で食べ比べ » P.58
4. 瀬戸焼の伝統と文化に触れる » P.366
5. 航空機がテーマのミュージアムで各種体験 » P.201

## 8
空機開発や製造の拠点
### 豊山町
P.198 MAP 別冊P.8

面積の約3分の1が空港で、約3 で市内を1周できる県内最小の自 。元プロ野球選手イチローの出身地。

## 9
サボテンの魅力を発信
### 春日井市
P.202 MAP 別冊P.9

JR勝川駅から名古屋の栄駅まで最短で約17分の好アクセス。日本有数のサボテンの産地で毎年フェアを開催する。

## 10
「おいしい紅茶店」で町おこし
### 尾張旭市
P.204 MAP 別冊P.9

窯業が盛んで全国の干支の置物の約8割を生産する。全国の紅茶ファンが注目する町でもある。

## 11
と緑とボートの町
### 東郷町
P.205 MAP 別冊P.9

町内北東部に愛知池が立地し、水 が豊富でボートの全国大会も開催。 車関連部品メーカーも多い。

## 12
大学が集まる学園都市
### 日進市
P.206 MAP 別冊P.9

地下鉄で名古屋駅まで約35分とアクセス良好。さまざまな研究機関が多い。天白川など釣りスポットも豊富。

## 13
伝統工芸・端折(つまおり)傘の産地
### 扶桑町
P.208 MAP 別冊P.8

かつては養蚕業で栄えたが、現在は農業が中心。守口大根は特産品。端折傘は約400年続く伝統工芸品。

## 14
張地方屈指の藤の名所
### 江南市
P.209 MAP 別冊P.8

繊維業の生産地であり、特にカーテ 地の生産量は国内上位。曼陀羅 園の藤棚は見どころのひとつ。

## 15
年間を通じて温暖気候
### 大口町
P.210 MAP 別冊P.8

田園地帯が広がり、六条大麦は町の特産品。桜の名所で有名な五条川周辺の観光はコミュニティバスが便利。

## 16
短時間で名古屋中心部へ
### 岩倉市
P.211 MAP 別冊P.8

名古屋まで名鉄犬山線利用で最短約10分。名古屋コーチンの飼育が盛んで郷土料理「ひきずり」が人気。

## 17
和の生活史を全国へ発信
### 北名古屋市
P.212 MAP 別冊P.8

生街と商業エリアでにぎわう。昭 生活道具を用いて脳を活性化させ 地域回想法を日本で初めて導入。

## 18
植木や苗木の産地として発展
### 稲沢市
P.214 MAP 別冊P.8

肥沃な土壌と温暖な気候で植木・苗木は国内4大産地のひとつ。日本一の生産量を誇るギンナンが有名。

## 19
市街地に残る歴史の史跡
### 津島市
P.216 MAP 別冊P.8

約600年前から続く「尾張津島天王祭」や、江戸時代の商家・堀田家住宅など、歴史ある祭りやスポットに出合える。

## 20
国有数のレンコンの里
### 愛西市
P.217 MAP 別冊P.8

005年に2町2村が合併し発足。 末期から栽培を開始したレンコンは 随一の生産量。ハスの花も有名だ。

## 21
七宝焼と伝統野菜の産地
### あま市
P.218 MAP 別冊P.10

農業を中心に発展し、漬物の神様を祀る珍しい神社も。七宝焼の制作工程の見学や体験ができる施設が人気。

## 22
赤シソは町の特産品
### 大治町
P.220 MAP 別冊P.10

庄内川、新川、福田川に囲まれた町。豊富な水と肥沃な土壌に恵まれ、特産野菜をはじめ、多様な農作物を生産する。

## 23
本の川が流れる水郷の町
### 蟹江町
P.221 MAP 別冊P.10

くに恵まれた町は農業が盛んでイチ の名産地。醸造技術が発達してお 地酒や「黒みりん」が特産品。

## 24
金魚の養殖で発展
### 弥富市
P.222 MAP 別冊P.10

弥富金魚のブランド名で高い評価を得ており、全国規模の品評会も開催。日本最大規模の水耕プラントがある。

## 25
貿易・物流の拠点
### 飛島村
P.223 MAP 別冊P.10

南部は臨海工業地帯で巨大なガントリークレーンがそびえ立つ。農村地帯の北部は、米や野菜の栽培が盛ん。

次世代に残したい

# 尾張の伝統グルメ遺産

昔から家庭で食べられてきた料理や老舗が守る名物など、尾張地方に伝わる伝統的なグルメを、後世に受け継ぐべき「遺産」としてご紹介。

蟹江町

## 出世魚・ボラの幼魚に味噌と具材がぎっしり

## 01 いなまんじゅう

「いな饅頭」とも書くが、甘いまんじゅうとは異なる。腹を割かずにえらから内臓、背骨を抜いた川魚・イナの中にギンナンや麻の実、シイタケ、ユズを合わせた豆味噌を詰めて焼いたもの。

### 食べれば出世できる? 縁起のいい料理

いたるところに川が流れる蟹江町は、ボラの生息に適しているといわれる。イナは生後約1年のボラの幼名で、出世魚。旅人をもてなす料理として生まれたが、縁起がいいことから各家庭で作られるようになった。しかし、内臓や背骨を取るのに熟練の技術が必要なことから、今では専門店に伝統が受け継がれている。

脂がのったイナの身に味噌の風味が合わさり、酒の肴に最適。冬季限定の珍味として町内数軒の料理店で提供されていたが、近年漁師不足などでイナが取れず、いなまんじゅうを作れない年もあるという。ほかにはない伝統の郷土料理の再興を願うばかりだ。

## 子供の健やかな成長を願って作られる

尾張・名古屋市など

## 02 黄いないおこわ

もち米をくちなしの実と黒豆と一緒に炊いた、黄色いおこわ。「黄飯(きいはん)」などと呼ばれることもある。「黄いない」とは「黄色」を意味する名古屋弁。

### 端午の節句の時期に和菓子店に登場

名古屋市を中心とした尾張地方で端午の節句に食べられる。邪気を祓うという黄色と、無病息災を願う食材である黒豆を使用した縁起物。高級な赤飯の代わりに、入手しやすいくちなしを使ったのが発祥とされる。

木曽三川流域

## 03 ふな味噌

フナを大豆とともに半日かけて煮たあと、豆味噌と砂糖を入れ、さらに弱火でじっくり煮込む。身のしまった寒ブナが最適とされる。

### 川魚×愛知の料理を支える調味料

川魚は古くから尾張地方を含む木曽三川流域に住む人々の貴重なたんぱく源で、料理の種類が豊富。ふな味噌もそのひとつで、豆味噌が魚の臭みを消し、うま味を高めている。

## 長時間煮込むことで骨まで食せる保存食

info 出世魚・ボラ　ブリやスズキのように成長すると名前が変わる魚のことを「出世魚」といい、ボラもそのひとつ。オボコ→スバシリ→イナ→ボラと名前が変化する。ちなみに、イナは「いなせ」の語源なのだとか。

江南市

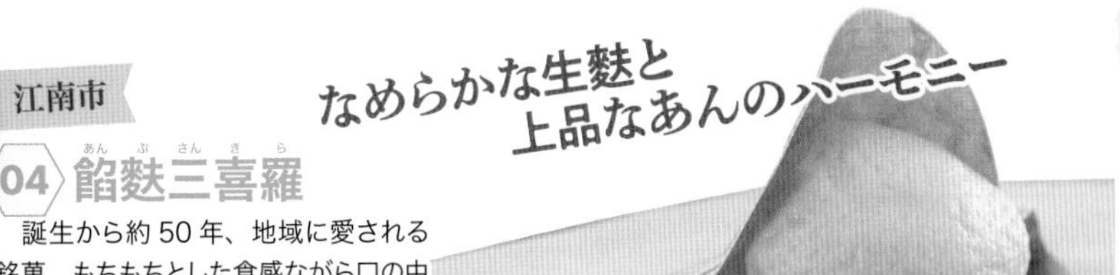
なめらかな生麩と
上品なあんのハーモニー

## 04 餡麩三喜羅（あんぶさんきら）

誕生から約50年、地域に愛される銘菓。もちもちとした食感ながら口の中でスッと溶ける生麩を使った生地の中には、自社製餡するこしあんが。半年間塩漬けした山帰来（さんきらい）の葉で包んである。

### 尾張でおなじみの生麩を使った老舗のヒット商品

1970年代、洋菓子の人気に押されつつあった和菓子の先行きを考え、6代目によって開発された。尾張地方では日常的に食されていた麩に着目し、素材や製造技術に妥協せず商品改良を重ねた結果、店の看板商品に。商品名の「三喜羅」は山帰来の葉が由来。縁起のよい漢字を当てている。

餡麩三喜羅6個入1080円

ここで買える

### 菓子処 大口屋 布袋本店（かしどころ おおぐちや ほていほんてん）

文政元（1818）年創業の和菓子店。岩倉街道沿いにあり、大正時代築の建物を改装した店舗は趣あるたたずまい。

MAP 別冊 P.8-B2
住 江南市布袋町中67　TEL 0120-00-9781（9:00～17:00）　営 8:00～18:00　休 無休　CC ADJMV　P あり　交 名鉄犬山線布袋駅から徒歩8分

あかだ

あかだ540円は米団子を揚げた素朴な味わい

日本一硬い!?
驚愕のお菓子

津島市

## 05 あかだ・くつわ

うるち米を熱湯でこねた直径約1cmの米団子を揚げたのが「あかだ」。「くつわ」はうるち米ともち米、砂糖を熱湯でこね、蒸してから油で揚げている。

くつわ

津島神社の神事・芽の輪くぐりをモチーフにしたくつわ540円

### 始まりは悪病退散祈願を込めた弘法大師の米団子

津島神社で弘法大師が人々に分けた米団子がもととされる「あかだ」は、日本一硬いお菓子として評判。食べると病気をしないともいわれているため、歯に気を付けながら挑戦しよう。「くつわ」は開運招福の縁起菓子だ。

ここで買える

### 総本家あかだ屋清七（そうほんけあかだやせいしち）

文政13（1830）年創業の7代続く老舗。津島神社の門前で縁起菓子の「あかだ」「くつわ」を作り続けている。

MAP 別冊 P.8-A2
住 津島市祢宜町1　TEL 0120-418-928　営 9:00～18:00　休 水　CC 不可　P あり　交 名鉄尾西線・津島線津島駅から徒歩15分

### 世界一長い「守口大根」と黄金色の「守口漬」

扶桑町で栽培される守口大根は、直径2～3cm、長さ120～130cmと細長いのが特徴。特殊な形状から栽培適地が限られるものの、木曽川河川敷のやわらかな砂質土壌が地中に深く伸びる守口大根の栽培に適していたことから、扶桑町で栽培が盛んに。おもに漬物用に出荷され、塩漬け、酒粕漬けを重ねて守口漬となる。酒粕の独特の味わいは、ご飯のおともにぴったり。

平成25（2013）年に191.7cmの守口大根が「世界一長い大根」としてギネス世界記録®に認定された

info 大阪と愛知の守口漬　かつて河内国（現・大阪府）守口にも秀吉命名とされる守口漬があったが、その製法は明治に名古屋で考案され愛知と岐阜に広がった守口漬（守口大根味醂粕漬の略称）とは異なる（小田原屋主人『四季漬物塩嘉言』）。

歴史ある文化財とテーマパークが集まる

# 犬山市（いぬやまし）

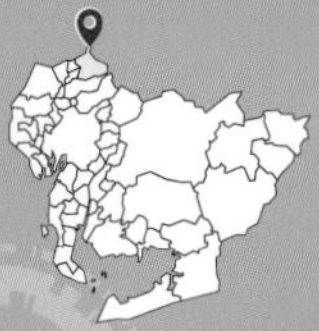

**エリアの基本情報**
人口　73,090 人（24 位）
面積　74.90㎢（17 位）
市の花　サクラ
市の木　カナメモチ
市制施行日：
昭和 29（1954）年 4 月 1 日

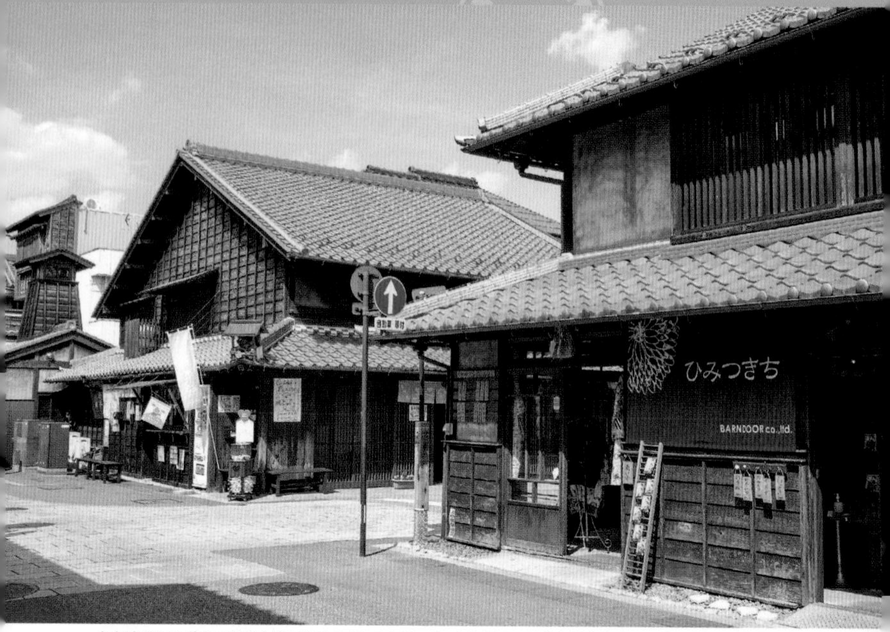

犬山城のおひざ元に広がる城下町のメインストリート・本町通り。電線を地中化するなどして歴史的景観を保護している

市章

犬山城主で旧犬山藩主成瀬氏が「丸に一」の印を用いて一郡を支配していたため、犬山町制時代から町章として使用していた。市制後も市章として襲用している。

## エリア利用駅

**◎犬山駅、犬山遊園駅**
名鉄犬山線（ミュースカイ・快速特急・特急・快速急行・急行・準急・普通）
※犬山駅は犬山線から小牧線・広見線が分岐

**◎楽田駅**
名鉄小牧線
※バス停は岐阜バス犬山駅東口、モンキーパーク、リトルワールド、明治村、犬山市コミュニティバス犬山駅東口、寂光院口を利用

ℹ 犬山市観光協会
URL inuyama.gr.jp

## 犬山市への行き方

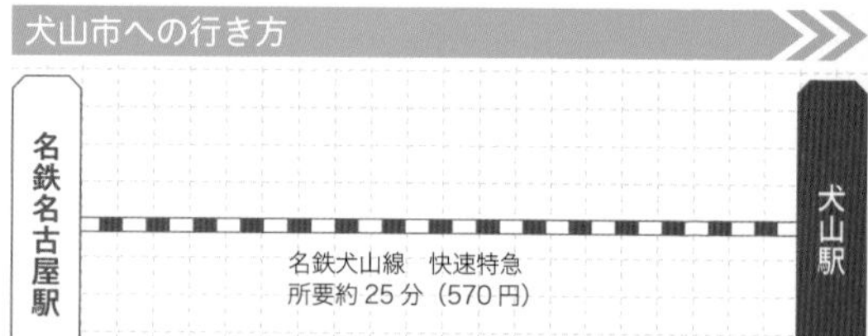


県の最北端に位置し、木曽川を隔てた北と東は岐阜県、南は小牧市と春日井市に隣接。市の西部は濃尾平野の一部で、市街地のほか、農地や工業地になっている。北を流れる木曽川一帯は名勝に指定されており、伝統的な木曽川鵜飼を開催。緑豊かな里山や自然保護地域が広がる東部の丘陵地は、古代から小集落があった歴史の古いエリアで、古墳も残る。戦国時代は織田氏の所領となり、江戸時代には尾張藩付家老だった成瀬氏の城下町として発展した。国宝犬山城とともに、当時の町割りが現在も見られる。地名の由来には諸説あり、古くは犬を用いて狩猟をするのによい場所であったためとされる。ほかにも、小野山から転じた説や大荒田命（おおあらたのみこと）から転じた説も。

info 犬山は「串物の町」？　明治時代から愛されてきた串物「でんがく」や「五平餅」は、犬山の名物料理。ほかにも、ジューシーな肉汁の「串かつ」、奇抜な食材や調理法の「進化系串料理」など、新たな串料理も登場している。

## 犬山市はどえりゃあすごいがね！

### 国宝に指定！日本最古の木造天守

犬山城の天守は日本で最も古い木造のもので、科学的調査により1585～90年頃に造られたものとわかっている。天守最上階からの眺めは絶景。

### 貴重な国宝を含む指定文化財が豊富

国宝の犬山城や有楽苑に移築された茶室如庵、由緒ある神社仏閣、旧跡のほか、木曽川鵜飼や幻想的な犬山祭など、多くの文化財を有するエリア。

### 全国で唯一のからくり人形師の家柄

山車祭りの興隆とともに発展したからくり人形。伝統を守り続けるからくり人形師は代々「玉屋庄兵衛」の名を受け継ぐ。現在は９代目。

## 犬山市の歩き方

### 午前は犬山城と城下町散策、午後は明治村へ

木曽川の左岸、標高約80mの小高い山の上に立つ犬山城の天守

戦国合戦の舞台となり、創建当時の姿を残す国宝の**犬山城**は必見。最上階まで上れば、犬山市街や木曽川を一望するすばらしい眺めを堪能できる。城から城下へと下り、恋愛成就を願う参拝者が多く訪れるという**三光稲荷神社**に立ち寄ってみたい。城の歴史やからくり人形に興味があるなら、犬山市文化史料館へ。館内は、**城とまちミュージアム、からくりミュージアム**のふたつに分かれている。酒蔵や商家など、趣のある建物が点在し、懐かしい風情が漂う城下町ものんびり散策してみたい。伝統的な串料理やスイーツなど、食べ歩きが楽しいエリアでもある。

**博物館 明治村**へは犬山駅東口からバスで。明治時代の建物や生活用品、洋服などの展示を見学したり、当時の暮らしを体験したりしながら、日本が近代化するまでの歴史を知ることができる。広大な敷地にあり、半日滞在しても足りないくらいだ。**リトルワールド**や**モンキーパーク**など、興味にあわせてほかのテーマパークを訪れてもいい。

### おさんぽプラン

❶ 国宝犬山城（▶P.44）
⬇ 徒歩５分
❷ 三光稲荷神社（▶P.168）
⬇ 徒歩５分
❸ 城とまちミュージアム（▶P.168）
⬇ 徒歩+バス40分
❹ 博物館 明治村（▶P.170）

小ネタ

### 明るく元気なお笑い人力車

歴史情緒あふれる犬山の城下町を、若手芸人たちが楽しいトークやネタを披露しながら、人力車で案内してくれる。芸人たちは、浅草で運行技術を学び、地元の文化や風習、食べ物などについて、観光ガイドや地域の人たちからの研修を受けた本格派。若手芸人が笑いの技術を磨く修業の場にもなっている。

趣ある城下町を人力車で巡る

MAP 別冊P.22-A2

もっと知りたい！あいちの話

### 大規模テーマパークと名鉄の関係

犬山市には、明治村、リトルワールド、モンキーパークなど、大型テーマパークが集まっており、これらの施設は名鉄（名古屋鉄道）が開設、または積極的に関わっている。

名鉄は、かつて名古屋市内やその周辺を中心に路線を展開していたが、戦後の急速な経済成長にともない、郊外へと路線の拡張を計画。名古屋市内からアクセスがよく、緑豊かな自然が残る景勝地であったことが、犬山市まで路線を延ばす決め手となった。こうして開通した名鉄犬山線により交通の便が格段によくなり、観光客を誘致できる場所となった。これが、名鉄による大規模テーマパーク開設の理由のひとつでもある。

広い敷地が必要なテーマパークは、不便な立地であることも多いが、交通機関とうまく結びつくことにより、観光スポットとして大きく成長を遂げたのだ。

info ハートがたくさん　ハートの絵馬で有名な三光稲荷神社以外にも、犬山城下町にはハートスポットが点在。ハートの鏡があるカフェ「HONMACHI COFFEE」や、「むすび茶屋」のハートの最中、昭和横丁にある「七福亭あきな」のハートのアイスなど。

千本鳥居の向こうにハート形の絵馬 MAP 別冊P.22-A2

## 三光稲荷神社（さんこういなりじんじゃ）

犬山城主成瀬家の守護神で良縁や家族円満の御利益があるそう。お金を洗うと何倍にもなるといわれる銭洗池や、女性の悩みを解決してくれる「狐女郎神（きじょろうがみ）」も祀られている。

赤鳥居が映える稲荷神社の境内には、開運の神様を祀った猿田彦神社がある

**三光稲荷神社**
住犬山市犬山北古券41-1
TEL0568-61-0702　開参拝自由
料無料　Pなし　交名鉄犬山線犬山駅から徒歩20分、または名鉄犬山線犬山遊園駅から徒歩15分

境内の姫亀神社のハート形絵馬

江戸の面影を残す国の登録有形文化財 MAP 別冊P.22-A2

## 旧磯部家住宅 復原施設（きゅういそべけじゅうたく ふくげんしせつ）

江戸末期の町家で国の登録有形文化財。2階は正面のみ部屋を造り背面側は屋根裏の「バンコ二階」。間口の広さで課税されたため間口を狭くし、奥行きのある「ウナギの寝床」になっている。

屋根はふくらみをもたせた「起（むく）り屋根」でなだらかな曲線が美しい

**旧磯部家住宅 復原施設**
住犬山市犬山東古券72
TEL0568-65-3444　開9:00～17:00（最終入館16:30）
休無休　料無料　Pなし　交名鉄犬山線犬山駅から徒歩10分

明治8（1875）年建築の奥土蔵

犬山の歴史や文化を紹介する文化史料館 MAP 別冊P.22-A2

## 城とまちミュージアム（しろとまちみゅーじあむ）

江戸時代とほぼ同じ町割りが残る犬山市の歴史をたどる施設。天保11（1840）年、犬山祭当日の犬山城下を再現したジオラマや、江戸、昭和、平成と3代の犬山城の鯱瓦も展示されている。

犬山城の麓にあり、犬山の歴史文化の魅力を再発見できるミュージアム

**城とまちミュージアム**
住犬山市犬山北古券8
TEL0568-62-4802
開9:00～17:00（最終受付16:30）
休不定休
料300円（IMASEN 犬山からくりミュージアムと共通、中学生以下無料）
CC不可
Pあり
交名鉄犬山線犬山駅から徒歩15分

からくり「茶運び人形」の実演が人気 MAP 別冊P.22-A2

## IMASEN 犬山からくりミュージアム（いません いぬやまからくりみゅーじあむ）

江戸時代の有名なからくり「茶運び人形」や犬山祭の車山（やま）にのっていた「山車からくり人形」を展示。からくり人形の実演のほか、不定期で9代玉屋庄兵衛氏の人形制作も見学できる。

犬山駅から犬山城に向かう道の途中、「城とまちミュージアム」と並んで立つ

**IMASEN 犬山からくりミュージアム**
住犬山市犬山北古券8
TEL0568-61-3932
開9:00～17:00（最終受付16:30）
休不定休
料300円（城とまちミュージアムと共通、中学生以下無料）
CC不可
Pあり
交名鉄犬山線犬山駅から徒歩15分

info IMASEN 犬山からくりミュージアム　からくり人形の操作実演（各回約15分）【平日（2回）】10:30～、14:00～、【土・日・祝（5回）】10:30～、11:30～、13:30～、14:30～、15:30～。

桃太郎誕生伝説が残る“桃尽くし”神社 MAP 別冊P.8-B1

## 桃太郎神社（ももたろうじんじゃ）

桃太郎誕生伝説の地・木曽川のほとりにある桃太郎が祭神とされる神社。安産祈願や子の健康と成長を守る御利益で知られ、境内の「桃くぐり」の岩をくぐると100歳まで長生きできるとか。

珍しい桃の形の鳥居。桃太郎のおともをした犬、猿、キジが出迎えてくれる

**桃太郎神社**

住犬山市栗栖大平853
TEL0568-61-1586 開散策自由、宝物館10:00～16:00 料宝物館200円、子供100円 CC不可
Pあり 交名鉄犬山線犬山遊園駅から車5分

桃太郎の名シーンを再現した像

犬山名物げんこつ飴の老舗 MAP 別冊P.22-A2

## 藤澤製菓（ふじさわせいか）

江戸初期、犬山城主が陣中食として家臣に振る舞ったといわれる「げんこつ飴」。「藤澤げんこつ」は、国内産大豆のきな粉や波照間産黒糖などを使い、甘過ぎない素朴な味が人気の秘密。

最初は硬いが徐々にキャラメルのようになる「藤澤げんこつ」詰め合わせ12袋1790円

**藤澤製菓**

住犬山市犬山東古券161
TEL0568-61-0336
営9:30～17:00 休水 CC不可
Pあり 交名鉄犬山線犬山駅から徒歩10分

明治8(1975)年創業、歴史を感じる

もっと知りたい! あいちの話

### なぜここに!? 岡本太郎「若い太陽の塔」が立つ

家族で楽しめる乗り物から絶叫マシンまで、37のアトラクションが楽しめる遊園地で、世界屈指のサル類動物園の日本モンキーセンターも隣接。60年以上の歴史をもち、「遠足や家族で行った」という思い出のある県民も多い。

高台には、岡本太郎による高さ26mの『若い太陽の塔』が立つ。昭和43（1968）年、同園の経営母体である名古屋鉄道（当時）から岡本へ「『太陽の塔』の縮小版」の製作を依頼したところ、「『太陽の塔』は大阪にできるのだから、この場所には『若い太陽の塔』を」という条件で快諾。翌年、同園にて除幕式・お披露目がされた。依頼から除幕式までわずか3ヵ月だったせいか、除幕式当日に公開されたのは顔部分のみだったという。その後、平成15（2003）年に老朽化にともない公開中止となるも、地元民からの要望を受けて、修復した後に平成23（2011）年から再度公開をスタートした。現在は、同園のシンボルとして高台からパークを見守っている。

**日本モンキーパーク（にほんもんきーぱーく）**

MAP 別冊P.8-B1
住犬山市犬山官林26 TEL0568-61-0870 営10:00～16:00、土・日9:30～17:00、季節により変動あり 休不定休 料1300円、2歳～小学生900円、時期により変更の場合あり CCADJMV
Pあり 交名鉄犬山線犬山駅から岐阜バスリトルワールド・モンキーパーク線で日本モンキーパーク下車、徒歩1分

右／「若い太陽の塔」の展望台からは、天気がよければ名古屋市のビル群を望むことができる　下／小さな子供でも楽しめるモンパティエリアのミニステージと観覧車

info 木曽川鵜飼　鵜飼とは、全長約12mの鵜舟に乗った鵜匠が手縄をつけたウミウに川魚を捕らせる古代漁法。国宝犬山城を背景に行われる妙技を遊覧船から観覧できる。全国でここだけの昼の鵜飼とかがり火が幻想的な夜の鵜飼がある。

見て 触れて 食べて 明治を体験

# 博物館 明治村

取り壊される運命だった明治時代の貴重な建造物を保存展示する国内屈指の野外博物館。レトロタウンでタイムトリップ気分を味わおう！

レトロバスで村内を移動

約20分かけて村内を走る村営バス。音声ガイド付き

## 後世に伝える明治の名建築

　自然の地形を生かした100万平方メートルの広大な敷地に、国内各地（一部海外）から移築された64件の建造物が立ち並ぶ。うち11件は国指定重要文化財だ。建物の多くはもともと建っていたロケーションと似た場所に立てられ、周囲の景観にも配慮することで当時の雰囲気を再現。1日では回り切れないほどの広さと展示建造物の数だけに、村内の乗り物を活用しつつ優先順位を決めて見学しよう。

**博物館 明治村**（はくぶつかん めいじむら）　MAP 別冊 P.8-B1
住犬山市内山1　TEL 0568-67-0314　営9:30～17:00（最終入村16:30）、時季やイベント開催などにより異なる　休公式ウェブサイトを参照　料大人2000円、65歳以上・大学生1600円、高校生1200円、小・中学生700円、未就学児無料　CC JMV　P あり　交名鉄犬山線犬山駅から岐阜バス明治村行きで20分

小説『食道楽』のレシピを基に再現・アレンジした「カレーぱん」は食べ歩きにぴったり

村内MAP

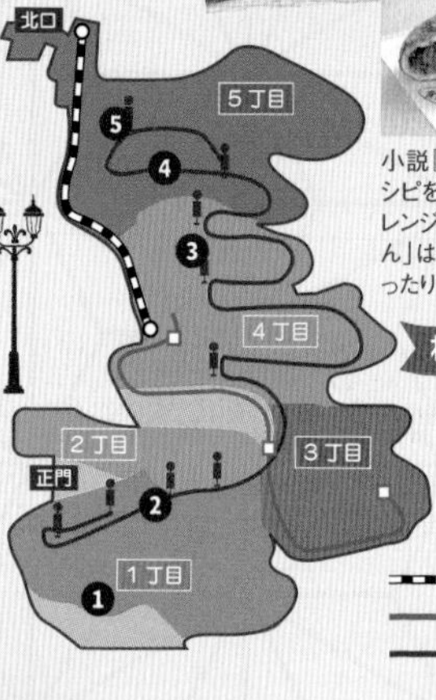

北口　5丁目　4丁目　3丁目　2丁目　1丁目　正門

蒸気機関車　京都市電　村営バス

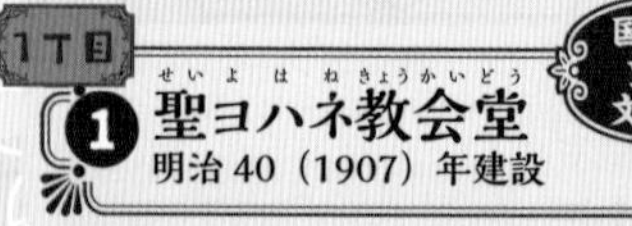

1丁目　国指定重要文化財

### 1 聖ヨハネ教会堂（せいよはねきょうかいどう）
明治40（1907）年建設

#### 耐震性を考慮したゴシック建築

　アメリカ人建築家・ガーディナーの設計で京都市に建設。れんが造りの1階は日曜学校や幼稚園、木造の2階部分は会堂として使用された。下を重く上を軽くして地震に強い構造を実現。ゴシック様式のアーチ型天井には、湿気の高い京都に合わせて竹簾を取り入れている。

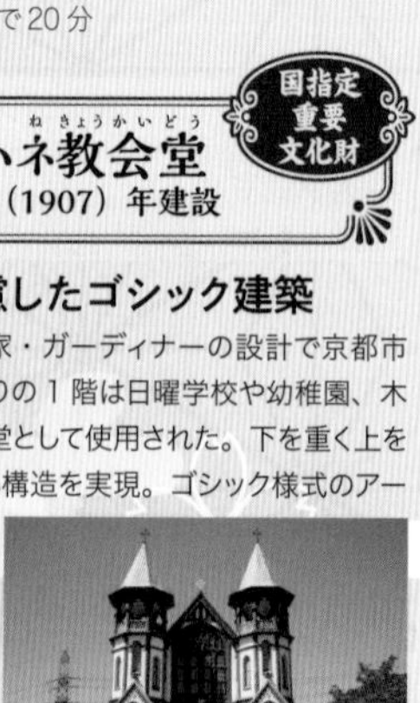

随所に中世ゴシック様式の装飾が見られる

1丁目　国指定重要文化財

### 2 三重県庁舎（みえけんちょうしゃ）
明治12（1879）年建設

#### 現存する国内最古の県庁舎

　廃藩置県により地方行政の整備が進むなかで建てられた県庁舎。玄関を中心とする左右対称の建物で、一見洋風建築と思われがちだが、前面に巡らせたベランダなど、コロニアルスタイルを取り入れた擬洋風建築だ。扉や窓などには、西洋から伝わったペンキで木目を描く塗装技法が見られる。

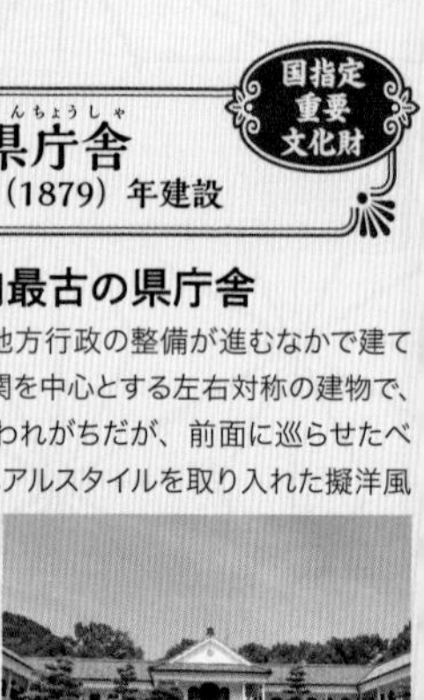

間口はなんと54m。存在感のある建物だ

info　10年後の自分への手紙　明治42（1909）年築の宇治山田郵便局舎は、現在も簡易郵便局として業務を行う。預けた手紙を10年後に届けるサービス「はあとふるレター」（500円）が人気だ。通常郵便物は明治村の消印で郵送してくれる。

4丁目

国指定 重要文化財

## ③ 呉服座（くれはざ）
明治25（1892）年建設

❶洋風建築が多いなかで和風の伝統建築が目を引く ❷舞台下の奈落で回り舞台を人力で動かす

### 歌舞伎や落語、演説の舞台に

大阪府池田市にあった芝居小屋。江戸時代の名残をとどめる木造2階建ての杉皮葺きで、正面の切妻屋根には太鼓櫓が突き出し、軒下の絵看板が華やかさを添える。客席は1階部分には4名まで座れる枡席と桟敷席、2階は桟敷席で構成。回り舞台や花道も設けられている。歌舞伎をはじめ、落語や浪曲、講談などが演じられたほか、政治演説の場にもなった。

5丁目

## ④ 金沢監獄中央看守所・監房（かなざわかんごくちゅうおうかんしゅじょ・かんぼう）
明治40（1907）年建設

登録 有形文化財

### 中央から監房を見渡せる構造

八角形の建物中央に監視室が置かれ、ここから放射状に5つの監房棟を配置。各監房棟の中廊下がひと目で見渡せる構造だった。明治村には中央看守所と独居房として使用された監房棟の一部を移築。廊下で天井を見上げると、換気と採光を配慮したキングポストトラスの小屋組が見られる。

❶屋根の上に監獄全域を一望できる四角形の見張塔を設置 ❷中央の監視室は網走監獄で使用されたもの ❸広い中廊下の左右に独居監房の重い扉が並ぶ

5丁目

登録 有形文化財

## ⑤ 帝国ホテル中央玄関（ていこくほてるちゅうおうげんかん）
大正12（1923）年建設

### 訪れる人を魅了する明治村のシンボル

近代建築界の巨匠フランク・ロイド・ライト設計による大建築の中央玄関部分。外観は日本を愛したライトが平等院鳳凰堂に着想を得たといわれる。落成披露当日に関東大震災が発生したが帝国ホテルに大きな損傷はなく、復築した大使館や企業が臨時のオフィスを構えた。明治村に移築されたのは、最もデザインが集約された玄関とロビー周り。車寄せからフロント、ロビーへと階段を上がるごとに空間が変化。水平線を強調した簾れんがや簾状の大谷石も見ものだ。

❶家具や食器のデザインも手がけたライトの「ピーコックチェア」 ❷仕切りのないロビーの大空間。「光の魔術師」ライトの巧みな演出は、季節・時間・天気で異なる ❸首都の迎賓館にふさわしい風格

### 動態保存された国内最古のSLに乗ろう

白い煙を吐く明治時代のSLに乗車し、約800m（5分程度）の小旅行を楽しめる。「蒸気機関車12号」は明治7（1874）年の輸入で、現存する"動く機関車"としては国内最古。車掌の旗振りのもとで機関士がSLと客車を密着させ、鎖でつなぐ連結作業は明治時代の手法を再現している。1日券（SL・市電・バス1300円／SL・市電800円）も便利。

こちらも注目！

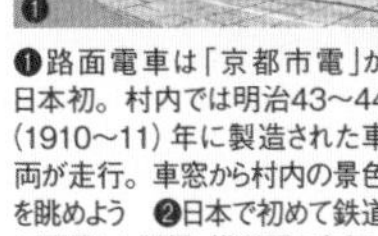

❶路面電車は「京都市電」が日本初。村内では明治43〜44（1910〜11）年に製造された車両が走行。車窓から村内の景色を眺めよう ❷日本で初めて鉄道が開業した新橋–横浜間を走行

info レトログルメを満喫　村内では文明開化の象徴である牛鍋、明治時代のグルメ小説のレシピを再現・アレンジしたカレーパン、洋食の定番オムライス、明治を代表するお酒「デンキブラン」などが味わえる。帝国ホテル中央玄関2階の喫茶室も趣たっぷり。

日本を代表する陶磁器の産地を巡る

# 瀬戸市（せとし）

| エリアの基本情報 | |
|---|---|
| 人口 | 127,792 人（13 位） |
| 面積 | 111.40㎢（13 位） |
| 市の花 | ツバキ |
| 市の木 | クロガネモチ |
| 市制施行日 | 昭和 4（1929）年 10 月 1 日 |

使わなくなった窯道具を積み上げて造られた窯垣の小径。瀬戸でしか見られない特別な光景だ

市章

昭和 5（1930）年、一般市民から募集。瀬戸の工芸運動の先駆けとして、瀬戸陶芸協会の前身ともいえる「土の風景社」を設立した長江明治氏の図案が採用された。

### エリア利用駅

◎**尾張瀬戸駅**
名鉄瀬戸線（急行・準急・普通）
◎**定光寺駅**
JR 中央本線
◎**中水野駅**
愛知環状鉄道
◎**陶磁資料館南駅**
愛知高速交通東部丘陵線（リニモ）
※バス停は瀬戸市コミュニティバス定光寺公園を利用

ℹ 瀬戸市まるっとミュージアム・観光協会
URL www.seto-marutto.info

## 瀬戸市への行き方

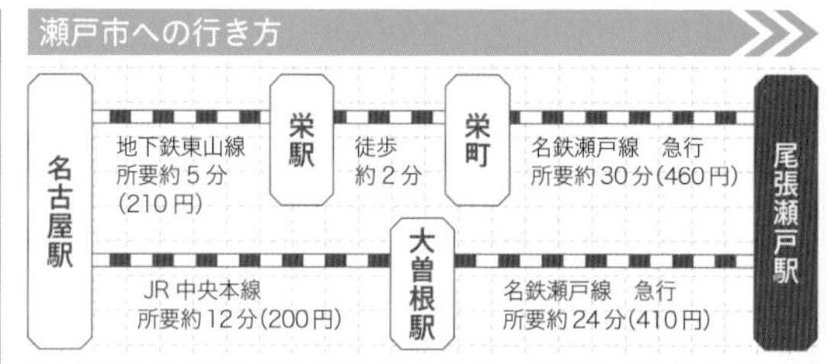


名古屋市の北東約 20km に位置し、濃尾平野の東、尾張丘陵の一角にある。周囲は標高 100 ～ 300m の小高い山々に囲まれ、気候は温暖。新第三紀鮮新世の地層である瀬戸層群は、焼き物の原料となる良質な陶土、ガラスの原料である珪砂を豊富に含んでおり、北東部にある松などの樹林とともに、瀬戸の窯業の発展を支えてきた。「瀬戸物」が焼き物の代名詞として、日本だけでなく、世界中で知られるようになったのは、時代ごとに窯業に携わってきた人々の努力の賜物。現在も多くの窯元や工房が集まり、日々新たな作品が生み出されている。陶磁器産地として 1000 年以上も前から続く土と炎の歴史や伝統、文化を有しているほか、豊かな自然が今なお残るエリアでもある。



info 本業と新製とは？　瀬戸では、まず陶器の生産が盛んになり、その後、磁器生産が開始された。作り手たちは、従来からの陶器生産こそ本来の仕事という意味を込め、陶器＝本業、新しく始めた磁器＝新製と呼び分けた。

## 瀬戸市はどえりゃあすごいがね！

### 愛知県で初認定！日本遺産の町

「日本六古窯」のひとつで、縄文時代から続く日本古来の技術を継承しているとして、平成29（2017）年4月に常滑市とともに日本遺産に認定された。

### 日本を代表する焼き物 瀬戸焼発祥の地

「瀬戸焼」とは、瀬戸市を中心に作られた陶器。平安時代中期には須恵器に代わって灰釉（かいゆう）による施釉陶器が始まっていたという（→P.366）。

### 福を呼び寄せる 招き猫の展示数世界一

日本有数の招き猫の産地としても知られる瀬戸市。市内にある招き猫ミュージアムでは、瀬戸をはじめ、日本全国の招き猫が約5000体も並んでいる。



## 瀬戸市の歩き方

### 瀬戸ならではの「やきもの文化」を堪能したい

「やきもの文化」に触れるなら、尾張瀬戸駅から瀬戸川周辺を散策してみたい。このあたりにある焼き物関連の見どころへは、ほぼ徒歩で移動できる。見学だけでなく、体験も織り交ぜながら、ルートを作ってみよう。まずは観光の拠点となる瀬戸蔵へ。瀬戸焼のすべてがわかる博物館・**瀬戸蔵ミュージアム**や窯元の陶磁器を集めたショップがある。

瀬戸蔵ミュージアムでは昭和40年代に瀬戸線で活躍した車両を復元展示する

染付に興味があるなら、伝統的な瀬戸染付の体験ができる**瀬戸染付工芸館**に立ち寄りたい。水墨画のようなタッチと独特のブルーが魅力の染付で、気軽に陶器作りにチャレンジできる。また、**一里塚本業窯**でも、明治から続く工房で作陶体験が可能。瀬戸市の有形文化財に指定されており、昭和40（1965）年まで使われていたという歴史ある**登窯**も見学しておきたい。

瀬戸焼の歴史を感じることができるフォトスポット、**窯垣の小径**も忘れずに。古い窯道具を使って築かれた塀や壁が連なり、趣のある散歩を楽しむのにおすすめ。

### おさんぽプラン

1. 瀬戸蔵ミュージアム（▶P.174）
   ↓ 徒歩7分
2. 瀬戸染付工芸館（▶P.174）
   ↓ 徒歩7分
3. 窯垣の小径（▶P.366）
   ↓ 徒歩15分
4. 一里塚本業窯（▶P.366）

小ネタ

**磁祖・加藤民吉の足跡**

瀬戸の大松窯の窯元に生まれた加藤民吉は、尾張藩熱田奉行の津金門左衛門が研究していた南京焼き（＝染付磁器）の研究を手伝うことになる。研究の末、小品の製造に成功するも、素地や釉薬などに問題が多かった。このため、染付磁器の技法を学ぼうと、磁器生産の先進地だった九州へ修業に出かける。帰郷した民吉が伝えた製造法により、瀬戸の染付磁器は急速に発展。民吉は瀬戸の磁祖として窯神神社に祀られている。

もっと知りたい！あいちの話

### 町のいたる所で見られる幾何学模様

瀬戸の町のあちらこちらで、丸や四角、筒、板状などの焼き物を組み合わせた幾何学模様を見ることができる。その代表的なものが「窯垣」と呼ばれる垣根や土留め、建物の基礎。これは、焼き物を焼くときに使われた大量の窯道具の廃材を使い、職人たちが仕事の合間に造り上げたもの。高いもので4m弱、長いもので30mほどもあり、セメントなどの接着剤は一切使わず、さまざまな形をした窯道具をうまく組み合わせながら、相互に固めている。「窯垣の小径」をはじめ、瀬戸川沿いを中心に、約600ヵ所の「窯垣」があるという。瀬戸を象徴する景観になっており、写真撮影スポットとして人気だ。

小径の途中、若手作家の作品を見ることができる「窯垣の小径ギャラリー」、窯元の邸宅を見学できる「窯垣の小径資料館」といった見どころもある。

info 鯉のぼりは不吉？　尾張瀬戸駅近くの宮脇町周辺では、鯉のぼりを立てない風習があるという。かつて小牧・長久手の戦いに敗れた落ち武者をのぼりの竹で殺してしまったため、のぼりを立てた家には不幸が訪れるといわれるようになったとのこと。

瀬戸蔵ミュージアム

住瀬戸市蔵所町1-1
TEL0561-97-1190
開9:00～17:00（最終入館16:30）
休月1回程度の臨時休館あり
料520円、高・大学生・65歳以上310円、中学生以下無料
CC不可　Pあり　交名鉄瀬戸線尾張瀬戸駅から徒歩5分

平成13（2001）年まで利用されていた旧尾張瀬戸駅の2代目駅舎を再現

昭和の瀬戸の街を象徴する石炭窯の煙突

瀬戸焼1000年の歴史を伝える展示 MAP 別冊P.23-C1

## 瀬戸蔵ミュージアム（せとぐらみゅーじあむ）

瀬戸の観光拠点施設「瀬戸蔵」の2～3階に入る「やきもの博物館」。2階では、昭和30～40年代の旧尾張瀬戸駅、やきもの工場（モロ）、石炭窯、煙突などが再現され、ノスタルジックな焼きものの町を体感できる。せともの屋には、昭和のキャラクターが描かれた懐かしい子供茶碗も。古墳時代から現代まで、約1000点の焼きものが並ぶ大パノラマ展示を見れば、瀬戸焼の美しさに魅了されるはず。

上／観光施設「瀬戸蔵」の2～3階フロアにある
下／海外の万国博覧会出品の大型染付作品は必見！

瀬戸染付工芸館

住瀬戸市西郷町98
TEL0561-89-6001
開10:00～17:00（最終受付16:30）、今すぐ染付体験～16:00
休火（祝日の場合は翌営業日）
料無料、今すぐ染付体験330円～（郵送料別途）
CC不可
Pあり
交名鉄瀬戸線尾張瀬戸駅から徒歩20分、または名鉄瀬戸線尾張瀬戸駅から名鉄バス赤津・品野・上品野方面行きで中橋下車、徒歩5分

修了生の見事な作品が並ぶ、1階の展示・販売コーナー

瀬戸染付の技術研修施設で染付体験 MAP 別冊P.23-D1

## 瀬戸染付工芸館（せとそめつけこうげいかん）

焼き物の伝統技法「瀬戸染付」の技術の保存・継承と焼き物文化の紹介などを行う。館内では、江戸から明治時代を中心とした染付作品の企画展なども開催。「瀬戸染付」を学ぶ研修生の制作風景も公開しており、その作品は販売コーナーで購入できる。来館後、思いたったらすぐに染付ができる「今すぐ染付体験」は、おすすめの体験メニュー。箸置きや小皿など小さな陶器に、青の顔料で自由に色付。1ヵ月後に完成品を送付してくれる。じっくりと染付をしてみたいなら、染付体験教室を事前予約しよう。

瀬戸市内唯一の古窯。市指定文化財で、施設内で保存・公開されている

info 昭和の瀬戸を感じる　瀬戸蔵ミュージアムでは、昭和40年代に瀬戸線で活躍した「せとでんモ754号」の車両や、長く瀬戸の玄関口として親しまれた尾張瀬戸駅2代目駅舎の再現も必見。

女流陶芸家主催の古民家ギャラリー MAP 別冊P.23-C1

## ギャラリーもゆ（ぎゃらりーもゆ）

瀬戸の女流陶芸家・野村晃子プロデュースのギャラリーで、野村晃子作品と瀬戸市ゆかりの若手作家や、オーナーが旅先で出合った作家の作品が展示されている。カップなどに、スポイトで泥を絞り出し絵の輪郭を描く「いっちん技法」&絵の具で彩色する楽しい絵付け体験（要予約）も人気。

カラフルで華やかな野村晃子作カップ&ソーサー−9020円

**ギャラリーもゆ**

住瀬戸市朝日町48-1
TEL0561-85-8100
開11:00〜17:00
休火・水（祝日の場合営業）
料絵付け体験いっちん簡単コース2800円〜（要予約）
CCADJMV　Pあり（共同駐車場）　交名鉄瀬戸線尾張瀬戸駅から徒歩5分

陶器や古道具、レトロ雑貨が置かれたノスタルジックなギャラリー

若き陶芸&ガラス工芸作家の作品が並ぶ MAP 別冊P.23-C1

## 瀬戸市新世紀工芸館（せとししんせいきこうげいかん）

陶磁器で有名な瀬戸は、ガラスの原料となる珪砂（けいしゃ）の産出地でもある。この特性を生かし、次世代につながる陶芸とガラス工芸の発展を担う施設だ。気鋭の作家の作品を展示するギャラリーや、研修生が創作活動を行う工房のほか、作家の器でドリンクが楽しめるカフェスペースもある。

陶芸やガラス工芸作家の作品を展示販売するギャラリー

**瀬戸市新世紀工芸館**

住瀬戸市南仲之切町81−2
TEL0561-97-1001
開10:00〜18:00（最終入館17:30）
休火（祝日の場合は翌平日）
料無料、体験有料（定期開催、要予約）　CC不可　Pなし
交名鉄瀬戸線尾張瀬戸駅から徒歩7分

工房では研修生の制作風景を見学できる。定期的に体験も開催

尾張徳川家ゆかりの古刹は紅葉の名所 MAP 別冊P.9-C2

## 定光寺（じょうこうじ）

建武3（1336）年創建の臨済宗の寺院。本堂「無為殿」と尾張藩初代藩主・徳川義直の廟所「源敬公廟」はいずれも国の重要文化財に指定されている。愛知高原国定公園内にあり、桜、新緑、紅葉と四季により表情を変える景色も見どころ。断崖絶壁にある定光寺駅は秘境駅としても有名。

※令和7（2025）年3月まで源敬公廟保全工事のため廟所拝観不可

室町時代後期に建築された本堂「無為殿」

**定光寺**

住瀬戸市定光寺町373
TEL0561-48-5319
開参拝自由、廟所拝観9:00〜16:30　休無休　料無料、廟所拝観100円　Pあり
交JR定光寺駅から徒歩15分

紅葉の見頃は11月。境内の展望台から色づく山々と名古屋市内を一望

クチコミ 瀬戸市出身の藤井聡太七冠（2023年6月時点）。令和3（2021）年第62期王位戦第1局1日目のおやつに「ぴよりんアイス」を注文したことで、ぴよりん（→P.383）の知名度は全国区に。（編集・N）

## 深川神社

奈良時代に勧請された瀬戸の総鎮守 MAP 別冊P.23-C1

宝亀２（771）年に創建された式内神社で、瀬戸の産土神（うぶすながみ）。瀬戸の焼き物の祖といわれる藤四郎（加藤四郎左エ門景正）が東隣の陶彦社に祀られており、毎年４月には陶祖まつりも行われる。祭り期間中は、市内各所で「せともの市」などが開催され、多くの観光客でにぎわう。

織部瓦が美しい神社拝殿。この奥に宝物殿がある

**深川神社**
住瀬戸市深川町11
TEL0561-82-2764
開参拝自由、宝物殿10:00～16:00
休無休、祭礼日は宝物殿拝観不可
料宝物殿拝観200円　CC不可
Pあり　交名鉄瀬戸線尾張瀬戸駅から徒歩8分

宝物殿に安置される国の重要文化財陶製「狛犬」。藤四郎作と伝わる

## 招き猫ミュージアム

国内最大級数千点の招き猫がお出迎え MAP 別冊P.23-C1

明治期に全国で初めて磁器による招き猫の量産をしたのが瀬戸だという。そのゆかりの地にある日本最大級の招き猫専門博物館。２階展示室では、数千点に及ぶ招き猫たちが、寺社もの、郷土玩具、主要産地などカテゴリー別に展示されている。作家作品の個展など、イベントも随時開催。

作られた年代も、表情やしぐさも異なる招き猫が勢揃い

**招き猫ミュージアム**
住瀬戸市薬師町2　TEL0561-21-0345　開10:00～17:00（最終入館16:30）、染付体験最終受付～15:00（要予約）
休火（祝日の場合は営業）
料300円、高・大学生200円、中学生以下無料
CCADJMV　Pあり　交名鉄瀬戸線尾張瀬戸駅から徒歩8分

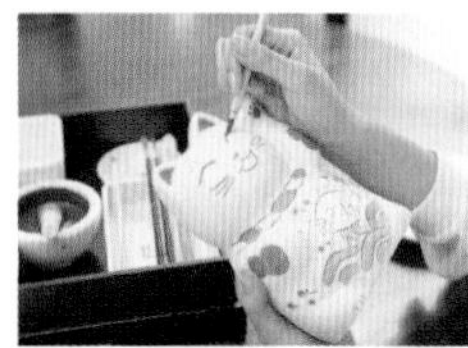
猫型貯金箱に呉須（顔料）で染付体験1200円（別途送料）。完成は1ヵ月後

## 五山楽窯房

瀬戸手描き染付の伝統を守る窯元 MAP 別冊P.23-D1

尾張藩の焼物係の家柄で、伊勢神宮や宮家の染付磁器を製作していた窯元。先代の加藤五山は伝統工芸作家として、瀬戸染付伝統技法の伝承と発展に貢献したという。手びねりやろくろを使った作陶と絵付けの体験ができる作陶室に、作家の作品を鑑賞できる展示室や茶室も併設。

ろくろを使いオリジナル作品が作れる作陶室

**五山楽窯房**
住瀬戸市仲洞町80
TEL0561-82-2022
営10:00～16:00、体験受付～15:00（要予約）
休月・火、不定休
料陶芸体験手びねり4500円、ろくろ5000円
CC要問い合わせ
Pあり
交名鉄瀬戸線尾張瀬戸駅から徒歩25分

info 招き猫ミュージアムの新施設　令和5（2023）年9月、ミュージアムに隣接してギャラリーやコーヒースタンドなどが入る体験型の新施設「STUDIO894」がオープン。ネコをモチーフにした作品を展示販売するミュージアムショップとともに訪れたい。

ふわふわしっとり大人気・品野ロール MAP 別冊P.9-C2

## patisserie EISENDO 瀬戸店

（ぱてぃすりー えいせんどう せとてん）

明治時代から続く地元で人気の菓子店で、EISENDOといえば「品野ロール」でおなじみ。しっとりとした味わいのロールケーキで、遠方からわざわざ買いに来るファンも多い。げんこつシューなど評判のオリジナルスイーツは、開放感あふれる店内のカフェスペースで味わうことができる。

瀬戸市民なら誰もが知る名物・品野ロール1296円

patisserie EISENDO 瀬戸店

住瀬戸市中水野町1-532-2
TEL0561-65-3373
営9:00〜19:00（カフェL.O. 17:00）
休水（祝日の場合は翌平日）
CC不可
Pあり
交愛知環状鉄道中水野駅から徒歩8分

サイロ屋根が目印のかわいい店舗。焼き菓子も多くおみやげに最適

お気に入りの器で毎日をもっと楽しく！ MAP 別冊P.23-D1

## ソボカイ食器店

（そぼかいしょっきてん）

マルミツポテリの器コンシェルジュが提案する、「スタジオ エム」「ソボカイ」の両ブランドを扱う食器店。使い勝手のよさを兼ね備え、食卓をおしゃれに演出してくれる器が揃い、自分のライフシーンに合わせて、器選びが楽しめる。ここだけのオリジナルの器も販売している。

素材感や質感にこだわったアイテムを中心に上質なライフスタイルを提案

ソボカイ食器店

住瀬戸市祖母懐町45 ソボカイデポ
TEL0561-88-1311
営10:00〜19:00
休火 CCADJMV Pあり
交名鉄瀬戸線尾張瀬戸駅から徒歩15分

商品選びに迷ったら店内ディスプレイを参考に

料理・スイーツと器にこだわるカフェ MAP 別冊P.23-D1

## ソボカイ食堂

（そぼかいしょくどう）

食器ブランド「スタジオ エム」「ソボカイ」を展開するマルミツポテリが運営するレストラン。スパイスやハーブとともに素材のおいしさを最大限に引き出す方法を常に考え、食器とともに提案。食事は月替わりで、タルトや焼き菓子などのテイクアウトも充実している。

店内はあたたかみのある木目調のインテリアでゆったり食事が楽しめる

ソボカイ食堂

住瀬戸市祖母懐町45 ソボカイデポ
TEL0561-88-1211
営ランチ11:00〜L.O.16:30、カフェ14:00〜L.O.17:30
休不定休 CCADJMV
Pあり
交名鉄瀬戸線尾張瀬戸駅から徒歩15分

食事は季節を感じさせてくれる月替わりメニュー（写真は一例）

自然と調和し、若い世代も集う町

# 長久手市（ながくてし）

| エリアの基本情報 |
|---|
| 人口　60,162 人（32 位） |
| 面積　21.55㎢（42 位） |
| 市の花　サツキ |
| 市の木　カエデ |
| 市制施行日<br>平成 24（2012）年 1 月 4 日 |

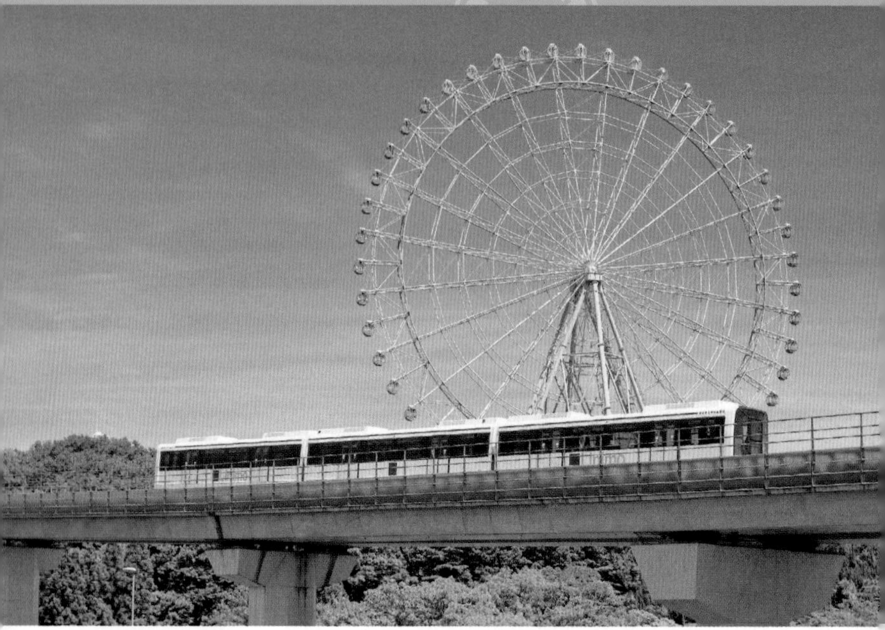

長久手市を走る東部丘陵線（リニモ）。ジブリパークがある愛・地球博記念公園へはリニモの利用が便利だ

昭和 46（1971）年 4 月 1 日に制定されたもので、ふたつの輪の結びつきで融和を表すとともに、左右に伸びた円幅で発展と飛躍を表現している。

**エリア利用駅**

◎**長久手古戦場駅、芸大通駅、愛・地球博記念公園駅、はなみずき通駅、公園西駅**
愛知高速交通東部丘陵線（リニモ）
※バス停は名鉄バス岩作、トヨタ博物館前、長久手福祉の家、N-バス安昌寺、公園西駅を利用

長久手市観光交流協会
www.nagakute-kanko.jp

## 長久手市への行き方

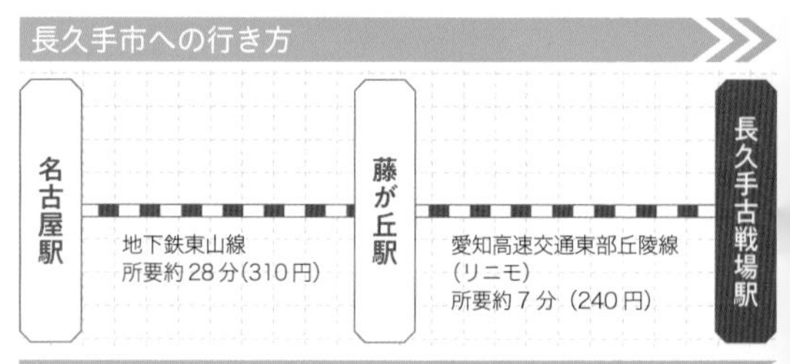



名古屋市の東に位置し、豊かな自然と都市機能が共存。西部は住宅や商業施設が多く、東部は今なお自然が残る。市の中央部を東部丘陵線（リニモ）が走っており、西は地下鉄藤が丘駅、東は愛知環状鉄道八草駅で乗り継ぎ可能。東名高速道路や名古屋瀬戸道路の IC も近く、交通の便に恵まれている。このため、自然と都市の利便性が両立した住みやすい町として、多くの若い世代が住むことでも注目のエリアだ。歴史的には、織田・徳川連合軍と羽柴秀吉軍の激戦が行われた小牧・長久手の戦いの舞台になったことで知られる。平成 17（2005）年の愛知万博の開催とともにリニモが開通、令和 4（2022）年にジブリパーク（→ P.50）がオープンするなど、新たな魅力も次々と生まれている。



info 長久手楓まつり　11月に開催される秋を彩るイベント。年によって内容は異なるが、古戦場公園での火縄銃披露のほか、古戦場巡り、パン食べ比べやビール飲み比べ、キッチンカーのグルメも楽しめる。

## 長久手市はどえりゃあすごいがね！

### ひとり当たりの 公園面積が県内１位

長久手市にある都市公園の面積はひとり当たり31.53平方メートル（県平均7.94平方メートル）。愛知県でいちばん広い。

※「令和２年度愛知県都市公園現況」より

### 住民の平均年齢が低い 「日本一若いまち」

市民の平均年齢は40.2歳（全国平均47.2歳、県平均45.1歳）と全国で最も若い。市には大学が点在し、子育て世帯も多く住む。

※「令和２年国勢調査」より

### 日本でここだけ 介助犬専門訓練施設

手や足に障がいがある人の日常生活をサポートする介助犬。総合訓練センター「シンシアの丘」は、日本で唯一の介助犬専門の訓練施設だ。

## 長久手市の歩き方

### 歴史巡りと緑豊かな公園散策を楽しむ

愛知万博の際の寄贈物など300点以上が展示される愛・地球博記念館

市の西部、市境近くに、名古屋から訪れる際の拠点となる地下鉄東山線と愛知高速交通東部丘陵線（リニモ）の藤が丘駅がある。東西に抜ける県道、名古屋長久手線も走っており、車でのアクセスも良好。この県道に沿うようにリニモが走り、沿線には**トヨタ博物館**、**史跡長久手古戦場**（古戦場公園）、**愛・地球博記念公園**など、おもな見どころなどが集まっている。

歴史に興味があるなら、市の西部、**長久手市郷土資料室**のある古戦場公園を訪れてみよう。公園内にある長久手古戦場野外活動施設で自転車を借り、史跡巡りをするのもいい。小牧・長久手の戦いで、家康が金扇の馬標を立てたという**御旗山**を訪れ、さらに北へと足を延ばして**色金山歴史公園**へ。ここは、長久手の戦いで徳川家康軍が陣を張り、軍議を開いたとされる場所。

緑豊かな場所でゆっくりリフレッシュできるのが、市の東部にある愛・地球博記念公園。愛知万博の会場跡地を利用した**ジブリパーク**も注目を集めている。

### おさんぽプラン

❶ トヨタ博物館（▶ P.180）
⬇ 徒歩15分
❷ 史跡長久手古戦場（▶ P.42）
⬇ 徒歩1分
❸ 長久手市郷土資料室（▶ P.42）
⬇ 徒歩25分
❹ 色金山歴史公園（▶ P.42）

### リニモテラス公益施設

市民の新たな交流拠点として建てられたコミュニティスペース。大学連携、観光交流、多文化共生、子育て支援という4つのテーマを軸に計画。愛知県産のヒノキを使った木組みの内壁に覆われている。

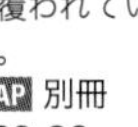
MAP 別冊P.23-C3

内部壁全体をラチス構造の木組みで構成

## もっと知りたい！ あいちの話

### 愛知県で初のドクターヘリが発着

ドクターヘリとは、医療機器や医薬品を搭載した、救急専用のヘリコプターのこと。専門医や看護師が同乗して現場に向かい、患者に救命医療を施しながら救命救急センターに搬送。移動に時間がかかるような現場からでも、短時間で高度な病院へと患者を運ぶことができる。

厚生労働省では、全国にドクターヘリの配備を進めており、平成14（2002）年、愛知県で初めてドクターヘリの運用を開始。長久手市内の愛知医科大学病院が基地病院となっている。昭和49（1974）年に開院した愛知医科大学病院は、充実した設備と最新の診療体制を整えた、尾張東部の中核医療施設。特定機能病院や高度救命救急センターに指定されている。ドクターヘリのほか、ドクターカーも配備され、病院前救急医療や災害医療にも幅広く対応している。

info ご当地ナンバープレート　原付用のオリジナルご当地ナンバープレートが交付されている。色付きデザインのナンバープレートは、長久手市のPRとともに、利用者に長久手市への愛着を深めてもらうことを目的に導入された。

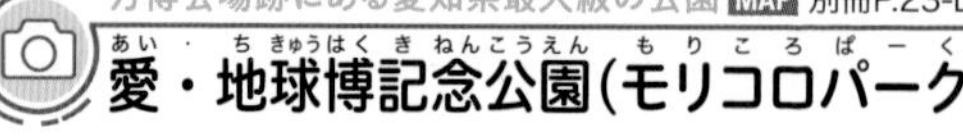

## 愛・地球博記念公園（モリコロパーク）

万博会場跡にある愛知県最大級の公園 MAP 別冊P.23-D2

愛・地球博記念公園（モリコロパーク）

平成17（2005）年に開催された日本国際博覧会「愛知万博（愛・地球博）」長久手会場跡地に整備された公園。園内には、外国パビリオンからの寄贈物300点以上を展示する愛・地球博記念館のほか、全長5.1kmのサイクリングコースやアイスショーも開催されるアイススケート場などの施設が充実。森・水・風の体感遊具のある「こどものひろば」では、1年中、川遊びのような感覚を体験できる。

上／公式キャラクター「モリゾー＆キッコロ」と記念撮影を　下／水と緑に囲まれた自然豊かな公園全景

愛・地球博記念公園（モリコロパーク）

住長久手市茨ケ廻間乙1533-1
TEL0561-64-1130
開公園8:00～19:00（11～3月 ～18:30、記念館休館日～17:30）、施設により異なる
休公園無休、施設火曜（祝日の場合は翌平日、春・夏・冬休み・GWは営業）
料無料、一部有料施設あり
CCADJMV
Pあり
交地下鉄藤が丘駅から愛知高速交通東部丘陵線（リニモ）愛・地球博記念公園駅行きで終点下車すぐ

レンタル自転車（1周100円）でサイクリング

## トヨタ博物館

世界のクルマの進化と文化を紹介する MAP 別冊P.23-C3

トヨタ博物館

平成元（1989）年にトヨタ自動車創立50周年を記念してオープン。「クルマ館」では、ガソリン自動車誕生から現代まで、日米欧の代表的な車両約140台を展示。国産各メーカーの時代を象徴する名車や旧車も並ぶ。「クルマ文化資料室」では「移動は文化」をテーマに約800台のミニチュアカーやカタログ、雑誌、映画など関連資料約4000点が展示され、クルマとともに醸成された文化を垣間見ることができる。ミュージアムショップでは、ミニカーや車関連商品を多数取り揃えている。

約1万4000坪の敷地にレストランやカフェも併設

トヨタ博物館

住長久手市横道41-100
TEL0561-63-5151
開9:30～17:00（最終受付16:30）
休月（祝日の場合は翌平日）
料1200円、65歳以上700円、中・高校生600円、小学生400円　CCADJMV　Pあり
交愛知高速交通東部丘陵線（リニモ）芸大通駅（トヨタ博物館前）から徒歩5分

トヨタ初の生産型乗用車「トヨダAA型」が置かれたシンボルゾーン

info 荷物は預けて身軽に　愛・地球博記念公園（モリコロパーク）では「北口案内所（クローク・コインロッカー）」と「西口案内所・休憩所（コインロッカーのみ）」で荷物を預けられる。利用時間は9:00～18:00。

日本最大級の炭酸温泉でリフレッシュ MAP 別冊P.23-C2

## 長久手温泉ござらっせ

地下1800mから湧き出る天然温泉。心臓への負担が少ない高濃度の炭酸温泉は、日本最大級の広さ。1階の和風「地の湯」には13種類、2階洋風の「天の湯」には12種類の風呂がある。2階の内風呂は、天窓から太陽光が差し込み開放感たっぷり。岩盤浴 美健房ではロウリュウも開催している。

滝の水音に心癒やされる、1階の大露天風呂「天下の湯」

**長久手温泉ござらっせ**
住長久手市前熊下田170
TEL0561-64-3511
営9:00～23:00（最終受付22:00）
休第1月曜（祝日の場合は翌平日）
料720円、3～12歳未満300円、3歳未満無料、岩盤浴 美健房＋510円（利用は3歳以上）
CC不可
Pあり
交地下鉄藤が丘駅から無料シャトルバス15分、または名古屋瀬戸道路長久手ICから車10分

長久手を代表する新鮮な食と農が集結 MAP 別冊P.23-C2

## あぐりん村

近隣農家の新鮮野菜や果物が並ぶ農産物直売所には、その場で精米できる精米コーナーも。近隣の生産者の切り花や花苗、野菜苗などを販売する「はな屋さん」のほか、「ぱん屋さん」と「おやつ工房」では季節の素材を使った期間限定品や団子、こだわりの生乳ミルクを使ったソフトクリームが大人気！

近隣の農家が毎朝直接持ち込む新鮮野菜を購入できる

**あぐりん村**
住長久手市前熊下田134
TEL0561-64-2831
営農産物直売所9:00～18:00（はな屋さん～17:00、ぱん屋さん～16:00）、おやつ工房9:30～16:00
休第1月曜（祝日の場合は翌平日）
CCADJMV
Pあり
交地下鉄藤が丘駅から無料シャトルバス長久手温泉ござらっせ行きで終点下車すぐ

旬のフルーツで作るオリジナルスイーツ MAP 別冊P.11-D1

## Patisserie HI

地元の農園に出向き自らの舌で確かめた、厳選素材を使ったスイーツが自慢のパティスリー。2種類のショコラムースを層にしたショコラショコラ540円や、しっかりとレモンの香りや酸味が味わえる焼き菓子・ハイのレモンケーキ240円など、食べれば幸せになれるスイーツばかり。

地元長久手産の葉物野菜・真菜を使った、ながくてりーぬ240円

**Patisserie HI**
住長久手市作田2-104
TEL0561-41-8191
営10:00～18:30
休水（祝日の場合は翌日）、臨時休業あり
CCADJMV　Pあり
交地下鉄藤が丘駅または愛知高速交通東部丘陵線（リニモ）はなみずき通駅から徒歩10分

素材とおいしさや美しさにこだわったスイーツを販売

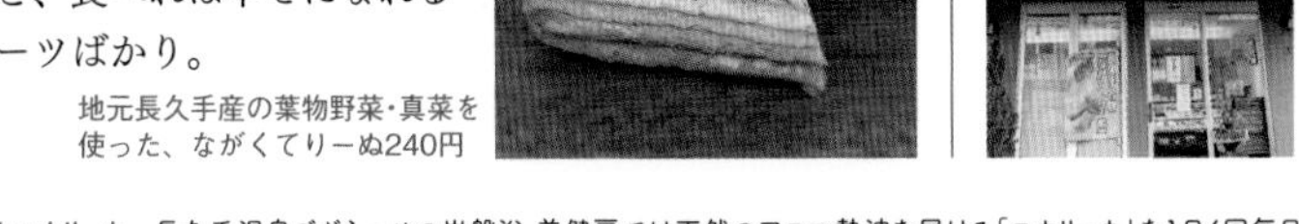

info ロウリュウ　長久手温泉ござらっせの岩盤浴 美健房では天然のアロマ熱波を届ける「ロウリュウ」を1日4回毎日開催。自身でアロマをかけるセルフロウリュウも好評だ。免疫力を高める効果が期待できる。

モーニングの発祥地といわれる繊維の町

# 一宮市（いちのみやし）

**エリアの基本情報**

人口　380,073人（4位）
面積　113.82㎢（12位）
市の花　キキョウ
市の木　ハナミズキ
市制施行日
大正10（1921）年9月1日

一宮市の中心に鎮座する真清田神社。楼門は戦災で焼失するも、昭和36（1961）年に再興した

**市章**

真清田神社の五鈴鏡をかたどったもので、明治42（1909）年、4人の小学校校長が作成し、児童の校帽き章となったのが始まり。大正11（1922）年、市章となった。

**エリア利用駅**

◎**尾張一宮駅**
JR東海道本線（特別快速・新快速・快速・区間快速・普通）
◎**木曽川駅**　JR東海道本線（普通）
◎**名鉄一宮駅**
名鉄名古屋本線（ミュースカイ・快速特急・特急・快速急行・急行・準急・普通）
◎**新木曽川駅**
名鉄名古屋本線（快速特急・特急・快速急行・急行・準急・普通）
※バス停は名鉄バス一宮駅、138タワーパーク、起工高・三岸美術館前、竜屋を利用

ℹ 一宮市観光協会
URL www.138ss.com

**一宮市への行き方**

名古屋駅 → 尾張一宮駅
JR東海道本線　快速・新快速　所要約10分（300円）

名古屋駅 → 名鉄一宮駅
名鉄名古屋本線　特急　所要約15分（380円）

平成17（2005）年に一宮市、尾西市、木曽川町が合併してできた。濃尾平野の中央に位置し、母なる木曽川の清流と温和な気候、自然、風土に恵まれ、東西と南北をつなぐ交通の結節点でもある。古くは真清田神社の門前町として、尾張北西部の経済の中心でもあった。地名の由来は平安時代に遡り、真清田神社が尾張の国の「一宮」だったことから、「いちのみや」と呼ばれるようになったという。伝統的な繊維の町として平安の昔から繁栄し、江戸時代には綿織物の市でにぎわった。以降も縞木綿や絹織物の産地として知られ、明治以降は毛織工業でも発展を遂げた。近年は総合繊維産業として、地場産業生地「尾州」ブランドの強化を進めている。



info　名鉄尾西線に「1/fゆらぎ」　一宮市から弥富市まで、濃尾平野の西側を結ぶ尾西線は、名鉄でいちばん古い路線。この路線の揺れには、人の心を落ち着かせる効果があるとされる「1/fゆらぎ」の存在が確認されている。

## 一宮市はどえりゃあすごいがね！

**愛知のお約束サービス モーニングの発祥地**

ドリンク代のみで、トーストにゆで卵やサラダなどが付くモーニングサービスは愛知県内や近隣県で盛んだが、発祥は一宮といわれている。

**常に進化を続ける 繊維産業都市**

綿織物や絹織物に始まり、毛織物へと移行。一宮を中心とする毛織物の産地は「尾州産地」と呼ばれ、日本トップクラスの技術力を誇る。

**尾張国で最も格式高い 「一宮」がある**

真清田神社は、尾張国にある主要神社の最上位の社格を有す「一宮」。ちなみに二宮が大縣神社（犬山市）、三宮は熱田神宮（名古屋市）。

## 一宮市の歩き方



### 歴史や文化を感じたあとは木曽川沿いの散策を

138タワーパークで子供にいちばん人気のある遊具「フワフワドーム」

拠点となるのは、名鉄一宮駅とJR尾張一宮駅。駅名は少し違うが、隣り合わせに立つ。駅周辺の喫茶店で名物のモーニングを食べて出発してもいい。モーニングといってもお昼過ぎまで提供している店もあるので、プランに合わせて利用したい。

まずは、町の名の由来でもある、**真清田神社**詣でを。尾張の国で最初に参拝する「一宮」であり、由緒ある神社として知られる。ここから南に本町商店街が広がっているので、レトロ感あふれる店に立ち寄りながら、ぶらぶら歩きを楽しもう。駅前からバスに乗って、毛織物工場を再利用したアートギャラリー・**のこぎり二**や**一宮市三岸節子記念美術館**を訪れるのもいいだろう。

北部に移動し、戦国時代からこの地にあったという**黒田城跡**を見学。JR木曽川駅から車で**国営木曽三川公園 138タワーパーク**へ。「ツインアーチ138」の展望階から眺めを堪能したら、公園をのんびり歩くもよし、レンタサイクルを利用して自転車で隣接するサイクリングロードを巡るもよし。

**おさんぽプラン**

❶ 真清田神社（▶ P.185）
⬇ 徒歩+バス 20 分
❷ のこぎり二（▶ P.185）
⬇ バス+電車+徒歩 35 分
❸ 黒田城跡（▶ P.354）
⬇ 徒歩+車 20 分
❹ 国営木曽三川公園 138 タワーパーク（▶ P.184）

**独特の喫茶店文化**

仕事に行く前に喫茶店でモーニング、休日には家族でモーニングを食べに行く、という人もいる地域。この独特のサービスは、昭和30年代前半、繊維産業で潤っていた頃から続くという。往時の繊維工場は織機の音が大きく、商談などは喫茶店で行っていた。頻繁に来てくれる繊維関連のお客さんたちへの感謝の気持ちが、ドリンクを頼んだらおまけで何かつける、というサービスにつながり、独自の文化に発展したとのこと。

もっと知りたい！ あいちの話

### 高品質で知られる葛利（くずり）毛織工業

老舗の葛利毛織工業株式会社は、大正元（1912）年に創業し、おもに紳士スーツ生地を設計生産販売する小さな織物工場。良質なウールのなかでも特に厳選された原料を使用し、シルク、カシミア、キッドモヘアなどの織物も扱う。手間暇はかかるが、手織りに近い製法の旧式低速シャトル織機（通称ションヘル）を使うことで、独特の風合いの製品を生み出している。工場を含む9棟の建物は国の登録有形文化財。内部見学は予約ツアーのみ。
MAP 別冊P.8-A1

最新の機械ではできない、やわらかな風合いの生地を織ることができるという「ションヘル」

info 一豊まつり　有名な武将・山内一豊が生まれた木曽川町で、市民の手により開催されている祭り。甲冑に身を包んだ一豊公と妻・お千代のパレードのほか、華やかな時代衣装に身を包んだ人々が町を練り歩く。

一宮市博物館

住一宮市大和町妙興寺2390
TEL0586-46-3215
開9:30〜17:00（最終入館16:30）　休月、祝日の翌日
料300円、高・大学生150円、中学生以下無料、特別展・企画展により異なる
CCAJMV　Pあり　交名鉄名古屋本線妙興寺駅から徒歩7分

一宮の独特な農業景観「島畑」を再現したジオラマ

古代から近代までの一宮の歴史を展示　MAP 別冊P.8-A2

## 一宮市博物館（いちのみやしはくぶつかん）

数多くの文化財を所蔵する、南北朝時代創建の妙興報恩禅寺に隣接する博物館で、一宮の歴史や文化遺産を紹介する。縄文時代の出土品から街道の要所として栄えた江戸時代までの貴重な資料や、真清田神社や妙興寺の復元模型などを展示。土・日曜には、糸つむぎや機織り体験のほか、展示物にちなんだ工作ができる。

建築家・内井昭蔵により設計された斬新な建築が目を引く

一宮市三岸節子記念美術館

住一宮市小信中島郷南3147-1
TEL0586-63-2892
開9:00〜17:00（最終入館16:30）
休月（祝日の場合は翌平日）、祝日の翌日（土・日の場合は開館）
料常設展320円、高・大学生210円、中学生以下無料
CC不可
Pあり
交JR尾張一宮駅または名鉄尾西線一宮駅から名鉄バス起行きで起工高・三岸美術館前下車、徒歩1分

洋画家・三岸節子の生家跡に立つ美術館　MAP 別冊P.8-A2

## 一宮市三岸節子記念美術館（いちのみやしみぎしせつこきねんびじゅつかん）

女流画家の地位向上に尽力した洋画家・三岸節子の生涯にわたる作品を所蔵。敷地内には、節子が好んで画題としたヴェネチアの運河のような水路が流れる。画壇デビューとなった20歳の『自画像』や、美術館の開館に合わせて描かれた晩年の大作『さいたさいたさくらがさいた』などの作品を入替展示。

生家の毛織物工場を模した赤れんがの壁とのこぎり屋根

国営木曽三川公園 138タワーパーク

住一宮市光明寺浦崎21-3
TEL0586-51-7105
開9:30〜17:00（8/13〜15・11/23〜12/25 〜21:00）、ツインアーチ138最終入場は閉園30分前
休第2月曜（祝日の場合は翌平日）、8・12月無休（ツインアーチ138は12/26〜30休）
料無料、ツインアーチ138展望階500円、6歳以上15歳未満200円、5歳以下無料
CC不可
Pあり
交JR尾張一宮駅または名鉄尾西線一宮駅から名鉄バス一宮総合体育館行きで138タワーパーク下車すぐ

アーチが美しい高さ138mの展望タワー　MAP 別冊P.8-A1

## 国営木曽三川公園　138タワーパーク（こくえいきそさんせんこうえん　いちさんはちたわーぱーく）

愛知・岐阜・三重にまたがる日本一広い国営公園内に13ある公園のひとつ。パークのシンボル「ツインアーチ138」の高さ100mの展望階から、四季折々の花で彩られた園内を一望できる。約30万球の光が織りなす冬のイルミネーションも有名。イベント広場やわくわくスライダーなどもある。

コスモスが満開の花畑と展望タワー「ツインアーチ138」

info　季節の花と記念撮影　国営木曽三川公園 138タワーパークの楽しみのひとつが花観賞。約5万本の花が咲き乱れるコスモス畑や四季咲きのバラが植えられている「ローズストリーム」は絶好の撮影スポットだ。

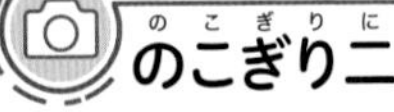

のこぎり屋根工場のアートギャラリー MAP 別冊P.8-A2

## のこぎりニ（のこぎりに）

日本有数の毛織物産地を支えたのこぎり屋根の工場が市内に約2000棟現存する。この使われなくなった工場を再利用したアートギャラリーで、カフェやショップ、作家のアトリエも併設。

のこぎり屋根の町を散策がてら、ふらりと立ち寄れる

**のこぎりニ**

住一宮市篭屋4-11-3
TEL0586-58-7174
営見学自由、カフェ11:30～17:00（L.O.16:15）
休不定休
料イベントにより異なる
Pあり
交JR尾張一宮駅から名鉄バス起行きで篭屋下車、徒歩1分

創業以来変わらぬ銘菓・羽二重餅 MAP 別冊P.8-A2

## 川村屋賀峯総本店（かわむらやがほうそうほんてん）

江戸時代創業の老舗菓子店。吟味した最高の材料で真心を込めて手作りする。名物の羽二重餅は、定番のうずら形や餅を巻いた巻羽二重餅など、季節により色、形、あん、焼印が変わる。

奥:白丸羽二重餅（つぶあん）各260円、手前:二つ折羽二重餅（こしあん）各280円

**川村屋賀峯総本店**

住一宮市萩原町串作1449
TEL0586-68-0032 営8:15～18:00 休火、不定休、月1～2回連休あり CC不可 Pあり
交名鉄尾西線萩原駅から徒歩2分

昭和初期の移転後から当地で営業

もっと知りたい! あいちの話

### 一宮の地名の由来となった由緒ある神社

創建は神武天皇33（紀元前628）年、尾張開拓の祖「天火明命（あめのほあかりのみこと）」を祀ったのが始まりといわれる。平安時代には国幣の名神大社と認められ、尾張国一之宮として人々の崇敬を集めた。開運や運気上昇などの御神徳をいただけるとされ、境内の「おもかる石」は、祈願して持ち上げたとき軽く感じられたら願いがかなうとか。神水舎の井戸の水面に顔を映し健康や家内安全を願う「井戸覗き」の風習が今も残る。

**真清田神社（ますみだじんじゃ）**

MAP 別冊P.8-A2
住一宮市真清田1-2-1
TEL0586-73-5196
開参拝自由 Pあり
交JR尾張一宮駅または名鉄名古屋本線一宮駅から徒歩8分

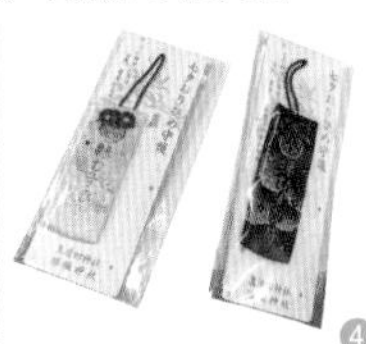

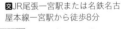

❶一宮市は尾張国一之宮の門前町として栄えた ❷毎年7月末に行われる「一宮七夕祭り」。服織神社の織物の神に感謝し機織工業の繁栄を願う ❸織物の神が祀られている末社「服織神社」 ❹男女が詠み交わす和歌の短冊を模した「縁むすび守」各1000円

info 川村屋賀峯総本店 羽二重餅のほか、夏の銘菓・浜たからもおすすめ。ハマグリの器に、特製の琥珀糖と浜納豆がまるで浜の宝石のように入っている。支店や売店を出店していないため、総本店かオンラインショップでしか買うことができない。

天下人が選んだ、歴史と文化を秘めた町

# 小牧市（こまきし）

**エリアの基本情報**

人口　148,831人（11位）
面積　62.81㎢（19位）
市の花　ツツジ
市の木　タブノキ
市制施行日
昭和30（1955）年1月1日

毎年8月20日前後の土・日に開催される秋葉祭に登場する4両の山車は、小牧市指定有形民俗文化財

**市章**

左よりカタカナで「コマキ」を表す。市章全体は空港都市小牧の象徴である航空機の機関部正面をイメージし、将来への飛躍を物語っている。

**小牧市への行き方**

名古屋駅 →（地下鉄東山線 所要約5分（210円））→ 栄駅※ →（地下鉄名城線 所要約12分（240円））→ 平安通駅 →（地下鉄上飯田線・名鉄小牧線直通 所要約17分（510円））→ 小牧駅

※地下鉄桜通線久屋大通駅で名城線に乗り換えも可

**エリア利用駅**

◎小牧駅、味岡駅、田県神社前駅
名鉄小牧線
※バス停はピーチバス、名鉄バス、こまき巡回バス、高速バス（近距離高速線）の小牧市役所前、小牧駅を利用

名古屋市の北、濃尾平野の中心に位置する。昭和34（1959）年に襲来した伊勢湾台風からの復興過程で、農業経済から工業都市への転換が進んだ。東名高速道路、名神高速道路、中央自動車道の結節点にあり、交通の要衝として中部の中核都市へと発展。名古屋市のベッドタウンとして造成された桃花台ニュータウンは、市を大きく変貌させた事業のひとつ。市のシンボルでもある小牧山は、織田信長が永禄6(1563)年に小牧山城を築き居城とした場所。美濃国攻略の起点と考えられたこの城は、小牧・長久手の戦いでも歴史にその名をとどめている。また、名古屋コーチン発祥の地でもあり、天下の珍祭で知られる田縣神社の豊年祭など、古い歴史と豊かな文化をもつ。

ℹ 小牧市観光協会
URL komaki-kanko.jp

info 小牧は桃の生産地　東部の篠岡地区で明治時代から桃の栽培が始まった。現在では、愛知県内でも有数の産地。特に「しのおかの桃」は、実が大きく、甘味も強いため、全国的に知られる。収穫時期は6月から8月中頃。

## 小牧市はどえりゃあすごいがね！

### 信長が初めて築城した歴史を感じる「小牧山」

小牧山は、永禄6（1563）年に織田信長が自身初の城を築いた場所。その後、この城は小牧・長久手の戦いで徳川家康の本陣となった。

### 日本3大地鶏のひとつ名古屋コーチン発祥地

名古屋コーチンは小牧市で生まれた品種。卵をよく産み、肉はうま味が強いことから地鶏の王様と称されることも。正式名は「名古屋種」。

### 全国から参拝に訪れる子宝のパワースポット

男茎形の神輿をかつぐ「豊年祭」で知られる田縣神社。祭神の御神徳は五穀豊穰・家業繁栄だが、子宝や安産のパワースポットとしても有名。

## 小牧市の歩き方

### 小牧山を中心に歴史ロマンに思いをはせる

名古屋駅からは、地下鉄東山線なら栄駅、桜通線なら久屋大通駅で名城線に乗り換え、平安通駅へ。どちらでも時間はさほど変わらないが、新幹線口に近いのは桜通線。平安通から発着する上飯田線は、名鉄小牧線とつながっており、直通で小牧駅まで行くことができる。また、名古屋駅前にある名鉄バスセンター発着の高速バスでも、小牧山近くの小牧市役所前を経由して小牧駅に行けるが、本数は多くないので、時刻の確認を。

小牧山の頂上に織田信長が築いた石垣を復元整備している

小牧観光の中心となるのは、シンボルの**小牧山**。頂上にある**小牧山歴史館**の上階から濃尾平野を見渡せば、美野国攻めを狙う信長と同様の景色を見ていることに感銘を受けるだろう。小牧山の麓にある、**小牧山城史跡情報館（れきしるこまき）**で山城に関する展示を見学し、復元遺構を巡りながら散策できる。**メナード美術館**にも立ち寄り、小牧駅から名鉄小牧線に乗り、北部にある**田縣神社**へ。犬山へのアクセスも便利なので、旅のルートに犬山を入れるのもいい。

#### おさんぽプラン

❶ 小牧山城（▶P.37）
⬇ 徒歩すぐ
❷ 小牧山歴史館（▶P.188）
⬇ 徒歩5分
❸ 小牧山城史跡情報館（れきしるこまき）（▶P.188）
⬇ 徒歩10分
❹ メナード美術館（▶P.188）
⬇ 徒歩+電車30分
❺ 田縣神社（▶P.189）

小ネタ

#### 小牧観光ガイド

ボランティアスタッフが小牧山城の魅力的なスポットを案内。信長コースと家康コースがあり、ふたりの武将が築いた軌跡をたどる。要予約。詳細は小牧市観光協会のウェブサイトで確認を。

家康が大改修した際に築いたとされる土塁を復元した場所

もっと知りたい！あいちの話

### 日本で唯一のお乳のお寺

授乳などお乳のお願いでの御利益があるといわれる、**間々観音**。貧しい母子の母親が老人から恵まれたお米を観音さまに供えて無心に祈ると、不思議と乳房が張り出し、近所の貧しい子供にも配ることができるほどお乳が出るように。以降、お乳の御利益がある観音様として知られ、参拝する人があとを絶たなくなったと伝わる。寺の御本尊は、秘仏・十一面千手観世音菩薩。小牧山の洞に安置されていたというが、信長が小牧山に城を構えるにあたり現在の場所に移された。

MAP 別冊P.8-B2

おっぱいの手水舎もある

info 名古屋コーチンの像　小牧駅西駅前広場には、つがいの名古屋コーチンの像がある。小牧市が名古屋造形大学に依頼して製作されたもので、高さは170cm。名古屋コーチンが生まれた海部養鶏場跡にも碑が設置されている。

## 小牧山のキツネの親分・吉五郎伝説 MAP 別冊P.8-B2

# 小牧山稲荷神社

尾張一帯をおさめていたキツネ・吉五郎。「伝説・古狐小牧山吉五郎」で知られ、川でおぼれた子キツネを助けるなど優しい親分の神通力を里人も認め、稲荷神社に祀られたといわれる。

狛狐が鎮座する拝殿。少し上った所に昭和11（1936）年創建の吉五郎稲荷神社がある

**小牧山稲荷神社**
住小牧市堀の内1
TEL0568-76-1623（小牧市役所）
開参拝自由
Pあり
交名鉄小牧線小牧駅から名鉄バス岩倉駅行き（小牧市役所前経由）小牧市役所前下車、またはこまき巡回バスで小牧山前下車、徒歩5分

## 信長が築いた城をインタラクティブ体験 MAP 別冊P.8-B2

# 小牧山城史跡情報館（れきしるこまき）

小牧山城築城のドラマや小牧・長久手の戦いといった小牧山を取り巻く歴史について、模型や映像、プロジェクションマッピングを使いわかりやすく紹介。触れて学べる展示が多いのも特徴。

「城郭シアター」では、三英傑が関わった城を壁と床を使った壮大な映像で展開

**小牧山城史跡情報館（れきしるこまき）**
住小牧市堀の内1-2
TEL0568-48-4646
開9:00～17:00（最終受付16:30）
休第3木曜（祝日の場合は翌平日）　料200円、高校生以下無料（小牧山歴史館と共通）
CC不可　Pあり
交名鉄小牧線小牧駅から名鉄バス岩倉駅行き（小牧市役所前経由）小牧市役所前下車、またはこまき巡回バスで小牧山前下車、徒歩5分

## 小牧山と戦国武将の関わりを知る MAP 別冊P.8-B2

# 小牧山歴史館

信長が小牧山に初めて城を築き、信雄・家康連合軍によって改修された小牧山城について、パネルや映像を用いて伝えている。三英傑の気分に浸れる上段の間は、絶好のフォトスポット。

小牧山山頂にある3層4階建の歴史館。4階展望台からは濃尾平野を一望

**小牧山歴史館**
住小牧市堀の内1-1
TEL0568-72-0712
開9:00～16:30（最終受付16:15）
休第3木曜（祝日の場合は翌平日）　料200円、高校生以下無料（れきしるこまきと共通）
CC不可　Pあり
交名鉄小牧線小牧駅から名鉄バス岩倉駅行き（小牧市役所前経由）小牧市役所前下車、またはこまき巡回バスで小牧山前下車、徒歩15分

## 日常の喧騒を離れてアートに触れる MAP 別冊P.8-B2

# メナード美術館

メナード化粧品創業者、野々川大介・美寿子夫妻が中心となり収集したマネ、ゴッホ、横山大観、梅原龍三郎などの作品1600点超を所蔵。年4回の企画展では作品を入れ替え60～70点を紹介。

ケヤキの大樹がシンボルの本館。喧騒を忘れさせてくれる噴水の音が心地いい

**メナード美術館**
住小牧市小牧5-250
TEL0568-75-5787
開10:00～17:00（最終入館16:30）
休月（祝日の場合は翌平日）、展示替え期間
料900円、高・大学生600円、小・中学生300円、特別展は一般1000円
CCADJMV
Pあり
交名鉄小牧線小牧駅から徒歩15分

info 小牧山の展示施設　「小牧山歴史館」は標高85.9mの小牧山の山頂、「小牧山城史跡情報館（れきしるこまき）」は南麓にある。戦国武将と小牧山との関係についての展示があるほか、織田信長が築いた石垣を復元整備。

# 良縁と幸せを運ぶ 神社の不思議スポット

男性の守護神を祀る田縣神社と、女性の守護神を祀る大縣神社。両社参りをすれば、良縁、子宝、子孫繁栄の御利益を授かることができると伝えられている。

## 小牧市 天下の奇祭「豊年祭」で有名

### 田縣神社（たがたじんじゃ）

五穀豊穣、家業繁栄、開拓の祖神として崇敬を集める神社。「母なる大地は、父なる天の恵みにより受胎する」という古代日本の民俗思想により、境内に男性のシンボルを祀っていることから、子供を授かりたいと願う夫婦の参拝者も多い。毎年3月15日に斎行される豊年祭は、「天下の奇祭」として知られ、男衆が大男茎形（おおおわせがた）と呼ばれる男根をのせた神輿を担ぎ神社に奉納する。豊かな1年であるよう祈願するとともに、万物の育成や子孫の繁栄を願う。

MAP 別冊 P.8-B2
住 小牧市田県町152
TEL 0568-76-2906
開 参拝自由
休 無休
P あり
交 名鉄小牧線田県神社前駅から徒歩5分

## 男性のシンボルをお祀り

❶右の玉を触ると家内安全、金運が、左の玉を触ると良縁、子宝、夫婦和合の願いがかなうといわれている珍宝窟　❷国内外から多くの人が訪れる豊年祭。毎年新たな檜で作られる長さ2mの巨大な男性シンボルをのせた神輿を42歳の厄男が担ぐ

お守り

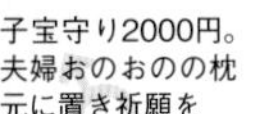

子宝守り2000円。夫婦おのおのの枕元に置き祈願を

御朱印帳

檜を薄く削った月替わりの御朱印500円と大男茎形が迫力満点の御朱印帳各1500円

## 犬山市 良縁へと導くパワーが満ちる

### 大縣神社（おおあがたじんじゃ）

三棟造、大縣造と称され、ほかに類をみない特殊な様式を構える本殿は、昭和56(1981)年に国の重要文化財に指定された。摂社「姫の宮」は縁結びの神様といわれ、その御利益は絶大。社殿の背後に、女陰をかたどった姫石が奉納されており、本殿裏には、本宮山からの湧き水をたたえた「むすひ池」や、ハート形をした「えんむすびの石」などが点在する。安産、子授け、婦人病など、女性の願いごとを聞き届けてくれるという。祈願を込めて通り抜けると願いが天に通じると伝わる「みに鳥居」もある。

MAP 別冊 P.8-B1
住 犬山市宮山3
TEL 0568-67-1017
開 6:00～20:00
休 無休　P あり
交 名鉄小牧線楽田駅から徒歩15分

## 女性の願いを届ける姫石

❶女性器をかたどった姫石。女性の守護神・玉比売命（たまひめのみこと）が祭神の姫の宮と一緒に奉拝を　❷2月中旬～3月下旬は320本もの紅白の枝垂梅が境内を彩り、梅まつりが行われる

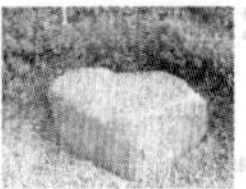

女性は左側に腰をかけて良縁を祈願すると願いがかなうといわれている「えんむすびの石」

祈願用紙に願いごとを書き、むすひ池へ。速く沈めば願いが早くかなうといわれている。祈願用紙100円は授与所でいただく

info 大縣神社　夫婦で身に付けると御利益ありとされる「子授守」や、足腰の衰えを感じたら入手したい「足腰守」などの授与品が多数。玉比売命を描いた絵馬は版画家の棟方志功によるもの。

桶狭間の戦いの伝説が残る新興住宅地

# 豊明市（とよあけし）

エリアの基本情報

人口　69,295人（27位）
面積　23.22㎢（40位）
市の花　ヒマワリ
市の木　ケヤキ
市制施行日
昭和47（1972）年8月1日

桶狭間の戦いの古戦場伝説地。今川義元をはじめ、今川軍7人の戦死場所を示すといわれる「七石表」が点在する

市章

豊明の「トヨ」の文字を図案化し、両翼に輪舞する人型をとって市民の協力と飛躍を表わしたもの。昭和41（1966）年10月1日に制定された。

**エリア利用駅**

◎**豊明駅、前後駅**
名鉄名古屋本線（急行・準急・普通）
◎**中京競馬場前駅**
名鉄名古屋本線（準急・普通）
※バス停は名鉄バス前後駅、勅使台口を利用

ℹ 豊明市観光協会
URL welcome-toyoake.jp

## 豊明市への行き方

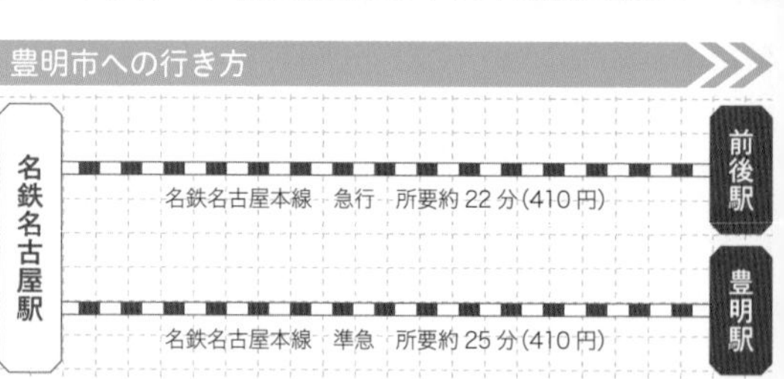


台地と低地からなる地形で、北部にある標高72mの二村山（ふたむらやま）を頂点に、南に向かってゆるやかに傾斜している。県の中央よりやや西側に位置し、名古屋市南部に隣接。緑豊かな自然に育まれながら、快適な居住環境を備えた名古屋都市圏のベッドタウンとして発展を続けている。こうした「新しい顔」とともに、「歴史の町」の顔ももつ。織田信長が今川義元の大群を破り、天下統一の糸口を作った桶狭間古戦場ゆかりの地など、古い歴史が残る。市の南部には、国道1号や23号、伊勢湾岸自動車道が横断しており、関東圏や関西圏へのアクセスがとてもいい。このため、豊明IC付近には、全国有数の取扱高を誇る愛知豊明花き地方卸売市場がある。

info　大脇の梯子獅子　五穀豊穣を祈る神事。高さ10mほどのやぐらの上で、獅子に扮したふたりの若者が妙技を見せる。ほかにも9mの竹の上で行われる「1本竹」など、多彩な演技が披露される。大脇神明社で10月第2日曜に開催。

## 豊明市はどえりゃあすごいがね！

### 日本一の花き専門の市場

鉢花の観賞用植物の取引額は日本一、アジアでも最大規模を誇る花き市場がある。セリの様子や花々に埋め尽くされた市場を見学できる。

### 歴史に名高い桶狭間の戦いの舞台

今川義元と織田信長が戦った、日本史上重要な転換点とされる桶狭間の戦い。その際に今川義元陣跡といわれてきた場所が国指定史跡になっている。

### ほかにはない珍しい劇場型消防署

尾三消防本部 豊明消防署は、消防車や訓練を無料で自由に見ることができる「劇場型消防署」として、子供たちに大人気。

## 豊明市の歩き方

### 桶狭間の戦いの舞台と花の市場を巡る

豊明市内の見どころに行くには、名鉄名古屋本線の中京競馬場前駅、前後駅、豊明駅の3駅が起点となる。**愛知豊明花き地方卸売市場**は豊明駅、**桶狭間古戦場伝説地**と**中京競馬場**は中京競馬場前駅から徒歩圏内。**二村山**や**沓掛城址公園**へは前後駅から名鉄バスで。車を使う場合、前後駅と豊明駅前にタクシー乗り場がある。

中京競馬場へは中京競馬場前駅から屋根続きで来場できる

ITを利用した最先端の「花のセリ室」を見学するには、愛知豊明花き地方卸売市場の「市場見学ツアー」に参加したい。臨場感あふれるセリの見学は午前のみ。曜日など詳細を確認して事前予約をしておくこと。セリ以外も見学可能。

歴史好きなら巡りたいのが、桶狭間の戦いゆかりの地。桶狭間古戦場伝説地や**高徳院**のほか、沓掛城址公園、**戦人塚**などがある。二村山から徒歩25分くらいのところにある沓掛城址公園は、桶狭間の戦い前夜に今川義元が入城した城址。この城から大高城へ向かう途中で、義元は討ち取られた。本丸址、土塁、内堀などが残り、公園になっている。

#### おさんぽプラン

❶ 愛知豊明花き地方卸売市場 (▶ P.192)
⬇ 電車+徒歩 15分
❷ 桶狭間古戦場伝説地 (▶ P.40)
⬇ 徒歩 15分
❸ 中京競馬場 (▶ P.192)
⬇ 電車+バス 25分
❹ 二村山 (▶ P.193)

#### 花のイベント

全国から花が集まる花き市場があり、花にちなんだ商品が点在する豊明市。花の町として市をPRするため、平成28(2016)年から「とよあけ花マルシェ」というプロジェクトが豊明市全域で開催されている。花の市場（マルシェ）で鉢花や切り花、食べられる花を使ったスイーツ、雑貨などを販売するほか、花について学べるイベントもある。花好きはもちろん、おいしいものや珍しいもの好きの人も楽しめる。

もっと知りたい！ あいちの話

### 希少な植物が見られる大狭間湿地

市指定天然記念物「大狭間湿地」は、面積2367平方メートルの湧水湿地。大都市近郊に残る貴重な自然遺産で、絶滅危惧種を含む多くの希少性植物が生育している。8月頃はサギソウやミズギクなどが、9月はシラタマホシクサ、サワヒヨドリ、10月にはスイランなどの観察が可能。特に9月のシラタマホシクサは湿地内一面に咲き誇り、幻想的な景観が楽しめる。貴重な草花が一面に咲き誇る7～10月の間に、年に5日間のみ一般公開される。
MAP 別冊 P.11-D3

大狭間湿地の一面に咲き誇るシラタマホシクサ

## 愛知豊明花き地方卸売市場

住豊明市阿野町三本木121
TEL0562-96-1199
営9:00～15:00、市場見学ツアーはHPから要予約（URLfengming.jp）
休土・日　料無料
Pあり
交名鉄名古屋本線豊明駅から徒歩1分

北海道から南は沖縄まで、色とりどりの花とその香りに包まれた場内

花の産地にある日本一の花き専門市場 MAP 別冊P.11-D3

# 愛知豊明花き地方卸売市場（あいちとよあけかきちほうおろしうりしじょう）

　鉢花・蘭などの鉢物の取引では、アジア最大規模を誇る世界有数の花き専門市場。全国各地で栽培された花が集まるセリ取引は、毎週月・木曜に開催され、市場見学ツアー（要予約）に参加すれば見学が可能。約40品種の桜など、市場の敷地内外には季節の花々が植えられ、珍しい花にも出合える。

市場施設の見学者通路からセリ取引の様子を見学

## 中京競馬場

住豊明市間米町敷田1225
TEL052-623-2001
開競馬開催日9:00～17:00（平日10:00～12:00、13:00～16:00）
※営業に関する最新情報はJRAのHP等で確認を
休月・火・祝、臨時休務日あり
料中京開催時原則200円（15歳未満無料）、パークウインズ時（場外発売時）無料
CCADJMV（ターフィーショップのみ）
Pあり
交名鉄名古屋本線中京競馬場前駅から徒歩10分

サラブレッドの姿に魅了される MAP 別冊P.11-D3

# 中京競馬場（ちゅうきょうけいばじょう）

　日本中央競馬会（JRA）主催レースが行われる競馬場で、春冬にはＧⅠレースも開催。大迫力のレースを間近で見ることができる。開催がない日も、懐かしの名鉄7000系パノラマカーの展示や馬場内遊園地は開放。土日にはポニーと触れ合えるイベントもあり、年間をとおしてファミリーで楽しめる。

目の前のターフをサラブレッドが駆け抜ける

## 尾三消防本部 豊明消防署

住豊明市沓掛町宿234
TEL0562-92-0119
開8:30～17:15（開放時間）
休無休
料無料
Pあり
交名鉄名古屋本線前後駅から車10分

タイミングが合えば、訓練の様子が見学できるかも

特等席から見学できる劇場型消防署 MAP 別冊P.11-D3

# 尾三消防本部 豊明消防署（びさんしょうぼうほんぶ とよあけしょうぼうしょ）

　自由に見学できるよう設計された消防署で、壁のない車庫には、消防車や救急車がずらり！　車庫の周りに設置されたスカイウォークからも、消防車や出動の様子を見ることができる。1階市民プラザは、子供向けミニ消防車&救急車や、消防活動を紹介する啓発コーナーもある消防の学習施設。

スカイウォークから間近に見える消防車に大興奮！

info 防災意識を向上　尾三消防本部 豊明消防署に設けられた啓発コーナーでは、住宅用火災警報器やAEDの使い方の紹介も。「開放感」と「見やすく」をコンセプトに設計された消防署で防災意識をアップしよう。

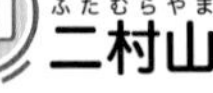

豊明市の最高地点から眼下を望む 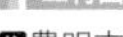 別冊P.11-D3

## 二村山（ふたむらやま）

標高 71.8 mの山頂展望台から市街を一望できる景勝地。晴れていれば猿投山や伊吹山地、御嶽山まで見渡せる。付近には、山賊に襲われた旅人の身代わりになったとされる二村山峠地蔵尊がある。

山頂には胴体が斜めに切られた二村山切られ地蔵尊が安置されている

**二村山**
住 豊明市沓掛町皿池上１９
TEL 0562-92-8332
開 散策自由
P あり
交 名鉄名古屋本線前後駅から名鉄バス藤田医科大学病院行きで勅使台口下車、徒歩10分

彩り豊かな銘菓をおみやげに MAP 別冊P.11-D3

## 御菓子処 鶴の家（おかしどころ つるのや）

北海道の契約農家の小豆や自家製あんなど吟味した素材を使用。ふっくらとやわらかく炊き上げた小豆を、つきたての餅で包み、両面を焼き上げ風味豊かに仕上げた「殿さま餅」は代表銘菓。

殿さま餅1個160円は創業以来根強い人気。栗きんとんをわらび餅で包んだ甘味もおすすめ

**御菓子処 鶴の家**
住 豊明市新田町吉池1-2
TEL 0562-93-4567
営 8:00〜19:00
休 無休
CC ADJMV
P あり
交 名鉄名古屋本線前後駅から車10分

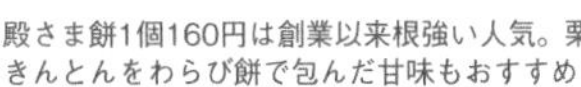

もっと知りたい! あいちの話

## 歴史に思いをはせる「桶狭間古戦場まつり」

永禄３（1560）年、約２万5000人と巨大な大軍を引き連れ、駿河を中心に勢力を誇っていた今川義元軍と、尾張統一を目指す織田信長軍約3000人が桶狭間の地で戦い、本陣強襲による突撃で織田信長が見事に勝利した戦いが「桶狭間の戦い」。その戦死者の霊をしのぶ祭りが「桶狭間古戦場まつり」だ。手作りの鎧と兜を身にまとった300名を超える武者行列や、桶狭間の戦いを再現した合戦劇、火縄銃発砲、棒の手演技、豊明太鼓演奏などが行われ、観客を魅了する。古戦場伝説地では、ボランティアガイドによる歴史講座や弓的あて、紙芝居が行われる。

**桶狭間古戦場まつり（おけはざまこせんじょうまつり）**
TEL 0562-92-8332（豊明市役所産業支援課）
〈開催場所〉桶狭間古戦場伝説地、高徳院駐車場、沓掛城址、ほか
〈開催日時〉6月第1土・日 9:00〜16:00（時間はイベントにより異なる）、雨天時中止・変更の場合あり
P なし
交 名鉄名古屋線中京競馬場前駅から徒歩5分（桶狭間古戦場伝説地）

❶武者行列・合戦再現劇の出演者は一般から募集する ❷当時の主力武器だった火縄銃を発砲 ❸今川義元、織田信長、姫、家臣、少女武者による再現劇

清洲城は織田信長の天下統一始まりの地

# 清須市（きよすし）

エリアの基本情報
人口　67,352人（28位）
面積　17.35㎢（46位）
市の花　サクラ・チューリップ
市の木　ハナミズキ
市制施行日
平成17（2005）年7月7日

清須市はどえりゃあすごいがね！

**初代藩主が名づけ親 大根の祖先の原産地**

尾張初代藩主・徳川義直が名前をつけ、尾張徳川家にも献上された特産の「宮重大根」は、現在のほとんどの大根の祖先。市内にはオブジェや道標も。

市章

歴史と水辺環境を生かした魅力ある環境都市としての飛躍を表現。2色のブルーは水と未来を象徴している。

清須市への行き方

名鉄名古屋駅から名古屋本線準急・急行で須ケ口駅まで約8分230円。清洲城エリアへは名古屋駅からJR東海道線で清洲駅まで約7分200円。ほかに東海交通事業城北線や、名古屋第二環状自動車道もとおる。

ℹ 清須市観光協会
URL kiyosu-kanko.org

おさんぽプラン

❶ 西枇杷島問屋記念館（▶P.196）
⬇ 徒歩5分
❷ cafe&gallery MIDORIYA（▶P.196）
⬇ 電車3分+徒歩28分
❸ 清洲城（▶P.197）
⬇ 徒歩20分
❹ 興聖山 總見院（▶P.195）

清洲城天主。信長が拠点としていた頃に天主はなかったという

庄内川を挟んで名古屋市北西部に隣接する。市の北部にある、あいち朝日遺跡ミュージアムが物語るように、弥生時代から人が定住した。室町初期に清須城が築城されると、のちに織田信長が拠点とし、天下統一へと突き進んだ。城下町は尾張の中心地となったが、江戸時代初めの「清須越」で町の機能が名古屋へ移転。しかしその後、美濃路がとおると清洲宿が繁栄し、「下小田井の市」は日本3大市場に数えられるほど盛況となった。

## 清須市の歩き方

### 弥生、戦国、明治へと続く繁栄の跡を見る

明治の初期に建てられた西枇杷島問屋記念館

「下小田井の市」の青果問屋だった**西枇杷島問屋記念館**から**美濃路**を西へ。4～5分も歩くと、国の登録文化財である明治時代の商家・**柴田家住宅主屋**が見えてくる。**清洲城**へはJR利用もいいが、美濃路を歩くと約50分。途中で少しルートを外れれば、三英傑ゆかりの**日吉神社**に立ち寄れる。清洲城の西側には、おみやげが買える**清洲ふるさとのやかた**のある**清洲古城跡公園**と**清洲公園**。この付近から**興聖山 總見院**は北へ、**あいち朝日遺跡ミュージアム**は東へ15～20分だ。

info 清須からあげまぶし　ご当地グルメ・清須からあげまぶしは、清須産の味噌を使用した鶏のから揚げと愛知県産野菜を使用した、ひつまぶし形式で提供される一品。カレーハウスCoCo壱番屋（→P.196）を含む、市内の飲食店で味わえる。

尾張初代藩主が開基した信長の菩提寺 MAP 別冊P.10-B1

## 興聖山 總見院（こうしょうざん そうけんいん）

天正11（1583）年、織田信雄が父・信長を弔うためこの地に景陽山総見寺を建立。その後、名古屋市の大須に移ったが、3代住職・閫山永吃和尚が、尾張初代藩主・徳川義直と家康の長女・亀姫から帰依を受け、正保元（1644）年、現在の場所に信長の菩提を弔う興聖山 總見院を創建した。信雄が本能寺の変の直後、焼け跡を捜索させて探し当てた兜、義直や亀姫より寄進された器や着物が今も残る。寺宝のひとつ木造聖観音像菩薩立像は平安中期の作品。5月最終日曜には、信長忌が執り行われる。

本能寺の焼け跡から発見された、織田信長のものとされる兜。装飾品はすべて焼け落ちている

**興聖山 總見院**

住 清須市大嶋1-5-2
TEL 052-400-3322
開 参拝9:00～15:00
休 無休（参拝できない日もあり）
料 200円、高校生以下無料
CC 不可
P あり
交 JR清洲駅から徒歩7分

臨済宗妙心寺派の寺院。寺宝の唐絹織紫衣は県指定文化財

市民の暮らしを守るコミュニティ施設 MAP 別冊P.12-A1

## 庄内川水防センター（みずとぴぁ庄内）（しょうないがわすいぼうせんたー みずとぴぁしょうない）

備蓄土砂置場やヘリポートがある庄内川の水防施設。平常時は地域活動の拠点として、水生生物や昆虫の観察会なども開催している。風光明媚な河川敷は、映画やCMのロケ地としても有名。

チューリップやカワラナデシコ、コスモスなど四季折々の花が通年で楽しめる

**庄内川水防センター（みずとぴぁ庄内）**

住 清須市西枇杷島町北枇杷池15-1
TEL 052-400-2911（清須市役所都市計画課）
開 10:00～16:00、土・日・祝9:00～17:00、河川敷は散策自由
休 月（祝日を除く）
料 無料
P あり
交 名鉄名古屋本線二ツ杁駅から徒歩5分

美濃路と津島街道の分岐にある休憩所 MAP 別冊P.12-A1

## 新川橋橋詰ポケットパーク（しんかわばしはしづめぽけっとぱーく）

庄内川や五条川が流入する場所を水害から守るために江戸時代に開削された新川。同施設には、その「天明の改修」の歴史を伝えるパネルや工事を指揮した水野千之右衛門の碑が立つ。

美濃路や新川河川敷散策の小休憩に便利な東屋やベンチが設置されている

**新川橋橋詰ポケットパーク**

住 清須市土器野135-2
TEL 052-400-2911（清須市役所都市計画課）
営 散策自由
P なし
交 名鉄名古屋本線新川橋駅から徒歩3分

名古屋城下の食を支えた青果問屋 MAP 別冊P.12-A1

## 西枇杷島問屋記念館

江戸時代に栄えた日本3大市場のひとつ「下小田井の市」の創始者のひとりといわれる山田九左衛門家の住居を、平成4（1992）年に移築復元した。美濃路の町屋のなかでも江戸時代の青物問屋の様式を伝える貴重な建物で、清須市指定文化財。当時の商いと暮らしぶりがわかる展示が目を引く。

明治初期に建てられたとされる町屋造りの建物。青物問屋の様式を今に伝える

**西枇杷島問屋記念館**

住 清須市西枇杷島町西六軒20
TEL 052-400-2911（清須市役所代表）生涯学習課
開 10:00〜16:00（最終入館15:30）
休 月・祝日の翌日（休日の場合は近日の開館日）
料 無料　P なし
交 名鉄名古屋本線西枇杷島駅または二ツ杁駅から徒歩7分

青物問屋の商いの様子を再現展示

地元のアーティストが集う古民家カフェ MAP 別冊P.12-A1

## cafe&gallery MIDORIYA

美濃路街道沿いにある築120年以上の古民家をリノベしたカフェ。フォトグラファーのマスターと似顔絵師&三味線弾きの店長が運営するカフェには、多様なジャンルのアーティストが集まる。併設の舞台空間「MINOJI BASE」では、和楽の演奏会や古典芸能といった各種イベントを定期開催する。

ドリップで提供する炭火焙煎オーガニック珈琲

**cafe&gallery MIDORIYA**

住 清須市西枇杷島町辰新田67
TEL 070-1674-0055
営 9:00〜13:00
休 月〜水
CC ADJMV（1000円以上）
P なし
交 名鉄名古屋本線二ツ杁駅から徒歩3分

カフェのほか、作家や職人の作品を販売するSHOPも併設

国内外1400店舗超「ココイチ」の1号店 MAP 別冊P.12-A1

## カレーハウス CoCo 壱番屋 西枇杷島店

年間約8500万食を提供する「カレーハウスCoCo壱番屋」は、昭和53（1978）年にこの場所で誕生した。今では当たり前のソースの辛さやトッピングを選べるシステムで、マイカレーが楽しめる。清須市のご当地グルメ・清須からあげまぶし1000円は、西枇杷島店と愛知清洲店のみの限定メニュー。

2階にはココイチの歴史が詰まった壱番屋記念館がある。見学は電話で要予約

**カレーハウス CoCo 壱番屋 西枇杷島店**

住 清須市西枇杷島町末広31
TEL 052-502-4738、壱番屋記念館 見学予約0586-76-7545（平日9:00〜17:00）
営 11:00〜L.O.23:00、壱番屋記念館14:00〜16:00（要予約）　休 無休　CC ADJMV
P あり　交 名鉄犬山線下小田井駅から徒歩7分

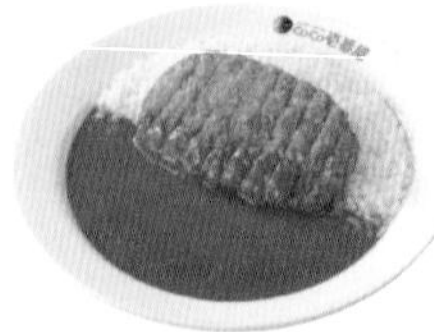

不動のいちばん人気・ロースカツカレー907円（価格は地域で異なる）

info ココイチのカツは愛知で製造　カレーハウスCoCo壱番屋のカレートッピングのど定番である「ロースカツ」は、愛知にある自社工場で製造されている。清須市内では、1号店を含め3店舗（愛知清洲店・春日店）で展開。

# 織田信長の天下取りの拠点「清洲城」を知る

戦国期に多くの武将が重要拠点とした城。五条川沿いにそびえる天主と周辺を歩いて、当時の熱い駆け引きを想像してみよう。

天主最上階からは城の周囲を360度見渡せる

桜の名所として有名な五条川に架かる朱色の大手橋



## 天主閣内の常設展示は必見！

### 4階 天下一吉例ゾーン

外廻縁に出て清須の町や濃尾平野を一望できるほか、金鯱のレプリカを目の前で見られる。仕掛けのある「清洲城からくり望遠鏡」も。

### 3階 覇者たちのルーツ・清須ゾーン

織田信長を中心にした武将たちの偉業、清須との関係を紹介する。桶狭間の戦いや長篠・設楽原の戦いを体感できるコーナーもある。

### 2階 戦国の都・清須ゾーン

テーマは「清須城と城下町」。戦国時代の清須城下や戦国武士の暮らしをジオラマシアター「清須城物語」やバーチャルウオークで体感。

### 1階 プロローグゾーン

古代から中世、尾張国の首府時代、清須越、そして現代にいたるまでの清須の歴史を年表や遺跡からの出土品、刀・槍や甲冑で紹介する。

## 歴史を左右する転換期の舞台となった「出世城」

応永12（1405）年築造、弘治元（1555）年に22歳の織田信長が那古野城から入城し、約8年間居城とした。信長の天下統一への足がかりとなったほか、本能寺の変後の跡目を巡る清須会議が開かれるなど、歴史上重要な拠点だった。尾張の中心として栄えるも、慶長15（1610）年の清須越※で廃城。平成元（1989）年に模擬天主が再建された。

※清須から名古屋へ城下町の建物や機能をすべて移転した徳川家康による大事業

**清洲城**（きよすじょう） MAP 別冊 P.10-B1
住 清須市朝日城屋敷1-1 TEL 052-409-7330
開 9:00～16:30 休 月（祝日の場合は翌平日）、桜の花見期間は開館 料 300円、小・中学生150円、未就学児無料 CC 不可 P あり
交 JR清洲駅または名鉄名古屋本線新清洲駅から徒歩15分

### 信長と濃姫のいる公園

実は信長時代の清須城があったのは五条川を挟んだ対岸にある清洲古城跡公園。園内には復元された本丸石垣や信長を祀る小社がある。

桶狭間の戦いに出陣する姿をイメージした信長と濃姫の銅像が立つ

### 「清洲」と「清須」の表記

「きよす」の表記は歴史書でも「清洲」と「清須」が混在していて、歴史家の間でもどちらを採用するか意見が分かれるところである。本書では慶長15（1610）年の清須越までは「清須」、のちの名称は「清洲」と表記している。ちなみにかつて清洲町という地名があったが、平成17（2005）年の3町対等合併で「清須市」となった。

info おみやげに地酒　清須市にある醸造メーカー・清洲桜醸造による「清洲城 信長 鬼ころし」は、昭和59（1984）年の販売以来、長く愛されている。やや辛口でコクがあるため飽きの来ない定番酒で、飲み方はぬる燗や上燗がおすすめ。

空港から工場まである「飛行機のまち」

# 豊山町（とよやまちょう）

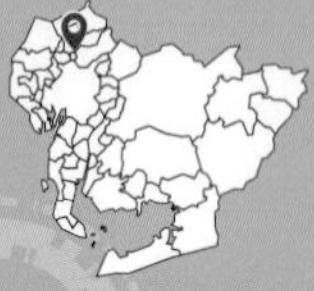

エリアの基本情報
人口　15,613人（50位）
面積　6.18㎢（54位）
町の花　サザンカ
町の木　シイノキ
町制施行日
昭和47（1972）年4月1日

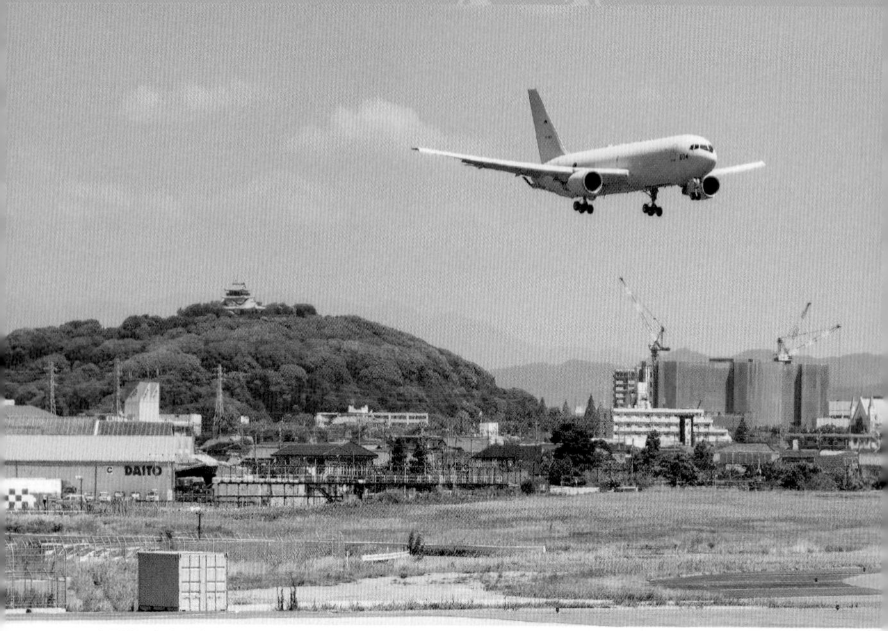

小型機の拠点空港として国内9都市と連絡する県営名古屋空港。背後に見えるのは小牧山

町章

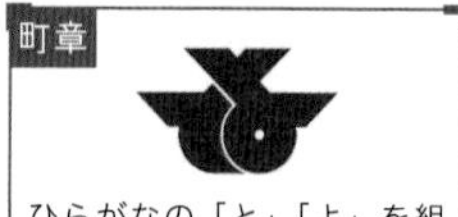

ひらがなの「と」「よ」を組み合わせたデザイン。一般公募作品のなかから選ばれたもので、町制施行から3年半後の昭和50（1975）年10月6日に定められた。

**エリア利用駅**

**◎県営名古屋空港**
名鉄バス（名古屋空港バス）、あおい交通（名古屋空港直行バス）

## 豊山町への行き方

名古屋駅 ― あおい交通（バス）所要約20分（700円） ― 県営名古屋空港

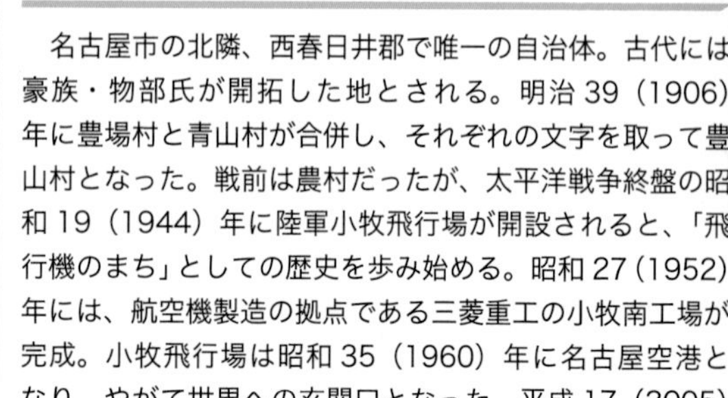

名古屋市の北隣、西春日井郡で唯一の自治体。古代には豪族・物部氏が開拓した地とされる。明治39（1906）年に豊場村と青山村が合併し、それぞれの文字を取って豊山村となった。戦前は農村だったが、太平洋戦争終盤の昭和19（1944）年に陸軍小牧飛行場が開設されると、「飛行機のまち」としての歴史を歩み始める。昭和27（1952）年には、航空機製造の拠点である三菱重工の小牧南工場が完成。小牧飛行場は昭和35（1960）年に名古屋空港となり、やがて世界への玄関口となった。平成17（2005）年には中部国際空港の開港にともなって県営名古屋空港となり、コミューター機の拠点に。今も多くの人が行き交う空の玄関口であり、航空産業の地である。

ℹ 豊山町
URL www.town.toyoyama.lg.jp

info 郷土料理どじょうずし　田んぼで取れたドジョウを、砂糖と醤油で甘辛く煮て、酢飯の上にのせた箱寿司。豊山町伝統の食文化を守るべく、近年は小学校での調理体験も行っている。ゆるキャラ「どじょたん」も誕生。

## 豊山町はどえりゃあすごいがね！

**日本の飛行研究の中核 航空産業の発展を支える**

県営名古屋空港の隣に宇宙航空開発機構（JAXA）の「名古屋空港飛行研究拠点」が立地。実験用航空機の研究開発拠点として日本の飛行実験研究を牽引。

**プロ野球界の至宝 イチローの故郷**

メジャーリーグでも活躍した元プロ野球選手・イチローは、豊山町の出身。日本で初めて年間200安打を達成した際は初の町民栄誉賞を授与。

**中部エリアの 食を支える台所**

昭和58（1983）年開設の、12万平方メートルもの広大な名古屋市中央卸売市場北部市場。中部圏への食品供給の流通拠点として重要な役割を担う。

## 豊山町の歩き方

### 飛行機三昧の１日に、野球の名所をプラス

**県営名古屋空港**付近は、飛行機の離着陸をゆったり眺めるのに恰好のエリア。空港ターミナルビル３階の展望デッキには、カメラを携えた見学者が絶えない。FDAのカラフルな機体の離着陸を見るなら、朝７時〜８時30分頃や10〜12時頃が、便数の多いおすすめの時間帯だ。空港１階には名古屋めしの楽しめる飲食店や、特産品や伝統工芸品が買える愛知県のアンテナショップも。旧国際線ターミナルビルを利用したショッピングモール、**エアポートウォーク名古屋**の５階にも展望テラスがある。ほかに、空港の北にある**神明公園**も人気の展望スポットだ。

イチロー展示ルーム「I-fain」ではイチローゆかりの希少なコレクションを展示

飛行機の展示を見るなら**あいち航空ミュージアム**へ。国産旅客機YS-11をはじめ愛知県にゆかりのある実機や模型のほか、飛行機のエンジンやヘリコプターの部品も。神明公園の航空館boonにも、実機などが展示されている。野球に興味があれば**イチロー展示ルーム「I-fain」**や**空港バッティング**もおすすめ。すべて徒歩で移動できる距離だ。

**おさんぽプラン**

❶ 県営名古屋空港（▶ P.200）
↓ 徒歩11分
❷ あいち航空ミュージアム（▶ P.201）
↓ 徒歩１分
❸ エアポートウォーク名古屋（▶ P.200）
↓ 徒歩９分
❹ イチロー展示ルーム「I-fain」（▶ P.200）

小ネタ

**豊山町は県内最小の自治体**

豊山町の面積は6.18平方キロメートルと県内最小。およそ2.5km四方で、３時間もあれば歩いて１周できる。面積の３分の１ほどを空港が占め、それ以外のエリアには生活に必要な施設が揃っている。それでいて、広々としたのどかさもある。ちなみに町民の人口約１万5000人に対して、コロナ前の県営名古屋空港の乗降客数は約90万人に上る。

もっと知りたい！ あいちの話

### 県内No.1の「飛行機のまち」

航空機産業は開発から製造まで、また機体から制御システムまで裾野が広い。ものづくりが盛んな愛知県には航空機産業に携わる企業が多いが、なかでも豊山町は格別。県営名古屋空港から、研究開発や製造の拠点、航空機の魅力を発信するミュージアムまでが揃う。また県営名古屋空港は、コミューター機のほかにビジネスジェットや報道・防災ヘリも飛び、隣接の航空自衛隊小牧基地とも滑走路を共有。まさに県内No.1の「飛行機のまち」だ。

旧名古屋空港国際線ターミナルビルを改装したエアポートウォーク名古屋

info イチローが育った場所　県営名古屋空港から北西へ徒歩約25分、国道41号沿いにある空港バッティングは、イチローが少年時代にほぼ毎日通った場所。公認球を打てる本格的なこの施設には、全国から野球ファンが訪れる。

## いちろーてんじるーむ あい・ふぁいん
## 貴重なイチローコレクションを展示
## イチロー展示ルーム「I-fain」

MAP 別冊P.8-B2

豊山町出身のイチロー選手の貴重な資料を展示する施設。日本プロ野球史上初の200安打を達成した際の記念ボールや、日米で獲得した数々のタイトルや盾、MLB年間最多安打達成時のタイ記録のボール、少年時代に書いた夢の作文など、コレクションは多岐にわたる。おみやげには「鈴木家のチチローカレー」を。

2004年シーズン最多安打メジャー新記録「祝262本最多安打記念スパイク」

**イチロー展示ルーム「I-fain」**

住豊山町豊場四ツ塚53
TEL0568-29-0503
開10:30～16:30（最終受付16:00） 休月～金（祝日の場合営業） 料900円、小・中学生300円 CC不可 Pあり 交JR名古屋駅からあおい交通バス名古屋空港行きであいち航空ミュージアム下車、徒歩10分

イチロー選手の野球にかけた夢や思いを体感できる

## けんえいなごやくうこう
## 名古屋市街地から行きやすい都市型空港
## 県営名古屋空港

MAP 別冊P.8-B2

ターミナル1階に出発・到着に必要な施設がすべて集約され、入口から搭乗ゲートまで最短200mと利便性の高いコンパクトな空港。日本初の本格的なビジネス機の拠点空港として、ビジネス機専用ターミナルも設置。空港内には、航空機をテーマにした「あいち航空ミュージアム」（→P.201）がある。

ターミナルの展望デッキからは航空機を見学できる

**県営名古屋空港**

住豊山町
TEL0568-28-5633（ターミナル総合案内所）
営ターミナル開館6:00～22:00（滑走路運用時間7:00～）
休無休
料ターミナル入館のみ無料
CC施設により異なる
Pあり
交JR名古屋駅ミッドランドスクエア前からあおい交通（バス）県営名古屋空港・あいち航空ミュージアム行きで県営名古屋空港下車すぐ

## えあぽーとうぉーくなごや
## 飛行機が見えるショッピングモール
## エアポートウォーク名古屋

MAP 別冊P.8-B2

出国ロビーや乗降用デッキ、展望台など、旧名古屋国際線ターミナルビルを再利用した複合商業施設で、映画館や地域最大級の複合型ブックセンターなど135の専門店が入る。県営名古屋空港を離発着する航空機や、小牧基地の航空自衛隊機を見ながらショッピングや食事を楽しめるのも魅力。

滑走路側には飛行機の乗降用デッキがそのまま残る

**エアポートウォーク名古屋**

住豊山町豊場林先1-8
TEL0568-28-1511
営アピタ名古屋空港店9:00～22:00（レストラン街11:00～）、専門店街・フードコート10:00～21:30、ミッドランドシネマ9:00～24:00（上映時間により異なる）、アミューズメント10:00～21:30
休無休
Pあり
交名鉄名古屋駅前からあおい交通県営名古屋空港直行バスであいち航空ミュージアム下車、徒歩1分

一般公開は全国初※の T-4 ブルーインパルスも!

# あいち航空ミュージアム

県営名古屋空港内にある体感型航空ミュージアム。歴史ある機体の展示やフライトシミュレーターなどの体験プログラムが人気。

※自衛隊の施設は除く

航空祭などで華麗なアクロバット飛行を披露するブルーインパルスの機体を令和4(2022)年から常設展示

**ミュージアムの楽しみ方**

館内&展望デッキ見学に加え、大型スクリーンと動くシートで空を飛ぶ気分が味わえる「フライングボックス」はマストで体験を。

所要時間 かけ足で45分、じっくり派は半日

## 本物の航空機がズラリ

「BoardingPass」と書かれた入場券を空港さながらにゲートでかざして中に入ると、名機の模型が迎えてくれる。中部地方は、航空機産業の集積地。ここでは航空産業の歴史や飛行機が飛ぶ仕組みが学べ、フライトシミュレーターでパイロット気分も味わえる。実機展示や離着陸を間近で見られる展望デッキなど、迫力満点のスポットだ。

**あいち航空ミュージアム**(あいちこうくうみゅーじあむ)

MAP 別冊 P.8-B2

住 豊山町豊場(県営名古屋空港内)

TEL 0568-39-0283 開 9:30～17:00(最終入館16:30) 休 火(休日の場合は翌平日)、悪天候などの場合、臨時休館あり

料 1000円、高・大学生800円、小・中学生500円 CC ADJMV P あり(県営名古屋空港駐車場を利用) 交 あおい交通バスあいち航空ミュージアム、または名鉄バスエアポートウォークから徒歩すぐ

### 実機展示

名古屋空港で初飛行したYS-11など、愛知県にゆかりの機体を中心に展示している。

**YS-11**

戦後初の国産旅客機。初飛行は昭和37(1962)年

**MU300**

愛知県で開発された双発のビジネスジェット

### 名機百選

日本の航空史に名を残した航空機 100 機の精密模型を一堂に展示。明治時代から始まる飛行機の進化の歴史を追っていこう。

すべて 1/25 スケール

ショーケースに名機が並ぶ様子は壮観

### 体験プログラム

体験プログラムは、当日受付窓口で予約できる。館内の「サイエンスラボ」では航空に関する実験教室や工作教室も開かれている。

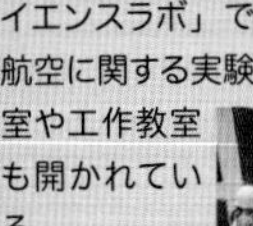

実機と本物の工具を使っての整備士体験などすべてが本格派

### 展望デッキ

屋上展望デッキは、県営名古屋空港の滑走路までわずか 300m ほどの距離。おそらく「日本でいちばん滑走路に近い展望デッキ」だ。

### カフェ&ショップ

カフェとミュージアムショップも併設。当日にかぎり再入場可能なので隣接の商業施設「エアポートウォーク名古屋」で休憩も可能。

ぷるんブルーインパルスドリンク500円

プレミアムトミカブルーインパルスは台座付きで990円

info 隠れスポット　かつてここは国際線ターミナルの駐機場で、ジャンボジェットの重さに耐えうるよう43cmもの厚さのコンクリートで舗装されていた。この珍しいコンクリートは、現在、ベンチとして活用されている。

快適な都市機能と緑が調和した町

# 春日井市（かすがいし）

エリアの基本情報
人口　308,681人（6位）
面積　92.78㎢（14位）
市の花　サクラ
市の木　ケヤキ
市制施行日
昭和18（1943）年6月1日

春日井市はどえりゃあすごいがね！

**実生栽培が盛んな「サボテンのまち」**

春日井市はサボテンを種から育てる実生栽培が全国有数の生産量を誇る。食用サボテンを使ったご当地グルメも人気だ。

市章

外枠は平和な桜花で「春」を、中央の日の丸は太陽のように燃え盛り永久に発展する「日」を、「井」は合併した町村と市民の協和を表す。

**春日井市への行き方**

春日井市にはJR中央本線の駅が勝川駅・春日井駅・高蔵寺駅など5つある。名古屋駅から勝川駅まで最短約17分、240円。春日井駅までは約21分、330円。名古屋鉄道小牧線や愛知環状鉄道線の駅もあり、名古屋からのアクセスは充実している。

ℹ 春日井市観光コンベンション協会
URL kasugai-kanko.jp

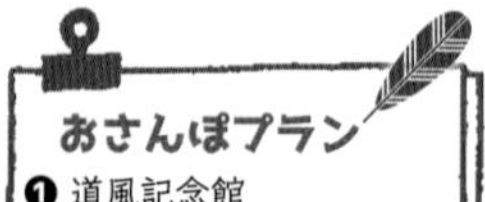

**おさんぽプラン**

❶ 道風記念館
⬇ 徒歩25分
❷ 太清寺
⬇ 徒歩20分
❸ 勝川大弘法（崇彦寺）
（▶ P.203）
⬇ 徒歩3分
❹ 勝川駅前通商店街

都市緑化植物園（グリーンピア春日井）のサボテン

春日井市は名古屋市に隣接する人口約30万人の都市。鉄道・道路・空港などの交通網が充実し、快適な都市基盤を備えるほか、公園数は県内トップクラス。「日本の都市公園100選」に選ばれた落合公園や、花と緑あふれる都市緑化植物園などがあり、自然のなかでゆったりと過ごせる。主要駅周辺は再開発により近代的な景観が広がる一方、昔ながらの商店街や、店主のこだわりが光る個人店も健在。新旧がほどよく共存した多彩な魅力をもつ町だ。

## 春日井市の歩き方

### 弘法市でにぎわう第3土曜日が狙い目

東海交通事業の城北線と接続するJR勝川駅

平安時代の三跡のひとり、小野道風の生誕地といわれ、道風の功績をたたえる全国的にも珍しい書の美術館である**道風記念館**（とうふうきねんかん）までは、JR勝川駅からバスで約10分。**太清寺**（たいせいじ）は、小牧・長久手の戦いに出陣する際、徳川家康が骨を休めた逸話が残る歴史ある寺。大きな弘法大師像が目を引くのは、**勝川大弘法（崇彦寺）**（かちがわおおこうぼう（しゅうげんじ））。隣接する**勝川駅前通商店街**では、毎月第3土曜日に「勝川弘法市」を開催。地元グルメや手作り雑貨などが人気だ。ここから徒歩3分でJR勝川駅へ戻れる。

info 大小の公園が市内に約500ヵ所！　ピクニックに最適の「落合公園」、アスレチック・サイクルボート・動物ふれあい広場を備えた「都市緑化植物園」、気軽に農体験ができる「あい農パーク春日井（→P.203）」など、さまざまな楽しみ方ができる。

年間 14 日だけ公開の廃線トンネル群 MAP 別冊P.9-C2

## 愛岐トンネル群（旧国鉄中央西線 廃線跡）

明治 33（1900）年に開通した旧国鉄中央西線、高蔵寺・多治見間の 13 基のトンネル群。公開は年間 14 日、3 ～ 6 号トンネル 1.7km 区間のみ。4 号多治見口の「三四五（みよい）の大モミジ」の紅葉は感動的！

国の登録文化財認定の3号トンネル。日本3大廃線トンネル群のひとつ

**愛岐トンネル群（旧国鉄中央西線 廃線跡）**
住 春日井市玉野町 地内
TEL 090-4860-4664（特別公開問い合わせ専用）
開 9:30～14:00（4月下旬の5日間、11月下旬～12月初旬の9日間）
料 特別公開100円、小学生以下無料
CC 不可
P なし
交 JR定光寺駅から徒歩3分

駅前商店街に突如出現する 18m の大師像 MAP 別冊P.8-B2

## 勝川大弘法（崇彦寺）

昭和 3（1928）年に建立された高さ 18m 修行大師像で、家内安全や商売繁盛、縁結びの御利益があるといわれている。隣接する崇彦寺には、五角形の「大弘法様の幸運守り」などの授与品も。

商店街の弘法通から見える、全国でも珍しい修行の姿をした巨大な大師像

**勝川大弘法（崇彦寺）**
住 春日井市若草通1-3
TEL 0568-34-9978（崇彦寺）
開 参拝自由、崇彦寺参拝9:00～16:00
休 無休
料 無料
P あり（崇彦寺）
交 JR勝川駅から徒歩10分

木組みの美しい隈研吾設計の建物 MAP 別冊P.8-B2

## プロソリサーチセンター

ジーシーデンタルプロダクツの歯科材料製造 50 周年を記念して建てられた研究施設。隈研吾の真骨頂、木製立体格子は、温かく安らぎと開放感を与えてくれる。事前予約で内部見学が可能。

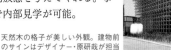

天然木の格子が美しい外観。建物前のサインはデザイナー・原研哉が担当

**プロソリサーチセンター**
住 春日井市鳥居松町2-294
TEL 0568-81-7171（ジーシーデンタルプロダクツ）
開 10:00～16:00（要事前予約）
休 土・日・祝、夏季休業
料 無料
P あり
交 JR勝川駅から徒歩25分

収穫&農業体験ができるアグリパーク MAP 別冊P.9-C2

## あい農パーク春日井（春日井ふれあい農業公園）

貸し農園、指導者付きで植付けから収穫まで野菜栽培ができる農業体験農園、旬の農作物の収穫体験農園の 3 種類の農園がある。取れたて新鮮野菜は BBQ スペースやカフェで味わえる。

45～60分程度の旬の野菜の収穫体験のあとは、手ぶらでBBQ（要予約）がおすすめ

**あい農パーク春日井（春日井ふれあい農業公園）**
住 春日井市西尾町西番場6-50
TEL 0568-37-1831
営 7:00～19:00、10～3月8:30～18:00
休 月（祝日の場合は翌平日）
料 収穫体験1000円～（季節・農作物により異なる、要予約）
CC ADJMV
P あり
交 中央自動車道小牧東ICから車10分、または東名高速道路春日井ICから車20分

info 廃線トンネルと紅葉　東海地方で鉄道トンネルとして国の登録文化財に認定されているのは愛岐トンネル群だけ。200本超のモミジが自生し、秋には紅葉と赤れんがトンネルの共生が多くの来訪者をひきつけている。

名古屋市から30分の水と緑の町

# 尾張旭市（おわりあさひし）

エリアの基本情報
人口　83,144人（22位）
面積　21.03㎢（43位）
市の花　ヒマワリ
市の木　クスノキ
市制施行日
昭和45（1970）年12月1日

尾張旭市はどえりゃあすごいがね！

**日本一の「おいしい紅茶のまち」**

日本紅茶協会認定の「おいしい紅茶の店」が13軒あり、人口ひとり当たりの店舗数は12年連続日本一※。230万都市の名古屋市と比較して24倍となる。

※令和4（2022）年11月現在

市章

昭和32（1957）年に旭町議会で制定し、市制施行後も継続。旭の「ア」の字が3つ丸く連なり、市民の団結と発展を示している。

尾張旭市への行き方

尾張旭駅までは名古屋市の栄町駅から名鉄瀬戸線が運行。普通・準急・急行すべて停車する。平日は1時間に1～11本、土・日・祝日は1時間に1～8本運行。朝夕のピーク時には本数が増える。所要時間準急で約26分、410円。

ℹ 一般社団法人尾張旭市観光協会
URL owariasahishi.com

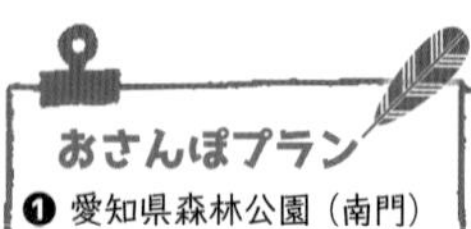

おさんぽプラン

❶ 愛知県森林公園（南門）
⬇ 徒歩6分
❷ 維摩池
⬇ 徒歩11分
❸ 新居の大弘法
⬇ 徒歩13分
❹ 城山公園

愛知県の北西部にある尾張旭市は、名古屋市から瀬戸市へと延びる瀬戸街道の中間に位置。名古屋市に隣接するベッドタウンとして発展してきた。弥生時代から人々が暮らし始めたとされ、集落遺跡も確認されている。古くから窯業都市・瀬戸市との関係が深く、昭和に入ると陶磁器産業が盛んに。公園や緑地に恵まれ、市内各地に湖沼が点在することから、水と緑の自然環境を身近に親しめる。

愛知県森林公園は市の面積の1/6を占める広大な公園

## 尾張旭市の歩き方

### 昔ながらの田園風景と整備された街並みを歩く

江戸時代に農業用に造られた維摩池。池に沿って一周できる遊歩道がある

名鉄瀬戸線・尾張旭駅北口から市中心部を北上するシンボルロードは、安全で快適なバリアフリーの道として整備。街路樹や池辺の自然、モニュメントを楽しみながら、約20分で**愛知県森林公園**の植物園南門に到着する。南門を入り東門で折り返す往復コースでは、植物園・芝生広場・野鳥観察地・展示館などの主要スポットを巡ることができる。約4.6km、所要時間は1時間15分ほどだ。植物園は大人のみ有料（220円）。森林公園に隣接する**維摩池**（いまいけ）は、市内の代表的なため池のひとつ。四季折々の草花に彩られ、季節や時間帯によって池の印象が変化するのも見どころだ。池の東側の散策路を進んだ先にあるのが、尾張3大弘法のひとつ**新居の大弘法**（あらいのおおこうぼう）。台座を含め15mの高さがあり、鮮やかな色彩が施されている。ここから南方面へ向かうと城山街道に突き当たる。西へ1kmほど進むと、市内唯一の総合公園で桜の名所として知られる**城山公園**に到着。公園の一角には、室町時代に建てられた新居城の土塁跡が残る。近くの旭城の無料展望台は、夏には田んぼアートの絶好のビューポイントになる。

7～8月に見頃を迎える田んぼアートは旭城の4階展望室から見学を



info 尾張旭市の民俗芸能「棒の手」　五穀豊穣を願う神事で、2～5人の演技者が型に沿って棒や木太刀を使う武術的な演舞を披露。現在は5つの流派が伝統を守り、愛知県の無形民俗文化財に指定されている。

豊かな自然と都市機能が調和する

# 東郷町（とうごうちょう）

エリアの基本情報
人口 43,903人（39位）
面積 18.03㎢（45位）
町の花 アヤメ
町の木 モッコク
町制施行日
昭和45（1970）年4月1日



東郷町は愛知県のほぼ中央に位置し、名古屋市と豊田市のどちらにもアクセスしやすい。宅地開発が進んだ今も、市街地周辺には豊富な水資源と緑が残る自然豊かな町だ。その一方で、地域と行政で街並み整備や地域経済の活性化を推進。東郷セントラル地区と呼ばれる町の中心地は区画整理が進み、ららぽーと愛知東郷に代表される大型商業施設が充実。多世代を呼び込み新たなにぎわいをもたらしている。

老若男女が訪れる東郷セントラル地区

東郷町は どえりゃあ すごいがね！

**歴史と伝統の「名古屋ゴルフ倶楽部」**

中部地区で最も歴史と伝統のあるゴルフクラブで、CBC主催の中日クラウンズ開催場所としても名高い。

町章

町内公募により昭和45（1970）年に制定。とうごうの「と」を図案化し、丸い円は互いに向かい合い協力する町民の姿を象徴している。

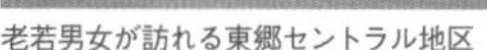

## 東郷町の歩き方

### 歴史の足跡をたどり、絶景を堪能

祐福寺の勅使門。大永8（1528）年、後奈良天皇の勅使を迎えるために造営

赤池駅から名鉄バス祐福寺行きに乗り19分。東郷社宅前で下車して5分ほど歩くと、両側に見えてくるのが名古屋と岡崎を結ぶ駿河街道に設けられた**祐福寺一里塚**（県指定文化財）だ。この街道の一里塚の大半が消滅するなか、徳川期の貴重な交通遺産である。さらに道を1kmほど進んだ先にある**祐福寺**は、建久2（1191）年創建の浄土宗の古刹。朱塗りの勅使門は県指定、脇門と筋塀は町指定文化財となっている。北東に向かうと、アジサイの名所として知られる**富士浅間神社**（ふじせんげんじんじゃ）にいたる。子供の守り神としても有名で、県内外から多くの参拝客が訪れる。奥宮本殿へ続く階段を上りきると、伊吹山から中央アルプスまで360度のパノラマが一望だ。小牧・長久手の戦いに貢献した丹羽氏重（にわうじしげ）の居城・傍示本城の跡地に立つ**傍示本公民館**（ほうじもとこうみんかん）の角には、往時をしのばせる石碑が立つ。ここから800mほど進むと、郷土資料館や昔体験館を有する複合施設・**イーストプラザいこまい館**に到着。貴重な歴史民俗資料が展示されるほか、昭和30年代の小学校の教室がリアルに再現されていて郷愁を誘う。

イーストプラザいこまい館1階に昔体験館・郷土資料館がある

**東郷町への行き方**

東郷町周辺には5つの駅があるが、名古屋市内からは地下鉄鶴舞線の赤池駅が便利。赤池駅から名鉄バス豊田市行きに乗車し、和合西口で下車すれば中心市街地へ行ける。

i 東郷町役場
URL www.town.aichi-togo.lg.jp

**おさんぽプラン**

❶ 祐福寺一里塚
↓ 徒歩15分
❷ 祐福寺
↓ 徒歩10分
❸ 富士浅間神社
↓ 徒歩20分
❹ 傍示本公民館
↓ 徒歩10分
❺ イーストプラザいこまい館

info 東郷町民レガッタ　レガッタとはイタリア語で「競い合う」を意味。東郷町民レガッタは、7レーン・1000mの漕艇場をもつ愛知池で開催されるボート大会で、老若男女100クルー以上が参加。町民スポーツとして広く愛されている。

若さと活気にあふれた学術田園都市

# 日進市（にっしんし）

エリアの基本情報
人口　91,520人（18位）
面積　34.91㎢（31位）
市の花　アジサイ
市の木　キンモクセイ
市制施行日
平成6（1994）年10月1日

日進市はどえりゃあすごいがね！

**日本唯一！ドライブスルー公衆電話**
車に乗ったまま電話がかけられる公衆電話。日本にここだけしかないため、話のネタに行ってみる価値あり。日進市役所の近くにある。

市章

円内の文字は日進の「進」を図案化している。円の周囲に巡らされた矢印は、朝日が天に昇るような勢いで発展することを象徴。

日進市への行き方
地下鉄鶴舞線伏見駅から赤池駅まで約25分、310円。ここからコミュニティバス「くるりんバス」や名鉄バスが発着。市内を東西南北に網羅する。各バスの運賃や本数については、時刻表を要チェック。

ℹ 日進市公式観光サイト
URL glglnisshin.jp

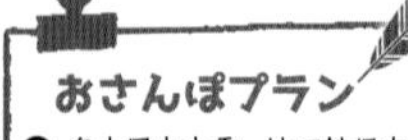

**おさんぽプラン**
❶ 名古屋市市電・地下鉄保存館レトロでんしゃ館（▶ P.207）
⬇ 徒歩20分
❷ 旧市川家住宅
⬇ バス10分（徒歩30分）
❸ 岩崎城址公園
⬇ 徒歩15分
❹ 竹の山エリア

豊田市へいたる国道153号豊田西バイパス

西は名古屋市、東は豊田市に隣接する日進市は、閑静な街並みに魅力的なカフェやベーカリー、スイーツ店が点在し、大学や各種研究機関が集まる学術都市としての顔も併せもつ。住みやすい町として人気が高まり、人口増加率は全国屈指だ。市街地を少し離れれば、山や川、田畑、牧場といったのどかな風景が広がり、ウオーキングコースや歴史スポットも豊富。おしゃれなカフェが集まる竹の山エリアには、遠方からも多くの人が訪れる。

## 日進市の歩き方

### 歴史スポットや話題のカフェを1日かけて巡る

赤池駅から徒歩7分の**レトロでんしゃ館**には、名古屋市内を走っていた市電や地下鉄初代車両を展示。すべての車両内が見学可能だ（入場無料）。北西に進み、県道58号を右折し1kmほど進むと、宝永6（1709）年建造とされる野方の庄屋・**旧市川家住宅**があり、縁側で昔の遊びを楽しめる。ここから**岩崎城址公園**までは3kmほど。野方から岩崎御岳口までのバス利用が便利だ。さらに北へ1.5kmほど進んだ先が**竹の山エリア**。居心地のいいカフェで疲れを癒やそう。

市街を一望できる天守閣。岩崎城址公園にある

info 激戦の地「岩崎城」　戦国時代初期に築かれたとされ、織田・徳川連合軍と豊臣方による小牧・長久手の戦いの舞台にも。昭和62（1987）年、本丸跡に展望塔として3重構造の模擬天守を建築。岩崎城址公園（MAP P.9-C3）として整備された。

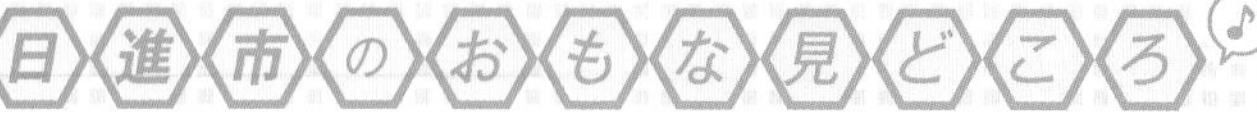






親鸞聖人の教えを伝える宗教公園 MAP 別冊P.23-D3

## 五色園（ごしきえん）

大安寺の境内にある20万坪もの広大な敷地に100体以上の塑像がある仏教の公園。松・竹・梅・桜・紅葉の5種類の花木から五色園の名が付いた。4月上旬には、約3000本の桜が見頃を迎える。

親鸞聖人の旧跡を視覚的に理解できるよう塑像で再現している

**五色園**
住日進市岩藤町一ノ廻間932-31
TEL0561-72-0006
開参拝8:00～17:00
休無休
料無料
Pあり
交地下鉄星ケ丘駅から名鉄バス五色園行きで終点下車、徒歩10分

名古屋市電や地下鉄開業時の車両を公開 MAP 別冊P.11-D2

## 名古屋市市電・地下鉄保存館 レトロでんしゃ館（なごやししでん・ちかてつほぞんかん れとろでんしゃかん）

名古屋を走っていた市電や、昭和32（1957）年開業当時の地下鉄車両100形（黄電）を車両ごと展示。座席に腰かけたり運転席のハンドル操作も体験できる。地下鉄工事や市電の歴史も学べる施設。

名古屋のランドマークが設置されたNゲージの鉄道模型は、運転操作もできる

**名古屋市市電・地下鉄保存館 レトロでんしゃ館**
住日進市浅田町笹原30 名古屋市交通局日進工場北側
TEL052-807-7587
開10:00～16:00
休水（祝日の場合は翌平日）
料無料
Pあり※台数に限りがあるため公共交通機関の利用を推奨
交地下鉄・名鉄豊田線赤池駅から徒歩7分

都市近郊で動物に合える観光牧場 MAP 別冊P.9-C3

## 愛知牧場（あいちぼくじょう）

乗馬体験ができたり、ヤギやヒツジに餌をあげたり、10種類以上の動物と触れ合える。飼育する乳牛の新鮮ミルクを使った手作りジェラートは絶品。満開の季節の花畑は映えスポットだ。

季節の花畑や乗馬、乳しぼり、BBQなど、広い牧場内でさまざまな体験ができる

**愛知牧場**
住日進市米野木町南山977
TEL0561-72-1300
営9:00～17:00
休12～2月の火曜（乗馬クラブ・パターゴルフ・引き馬は通年火曜）
料無料（各施設利用の際は有料）
CC施設により異なる
Pあり
交名鉄豊田線黒笹駅から徒歩10分

人気チェーンの本店で本場の味を堪能 MAP 別冊P.9-C3

## 博多ラーメン鶴亀堂 日進本店（はかたらーめんつるかめどう にっしんほんてん）

本場の博多ラーメンをお値打ち価格で味わえるとあって、学校が多い日進市で生活する学生を中心に老若男女が足しげく通う。時間をかけて作る豚骨スープと博多直送の超極細麺の相性は抜群。

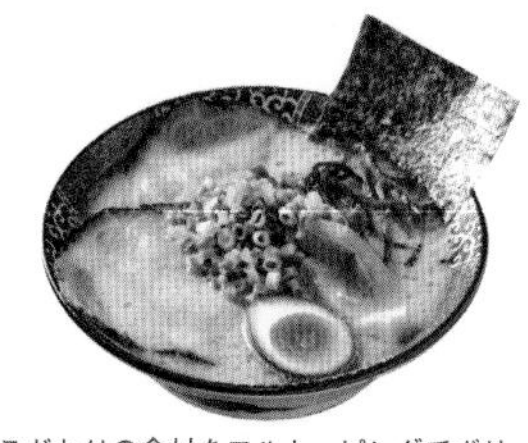
こだわりの食材をフルトッピングでボリューム満点「博多ラーメン全部のせ」800円

**博多ラーメン鶴亀堂 日進本店**
住日進市岩崎町大廻間2-1
TEL0561-72-5850
営11:00～14:15（L.O.14:00）、18:00～21:15（L.O.21:00）、土・日・祝11:00～21:15（L.O.21:00）
休無休
CC不可
Pあり
交地下鉄・名鉄豊田線赤池駅から名鉄バス長久手古戦場駅行きで岩崎御岳口下車、徒歩1分

info 日進市の人気カフェ　おしゃれなカフェが多いことで知られる日進市には、森のなかをイメージした「森の響」（MAP P.9-C3）や、田んぼに囲まれた「創珈琲」（MAP P.9-C3）など、時間がたつのを忘れそうなほど居心地抜群のカフェが多数。

木曽川に抱かれた自然美あふれる町

# 扶桑町（ふそうちょう）

エリアの基本情報
人口　34,133人（44位）
面積　11.19㎢（50位）
町の花　ヒマワリ
町の木　カシ
町制施行日
昭和27（1952）年8月1日

扶桑町はどえりゃあすごいがね！

**ギネス認定の長〜い守口大根**

守口大根は直径2〜3cm、長さ約120cmと細長いのが特徴。扶桑町生まれの191.7cmの大根がギネス「世界最長の大根」に認定された。

町章

昭和41（1966）年、一般募集により採用。ふそうの「ふ」の字を図案化し、町が将来に向かって発展し続けるよう希望を込めている。

扶桑町への行き方

町の中央部を名鉄犬山線が南北に走り、町内には柏森駅・扶桑駅・木津用水駅の3つの駅がある。特急が停車するのは柏森駅のみで、特急利用なら名鉄名古屋駅から約21分、510円、中部国際空港（常滑駅）から約1時間、1140円だ。名鉄名古屋駅から扶桑駅までは約30分、510円。

扶桑町役場
www.town.fuso.lg.jp

おさんぽプラン
❶ 中央公民館
↓ 徒歩10分
❷ 川田家住宅
↓ 徒歩15分
❸ 正覚寺
↓ 徒歩20分
❹ 舟塚古墳

扶桑町は愛知県西北部に位置し、北は木曽川を隔てて岐阜県各務原市（かかみがはらし）に接する。町内に古墳が発見されたことから、古くから人が住んでいたと推測できる。明治以降に養蚕・生糸の集散地として発展。蚕の食料となる桑が町名の由来だ。特産品として知られている守口大根は全国シェアの7割を占める。町の中心部は幹線道路が走る住宅地だが、郊外では緑豊かな田園地帯が美しい景観を造り出している。

優良公民館として文部大臣表彰を受けた扶桑町中央公民館

## 扶桑町の歩き方

### 文化の小径をたどって歴史エリアへ

歌舞伎や演奏会などが行われる扶桑文化会館。二十歳のつどい会場でもある

町の中心部にある名鉄扶桑駅の西口を出たら、赤いブロックで舗装された文化の小径を進もう。扶桑文化会館にいたる徒歩約10分の道中には、扶桑町の文化財を紹介する案内板が立ち並ぶ。途中には地下道も設けられている。小径の終点となる**中央公民館**には、古墳時代後期のもので、この地域で発見されているものでは最大長となる頭椎直刀（かぶつちちょくとう）が展示されている。突き当たりを北西方面に進むと**川田家住宅**が見えてくる。犬山の町家を移築し農家に転用した住宅で、平成30（2018）年に国の登録有形文化財に認定された。**正覚寺**（しょうかくじ）の創立年は不明だが、本尊の薬師如来像は天平14（742）年、聖武天皇の勅命で行基により造られたという記録が残されている。脇には円空上人の作と伝わる十二神将像も安置。十二支にちなむ木彫りの像は素朴でおおらかな表情だ（年2回、一般公開あり）。ここはキリシタン殉教地としての歴史ももつ。

**舟塚古墳**は6〜7世紀頃にこの地方で勢力を伸ばした豪族の墓。大正末期まで前方後円墳が残っていたが、道路で削り取られてしまい後円部だけが残る。ここから扶桑駅までは7分ほど。

名鉄扶桑駅西口のロータリーにはヒマワリがモチーフのモニュメントが立つ

info　儀典用端折長柄傘（ぎてんようつまおりながえがさ）　野点の席に華やかさを添える朱色の唐傘は、儀典用端折長柄傘と呼ばれる扶桑町の特産品。町内の尾関家で400年14代にわたり伝統技法が継承されている。マンホールの蓋にも描かれているので探してみよう。

清流・木曽川に育まれた花の都市

# 江南市（こうなんし）

エリアの基本情報
人口　96,255人（16位）
面積　30.20㎢（35位）
市の花　フジ
市の木　クロガネモチ
市制施行日
昭和29（1954）年6月1日



濃尾平野北部の江南市は、木曽川の恵みを受けた肥沃な扇状地に位置する。明治時代に養蚕が盛んになり、織物産業が発展。その後は名古屋市から20km圏内という好立地により、ベッドタウンとして尾張北部の主要都市となった。曼陀羅寺公園のフジ、音楽寺のアジサイ、国営フラワーパーク江南など花の名所として名高く、市民ボランティアや愛好家の尽力もあり、町なかのいたるところで花のある風景が楽しめる。

木曽川の南岸に広がる肥沃な大地で、農業・養蚕業などが発展

## 江南市の歩き方

### 由緒ある神社仏閣や花の名所をひと巡り

受験シーズンになると合格祈願に訪れる多くの受験生でにぎわう北野天神社

江南駅東口から5分ほど歩くと、学問の神様・菅原道真公が祀られた**北野天神社**が見えてくる。承応3（1654）年の創建で、地元では「北野の天神さん」の愛称で親しまれてきた。1月中旬に開催される「筆まつり」は合格祈願祭として有名。長さ4m・重さ50kgの大筆が御所車にのせられ市中を巡る。700年以上の歴史をもつ**前野天満社**は、村人の守神としてあがめられ、戦国武将たちも必勝祈願をした神社だ。豊臣秀吉の部下として活躍した蜂須賀正勝と家政の親子が、世に出る前の時期を過ごしたのが**蜂須賀家屋敷跡**。現在の穏やかな街並みからは想像もつかないが、小牧・長久手の戦いでは砦として使われたとされる。ここから**音楽寺**までは3.3kmあるためタクシーが便利だろう。音楽寺は江南市最古の寺で、円空仏や「あじさい祭り」で知られる。散策のゴールは尾張北部で最も格式が高い曼陀羅寺に隣接する**曼陀羅寺公園**。園内に広がるのは、最長75m・広さ4700平方メートルもの藤棚。早咲きから遅咲きまで、さまざまな色や形の11種類のフジが咲く。曼陀羅寺から江南駅まではバス1本、15分弱で帰れる。

曼陀羅寺公園では4月下旬〜5月上旬に「こうなん藤まつり」を開催

**江南市はどえりゃあすごいがね！**

**「乾杯条例」の施行も！市内に3つの酒蔵**

布袋地区には木曽川の伏流水を使用した地酒を造る3つの蔵元がある。江南市では「江南市乾杯条例」を施行して地酒の普及を促進中。

**市章**

一般公募により昭和30（1955）年に制定。「コウナン」の文字を図案化し、市政の融和と産業都市としての飛躍・発展を表象している。

**江南市への行き方**

名鉄名古屋駅から江南駅まで特急で最短16分、急行で最短20分、460円。布袋駅まで急行で最短17分、410円。車の場合は市街地まで東名高速道路小牧ICまたは名神高速道路一宮ICから約20分。中央自動車道小牧東ICからは約30分かかる。

i 江南市観光協会
URL www.konan-kankou.jp

**おさんぽプラン**

1. 北野天神社
↓ 徒歩20分
2. 前野天満社
↓ 徒歩10分
3. 蜂須賀家屋敷跡
↓ 車7分（徒歩35分）
4. 音楽寺
↓ 徒歩20分
5. 曼陀羅寺公園

info 江南市民花火大会　花火大会としては珍しい10月に開催される、江南の秋の風物詩。懐メロから最新ヒットまで、市民のリクエスト曲に合わせて澄んだ夜空に打ち上げられる大輪の花火は圧巻。まさに光と音の祭典だ。

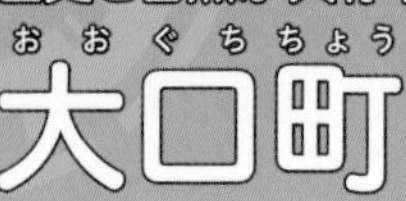

歴史と自然が共存する風光明媚な町

# 大口町（おおぐちちょう）

| エリアの基本情報 |
|---|
| 人口　24,305人（47位） |
| 面積　13.61㎢（48位） |
| 町の花　サクラ |
| 町の木　モクセイ |
| 町制施行日<br>昭和37（1962）年4月1日 |

大口町は
どえりゃあ
すごいがね！

**五条川の桜から奇跡の桜酵母を発見**

五条川に咲く1000個の桜の花から1個だけ採取された桜酵母。町の新たな特産品として酵母を用いた日本酒やスイーツなどが生まれた。

町章

「大口」の2字を一体化したもので、町民の親和と団結を表すとともに、町勢の向上発展を単純明快に象徴化している。

大口町への行き方

名鉄犬山線名鉄名古屋駅から犬山方面行き急行で柏森駅まで約25分、510円。柏森駅から市の中心部までは、大口町コミュニティバスで約5分、徒歩25分。東名高速道路・名神高速道路小牧ICから市街地へは約12分。

大口町は愛知県北西部の丹羽郡に属する町。町のシンボル五条川沿いの桜並木は、岩倉市・江南市とともに「日本のさくら名所100選」に選出された。のどかな田園風景で知られる一方、工作機械や自動車部品の大手メーカーが本社を置く工業先進地でもある。町内に鉄道駅はないが、名鉄犬山線が町のすぐ西側を走り、4ルートに分かれて運行するコミュニティバスが町民の足となっている。

五条川沿いの桜並木の見頃は毎年4月上旬。ライトアップも実施される

## 大口町の歩き方

### 桜並木の間に点在する文化財を巡る

町内に鉄道路線はないため扶桑町の名鉄犬山線柏森駅を散策の拠点にしよう

おすすめは五条川沿いを歩くコース。柏森駅からコミュニティバスを利用すれば、15分で**小口城址公園**（おぐちじょうしこうえん）に到着する。小口城は長禄3（1459）年、織田広近が築城。尾張支配の重要拠点だったが、永禄年間（1558 ～ 1569）に一族の織田信長に攻略され廃城に。高さ17mの物見櫓、木製の橋や門、出土品展示棟などを再建し、城址公園として整備された。健康文化センターの3階にあるのが**大口町歴史民俗資料館**だ。常設体感展示室は「体感ゾーン」と「歴史ゾーン」に分かれ、古代から近代までの大口町の歴史を紹介。昔の農家が再現され、実際に五条川で使われた川船も展示されている。五条川沿いの並木道を左へ進むと**桜塚古墳**がある。僧侶が杖を塚に突き立てると、芽が出て桜の花が咲いたという伝承が残る。ここからさらに左方面の八劔社（はっけんしゃ）境内には町指定文化財の**堀尾吉晴邸跡**が。堀尾吉晴は信長・秀吉・家康の三英傑に仕え、国宝松江城を築城した名武将として知られる。八劔社の裏手にかかる裁断橋を渡れば、堀尾一族ゆかりの堀尾跡公園だ。町民憩いの場で、水遊びや紅葉狩りを楽しめる。

堀尾跡公園の五条川に架けられた裁断橋は、かつて名古屋市熱田区にあった

🅘 大口町役場
URL www.town.oguchi.lg.jp

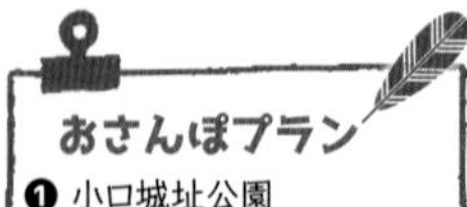

おさんぽプラン

❶ 小口城址公園
⬇ 徒歩20分
❷ 大口町歴史民俗資料館
⬇ 徒歩15分
❸ 桜塚古墳
⬇ 徒歩15分
❹ 堀尾吉晴邸跡

info 五条川の桜並木　初代町長の社本鋭郎（しゃもとえつろう）氏が生みの親といわれる五条川の桜並木。尾北自然歩道には約1700本の桜が植えられ、満開時には大勢の花見客でにぎわう。近隣には和洋菓子や地酒など、地元グルメの名店も多い。

# 都市近郊の利便性と豊かな自然が両立

# 岩倉市（いわくらし）

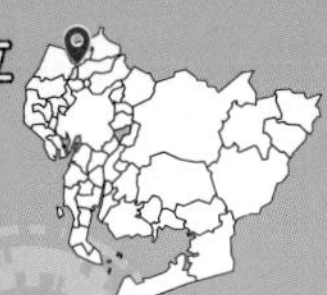

エリアの基本情報
人口　47,983人（36位）
面積　10.47㎢（52位）
市の花　ツツジ
市の木　クスノキ
市制施行日
昭和46（1971）年12月1日



岩倉市は愛知県北西部、濃尾平野のほぼ中央に位置。面積約10.4平方キロメートルの県内一小さな市で、自転車であらゆる地域にアクセス可能といわれる。市のほぼ中央を南北に流れる五条川の両岸は約1300本を超える桜並木で彩られ、「日本のさくら名所100選」に選ばれた。名古屋市内からよりも名古屋駅への交通手段が良好とされ、ベッドタウンとしても人気。17時にはご当地キャラの音楽が流れるのどかな土地柄だ。

岩倉市へのアクセスは名鉄犬山線が便利。岩倉駅は市の中心部にある

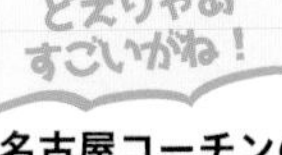


**名古屋コーチンの絶滅の危機を救う**

昭和後期、外国種に押され絶滅の危機にあった日本3大地鶏の名古屋コーチン。その復活の立役者が、岩倉市の関戸養鶏人工孵化場だ。



市章

昭和46（1971）年制定。井桁の上下をふたつの末広型に変化させることで、市の将来が無限に発展するよう希望が込められている。

## 岩倉市の歩き方

### 戦国武将に思いをはせながら歴史散策

五条川で行われる「のんぼり洗い」の様子。鯉のぼりの色が目にも鮮やか

まずは岩倉駅から徒歩10分弱の**岩倉城跡**へ向かおう。この城は約80年間、尾張国の4郡を治める拠点だったが、清須城城主だった織田信長と岩倉城主の織田信安・信賢の間で内紛が起こり、永禄2（1559）年に落城した。五条川沿いの道を北へ進むと、天文14（1545）年に岩倉で生まれたとされる戦国武将・**山内一豊誕生地**の神明生田神社がある。境内に市指定有形文化財の下本町山車を保存。尾張地区最大級の約8mの高さがあり、春の岩倉桜まつりと夏の祇園祭では荘厳な山車巡行が見られる。**豊国橋**北側の五条川では、大寒の頃から鯉のぼりの糊を落とす「のんぼり洗い」を実施。市内には400年の伝統を誇る幟屋があり、岩倉の春を告げる風物詩として「東海美の里百選」にも認定された。桜を眺めるには、豊国橋からがおすすめだ。右岸から階段を下りると、橋の下がくぐれるようになっており、次の岩倉橋まで桜を見上げながら歩くこともできる。新溝神社本殿下の小高い部分が**新溝古墳**（にいみぞこふん）。明治時代、社殿改築にあたって墳丘を整地したところ数個の巨石が発見され、ここが古墳だったと判明した。

五条川を覆うように桜が咲き誇る。3月下旬～4月上旬に桜まつりを開催

### 岩倉市への行き方

名古屋駅から名鉄犬山線の特急を利用すれば、岩倉駅まで直通で約11分、360円。中部空港からは名鉄常滑線・ミュースカイで約50分、1450円。車なら名神高速道路の一宮IC及び小牧ICから市街地まで約15分。

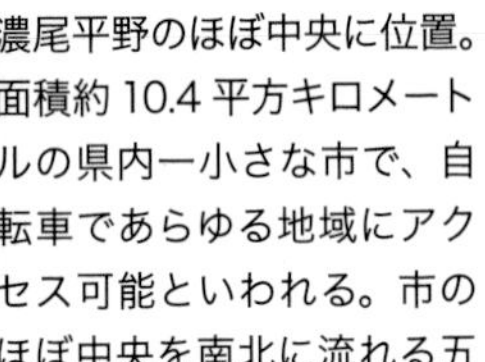

ℹ 岩倉市役所
URL www.city.iwakura.aichi.jp

**おさんぽプラン**

❶ 岩倉城跡
⬇ 徒歩7分
❷ 山内一豊誕生地（神明生田神社）
⬇ 徒歩5分
❸ 豊国橋
⬇ 徒歩15分
❹ 新溝古墳

info 「ヨーヨーのまち　いわくら」　ヨーヨーの世界チャンピオンタイトルホルダーが3人も在住。市の魅力発信の一環として、彼らから直接実技を学べる講座を開催中だ。市内事業者の協力で、岩倉産オリジナルヨーヨー「桜ストリーム」も開発、販売中。

名古屋駅から約10分の穏やかな田園都市

# 北名古屋市（きたなごやし）

エリアの基本情報
人口　86,385人（19位）
面積　18.37㎢（44位）
市の花　ツツジ
市の木　モクセイ
市制施行日
平成18（2006）年3月20日

北名古屋市はどえりゃあすごいがね！

**昭和日常博物館が世界会議日本代表に！**

令和2（2020）年、昭和日常博物館は第1回日本博物館協会賞を受賞。「The Best in Heritage※」で日本代表として発表を行った。

※ICOM（国際博物館会議）などが毎年開催する国際会議

市章

北（N）とNAGOYAの文字を合体。放射状の形は世界へ開く可能性と未来像、立体的に飛び出す「N」は市民のかぎりない力と希望を象徴。

北名古屋市への行き方

名鉄名古屋駅から名鉄犬山線西春駅まで急行で約10分、300円。名神高速道路一宮ICからは約10分で、車でのアクセスも容易。県営名古屋空港からも近く、交通利便性は高い。

市の玄関口・西春駅の駅前広場にはモニュメント「明日への虹」を設置

平成18（2006）年、師勝町（しかつちょう）と西春町（にしはるちょう）の合併により誕生した北名古屋市。その名のとおり名古屋市の北側に隣接し、ほぼ全域が名古屋市の都心部から10km圏内に位置する。名古屋へのアクセスが極めて良好なため、ベッドタウンとして栄えている。海抜5mの平坦な地形に大小の河川が流れる街並み、北部は名古屋芸術大学を中心とした活気ある学生街、中部は商業エリアとしてにぎわう。有形・無形含め、歴史ある史跡・文化財も豊富だ。

## 北名古屋市の歩き方

### 奈良時代から昭和までの歴史民俗に触れる

名鉄西春駅からバスに乗り約5分で、懐かしい昭和の街並みや民家が再現された**昭和日常博物館**へ行ける。奈良時代の創建と伝わる**高田寺**（こうでんじ）は、檜皮葺（ひわだぶき）入母屋造の本堂や木造薬師如来坐像が国の重要文化財に指定。**コッツ山公園**は標高8mの人工山で、頂上までらせん状の登山路とせせらぎの水路が造られている。**旧加藤家住宅**は明治～昭和初期の建造。往時の姿を残す主屋・長屋門・土蔵・茶室などが国登録有形文化財とされている。

昭和日常博物館（北名古屋市歴史民俗資料館）

ℹ 北名古屋市役所
URL www.city.kitanagoya.lg.jp

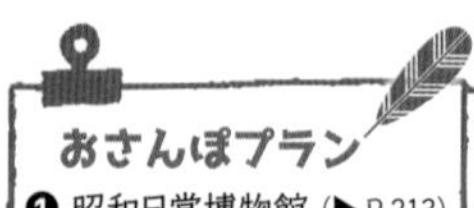

おさんぽプラン

1. 昭和日常博物館（▶P.213）
⬇ 徒歩20分
2. 高田寺（▶P.213）
⬇ 徒歩20分
3. コッツ山公園
⬇ 徒歩6分
4. 旧加藤家住宅

info　アートで町づくり　アートを活用したユニークな街並みづくりを推進する北名古屋市。名古屋芸術大学沿いを東西に走る通称アートエリアロードでは、ブロンズや御影石のモニュメントが多数設置され気軽にアートに親しめる。

檜皮葺屋根の本堂は尾張一の美建築 MAP 別冊P.8-B2

## 高田寺

創建は養老4（720）年。国の重要文化財の本堂は鎌倉末期の建築で、県内でも数少ない中世密教仏堂の遺構として貴重な堂とされている。大正時代に国宝に指定される際に「尾張平野一の美建築」と評されたという。創建当時の仏といわれる本尊・薬師如来坐像は「妻薬師」と呼ばれ、慈愛に満ちた表情から、良縁むすびの仏として信仰されている。御開帳は50年目ごと。

上／薬師如来坐像は大正11（1922）年に国宝指定。仏師円空が心を動かされ生涯12万体の仏像を彫ると誓ったといわれている　下／美しい檜皮葺屋根が左右に大きく広がる本堂

高田寺

住北名古屋市高田寺383
TEL0568-21-0887
開参拝自由
料無料
Pあり
交名鉄犬山線西春駅から名鉄バス名古屋空港行きで高田寺北下車、徒歩1分

室町時代に彫られた「大黒天立像」。愛知県文化財木像第一号指定

懐かしい昭和の街並みや生活を再現 MAP 別冊P.8-B2

## 昭和日常博物館

「昭和の暮らしの移り変わりを伝えること」をテーマに展示・収集活動を行う博物館。常設展示は、「おはよう」「木造校舎の思い出」「駄菓子屋さんの思い出」など、テーマごとに昭和の生活資料が並び、再現された駄菓子屋の店先には、ホーロー看板や赤電話も。昭和30年代に普及し始めた電化製品や車、ブリキのおもちゃを眺めながらノスタルジックな時間旅行を楽しめる。

上／昭和30年代の夕食時の茶の間　下／昭和の生活道具15万点超を収蔵、1万点余りを常設展示

昭和日常博物館

住北名古屋市熊之庄御榊53
TEL0568-25-3600
開9:00～17:00（最終入館16:40）
休月（祝日の場合は翌平日）
料無料
Pあり
交名鉄犬山線西春駅から徒歩25分または車5分

電化前後の暮らしの道具の変化を伝える展示

info 昭和日常博物館　正式名称は北名古屋市歴史民俗資料館。図書館との複合施設で、3階がメインの展示フロアとなっている。「夏モノ」「紙モノ」など、昭和をさまざまな角度から切り取る特別展や企画展も好評。

はだか祭で知られるかつての尾張国衙

# 稲沢市

エリアの基本情報
人口 134,751人(12位)
面積 79.35㎢(16位)
市の花 キク
市の木 クロマツ
市制施行日
昭和33(1958)年11月1日

黄金色に色付いたイチョウ並木の間を名鉄電車が走る

古くは尾張国の役所・国衙があった稲沢市。その国衙の隣に置かれた尾張国の総社は国府宮と呼ばれ、天下の奇祭と名高い勇壮な「はだか祭」で知られるようになった。江戸時代に美濃路がとおると稲葉宿の宿場町としてにぎわい、防風のため植えられたイチョウから、のちに全国最大のギンナンの産地となった。現在もこうした行事や風景が多くの観光客を集めるほか、南西部の愛西市にまたがる織田信長生誕の地・勝幡城跡も注目されている。

稲沢市は どえりゃあ すごいがね！

**江戸時代から続くギンナンの一大産地**

出荷量全国1位の愛知県。なかでも稲沢市は古くからの産地で、「祖父江ぎんなん」は量・質ともに随一。大粒でもっちりした逸品だ。

稲沢の「い」を図案化。大きく抱く力と円満、充実を円形で、光明達成をかぎ状にとがった部分で表現している。

### 稲沢市への行き方

名古屋駅からJR東海道線で稲沢駅まで約11分、240円。または名鉄名古屋駅から名古屋本線特急で国府宮駅まで約11分、360円。市の西部へは、名鉄名古屋駅から名古屋本線に乗り特急で2駅目の名鉄一宮駅で尾西線に乗り換え山崎駅下車、約31分、570円。

ℹ 稲沢市観光協会
URL www.inazawa-kankou.jp

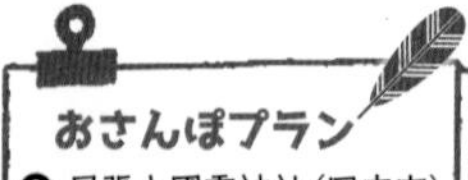

**おさんぽプラン**

❶ 尾張大國霊神社(国府宮)(▶P.215)
↓ 徒歩15分
❷ 美濃路稲葉宿本陣跡ひろば(▶P.215)
↓ 徒歩2分
❸ 松屋長春(▶P.414)
↓ 徒歩12分
❹ 稲沢市荻須記念美術館(▶P.215)

## 稲沢市の歩き方

### 季節とエリアで何通りにも楽しめる

国府宮の境内にある六末社にもお参りを

名鉄国府宮駅に近い**国府宮**から**美濃路稲葉宿本陣跡ひろば、稲沢市荻須記念美術館**へのコースが定番。秋なら名鉄尾西線沿線の**祖父江ぎんなんパーク**を中心に、**JA愛知西 産直広場一色下方店**、信長公が必勝を祈願した**布智神社**などを回りたい。下水道の仕組みを学べる**メタウォーター下水道科学館あいち（愛知県下水道科学館）**へ足を延ばしても。春は**勝幡城跡**と、日光川・須ケ谷川両岸に立ち並ぶ1400本もの桜並木「桜ネックレス」の散策も心地いい。

info 稲沢グランドボウル　幅200mに116レーンが並ぶ、ギネス認定された世界最大のボウリング場。昭和40年代のオープン当時に比べれば規模は縮小したが、現在は子供から全国大会参加者までが利用する身近な聖地だ。

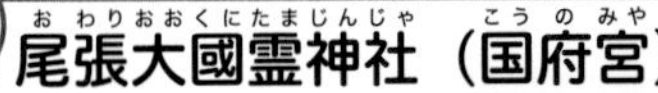


尾張地方の國霊神で厄除け・厄祓い　MAP 別冊P.8-A2

## 尾張大國霊神社（国府宮）（おわりおおくにたまじんじゃ（こうのみや））

奈良時代に尾張国の総社と定められた神社で、尾張地方の國霊神が御祭神として祀られている。「はだか祭」（→ P.363）が有名だが、春は桜まつり、冬はイルミネーションイベントも開催。

江戸初期の切妻造の拝殿は国の重要文化財。本殿･祭文殿･拝殿と並ぶ尾張式

**尾張大國霊神社（国府宮）**
住 稲沢市国府宮1-1-1
TEL 0587-23-2121
開 参拝自由　料 無料　P あり
交 名鉄名古屋本線国府宮駅から徒歩3分

古代の祭場「磐境（いわくら）」

江戸の稲葉宿の景観を再現した歴史公園　MAP 別冊P.8-A2

## 美濃路稲葉宿本陣跡ひろば（みのじいなばじゅくほんじんあとひろば）

寛永12（1635）年に参勤交代が定められた際に設置された美濃路の宿駅・稲葉宿。その本陣跡を整備した歴史公園で、町歩きの拠点として観光情報の発信やイベントも開催されている。

本陣跡ひろば近くの美濃路沿いにある往時の面影を残す古い民家

**美濃路稲葉宿本陣跡ひろば**
住 稲沢市小沢2-913　TEL 0587-32-1332（稲沢市商工観光課）
開 散策自由（内部見学は要問い合わせ）　休 無休　料 無料
P あり（9:00～17:00）
交 名鉄名古屋本線国府宮駅から徒歩15分

駐車場やトイレも完備する

荻須高徳（おぎすたかのり）の生涯にわたる作品を展示　MAP 別冊P.8-A2

## 稲沢市荻須記念美術館（いなざわしおぎすきねんびじゅつかん）

稲沢市出身でパリを中心に活躍した画家・荻須高徳の美術館。東京美術学校時代から晩年までの作品を展示した常設展のほか、亡くなるまで使用していたパリのアトリエも復元されている。

天井にはめ込まれたオニキスをとおしてやわらかな光が入るオリエンテーションホール

**稲沢市荻須記念美術館**
住 稲沢市稲沢町前田365-8
TEL 0587-23-3300
開 9:30～17:00（最終入館16:30）
休 月（祝日の場合は翌平日）、祝日の翌日、国府宮はだか祭の日（旧暦1/13）
料 310円、高・大学生210円、小・中学生50円
CC ADJMV　P あり
交 名鉄名古屋本線国府宮駅から名鉄バスアピタ稲沢店系統で美術館・保健センター下車すぐ

日本有数のギンナンの産地にある公園　MAP 別冊P.8-A2

## 祖父江ぎんなんパーク（そぶえぎんなんぱーく）

町全体で1万本以上のイチョウが植えられているギンナンの産地・祖父江。ぎんなんパークには「祖父江ぎんなん」の代表4品種58本のイチョウの木があり、晩秋には園内を美しい黄色に染める。

高さ7.5mの園内の展望台からは黄色の絨毯を敷き詰めたように見える

**祖父江ぎんなんパーク**
住 稲沢市祖父江町山崎江代23-2
TEL 0587-32-1111（稲沢市役所農務課）
開 散策自由
休 無休
料 無料
P あり（専用駐車場9:00～17:00）
交 名鉄尾西線山崎駅から徒歩1分

info 大名や勅使も使用　美濃路は東海道の宮宿から中山道の垂井宿までの約14里を結ぶ脇街道。織田信雄が清須から美濃方面の道を改修したのが始まりとされ、参勤交代の大名や勅使、朝鮮通信使、琉球使節などが利用した。

織田家の勢力拡大を助けた門前町と湊町

# 津島市（つしまし）

エリアの基本情報
人口 60,942人（30位）
面積 25.09㎢（38位）
市の花 フジ
市の木 クロマツ
市制施行日
昭和22（1947）年3月1日

津島市は どえりゃあ すごいがね！

**将軍にも献上された越津ネギの発祥地**

白い部分から葉までまるごとやわらかく美味な伝統野菜。3代将軍・徳川家光の時代に現在の津島市越津町で作られるようになった。

市章

外側の円で平和と協調統合を、中央の三角形で津島市の発展と飛躍を表したもの。昭和32（1957）年の市制施行10周年を記念し制定。

### 津島市への行き方

名鉄名古屋駅から津島線準急で津島駅まで約25分、410円。車の場合は東名阪自動車道蟹江ICまたは弥富ICから約25分。津島駅と弥富駅との間は、名鉄尾西線で結ばれている。

ⓘ 津島市観光協会
URL tsushima-kankou.com

**おさんぽプラン**

❶ 津島市観光交流センター
⬇ 徒歩10分
❷ 津島神社
⬇ 徒歩3分
❸ 堀田家住宅
⬇ 徒歩2分
❹ 天王川公園

全国3000余の天王社の総本社・津島神社が欽明天皇元（540）年に創建されると、門前町が発展。また木曽川の支流・天王川に、鎌倉時代以前から尾張と伊勢を結ぶ湊が設けられて栄え、この地を支配した織田信長の父・織田信秀の財力を支えた。江戸時代に天王川がせき止められると、熱田から陸路で桑名へ向かう街道がこの地をとおりにぎわった。現在の市街地には、こうした歴史の足跡が残る。

全国3000社の天王信仰の総本社である津島神社。「お天王さま」と尊称される

## 津島市の歩き方

### かつてのにぎわいを支えた歴史上の要所

散策の拠点となる名鉄津島駅。駅前には小規模な商店街が広がる

津島駅西口前の天王通りを西へ7～8分、地蔵堂の先の角を右折した左手にあるのが、**津島市観光交流センター**。1920年代の銀行建築で、地域の文化や歴史の展示も見学できる。目の前の**津島上街道**は名古屋と津島を結んだ道で、今も格子戸や屋根神様のある古い街並みが残る。津島市観光交流センターの西側へ回ると、**清正公社**が。戦国武将・加藤清正の叔父の家があり、父を亡くして身を寄せていた際、鬼の面をかぶって夜盗を追い払ったと伝わる場所だ。

**津島神社**は、天王通りへ出てさらに西へ。毎年7月には日本3大川祭りのひとつ尾張津島天王祭が開かれる。神社の南約150mの場所には、江戸時代の町家建築の特徴が残る**堀田家住宅**があり、土・日曜と祝日には一般公開される。

旧堀田家住宅から**天王川公園**入口へは、東へ徒歩2分ほど。広い公園内には圧倒的な規模の藤棚や**津島湊跡**がある。4月中旬～5月初旬には尾張津島藤まつりが開催される。ほかの時期には、ソメイヨシノや睡蓮、彼岸花が。公園は、令和5（2023）年に広場やカフェが整備されリニューアル。

天王川公園の藤棚。頭上を埋め尽くす藤も、水鏡に映る光景も美しい

info 「寺密度」が東海3県No.1　名古屋外国語大学の学生による調査で、津島市は寺密度（1平方キロメートルあたりの寺院数）が愛知・岐阜・三重の3県で1位だと判明。同市では寺院の多さを生かした御朱印集めなどの催事を積極的に開催している。

木曽川を望む佐屋街道最大の宿場町

# 愛西市（あいさいし）

エリアの基本情報
人口　60,829人（31位）
面積　66.68㎢（18位）
市の花　ハス
市の木　マキ
市制施行日
平成17（2005）年4月1日

西側が木曽川・長良川に面し、岐阜・三重との県境を有する。北東部の名鉄勝幡駅付近から隣接する稲沢市にかけては、織田信長ゆかりの勝幡城があったエリア。市の中南部には、江戸時代になると東海道の七里の渡しの迂回路・三里の渡しが設けられ、そこへ通じる佐屋街道に佐屋宿が開かれてにぎわった。江戸末期には市の北西部でレンコンの栽培が始まり、一大産地となって現在にいたる。

レンコンの産地であるとともに花ハスの栽培も盛ん。7〜8月が見頃

愛西市はどえりゃあすごいがね！

**県内生産量 No.1 レンコンの一大産地**

江戸時代末期から栽培が始まり、現在は年間を通じて生産。県内の生産量のほとんどを愛西市が占め、全国でも5指に入る。

※令和4（2022）年の生産量は全国の市町村中4位

## 愛西市の歩き方

### 史跡にレンコングルメ、木曽川の景色を満喫

明治35（1902）年完成、国指定重要文化財の船頭平閘門は今も現役だ

まずは源頼朝が勧進したとされ、日本最古の獅子頭（非公開）がある**日置八幡宮**へ。ここから南西方向を目指して40分ほど歩けば、**佐屋三里の渡址**と**佐屋代官所址**に着く。どちらも石碑だけの史跡だが、想像力をかき立てられる。東へ徒歩約6分の場所には、松尾芭蕉がこの地で詠んだ句の碑・**水鶏塚**（くいなづか）がある。

レンコンを使ったうどん・パンなどの食事や加工品を購入するなら**道の駅 立田ふれあいの里**へ。ちなみにレンコン料理やスイーツを味わえる店は市内に複数ある。道の駅のすぐ近くには**森川花はす田**、北へ3km弱の場所には**立田赤蓮保存田**があり、6月下旬〜8月上旬の見頃の時期なら、花が開く朝のうちにこの界隈を楽しみたい。

その後は市の西端部の**国営木曽三川公園 東海広場 東エリア**から、東に濃尾平野、西に木曽川の雄大な風景を満喫しよう。公園は木曽川の両岸にあり、車で西エリアへ渡れば、れんが造りの治水資料館・**木曽川文庫**や、**船頭平閘門**（ひらこうもん）も。**木曽川観光船**に乗れば、閘門で水位調整する「小パナマ」を体感できる。乗船場所や期間・時間を調べて事前に予約を。

市章

愛西市のローマ字の頭文字「a」をモチーフに、市民の連帯と飛躍を象徴。緑は濃尾平野、青は木曽川と長良川、赤は太陽を表現。

愛西市への行き方

市役所周辺へは、名鉄名古屋駅から名古屋本線須ケ口駅乗り換え、または津島線・尾西線直通で、日比野駅まで約35分、460円。車の場合は、東名阪自動車道弥富ICから県道105号を北へ約10分。

愛西市観光協会
URL www.aisaikankou.jp

おさんぽプラン

1. 日置八幡宮
   ↓ 徒歩35分
2. 佐屋三里の渡址
   ↓ 徒歩25分
3. 道の駅 立田ふれあいの里
   ↓ 徒歩12分
4. 国営木曽三川公園 東海広場 東エリア

info 「蓮見の会」を開催　毎年7月の第2土・日曜、森川花はす田で開催。池のほとりではなく、観賞用の通路に足を踏み入れ、花に囲まれて眺められる。お茶会や俳句大会もあり、当日は名鉄佐屋駅からシャトルバスが出る。

伝統の七宝焼を育み秀吉の家臣を輩出

# あま市

エリアの基本情報
人口　86,126 人（20 位）
面積　27.49㎢（36 位）
市の花　ユリ
市の木　ハナミズキ
市制施行日
平成 22（2010）年 3 月 22 日

あま市は どえりゃあ すごいがね！

**全国でここだけ！ 漬物の神様を祀る**

萱津神社の祭神は、なんと漬物の神様。毎年8月21日に催される「香の物祭」で漬けた野菜は、2年後に熱田神宮へ奉納される。

シンボルマーク

市制 10 周年を記念して制定された「あまじるし」。「あま」の字をモチーフに、元気な笑顔とガッツポーズであま市をアピールしている。

**あま市への行き方**

名鉄名古屋駅から名古屋本線急行で須ケ口駅へ、名鉄津島線に乗り換え木田駅まで約 14 分、300 円。甚目寺や漆部神社は 2 駅手前の甚目寺駅が最寄り。車の場合は名古屋第二環状自動車道甚目寺北 IC・甚目寺南 IC を利用。

i あま市観光協会
URL ama-kankou.jp

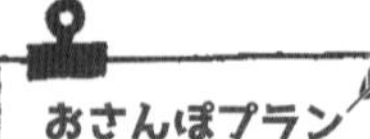

**おさんぽプラン**

❶ 萱津神社（▶ P.219）
↓ 徒歩 20 分
❷ 鳳凰山甚目寺（甚目寺観音）（▶ P.219）
↓ 徒歩 3 分
❸ 漆部神社（▶ P.219）
↓ 電車 4 分+徒歩 20 分
❹ 珈琲 庵（▶ P.219）

古刹・甚目寺観音。国指定重要文化財の南大門など見どころ多数

　名古屋城の鬼門を守護した尾張四観音のひとつ甚目寺観音（じもくじかんのん）や、伝統工芸品の七宝焼で知られる。古くから人が住み、弥生時代の遺跡や古代の条里制の区割りが残る。後に鎌倉街道や信長街道、佐屋街道、津島上街道などがとおり、寺社が建ち伝統文化が育まれた。豊臣秀吉に仕えた蜂須賀正勝や福島正則ら、戦国武将も多数輩出。市内各所にはこうした歴史の跡が。農業が盛んで、丹波ほおずきや方領大根など伝統野菜の産地でもある。

## あま市の歩き方

### 珍しい神社と戦国武将ゆかりの寺院を訪ねる

萱津神社では8月に漬物を仕込む神事を行う

　漬物の神様を祀る**萱津神社**（かやつじんじゃ）から津島上街道に出て西へ進むと、**甚目寺観音**に到着。甚目寺駅に近いこの一帯には、塗り物の神様を祀る**漆部神社**（ぬりべじんじゃ）、源頼朝ゆかりの**大徳院**などの寺社が集まる。西へふた駅の木田駅周辺には**美和歴史民俗資料館**、さらにひと駅の青塚駅の北には蜂須賀正勝の菩提寺・**蓮華寺**がある。市内には福島正則の菩提寺・**菊泉院**も。車利用なら、制作体験ができる**あま市七宝焼アートヴィレッジ**（→ P.405）や味噌メーカーの直売店などを回っても。

info 逸品・甚目寺の刷毛　甚目寺地区で農閑期の家業として広がった刷毛・ブラシ作りは、高度経済成長期には日本一の生産量を誇る地場産業に。漆塗りから医療まで用途に応じて毛の配合と形を変え、現在もプロに愛用されている。

日本の漬物発祥地の漬物を祀る神社 MAP 別冊P.10-B1

## 萱津神社（かやつじんじゃ）

お供物の野菜と藻塩を甕（かめ）に入れたところ、おいしい塩漬けができた逸話から日本で唯一の漬物の神社として有名に。神の食べ物「神物（こうのもの）」から、漬物が「香（こう）の物（もの）」と呼ばれるようになったとか。

境内に漬物を納める「香の物殿」があり8月の香乃物祭では漬込神事が行われる

萱津神社

住あま市上萱津車屋19
TEL052-444-3019
開参拝自由　Pあり
交名鉄名古屋本線須ケ口駅から徒歩15分

授与品「祈祷済み ぬか床」500円

漆器工芸を守護する神様を祀る神社 MAP 別冊P.10-B1

## 漆部神社（ぬりべじんじゃ）

甚目寺観音の西側に隣接する式内社。平安中期に創建されたといわれ、尾張国を開拓した天火明命から5代目にあたる漆部連（ぬりべのむらじ）の始祖・三見宿祢命（みつみのすくねのみこと）を祭神として祀る神社だ。

「塗りものの祖神」として、全国から漆器工芸に関わる職人などが参拝に訪れる

漆部神社

住あま市甚目寺東門前11
TEL052-444-5670
開参拝自由　料無料　Pあり
交名鉄津島線甚目寺駅から徒歩5分

お清めの太鼓橋「きよめはし」

推古5（597）年開基の尾張四観音寺筆頭 MAP 別冊P.10-B1

## 鳳凰山甚目寺（ほうおうざんじもくじ）（甚目寺観音（じもくじかんのん））

伊勢の漁師・甚目龍麿（はだめたつまろ）の網にかかった黄金の観音像を、近くの浜に奉納したのが始まりとされ、仏教伝来約60年後に開基した国内有数の古刹。南大門（仁王門）や三重塔、東門は国の重要文化財。

源頼朝の命で建久7（1196）年建造の南大門。仁王像は福島正則の寄進と伝わる

鳳凰山甚目寺（甚目寺観音）

住あま市甚目寺東門前24
TEL052-442-3076
開8:00～17:00（祈祷は予約制）　休無休　Pあり　交名鉄津島線甚目寺駅から徒歩5分

境内で市やマルシェが開かれる

ひきたてコーヒーが香る古民家風カフェ MAP 別冊P.10-A1

## 珈琲 庵（こーひー あん）

数寄屋造を思わせる店内では、自家製ワッフルとコーヒーでゆっくりとした時間を過ごせる。こだわりのコーヒーは焙煎1週間以内の珈琲豆を使用し、1杯ずつ豆をひいて抽出してくれる。

自家製珈琲シロップ使用のカフェオレ氷900円。ピタサンドなどの軽食も豊富

珈琲 庵

住あま市丹波深田55-2
TEL052-442-5539
営6:00～18:00（L.O.17:30）
休無休　CC不可　Pあり　交名鉄津島線木田駅から徒歩18分

主屋と蔵がつながる趣のある店

info 味噌×パン　あま市にある明治7（1874）年創業の味噌メーカーが手がける、赤味噌を練り込んだ斬新なメロンパン「みそパン」がひそかな話題。あま市七宝町にあるパン工房「海部（あま）のくちどけ」で購入できる。

荘園から名古屋のベッドタウンへ

# 大治町（おおはるちょう）

エリアの基本情報
人口 32,399人（45位）
面積 6.59㎢（53位）
町の花 サツキ
町の木 センダン
町制施行日
昭和50（1975）年4月1日

大治町はどえりゃあすごいがね！

**県内有数の「赤シソ」の生産地**

シソの全国シェア45%以上の愛知のなかでも有数の生産量を誇る。「赤ちりめん」とも呼ばれる赤シソが特産品で、名古屋や岐阜、関西へ出荷されている。

町章

「大治」の文字を図案化。「治」を円形の「大」で包むように配置することで、円満な町政を表現している。

大治町への行き方

名古屋駅から地下鉄東山線で中村公園駅まで約7分、240円、市バスターミナルか周辺バス停から、大治西条行（14系統）など複数路線で大治役場前まで約14分、210円。名古屋駅の名鉄バスセンターから直通もある。

名古屋駅エリアの真西、庄内川越しに中村区と隣接する大治町は、中心部へのアクセスが便利な名古屋のベッドタウン。平安時代には荘園が広がり、明治時代まで農村だった。現在も田畑が多く、米や赤シソ、ホウレン草、モロヘイヤなどの特産野菜が生産されている。人の営みの歴史が長いだけあって、町内には寺社や史跡が多数。近年は町ぐるみで飾られる「つるし飾り」のひな人形でも知られる。

初節句を迎える子供の健康を願って手作りされる雛のつるし飾り

## 大治町の歩き方

### 日常生活エリアに溶け込んだ歴史を探訪

赤シソの特徴は豊かな香りとちりめん状の葉。おもに梅干しの色付けや塩漬けに使われる

平安時代には荘園が広がり、戦国時代には清須城と蟹江を結んだ**信長街道**、江戸時代には**佐屋街道**がとおった大治町。それらの風情があちこちに残り、歴史を発掘したい人には興味深い町だ。

かつて法令を掲示した**高札場跡**は、**自性院**の南西角にある地蔵堂の、道を挟んだ西側。ここから**明眼院**へは、目の前の佐屋街道を西へ進み、稲荷社を右折して北へ。途中、**光雲寺**に突き当たるが、回り込んでさらに北へ進むと参道となり、赤い格子で覆われた、鎌倉時代の作とされる阿吽の像が正面に現れる。室町時代の明眼院旧多宝塔は、国の登録有形文化財。近隣エリアには**建宗寺**や**正覚寺**、**宝昌寺**などが並ぶ。

高架の名古屋第二環状自動車道を挟んだ西側エリアには、**諏訪神社**や**圓長寺**、**光暁寺**などが集まる。目の前の「**旧柳街道**」の標示がある南北の通りが信長街道で、板塀や蔵のある屋敷も立ち並ぶ。

町内の寺社などには多数の文化財があり、時期によっては公開も。また、赤シソ収穫期の6月には、庄内川沿いの赤紫色をした畑の景色を**新大正橋**から眼下に望める。

ⓘ 大治町役場
URL www.town.oharu.aichi.jp

おさんぽプラン

1. 自性院
   ↓ 徒歩20分
2. 明眼院
   ↓ 徒歩15分
3. 諏訪神社
   ↓ 徒歩6分
4. 圓長寺

info 日本で初めての眼科医療機関　天台宗の寺院・明眼院（みょうげんいん）は、延文2（1357）年に清眼という名の僧が馬島流眼科として治療を始めた、日本初の眼科医療機関といわれている。江戸時代には全国から眼病患者が訪れたという。

6本もの川が織りなす水郷の風景

# 蟹江町（かにえちょう）

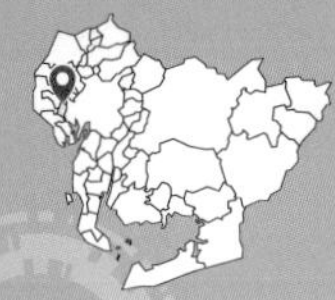

エリアの基本情報
人口　37,338人（43位）
面積　11.09㎢（51位）
町の花　ハナショウブ
町の木　キンモクセイ
町制施行日
明治22(1889)年10月1日



蟹江川、日光川、善太川、福田川、佐屋川、大膳川の6本の川が、直線的に、あるいは蛇行して流れ、美しい水辺の風景を生み出している水郷の町。戦国時代は海に面した水運の重要拠点で、織田信雄と徳川家康は、小牧・長久手の戦いの一環である蟹江合戦の際、羽柴秀吉軍から蟹江城を死守した。もろこ寿司やぼら雑炊、ふな味噌など、川魚を使った郷土料理は、かつて漁業が盛んだった名残だ。

蛇行する佐屋川の景観を生かして整備された町のシンボル・佐屋川創郷公園

蟹江町はどえりゃあすごいがね！

**町の面積の5分の1が河川**

町の端と中央部を6本の川が流れ、総面積の実に5分の1を河川が占める。まさに水郷の町だ。町の全域が海抜0メートル地帯。

町章

旧蟹江城の城主・佐久間家が用いた家紋「三引紋」を、そのまま町章としたもの。昭和9（1934）年に制定。

## 蟹江町の歩き方

### 川のあちらとこちらを行き来しながら散歩

愛知県内でも珍しい源泉100%かけ流しの「足湯かにえの郷」。手湯もある

蟹江川の両岸を中心に、西を流れる日光川エリアまでを、徒歩で気ままに回ろう。

**冨吉建速神社・八劔社**は、ユネスコ無形文化遺産の山・鉾・屋台行事に登録された須成祭が行われる神社。すぐ横には、木曽義仲が平家を討つため都へ上る途中で再建し、巴御前が大日如来坐像を安置したとされる**蟹江山常楽寺龍照院**も立つ。ここから赤い天王橋の西に見える**蟹江町観光交流センター 祭人**では、須成祭の展示が見学でき、レンタサイクルも借りられる。

蟹江川の東岸を南へ下れば、**蟹江城址**と**蟹江町歴史民俗資料館**に到着するが、その道中には銘酒で知られる**山田酒造**や、長期熟成の黒みりんの醸造元・**甘強酒造**があり、風格ある酒蔵が目を引く。

蟹江町のもうひとつの名物が源泉かけ流しの天然温泉だ。町の西側を流れる佐屋川の近くには、**足湯 かにえの郷**が、さらに水鶏橋を西へ渡ると**尾張温泉東海センター**がある。

ほかにも、遊具やBBQ場のある**蟹江川水辺スポット**や、春にはハナショウブ、秋には紅葉に彩られる**佐屋川創郷公園**などの見どころがある。

### 蟹江町への行き方

名古屋駅から関西本線で蟹江駅まで約12分、200円。または近鉄名古屋駅から急行・準急で近鉄蟹江駅まで約8分、300円。両駅間は徒歩約20分。車の場合は、東名阪自動車道蟹江ICから約7分。

i 蟹江町観光協会
URL www.kaninavi.jp

### おさんぽプラン

1. 冨吉建速神社・八劔社
↓ 徒歩2分
2. 蟹江町観光交流センター 祭人
↓ 徒歩17分
3. 蟹江城址
↓ 徒歩20分
4. 足湯 かにえの郷

info 小酒井不木（こさかいふぼく）の出身地　日本の探偵小説黎明期の作家で、医学博士でもある小酒井不木は、蟹江町の出身。後の作家たちにも大きな影響を与えた。蟹江町歴史民俗資料館にある「不木碑」は、江戸川乱歩の筆によるものだ。

宇宙へ行った金魚で全国的に知られる

# 弥富市（やとみし）

エリアの基本情報
人口　43,025 人（41 位）
面積　49.11㎢（24 位）
市の花　キンギョソウ
市の木　サクラ
市制施行日
平成 18（2006）年 4 月 1 日

**弥富市は どえりゃあ すごいがね！**

**日本 3 大産地のひとつ 金魚養殖が盛ん**

江戸時代、旅の商人が持ち込んだ金魚を見た村人が飼育を始め、生産が広がった。豊富な水には亜酸化鉄が含まれ、色が鮮やかになることから弥富の金魚は人気に。約 26 種が揃う。

市章

水平は平和、円形は市政の円満、水平を突き抜ける山型は発展、左右同型は合併町村の円満な発展を表現している。

**弥富市への行き方**

名古屋駅から関西本線で弥富駅まで約 20 分、330 円。近鉄名古屋駅から急行で近鉄弥富駅まで約 14 分、430 円。名鉄尾西線（名古屋本線から須ケ口駅で分岐）も終点が弥富駅となっていて、JR と駅を共用。

i 弥富市役所
URL www.city.yatomi.lg.jp

**おさんぽプラン**

❶ 服部家住宅
↓ 徒歩 35 分
❷ 弥富市歴史民俗資料館
↓ 徒歩 30 分
❸ 森津の藤公園
↓ バス 39 分
❹ 弥富野鳥園

南部は名古屋港、北西部は木曽川に面している。戦国時代には織田信長が鯏浦（うぐいうら）城（じょう）を築いた地だが、市域の多くは江戸時代以降の干拓による。平成 6（1994）年にスペースシャトルで宇宙へ行き話題となった金魚養殖の地であると同時に、国内有数の文鳥の生産地としても知られる。市の北部と東部には、水田が広がる農業地帯の間に、花や野鳥を楽しめる公園があり、令和 4（2022）年には名古屋競馬場も移転した。

弥富野鳥園内の小公園。芝生地や樹林地、広場があり、野鳥を観察できる

## 弥富市の歩き方

### 干拓地の自然観察や史跡巡りを楽しめる

4月中旬から下旬にかけて芝桜が三ツ又池公園を色鮮やかに彩る

織田信長との戦いのあとで村の再興に尽力した庄屋の**服部家住宅**からスタートし、**弥富市歴史民俗資料館**へ。両スポット間は徒歩のほか、名鉄尾西線五ノ三駅から弥富駅まで電車を使っても行ける。次は花のスポットへ。**森津の藤公園**へは徒歩約 30 分。きんちゃんバス南部ルートを使えば、弥富市役所停から森津の藤停まで約 14 分だ。江戸時代初期の新田開拓当時に植えられた藤は市の天然記念物。4 月下旬には藤まつりが開催される。同じ時期に見頃なのが、**三ツ又池公園**の白・ピンク・赤・青 4 色 7 万 5000 株もの芝桜。ここへは東部ルートのバスでも行けるが、車がいいだろう。森津の藤公園から**弥富野鳥園**へは、南部ルートのバスで。ただし帰りの終バスが早いので時刻を要チェック。また探鳥会は午前中に開催される。

このほか、佐古木駅から南へ徒歩約 20 分の**輪中公園**内にある文化財の**立田輪中人造堰樋門**、弥富駅から北へ徒歩 10 分の**鯏浦城跡**や豊臣秀吉ゆかりの**薬師寺の大楠**など、文化財も豊富。金魚をモチーフにしたスイーツのお店も、JR と近鉄の沿線に複数。家族連れなら**海南こどもの国**の水上自転車も楽しい。



info **全国有数の野鳥の宝庫**　木曽三川の河口に近い市の南部は渡り鳥の中継地・渡来地。水鳥を中心に多様な種類が見られる、全国有数の観察地だ。自然環境を生かして野鳥の保護や調査、観察を行う施設もある。

どこまでも続く田園と港湾の風景

# 飛島村（とびしまむら）

エリアの基本情報
人口　4,575人（51位）
面積　22.43㎢（41位）
村の花　キク
村の木　サクラ
村制施行日
明治22（1889）年10月1日



かつて海だった飛島村。元禄6（1693）年、5代将軍・徳川綱吉の時代、干拓により大宝新田が築かれて以降、段階的に拡大した。昭和に入ると名古屋港西部臨海工業地帯の一部が村域に。現在は南部の飛島ふ頭がガントリークレーンの並ぶ貿易港となり、すぐ北の木場金岡ふ頭には航空宇宙産業や鋼材の工場が並ぶ。北部では米や野菜、花、金魚などを生産。農村と工業、貿易港の風景が共存する。

岸壁にそびえ立つガントリークレーンは日本最大級を誇る

## 飛島村の歩き方

### 橋梁と田園のスケールの大きな風景に出合う

名港トリトンの3つの橋のうち、最も西側に架かる名港西大橋

**名港トリトン**の赤い橋・**名港西大橋**。巨大な橋を真下から見上げる飛島IC近くの**木場南グラウンド**へは、飛島公共交通バスの公民館分館停から徒歩約20分。車ならこの南の飛島ふ頭へ行けば、ガントリークレーンの群れを眺められる。

バス停へ戻り、近鉄蟹江駅前行きに乗って約20分の飛島停から西へ10分ほど歩くと**大宝排水機場保存館**に到着。この地の農業発展に貢献した明治末期のドイツ製ポンプが展示されている。見学は教育委員会への申し出制だ。北西へ約15分歩けば、同時代の書類倉庫・**六角れんが蔵**もある。

村の中心部は、先ほどの飛島停から南東方向。飛島村中央公民館2階に**飛島村郷土資料室**、斜め向かいに**すこやかセンター**があり、産直市で新鮮野菜やホウレン草入り米粉めんなどの加工品を購入できる。約1km東の**ふれあい温泉**には無料の足湯も。さらに1kmほど北の渚7丁目近辺からは、一面の**田園風景**が広がる。

村内には金魚店や鯉料理店といった、ほかにあまりないお店も。田園風景やガントリークレーンを望むエリアは、地元の人の生活や産業の場所であることに配慮しよう。

**飛島村はどえりゃあすごいがね！**

**村の成り立ちに由来　村内に坂道がない！**

元来は海で農業用の土地として干拓された飛島村は、ほぼ平地。堤防の近くなどに傾斜はあるが、「坂道」と呼べるものはない。

村章

ひらがなの「と」を図案化。下部の円い部分には平和と円満、上部のV字形には未来への発展の願いを込めている。

**飛島村への行き方**

近鉄名古屋駅から急行で近鉄蟹江駅まで約8分、300円、飛島公共交通バス蟹江線に乗り換え飛島村役場まで約19分、200円。車なら名古屋第二環状自動車道飛島北ICから一般道に下り、西へ約10分で中心部。

ⅰ 飛島村観光交流協会
URL tobishimamura.jp

**おさんぽプラン**

❶ 名港トリトン（▶P.157）
⬇ バス19分・徒歩35分
❷ 大宝排水機場保存館
⬇ 徒歩25分
❸ すこやかセンター
⬇ 徒歩12分
❹ ふれあい温泉

info 絵画のような田園風景　村の北東部から眺める田園風景は、まるでゴッホの絵画！　青々と育つ初夏から夏も、実りの秋も、それぞれに美しい。周囲は360度開けているが、特に西の山並みの向こうに夕日が沈む光景は壮観。

# エリアナビ 西三河

愛知県のほぼ中央に位置し、北は岐阜県と長野県に隣接。自動車関連の工業が主産業で、エリアー帯には、これを支える中小企業が多い。家康生誕地をはじめ、紅葉で人気の香嵐渓、離島の佐久島など、見どころも充実。

ダイナミックな建築と自然がマッチした岡崎市美術博物館

## 1 徳川家康生誕の地 岡崎市

P.228 MAP 別冊P.26-27

県中央部に位置し、東海道屈指の宿場町として栄えた。大豆生産が盛んで八丁味噌の発祥地としても名高い。良質な石材が採掘され、岡崎城の石垣にも使用されている「岡崎御影石」が有名。家康ゆかりの寺社や史跡など見どころも豊富だ。

## 2 世界が認める「自動車のまち」 豊田市

P.234 MAP 別冊P.24-25

名古屋市に次ぐ人口を誇り、面積は県内最大。自動車工場が多く、市内の製造業で働く人の約８割が自動車関連産業に従事している。一方、水資源が豊富なことから、くだものの生産量も多く、愛宕梨は重さ世界一のギネス記録に認定。

巴川の川面に映り込む紅葉が美しい香嵐渓。見頃は 11 月中旬～下旬

稲荷山茶園公園で茶摘み体験と茶摘み衣装を着て写真撮影ができる

## 3 ウナギ養殖や抹茶生産が盛ん 西尾市

P.242 MAP 別冊P.30

海・山・川に囲まれ自然が豊か。一色産ウナギと西尾の抹茶は知名度も高く、国内有数の生産量を誇る。カーネーションの出荷数も全国トップクラス。カーエアコンなどの自動車部品の製造や繊維業も成長し続けている。

## 4 農業先進都市として発展 安城市

P.248 MAP 別冊P.6

明治用水が完成し、豊かな水源を活用したさまざまな農産物が生産されている。「安城なし」やイチジクが有名で、ナシの新品種の育成も活発だ。竹飾りのストリートが日本一長いといわれる、七夕まつりも楽しい。

デンマークの街並みを再現した安城産業文化公園デンパーク

## 5 工業都市と自然がほどよく調和 刈谷市

P.252 MAP 別冊P.6

江戸時代に城下町として繁栄、大正末期から自動車産業が盛んになり工業都市へと発展した。工場が並び活気づく一方、国の天然記念物に指定のカキツバタ群落など、自然を満喫できるスポットもある。

刈谷ハイウェイオアシス岩ケ池公園内にあるメリーゴーラウンド

三ヶ根山スカイライン
→ P.245

1. 家康出生の城・岡崎城へ » P.39
2. 佐久島でアートピクニックを楽しむ » P.78
3. 重伝建選定の足助の街並みを散策 » P.240
4. 刈谷ハイウェイオアシスで遊び尽くす » P.94
5. 江戸時代から続く知立まつりを満喫 » P.361

## 6 車と人が往来する交通の要衝 知立市

P.254 MAP 別冊P.6

名鉄名古屋本線と三河線の両線を利用できる知立駅を中心に町が形成されており、駅前の商店街は昼夜問わずにぎわいを見せる。甘いお菓子の「あんまき」と、伝統産業として知られる「三河仏壇」が有名。

江戸時代から続く「知立まつり」。毎年5月2・3日に行われる

## 7 水に恵まれたものづくりの町 碧南市

P.255 MAP 別冊P.6

碧南市と半田市をつなぐ衣浦海底トンネルは徒歩や自転車の通行が可能

矢作川や衣浦港といった水上輸送路に恵まれ、醤油や味噌、地酒などの醸造が盛んで、市内には醸造メーカーが点在。銀色の光沢が特徴的な「いぶし瓦」の製造工業があり、国内有数のシェアを誇る。

## 8 鬼瓦で知られる衣浦湾に面した地 高浜市

P.256 MAP 別冊P.31

粘土が豊富に取れることから、土器が多く作られ江戸時代から瓦作りが始まった。市内には、陶管焼の観音像や鬼瓦のモニュメントが点在し、伝統工芸を継承する若い鬼師や細工人形師が活躍している。

大山緑地に咲く、大山千本桜。7柱の神様を祀る春日神社も訪れたい

## 9 アートが彩る都心のベッドタウン みよし市

P.260 MAP 別冊P.9

「アートのある暮らし」をコンセプトに、約70の彫刻が公園や町角に設置されており、自由にアートに触れることができる。池が多いことから、カヌーの大会も数多く開催され、近年はEボートを使った交流会も実施。

毎年夏に開催される「三好大提灯まつり」。高さ約11 mの大提灯は見応えあり

## 10 遠望峰山がそびえる自然豊かな町 幸田町

P.261 MAP 別冊P.6

農・工業を基盤とした額田郡唯一の町。自然環境のよさも相まって、人口増加率は県内トップクラス、若い世代の割合も多い。早生の甘柿で小ぶりな筆柿のシェアは国内トップ。筆柿を使った加工品はおみやげにおすすめ。

約1万本のアジサイが咲き誇る本光寺。6月には「本光寺紫陽花まつり」を開催

日本のものづくりを支える

# 世界の「トヨタ」と西三河の歴史

日本の製造業を牽引する「トヨタ」の原点は西三河にあり！？
愛知＆西三河と、西三河を拠点に世界的企業へ発展したトヨタとの関係について考えてみよう。

## 7つのキーワードで読み解く

### 1 挙母町（ころもちょう）

昭和13（1938）年11月、トヨタ自動車工業株式会社が挙母町に日本初の自動車一貫生産工場を建設。発展を遂げた挙母町は昭和26（1951）年に挙母市となり、昭和34（1959）年にはトヨタの企業名をとって豊田市に改称された。

### 2 論地ヶ原（ろんちがはら）

挙母町が工場用地の候補として選ばれたのは、論地ヶ原という広大かつ不毛な原野があり、約198万平方メートルの用地が安価で取得可能だったこと。また、三河鉄道（現・名古屋鉄道三河線）を使用して生産用設備や資材の輸送が可能だったことなどが挙げられる。

### 3 12

国内にあるトヨタ自動車の工場は全部で12ヵ所。田原工場（田原市）以外はすべて西三河にあり、豊田市に本社工場を含む7つ、西隣のみよし市に3つ、碧南市にひとつの工場が設置されている。

### 4 37万2817人

グループ会社も含むトヨタ自動車の従業員数※。これは県内の市町村で4～5位の人口を誇る一宮市や豊橋市の人数に匹敵する。

※令和4（2022）年現在、有価証券報告書より

### 5 27兆4640億円

トヨタ自動車の令和4（2022）年4～12月期の売上高※は、前年比18％増。純利益は1兆8990億円となっている。愛知県の令和5（2023）年度予算案2兆9657億円（一般会計）の9倍以上。 ※会社四季報より

### 6 豊田講堂

芸術文化分野でも支援活動を展開するトヨタ自動車。国の登録有形文化財でもある名古屋大学のシンボル・豊田講堂は、トヨタ自動車の寄付（施工費2億円）によって建設された。徳川美術館や愛知芸術文化センター、豊田市文化芸術センターにも建設費を寄付している。

### 7 スポーツ

豊田市で活動するリーグワン参戦中のラグビーチーム・トヨタヴェルブリッツをはじめ、トヨタ自動車所属のスポーツチームは多数。フィギュアスケートの宇野昌磨選手や卓球の張本智和選手など、個人アスリートへのサポートも手厚い。

❶豊田市にあるトヨタ自動車元町工場の敷地面積は159万平方メートル。7000人以上が働く　❷挙母工場の完成当時の写真　❸トヨタ自動車の最初の生産型乗用車であるトヨダ AA型乗用車

info トヨタとグランパス　名古屋グランパスの前身はトヨタ自動車サッカー部で、平成3（1991）年のJリーグ発足時に「名古屋グランパスエイト」として参加。名古屋グランパスのホームである豊田スタジアムの大型ビジョンはトヨタ自動車が寄贈したもの。

# 西三河から世界へ

## 始まりは織機の発明から

トヨタグループの創始者・豊田(とよだ)佐吉が生まれたのは、遠江国の湖西地方（現・静岡県湖西市）。繊維産業が盛んな土地だったこともあり、佐吉は織機の発明・考案を行うようになる。開発した自動織機を生産するため、大正 12（1923）年に豊田紡織株式会社を、3 年後には株式会社豊田自動織機製作所を設立した。

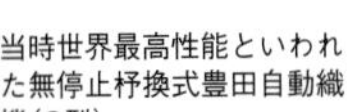

当時世界最高性能といわれた無停止杼換式豊田自動織機（G型）

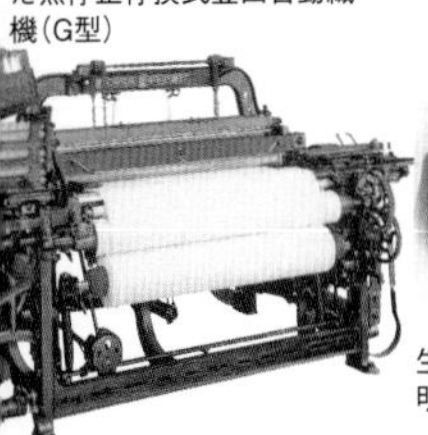

生涯をかけて多くの発明を残した豊田佐吉

## 「トヨタ自動車工業」が誕生

豊田自動織機製作所で国産大衆車の開発を行っていた佐吉の長男・喜一郎は、昭和 12（1937）年に自動車部を独立させると、トヨタ自動車工業株式会社を設立。そして自動車の量産体制を確立するため、挙母町に自動車工場を建設した。

トヨタ自動車の創業者・豊田喜一郎

## 危機を脱して「世界のTOYOTA」へ

第 2 次世界大戦後に深刻な経営危機を迎えるも、朝鮮戦争の特需で生産は増加、急速に業績が回復。好状況を受けて、昭和 30 年代後半から 40 年代にかけて西三河一帯に工場を新設・増設する。昭和 33（1958）年にはブラジルで海外初となる本格的な現地生産を開始、現在は世界 26 の国と地域に拠点が設けられている。

もっと知りたい！

長さ70mの写真年表は圧巻

### トヨタ鞍ヶ池記念館（とよたくらがいけきねんかん）　豊田市

トヨタ創業期からの歴史を 240 点の写真とデータを使って編年体スタイルで紹介。5 分の 1 車両模型展示や挙母工場のジオラマ模型、創業期の象徴的な一場面を再現した「ラジオラマ」などもある。名古屋から移築修復した豊田喜一郎の別荘は外から見学可能。

トヨダAA型乗用車と日本初の本格的国産乗用車・トヨペットクラウンの車両展示も

MAP 別冊 P.25-C2
住 豊田市池田町南 250　TEL 0565-88-8811　開 9:30～17:00　休 月（祝日の場合は翌日）　料 無料　P あり　交 名鉄三河線・豊田線豊田市駅から名鉄バス足助行きで鞍ヶ池公園前下車、徒歩3分

動態展示や実演体験が豊富

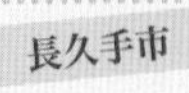

長久手市

### トヨタ博物館（とよたはくぶつかん）

DATA P.180

もっと知りたい！

豊田市

燃料電池自動車MIRAIのほか、最新のトヨタ・レクサス車が並ぶ

トヨタの「今」がわかる

### トヨタ会館（とよたかいかん）

環境・安全を考慮した最新技術や、トヨタ自動車が行う取り組みを映像や展示で紹介する。最新の安全運転支援機能を体感できるセーフティシミュレーター（当日予約制）など、体験コーナーが充実。新型車も常時多数展示。

※体験の詳細は公式ウェブサイト参照。体験内容は変更の可能性あり

MAP 別冊 P.24-A3
住 豊田市トヨタ町1　TEL 0565-29-3345　開 9:30～17:00　休 日　料 無料　P あり　交 愛知環状鉄道線三河豊田駅から徒歩20分、または名鉄バストヨタ記念病院行きに乗り、トヨタ本社前下車すぐ

車両や資料で世界のクルマを紹介　名古屋市西区

### トヨタ産業技術記念館（とよたさんぎょうぎじゅつきねんかん）

DATA P.108

info 発明王・豊田佐吉　日本初の動力織機など、発明特許84件、外国特許13件、実用新案35件を取得。佐吉が発明にかけた不屈の精神と技術がトヨタ自動車の礎となっている。初めての発明は明治24（1891）年に特許を取得した木製人力織機。

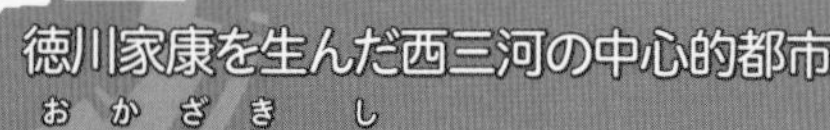

徳川家康を生んだ西三河の中心的都市

# 岡崎市（おかざきし）

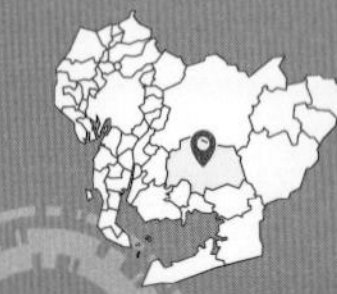

エリアの基本情報
人口　384,654人（3位）
面積　387.20㎢（3位）
市の花　フジ・サクラ
市の木　ミカワクロマツ
市制施行日
大正5（1916）年7月1日

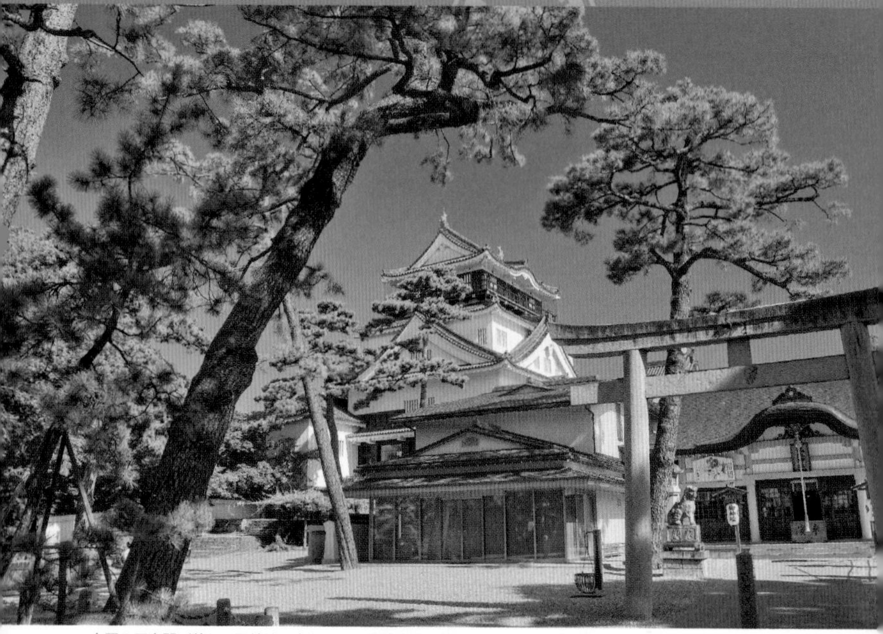

白亜の天守閣が美しい岡崎城を中心とした岡崎公園。敷地内には神社や能楽堂、歴史資料館などがある

**市章**

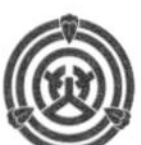

「岡」の字を図案化し、周囲には宝珠をつかむ龍の爪を模した形を配置。これは岡崎城の別名「龍ケ城」や、徳川家康公生誕時に龍神が現れた伝説などにちなんだもの。

**エリア利用駅**

◎**東岡崎駅**
名鉄名古屋本線（快速特急・特急・急行・準急・普通）
◎**岡崎駅**
JR東海道線（特別快速・新快速・快速・区間快速・普通）、愛知環状鉄道
※バス停は名鉄バス名鉄東岡崎駅を利用

ℹ 一般社団法人岡崎市観光協会
URL okazaki-kanko.jp

## 岡崎市への行き方

名鉄名古屋駅 → 東岡崎駅
名鉄名古屋本線　特急　所要約30分（680円）

名古屋駅 → 岡崎駅
JR東海道線　新快速　所要約30分（620円）

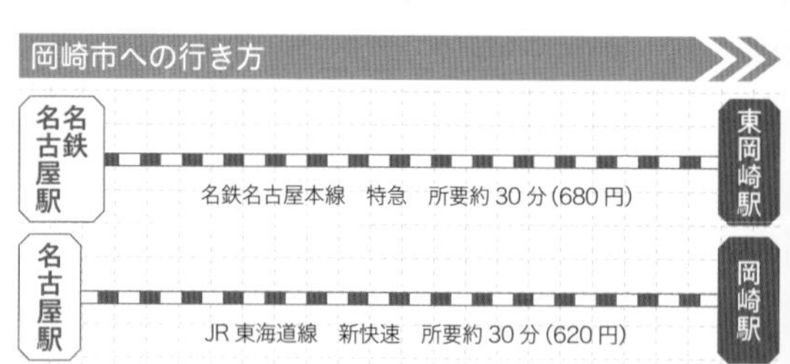

愛知県の中央部、南東寄りに位置する。東部には丘陵と山地、西部の平地では東と北から注ぐ乙川（おとがわ）と矢作川（やはぎがわ）が合流し、古くから水陸の交通の要衝として発展してきた。室町時代には幕府直轄地として繁栄し、15世紀には岡崎城のもととなる砦が築かれた。戦国時代になると、松平清康が現在の安城市からこの地へ移って岡崎城の城下町を築く。その孫として後にこの城で生まれた徳川家康が天下泰平の世を築くと、東海道五十三次の宿場町・岡崎宿が置かれて栄えた。現在は西三河エリアの中心都市であると同時に、面積の6割を森林が占める自然豊かな町でもある。史跡観光や工業のほか、石工や花火、三河仏壇などの伝統産業も盛んだ。



info　二十七曲りの街道　城下町の冠木門前から矢作橋まで約4kmの間は、旧東海道が何度も折れ曲がりながらとおっている。敵から城を守り、旅人を宿場にとどめるための二十七曲りの道は、今も残る碑や常夜灯が目印だ。

## 岡崎市はめっちゃいいじゃんね！

**江戸幕府を開いた徳川家康が生まれた**

岡崎城主・松平広忠の嫡男として岡崎城で誕生。家康が生まれたときに使ったという「産湯の井戸」や、へその緒を埋めた「えな塚」が今も残る。

**愛知伝統の味 八丁味噌発祥の地**

岡崎城から西へ８丁（約870ｍ）の場所にあった八丁町（旧八丁村）で作られた味噌。江戸時代初期から２軒の蔵元が今も味噌作りを続けている。

**秘境の名水全国１位！ゲンジボタルの里**

市の東部・鳥川（とっかわ）地区にある鳥川ホタルの里湧水群は、環境省による名水百選選抜総選挙「秘境として素晴らしい名水部門」で全国１位に輝いた。

## 岡崎市の歩き方

### 二十七曲りを行くように気ままな寄り道

**旧本多忠次邸**から**岡崎城**のある**岡崎公園**を経て**八丁蔵通り**までは、国道１号に出て西へ向かえば、トータル１時間半ほどで歩ける距離。でもせっかくなら、東海道の「二十七曲り」をたどって宿場町を満喫したい。古い建築に興味があるなら、武将・本多忠勝の子孫が自ら基本設計をした旧本多忠次邸のほか、大正初期の**旧額田郡公会堂**や**岡崎信用金庫資料館**に立ち寄るといい。乙川に架かる橋も存在感がある。名鉄東岡崎駅北の**桜城橋**（さくらのしろばし）は、表面にふんだんに使われた額田地区産ヒノキが香る。その西側の**殿橋**（とのばし）は、昭和初期の意匠性の高いコンクリート橋脚が特徴で、岡崎市のシンボル的存在だ。

乙川河川敷に咲き誇る「葵桜」の桜並木。ソメイヨシノよりも花の色が濃い

城下町でショッピングを楽しむなら、和蝋燭店や日本酒の蔵元のほか、和菓子店もおすすめ。市の花でもある桜の名所も点在する。２月下旬〜３月中旬なら、岡崎公園から乙川の3kmほど上流エリアの「葵桜」と呼ばれる河津桜並木へ。春なら岡崎公園のソメイヨシノが見事で、舟から見上げる風情は格別だ。

### おさんぽプラン

❶ 岡崎市 旧本多忠次邸 （▶ P.231）
⬇ 徒歩 35 分
❷ 六所神社 （▶ P.230）
⬇ 徒歩 20 分
❸ 岡崎公園 （▶ P.230）
⬇ 徒歩 8 分
❹ 内田修ジャズコレクション展示室 （▶ P.231）
⬇ 徒歩 15 分
❺ 八丁蔵通り （▶ P.229）

小ネタ

**県内有数のホタル生息地**

市の中心部から車で30分ほど東の、小高い山に囲まれたエリアに**鳥川ホタルの里**がある。清流・鳥川に天然のゲンジボタルが生息し、ピークの６月中旬には1000匹にもなる。近くには環境省の平成の水百選に選ばれた鳥川ホタルの里湧水群も。多くの人が訪れるが、地元の人々の努力もあって自然環境が保たれている場所ということを忘れずに。

MAP 別冊 P.7-C1

もっと知りたい！あいちの話

### 蔵屋敷が立ち並ぶ「八丁蔵通り」

岡崎城から西へ８丁（約870ｍ）。２軒の味噌蔵の裏にある八丁蔵通りには、黒い板塀と白い漆喰壁の蔵屋敷が立ち並ぶ。この場所は東海道と矢作川を経由して原材料を入手しやすいことから、味噌作りが盛んになった。水分が少なく、２年間もかけて熟成させる味噌は、東海道を往来する旅人たちによって、各地に知れ渡った。付近一帯は平成18（2006）年のNHK朝ドラ『純情きらり』のロケ地でもあり、出演者の手形があちこちにある。

MAP 別冊 P.26-A2

蔵屋敷が狭い路地に並ぶ八丁蔵通り。旧東海道の風情が今も残る

info 「おかざき」の発音は　人名の岡崎さんは「か」だけ上がる発音だが、地名の岡崎は「お」が低く「かざき」が高い発音。また岡崎市のあるエリア名の三河は、「み」が低く「かわ」が高い発音。市の名称の刈谷も同様だ。

## 岡崎公園

徳川家康が生誕した岡崎城の城跡 MAP 別冊P.26-B2

# 岡崎公園（おかざきこうえん）

岡崎市を代表する歴史と文化の公園。広大な敷地に白亜の岡崎城がそびえ、春には公園一帯に桜が咲き、シーズン中は花見を楽しむ人たちでにぎわう。令和5（2023）年にリニューアルオープンした岡崎城（→P.39）では、展示品をとおして城の成り立ちを学べる。床面に投影されたマップを歩きながら、江戸時代の城下町を映像と音響で体感できるシアタールームもおもしろい。ほかにも、家康と三河の武士たちの生涯と業績を紹介する三河武士のやかた家康館、二の丸能楽堂、五万石藤など、見どころが数多く点在する。

岡崎公園
住岡崎市康生町561-1
TEL0564-24-2204（三河武士のやかた家康館）
開散策自由、岡崎城9:00～17:00（最終入場16:30）
休無休　料無料、岡崎城300円
CC不可　Pあり
交名鉄名古屋本線東岡崎駅から徒歩15分

家康公350年祭を記念し昭和40（1965）年に建てられた銅像

井戸の水に触れることができる家康産湯の井戸

岡崎城5階の展望室から満開の桜や市内を一望できる

写真提供：岡崎市

## 六所神社

徳川家康の産土神として名高い神社 MAP 別冊P.26-B3

# 六所神社（ろくしょじんじゃ）

斉明天皇の御代（600年頃）に創建し、徳川家康誕生の際は松平家の産土神として拝礼された。現在は安産の神様としてあつく信仰され、12日に1度の戌の日には安産祈願の参拝者が多く訪れる。本殿、幣殿、拝殿を連結し、華麗な彩色を施した権現造の社殿は江戸初期のもの。やや遅れて楼門が建てられ、今ではこれらの社殿と御神体を納める御厨子6基、社殿の棟札6枚とともに国の重要文化財に指定されている。平成26（2014）年から3年かけて大修復工事を行い、往時の姿がよみがえった。

六所神社
住岡崎市明大寺町耳取44
TEL0564-51-2930
開7:00～17:00
休無休
料無料
Pあり
交名鉄名古屋本線東岡崎駅から徒歩2分

石造の二の鳥居をくぐると楼門までの階段が

貞享5（1688）年、徳川綱吉により建立された楼門

寛永11（1634）年、徳川家光により建立された豪華な彩色が施された社殿

同じ三河でも、10kmそこそこしか離れていない岡崎市と刈谷市ですら言葉は異なる。たとえばジャンケンの掛け声が岡崎市中心部では「じゃんけんぽん」なのが、刈谷市の北（東境、西境、井ケ谷あたり）では「いんじゃんほい」になる。（愛知県出身・じゃんだらりん）

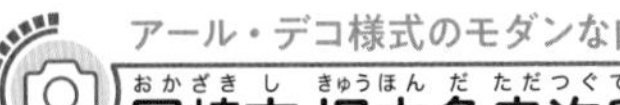

アール・デコ様式のモダンな内装 MAP 別冊P.27-D3

## 岡崎市 旧本多忠次邸

徳川家康の四天王と呼ばれた武将・本多忠勝を祖とする旧岡崎藩主本多家の末裔、本多忠次が昭和7（1932）年に建てた自邸を移築復原。木造2階建ての洋館は、国の登録有形文化財。

東公園の入口に立つスパニッシュ様式を基調とした洋館

**岡崎市 旧本多忠次邸**
住岡崎市欠町足延40-1
TEL0564-23-5015
開9:00～17:00（最終入場16:30）
休月（祝日の場合は翌平日）、展示替期間
料無料（企画展は有料の場合あり）
Pあり
交名鉄名古屋本線東岡崎駅から名鉄バス市民病院行きまたは中央総合公園行きで東公園口下車、徒歩3分

貴重な収蔵品からジャズの歴史を知る MAP 別冊P.26-B2

## 内田修ジャズコレクション展示室

外科医でありジャズ愛好家の故内田修氏より岡崎市へと寄贈された、世界有数のジャズコレクションを展示。定期的に入れ替わる試聴コーナーなど、落ち着いた空間でジャズを気軽に楽しめる。

展示室内にはミュージシャンゆかりの楽器が置かれている

**内田修ジャズコレクション展示室**
住岡崎市康生通西4-71（岡崎市図書館交流プラザりぶら2階）
TEL0564-23-3100
開9:00～21:00
休水（祝日の場合は開館）
料無料
Pあり
交名鉄名古屋本線東岡崎駅から名鉄バス日名町行き（康生町・材木町経由）で図書館交流プラザ下車すぐ

岡崎市の歴史史料から現代美術まで展示 MAP 別冊P.7-C1

## 岡崎市美術博物館

岡崎市中央総合公園の一角に位置する美術博物館。岡崎の歴史を伝える史料を収集、保管、調査、研究するとともに、美術、歴史、民俗など、多様なテーマによる展示活動を行っている。

自然散策を楽しめる岡崎中央総合公園の恩賜池ほとりに立つ

**岡崎市美術博物館**
住岡崎市高隆寺町峠1（岡崎中央総合公園内）
TEL0564-28-5000
開10:00～17:00（最終入館16:30）
休月（祝日の場合は翌平日）、展示替期間
料展覧会により異なる
CC不可
Pあり
交名鉄名古屋本線東岡崎駅から名鉄バス中央総合公園行きで美術博物館下車、徒歩5分

土塀と屋敷の一部が残る奥殿藩陣屋跡 MAP 別冊P.7-C1

## 奥殿陣屋

奥殿藩大給松平家1万6000石の陣屋。現在は、屋敷の一部が残り、歴史と文化を伝える観光施設となっている。山桜やバラ、紅葉、椿など、四季折々の花の名所としても名高い。

書院・金鳳亭を望む陣屋。初夏には約100種1000本のバラが咲き誇る

**奥殿陣屋**
住岡崎市奥殿町雑谷下10
TEL0564-45-7230
開9:30～16:30、金鳳亭11:00～L.O.14:30
休月（祝日の場合は翌平日）
料無料
Pあり
交JR岡崎駅から名鉄バス奥殿陣屋行きで終点下車すぐ

info 美しい花の郷　奥殿陣屋があるのは、標高257mの花ぞの山（村積山）の麓。古くから「三河富士」と評される美しい山で、持統天皇がその名をつけたといわれている。女帝も眺めたであろう美景を堪能しよう。

## 太田油脂株式会社直売店 あぶら館

住岡崎市福岡町下荒追28
TEL0564-51-9521
営10:00～16:30
休土・日・祝
CCMV
Pあり
交JR岡崎駅から名鉄バス福岡町行きで終点下車、徒歩1分

ピリ辛のラー油と濃厚味噌がクセになる、おかざきラー油864円

日本で初めて「えごま油」を食用化　MAP 別冊P.6-B1

# 太田油脂株式会社直売店 あぶら館

明治35（1902）年創業の老舗油屋の直売店。現代の食生活で不足しているオメガ3脂肪酸が含まれるえごまオイルや、香料、着色料不使用のアレルギー対応の菓子類など、豊富なラインアップ。油づくりの工場見学や、健康オイルセミナー、油しぼり体験、油の食べ比べなども開催している。

太田油脂の製品「匠の塗油」が使用された重厚な建物

## 三州菓子工房 中田屋

住岡崎市能見通1-44
TEL0564-21-3057
営10:00～16:00
休土・日・祝
CCADJMV
Pあり
交名鉄名古屋本線東岡崎駅から徒歩20分

現在は「ありがとう。かりんとう。」シリーズを考案した3代目が営む

甘さ控えめで軽やか食感のかりんとう　MAP 別冊P.26-B2

# 三州菓子工房 中田屋

大正11（1922）年創業、「ありがとう。かりんとう。」のパッケージでおなじみの、かりんとう専門店。八丁味噌や風味豊かな国産ユズ、醤油味に唐辛子を加えたきんぴらごぼう味など、全15種類のかりんとうを製造・販売。平日午前中は、できたてのかりんとうを量り売りしている。

レギュラーサイズ各250円（左）。プチサイズ各130円と価格もお手頃

## マジカル

住岡崎市山綱町天神16-5
TEL0564-48-7788
営9:00～18:30、カフェ～17:30（L.O.17:00）
休木、第3水曜
CCJMV
Pあり
交名鉄名古屋本線名電山中駅から徒歩5分

店舗前には365日人気のスイーツが購入できる自動販売機もある

イートインもできる評判のケーキ店　MAP 別冊P.7-C1

# マジカル

地元で長く親しまれる人気店。約50種類の生ケーキや焼き菓子をラインアップしており、八丁味噌を使った「岡崎純情プリン」や、フランス産クリームチーズがたっぷりの「窯出しチーズ」は特に好評。サイズアップした窯出しチーズに家康公の焼き印を入れた特別バージョンにも注目を。

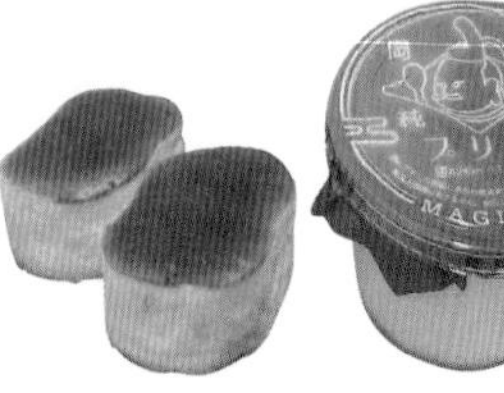


とろける口どけの窯出しチーズ1個126円（左）とカラメルに八丁味噌を練り込んだオリジナルのプリン1個330円（右）

info 365日いつでもスイーツ　「マジカル」の店外には冷凍自動販売機「岡崎スイーツ365」があり、365日24時間いつでも人気のスイーツを楽しめる。名物の「窯出しチーズ」や大河ドラマにちなんで開発された「家康公濃厚チーズケーキ」などを購入可。

松平家と家康躍進の故郷

# 岡崎市の 松平・徳川ゆかりの社寺

岡崎には家康の郷里・松平家に縁ある社寺が点在する。若き家康が過ごした同地には家康と江戸幕府を形づくった風土があふれている。

## 徳川300年の礎となった「松平八代（はちだい）」

西三河の豪族として松平家が興るきっかけとなった松平親氏から家康の父・広忠までを松平八代という。親氏は、もとは諸国を遍歴していた時宗（じしゅう）の僧で、松平郷の松平太郎左衛門信重の娘婿となり松平家の跡目を継いだ。

家康が建立し、家忠が松平八代の墓を再建修復した

家康の先祖・松平八代を祀る

## 大樹寺（だいじゅじ）

文明7（1475）年、松平親忠（ちかただ）が戦死者の亡霊を鎮めるため、僧・勢誉（せいよ）を開山として創建。松平家・徳川将軍家の菩提寺として知られ、松平八代の墓や家康の木造坐像、歴代将軍の等身大位牌などがある。本堂からは山門・総門をとおして岡崎城が望めるように伽藍が配置されていることで有名。本堂、庫裡、書院などは安政2（1855）年に火災で消失した後に再建された。火災を免れた寺内最古の建物である多宝塔は、国の重要文化財に指定されている。

MAP 別冊 P.6-B1
住 岡崎市鴨田町広元5-1　TEL 0564-21-3917
開 9:00～16:30（拝観受付～16:00）　休 なし
料 500円（宝物殿・大方丈・位牌堂）　CC 不可
P あり　交 名鉄名古屋本線東岡崎駅から名鉄バス大樹寺行きで終点下車、徒歩7分

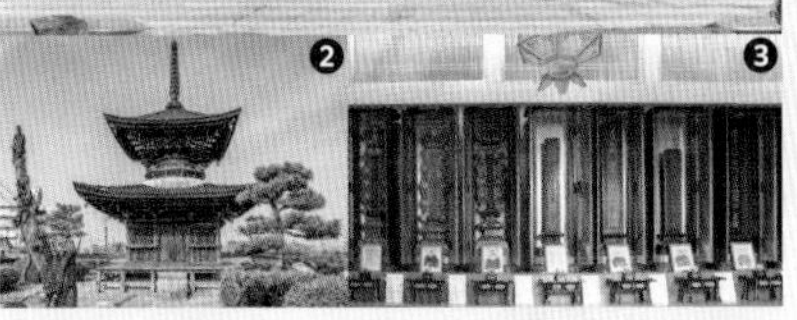

❶寛永18（1641）年に家光が建立した山門。約3km先に岡崎城を望む　❷室町末期に松平7代清康が建立した大樹寺多宝塔　❸徳川歴代将軍の位牌。高さは各将軍の身長に合わせてある

歴代将軍が庇護した古刹

## 瀧山寺（たきさんじ）・瀧山東照宮（たきさんとうしょうぐう）

奈良時代に修験道の寺院として創建。熱田大宮司家、源頼朝の鎌倉幕府、歴代足利氏、徳川家の恩恵を受けた。毎年旧正月7日に近い土曜に「鬼まつり」が開かれる。隣接する瀧山東照宮は徳川家光が建立。

MAP 別冊 P.7-C1
**瀧山寺** 住 岡崎市滝町山籠120　TEL 0564-46-2296　開 9:00～17:00（瀧山寺宝物殿）　料 400円（瀧山寺宝物殿）
**瀧山東照宮** 住 岡崎市滝町山籠117　TEL 0564-46-2516（土・日のみ）　開 9:00～17:00（本殿見学、土・日のみ）　料 200円（本殿）　**2施設共通** 休 無休　CC 不可　P あり　交 名鉄名古屋本線東岡崎駅から名鉄バスで滝山寺下下車、徒歩10分

山門や檜皮葺の本堂は国指定重要文化財

松平家の武運と守護の社

## 伊賀八幡宮（いがはちまんぐう）

松平親忠が文明2（1470）年に創建。家康は大きな合戦時に必ず参詣したといわれる。現在の境内は徳川家光が整備したもので、江戸時代にわたって将軍家から厚い崇敬を受けた。毎年4月に開かれる家康行列の出発地。

MAP 別冊 P.26-B1
住 岡崎市伊賀町東郷中86
TEL 0564-26-2789
開 6:00～16:00（受付時間9:00～）　休 無休
料 無料　P あり
交 名鉄名古屋本線東岡崎駅から名鉄バスで八幡社前下車、徒歩3分

随神門は本殿や神橋とともに国の重要文化財に指定

info **北極星崇拝の北辰思想**　大樹寺の松平八代の墓から伊賀八幡宮をとおり、龍海院までは北極星を崇める北辰思想に基づき寺社と参道が真北から真南へ貫かれている。平成20（2008）年の伊賀川神橋の工事もこれを保って実施された。

自動車産業の中心地である県内最大の市

# 豊田市（とよたし）

エリアの基本情報
人口　422,330人（2位）
面積　918.32㎢（1位）
市の花　ヒマワリ
市の木　ケヤキ
市制施行日
昭和26（1951）年3月1日

歴史情緒あふれる足助地区の様子。現在の街並みは安永4（1775）年の大火後に再建されたといわれている

市章

地域のかつての呼称「衣の里」にちなんだ「衣」の文字を図案化したもの。菱形は、旧挙母藩の大名である内藤家の菱紋などに由来。

**エリア**利用駅

◎豊田市駅
名鉄三河線
◎新豊田駅
愛知環状鉄道
※バス停は名鉄バス、とよたおいでんバス豊田市を利用
※車は東名高速道路豊田IC、伊勢湾岸自動車道豊田南・豊田東IC、東海環状自動車道豊田勘八・豊田松平・豊田藤岡ICを利用

ℹ 一般社団法人ツーリズムとよた
URL www.tourismtoyota.jp
ℹ 足助観光協会
URL asuke.info

豊田市への行き方

豊田市は愛知県の中央部から岐阜県・長野県との県境にかけて、愛知県1位を誇る広大な市域をもつ。鎌倉時代から矢作川による水運が発展し、明治期には養蚕や絹・綿の製糸業が盛んに。昭和13（1938）年には、豊田自動織機が自動車の工場を建設。これが現在のトヨタ自動車本社工場で、以来、「自動車のまち」として発展を続ける。市の西部にある豊田市駅周辺は市街地で、周辺に自動車関連の工場が立地。一方、かつて郡部だった北部や東部では、藤岡地区のふじの回廊、旭地区の矢作ダム、下山地区の三河湖・三河高原、足助地区の街並みや香嵐渓など、史跡や四季折々の自然が人々を魅了。五平餅やシイタケ、日本酒など山村の伝統的な食・農文化も息づく。

info 給食の定番・納豆あえ　豊田市の給食で定番の納豆あえ。納豆に角切りプロセスチーズ、乾燥パセリを混ぜ、砂糖少々と醤油を加えたもので、ご飯と一緒にのりで巻いて食べる。子供の納豆嫌い克服にもひと役買っているとか。

## 豊田市はめっちゃいいじゃんね！

**自動車出荷額日本一！**

トヨタ自動車本社工場など6工場が市内にあり、製造品出荷額等※は日本一。製造業で働く人の8割超が自動車関連だ。

※自動車関連が全体の約97%

**徳川家の始祖 松平家の発祥地**

松平家は市の南部に位置する松平郷が発祥。旅の僧だった初代・親氏が城を築き、子孫は三河で勢力を拡大した。徳川家康は9代目に当たる。

**風情ある街並みが残る愛知県初の「重伝建」**

足助の中馬街道沿い約2kmの区間は、江戸～昭和期の商家の町屋が並ぶ。歴史的価値の高い建物が多数残り、重要伝統的建造物群保存地区に選定。



## 豊田市の歩き方

### 豊田市駅を起点に市内各方面へ足を延ばす

紅葉が美しい秋の王滝渓谷。季節を感じながら散策路を歩きたい

広大な豊田市の北部や東部にある見どころへは、車もいいが、豊田市駅からコミュニティバス「とよたおいでんバス」でもアクセスできる。重要伝統的建造物群保存地区の街並みや、「中馬のおひなさん」で知られる**足助**（→ P.240）へ行くなら足助停へ。その近くの紅葉で有名な**香嵐渓**（→ P.24）なら香嵐渓停。どちらも豊田市駅からバス2系統を乗り継ぐか、名鉄三河線猿投駅でバスに乗り換え、トータル1時間前後。ただし、紅葉の季節は激しい渋滞に要注意だ。

和紙や地歌舞伎、紅葉と一緒に咲く四季桜（→ P.26）で知られる小原地区へ行くなら、豊田市駅から和紙のふるさと停まで1時間10分ほど。徳川家康の祖先である松平家の発祥地がある松平郷停や、ハイキングコースがある**王滝渓谷**に近い大内停へは、どちらも30分弱で着く。このほか、豊田市駅周辺を徒歩で楽しむなら、東へ10分ほどの**挙母神社**から駅の南側へ広がる商店街の散策や、豊田産業文化センター内の近代和風建築・**喜楽亭**の見学もいいだろう。

**おさんぽプラン**

❶ 松平郷館（▶ P.238）
⬇ バス32分+徒歩10分
❷ とよた科学体験館（▶ P.237）
⬇ 徒歩15分
❸ 豊田市美術館（▶ P.236）
⬇ 電車5分＋徒歩25分
❹ 浦野酒造（▶ P.239）

小ネタ
**特色豊かな足助の町家**

平成23（2011）年6月、愛知県で初めて重要伝統的建造物群保存地区に選定された、足助町の街並み。漆喰塗り2階建ての町家が、間口が狭く奥行きのある短冊状の土地いっぱいに建てられ、妻入・平入が混在しているのが特徴。川に面して築かれた石垣や、川の上にせり出した座敷のある家も。いろいろな角度からの眺めを楽しめる。

もっと知りたい！ あいちの話

### 豊田市の名称は企業名がルーツ

豊田市にある企業だからトヨタ自動車という社名になったのではなく、豊田佐吉の発明した自動織機にルーツをもつトヨタ自動車があるから豊田市。自治体名の由来が企業名という全国的にも珍しいパターンだ。昭和26（1951）年の市制施行当時は挙母（ころも）市という名称で、昭和34（1959）年に豊田市へ変更された。ちなみにトヨタ自動車と取引企業の多くは、カレンダーどおりの暦ではなく、祝日に関係なく完全週休2日制で年末年始などに長期連休がある「トヨタカレンダー」に従って稼働する。

市内のトヨタ会館（→P.227）では最新のトヨタ車や生産工程などの展示を見られる

info あの高級車の子供用!?　子供を乗せて大人が押す、レクサスの形をした電動アシスト付きキッズカート。豊田市駅西の商業施設T-FACEで貸し出しており、一定エリア内なら、ビル内だけでなく町なかの「運転」もできる。

■ 矢作ダム

住 豊田市閑羅瀬町
TEL 0565-68-2321（矢作ダム管理所）
開 見学自由（ダムカード配布8:30〜17:15）
休 無休
P あり
交 中央自動車道恵那ICから車50分

ダムの放流と虹のコラボレーションが見られることも

期間限定、矢作ダムのゲート放流は必見 MAP 別冊P.5-C1

## 矢作ダム（やはぎだむ）

水の押す力を両側の岩盤で支えるアーチ式コンクリートダムで、放物線を描く形が特徴だ。水害から地域を守るための洪水調節、農業用水、工業用水、水道用水の供給、発電を目的としている。西三河地域98万4100人分の水を供給でき、水力発電を行うことで、最大出力6万7000kwのクリーンなエネルギーを生み出している。安全面では、最大で1秒間に1000立方メートル（500mℓのペットボトルで200万本分）の水を貯め、下流を洪水被害から守る役割を果たしている。

ダムカードの写真にもなっている矢作ダムの全景。平日の10:00〜15:30には、ダム見学を行っている（要事前予約）

■ 豊田市美術館

住 豊田市小坂本町8-5-1
TEL 0565-34-6610 開 10:00〜17:30（最終入館17:00）
休 月（祝日の場合は開館）、展示替期間 料 企画展ごとに異なる（詳細はHP参照）
CC ADJMV P あり
交 名鉄三河線豊田市駅から徒歩15分

展覧会のギャラリーツアーや鑑賞会など、学びと体験も実施

展覧会の図録や関連グッズも販売するミュージアムショップ

国内外問わず近代〜現代の作品を所蔵 MAP 別冊P.24-A2

## 豊田市美術館（とよたしびじゅつかん）

世界で最も美しい美術館を造る建築家といわれる、谷口吉生氏の設計により平成7（1995）年に完成。七州城跡の小高い丘の上に立ち、自然光がふんだんに差し込む明るく開放感のある造り。国内外の近現代美術、近代のデザイン、工芸の豊富なコレクションのほか、年に数回、企画展を開催し、アーティストや講師などを招いた講演会も同時に行っている。館内には食事やデザートが楽しめるレストランやミュージアムショップ、立礼席（りゅうれいせき）でお茶を楽しめる茶室「童子苑（どうじえん）」も併設している。

日本で最も美しい美術館のひとつとも評されるモダニズム建築で有名

写真提供：豊田市美術館

豊田市河合町にある「フジファミリーショップ前山店」は、県内に1店舗しかない激レアなローカルコンビニ。お弁当の種類が豊富で、店で手作りする総菜やスイーツなど、グルメ商品のレベルが高いと評判だ。（編集N）

仁王川沿いに位置する大スケールの渓谷 MAP 別冊P.25-D3

## 王滝渓谷（おうたきけいこく）

巨石や巨岩が点在する仁王川沿いの渓谷部にあり、1.8kmの距離を148mの落差で清流が流れる、ダイナミックな自然を体感できる。春は梅や桜などの花、夏は新緑、秋は紅葉と四季をとおして山を彩る風景を楽しめる。夏は川辺にBBQ場（要予約）が設置され、アウトドア体験もできる。

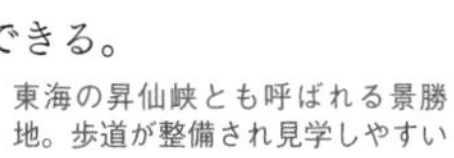

東海の昇仙峡とも呼ばれる景勝地。歩道が整備され見学しやすい

**王滝渓谷**
住豊田市王滝町
TEL0565-77-8089（松平観光協会）
開散策自由、BBQ利用は4～11月（1基1500円）
Pあり
交名鉄名古屋本線東岡崎駅から名鉄バス足助行きで南王滝下車、徒歩20分

歌石園地にある中之瀬大橋から眺める紅葉は格別

科学や天文、工作を気軽に楽しめる MAP 別冊P.24-A2

## とよた科学体験館（とよたかがくたいけんかん）

科学体験や、工作などの物作り体験、プラネタリウム鑑賞を通じて、科学の楽しさやおもしろさを体感できる施設。大迫力の映像と、26万5000個の星や銀河を映し出す光学式プラネタリウムは必見！　アッと驚く実験を目の前で繰り広げる、約20分間のサイエンスショーが大人気。

さまざまな番組とスタッフが今夜の星空を生解説するプラネタリウム

**とよた科学体験館**
住豊田市小坂本町1-25（豊田産業文化センター内）
TEL0565-37-3007
開9:00～17:00
休月（祝日の場合は開館）
料無料、プラネタリウム300円、４歳～高校生100円
CC不可　Pあり　交名鉄三河線豊田市駅から徒歩7分

サイエンスショーは土・日・祝開催。ショーの内容は月替わり

農村歌舞伎の魅力を体感 MAP 別冊P.9-D2

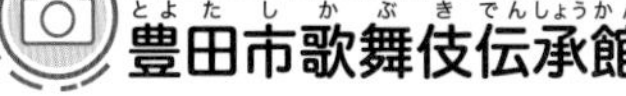

## 豊田市歌舞伎伝承館（とよたしかぶきでんしょうかん）

江戸時代から続く農村歌舞伎の魅力を、資料の展示や講座の実施を通じて発信している。歌舞伎で実際に使用されていた色鮮やかな衣裳や小道具、楽器、台本をはじめ、錦絵や土人形など、歌舞伎文化を伝える資料の展示は見応え十分。市内小原地区の歴史資料も紹介している。

華やかな舞台を彩る衣装。毎年5・10月に保存会による公演が開かれる

**豊田市歌舞伎伝承館**
住豊田市永太郎町落681-1（小原交流館内）
TEL0565-65-3711（小原交流館内）　開9:00～17:00
休月（祝日の場合は開館）
料無料　Pあり　交名鉄三河線豊田市駅からとよたおいでんバス豊田・小原線上仁木行きで永太郎下車、徒歩2分

豊かな自然に恵まれた小原地区の歴史資料を紹介

info 農民による歌舞伎　農村歌舞伎とは、娯楽のために素人の農民が演じる歌舞伎のこと。天保12（1841）年からの天保の改革で歌舞伎は厳しく弾圧されたが、地方の農村では江戸の歌舞伎をお手本に農民自身が歌舞伎を演じて楽しんだという。

四季折々の風景と物作りの魅力を体感 MAP 別冊P.24-B1

## 豊田市民芸館

とよたしみんげいかん

日本民藝館（東京・駒場）改築時、その一部を譲り受け昭和 58(1983)年に建設。民芸に関する展覧会や資料展示、手仕事による物作り講座を開催している。3 つの展示館のほか、登り窯（穴窯）、旧井上家住宅西洋館（国の登録有形文化財)、茶室（呈茶営業は土・日・祝のみ）などがある。

日本民藝館より移築した旧大広間。右奥には柳宗悦の元館長室がある

**豊田市民芸館**

住豊田市平戸橋町波岩86-100
TEL0565-45-4039
開9:00～17:00
休月（祝日の場合は開館）
料無料、一部有料展あり
Pあり
交名鉄三河線平戸橋駅から徒歩15分

旧井上家住宅西洋館は明治期に建てられたもの

松平家・徳川家ゆかりの品々を展示 MAP 別冊P.25-D3

## 松平郷館

まつだいらごうかん

桜やアジサイ、ハギなど四季折々の花が咲く自然豊かな松平郷園地。松平郷館は園地内に隣接する松平東照宮敷地内にあり、江戸幕府を開いた初代将軍徳川家康の祖先である松平太郎左衛門家に関する展示を行っている。具足や、軍扇、火縄銃といった興味深い展示物が数多く収められている。

のどかな山里風景が広がる松平郷内にある

**松平郷館**

住豊田市松平町赤原13
TEL0565-58-3033
開10:00～15:00
休水　料無料
Pあり
交名鉄三河線豊田市駅からとよたおいでんバス下山・豊田線大沼行きで松平郷下車、徒歩5分

松平親氏像。松平東照宮には徳川家康が産湯として利用していたといわれる井戸が残る

豊かな自然を生かしたアウトドア施設 MAP 別冊P.25-C2

## 鞍ケ池公園

くらがいけこうえん

東海環状自動車道鞍ヶ池 PA からアクセスできるファミリーパーク。豊かな自然のなか、乗馬体験やキャンプが楽しめ、鞍ヶ池を爽快に横断するジップラインなどの冒険遊びも充実。ほかにも、子供が遊べる屋内遊具施設や動物園、ツインドーム型の植物園など、公園内には多くの施設が揃う。

鞍ヶ池を中心に各種施設が点在。案内マップを入手して回ろう

**鞍ケ池公園**

住豊田市矢並町法沢713-2
TEL0565-80-5310　営9:00～17:00、動物園10:00～16:30
休無休、動物園・ふれあい広場は月曜　料無料、施設により異なる　CCV（スノーピーク施設のみ）　Pあり　交名鉄三河線豊田市駅から名鉄バス矢並線足助行きで鞍ケ池公園前下車すぐ

東海エリア初登場の池越えジップラインが楽しめる

室町時代から続く紙の里で工芸体験 MAP 別冊P.9-D2

## 豊田市小原和紙のふるさと・和紙工芸体験館

小原地区特有の美術工芸を伝える工芸体験館。ここでは、植物の繊維を染色したものを絵の具として使用し、紙をすきながら絵を描く。絵すき、字すき、葉すき、うちわなど8種類から選び、和紙作りを体験。別棟の和紙とうるし工房では、本格的に和紙工芸に取り組む人向けに、不定期で工芸講座を開催している。

近くの小原和紙美術館もあわせて見学してみよう

豊田市小原和紙のふるさと・和紙工芸体験館

住 豊田市永太郎町洞216-1
TEL 0565-65-2953
開 9:00～16:30（体験受付～16:00、絵すき・絵すきうちわ体験～15:00）
休 月（祝日の場合は開館）
料 入館無料（体験実習有料）
CC 不可
P あり
交 名鉄三河線豊田市駅または梅坪駅からとよたおいでんバス小原豊田線（上仁木行き）で和紙のふるさと下車すぐ

豊田を代表する銘酒・菊石を味わう MAP 別冊P.24-A1

## 浦野酒造

元治元（1864）年創業、豊田市北部猿投地区で地酒・菊石を作り続ける酒蔵。毎年鑑評会で受賞を重ね、華やかな香りと芳醇な味わいには定評がある。季節ごとの特別酒は、発売を待ち望むファンも多い。「菊石」の名は三河の霊峰・猿投山の天然記念物である球状花崗岩の通称が由来。

150年前の創業時から変わらぬ手仕込みで酒作りを行う

浦野酒造

住 豊田市四郷町下古屋48
TEL 0565-45-0020
営 9:00～18:00、土10:00～15:00
休 日・祝 CC ADJMV
P あり 交 愛知環状鉄道四郷駅から徒歩7分

清酒菊石大吟醸720㎖3850円。華やかな味わいが特徴

約170年愛され続ける老舗菓子店 MAP 別冊P.5-C1

## 御菓子所まつ月

安政2（1855）年創業、「素材の味・そのままの銘菓」を信条に、合成保存料を一切使用せず純国産卵や地元の「足助塩」など厳選素材で手作りする菓子を提供。店頭には代表銘菓「本わらび餅」や「眠り柿 ずくし」、90年以上前から伝わる配合・製造法を生かした「歴史街道 半熟チーズ」などが並ぶ。

1万3000店舗のネット通販が対象のスイーツグランプリで総合優勝した月乃福福餅2個入692円

御菓子所まつ月

住 豊田市黒田町尾知59-5
TEL 0565-82-2050
営 9:00～17:00（時期により～18:00）
休 水
CC 不可 P あり
交 名鉄三河線豊田市駅からとよたおいでんバス稲武・足助線で黒田下車、徒歩3分

店舗の前の街道は江戸時代から伝わる塩の道「中馬街道」

# 奥三河の原風景
# 塩の道「中馬街道」

三河湾の塩を信州山間部へ運んだことから「塩の道」ともいわれた中馬街道。特に塩の中継地・宿場町として発展した足助では、今も日本の古きよき風景が残る。

**「中馬」とは**
江戸時代、信州で発達した馬による荷物運送システムのこと。街道周辺の農民の駄賃稼ぎで始まったという。賃馬、中継馬が語源とも。

## 信州と名古屋を結ぶ道

中馬街道は文禄2（1593）年に豊臣秀吉により開かれた。その後、慶長5（1600）年に徳川家康が五街道として現在の岐阜県側をとおる中山道などを定めると、中馬街道の特権や機能など公的性格は弱まり、庶民や商人に利用されるようになる。関所が少なく、昔から集落も多かったため旅人には好まれた。尾張や三河からは塩や綿布、海産物が信州へ、信州からは塗り物や曲げ物といった木工品、米、たばこなどが名古屋へと運ばれていった。

国の重要伝統的建造物群保存地区

# 足助地区を歩く

## 塩の中継地・宿場町として栄えた

尾張や三河から運ばれた塩は、信州方面へ運ぶ前に品質を均一にするため、いったん足助で荷を下ろして混ぜ合わせる「足助直し」と呼ばれる塩直しをした。塩直しを行う場所を塩座と呼び、足助で直された塩は「足助塩」として再び信州方面へと旅立った。そのため塩問屋が立ち並び、明治38（1905）年に国により塩の専売制度ができるまで足助は塩で興隆した。なお、現在の街並みは安永4（1775）年の大火による焼失後に再建されたものだ。

交 名鉄三河線豊田市駅から名鉄バス足助行きで45分、または名鉄名古屋本線東岡崎駅から名鉄バス足助行きで1時間10分、足助下車

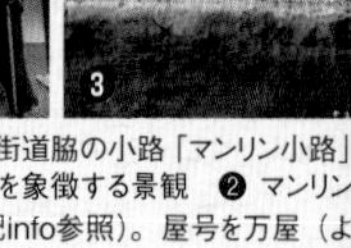

❶ 黒板塀と漆喰塗籠が美しい街道脇の小路「マンリン小路」（MAP 別冊P.25-D1）は足助を象徴する景観　❷ マンリン小路にあるマンリン書店（下記info参照）。屋号を万屋（よろずや）、当主は林右衛門を代々名乗った　❸ 香嵐渓（→P.24）は矢作川支流の巴川にある渓谷で紅葉の名所

体験型の生きた民族資料館

## 三州足助屋敷

明治から昭和30年頃までの足助地区の農家の暮らしを再現している。民具を実際に使いながら、かつてこの地域で行われていた手仕事を10種類ほど職人が実演している。

❶ 藁葺き屋根で造られた豪農屋敷を再現　❷ 炭焼き、紙すき、機織りなどを体験できる

MAP 別冊 P.25-C1
住 豊田市足助町飯盛36　TEL 0565-62-1188　開 9:00～17:00（最終入館16:30）　休 木（祝日の場合は翌日）　料 300円
CC 不可　P あり　交 名鉄バス香嵐渓から徒歩8分

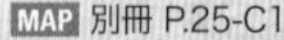

紅葉が見事な曹洞宗の古刹

## 香積寺

応永34（1427）年、足助氏の菩提を弔うため居城跡に創建。11世三栄和尚が手植えしたモミジが東海屈指の紅葉の名所・香嵐渓の始まりといわれる。

MAP 別冊 P.25-C1
住 豊田市足助町飯盛39　TEL 0565-62-0267　開 見学自由
P なし　交 名鉄バス香嵐渓から徒歩6分

モミジや杉が茂り紅葉時期は必見

info マンリン書店　マンリン小路の名前は元呉服屋の建物を利用したマンリン書店に由来。北側の土蔵は「蔵の中ギャラリー」としてブックカフェになっている。MAP 別冊P.25-D1　営 10:00～17:00　休 木（水曜不定休）

## 「通し馬」の仕組みで発展

中馬街道が発展したポイントは「通し馬」だ。そもそも五街道には宿場ごとに幕府御用の「傳馬」と呼ばれる馬が備えられていて、庶民が利用するには高額の駄賃が必要だった。さらに、宿場ごとに馬を乗り替えなければならず、そのたびに手数料が取られるなど大きな負担が。しかし、中馬街道で利用された通し馬は、宿場で馬を乗り替えることなく目的地まで同じ馬で直行可能。さらに、馬を替える際の積み替えがないことから荷物の破損が少なく、通行料や毎回の手数料も取られなかったため広く普及した。

## 明治以降は宿場的性格が消滅

明治 44（1911）年に中央線が全線開通すると、人々の往来や荷駄の運搬は次第に鉄道に取って代わられた。道路も中央線沿線を使うことが主流となり（現在の国道 19 号）、塩尻と名古屋を結ぶ街道としての役割と足助などの宿場町はかつての重要性が薄れていった。中馬街道は現在国道153号となり、かつての面影を残している。



### 江戸時代から立つ塩の旧家

## 莨屋塩座

9 代目が営む塩問屋。塩で栄えた足助の面影を残す。切妻と平入りが両立する建物は豊田市有形民俗文化財に指定されている。

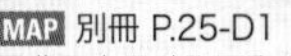

❶ 江戸時代の配合を復元した、塩の道足助直し360円 ❷「足助直し」を使った足助直し塩飴280円

MAP 別冊 P.25-D1
住 豊田市足助町田町 10 TEL 0565-62-0312 営 10:00～17:00 休 月～金 CC 不可 P なし 交 名鉄バス足助田町から徒歩 2 分

### 足助の名物和菓子を食す

## かゑで本舗加東家

足助で 3 代続く和菓子店。洋菓子も扱う。店隣の屋敷にある床柱には、天保 7（1836）年に起きた加茂一揆の刀跡が残っている。

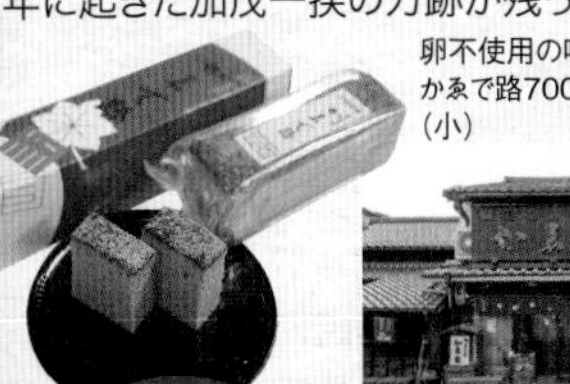

卵不使用の味噌のカステラ かゑで路700円（大）、500円（小）

MAP 別冊 P.25-D1
住 豊田市足助町本町 4-9 TEL 0565-62-0168 営 9:30 ～ 19:00 休 火 CC 不可 P なし 交 名鉄バス足助学校下から徒歩 1 分

### 福祉と観光を両立した施設

## 百年草

ホテル、レストラン、ショップ、浴場に加えて介護デイサービスも兼ね備えた施設で、足助ハムの工房やベーカリーが人気。フレンチをベースにしたコース料理を楽しめるRestaurant 楓や、炭火焙煎したコーヒを提供する喫茶櫟もある。

MAP 別冊 P.25-D1
住 豊田市足助町東貝戸 10 TEL 0565-62-0100
営 フロント 8:00～18:00、一般入浴10:00～17:00（受付終了 16:30）、ZiZi 工房 9:00～16:00、バーバラはうす 8:30～16:00、その他施設により異なる 休 水 CC JMV
P あり 交 豊田おいでんバス百年草から徒歩 1 分

足助川の河畔にある

#### ZiZi 工房

地元高齢者が工房で手作りしたハムなどの豚肉加工品を扱う。肉の選別から出荷までを一貫して行う。

ZiZi工房の荒挽きウインナー650円

#### バーバラはうす

メロンパンなどの菓子パンや ZiZi 工房のウインナーが入った総菜パン、バゲットなどが揃う。

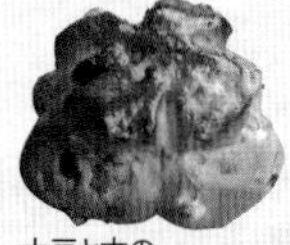

大豆と木の実の森300円

#### 飯盛の湯・真弓の湯

南北朝時代から湧出していた中之御所鉱泉を使った入浴施設。日帰り入浴は大人 300 円。

info 中馬のおひなさん　2月中旬から3月中旬にかけて、足助観光協会、本町区民館、足助中馬館を拠点に街道沿いの家々に衣装びなや土びななどが展示される。開催時間は10:00～16:00（店舗や家により前後）。

離島・佐久島を抱く温暖で風光明媚な地

# 西尾市

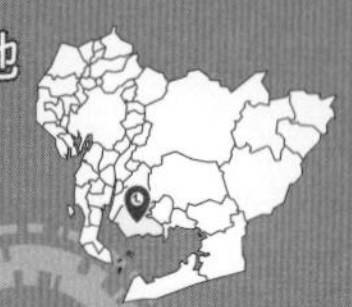

エリアの基本情報
人口 169,046人（9位）
面積 161.22㎢（8位）
市の花 バラ
市の木 クスノキ
市制施行日
昭和28(1953)年12月15日

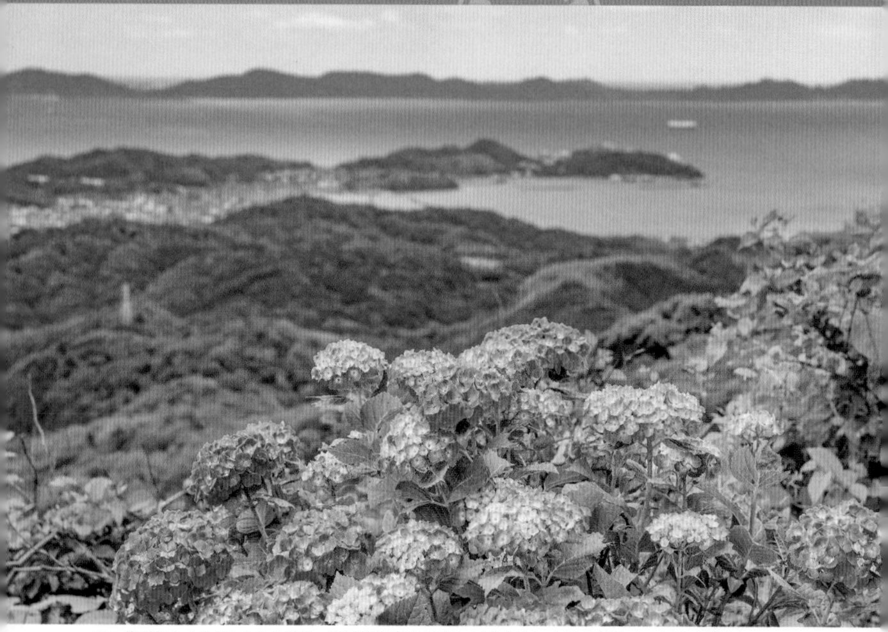

三ヶ根山スカイラインからの絶景。三河湾を背景に6月から7月初旬にかけて7万本のアジサイが咲く

市章

西尾城主としてこの地を治めた大給松平氏が、道中目印として使用したとされる「結び井桁」の形。幾何学的な形状で、整然とした市街と市民の団結を表現。

**エリア利用駅**

◎西尾駅、上横須賀駅、吉良吉田駅
名鉄西尾線（特急・急行・普通）

一般社団法人西尾市観光協会
nishiokanko.com

## 西尾市への行き方

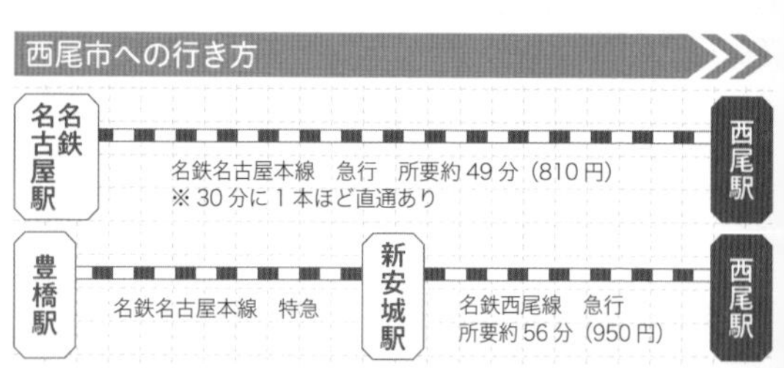


西三河平野の南端にあり、市の南側と西側が三河湾に面した都市。市域にはアート作品が点在することで知られる佐久島（→ P.78）や3つの無人島も含まれ、海沿いから東部の三ヶ根山にかけての景勝地は三河湾国定公園でもある。鎌倉時代に足利義氏が築いたとされる西条城が、後に西尾城となり、江戸時代には徳川家康と同じく松平親忠を祖先にもつ大給松平氏が藩主となって6万石の繁栄を見せた。平成23（2011）年には幡豆郡一色町・吉良町・幡豆町と合併。吉良町は赤穂浪士の仇とされた吉良上野介が治めた地だ。矢作川の豊かな水に恵まれ、抹茶生産やウナギの養殖が盛ん。国道23号などの主要道路がとおり、自動車を中心とした工業でも県内有数の出荷額を誇る。



info 最大級の小麦生産地　国産小麦の最大産地は北海道だが、面積当たりの収穫量では愛知県がトップ。なかでも最大の産地が西尾市だ。愛知県生まれの品種「きぬあかり」「ゆめあかり」を生産し、学校給食にも使用されている。

## 西尾市はめっちゃいいじゃんね！

### 全国有数の抹茶生産量を誇る

西尾市は全国的にも非常に珍しい抹茶に特化したお茶の産地で、全国シェアは約20%。「西尾の抹茶」は地域ブランドに認定されている。

### 西三河の資産家が創設初の古書ミュージアム

西尾市岩瀬文庫は明治期の実業家・岩瀬弥助が創設した図書館。現在は古典籍から近代の実用書まで蔵書8万冊超を誇る、日本初の古書の博物館だ。

### ウナギ生産量の全国シェア20%

一色地区は約130年の歴史をもつウナギの養殖地で、生産量は県全体の80%以上。そのため名古屋よりお値打ちでウナギを味わえる店も多いとか。

## 西尾市の歩き方

### 外せない西尾の味、海の幸と抹茶を主役に

公共交通機関と徒歩で西尾市を楽しむなら、市の北西部を中心に巡るコースがおすすめ。ただせっかくなら、少し離れるが市の南西部の海沿いにある**一色さかな広場**へも足を運びたい。朝市は鮮魚や干物の購入はもちろん、店内飲食もできる。

一色漁港に隣接する一色さかな広場。漁港で水揚げされた魚介類が並ぶ

市の中心部へは名鉄東部交通バスを使おう。一色さかな広場佐久島行船のりばから乗り、永吉で下車。徒歩10分あまりで**西尾市歴史公園**に着く。そこから北西の**稲荷山茶園公園**までは、徒歩30分ほど。両スポットの周辺には、抹茶販売店やカフェが集まる。古書の博物館・**西尾市岩瀬文庫**もこのエリアだ。

そのほか見どころとしては、名鉄西尾線で西尾駅から2駅南の上横須賀駅と、その次の吉良吉田駅にかけての沿線に、吉良上野介の菩提寺・**華蔵寺**など、ゆかりの地がある。車なら三ヶ根山スカイラインもいい。沿道には、6月にはアジサイ、3月にはスイセンが咲き誇る。標高348.8 mの**三ヶ根山**山頂は、夜景も人気だ。

### おさんぽプラン

❶ 一色さかな広場 (▶P.245)
⬇ 徒歩13分+バス25分
❷ 西尾市歴史公園 (▶P.244)
⬇ 徒歩19分
❸ 抹茶ミュージアム 西条園 和く和く (▶P.246)
⬇ 徒歩10分
❹ 稲荷山茶園公園 (▶P.247)
⬇ 徒歩11分+バス25分
❺ 三河工芸ガラス美術館 (▶P.244)

※バスは乗り換え時間を含む

小ネタ

### 三英傑も鷹狩に訪れた地

徳川家康の趣味が鷹狩りだったことはよく知られているが、家康に加え織田信長、豊臣秀吉も、「吉良荘」と呼ばれた現在の西尾市へ何度も鷹狩りに訪れた。その場所は、現在の西尾駅北東にある小焼野町（こやけのちょう）から南西に向かって流れていた弓取川の流域と考えられている。この川は埋め立てられ、現在は見ることができない。

もっと知りたい！ あいちの話

### 海中から道が現れるトンボロ干潟

潮が引くと、島へと続くひと筋の道が姿を現す。名鉄蒲郡線の東幡豆駅から徒歩約13分、潮干狩りでも知られる東幡豆海岸の前島（トンボロ干潟）は、この「トンボロ現象」が見られる場所。大潮と中潮の日を中心に月15日ほど、毎回数時間だけ見られる砂州は、約470mで国内有数の長さだ。島まで砂州の上を歩いて渡れる（入場料300円が必要）ほか、引き潮が砂浜に残す紋様に、自然の神秘を感じられる。干潮時刻は時期によって異なるため、潮見表を確認しよう。

MAP 別冊P.6-B2

無人島・前島に歩いて渡れるのはイベント開催日と潮干狩りの時期のみ

info 連日開催される朝市　一色漁港にある一色さかな広場や三河一色さかな村では、定休日や年始を除く毎日、朝市を開催。また西尾駅西側のみどり川河畔では、毎月4と9がつく日に「四九（よくばり）朝市」が開催される。

## 西尾市歴史公園

住西尾市錦城町231-1
TEL0563-54-6758（旧近衛邸）
開9:00～18:00（10～3月～17:00）
休月（祝日の場合は開館）
料無料
Pあり
交名鉄西尾線西尾駅から徒歩15分

江戸後期に建てられた邸宅を京都から移築した旧近衛邸

二之丸丑寅櫓と土塀。2層の櫓と2ヵ所の折れをもつ「屏風折れ」の土塀

往時の面影を現代に伝える公園　MAP 別冊P.30-A2

### 西尾市歴史公園（にしおしれきしこうえん）

江戸時代に西尾藩6万石の城だった西尾城の一部を復元した公園。園内には、緑に映える本丸丑寅櫓や数寄屋風の旧近衛邸、二之丸の表門である鍮石門（ちゅうじゃくもん）、趣向を凝らした京風庭園の尚古荘などの見どころが点在する。歴代城主や藩士の暮らしぶり、近世陶磁器の出土品など、興味深い資料を展示する西尾市資料館もあり、あわせて立ち寄ってみたい。公園のすぐそばにある抹茶ラボ西尾伝想茶屋店では、抹茶ラテや抹茶和プリンなど、西尾市特産の抹茶スイーツを味わえる。

平成8（1996）年に再建された、本丸の丑寅（北東）の隅に建てられた3層、高さ約10mの本丸丑寅櫓

## 三河工芸ガラス美術館

住西尾市富山町東郷5
TEL0563-59-3334　開10:00～17:30（最終入館17:00）
休月、第1火曜、臨時休館あり
料1000円、小学生600円、未就学児400円　CCADJMV
Pあり　交名鉄西尾線西尾駅から六万石くるりんバス寺津矢田線で富山北バス下車、徒歩1分

巨大万華鏡「スフィア」。館長のカズヒコさんが斬新なデザインを手がける

展示風景。高原の1日を表現したステンドグラス「光彩」

ミラクルな巨大万華鏡の中へ潜入　MAP 別冊P.6-B2

### 三河工芸ガラス美術館（みかわこうげいがらすびじゅつかん）

ダイナミックなガラスの世界を体験できるミュージアム。大人気の万華鏡「スフィア」は、長さ7.3m、高さ2.55m、幅3.1mの大きさで平成14（2002）年、ギネスに認定。トンネル型の万華鏡の中に入ると、54枚もの鏡に反射し、魅惑の模様を映し出す万華鏡の世界に浸れる。ほかにも、部屋全体がすべて鏡の「彫刻鏡の部屋」やステンドグラスを使用したミニチュアの建物、映画の名シーンをガラス彫刻で作成した「シネマアート」など、夢のある作品を展示。ステンドグラスや万華鏡作り体験教室も開催。

巨大万華鏡「スフィア」。光の陰影をうまくキャッチして映え写真を撮影しよう

自然を生かした広大な児童遊園施設 MAP 別冊P.6-B2

## 愛知こどもの国（あいちこどものくに）

100万平方メートルの園内に「あさひが丘」と「ゆうひが丘」のふたつのエリアがあり、大型遊具やこども汽車、工作体験ができる工房などの遊びスポットが点在。キャンプ場では通年でBBQ（要事前予約）が楽しめるほか、5月の第2土曜から10月末までは宿泊キャンプも可能だ。

白い煙を出して園内を走る、こども汽車（蒸気機関車）は大人にも好評

### 愛知こどもの国

住西尾市東幡豆町南越田3
TEL0563-62-4151
開9:00～17:00（有料乗り物10:00～）
休無休、有料乗り物は平日休み
料無料、乗り物は有料 CC不可
Pあり
交名鉄蒲郡線こどもの国から徒歩15分

ドラゴン遊具やローラー滑り台のある、あさひが丘遊具広場

標高350mの尾根を爽快にドライブ MAP 別冊P.6-B2

## 三ヶ根山スカイライン（さんがねさんすかいらいん）

西尾市から蒲郡市形原温泉にいたる5.1kmの有料道路。途中には、三ヶ根観音や殉国七士の墓など、見どころが点在している。別名「あじさいライン」と呼ばれ、6月から7月初旬にかけて夏の訪れを告げる7万本のアジサイが道路沿いを彩り、ドライバーたちの目を楽しませる。

6月中旬には、あじさいまつりが開催され多くの人でにぎわう

### 三ヶ根山スカイライン

住西尾市東幡豆町入会山1－236 TEL0563-62-3001（料金事務所） 営8:00～20:00（12/31は23:00～翌8:00） 休無休 料二輪自動車280円、軽・小型・普通自動車420円、マイクロバス1100円、観光バス・大型貨物自動車1760円 CC不可 Pあり 交東名高速道路音羽蒲郡ICから車40分

山頂から渥美半島を望む

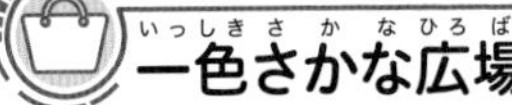

新鮮魚介をお値打ちで！ MAP 別冊P.6-B2

## 一色さかな広場（いっしきさかなひろば）

一色漁港で水揚げされた新鮮な魚介類や、地元特産のウナギ、特産品のえびせんべいなどが豊富に揃う市場。鮮魚は、客の要望に応じて3枚おろしや刺身用にさばいてもらえる。ウナギ専門店や寿司店、海の味覚が詰まった海鮮丼などを味わえるレストランもある。名物は、いかの姿焼き。

店頭にはピチピチの鮮魚や三河産のあさりなどが並ぶ

### 一色さかな広場

住西尾市一色町小藪船江東176
TEL0563-72-3700
営9:00～17:00 休水（祝日の場合は翌日） CCADJMV（店舗により異なる） Pあり
交名鉄西尾線西尾駅から名鉄東部交通バス一色さかな広場・佐久島行き船のりば行きで終点下車、徒歩3分

大きなネタが評判の、すし処むさしのおまかせ寿司2400円

日本有数の抹茶生産地

# 「西尾の抹茶」がすごい！

抹茶の生産が盛んな西尾は、全国茶品評会で日本一の実績をもつ。抹茶のミュージアムや抹茶スイーツのあるカフェを訪れたい。

井桁屋公園に置かれた抹茶ポスト

ここがすごい！

1 西尾茶は一番茶の割合が70%
2 三河式碾茶炉でゆっくりと乾燥
3 茶畑向きの地質と地形

## 730余年の歴史を有す 西尾の抹茶History

西尾のお茶は、文永8（1271）年創建の実相寺境内に、開祖・聖一国師がお茶の種を蒔いたのが始まりとされる。その後、江戸時代初期にお茶の栽培が広まり、明治には抹茶の生産が本格化。大正後期には抹茶の原材料となるてん茶の栽培・製造が主流になった。今では、温暖な気候と矢作川がもたらす豊かな土壌や川霧に恵まれ、日本有数の抹茶産地になっている。日光を遮って育てられた茶葉は甘味やうま味が増しており、香り高くきれいな鶯色が特徴。「西尾の抹茶」として、全国で初めて抹茶に限定した特許庁の地域ブランドに認定されている。

稲荷山茶園公園での茶摘み

抹茶について知りたいなら

## 抹茶ミュージアム 西条園 和く和く

（まっちゃみゅーじあむ さいじょうえん わくわく）

製造工程の見学や、香りや味を体験して、抹茶の新しい魅力を感じることができる博物館。抹茶の歴史を知り、「目立て職人」と呼ばれる茶臼専門の職人が調整する製造工程を見学。お茶の新芽が芽吹く頃にかぶせる、黒い覆いがかかった空間の体験など、抹茶ができるまでを学ぶことができる。実際にお茶に触れてみるブレンド体験のほか、茶室で抹茶を点てたり、抹茶スイーツを試食したりと盛りだくさんな内容。電話かウェブサイトで要予約。

MAP 別冊 P.30-A1
住 西尾市上町横町屋敷15 TEL 0563-77-6572 営 見学時間10:00～、13:00～、15:00～ 休 不定休 P あり 交 名鉄西尾線西尾駅から車10分

五感をフルに使い、抹茶の魅力を体感できる

工場見学&体験

1～6名コース75分プラン
時間 ①10:00～ ②13:00～ ③15:00～
料金 1000円

### 1 世界の抹茶を見学

お菓子や飲み物など、国内外のさまざまな抹茶製品が集まっている。

### 2 製造工程の見学

茶臼でいっせいに抹茶を碾いている様子をガラス越しに見ることができる。

### 3 茶畑の黒い覆い体験

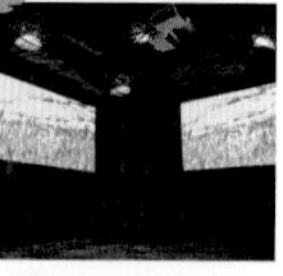
抹茶の原料となる茶葉にかぶせる寒冷紗がかかった状態を体感する。

### 4 「官能審査」体験

茶匠が行う「茶葉の品質鑑定」で、茶葉の等級の決め方を体験しよう。

### 5 茶臼の仕組みを学ぶ

高品質な抹茶を作る茶臼の秘密を知ることができる。

### 6 茶葉ブレンド&茶臼体験

ブレンドした茶葉を茶臼で碾き、自分好みの抹茶を作る体験。

### 7 茶道体験&試食

自分で碾いた抹茶を茶室で点て、抹茶スイーツとともに試食可能。

### 8 おみやげ選び

抹茶や抹茶を使ったスイーツなど、お茶関連の商品が揃っている。

info 茶畑にいい地質と地形　稲荷山一帯の土地は、水はけのよい砂が混ざった赤土の層となっていて、てん茶に必要なツヤのある葉を作るのに適している。また、矢作川の流れに沿った茶畑は、常に適度な湿度が保たれている。

# 西尾の抹茶を食べる買う

## 抹茶好きも大満足
# 松鶴園 本店 茶房 茶遊

抹茶はもちろん、日常使いのお茶や抹茶スイーツ、茶道具などを購入できる。1階の茶房「茶遊」では、自社工場の抹茶を使った抹茶そばや抹茶パフェ、抹茶と和菓子のセットなどを楽しめる。

MAP 別冊 P.30-A1
住 西尾市上町南荒子 50-2
TEL 0563-54-3360 営 9:30〜18:30、茶房 10:00〜18:30 (L.O.17:30、火 L.O.16:30)
休 水 CC ADJMV P あり 交 名鉄西尾線西尾駅から車5分

抹茶「雅の司」2160円

抹茶そば碾茶（てんちゃ）飯セット 1180円

## 旧郵便局のレトロな建物が目印
# カテキン堂

抹茶を練り込んで焼いた大判焼きの「カテキン焼き」が名物。大正8（1919）年建造の旧西尾郵便局本局の一部を改装した店には、10席ほどのイートインスペースもある。自分で点てるセルフ抹茶（一服200円）もいただける。

MAP 別冊 P.30-B2
住 西尾市鶴ヶ崎町 4-11 TEL 0563-77-2136 営 10:00〜17:30 休 月〜木（祝日は営業。変更の可能性あり）CC ADJMV
P あり 交 名鉄西尾線西尾駅から徒歩12分

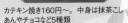

カテキン焼き160円〜。中身は抹茶こしあんやチョコなど5種類

粒あんと抹茶ソフトをのせた冷やし大判焼き 410円〜

## 豊富な抹茶スイーツがある
# 西条園 抹茶カフェ

明治21（1888）年創業、130余年にわたる歴史をもつ老舗茶舗。重厚な門構えの建物に趣のある和カフェがあり、抹茶を使ったラテやパフェ、ソフトクリームなど、職人が茶臼で碾いた、香り高い本物の抹茶を使ったメニューが揃う。

MAP 別冊 P.30-A1
住 西尾市上町横町屋敷 15 TEL 0120-183219 営 9:30〜18:30（L.O.17:30）休 不定休
CC ADJMV P あり 交 名鉄西尾線西尾駅から車10分

❶スイーツを抹茶エスプーマに付けていただく抹茶エスプーマフォンデュ1200円 ※季節により中身・価格は異なる ❷抹茶の苦味や香りを堪能できる極抹茶パフェ1400円

## 見渡すかぎりの緑！茶園風景を一望

矢作川左岸の小高い丘陵地にある公園で、のどかな茶園が一望できる。4月中旬から5月には、「棚式覆い下栽培」と呼ばれる黒い寒冷紗で覆われた茶畑が広がり、5月からは茶摘みの作業を眺めることができる。

**稲荷山茶園公園**

MAP 別冊 P.30-A1
住 西尾市上町稲荷山 TEL 0563-57-7840（西尾観光案内所）営 散策自由 P あり 交 名鉄西尾線西尾駅から市内循環くるりんバス⑥西野町線で横町屋敷下車、徒歩10分

info 茶摘み体験もできる　稲荷山茶園公園では4月下旬から5月中・下旬に一番茶の茶摘み体験と抹茶工場見学の体験イベントを実施。茶摘み後には茶摘み娘の衣装で撮影もできる。一番茶の茶摘み体験のみもあり。いずれも要予約（西尾市観光協会）。

安城松平家の拠点は農業も工業も盛ん

# 安城市（あんじょうし）

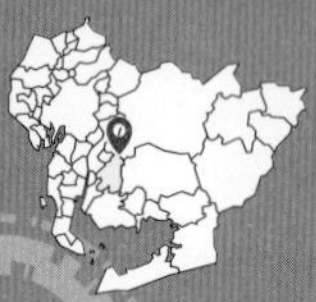

エリアの基本情報

人口　187,990人（7位）
面積　86.05㎢（15位）
市の花　サルビア
市の木　クロマツ
市制施行日
昭和27（1952）年5月5日

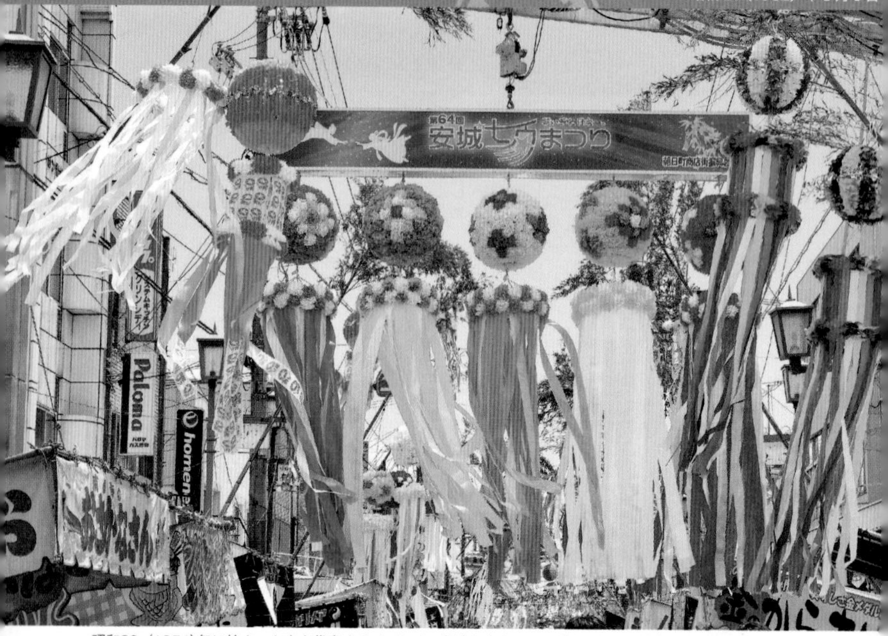

昭和29（1954）年に始まった市を代表するイベント・安城七夕まつり。ずらりと並ぶ竹飾りに圧倒される

市章

安城の「安」を図案化したデザインの市章は、昭和35（1960）年に制定された。末広がりをイメージした形は、市の発展を表現している。

**エリア利用駅**

◎**安城駅**
JR東海道線（特別快速・新快速、快速・区間快速・普通）
◎**三河安城駅**
JR東海道線（普通）、東海道新幹線
◎**新安城駅**
名鉄名古屋本線（特急・急行・準急・普通）
※バス停は名鉄バスJR安城駅、あんくるバス三河安城駅中央口を利用

安城市観光協会
kanko.anjo-tanabata.jp

安城市への行き方

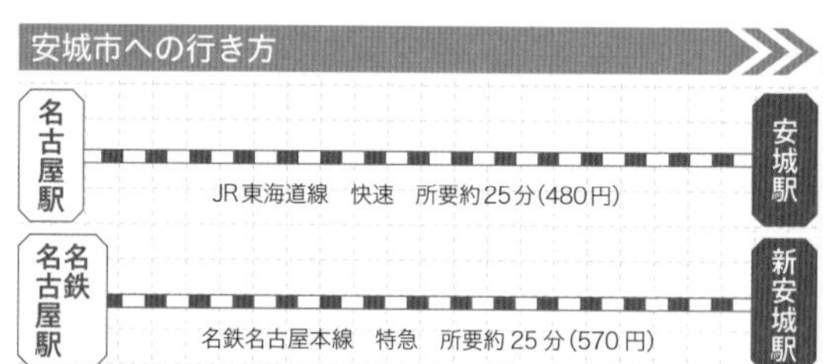


安城市は愛知県の中央部西寄りにあり、北の豊田市、東の岡崎市のほか、全7市に囲まれている。JRや名鉄沿線の市街地を少し離れると、広々とした西三河平野の田園風景が広がるが、もとは「安城が原」「五ケ野が原」と呼ばれるやせた土地だった。それが一転したのは、矢作川から取水する大規模な明治用水が完成した明治期。土地改良の努力もあって多種多様な農作物が実るようになり、大正末期から昭和初期には「日本のデンマーク」と呼ばれる農業先進地域となった。一方、自動車産業の盛んな豊田市や海に面した碧南市と隣接することから、大手メーカーなどの工場が市内全域に存在している。戦国時代には、安城松平家の拠点となった地域でもある。

info　本場の異国飯の宝庫　工場で働く外国人が多く住む安城市は、名鉄新安城駅周辺に、ブラジルやペルー、スリランカ、インドネシアなどの料理店が密集。どれも本格的で、お手頃価格で満喫でき、食べ放題実施の店もある。

## 安城市はめっちゃいいじゃんね！

### 日本3大七夕まつりから願いごとの数日本一へ

毎年8月上旬に行われる安城七夕まつり。竹飾りの並ぶ距離や短冊の数など、願いごとに関するイベントの数が日本一であることで知られる。

### 多角形農業を奨励 日本の農業先進地域

大正末期から昭和初期、農業大国デンマークにならって「日本のデンマーク」といわれた。現在も米や小麦、大豆などの県内有数の生産地である。

### 県内1位を誇る イチジクの一大産地

愛知県は全国シェア約2割を誇る、国内トップ※のイチジク生産地。そのなかでも安城市は栽培面積1位の主産地だ。

※令和2（2020）年産イチジク産出額

## 安城市の歩き方

### 愛知県有数の「農業のまち」を感じる移動風景

安城市内の移動には、コミュニティバス「あんくるバス」が便利だ。ただ**安城城跡（安祥城址）**から**パンのトラ**へ移動するには、直行ルートのバスが少なく、一度JR安城駅へ戻って乗り継ぐ必要があり､歩いても所要時間はさほど変わらない。途中の**秋葉公園**では、春なら桜、秋なら紅葉が楽しめる。パンのトラから**安城産業文化公園デンパーク**へは、店の北西へ徒歩3分ほどの昭林公園で南部線に乗りデンパーク下車。道中、左右には水田が広がり、「農業のまち」を実感できる。デンパークから**丈山苑**へは、同じく南部線で和泉丈山苑へ。デンパーク正面ゲートを出て間もなくの北梶橋を渡ったところで、車窓の左外を見ると、5月中旬～9月中旬なら色の違う稲で絵を描いた「ふれあい田んぼアート」が見える。バスは1時間に1本程度だが、土日や祝日は名鉄バスが運行する区間もある。

碧海郡泉郷（現・安城市）生まれの文人・石川丈山の山荘を再現した丈山苑

JR安城駅周辺を散策する時間があれば、童話作家・新美南吉の下宿先などゆかりの地を巡るのもおすすめだ。

### おさんぽプラン

1. 安城城跡（安祥城址）(▶ P.250)
   ↓ 徒歩35分
2. スペイン窯 パンのトラ 安城店 (▶ P.250)
   ↓ バス9分+徒歩5分
3. 安城産業文化公園デンパーク (▶ P.251)
   ↓ バス5分＋徒歩7分
4. 丈山苑 (▶ P.250)

小ネタ

**「三河一向一揆」拠点の寺**

市内南東部にある**本證寺**（ほんしょうじ）は、徳川家康の出世を語る上で外せない場所だ。織田信長と手を組み三河統一を推し進めた際、真宗大谷派の3つの寺院がその支配に抵抗。そして永禄6（1563）年、ついに本證寺が中心となって反乱を起こしたのだ。徳川家康は半年もの間続いたこの反乱を鎮め、三河統一を決定的なものとした。

MAP 別冊 P.6-B1

もっと知りたい！ あいちの話

## 新美南吉が創作に励んだ地

童話『ごんぎつね』で知られる新美南吉は愛知県半田市の出身だが、昭和13（1938）年、24歳のとき教師として安城高等女学校に赴任。教鞭を執るかたわら創作活動に励み、29歳で逝去するまでの間に、『ごんごろ鐘』や『おぢいさんのランプ』などの作品を世に出した。安城市では「新美南吉のまちづくり」に取り組み、読書会や町歩きイベントを開催。またJR安城駅に近い市街地では、作品の世界を建物外壁に鮮やかに描いたウオールペイントが町を彩る。

※新美南吉についてはP.317も参照

音楽を楽しみながら童話を読む南吉の姿が色鮮やかに描かれている

info 家康公の先祖の居城　現在の豊田市発祥の松平家の子孫は、三河各地で勢力を広げた。そのひとりで、徳川家康の直系の先祖である松平家3代の信光は、文明3（1471）年に安祥城を手中に収め「安城松平家」の始祖となった。

## 安城市のおもな見どころ

### 城争奪戦の歴史をたどる

MAP 別冊P.6-B1

## 安城城跡（安祥城址）

安城城跡（安祥城址）
住安城市安城町赤塚1-2ほか
TEL0566-77-4477（生涯学習部文化振興課文化財係）
開見学自由（季節により異なる）
Pあり
交名鉄西尾線南安城駅から徒歩12分

家康の祖父・松平清康が岡崎城に移るまでの安城松平4代の居城。園内には、天文18（1549）年の安城城での戦いで織田軍と戦った武将・本多忠高（忠勝の父）の墓碑や、城の争奪戦で犠牲となった女性たちを葬る姫塚などがある。隣接の歴史博物館も見学しながら、じっくり散策したい。

一の曲輪跡に立つ大乗寺。安城松平4代の位牌が安置される

### 石川丈山の世界を伝える空間

MAP 別冊P.6-B1

## 丈山苑

丈山苑
住安城市和泉町中本郷180-1
TEL0566-92-7780
開9:00～17:00（最終入苑16:30）
休月（祝日の場合は開苑）
料100円、中学生以下無料
CC不可　Pあり
交JR安城駅からあんくるバス南武線で和泉丈山苑下車すぐ

池泉回遊式庭園。たくさんの鯉の姿を目にすることのできる「印月池」

江戸時代の武士・文人として名高い石川丈山が半生を過ごした京都一条寺の詩仙堂をイメージした和風庭園を、丈山生誕地の安城市和泉町に再現。作庭家としても名をはせた丈山が造った代表的な唐様庭園、池泉回遊式庭園、枯山水庭園が設えられ、四季折々の美しい輝きを目にすることができる。

象蔵塗の床が中庭からの光を映して光り輝く「床緑」

### モチモチでしっとり食感のパン

MAP 別冊P.6-B1

## スペイン窯 パンのトラ 安城店

スペイン窯 パンのトラ 安城店
住安城市安城町東広畔5-3
TEL0566-91-2070
営7:00～19:00
休無休
CCADJMV
Pあり
交JR安城駅から名鉄バス安城更生病院方面行きで市営広畔住宅下車、徒歩2分

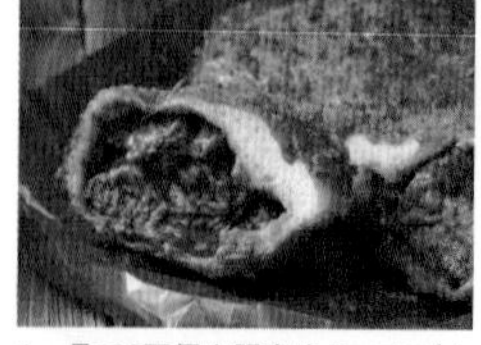

1ヵ月で6万個を販売するいちばん人気のカレーパン

1号店の安城店を筆頭に、県内に数店舗構える人気のパン屋。看板商品の食パン「パンのトラ」やクリームパン、カレーパンをはじめ、朝から夕方まで120種類以上のパンが切れ目なく店頭に並ぶ。無料のコーヒーサービスがあり、店内のイートインスペースで購入したパンと一緒にいただける。

ギネス世界記録® に輝いた24時間で最も販売した食パンが名物

# 花と緑のテーマパークを遊び尽くす！
# 安城産業文化公園デンパーク

1年を通じて約3300種の花々に出合えるデンパーク。ほかにもグルメにお買い物、イベント、体験教室など楽しみ方がいっぱい！

## デンパークの楽しみ方

所要時間 かけ足なら2時間 じっくり派は丸1日

季節の花と緑を巡る1周2.5km所要30分のウオーキングコースは外せない。時短派は各所に設置されたベンチでテイクアウトランチを。

### 季節ごとのいち押し！

- 春 色とりどりのチューリップや桜
- 夏 ハスやスイレンなどの水生植物
- 秋 色鮮やかなモミジバフウの紅葉
- 冬 豪華に飾り付けられた大小さまざまのクリスマスツリー

## 愛知で楽しむデンマーク

農業先進国デンマークに例えられるほど、多角農業が盛んだった安城市。デンパークの名前はそんな歴史が由来だ。13.1ヘクタールの広大な園内には四季折々の花々が咲き誇り、デンマークの街並みを再現した大温室、地ビール工房、カフェやレストラン、国内最大級の木製アスレチック遊具などがずらり。大人も子供も時間を忘れて夢中になれそう。

**安城産業文化公園デンパーク**（あんじょうさんぎょうぶんかこうえんでんぱーく）

MAP 別冊P.6-B1

住 安城市赤松町梶1 TEL 0566-92-7111 営 9:30～17:00（最終入園16:30）、冬期～16:30（最終入園16:00） 休 火（祝日の場合は翌平日） 料 700円、小・中学生300円、小学生未満無料 P あり 交 JR安城駅からあんくるバス循環線（右回り・左回り）に乗り、安城更生病院であんくるバス南部線／桜井西線に乗り換えてデンパーク下車すぐ

❶風車の広場にそびえる高さ19mのデンマーク風車 ❷100%電気稼働のメルヘン号は約13分で園内を1周する

## じっくり1日モデルプラン

### 10:00 花を眺めながらウオーキング

正面ゲートからファンタジーガーデン、秘密の花園、ヨーロッパ風お花畑、花の大温室フローラルプレイスなどを巡る。

### 12:00 カフェキッチン「BONO」でランチ

花の大温室フローラルプレイス入口の店。オリジナル生パスタやデンマークチーズを使ったピザが味わえる。

### 14:00 工作やパン作りを体験

かわいい動物パンやリース、スノードームなどの手作りにチャレンジ！ ファミリーでの思い出作りに最適。

### 16:00 おみやげに北欧雑貨ショッピング

雑貨屋「スムーク」（デンマーク語でかわいいの意味）には、北欧関連の商品や外国産のお菓子などがところ狭しと並ぶ。

### 期間限定！ ウインターイルミネーションを楽しむ

デンパークの冬を華やかに彩るイルミネーション。期間限定で開催される、花火×イルミ×音楽の三重奏は迫力満点！

info 地ビールを飲み比べ　地ビール工房＆地産地消レストラン「ホレ・フェスト」では、醸造人が丹精込めて作ったクラフトビールを堪能できる。まずはショートグラスの3種飲み比べセットを試して、好みの味を見つけよう。

於大の方の父が刈谷城を築き栄えた地

# 刈谷市（かりやし）

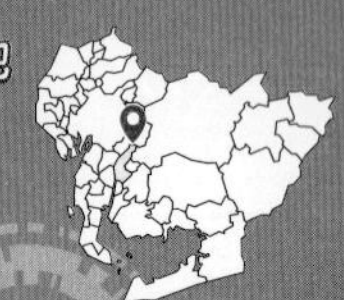

エリアの基本情報
人口　153,834人（10位）
面積　50.39㎢（23位）
市の花　カキツバタ
市の木　クスノキ
市制施行日
昭和25（1950）年4月1日

刈谷市は めっちゃ いいじゃんね！

**県内随一の自動車工業都市**

トヨタ自動車の前身豊田自動織機や、デンソー、アイシンなど、大手部品メーカーの本社・工場がJR刈谷駅の周辺に集まる。

市章

「かりや」を「雁八」と表し、雁が羽ばたく様子と、末広がりで将来の発展を表す八（8）を図案化したもの。

**刈谷市への行き方**

名古屋駅からJR東海道線快速で刈谷駅まで約20分、420円。豊橋駅からJR東海道線快速で刈谷駅まで約35分、860円。刈谷駅へは名鉄三河線も乗り入れ、知立駅・豊田市駅方面と碧南駅方面を結ぶ。

デラックストイレが話題の刈谷ハイウェイオアシスは1日遊べるレジャー施設

市域の端を北から西へ境川が流れ、尾張・知多との境界にある刈谷市。天文2（1533）年に徳川家康の生母・於大の方の父である水野忠政が刈谷城を築城し、江戸時代には藩主を替えながら、城下町として栄えた。『東海道中膝栗毛』にも登場する、この地発祥の芋川うどんは、後にきしめんなどのルーツに。戦後は自動車産業で発展し中心部には工場が並ぶが、北部には現在も国指定天然記念物のカキツバタ群落などの自然が残っている。

## 刈谷市の歩き方

### 歴史から自然まで自転車で自在に見て回る

JR・名鉄刈谷駅に近い刈谷市観光案内所でレンタサイクルを借りよう。駅から西へ行けば、**刈谷城跡**がある**亀城公園**。その400mほど東には、於大の方の住居だった**椎の木屋敷跡**もある。駅の南方向には、**フローラルガーデンよさみ**。隣には、かつて立っていた長波アンテナ関連の産業遺産を展示する**依佐美送信所記念館**も。刈谷駅の北東方向には**刈谷ハイウェイオアシス**。その北の小堤西池のカキツバタ群落は5月中旬が見頃だ。

フローラルガーデンよさみはマルシェも開催

ⓘ 刈谷市観光協会
URL www.kariya-guide.com

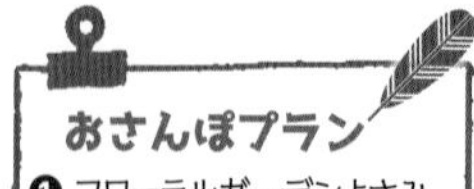

**おさんぽプラン**

❶ フローラルガーデンよさみ（▶P.253）
⬇ 自転車15分
❷ 刈谷市郷土資料館（▶P.253）
⬇ 自転車13分
❸ デンソーギャラリー（▶P.253）
⬇ 自転車35分
❹ 刈谷ハイウェイオアシス（▶P.94）

info **地域を代表する万燈（まんど）祭**　高さ5m、重さ60kgもの張り子の人形を若い男性がひとりで担ぎ、お囃子に合わせて踊る祭り。雄々しく幻想的な火よけ祈願の祭りは、毎年7月最終土・日曜に秋葉社で開かれる。愛知県の無形民俗文化財に指定。

刈谷市の文化や生活を知る資料館 MAP 別冊P.6-A1

## 刈谷市郷土資料館

昭和 3（1928）年に完成した亀城小学校の旧校舎（本館）を活用した資料館。愛知県の元技師で建築家の大中肇が設計し、鉄筋コンクリートと木造を組み合わせた建物は、国の登録有形文化財。昭和 30 年代の家庭や教室の様子を再現するほか、おもちゃのコレクションや教科書の展示もある。

懐かしい小学校の教室展示は人気がある

**刈谷市郷土資料館**
住刈谷市城町1-25-1
TEL0566-23-1488
開9:00～17:00
休月（祝日の場合は翌日）、祝日の翌日
料無料　Pなし（亀城公園駐車場を利用）　交名鉄三河線刈谷市駅から徒歩15分

はた織り体験（小学生以上、土・日・祝のみ）は小サイズ100円、大サイズ200円

車のメカ好き垂涎のギャラリー MAP 別冊P.6-B1

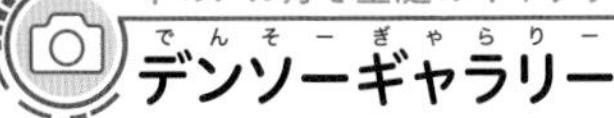

## デンソーギャラリー

ウエルカムゾーンの巨大スクリーンに映る迫力ある映像が出迎える、自動車部品業界で国内最大手のデンソーのすべてを紹介するギャラリー。デンソー製品の歴史や、世界各地での企業活動をはじめ、最新技術とそれを用いた実例を、映像や体験デモ機を通じて楽しみながら学べる。

約70点のデンソー製品を搭載するモックカー

**デンソーギャラリー**
住刈谷市昭和町1-1
TEL0566-61-7215
開9:30～17:00
休土・日、会社休日
料無料
Pあり
交JR刈谷駅から徒歩7分

各種製品展示や視界を取り囲む迫力あるシアターなどで総合力を紹介

花と緑に親しむ公園でリフレッシュ MAP 別冊P.6-B1

## フローラルガーデンよさみ

遊具広場や多目的広場、ミニSL、ジョギングコース、温室、カフェなどの施設があり、毎月第 1 日曜は「よさみガーデンマルシェ」を開催。こだわりの食材や雑貨などのショッピングも楽しめる。植物を種から育てた花壇は見応え十分。併設する依佐美送信所記念館もおすすめ。

約50種類の四季折々の花が楽しめるイングリッシュガーデン

**フローラルガーデンよさみ**
住刈谷市高須町石山2-1
TEL0566-29-4330　営9:00～17:00　休月（祝日の場合は翌日）　料無料　CCADJMV（軽食スギヤマのみ）　Pあり
交JR刈谷駅から刈谷市公共施設連絡バス（無料）小垣江東口行き（小垣江線）でフローラルガーデンよさみ下車すぐ

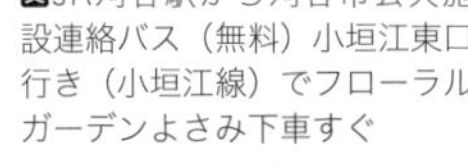

全国でも数少ない常設線路を備えた本格的なミニSL

カキツバタと弘法さんでにぎわう宿場町

# 知立市（ちりゅうし）

エリアの基本情報

人口 71,193人（26位）
面積 16.31㎢（47位）
市の花 カキツバタ
市の木 ケヤキ
市制施行日
昭和45（1970）年12月1日

知立市はめっちゃいいじゃんね！

**人口密度が三河No.1！**

令和5(2023)年のデータで1平方キロメートル当たり4410.06人と三河一の人口密度だ。ちなみに三河でいちばん人口密度が低いのは豊根村の5.99人／㎢。

市章

カキツバタの花を図案化。東西南北を結ぶ交通の要衝として発展してきた土地柄を、市章の形で象徴している。

知立市への行き方

名鉄名古屋駅から名古屋本線で知立駅まで約20分、510円。中部国際空港からは空港バス知立駅行きで終点の知立駅まで約1時間20分、1600円、または名鉄特急に乗って神宮前駅で乗り換え、知立駅まで約50分、1090円。

名鉄名古屋本線と北東の猿投方面・南西の碧南方面へ向かう三河線が交差し、工業都市の豊田市・刈谷市・安城市に囲まれる。平安時代には、弘法大師が弘法山遍照院（へんじょういん）を建立し、歌人・在原業平は咲き誇るカキツバタを見て歌を詠んだという。歴史上の人物の逸話が表すように、当時から人が往来する交通の要衝で、鎌倉時代には鎌倉街道がとおり、江戸時代には東海道の池鯉鮒宿（ちりゅうじゅく）が置かれた。

池鯉鮒宿の東側にあった松並木の一部が現在も残っている

## 知立市の歩き方

### 「知立といえばここ！」を一挙に巡る

知立公園で見られる花しょうぶ。60種類もの品種が植えられている

名鉄知立駅の南東にある**弘法山 遍照院**は、旧暦の毎月21日に縁日が開かれ、約1kmにわたる出店でにぎわう。ここから名鉄の線路を挟んだ北側には、**池鯉鮒宿問屋場之跡碑**や**池鯉鮒宿本陣跡**、さらに北には重要文化財の多宝塔が立つ**知立神社**がある。花しょうぶまつりが開催される**知立公園**はすぐ隣だ。

大あんまきの**藤田屋 知立本店**へは、国道1号を南東へ。イートインスペースがあり、ひと休みにちょうどいい。在原業平ゆかりの**無量壽寺**境内にある**八橋かきつばた園**は東へ直線距離で約2.5km。三河知立駅から三河八橋駅まで名鉄三河線猿投行きに乗ってもいいが、天気がよければ**旧東海道松並木**を経て歩きたい。御林交差点から新田北交差点まで約500mの区間だ。八橋かきつばた園は約1万3000平方メートルもの敷地に、5月初旬のピークには3万本のカキツバタが咲き誇る。同じ敷地内に**八橋史跡保存館**も。**かきつ姫公園**と**八橋伝説地**へは、ここから各徒歩13分ほどで到着。在原業平が「からころも きつつなれにし つましあれば はるばるきぬる たびをしぞおもふ」の歌を詠んだとされる場所だ。

知立名物の大あんまき。ふっくらとした生地で手作りのあんを包んでいる

ℹ 知立市観光協会
URL www.chiryu-kanko.com

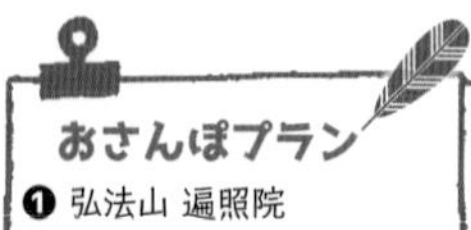

おさんぽプラン

❶ 弘法山 遍照院
⬇ 徒歩25分
❷ 知立神社
⬇ 徒歩15分
❸ 藤田屋 知立本店（▶P.382）
⬇ 徒歩40分
❹ 八橋かきつばた園

info 4～6月は花の盛り　4月下旬～5月中旬には、史跡八橋かきつばたまつりが開催。また5月中旬～6月中旬頃には、明治神宮から下賜された知立公園の花しょうぶが紫や白、青の花を咲かせ、花しょうぶまつりが開催される。

醸造業をはじめとするものづくりが発展

# 碧南市

へきなんし

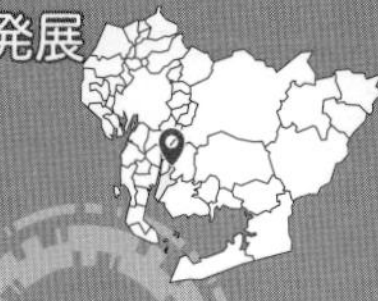

エリアの基本情報
人口　72,458 人（25 位）
面積　36.68㎢（30 位）
市の花　ハナショウブ
市の木　カシ
市制施行日
昭和 23（1948）年 4 月 5 日



衣浦港に面した碧南市は、水上輸送路に恵まれ、三河みりん・白醤油などの醸造や、三州瓦を中心とする窯業、鋳造が発展した。現在も市内には醸造メーカーが点在する一方、西部の臨海エリアは知多半島の半田市と海底の衣浦トンネルで結ばれる物流の便もあり、工場が立地し鋳造などの技術で自動車産業を支える。付近の臨海公園や、北部の油ヶ渕は、水辺の風景のビュースポットとなっている。

家族連れでにぎわう碧南市明石公園。桜の名所としても人気がある

碧南市は めっちゃ いいじゃんね！

**いぶし瓦生産量 全国最大級**

日本 3 大瓦のひとつ・三州瓦。なかでも重厚な光沢が魅力の「いぶし瓦」で全国トップクラスのシェアを誇るメーカーが市内にある。

市章

碧南の「ヘ」「キ」の文字を図案化し、合併前の新川・大浜・棚尾・旭の 4 ヵ町村の連帯を表現している。

## 碧南市の歩き方

### 碧南駅周辺に集まる見どころをじっくりと

名鉄碧南中央駅。駅員がいるのは昼間の時間帯のみの特殊勤務駅

名鉄碧南駅の半径 2km 圏内を徒歩で満喫しよう。ひと駅北の碧南中央駅に近い、織田信長初陣の地・**津島社 平和神社**からスタート。大浜街道を南へ行けば、江戸時代中期の陣屋跡・**大浜陣屋広場**に着く。西の海側にそれて、ビオトープのある**碧南海浜水族館**へ立ち寄るのもいい。

その南のエリアには、築 300 年の黒い土蔵造の建物・**九重味淋大蔵**が。かつて甘いお酒として女性を中心に好まれた三河みりんは、そのまま飲んでもおいしい。市内には醸造元が複数あり、直売所での購入や予約制で見学できるところも。同じエリアの少し南には寺社が集まり、地元出身の芸術家、**藤井達吉現代美術館**もある。

さらに南、港橋を渡るとすぐ左手に現れるのが、大正時代の西洋建築・**旧大浜警察署**。北西角にある石柱に埋め込まれた、昔の漁師が使った気圧計・**バロメートル**も珍しい。南へ進み、国道 247 号に出て右折ししばらく歩くと**碧南緑地**。展望台や周囲の木製のボードウオークから海を眺めるのも心地いい。希少な、海底の**衣浦トンネル**を歩いて半田市へ渡る体験も。

衣浦港にある碧南緑地の遊歩道。夜間照明が備わり、夜も散策できる

**碧南市への行き方**

名古屋駅から JR 東海道線で刈谷駅まで約 20 分、420 円、名鉄三河線に乗り換え、終点の碧南駅まで約 24 分、410 円。碧南市内には名鉄三河線の駅が、南から碧南駅、碧南中央駅、新川町駅、北新川駅の 4 駅ある。

碧南市観光協会
URL www.hekinan-kanko.jp

**おさんぽプラン**

❶ 津島社 平和神社
⬇ 徒歩 18 分
❷ 九重味淋大蔵
⬇ 徒歩 5 分
❸ 旧大浜警察署
⬇ 徒歩 20 分
❹ 碧南緑地 展望台

info へきなん焼きそば　碧南市のご当地グルメ・へきなん焼きそばは、麺にニンジン「へきなん美人」とタマネギ、味付けの白醤油、そしてえびせんべい製の食べられる器まで、すべて地元産。複数の飲食店で提供中だ。

伝統と最先端のものづくりを育んだ港町

# 高浜市（たかはまし）

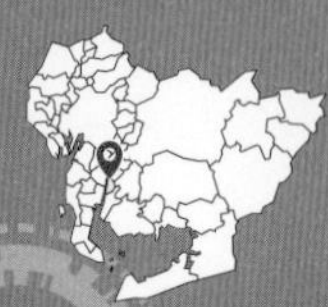

**エリアの基本情報**

人口　46,106人（37位）
面積　13.11㎢（49位）
市の花　キク
市の木　クスノキ
市制施行日
昭和45（1970）年12月1日

高浜港駅からすぐの「ニコニコ鬼広場」にある巨大な鬼面。縦4.5m、横4.2mで1年半かけて制作された

市章

「高」を図案化したもの。全体を囲む円形は円満な和を表すとともに、「浜」の象徴である波頭を表現し、力強く向上するようにとの願いを込めている。

**エリア利用駅**

◎吉浜駅、三河高浜駅、高浜港駅
名鉄三河線

## 高浜市への行き方

| 出発駅 | 路線 | 乗換駅 | 路線・所要時間 | 到着駅 |
|---|---|---|---|---|
| 名鉄名古屋駅 | 名鉄名古屋本線 特急・快速特急 | 知立駅 | 名鉄三河線 所要約49分（680円） | 三河高浜駅 |
| 名古屋駅 | JR東海道線 | 刈谷駅 | 名鉄三河線 所要約48分（720円） | 三河高浜駅 |

高浜市があるのは西三河の南西部。境川や逢妻川（あいづまがわ）から注ぐ細くて長い海・衣浦湾に面し、対岸にある知多半島の半田市と向き合う。三州瓦の生産で知られるこの地は、粘土が豊富に取れる台地にあり、古くから土器が作られた。瓦が作られるようになったのは18世紀半ばの江戸時代で、港から船で江戸へ多数出荷されたと考えられている。技術は現在も継承され、経済産業省の伝統工芸品に指定される鬼瓦工芸品の製作も盛ん。瓦のほかに、細工人形や菊人形といった人形作りの技術も伝わる。一方、港がある利便性と、隣接する刈谷市をはじめ周辺地域に自動車関連メーカーが多いことから、沿岸部には工場も多数立地。時代を超えたものづくりが共存している。

ℹ 高浜市観光協会
URL kankou-takahama.gr.jp

info 高浜の味「とりめし」　高浜市は養鶏も盛んな地域。卵を産まなくなったニワトリを無駄にしないために先人たちが考案したのが、とりめし。甘辛い醤油味に煮た鶏肉を、ご飯に混ぜたご当地グルメで、市内の飲食店でも味わえる。

## 高浜市はめっちゃいいじゃんね！

### 日本３大瓦のひとつ 三州瓦生産の中心地

日本の瓦生産量の６割以上を誇る三州瓦。三州は西三河エリアの古い呼称で、高浜市はその生産の中心地。伝統を受け継ぐ若い鬼師も活躍する。

### 自然素材で製作する 細工人形の技は文化財

竹で作った人形の胴体に、着色した貝殻や木の実などを飾る「吉浜細工人形」は、高浜市吉浜地区に伝わる伝統芸術。愛知県の無形文化財に指定。

### 日本で最も大きい 陶器観音像が立つ

町を見下ろすように立つ観音寺境内の陶管焼の観音像は高さ８mで、陶製の観音としては日本一の大きさ。鬼瓦を製作する鬼師の技術で造られた。

## 高浜市の歩き方

### ふたつのエリアで伝統の技に触れる

三州瓦に関する見どころは、名鉄三河線の高浜港駅から三河高浜駅までのエリアに集まる。約4.5kmの散策路・**鬼みち**は、鬼瓦のモニュメントや、いぶし銀の瓦が重厚な寺の山門に出合えるコース。**高浜市やきものの里かわら美術館・図書館**や、瓦のオブジェがある**大山緑地**、**春日神社**をとおる。享保8（1723）年、春日神社に奉納された「瓦焼狛犬一対」は、現存する最古の三州瓦製品とされ、かわら美術館に展示されている。

高浜市やきものの里かわら美術館・図書館の正面玄関で瓦製の鯱がお出迎え

吉浜細工人形に触れるエリアは、三河高浜駅から北へひと駅の吉浜駅周辺。徒歩でも春日神社から20分ほどだ。駅前に広がる約800mの散策路・**人形小路**には、展示施設の**伝承工房**や県内最大規模の人形店・**吉浜人形**などがあり、見学やショッピングを楽しめる。吉浜細工人形にゆかりの深い**宝満寺**と**柳池院**では、毎年5月8日頃に豊作を占う行事「花の塔」が開かれ、新たに奉納された細工人形が展示される。とりめしで有名な**魚松**もこのエリアだ。

### おさんぽプラン

❶ 高浜市やきものの里かわら美術館・図書館 (▶ P.259)
⬇ 徒歩23分
❷ 大山緑地 (▶ P.258)
⬇ 徒歩1分
❸ 春日神社 (▶ P.258)
⬇ 徒歩20分
❹ 魚松 (▶ P.258)

小ネタ

### 日本初の海上橋・衣浦(きぬうら)大橋

今でこそ海上の大きな橋は全国各地にあるが、第1号は昭和31（1956）年に衣浦港を越えて高浜市と半田市を結んだ衣浦大橋。昭和53（1978）年には南側に衣浦大橋新橋も架けられ、旧橋は半田から高浜へ、新橋は高浜から半田へ向かう車線となった。どちらにも歩道があり、特に新橋からは海や夕日の開放的な眺めが広がる。

MAP 別冊P.31-C2

もっと知りたい！あいちの話

### 吉浜細工人形はどれも等身大！

高浜市の吉浜地区に、350年にわたり伝わる細工人形。竹の骨組みの上に藁を巻き、貝殻や木の実などの自然物を使って装飾し、歌舞伎や伝説の一場面を表現するものだが、最大の特色は等身大である点だ。細工人形師が顔や手を作り、「菊師」が体を作った菊人形作りも盛ん。そのため全国の菊師や人形師には吉浜ゆかりの職人が多いという。吉浜駅前の散策路・人形小路や高浜茶屋 吉貴で細工人形を見ることができるほか、毎年5月には人形小路花まつり、11月には人形小路菊まつりが開催される。

歌舞伎の名場面を再現するほか、アニメの人気キャラクターが登場することも

info オニマルシェを開催　市の内外からいろいろなお店が集まり、高浜港駅前のニコニコ鬼広場や、マラソンなどのイベント会場にも出張して開催されるオニマルシェ。日時や場所は観光協会のウェブサイトなどで告知される。

桜、新緑、紅葉と四季の風景を楽しむ MAP 別冊P.31-C2

## 大山緑地（おおやまりょくち）

「千本桜の大山」と呼ばれる、市内屈指の花見の名所。例年3月下旬から4月上旬にかけてソメイヨシノが咲き乱れ、開花期間はライトアップとともに夜桜も楽しめる。公園内には見応えのある高さ5.2m、胴回り8mの陶管製の大タヌキや、瓦のオブジェなどのスポットが点在する。

巨大なタヌキは公園のシンボル。秋の紅葉時期もおすすめ

**大山緑地**

住高浜市春日町2-1-1
TEL0566-52-1111（高浜市役所土木グループ）
開見学自由
Pあり
交名鉄三河線三河高浜駅から徒歩5分

焼き物の里として名高い高浜市。公園の入口看板も陶管焼

守備範囲の広い御神徳 MAP 別冊P.31-C2

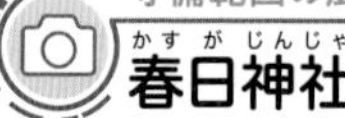

## 春日神社（かすがじんじゃ）

檜皮葺きで造られた本殿や神門の屋根、龍の飾り瓦、高浜市の有形文化財に指定された石造狛犬など、随所に格式や伝統を感じられる。御利益は病気平癒、勝負、交通安全、子孫繁栄など幅広く、かつて徳川家康も武運を祈願したほど御神威の強い神社で、地域内外から信奉を集める。

専門性の高い7柱の神様が集結する

**春日神社**

住高浜市春日町2-1-8
TEL0566-53-3414
開参拝自由
休無休
Pあり
交名鉄三河線三河高浜駅から徒歩10分

毎年10月第1日曜とその前日に催される「高浜おまんと祭り」

名物とりめしをおみやげや自宅用に MAP 別冊P.31-D1

## 魚松（うおまつ）

昭和2（1927）年の創業から続く、秘伝の甘辛醤油だれで煮込んだ鶏肉をふっくらと炊き上げたご飯と混ぜた「とりめし」の持ち帰り専門店。お湯を注いでお茶漬けにしたり、温泉卵をのせたり、氷を入れて冷たいひつまぶし風にしたりと、さまざまな調理法でアレンジするのもおすすめ。

持ち帰りのとりめし中480円（300g）。パッケージは電子レンジ対応

**魚松**

住高浜市屋敷町7-7-1
TEL0566-53-0416
営9:00～17:00
休火・水
CCADJMV
Pあり
交名鉄三河線吉浜駅から徒歩5分

高浜市は昔から養鶏業が盛んだったことから、とりめしが郷土料理に

# 日本最大の生産量を誇る三州瓦
# 三州鬼師の技に触れる

三州瓦は高浜市を中心に作られる日本3大瓦のひとつ。瓦のなかでも寺社の屋根の端に置く瓦は「鬼瓦」、鬼瓦を手で作る職人は「鬼師（おにし）」と呼ばれる。

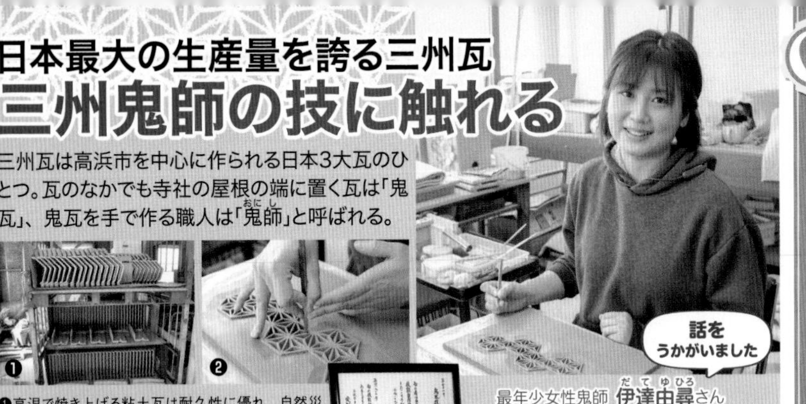


❶高温で焼き上げる粘土瓦は耐久性に優れ、自然災害にも強い　❷手彫りの鬼瓦では複数の道具を使い分ける。由尋さんは約6種のヘラを使うという　❸23歳で愛知県鬼瓦技能製作師（鬼師）評価試験に合格

最年少女性鬼師 伊達由尋（だてゆひろ）さん
株式会社伊達屋で鬼瓦制作を担当。既存の鬼瓦にはない斬新なデザインを得意とする。アイドルとして活躍するなど異色の経歴をもつ。

## 快適な暮らしを助ける三州瓦

三州瓦が全国に広がり始めたのは江戸時代。日本３大瓦として並び称される島根県の石州瓦や兵庫県の淡路瓦に比べて歴史は浅いものの、瓦生産のシェアは全体の半数以上を誇る。その理由として産地を流れる矢作川を利用して瓦を各地へ運搬できたことが考えられる。きめ細かく高品質の粘土を高温で焼き上げるため、耐火性・防水性・防寒性に優れているだけでなく、通気性も抜群。ほかの屋根材が流通する今も根強い人気を誇る。

## 瓦を身近に感じてもらうために

瓦の町として知られる高浜市で生まれ育った由尋さんが鬼師になることを決意したのは20歳の時。かつて100人はいたという高浜市の鬼師だが、現在は30人ほど。職人の高齢化が進み、後継者不足にも直面しているという。通常の鬼瓦は鬼の顔や雲などをモチーフにするのが一般的だが、由尋さんは「若い人にも興味をもってもらいたい」と、マンション住まいでもインテリアになるような瓦や、日常に溶け込むようなデザインを考案している。

飾り瓦コンクールに出品した作品「華やぎ」。平成29（2017）年制作

## 瓦の町を知るスポット

### 鬼みち（おにみち）

飾り瓦や鬼瓦を眺めながら散策できる、高浜港駅から三河高浜駅まで続く約4.5kmのコース。日本一大きな古代鬼面など見どころの連続で、「美しい日本の歩きたくなるみち500選」にも選出されている。

MAP 別冊 P.31-C2
住 高浜市青木町地内　TEL 0566-52-2288（高浜市観光協会）　開 散策自由　交 スタート地点：名鉄三河線高浜港駅（駅近くの高浜市観光協会で散策マップを入手できる）

### 高浜市やきものの里かわら美術館・図書館（たかはましやきもののさと かわらびじゅつかん・としょかん）

美術館と図書館が一緒になった文化施設。瓦の歴史を中心とした常設展示のほか、焼き物や美術などさまざまなジャンルの展覧会を開催する。

MAP 別冊 P.31-C2
住 高浜市青木町9-6-18　TEL 0566-52-3366（美術館）、0566-52-0240（図書館）　開 10:00～17:00（観覧券の販売～16:30）、図書利用 10:00～18:00　休 月・火（祝休日の場合は翌平日）、そのほか館が定める日　料 常設展示無料、企画展・館蔵品展は展覧会により異なる　P あり　交 名鉄三河線高浜港駅から徒歩10分

### 株式会社伊達屋（かぶしきがいしゃだてや）

三州瓦の生産、鬼瓦の製造を行う。鬼瓦と同じ粘土を使った粘土製作体験も可能。小さな子供でもできる所要30分程度の簡単なコースから、大人も楽しめるより本格的な自由制作まで選べる。

MAP 別冊 P.31-C2
住 高浜市春日町7-7-18　TEL 0566-55-1501　営 8:00～17:00、体験は土・祝の10:00～12:00、14:00～16:00　休 日　料 粘土製作体験動物型取り500円、自由制作3000円～など（要予約）　CC 不可
P あり　交 名鉄三河線三河高浜駅から徒歩10分

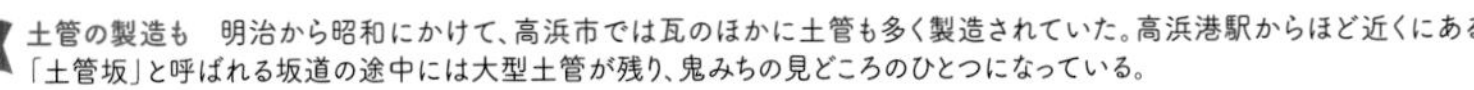
info 土管の製造も　明治から昭和にかけて、高浜市では瓦のほかに土管も多く製造されていた。高浜港駅からほど近くにある「土管坂」と呼ばれる坂道の途中には大型土管が残り、鬼みちの見どころのひとつになっている。

果物生産と工業が盛んな尾張・三河の境

# みよし市

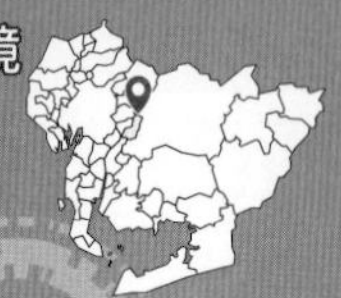

エリアの基本情報
人口　61,952人（29位）
面積　32.19㎢（33位）
市の花　サツキ
市の木　ミカワクロマツ
市制施行日
平成22（2010）年1月4日

みよし市はめっちゃいいじゃんね！

**世界一を記録！大提灯が名物**

平成29（2017）年、「三好大提灯まつり」で掲げられた高さ10.81m×幅6.50mの提灯は世界最大を記録した。

市章

ひらがなの「み」を、町の平和を願って円形にデザイン。鎌と鋤の形で、勤労と勤勉を表現している。

みよし市への行き方

名古屋駅から地下鉄東山線で伏見駅へ行き、鶴舞線に乗り換え赤池駅まで約36分、310円。赤池駅から名鉄バスで三好まで約23分、360円。市内の移動には、三好からさんさんバスと名鉄バスが各方面へ出ている。

西三河の西端にあるみよし市は、戦国時代の所領争いの際、徳川家康の家臣・酒井忠次が柴田勝家との戦いの拠点とした福谷城（うきがいじょう）があった地。現在は名古屋・三河どちらへもアクセス良好なことから、住宅やトヨタ自動車の工場が立ち並ぶ一方、南部には農地が広がりくだものの生産が盛ん。農業用ため池のひとつだった三好池は、国体のカヌー競技場として整備され、「カヌーのまち」としても知られている。

提灯舟が三好池に浮かぶ三好池まつり。池の中央から花火が打ち上げられる

## みよし市の歩き方

### 戦国ファンと焼き物好きの心踊る場所

三好公園は花見の人気スポット。園内の三好池を囲むように桜並木が広がる

徳川家康が今川義元の支配下にあった時期、家臣の酒井忠次が織田信長方の柴田勝家を幾度も迎え撃った**福谷城跡**からスタート。案内板には土塁や堀の配置図が描かれ、想像力をかき立てられる。

春ならここから徒歩で、約2000本の桜が咲き誇る**三好公園**を経て、**みよし市立歴史民俗資料館**を目指したい。福谷城跡から直接行くなら、さんさんバス福谷停から、さつきラインで保健センター停、またはいいじゃんラインでみよし市役所停へ。市内の黒笹地区は、古墳～室町時代には国内最大の窯業生産地・猿投窯（さなげよう）の一部で、窯跡も発掘されている。その窯業にまつわる展示のほか、冬にはひな人形の展示もある。

すぐそばの**三好稲荷閣 満福寺**は、三好大提灯まつりの開催地で、拝殿には大きな提灯が。ここから北西へ7分ほど歩くと、瓦屋根のある長屋門に囲まれた**石川家住宅**。明治末期建築の初代村長の住まいで、内部は年末年始を除く水・木・土・日曜に見学できる。

このほか、名鉄三好ケ丘駅に近い**三好丘緑地**には、ユニークな形の展望台・**浮き雲の桟橋**があり、地平線の向こうへ沈む夕日の眺めが人気だ。

ℹ みよし市観光協会
URL www.city.aichi-miyoshi.lg.jp/sangyo/kanko-top.html

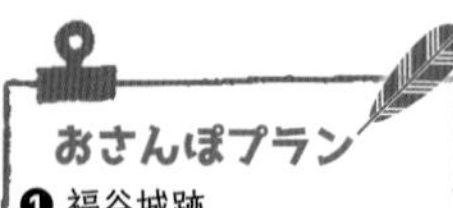

おさんぽプラン

❶ 福谷城跡
⬇ バス25分+徒歩5分
❷ みよし市立歴史民俗資料館
⬇ 徒歩2分
❸ 三好稲荷閣 満福寺
⬇ 徒歩7分
❹ 石川家住宅

info 柿・梨・ブドウの直売　みよし市には特産の柿・梨・ブドウなどのくだもの農家が多数。直売所は南部を中心に30カ所以上で、三好ケ丘駅近くにもある。夏～秋に市のウェブサイトから「みよし市産直マップ」をチェックして訪れよう。

深溝松平家と天下のご意見番が治めた地

# 幸田町（こうたちょう）

エリアの基本情報
人口 42,449人（42位）
面積 56.72㎢（21位）
町の花 ツバキ
町の木 ヤマザクラ
町制施行日
昭和27（1952）年4月1日



幸田町は岡崎市の南に位置する。戦国時代に徳川家康と同じルーツの深溝（ふこうず）松平家が城主となり、江戸時代には徳川家康以降3代の将軍に仕えた「天下のご意見番」大久保彦左衛門が陣屋を置いた。JR東海道線の沿線すぐ近くから田畑や丘陵地が広がり、蒲郡市との境をまたいで眺望抜群の三河湾スカイラインが走る自然豊かな環境。一方、電子機器やマットレスパッドメーカーの工場も立地する。

幸田文化公園のしだれ桜と希望の塔。塔は展望台になっている

幸田町はめっちゃいいじゃんね！

**筆柿の生産量日本一！**

筆の先のようにとがっていて縦に長い形をした筆柿。多くの地域では渋柿となるが、幸田町は甘柿を提供する。1960年代から生産が盛んだ。

町章

幸田町の頭文字「K」をイメージしたデザイン。円い形で、町民の円満融合と団結を表現している。

## 幸田町の歩き方

### 徳川家康を支えた藩主と旗本の足跡

大永3（1523）年に建立された本光寺。参道のアジサイが見事だ

徳川家康と同じ先祖をもつ深溝松平家は、江戸時代、三河吉田藩や島原藩などを治め、将軍家を支えた。境内全体が国指定史跡になっていて、歴代深溝松平家の菩提寺でもある**曹洞宗瑞雲山本光寺**からスタート。特に東御廟所は荘厳な空気が漂う。石畳の参道や境内は、6月上旬～下旬にはアジサイに彩られ、ほかにも椿や梅、桜、紅葉が季節ごとの美しさを見せる。**幸田町郷土資料館**も本光寺と同じエリアだ。

10分ほど歩き、JR三ケ根駅から東海道線名古屋方面に乗車。電車は昼間なら30分間隔だ。2駅先の相見駅から北東へ約30分歩き、大久保彦左衛門の陣屋跡・**八百富社**へ。そこから徒歩約25分で**JAあいち三河幸田憩の農園**。この周辺で昼食をとるなら、半径1km以内に高評価のうどん店やそば店などがある。車なら、JAあいち三河幸田憩の農園から南西へ15分ほど行った国道23号沿いの、**道の駅 筆柿の里**へ行くのもいい。地元の農産物や筆柿ワイン・筆柿ジャムなどの加工品が購入でき、レストランにも筆柿を使ったメニューがある。本数は少ないが、町営バスでもJR幸田駅西口から約10分で行ける。

**幸田町への行き方**

名古屋駅からJR東海道線快速で幸田駅まで約38分、860円。豊橋駅からJR東海道線快速で幸田駅まで約17分、420円。幸田駅からひと駅岡崎駅寄りに相見駅、蒲郡駅寄りに三ケ根駅があり、いずれも普通列車が停車する。

i 幸田町観光協会
URL www.kota-kanko.jp

**おさんぽプラン**

1. 曹洞宗瑞雲山本光寺
↓ 徒歩7分
2. 幸田町郷土資料館
↓ 電車6分・徒歩30分
3. 八百富社
↓ 徒歩25分
4. JAあいち三河幸田憩の農園

info 額田郡は幸田町だけ　平成18（2006）年に額田町が岡崎市に編入し、額田郡は幸田町だけに。名称はもともと広田村（こうだむら）だったが、明治41（1908）年のJR東海道線幸田駅の開業にともなって、同じ表記となった。

# エリアナビ 東三河

愛知県の東端に位置し、東海地方で唯一市電が走る町や、ダイナミックな海岸線が広がる半島、のどかな里山風景が広がる山村など、都会と自然を体感できるエリア。手筒花火や奉納歌舞伎も楽しめる。

## 1 市電が走る日本有数の農業生産地 豊橋市

P.264 MAP 別冊P.28

山と海に囲まれ温暖な気候と豊川用水の整備で、豊かな野菜が実り、農業地帯が広がる南部はアカウミガメの産卵地として名高い。市電がとおる中心部に主要施設が集まり、西部には自動車輸入台数全国1位を誇る三河港がある。東部の葦毛湿原は希少な植物の宝庫だ。

四方に羽ばたくオオワシとドームのモザイクタイルが印象的な豊橋市公会堂

開運の神様を祀る八百富神社のある竹島は、島全体がパワースポット

## 2 歌人や作家も魅了した風光明媚な町 蒲郡市

P.272 MAP 別冊P.30-31

三河湾と渥美半島を望む絶好のロケーション。広い海域で豊かな漁場には、高値で取引される深海魚が豊富に集まり、漁獲量も県内トップクラス。みかんの生産も盛んで、蒲郡みかんが有名。歩いて渡れる竹島は、島全体が三河湾国定公園に指定されている。

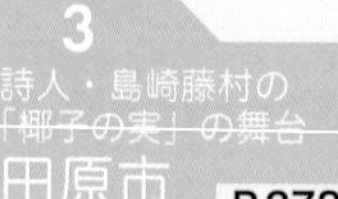

## 3 詩人・島崎藤村の「椰子の実」の舞台 田原市

P.278 MAP 別冊P.6-7

太平洋、三河湾、伊勢湾と三方を海に囲まれ、東西に細長く突き出た半島。温暖な気候に恵まれ、キャベツやメロンなどの野菜やくだもの、菊や鉢植えといった花き類の生産が盛んな地域だ。風景と名物グルメの両方を堪能できる伊良湖岬灯台エリアは、おすすめの観光地。

道の駅 あかばねロコステーションではサーフィンスクールも実施（2日前までに要予約）

蒲郡駅
2 蒲郡市
三河湾
三河田原駅
3 田原市
伊良湖港

豊川稲荷の参道には、いなり寿司の店やみやげ物店が軒を連ねる

## 4 豊川稲荷で知られる歴史ある門前町 豊川市

P.284 MAP 別冊P.29

北部には三河一の標高を誇る本宮山、南部に三河湾、東部に豊川が流れる自然豊かなエリア。東京と大阪を結ぶ中央に位置することから、交通の要衝として栄え、多くの工場が進出している。豊川稲荷や砥鹿神社を筆頭に、史跡や寺社など見どころも多い。

伊良湖岬灯台→ P.283

## 5 武将たちの激戦を物語る史跡が残る 新城市

P.290 MAP 別冊P.5

東三河の中央に位置し、東の境を静岡県に接する。長篠・設楽原の戦いが起こった地として知られ、設楽原決戦場には馬防柵が再現され、6月には「決戦場まつり」を開催する。徳川家康ゆかりの鳳来寺や、奈良時代に開湯したといわれる湯谷温泉が人気スポット。

紅葉の名所・鳳来寺山。11月は「鳳来寺山もみじまつり」が行われる

## 6 町の約9割を森林が占める 設楽町

P.295 MAP 別冊P.5

愛知100名山に選ばれる山々に囲まれ、手付かずの原生林が残る。日本の固有種で、国の天然記念物の淡水魚・ネコギギも生息。重要無形民俗文化財で、豊作を祈願する「田峯田楽」や350年以上続く奉納歌舞伎の「田峰観音地狂言」などの伝統芸能が残る。

ブナやミズナラなどの巨木がそびえ立つ「きららの森」。自然とレジャーが楽しめる

## 7 世界的に希少な絹雲母の採掘地 東栄町

P.296 MAP 別冊P.5

1000m級の山々が連なり、天竜川水系の川が流れる急流沿いの平地に集落が点在している。おもにファンデーションの原料として利用される絹雲母の名産地で、主要産業はブロイラーと茶の生産。毎年11～3月に開催される伝統神事の「花祭」が有名だ。

無病息災や五穀豊穣を祈願する「花祭」の鬼の顔をモチーフにした東栄駅

## 8 茶臼岳の大自然と親しめる 豊根村

P.297 MAP 別冊P.5

長野県と静岡県に接し、愛知県最高峰の茶臼岳を有する景勝地。昼夜の寒暖差が大きいことから「夏秋トマト」の栽培も盛んに行われている。春は芝桜、秋は紅葉と季節の花を堪能でき、冬は愛知県唯一の茶臼高原スキー場でウインタースポーツを楽しめる。

散策路が整備され、鮮やかな紅葉の名所として人気の新豊根ダム（みどり湖）

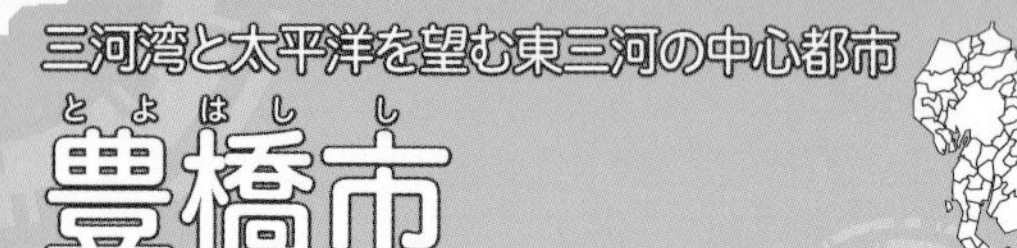

三河湾と太平洋を望む東三河の中心都市

# 豊橋市（とよはしし）

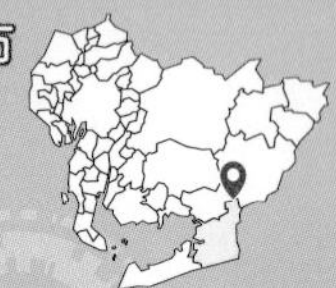

エリアの基本情報
人口　371,920 人 (5 位)
面積　262.00㎢ (6 位)
市の花　ツツジ
市の木　クスノキ
市制施行日
明治 39 (1906) 年 8 月 1 日

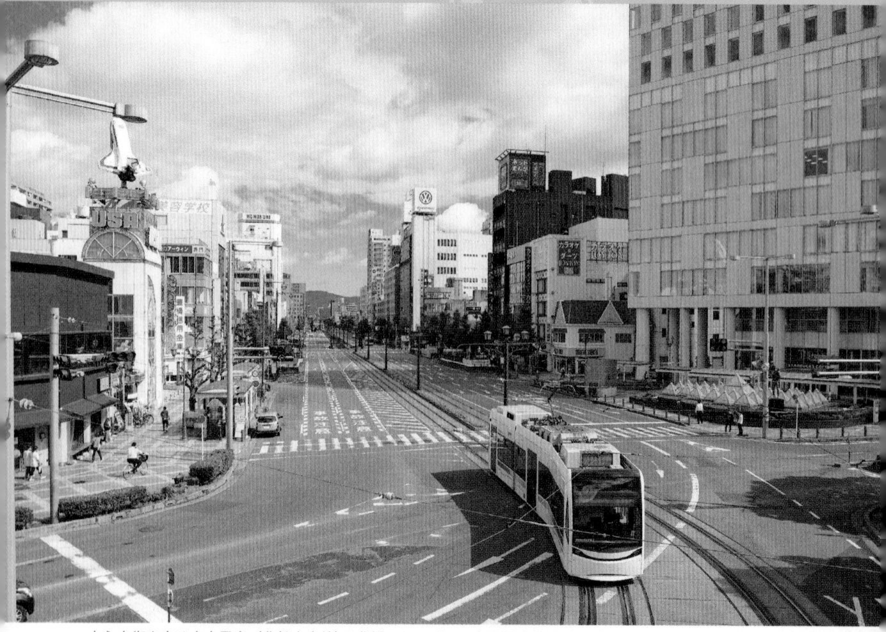

中心市街を走る市内電車（豊鉄市内線）は豊橋のシンボル。全面低床車両（LRV）などを導入している

**市章**

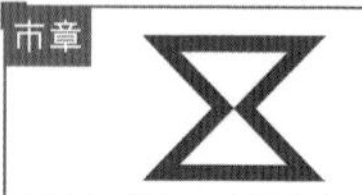

旧吉田藩主の大河内家が一般公務や軍事の際に徽章として用いた「千切（ちぎり）」を襲用し、明治 42（1909）年6月に制定。千切は結合・団結の意を象徴する。

### 豊橋市への行き方

名古屋駅 → 豊橋駅
JR 東海道線　快速　所要約 53 分（1340 円）
東海道新幹線　所要約 19 分（2330 円）

名鉄名古屋駅 → 豊橋駅
名鉄名古屋本線　特急　所要約 49 分（1140 円）

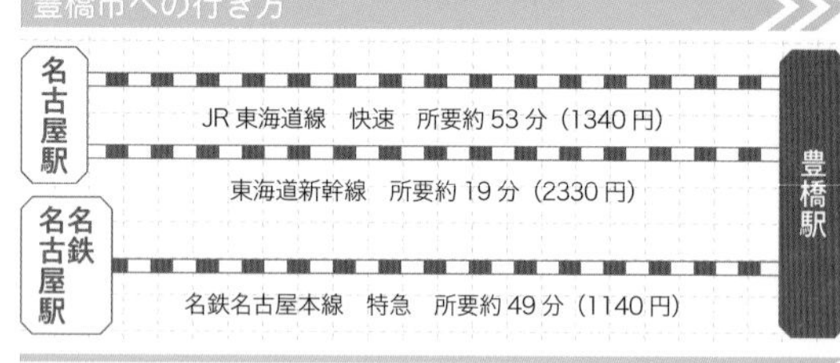

愛知県の南東端にあり、南は太平洋、西は三河湾に面し、東は静岡県に隣接する。戦国時代に今川義元の支配下で吉田と名づけられ、徳川家康は三河平定の際、吉田城を重要拠点とした。古くから交通の要衝で、江戸時代には東海道五十三次の二川宿と吉田宿、舟運の港が置かれた。太平洋戦争中は陸軍の連隊や師団があり、関連の遺跡が今も残る。現在は JR 在来線や東海道新幹線がとおるほか、秘境列車として人気の飯田線も豊橋がターミナル駅。中心部は市街地だが、西部には自動車の輸入台数日本一の国際貿易港・三河港、南部にはシソやうずら卵生産で全国有数の規模を誇る農業地帯が広がる。田原市にまたがる表浜海岸は、アカウミガメの産卵地としても知られる。

### エリア利用駅

**◎豊橋駅**
JR 東海道線（特別快速・新快速・快速・区間快速・普通）・飯田線、東海道新幹線、名鉄名古屋本線（快速特急・特急・急行）
**◎新豊橋駅**
豊鉄渥美線
※バス停は豊鉄バス豊橋駅前、西駅前（豊橋駅西口）を利用

ℹ 一般社団法人 豊橋観光コンベンション協会
URL www.honokuni.or.jp/toyohashi/

info 豊川用水の恵み　豊橋市南部はもともと水の利用が難しく、干害がひんぱんで農業が困難な土地だった。昭和24（1949）年以降、豊川から取水する豊川用水の整備と農地開拓により、日本有数の農業生産地となった。

## 豊橋市はめっちゃいいじゃんね！

**うずらの飼育数＆卵の生産量日本一**

愛知県はうずら卵の生産シェア全国トップ。そのうち豊橋市が8割以上を占める。飼育数約268万羽も全国一。1日当たりの産卵量は約220万個。

**東三河地方が誇る手筒花火の発祥地**

竹筒を藁で巻いた長さ80cmの花火を男衆が抱え、数mもの火花が噴き出す勇壮な手筒花火は吉田神社が発祥。奉納行事として祭礼で上げられる。

**高級筆の7割が伝統的工芸品の豊橋筆**

水に浸した毛を混ぜる伝統の「練りまぜ」手法で手作りされ、墨をよく含むのが特徴の筆。「豊橋筆」の名は表に出ないが、高級筆の代表格だ。

## 豊橋市の歩き方



### 吉田と二川、ふたつの宿場町エリアへ

ふたつの宿場町エリアを、公共交通機関と徒歩で巡ろう。吉田宿は**吉田城**の周辺で、豊橋駅から徒歩か路面電車で行ける。吉田城から西へ徒歩10分強で、東三河地方を中心に伝わる手筒花火発祥の**吉田神社**。また吉田城の南には、豊橋市を代表する近代洋風建築の**豊橋市公会堂**や**豊橋ハリストス正教会**がある。そこから南西へ徒歩約10分で、**ヤマサちくわ 本店**などがある買い物エリア。**水上ビル**はさらに南へ徒歩約7分だ。ちなみに路面電車が石畳の急な坂道をとおる区間は、豊橋市公会堂付近の市役所前から赤岩口方面の電車で3つ目の前畑と、その次の東田坂上の間だ。

豊橋市のシンボル的存在の水上ビル。新世代による店が続々オープン中

二川宿エリアへは、JRで豊橋駅から二川駅へ。駅の南西には**豊橋総合動植物公園（のんほいパーク）**があり、駅の北側では宿場町の散策を楽しめる。**豊橋市二川宿本陣史料館**は、東海道で2ヵ所だけ残る要人の宿泊場所「本陣」のひとつ。ほかにも江戸時代から続く味噌蔵、文化財指定の町家などが軒を連ねる。

**おさんぽプラン**

❶ 吉田神社（▶ P.268）
⬇ 徒歩15分
❷ 吉田城（豊橋公園）（▶ P.266）
⬇ 徒歩10分
❸ ヤマサちくわ 本店（▶ P.268）
⬇ 電車6分+徒歩22分
❹ 豊橋総合動植物公園（のんほいパーク）（▶ P.266）

小ネタ

**希少植物の宝庫・葦毛湿原**

豊橋市東部にある葦毛（いもう）湿原は、愛知県の天然記念物。3.2ヘクタールと日本最大級の湧水湿地は、希少な植物の宝庫だ。東海地方以外にほぼ見られないトウカイコモウセンゴケやミカワシオガマのほか、寒冷地植物や高山性植物も含めた約250種類の植物と、約200種類の昆虫、鳥類が生息。春と秋を中心に季節ごとの生態を楽しめる。

MAP 別冊P.7-D2

もっと知りたい！ あいちの話

### 30年の時を超え復活した豊橋紅茶

1950年代、豊橋市内では国産紅茶が生産されていたが、1970年代には海外品に押され衰退してしまった。これを復活させたのが、昭和2（1927）年に創業し、無農薬のお茶生産を守り続ける**ごとう製茶**だ。平成17（2005）年に3代目が本格的に国産紅茶の生産を始め、受け継いだ4代目が試行錯誤して、平成27（2015）年と翌年の「国産紅茶グランプリ」で2度優勝。復活した豊橋紅茶は、JAの直売所など、豊橋市内各所で販売されている。

MAP 別冊P.7-D2

ごとう製茶の茶園。農薬や化学肥料を使わずに茶葉を育てる

info 用水路の上のビル群!?　水上ビルは、暗渠となって流れる牟呂用水の上に約800mにわたり立ち並ぶ、豊橋ビル・大豊ビル・大手ビルの3つのビル群の総称。完成から約60年たつ現在も、飲食店など多数の店が営業中だ。

1日たっぷり遊べる巨大パーク MAP 別冊P.7-D2

## 豊橋総合動植物公園（のんほいパーク）

動物園、植物園、博物館、遊園地が一体となった複合施設。動物園エリアでは、湯につかりくつろぐカピバラや、サバンナを再現した平原で悠々と歩くアミメキリンなど、140種類を超える動物たちの様子を間近に見ることができる。植物園ゾーンでは、カラフルな花が生い茂る大温室や約1万株の花が彩る大花壇など、四季を通じてさまざまな植物を楽しめる。ティラノサウルスなど12体の恐竜全身骨格の展示のある自然史博物館では、クイズやゲームをとおして地球の歴史や生物の進化について学べる。

国内最大級の広さを誇るアジアゾウの放飼場。現在6頭のアジアゾウが暮らす

豊橋総合動植物公園（のんほいパーク）

住 豊橋市大岩町大穴1-238
TEL 0532-41-2185
営 9:00～16:30（最終入園16:00）
休 月（祝日・振替休日の場合は翌平日）
料 600円、小・中学生100円
CC 不可　P あり
交 JR二川駅から徒歩6分

観覧車など全13種類のアトラクションのある遊園地

園のメイン通りにある水路に沿ってメタセコイアが並んでいる

戦国時代初期の三河支配の重要拠点 MAP 別冊P.28-B1

## 吉田城（豊橋公園）

旧東海道と城の北側を流れる豊川との交点に位置し、軍事面や交通、経済の拠点であったことから、かつて多くの武将が争奪戦を繰り広げた城。昭和29（1954）年に再建された高さ16 mの鉄櫓や、堀、土塁、石垣は当時のまま現在も残る。隅櫓の横から豊川方面への階段付近や、本丸南側の入口の石垣のなかに「石垣刻印」と呼ばれる石が確認できる。これは、工事を担当した大名や家臣の印が彫られたもので、名古屋城の残石を使用したためとされる。「続日本100名城」にも選出されている。

豊川沿いにたたずむ吉田城鉄櫓。本丸の南北御田門付近を中心に約60種の石垣が確認されている

吉田城（豊橋公園）

住 豊橋市今橋町3
TEL 0532-51-2430（豊橋市役所産業部観光プロモーション課）
営 10:00～15:00
休 月（祝日の場合は開館）
料 無料
P あり
交 豊鉄市内線市役所前から徒歩5分

豊橋市役所などで歴代城主の家紋を使用した御城印の頒布も

貴重なコレクションを展示 MAP 別冊P.7-D2

## 愛知大学記念館（あいちだいがくきねんかん）

明治41（1908）年に陸軍第十五師団司令部として建てられ、現在は愛知大学の歴史などを一般公開する博物館相当施設となっている。1階は愛知大学とルーツ校に当たる東亜同文書院に関わる大学史の展示、2階では学長室だった部屋などを公開。平成10(1998)年に国の有形文化財に登録された。

豊橋キャンパスの豊かな自然に囲まれた洋風建築の建物

愛知大学記念館
住豊橋市町畑町1-1
TEL0532-47-4139
開10:00～16:00
休土・日・祝
料無料
Pあり
交豊鉄渥美線愛知大学前駅からすぐ

東亜同文書院（大学）と愛知大学に関する史資料などを展示・公開

アカウミガメが産卵に訪れる MAP 別冊P.7-D3

## 伊古部海岸（いこべかいがん）

海食崖、海岸林の雄大な風景が広がっている砂浜海岸。きめが細かくサラサラな砂浜は、地域のボランティアにより裸足で歩ける状態に保たれている。近くには3000株以上のササユリが群生する、ささゆりの里があり、5月下旬～6月中旬にかけて見頃を迎える。

太平洋の外洋に面し、別名「片浜十三里」と呼ばれる

伊古部海岸
住豊橋市伊古部町
TEL0532-51-2430（豊橋市観光プロモーション課）
営散策自由
Pあり
交国道42号線沿い

雲のようにも見える白い「エールオブジェ」は人気のフォトスポット

生物系、地学系の標本4200点以上を展示 MAP 別冊P.7-D2

## 豊橋市自然史博物館（とよはししぜんしはくぶつかん）

恐竜をはじめ、世界各地の化石や郷土の動植物の標本を展示。クイズやゲームをとおして、地球誕生から現在までの地球の歴史と生物の進化、郷土の自然について楽しみながら学べる。大型映像シアターでは、恐竜や自然に関するさまざまな番組を日本最大級のスクリーンで観賞することができる。

10体の実物大の恐竜模型が展示される野外恐竜ランド

豊橋市自然史博物館
住豊橋市大岩町大穴1-238
TEL0532-41-4747 開9:00～16:30（最終入館16:00）
休月（祝日の場合は翌平日）
料豊橋総合動植物公園入園料600円、小・中学生100円、未就学児無料 CC不可 Pあり
交JR二川駅から豊橋総合動植物公園東門まで徒歩6分

ユアンモウサウルスなど、合計12体の恐竜を間近で見ることができる

手筒花火発祥の神社で厄払い　MAP 別冊P.28-B1

## 吉田神社

創建は諸説あるが、天治元（1124）年に疫病が流行した際に祭神を勧請し、疫病退散を祈願したことに始まるという。古くから神社の例祭は花火祭として知られ、滝沢馬琴は旅行記『羇旅漫録』で「吉田の今日の花火天下一」と記すほど。通称「豊橋祇園祭」では350本もの手筒花火が奉納される。

主祭神は素盞嗚尊（すさのおのみこと）。厄除や病気平癒、安産の御利益がある

**吉田神社**

住 豊橋市関屋町2
TEL 0532-52-2553
開 参拝自由
休 無休
P あり
交 豊鉄市内線札木または市役所前から徒歩8分

手筒花火とその歴史を後世に伝えるために建立された記念碑がある

500年続く東三河の台所　MAP 別冊P.7-D2

## 株式会社豊橋魚市場

毎朝、蒲郡や渥美、舞阪などで水揚げされた近海の魚や、中央卸売市場から届く鮮魚が競り場に並び、競り落としたばかりの鮮魚は、すぐに場内にある仲店へ。毎月第2・4土曜には、100円均一、マグロ解体ショー、せり体験、ガラガラ抽選会などのイベントが行われ多くの人でにぎわう。

一般客対象のせり体験ではお値打ちで商品を購入できる

**株式会社豊橋魚市場**

住 豊橋市下五井町青木110
TEL 0532-54-5511
営 早朝～10:00
休 水・日・祝
CC 不可
P あり
交 JR小坂井駅から徒歩15分

カフェ「おひさま」では土曜限定で海鮮丼850円～を味わえる
※時期により内容は異なる

1日約20万本ものチクワが誕生する　MAP 別冊P.28-B2

## ヤマサちくわ 本店

豊橋市魚町に本店を構える練り物の専門店。グチ（石持）やエソ、ハモを中心とした新鮮な魚を使用し、長年の修練と経験をもつ職人がていねいに手間暇かけて作り上げるチクワや蒲鉾は絶品。毎月2日間限定で販売される、月替わりの旬の魚を使った「旬のちくわ」は人気の催事。事前にチェックを！

文政10（1827）年の創業以来、約200年練り物を製造・販売

**ヤマサちくわ 本店**

住 豊橋市魚町97
TEL 0532-53-2211
営 7:00～20:00
休 無休
CC ADJMV
P あり
交 JR豊橋駅から徒歩15分

帆立入焼蒲鉾2160円は本店限定。新鮮なホタテの身がたっぷりの焼き蒲鉾

甘味から定食までご当地グルメを堪能 MAP 別冊P.7-D2

## お亀堂 藤沢店

おかめどう ふじさわてん

三河地域で70年以上続く老舗和菓子店。名物のあん巻きから四季折々の和菓子まで幅広い品揃えを誇る。藤沢店ではお亀堂の人気定食やモーニングセット、甘味などの茶屋メニューも楽しめる。和風だしにくず粉でとろみをつけ、温かいにゅう麺を入れた「とりめん」は店のいち押し。

とりめん870円。鶏肉とネギを加えた風味豊かな味わい

お亀堂 藤沢店

住 豊橋市東小浜町65
TEL 0532-47-6788
営 9:00～19:00（L.O.18:30）
休 無休
CC 不可
P あり
交 豊鉄渥美線愛知大学前駅から徒歩12分

素材の甘味とふわふわ食感がたまらない「和栗の栗きんとんモンブラン」1800円

もっと知りたい！ あいちの話

### 三河地方で親しまれるご当地グルメ「にかけうどん」

豊橋のうどん屋のメニューに必ずある「にかけうどん」。自家製麺をゆでた温かいうどんの上に、かまぼこ、細かく刻んだ油揚げ、ゆでたホウレン草、花かつおがのっているだけのシンプルなうどんだ。つゆは赤く、優しい味わいが特徴。白しょうゆで味わいたい場合は、「しろかけ」と言って注文する。同じようなうどんはほかの地方でも見かけるが、名前の由来は諸説あり、最初はお煮しめをのせていたことから、「煮かけうどん」と言ったとか、たっぷりの具が荷をかけたように見えることから、「荷かけ」になったなど、現在でもはっきりとはわからない。

昭和33（1958）年創業の大正庵のにかけうどんは、ほどよいコシの強さの麺と繊細な味のつゆが特徴だ。うどんの下にとろろがのったご飯がある、驚きの2層構造のカレーうどんも豊橋生まれのご当地グルメとして注目されている。市内40店舗で提供。

創業以来継ぎ足しを重ねた秘伝のかえしと宗田鰹のだしを合わせたにかけうどん600円

スパイシーで濃厚な味わいの豊橋カレーうどん950円

大正庵の麺は100％自家製。もちもちの食感の中太麺だ

たいしょうあん
**大正庵**

MAP 別冊P.28-B3
住 豊橋市南松山町121-2 TEL 0532-52-5638
営 11:00～14:30（L.O.14:00）、17:00～20:30（L.O.20:00）
※月が祝日の場合は11:00～14:30（L.O.14:00）のみ
休 月（祝日の場合は翌日） CC ADJMV P あり
交 豊鉄渥美線柳生橋駅から徒歩1分

❶90年以上の間走り続ける市内線　❷黒いボディに鋭い稲妻のブラックサンダー号　❸車内には次の停留場が大きく表示される　❹停留場には「電車がきます」の電光サイン

エコで優しい

# 路面電車に揺られ沿線スポットを訪ねる

豊橋市民からは「市電」として親しまれ、観光スポット巡りにも便利な乗り物。車窓から街並みを眺めながらスローな時間を過ごしてみよう。

東海地区で唯一走る路面電車

## 豊橋鉄道市内線（とよはしてつどうしないせん）

大正14（1925）年に開通。現在は駅前〜赤岩口間、駅前〜運動公園前間をそれぞれ約15分間隔で交互に運行している。近年は、純国産の全面低床電車「ほっトラム」（→ P.87）が導入され、車椅子でもベビーカーでも利用しやすいバリアフリー化にも取り組んでいる。石畳の坂道を走り、途中には鉄道で日本一急なカーブがあるなど、乗っているだけでワクワクする。夏季と冬季には、イベント電車が登場し、乗車を楽しむたくさんの人たちでにぎわいをみせる。

TEL 0532-61-5771（市内線営業所）
営 6:00〜23:00　休 無休　CC 不可

### 電車の乗り方

乗車（前扉）　降車（中央扉）　進行方向

運賃は前払いで、乗車は前扉から。現金のほか、ICカード、1DAYフリー乗車券が使用できる。降車の際はボタンを押し、中央扉から降りるのが基本。

| 料金全線均一 |
| --- |
| 大人 180円 |
| 小児 90円 |

### 季節限定の企画電車が楽しい！

夏　生ビール飲み放題とおつまみ弁当付きの「納涼ビール電車」。期間は6月中旬〜9月中旬

冬　温かいおでんと生ビールが飲み放題の「おでんしゃ」。期間は11月中旬〜2月下旬

info 豊橋ハリストス正教会　県内に現存する正教会のなかで最も古い聖堂は、国重要文化財に指定。聖像画家・山下りんの聖像画や教会の貴重な文献などが大切に保管されている。現在保存修理工事のため、令和6（2024）年6月（予定）まで見学不可。

## 路面電車に揺られ沿線スポットを訪ねる

チキンカツとウインナーがトッピングされたいちばん人気のバイキング鉄板1010円。熱々の鉄板で

店内は昭和レトロな雰囲気が漂う

本店だけの季節限定メニューもある

### A 豊橋を代表するソウルフード

## スパゲッ亭チャオ 本店

すぱげってい ちゃお ほんてん

あんかけスパゲッティをメインに、豊橋駅前の本店を中心に展開するレストラン。豊橋のソウルフードとして「チャオスパ」の愛称で親しまれている。2.2㎜の極太麺と、ピリ辛あんかけソースの相性は抜群で、好みのトッピングを選んでメニューを注文する。

MAP 別冊 P.28-A2
住豊橋市広小路 1-45 OGIYA2 階 TEL 0532-53-1684 営 11:00 ～ 21:30 (L.O.21:00) 休無休 CC MV P なし 交駅前電停から徒歩 3 分

### B 伝統の味を食卓へ

## 濱金商店 魚町本店

はまきんしょうてん うおまちほんてん

明治 7 (1874) 年創業の佃煮の老舗。三河湾や太平洋の漁場で水揚げされる魚介を炊き上げ、栄養価の高い滋味な佃煮に仕上げている。ご飯のお供や酒の肴はもちろん、練り胡麻と削り節を隠し味にしたチーズの佃煮など、ユニークな商品を次々と開発している。

MAP 別冊 P.28-B2
住豊橋市魚町 91 TEL 0532-52-4116 営 10:00 ～ 18:00 休日・祝、一部水曜 CC ADJMV P なし 交札木電停から徒歩すぐ

量り売りでさまざまな種類の佃煮を購入できる

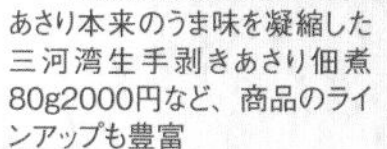

あさり本来のうま味を凝縮した三河湾生手剥きあさり佃煮 80g2000円など、商品のラインアップも豊富

練り胡麻と削り節を隠し味にした「チーズの佃煮」450円

駅前大通　新川　札木　市役所前　豊橋公園前　東八町　前畑　東田坂上　東田　競輪場前　井原　赤岩口　運動公園前

前畑～東田坂上間の路面は石畳。33％勾配の長い坂をゆっくり登る

鉄道で日本一急なカーブ。通称R11と呼ばれる

### C ドラマや映画のロケ地にも

## 豊橋市公会堂

とよはしし こうかいどう

路面電車の走る国道 1 号沿いに立つ、ロマネスク様式を基調とした建築物。市制施行 25 周年の記念建築物として昭和 6 (1931) 年に建てられ、国の有形文化財に登録されている。

MAP 別冊 P.28-B1
住豊橋市八町通 2-22 TEL 0532-51-3077 営 9:00 ～ 21:00 (17:00 以降の利用は要問い合わせ) 休第 3 月曜 (祝日の場合は翌日) 料見学無料 (事前要問い合わせ) P なし 交市役所前電停から徒歩 1 分

3階東応接室は昭和天皇が訪問時に使用した貴賓室

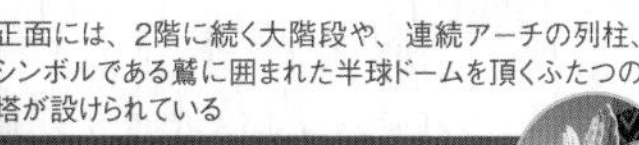

正面には、2階に続く大階段や、連続アーチの列柱、シンボルである鷲に囲まれた半球ドームを頂くふたつの塔が設けられている

### D 果肉がゴロっと入った濃厚ジャム

## Jam&Marmalade Nui

じゃむあんどまーまれーど ぬい

地元を中心に国産のくだものや野菜を使用し、素材の味や香り、甘味や酸味、苦味などの特徴を捉えた、香り豊かで食感のよいジャムを製造している。チョコやスパイス、無農薬有機肥料栽培のユズを使用したマーマレードなど、こだわりの商品が揃う。

MAP 別冊 P.7-D2
住豊橋市旭町旭 390-1 TEL 0532-54-1451 営 11:00 ～ 17:00 休月・火・水・日 CC MV P あり 交前畑電停から徒歩 8 分

ダルメイン世界マーマレードアワード英国大会、日本大会金賞など受賞歴多数の店主が営む

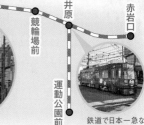

イチゴやキウイなど季節ごとに旬を迎えるくだものを瓶に詰める。夏みかんのマーマレード 756円など

海と温泉で知られる古くからのリゾート

# 蒲郡市（がまごおりし）

**エリアの基本情報**

人口　79,538人（23位）
面積　56.96㎢（20位）
市の花　ツツジ
市の木　クスノキ
市制施行日
昭和29（1954）年4月1日

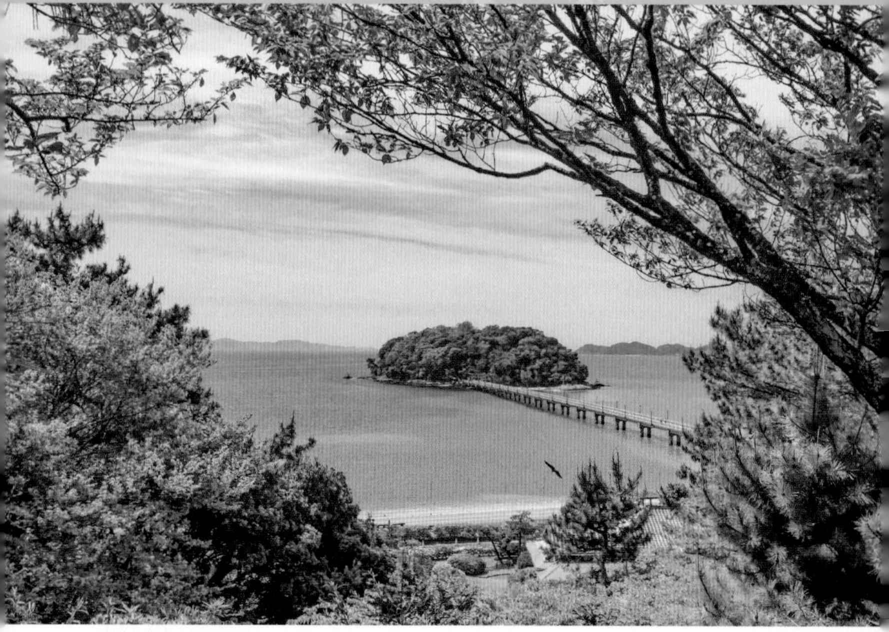

陸地と竹島を結ぶのは387mの橋。本土とは異なる独自の植物体系を有する竹島は国の天然記念物に指定されている

**市章**

かつてこの地域を治めた、徳川家の分家筋に当たる竹谷松平家の家紋に由来する図案。市制施行の記念として、一般公募によって選ばれた。

## 蒲郡市への行き方

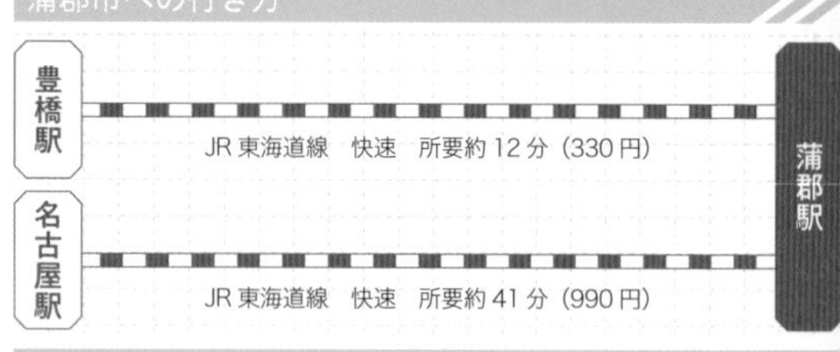


小高い山々の麓から、穏やかな三河湾が広がり、対岸に渥美半島を望む蒲郡市。陸地から橋を歩いて渡れる竹島は、三河湾国定公園に指定されている。これらが織りなす眺めに魅了され、菊池寛や志賀直哉、川端康成など数々の文人が小説に描いた景勝地だ。ヨットレースの拠点やリゾート施設、三谷・蒲郡・形原・西浦の４つの温泉地があり、多くの人が訪れる。人の営みは古代からで、海沿いを中心に古墳が多数。平安時代初めには後に三河木綿へと発展する綿織物の産地となり、平安時代末期には歌人・藤原定家の父である藤原俊成が三河の国を治めた際にこの地を開発し、港が造られたとされる。現在も三河湾から太平洋までの海域で漁業が盛んだ。

**エリア利用駅**

◎蒲郡駅
JR東海道線（特別快速・新快速・快速・区間快速・普通）、名鉄蒲郡線
※バス停は名鉄バス蒲郡駅前を利用

i 蒲郡市観光協会
URL www.gamagori.jp
i 西浦観光協会
URL nishiuraonsen.com
i 形原観光協会
URL www.katahara-spa.jp
i 三谷温泉観光協会
URL www.miyaspa.com

info 絶品！ ガマゴリうどん　三河湾産のあさりとワカメに、練り物など蒲郡産の食材をもう1品。新ご当地グルメ・ガマゴリうどんは全国うどん大会で3冠のほか、数々の賞に輝く。市内の複数の飲食店で味わうことができる。

## 蒲郡市はめっちゃいいじゃんね！

**深海生物の展示種類数 日本一の水族館**

竹島水族館は、展示生物約500種類中、深海生物が100種類以上を占める。通称「タケスイ」の名で親しまれ、職員手作りの解説プレートも人気だ。

**用途は多種多様！ 繊維ロープ製造日本一**

国内生産量の約40％のシェア。船の係留用や漁業用、救助活動に使う命綱など重要な場面で使われているほか、スポーツやレジャー用もある。

**一度は食べてみたい!? アカザエビが生息**

水深200ｍ以上の深海に生息し、養殖が難しい高級食材としても知られる日本固有のアカザエビを全国に提供。うま味や甘味が強く、濃厚な味わい。

## 蒲郡市の歩き方

### 学ぶ、味わう、眺める、海三昧の１日

竹島水族館では深海生物だけでなく珊瑚礁の海にすむ魚も多数展示する

昔から多くの人をひきつけてきた蒲郡市の、海の眺めと恵みを楽しみ尽くそう。**海辺の文学記念館**と**蒲郡市竹島水族館**があるエリアは竹島町。日本の城のような外観で近代化産業遺産でもある、**蒲郡クラシックホテル**のティーラウンジからは、**竹島**と三河湾を一望できる。竹島へ渡るなら、陸地から竹島橋を歩いて５分ほどだ。

竹島町から直線距離で約5km西にある形原町には**おいでん横丁**、その南側の西浦町には、ガン封じ寺として知られる**無量寺**がある。さらに南の西浦半島の南端部には、**西浦マリーナ**や**橋田鼻遊歩道**があり、クルーズや海辺の散歩が心地いい。

この西浦町にある**西浦温泉**のほか、形原町には毎年６月のあじさい祭りで知られる**形原温泉**が、竹島町の東の三河三谷駅近くには**三谷温泉**がある。海沿いの散策や施設見学をアクティブに楽しんだあとは、日帰り温泉でゆったり過ごすのもいいだろう。

**おさんぽプラン**

❶ 海辺の文学記念館 (▶P.275)
↓ 徒歩５分
❷ 蒲郡市竹島水族館 (▶P.274)
↓ 電車４分+徒歩35分
❸ 蒲郡海鮮市場 (▶P.277)
↓ バス20分+徒歩17分
❹ ガン封じ寺（無量寺）(▶P.275)
↓ バス７分+徒歩15分
❺ 橋田鼻遊歩道 (▶P.276)

小ネタ
**数々の映画のロケ地に**

近年では古田新太主演の『空白』や、竹中直人・山田孝之・齋藤工が監督したオムニバス映画『ゾッキ』などのロケ地となった。気候が温暖で晴天率が高く、風光明媚なスポットも多数。各地からのアクセスも便利な蒲郡市は、ロケ地に最適。市の全面協力の下、映画やドラマの撮影場所探しから滞在中のサポートまで行っている。

もっと知りたい！ あいちの話

### 「３つの海」に漁場がある蒲郡市

蒲郡市の漁業は、三河湾から外海までの広い漁場が舞台。場所が違えば水深も違い、三河湾内は10～20ｍ、渥美半島の外側の太平洋は30ｍ程度、さらに外側では200ｍを超す。深海にも三河湾の栄養が注ぎ込み、漁場は実に豊かだ。その深海での漁が盛んなのが蒲郡市の特徴で、メヒカリやノドグロといった深海魚は、県内漁獲量の９割以上を蒲郡市が占める。愛知県には深海用の沖合底引き網漁船が４隻あるが、すべて蒲郡市の漁港の所属だ。

古くから沖合、沿岸漁業の拠点として発展してきた形原（かたはら）漁港

info 蒲郡といえばみかん　温暖な蒲郡市は、愛知県民にはみかんの産地としておなじみ。甘くて酸味がさわやかな蒲郡みかんは、露地と温室でほぼ1年中さまざまな品種を生育。特に温室みかんは、生産量全国2位を誇る。

ラグーナテンボス

住蒲郡市海陽町2-3
TEL0570-097117（受付時間9:00～16:00）
開10:00～20:00（季節により異なる）
休不定休
料入園券2250円～、小学生1300円～、3歳以上800円、パスポート（入園券＋対象アトラクション利用）4500円～、小学生3400円～、3歳以上2500円
CCADJMV
Pあり
交JR蒲郡駅から無料シャトルバス、または東名高速道路音羽蒲郡ICから車20分

海の魅力満載！　高さ65mの大観覧車は夜景がきれいな夜もオススメ

三河湾を望む複合型リゾート施設 MAP 別冊P.31-D3

## ラグーナテンボス（らぐーなてんぼす）

三河湾国定公園にある、風光明媚な蒲郡市のロケーションを生かした海のテーマパーク。夏は日本最大級の巨大ウエイブプールがオープンし、水着のままショッピングやアトラクションを利用できる。ショッピングモール「ラグーナフェスティバルマーケット」のレストランでは、グルメの名店が揃い鮮度抜群の魚介類を味わえる。ロボットホテルで話題の「変なホテル ラグーナテンボス」も直結。

上／3500個のランタンイルミネーション。季節により光の色や演出が変わる
下／海のシルクロードをイメージした「ラグナシア」。キッズ向けのアトラクションも充実している

蒲郡市竹島水族館

住蒲郡市竹島町1-6
TEL0533-68-2059
開9:00～17:00（最終入館16:30）
休火（祝日の場合は翌平日）、6月第1または第2水曜、夏休みなど長期休暇期間は営業
料500円、小・中学生200円、4歳～未就学児200円、3歳以下無料、4歳～未就学児は大人1名につき1名無料
CC不可
Pあり
交JR蒲郡駅から徒歩15分

竹島水族館名物！　土管に入る約50匹のウツボ集団が、怖かわいい！

小さいけれどユニークな展示で大人気 MAP 別冊P.30-B3

## 蒲郡市竹島水族館（がまごおりしたけしますいぞくかん）

三河湾や遠州灘の生き物を中心に550種5000点を展示する。人気の深海生物の展示種類数は、100種類以上と日本一で、「さわりんぷーる（タッチプール）」では、オオグソクムシなどの深海生物に触れることもできる。複数の水槽や生物をひとりで担当する「単独制多担当持ち」制度を導入し、人気低迷からV字回復したストーリーも話題に。飼育員の工夫が凝らされた楽しいアットホームな水族館だ。

上／深海コーナーには世界最大のカニ「タカアシガニ」も展示。冬場は超珍稀種生物が多め
下／小さな子供連れにちょうどいい水族館。水槽は低めに設置、子供用の踏み台もある

info スタッフはロボット　変なホテル ラグーナテンボスはロボットがスタッフとして働く。全長7mのお父さん恐竜、お母さんと子供ティラノサウルスが出迎える。ロボットが接客するホテルとして平成28（2016）年にギネス世界記録®に認定された。

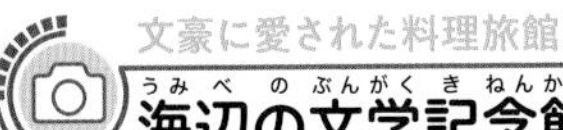

文豪に愛された料理旅館を再現 MAP 別冊P.30-B3

## 海辺の文学記念館

竹島海岸にあった常磐館には、菊池寛や志賀直哉、谷崎潤一郎、三島由紀夫など多くの文人が滞在し、作品にエピソードを残した。その常磐館と文豪を紹介するこの記念館には、地元出身の芥川賞作家・平野啓一郎の作品なども展示。常磐館で使用されていた照明や掛け時計も飾られている。

常磐館と同年代に建築された開業医宅を再現保全した建物

海辺の文学記念館
住蒲郡市竹島町15-62
TEL0533-67-0070
開9:00〜17:00
休無休
料無料
Pなし
交JR蒲郡駅から徒歩15分

常磐館の一室を再現した部屋。三河湾に浮かぶ竹島と竹島橋を望める

カンブリア紀最大のプレデターの化石 MAP 別冊P.30-B3

## 蒲郡市生命の海科学館

「海のまち蒲郡」にふさわしく、海を舞台にした古代生物の進化がテーマ。本物の隕石や、全長3mを超えるギョリュウ（ステノプテリギウス）のヒレの化石にも触れることができる。カンブリア紀最大の肉食動物アノマロカリスの貴重な化石や、木の化石「珪化木」なども見どころ。

世界で2頭しか発見されていない新種認定されたインカクジラの化石
写真提供：蒲郡市生命の海科学館

蒲郡市生命の海科学館
住蒲郡市港町17-17
TEL0533-66-1717　開9:00〜17:00（最終入館16:30）
休火（祝日の場合は翌平日）、GW、夏休み、春休みは開館
料500円、小・中学生200円、未就学児無料、一部有料イベントあり　CC不可　Pあり
交JR蒲郡駅から徒歩3分

土・日を中心にワークショップやイベントも開催（予約制）

厄除けガン封じで有名な平安時代の古刹 MAP 別冊P.6-B2

## ガン封じ寺（無量寺）

中国の敦煌・洛陽などの石窟寺院をモデルに造られた「千佛洞巡り」で有名な天暦5（951）年創建の寺院。古くから難病封じの御利益で知られ、ガン封じ絵馬が多数奉納されている。参拝すると聞ける住職による寺の由来やガン予防の約10分間の法話がユニークでおもしろいと評判。

境内には西安の大雁塔を3分の1で復元した日本大雁塔も

ガン封じ寺（無量寺）
住蒲郡市西浦町日中30
TEL0533-57-3865
開9:00〜17:00
休無休
料無料
Pあり
交名鉄蒲郡線西浦駅から徒歩5分

千佛洞には壁一面の磨崖仏や大きな大日如来座像が安置され神秘的

三河湾と知多半島を望む高台の緑地 **MAP** 別冊P.6-B2

## 西浦園地（にしうらえんち）

西浦温泉街のすぐ近く、西浦半島先端部分の小高い丘にある緑地で、春には桜が満開になる。海のブルーと桜のピンクの対比は圧巻。「真実の鐘」がある「夕日が彩る丘」は、三河湾に沈む美しい夕日が見える絶景スポットだ。周辺はマリンスポーツや海釣りのメッカとして有名。

夕日が沈む頃、ふたりで鐘を鳴らしながら願いごとをすると幸せになれるそう

**西浦園地**

住 蒲郡市西浦町大山26
TEL 0533-57-2195（西浦観光協会）
開 散策自由
P あり
交 JR・名鉄蒲郡線蒲郡駅から名鉄バス西浦温泉前行きで終点下車、徒歩8分

地元では桜の名所として知られる

万葉集にも詠まれた海岸の遊歩道 **MAP** 別冊P.6-B2

## 橋田鼻遊歩道（はしだばなゆうほどう）

西浦温泉七福神のある布袋坂下から、三河湾に突き出した橋田鼻灯台を巡る海岸沿いに造られた遊歩道。西側は松島遊歩道へとつながり、防波堤先の松島には船乗りを守る松島地蔵がある。潮風を感じながら、万葉の時代から風光明媚な景勝地として歌人に愛された光景を楽しもう。

西浦半島先端部の橋田鼻から眺める三河湾は絶景。海の近くまで行ける場所も

**橋田鼻遊歩道**

住 蒲郡市西浦町大山
TEL 0533-57-2195（西浦観光協会）
開 散策自由
P あり
交 JR・名鉄蒲郡線蒲郡駅から名鉄バス西浦温泉行きで終点下車、徒歩15分

1年中季節のフルーツ狩りを楽しめる **MAP** 別冊P.7-C2

## 蒲郡オレンジパーク（がまごおりおれんじぱーく）

温暖な気候を生かして育てたフルーツ狩りが大人気。1～5月は地域特産の章姫や紅ほっぺなどの品種を味わえるいちご狩り、6～9月は高級マスクメロン1玉狩りとぶどう狩り、10～12月は甘味と酸味のバランスが絶妙なみかん狩りが体験できる。レストランやみやげ物売り場も併設。

みかん狩りは園内食べ放題で1kgのみかんみやげ付き

**蒲郡オレンジパーク**

住 蒲郡市清田町小栗見1-93
TEL 0533-68-2321
営 10:00～15:00（土・日・祝9:00～16:00）、フルーツ狩り10:00～14:00（土・日・祝9:00～15:00）
休 なし
料 いちご狩り1100円～、小学生990円～、3歳～未就学児550円～ など ※時期や曜日により異なる
CC ADJMV
P あり
交 JR蒲郡駅から車10分

夜のライトに照らされたレース場 MAP 別冊P.30-A3

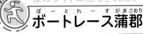

## ボートレース蒲郡（ぼーとれーすがまごおり）

すべてがナイターで行われるボートレース場。大迫力のスプラッシュゾーンでは、間近にレースを見ることができワクワク・ドキドキが止まらない！ 蒲郡名物を使ったグルメにも注目。

ライトに照らされ輝く水面や水しぶき。舟券（100円〜）を買わなくても楽しめる

**ボートレース蒲郡**

住 蒲郡市竹谷町太田新田1-1
TEL 0533-67-6606
営 10:00〜21:00または14:15〜21:00（開催日程により異なる）
休 不定休（開催日程により異なる）
料 100円（20歳未満入場不可。20歳以上の同伴者との入場は可）
CC 不可
P あり
交 JR三河塩津駅または名鉄蒲郡線蒲郡競艇場前駅から徒歩5分

鮮度抜群！ 三河湾の海の幸を楽しむ MAP 別冊P.30-A3

## 蒲郡海鮮市場（がまごおりかいせんいちば）

水揚げされたばかりの深海鮮魚や貝類、それらを加工した天日干しの干物など地元の海産物が並ぶ。水槽の大あさりや生きたタカアシガニを丸ごとゆでて食べられる炉端コーナーも併設。

干物の品数も豊富。深海魚めひかりのから揚げやニギスのフライも極うま！

**蒲郡海鮮市場**

住 蒲郡市拾石町浅岡47-1
TEL 0533-68-7879
営 9:00〜15:00（土・日・祝〜16:00）
休 無休
CC ADJMV
P あり
交 名鉄蒲郡線三河鹿島駅から徒歩17分

もっと知りたい！ あいちの話

## 歩いて行ける神秘の島・竹島と八百富神社

岸から約400m、三河湾に浮かぶ約5800坪の小さな竹島は、島全体が八百富神社の境内のためパワースポットとして知られる。その八百富神社の創建は養和元(1181)年。日本の七大弁天の1社で古くから「竹島弁天」と呼ばれ親しまれてきた。祭神の市杵島姫命（いちきしまひめのみこと）は、開運、安産、縁結びの御利益があるといわれ、おみくじは大吉の上の「大大吉」まであるそう。境内の宇賀神社、大黒神社、千歳神社、八大龍神社をすべて参拝すれば、運気が上がるかも。島の南端部にある龍神岬からの眺望は美しく、心洗われるようだ。

鳥居をくぐって島内へ。自然道を歩けば、約15分で島を半周できる

右／竹島の中央にある八百富神社の拝殿。徳川家康も参拝したと伝えられる　左／蒲郡沖に浮かぶ竹島。岸から竹島まで徒歩15分ほど。竹島海岸は日の出の絶景スポットとしても有名

### 八百富神社（やおとみじんじゃ）

MAP 別冊P.30-B3
住 蒲郡市竹島町3-15
TEL 0533-68-3700（八百富神社）、0533-68-2526（蒲郡市観光協会） 開 参拝自由（社務所9:00〜17:00）
休 無休　P なし　交 JR蒲郡駅から橋まで徒歩15分、または東名高速道路音羽蒲郡ICから車20分＋徒歩15分

白い砂浜とロングビーチから太平洋を望む

# 田原市（たはらし）

エリアの基本情報

人口　59,360人（33位）
面積　191.11㎢（7位）
市の花　ナノハナ
市の木　クスノキ
市制施行日
平成15（2003）年8月20日

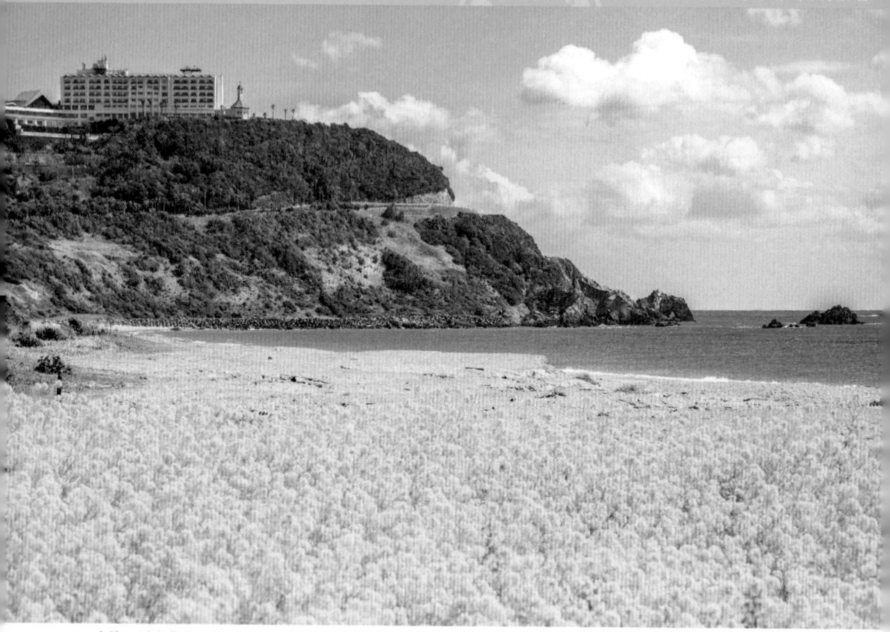

恋路ヶ浜を背景に菜の花畑が広がる。例年の見頃は1月中旬から3月下旬

半島の形を円形の矢印に図案化して、調和と活力・前進を表現。緑色と青色は、渥美半島の豊かな緑と、三河湾・太平洋の美しい海と空を表現している。

**エリア利用駅**

◎三河田原駅
豊鉄渥美線
※バス停は豊鉄バス伊良湖本線田原駅前を利用
※船は伊勢湾フェリー伊良湖港を利用

ℹ 渥美半島観光ビューロー
URL www.taharakankou.gr.jp

## 田原市への行き方

新豊橋駅 → 三河田原駅
豊鉄渥美線　所要約35分（520円）

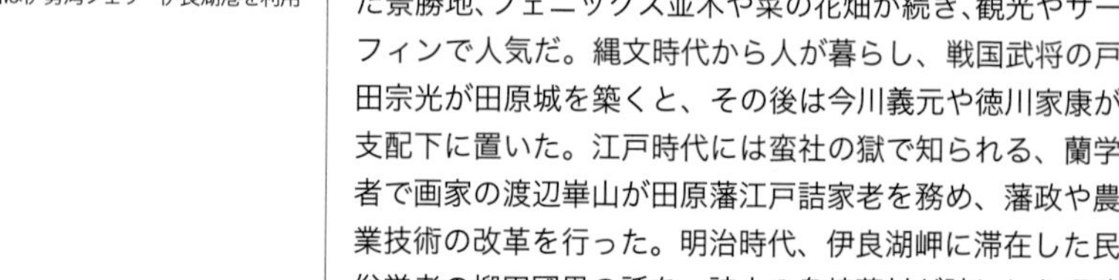

東から西へ海上に細長く突き出た渥美半島の、ほぼ全域が田原市だ。南は太平洋、北は三河湾に面し、東側は豊橋市に隣接する。温暖な気候に恵まれ、総延長100kmもの海岸沿いには、伊良湖岬や白い砂が美しい恋路ヶ浜といった景勝地、フェニックス並木や菜の花畑が続き、観光やサーフィンで人気だ。縄文時代から人が暮らし、戦国武将の戸田宗光が田原城を築くと、その後は今川義元や徳川家康が支配下に置いた。江戸時代には蛮社の獄で知られる、蘭学者で画家の渡辺崋山が田原藩江戸詰家老を務め、藩政や農業技術の改革を行った。明治時代、伊良湖岬に滞在した民俗学者の柳田國男の話を、詩人の島崎藤村が詩にした唱歌「椰子の実」の舞台でもある。

info 全国有数のメロン産地　田原市は、露地メロンと温室メロンで全国トップクラスの生産量を誇る。市内にはメロン狩りを楽しめる農園も複数。道の駅 田原めっくんはうすのメロンソフトなど、メロンを使ったスイーツもおすすめ。

## 田原市はめっちゃいいじゃんね！

### 全国トップクラスの農業エリア

市町村別農業産出額で、常に全国1～2位※に君臨。特に電照菊やキャベツ、ブロッコリー、メロンなどの栽培が盛んだ。

※令和3（2021）年市町村別農業産出額は2位

### 世界のサーファー垂涎サーフィンの聖地

年間を通じてサーフィンに最適な「いい波」を楽しめる太平洋ロングビーチ。遠方からもサーファーが訪れ、有名選手が参戦する世界大会も開催。

### 日本屈指の渡り鳥の飛来地

中部地方で最も広い干潟・汐川（しおかわ）干潟は、毎年春と秋にハマシギやダイゼンなどが1日数百～数千羽も通過する、全国有数の飛来地でもある。

## 田原市の歩き方

### 伊良湖岬から、城が置かれた市の中心部へ

まずは三方を海に囲まれた田原市ならではの、開放的な眺望を楽しもう。**恋路ヶ浜**や**伊良湖岬灯台**のエリアは、散策もいいがレンタサイクルで海沿いを走るのも爽快。この近辺で昼食をとるなら、大あさりフライなどを味わえる店が複数ある。

田原城跡の桜門。門をくぐって左手に田原市博物館がある

伊良湖岬から市の中心部へは、豊鉄バス伊良湖本線で。途中の車窓左手には、太平洋とはまた違った表情の三河湾が広がる。1時間ほどで田原駅前に着き、南にある**道の駅田原めっくんはうす**や、北の**田原城跡**へは、それぞれ徒歩15分弱。**田原市蔵王山展望台**へは、田原駅前（三河田原駅）から1時間ほどのハイキングとなる。360度のパノラマは、晴れた日中はもちろん、車で行くなら夜景もおすすめ。特に秋は、電照菊のハウスが幻想的に浮かび上がる。

趣向を変えて渡辺崋山ゆかりの歴史スポットを巡るなら、墓所のある**城宝寺**が三河田原駅のすぐ北に。田原城跡の西隣には**崋山神社**、その西徒歩約5分の場所には**池ノ原幽居跡**がある。

### おさんぽプラン

❶ 道の駅 田原めっくんはうす （▶ P.282）
⬇ 徒歩15分
❷ 菓子蔵せき （▶ P.283）
⬇ 徒歩10分
❸ 田原城跡 （▶ P.280）
⬇ 徒歩1時間5分（ハイキング）
❹ 田原市蔵王山展望台 （▶ P.283）

### 6つの恋愛パワースポット

伊良湖岬灯台から半径2km範囲には、6つの恋愛パワースポットが。伊良湖岬灯台と恋路ヶ浜、いのりの磯道（磯丸歌碑の道）にある「まじない歌」の歌碑は願掛けの、日出の石門とココナツビーチ伊良湖はお守り用の貝殻拾いのスポット。伊良湖オーシャンリゾートの屋上は、海と夜景のビューポイントとしてカップルに人気だ。

## もっと知りたい！あいちの話

### 太平洋沿いのサイクリングロード

渥美サイクリングロードは、半島西端の休暇村伊良湖から太平洋を眺めながら、南国の雰囲気漂うなかを東へと進む心地よい道。休暇村ルート、日出の石門や恋路ヶ浜などの景勝地を走る渥美ルート、海岸沿いを走る赤羽根ルート、豊橋ルートの4区間を国道42号がつなぎ、静岡県へと延伸が計画されている。ちなみにサイクリングのメッカでもある田原市には、このほかにも豊富なサイクリングコースがあり、新豊橋駅–三河田原駅間の豊鉄渥美線には、自転車を持ち込めるサイクルトレインがある。

渥美半島サイクリングロードは「日本の道100選」に選定されている

info 伊良湖温泉が湧出！ 令和2（2020）年に湧出した、美肌の湯ともいわれる弱アルカリ性のナトリウム・カルシウム–塩化物泉。現地の旅館やホテルで入浴できるほか、車ならポリタンクを持参して温泉スタンドの自販機で購入もできる。

## 花と緑に囲まれた体験型の農業公園

MAP 別冊P.7-C3

# サンテパルクたはら

芦ヶ池のほとりにある農業公園で、4000平方メートルの広大な畑での収穫体験のほか、フラワーアレンジメント、パンやウインナー、アイスクリーム作りなど、さまざまな体験ができる。小動物園やポニー牧場で、ウサギやポニーと触れ合えたり（土・日・祝限定）、ミニアスレチックや野菜の遊園地で思いっきり遊んだり。園内の産直マーケットでは、朝取れの新鮮野菜や花を販売。マーケットの野菜を使った産直野菜ラーメン610円や地元産「どうまい牛乳」を使った濃厚などうまいソフトクリーム407円は大人気。

春のチューリップ、夏のひまわり、秋のコスモスと、四季折々の花が楽しめるサンテガーデン円形花壇

**サンテパルクたはら**

住田原市野田町芦ヶ池8 TEL0531-25-1234 開9:00〜17:00、体験は5日前まで要予約 休木（祝日の場合は翌平日） 料無料、一部施設や体験は有料 CCJMV Pあり 交豊橋鉄道渥美線三河田原駅から田原市ぐるりんバスサンテパルク線でサンテパルク下車すぐ

ふれあい広場とサンテガーデンをつなぐ真っ赤なウエルカムブリッジ

サラダ館では映像やクイズなどを楽しみながら農業を学べる

## 三河支配の拠点となった海に囲まれた城

MAP 別冊P.7-C3

# 田原城跡

文明12（1480）年頃、戸田宗光により築かれた城。満潮時には海水が城を囲み、巴紋のように見えたことから別名「巴江城」。二の丸跡に立つ田原市博物館では、渡辺崋山の資料を常設展示している。

三の丸下の袖池には、江戸時代に整備された田原城で最も古い石垣が残る

**田原城跡**

住田原市田原町巴江11-1
TEL0531-23-3516（渥美半島観光ビューロー）
開散策自由
休無休 料無料

**田原市博物館**

開9:00〜17:00（最終入館16:30）
休月（祝日の場合は翌平日）
料310円、小・中学生150円
CC不可 Pあり
交豊橋鉄道渥美線三河田原駅から徒歩15分

## 太平洋に昇る朝日と石門が神々しい

MAP 別冊P.6-B3

# 日出の石門

遠州灘の荒波により長い年月をかけ大きな穴ができた、海岸沿いの「岸の石門」と海に浮かぶ「沖の石門」。沖の石門から日が昇る瞬間を見るなら2・10月の中旬、近くの恋路ヶ浜がベスト。

12月中旬〜1月初旬、海岸近くで岸の石門の穴から日の出を撮影できる

**日出の石門**

住田原市日出町
TEL0531-23-3516（渥美半島観光ビューロー） 開散策自由
Pあり 交東名高速道路豊川ICから車1時間30分

朝日を浴びて浮かぶ沖の石門

展望デッキで絶景BBQ＆体験サーフィン MAP 別冊P.7-C3

## 道の駅 あかばねロコステーション

（みちのえき あかばねろこすてーしょん）

道の駅には珍しいサーフショップがあり、体験サーフィンも実施中。太平洋一望の展望デッキではハワイアンBBQが楽しめて、切り花やシラス、新鮮フルーツなど特産品もお得に購入できる。

全国有数のサーフポイント・赤羽根海岸に隣接する道の駅で、海の眺めは最高！

**道の駅 あかばねロコステーション**

住田原市赤羽町大西32-4
TEL0531-45-5088
営9:00～18:00、レストラン平日11:00～16:00(L.O.15:00)、土・日・祝～17:00(L.O.16:00) ※展望デッキBBQは2日前までに要予約
休無休
CCADJMV
Pあり
交東名高速道路音羽蒲郡ICから車1時間

縄文人の暮らしがわかる貝塚遺跡 MAP 別冊P.7-C3

## 吉胡貝塚史跡公園・吉胡貝塚資料館

（よしごかいづかしせきこうえん・よしごかいづかしりょうかん）

出土した縄文人骨は300体以上で日本最多とされる縄文時代晩期の遺跡「吉胡貝塚」。併設の資料館では、人骨や出土品の展示のほか、まが玉作りなどいつでも縄文体験を楽しめる。

縄文の暮らしをリアルなジオラマで再現。出土品や模型を交え展示している

**吉胡貝塚史跡公園・吉胡貝塚資料館**

住田原市吉胡町矢崎42-4
TEL0531-22-8060（吉胡貝塚資料館）
開公園散策自由、資料館9:00～17:00（最終入園16:30）
休月（祝日の場合は翌平日）
料公園無料、資料館200円、小・中学生100円
CC不可 Pあり
交豊鉄渥美線三河田原駅から田原市ぐるりんバス童浦線でシェルマよしご下車、徒歩1分

夏には旬のマスクメロンが食べ放題！ MAP 別冊P.6-B3

## ニュー渥美観光

（にゅーあつみかんこう）

国道沿いのジャンボメロン看板が目印。夏はマスクメロン狩り、冬はイチゴ狩りが楽しめて、地元野菜やくだものも購入できる。期間限定のお菓子「冬のいちご花火」は見つけたら即買い。

おなかいっぱいメロンが食べられるマスクメロン食べ放題は夏季限定

**ニュー渥美観光**

住田原市保美町段土165
TEL0531-32-0636 営メロン狩り(6～9月)10:00～15:00、イチゴ狩り(12～5月)10:00～15:00
休無休 料入場無料、メロン1玉狩り＋1/4カットメロン2100円～、イチゴ狩り1500円～、3歳～未就学児1000円～ ※ほかプランあり、時期により異なる
CCADJMV Pあり 交豊鉄渥美線三河田原駅から豊鉄バス伊良湖岬行きで大番場下車、徒歩3分

恋路ヶ浜を眺めながら新鮮魚介に舌鼓 MAP 別冊P.6-B3

## 萬八屋

（まんぱちや）

すぐ裏手にある伊良湖漁港で水揚げされたばかりの新鮮な魚介類や、渥美半島の地元野菜を中心とした料理を楽しめる。地魚の刺身に、焼大あさりやあさりうどん、天然岩がきが人気！

名物の大あさりをカリッと揚げた、大あさりカリカリ丼1540円

**萬八屋**

住田原市伊良湖町古山2814-4
TEL0531-35-0007
営9:00～16:00（ランチ10:30～15:00）、天候や混雑状況により変更あり
休不定休
CC不可
Pあり
交豊鉄渥美線三河田原駅から車40分

info 屋外の貝塚も必見　吉胡貝塚史跡公園（シェルマよしご）の屋外には、貝塚の断面・平面展示施設がある。発掘調査で露出した貝塚を、そのまま保存していて、貝塚の断面や出土した動物の骨や土器などを見学できる。

# 潮風を感じながら
# 渥美半島一周ドライブ

波穏やかな三河湾沿いから、ダイナミックな太平洋を望む海岸線を爽快にドライブ。絶景、グルメ、ショッピングと旅気分を満喫しよう。

伊良湖岬灯台から日出の石門まで約1km続く恋路ヶ浜。島崎藤村の「椰子の実」の舞台になった名所

## 渥美半島ってどんな所？

太平洋、三河湾、伊勢湾に囲まれた風光明媚なエリア。国道42号・259号は菜の花浪漫街道と名づけられ、1～3月は菜の花畑が見られる。キャベツの産出額は全国有数、大あさりをはじめとする貝の宝庫でもある。令和2（2020）年には温泉が湧出し、伊良湖温泉の販売も行う。

田原のうまいが揃う道の駅

45分

### ❶道の駅 田原めっくんはうす

野菜ソムリエのいる産直コーナー、特産のメロンをはじめとする渥美半島の青果、たはらブランドの特産品やみやげ物が勢揃い。

MAP 別冊 P.7-C3
住 田原市東赤石5-74　TEL 0531-23-2525　営 9:00～19:00（店舗により異なる）　休 無休
CC AJMV
P あり

メロンソフト260円は田原産のメロン果汁入り

ニンジン、ごまキャベツ、紫キャベツの3種がセットになった田原野彩ドレッシング1200円

地元の生産者から毎日新鮮な野菜が届く

白い風車と青い海の絶景

### ❷西ノ浜海岸

西ノ浜海岸沿いに風車が整然と並ぶ景観は、渥美半島ドライブのおすすめポイント。釣りのポイントとしても有名で、夏は釣りを楽しむ人でにぎわう。

MAP 別冊 P.6-B3
住 田原市小中山町　TEL 0531-23-3516（渥美半島観光ビューロー）　営 散策自由　P あり（西ノ浜海浜の森林間駐車場）

西ノ浜風力発電の風車が連なる

info 道の駅 田原めっくんはうす　令和5（2023）年4月28日に2階のレストランがリニューアルオープン！　四季折々の地元産食材をふんだんに使ったおばんざい料理が楽しめる。

3分

## 伊良湖名物大あさりに舌鼓

### ❸地場魚貝料理 呑海

地元漁師や渥美魚市場から直接仕入れる、新鮮な魚貝類を使った料理が豊富に揃う。夏はハモや岩ガキ、冬は天然トラフグを良心的な価格で味わえる。

MAP 別冊 P.6-B3
住田原市伊良湖町宮下2822-64
TEL0531-35-1134 営11:00～21:00(L.O.19:30) 休無休、臨時休業あり CC不可 Pあり

国道259号沿いの大きな看板が目印

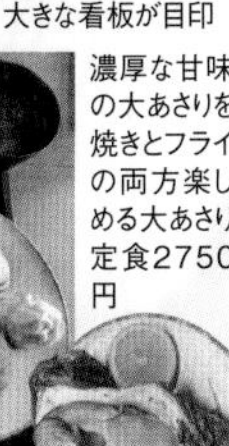
濃厚な甘味の大あさりを焼きとフライの両方楽しめる大あさり定食2750円

伊良湖と日出で取れた巨大な天然の岩ガキ（時価）

夕暮れ時の風景はロマンティック。「恋人の聖地」にも選定

昭和4（1929）年に建てられた灯台は「日本の灯台50選」のひとつ

## 海の安全を見守る白亜の灯台

### ❹伊良湖岬灯台

太平洋、伊勢湾、三河湾を一望する渥美半島の最先端に立つ。恋路ヶ浜の駐車場に車を停めて、灯台の麓まで遊歩道を散策するのもおすすめ。

MAP 別冊 P.6-B3
住田原市伊良湖町古山 TEL0531-23-3516（渥美半島観光ビューロー）
開散策自由 Pあり（恋路ヶ浜駐車場）

8分

## ジューシーなメロンやイチゴ狩り体験

### ❺日研農園

伊良湖の温暖な気候で育てるメロンは、1本の木に1個だけを育て、おいしさの成分を凝縮。ショップでは夢の食べ放題プランも。

MAP 別冊 P.6-B3
住田原市堀切町瀬古畑65 TEL0531-35-6854 営8:30～17:30、果物狩り10:00～15:00（前日までに要予約）
休無休 CC不可 Pあり

果肉たっぷりの半玉メロンの上にかき氷とホイップクリームがのったメロンかき氷1300円

イチゴ狩りは1月上旬～5月中旬

メロン狩り4月下旬～9月。1玉収穫し持ち帰ることもできる

40分

## 360度の大パノラマを楽しむ

### ❻田原市蔵王山展望台

標高250mの蔵王山にあり、空気の澄んだ日は日本アルプスの山々や富士山を望める。体験フロアでは、モーショングラフィックで田原市の四季を体感できる。

星空の散歩道に蓄光石の光が広がる夜のライトアップ

MAP 別冊 P.7-C3
住田原市浦町蔵王1-46 TEL0531-22-0426 営展望台9:00～22:00、3階体験フロア10:00～16:00 休無休、3階体験フロアは火曜 CC不可 Pあり

エコガーデンシティを目指す取り組みなどの紹介もしている

12分

## 銘菓あさりせんべいは田原エリア限定

### ❼菓子蔵せき

せんべいの真ん中にあさりを1粒のせプレスして焼き上げた、あさりせんべいが看板商品。薄い塩味と香ばしくパリパリとした食感があとを引くおいしさ。

MAP 別冊 P.7-C3
住田原市田原町萱町37 TEL0531-22-0868 営9:00～18:00（日・祝～17:00） 休不定休 CC不可 Pあり

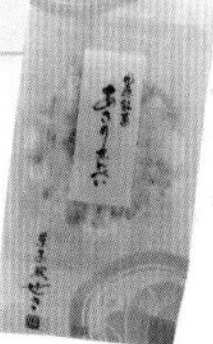
あさりせんべい5種5枚入り370円～

35分

GOAL
豊橋駅

info 足を延ばして船の旅　渥美半島から高速船を利用すれば、知多半島や伊勢・志摩への旅が楽しめる。道の駅伊良湖クリスタルポルトが玄関口となり、乗車券はここで購入できる。

国府や宿場・稲荷の門前町として繁栄

# 豊川市（とよかわし）

**エリアの基本情報**
人口　184,661人（8位）
面積　161.14㎢（9位）
市の花　サツキ
市の木　クロマツ
市制施行日
昭和18（1943）年6月1日

東海道の御油宿と赤坂宿の間で見られる御油のマツ並木。道路の両側に約300本のクロマツの巨木が立ち並ぶ

市章

周囲にはカタカナの「ト」を4つ円形に並べ、中央部に「川」の字を配置したデザイン。市制施行翌年の昭和19（1944）年9月1日に制定。

**エリア**利用駅

**◎豊川稲荷駅**
名鉄豊川線（快速特急・特急・急行・準急・普通）
**◎豊川駅**
JR飯田線
※バス停は豊川市コミュニティバス豊川駅前を利用
※車は東名高速道路豊川IC、音羽蒲郡ICを利用

豊川市観光協会
URL www.toyokawa-map.net

## 豊川市への行き方

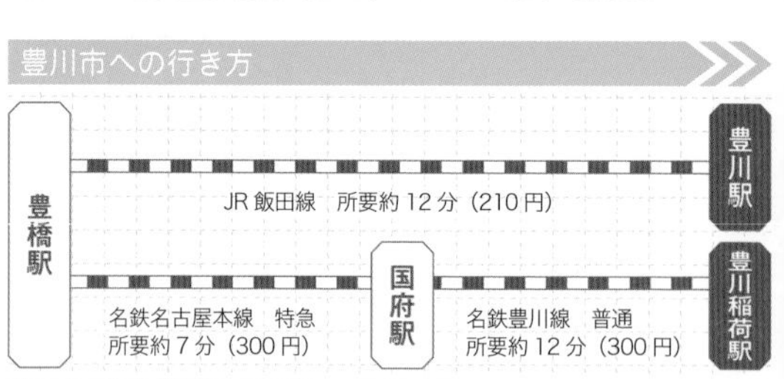


豊川稲荷で知られる愛知県南東部の豊川市。東西南北の境をそれぞれ新城市、蒲郡市、豊橋市、岡崎市と接し、南西部は三河湾に面している。旧石器時代から人が住んだといわれ、奈良時代には三河国の国府が置かれて国分寺も建てられた。現在も市内に国府（こう）の地名・駅名が残る。15世紀中頃に豊川稲荷が建立されると門前町が、江戸時代には東海道の御油宿・赤坂宿ができて栄えた。戦後には東京－名古屋間を結ぶ大動脈・東名高速道路の豊川ICが設けられている。平成22（2010）年の合併によってできた現在の市域には、数々の史跡や寺社のほか、県立自然公園でもある本宮山、多様な動植物を育む豊川（とよがわ）などの見どころがある。

info **東三河最高峰の本宮山**　豊川市・岡崎市・新城市にまたがる本宮山は、東三河一（奥三河を除く）の標高789.2m。砥鹿神社奥宮がある信仰の山であり、登山やドライブでも人気だ。山頂からは新城市の街並みを一望できる。

## 豊川市はめっちゃいいじゃんね！

### 1000体のお狐様といなり寿司の発祥地

豊川稲荷の狐霊塚には、祈願成就のお礼に奉納された大小の狐が1000体！　圧巻の光景はSNSでも話題。また、門前町はいなり寿司発祥地のひとつとされる。

### 三河国最上位の砥鹿神社が鎮座

三河国で最も格式が高い一宮として、三河地域はもちろん東海各地から崇敬を集める。境内には「開運石」とも呼ばれる日本最大級のさざれ石が。

### 1年通じて栽培！バラの出荷量日本一

出荷量・作付面積ともに日本一。JAひまわりだけで約180種・年間1500万本を出荷。6月2日のローズの日には、砥鹿神社の境内にバラが飾られる。

## 豊川市の歩き方

### いにしえの三河の中心地、その跡をたどる

古代から近世までの、土地の歴史を見て回ろう。JR飯田線三河一宮駅から徒歩約6分、**砥鹿神社**を見学したら、飯田線で豊川駅へ。電車は1時間に1～3本なので、事前に調べておきたい。源氏ゆかりの**三明寺**は、豊川駅から南東へ徒歩約5分。**豊川稲荷**は豊川駅から北西へ徒歩約8分。途中、門前町の表参道にある商店街では、各店独自の「豊川いなり寿司」を楽しめる。また毎月22日は縁日の屋台が並ぶ。

周囲に鎮守の森が広がる砥鹿神社の里宮。本宮山山頂には奥宮がある

ここから**豊川海軍工廠平和公園**へは、豊川稲荷南側の豊鉄バス豊川稲荷から新豊線に乗り、豊川体育館前西で下車。目的地はこの真北へ徒歩30分弱。日本車輌製造をはじめとする工場の間をぬって進む必要があるが、これらの土地も戦時中は海軍工廠の一部だった。

豊川稲荷から宿場町を目指してもいい。名鉄豊川線で豊川稲荷駅から国府駅へ行き、名古屋本線に乗り換え御油駅か名電赤坂駅へ。両駅間の旧東海道沿いには、600 mにわたる**御油のマツ並木**や旅籠の建物、高札場跡などが残る。

### おさんぽプラン

❶ 砥鹿神社（▶ P.286）
⬇ 電車3分+徒歩15分
❷ 三明寺（▶ P.287）
⬇ 徒歩10分
❸ 門前そば 山彦 本店（▶ P.289）
⬇ 徒歩5分
❹ 豊川稲荷（妙厳寺）（▶ P.288）
⬇ バス9分+徒歩28分
❺ 豊川海軍工廠平和公園（▶ P.287）

小ネタ

### 徳川家の家紋ゆかりの地

**伊奈城趾公園**は、徳川家の家紋「三つ葉葵」発祥に関わる地だ。享禄2（1529）年、岡崎城主の松平清康は、ともに吉田城を攻め落とした伊奈城主の伊奈本多氏から、戦勝を祝う席に招かれた。その席で、殊勲者である本多氏の立葵の家紋を、松平家の家紋とすることを決めた。これが孫の徳川家康の代に、三つ葉葵になったとされる。

MAP 別冊P.7-C2

もっと知りたい！ あいちの話

### ウサギがいっぱいの菟足（うたり）神社

JR小坂井駅から東へ徒歩約6分の場所にある、7世紀後半創建の菟足神社。賽銭箱や屋根の鬼瓦、石灯籠、つり灯籠など、境内のいたる場所にあしらわれたウサギの数は45ヵ所以上にも上る。御祭神は健康長寿の御利益があるとされる菟上足尼命（うなかみすくねのみこと）。シンボルのウサギは薬の神様の使いといわれる。拝殿前では木彫りのなでウサギ、拝殿内では全長2m×高さ1.6mの巨大なウサギの像が出迎え。御朱印にも愛らしいウサギの印が押される。

MAP 別冊P.7-D2

神社の鬼瓦にもウサギの姿が。病気平癒の祈願に参拝者が訪れる

info 新幹線のふるさと　日本車輌製造株式会社の豊川製作所では、N700S（のぞみ）などの新幹線や在来線の車両を製造。新幹線の累計製造数日本一の主力工場だ。総合試験車・ドクターイエローも、ここで製造されている。

ヤマサちくわの里

住豊川市豊が丘町8
TEL0533-85-3451
営ほの国市場・ヤマサ海工房9:00〜18:00、竹輪茶屋11:00〜14:00
休無休　CCADJMV　Pあり
交東名高速道路豊川ICから車1分

厳選素材と伝統の製法で作る人気No.1の「特製ちくわ」5本810円

フリーズドライしたチクワや黒豆が入った「ちくわあられ」1080円

できたてチクワやハンペンは絶品！　MAP 別冊P.29-D1

## ヤマサちくわの里（やまさちくわのさと）

文政10（1827）年創業の「ヤマサちくわ」の大型直営店。ヤマサの商品や東三河の名産品が並ぶ「ほの国市場」の、「ヤマサ海工房」では、職人がチクワを作る姿をガラス越しに見学できる。その場で買って食べられるできたてチクワは、皮が香ばしく、プリプリの食感と魚肉のうま味たっぷりでおいしい。秋冬にはおでん定食も登場する「竹輪茶屋」では、ヤマサでしか食べられない練り物メニューを楽しめる。

上／東名高速道路豊川ICのすぐ近くで、駐車場も広め。旅行の行き帰りに立ち寄れて便利
下／実り豊かな「穂の国 東三河」の海・里・山の幸を集めた「ほの国市場」でおみやげ探し

砥鹿神社

住豊川市一宮町西垣内2（里宮）、豊川市上長山町本宮下4（奥宮）
TEL0533-93-2001（里宮）、0533-93-2057（奥宮）
開参拝自由　料無料
Pあり　交JR三河一宮駅から徒歩5分（里宮）、東名高速道路豊川ICから車50分（奥宮）

開運石や子産石（こうみいし）とも呼ばれる日本一大きな「さざれ石」

玄関につるし邪気を祓う土でできた「本宮鈴」1000円

自然林の神域に鎮座する三河国一之宮　MAP 別冊P.7-D2

## 砥鹿神社（とがじんじゃ）

1300年以上前に創建されたといわれ、大己貴命（大国主命）を祀る。本宮山（ほんぐうさん）に鎮座する神を迎え創建した里の社殿「里宮」と、山頂の「奥宮」の二所一体で、古くから崇敬を集めてきた。開運や安産、子授けの御利益で知られる「さざれ石」や健康長寿の奇岩「神亀石（しんきせき）」と開運スポットも多い。奥宮がある標高789mの本宮山は別名・三河富士とも呼ばれ、山中には古代祭祀遺跡が点在。鎮守の森には1000年を超える欅や楠など数100種の草木が茂り、県の天然記念物に指定されている。

本宮山の麓にある「里宮」の拝殿。本宮山頂上にある「奥宮」からは天気がいい日には三河湾や富士山が拝める



info おみやげにチクワ　ヤマサちくわの里のおみやげにおすすめなのが「豆ちくわ」。その名のとおりひと口サイズなので、おつまみや小腹がすいたときのおやつにピッタリ。お弁当の一品としても使いやすい。

樹齢380年の松の切り株は必見 MAP 別冊P.7-C2

## 御油の松並木資料館（ごゆのまつなみきしりょうかん）

宿場町・御油宿の街並みの復元模型や当時の衣装、市指定文化財の伝馬朱印状、歌川広重の浮世絵版画など、約130点の貴重な資料を展示する。近くには国の天然記念物の松並木がある。

御油は東海道五十三次35番目の宿場町。1階が展示室、2階が説明室となっている

御油の松並木資料館
住豊川市御油町美世賜183
TEL0533-88-5120
開10:00〜12:30、13:30〜16:00
休月（祝日の場合は開館）
料無料
Pあり
交名鉄名古屋本線御油駅から徒歩10分

文武天皇の詔を受け建立 MAP 別冊P.29-D3

## 三明寺（さんみょうじ）

大宝2（702）年創建。本堂の宮殿には弁財天が祀られており、和様と禅宗様を使い分けた珍しい造りの三重塔とともに、国の重要文化財に指定されている。三河七福神の霊場のひとつ。

1・2層が和様、3層が禅宗様と全国的にも珍しい造りの三重塔

三明寺
住豊川市豊川町波通37
TEL0533-86-9661
開参拝自由
休無休　Pあり
交JR飯田線豊川駅から徒歩5分

安産や芸道、福徳の守護神

戦争の悲惨さと平和の尊さを伝える MAP 別冊P.7-D2

## 豊川海軍工廠平和公園（とよかわかいぐんこうしょうへいわこうえん）

かつて東洋一の兵器工場と称された、豊川海軍工廠の跡地にあり、当時使われていた火薬庫や信管置場、防空壕跡などの戦争遺跡が残っている。語り継ぎボランティアによるガイドも実施。

昭和14（1939）年開庁当時、火薬が保管されていた旧第一火薬庫

豊川海軍工廠平和公園
住豊川市穂ノ原3-13-2
TEL0533-95-3069（豊川市平和交流館）　開9:00〜17:00
休火（祝日の場合は開園）
料無料　Pあり

公園内にある豊川市平和交流館

令和5（2023）年4月にリニューアル MAP 別冊P.7-C2

## 豊川市赤塚山公園（とよかわしあかつかやまこうえん）

赤塚山に位置する総合公園。25品種278本の梅の木を植栽する梅園や約5000株の花しょうぶ園、約100種2000匹を展示する東三河唯一の淡水魚水族館「ぎょぎょランド」などが点在する。

豊川の生き物を自然に近い状態で展示する「ぎょぎょランド」

豊川市赤塚山公園
住豊川市市田町東堤上1-30
TEL0533-89-8891
開9:00〜17:00
休火・祝日の翌平日
料無料
Pあり
交JR豊川駅から車10分、または東名高速道路豊川IC・音羽蒲郡ICから車15分

クチコミ 無印良品やコンビニに焼き菓子を卸している香月堂。豊川市には香月堂のアウトレットがあり、整理券を取って待つほどいつも混んでいる。バウムクーヘンなど爆買いしている人多数。（編集Y）

年間数百万人が訪れる

# 豊川稲荷で開運祈願

日本3大稲荷のひとつに数えられることから神社と間違われやすいが、豊川稲荷は曹洞宗の寺院。東海屈指の霊場で御利益をいただこう。

祈願成就の御礼に奉納された約1000体もの狐の石像が並ぶ霊狐塚

## 御利益は商売繁盛！日本3大稲荷のひとつ

嘉吉元(1441)年開創。正式名は妙厳寺だが、豊川稲荷の通称で呼ばれるゆえんは開創の約200年前に遡る。文永4(1267)年、宋から帰国する寒巌義尹の前に、稲穂の束を担ぎ、宝珠をもち、白狐にまたがったお姿の吒枳尼眞天が出現。このことに深く感動した寒巌禅師は、帰国後自ら女神の仏像を彫ったという。その後6代目の弟子にあたる東海義易が千手観音を御本尊に、吒枳尼眞天を鎮守として妙厳寺を開創した。

商売繁盛・福徳開運の御利益で知られ、今川義元や三英傑も信仰したといわれる。境内には霊狐塚などの見どころはが多いが、1時間あれば十分に全体を見て回れる。

### 正しい参拝作法を確認

①手を洗い、口をすすいでから衣服を整えて姿勢を正す

②合掌して「帰命頂礼(または南無)豊川枳尼眞天」(キミョウチョウライ(ナム)トヨカワダキニシンテン)と唱えて拝礼。これを3度繰り返す

③「唵尸羅婆陀尼黎吽娑婆訶(オンシラバッタニリウンソワカ)」と7回唱える

※寺院なので拍手は打たないこと

総欅造り、妻入二重屋根の大本殿。30年かけて造営され、昭和5(1930)年に完成した

今川義元が寄進した丸瓦葺造りの山門。豊川稲荷に現存する最古の建物

授与品のなかで最も人気がある御影(みかげ)守1200円

福銭700円は金運上昇を願う人におすすめ

土蔵造りの大黒堂の前に立つ「おさすり大黒天」は、真言「オンマカキャラヤソワカ」と唱えながらなでると御利益をもらえるという

狐をモチーフにした絵馬D(狐面)500円

**豊川稲荷(妙厳寺)** MAP 別冊 P.29-C2

住 豊川市豊川町1　TEL 0533-85-2030　営 5:00～18:00（御本殿、奥の院、万堂は7:30～15:30）　休 無休　P あり　交 JR豊川駅または名鉄豊川線豊川稲荷駅から徒歩5分

info あの名奉行も信仰　天下の名裁きでおなじみの大岡越前守忠相は、吒枳尼眞天の分身を江戸の屋敷内に祀っていた。大岡家に代々相続されていたが、明治期に妙厳寺へ奉納され、東京・赤坂にある豊川稲荷東京別院が開かれた。

門前町の名物グルメ
豊川いなり寿司を食べ比べ


豊川稲荷の門前町はいなり寿司発祥の地のひとつとして伝わる。各店が趣向を凝らしたオリジナルいなりを食べ歩いてみよう。

**B 焼いなり 280円**
田舎料理 吉野の人気No.1いなり寿司。酢飯にゴマ、天かす、ネギ、大葉を入れて表面をパリッと焼いている

**B 天むすいなり 250円**
ご当地グルメがいなり寿司に変身！ 地元で取れたエビを2尾使用

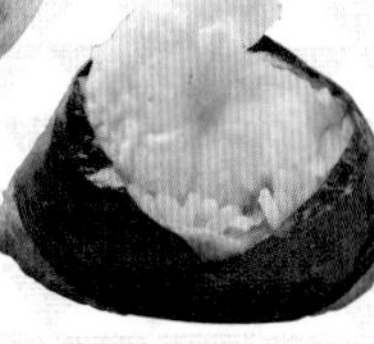

**A いなほ稲荷寿司 750円**
ひじき、ニンジン、シイタケ、クルミ、タケノコが入った五目稲荷。時間がたってもおいしい

**B 大葉しそいなり 150円**
東三河の特産品・大葉しそをたっぷり使ったオリジナルメニュー

**C プレミアムいなり寿司 1800円**
定番の五目・豊川わさびのほか、季節によって変わる創作いなりなど10種類のいなり寿司の詰め合わせ

### いなり寿司そっくりの御利益スイーツ

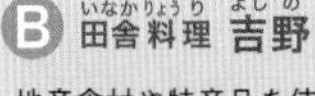

チョコレート、かぼちゃ、チーズの3種類から選べます

**D いなり寿司でシュー 1個250円**
しっとりもちっとしたシュー皮にカスタードクリームがたっぷり詰まっている。豊川稲荷本殿で御祈祷した黒砂糖を使用

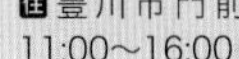

### A 門前そば 山彦 本店

豊川稲荷の信者が創業して以来、約100年間伝統の味を守る。豊川稲荷総門のすぐ前に立地。

MAP 別冊P.29-C2
住 豊川市門前町1 TEL 0533-85-6729 営 テイクアウト8:30～17:00(毎月1日は6:30～)、食事10:00～16:00(売り切れ次第終了) 休 木(毎月1日・祝・大祭は営業) CC JMV P あり(契約) 交 JR豊川駅または名鉄豊川線豊川稲荷駅から徒歩5分

### B 田舎料理 吉野

地産食材や特産品を使った料理を提供。名物のいなり寿司は王道から創作まで15種類揃う。

MAP 別冊 P.29-C3
住 豊川市門前町14-1 TEL 0533-83-1750 営 11:00～16:00(L.O.15:30、金・土・日～17:00) ※夜は予約制 休 不定休 CC 不可 P あり 交 JR豊川駅または名鉄豊川線豊川稲荷駅から徒歩3分

### C 創作豊川いなり寿司 和食処 松屋

豊川稲荷総門から徒歩10秒。創作いなり寿司を中心に、三河食材を使った料理を味わえる。

MAP 別冊 P.29-C2
住 豊川市門前町5 TEL 0533-86-2825 営 11:00～14:30、17:00～22:00(夜は完全予約制) 休 月、第3金曜(祝日、1・2月は全日営業) CC ADJMV P なし 交 JR豊川駅または名鉄豊川線豊川稲荷駅から徒歩5分

### D たねや菓子店

大正15（1926）年創業の和洋菓子店。看板商品は「いなり寿司でシュー」とういろう。

MAP 別冊 P.29-C3
住 豊川市豊川元町45 TEL 0533-86-2519
営 土・日・祝10:30～16:30 休 月～金 CC 不可
P なし 交 JR豊川駅または名鉄豊川線豊川稲荷駅から徒歩1分

おいしさの秘密　「いなり寿司でシュー」が誕生したのは平成15(2003)年。ガス抜きを徹底してシュー皮とクリームを密着させることで、皮のもちっとした食感を実現。クリームのおいしさを最大限に引き出している。いちばん人気はチョコレート。

## 長篠・設楽原の戦いが行われた要衝

# 新城市（しんしろし）

**エリアの基本情報**

人口　44,355人（38位）
面積　499.23㎢（2位）
市の花　ササユリ
市の木　ヤマザクラ
市制施行日
昭和33（1958）年11月1日

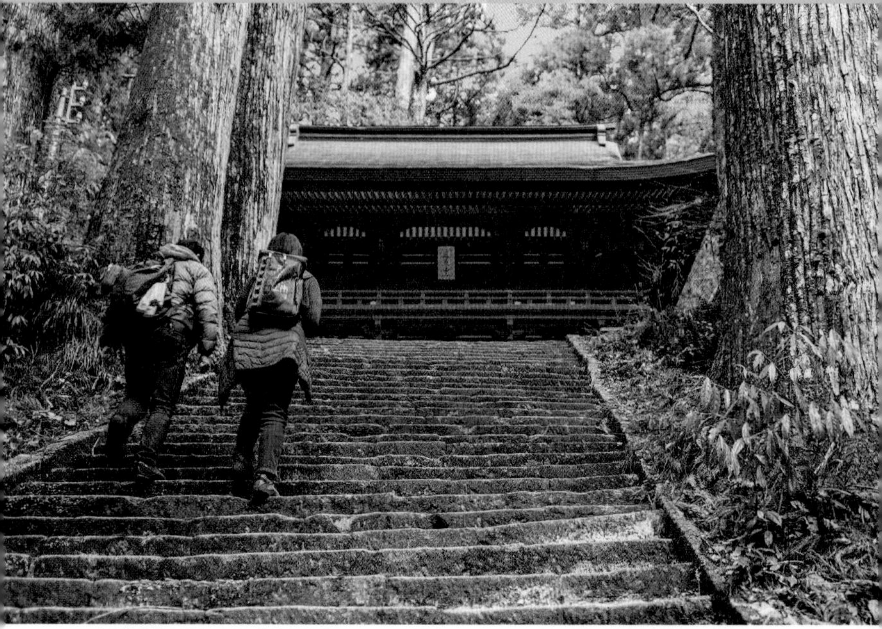

山全体が国の名勝・天然記念物に指定されている鳳来寺山。奥三河の自然を楽しみながらハイキングを楽しみたい

**市章**

長篠・設楽原の戦いの地であることから、戦国時代の象徴である「兜」をモチーフにしている。背面では緑豊かな自然環境を、兜の前立て部分の色と形状で市の明るい未来を表現する。

**エリア利用駅**

◎**新城駅**
JR飯田線
※バス停は高速乗合バス山の湊号亀姫通り（新城駅南）、新城市Sバス新城駅を利用
※車は新東名高速道路新城ICを利用

🅘 新城市観光協会
URL shinshirokankou.com

### 新城市への行き方

豊橋市の北にあり、東の境を静岡県浜松市と接する新城市。ここから北の市町村は東三河のなかでも「奥三河」と称される。戦国時代には三河国と信濃国・遠江国との往来に不可欠な場所であったことから、武田軍と織田・徳川連合軍がこの地をめぐって争い、長篠・設楽原の戦いが起こった。徳川家康が勝利を収めると、徳川方の長篠城主・奥平氏が新城城を築城し、城主となって町を築いた。現在はJR飯田線沿いに市街地や温泉街が広がるが、市域の84%が森林。国の天然記念物に指定される標高695 mの鳳来寺山や、中央構造線の露頭が見られる渓谷の風景のなかに、史跡や地歌舞伎などの伝統が息づく。長篠合戦のぼりまつりや設楽原決戦場まつりなど歴史ゆかりのイベントが人気。

info　信玄原の火おんどり　毎年お盆の8月15日、設楽原決戦場で「火おんどり」が開かれる。武田軍の戦死者を供養するため始まった祭礼で、男たちが大きな松明を抱え囃子に合わせて振り回す光景は、勇壮で幻想的だ。

## 新城市はめっちゃいいじゃんね！

### ほかでは見られない四谷の千枚田の絶景

鞍掛山の麓、200mもの高低差のある土地に420枚の田が織りなす絶景は「日本の棚田100選」にも選定。棚田は動植物のすみかにもなっている。

### 数々の武将が活躍した激戦の城跡が多数

長篠・設楽原の戦いや野田城の戦いの古戦場のほか、織田信長戦地本陣跡や火縄銃弾丸採集地などが市内に残る。歴史散策を楽しむのに最適。

### 新城市＆県の鳥コノハズクが生息

鳴き声から「ブッポウソウ（仏法僧）」とも呼ばれるフクロウの仲間・コノハズク。鳳来寺山や鞍掛山に生息し、5～7月頃に鳴き声が聞かれる。

## 新城市の歩き方

### 徳川家康ゆかりの鳳来寺山と古戦場を巡る

**鳳来寺**と**鳳来山東照宮**を参拝するなら、バスで鳳来寺山山頂へ向かうといい。JR飯田線の駅に近い湯谷温泉駅南から、Sバス湯谷温泉もっくる新城線に乗車。名古屋の藤が丘駅から高速バス山の湊号とSバスを乗り継いでも行ける。鳳来寺山山頂のバス停から目的地へは徒歩10分強。ただし日曜・祝日と年末年始は運休だ。

織田・徳川連合軍と武田軍が激突した設楽原決戦場。現在は碑が立つのみ

参拝後は表参道のハイキング。1425段の石段は、45分ほどで下りられる。途中には樹齢800年の傘杉や、徳川家康が建立した国の重要文化財の仁王門が。石段が終わると昔の趣が残る街並みに松尾芭蕉や若山牧水などの像が点在し、その先には**鳳来寺山自然科学博物館**がある。さらに先の**かさすぎ**で、地元食材の昼食も楽しめる。

参道を出ると左手にバス停。田口新城線新城市民病院行きに乗り、川路で下車して徒歩約25分で**設楽原決戦場**に着く。一帯には家康本陣地や武田勝頼観戦地、再現された馬防柵など、かつての激戦の跡が残る。

### おさんぽプラン

❶ 鳳来寺（▶P.294）
⬇ 徒歩3分
❷ 鳳来山東照宮（▶P.294）
⬇ 徒歩50分（ハイキング）
❸ かさすぎ（▶P.293）
⬇ バス22分+徒歩25分
❹ 設楽原決戦場（▶P.41）

### 鳥居強右衛門の磔図

磔にされた鳥居強右衛門（人物エピソード→P.291欄外）の姿を描いた市指定文化財の「鳥居勝商磔殺之図」は長篠城址史跡保存館に所蔵されている。

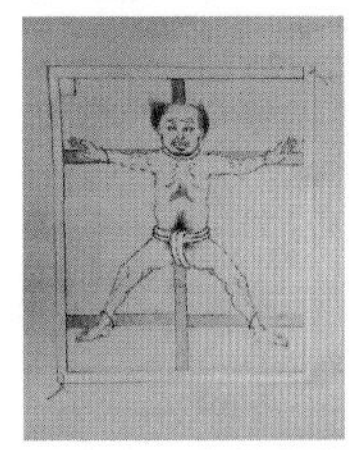
写真提供：新城市長篠城址史跡保存館

もっと知りたい！あいちの話

### 伝説の開祖・理趣（利修）仙人

鳳来寺を開いたのは、山城国（現在の京都府）出身の理趣（利修）仙人。この地へ移り住んだあと、百済で修行して仙人となって戻り、都の文武天皇の病を祈祷で治したといわれる。鳳来寺山に3匹の鬼を従えて住み、百済や都への行き帰りには笛を吹きながら鳳凰に乗っていたとの伝説が残る。それが鳳来寺の名の由来だ。鳳来寺の本尊である峯薬師如来は、仙人自らこの地の霊木で作ったもの。ちなみに約1300年前に開湯した湯谷温泉の源泉「鳳液泉（ほうえきせん）」を発見したのも、理趣仙人だと伝わる。

JR湯谷温泉駅徒歩5分にある鳳液泉の足湯（利修仙人の足湯）

info 長篠の戦いの功労者　城主・奥平氏に仕えた鳥居強右衛門（すねえもん）は、長篠城が武田軍に包囲された際、織田・徳川連合軍に助けを求める役を買って出た。帰還時に城の前で敵に捕まるが、「援軍が来るぞ！」と叫び士気を高めた。

## 阿寺の七滝

晴明伝説が残る日本の滝100選出の滝 MAP 別冊P.5-D2

# 阿寺の七滝

阿寺川上流、国の名勝や天然記念物にも指定されている7段の滝。滝周辺の礫岩(れきがん)は「食い違い石」が多く、その子供を抱くような姿から「子抱石」とも呼ばれ、近くに子授けの観音も祀られている。陰陽師・安倍晴明が、若い時分に修行したという伝説も残る。

巣山高原から流れ落ちる美しい滝

住 新城市下吉田沢谷下25-3(駐車場付近住所)
TEL 0536-29-0829(新城市観光協会) 開 散策自由 P あり
交 JR三河大野駅から新城Sバス秋葉七滝線向久保行きで七滝口下車、徒歩15分、または新東名高速道路新城ICから車25分+徒歩15分

断面が食い違った「食い違い石」。七滝の礫岩は丸い石が多い

## 乳岩・乳岩峡

奇妙な形の鍾乳石と渓谷美による絶景 MAP 別冊P.5-D2

# 乳岩・乳岩峡

標高約675mの乳岩山には大小さまざまな洞窟があり、そのうち最も大きいのが乳岩洞窟。天井部の鍾乳石が、乳房状の形をしていることから乳岩の名が付いた。乳岩峡一帯には、おもしろい形の岩が多く、それが渓谷の自然と調和して、美しい景色を造り出す。登山口より乳岩峡1周は約2時間。

切り立つ山頂には見る者を圧倒する巨大な天然の通天門が

住 新城市川合
TEL 0536-29-0829(新城市観光協会)
開 散策自由 ※山岳事故防止のため日没2時間30分前以降の立ち入り禁止
P なし
交 JR三河川合駅から乳岩峡登山口まで徒歩25分

乳岩の洞窟内にはたくさんの観音様が祀られている

## 鳳来峡

家族で楽しめる絶景の川遊びスポット MAP 別冊P.5-D2

# 鳳来峡

豊川の支流、宇連川沿い約5kmにわたる峡谷で、鳳来峡を見下ろすように開湯1300年湯谷温泉の宿が軒を連ねる。その近くには、川底に板を敷き詰めたような「板敷川」と呼ばれる場所があり、夏は子供たちの川遊びスポットとして人気。峡谷を彩る秋の紅葉も、絵に描いたように見事だ。

鳳来峡の中間地点あたりにある川底の岩が平らな板敷川

住 新城市豊岡
TEL 0536-29-0829(新城市観光協会)
開 散策自由
P あり
交 JR三河槙原駅から徒歩10分

せり出した木々の紅葉が川面に映る、美しい風景が見られる

湯谷温泉で５代続く和洋菓子店　MAP 別冊P.5-D1

## 菓匠 澤田屋

創業は明治45（1912）年。４代目が洋菓子を、５代目が和菓子を作るアットホームな老舗菓子店。鳳来銘菓の酒まんじゅう120円に、四季折々の生菓子やかりんとう風の勝どき饅頭140円、濃厚でおいしい窯出しプリン300円など、ひとつの店で和洋菓子のどちらも買えるのはうれしい。

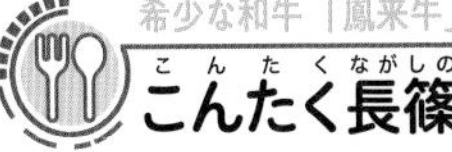

まんじゅうにプリンと、どれも飽きのこないおいしさ

菓匠 澤田屋
住新城市井代星越26-4
TEL0536-32-1038
営9:00〜18:00
CC不可
休木、第2水曜
Pあり
交JR湯谷温泉駅から徒歩10分

湯谷温泉の入口にあり、特に観光シーズンは多くの客でにぎわう

希少な和牛「鳳来牛」の極上霜降り焼肉　MAP 別冊P.7-D1

## こんたく長篠

地元の野菜の販売所と焼肉レストランが入るJA直売所。新城市内で４農家のみが生産する希少な和牛「鳳来牛」が味わえる専門店は、全国でここだけ！　JA直営のため、焼肉Aランチ（平日限定）1380円、バーベキューセット2350円と価格もお値打ち。運がよければ、希少部位も味わえるかも。

最高級部位が楽しめるスペシャルセット1万1800円

こんたく長篠
住新城市長篠西野々30
TEL0536-32-0002
営直売所9:00〜17:00、焼肉レストラン11:00〜15:00（L.O. 14:45）、17:00〜20:00（L.O. 19:30、土・日のみ）
休水　CCAJMV
Pあり　交新東名高速道路新城ICから車5分

JA直売所では、地元の新鮮野菜のほか鳳来牛も購入できる

鳳来寺参道で地元の食材を堪能　MAP 別冊P.5-C1

## かさすぎ

鳳来寺の山の麓の表参道にあり、地元の旬の食材を使った定食が人気の店。看板メニューは、取れたてのシイタケを使った、しいたけ定食1480円。季節限定の寒狭川天然あゆ料理（6〜10月）3000円や、田楽定食1480円もおいしいが、人気No.1は大河ドラマにちなんだ直虎膳1580円だ。

肉厚な地元産シイタケを使用した、しいたけ定食

かさすぎ
住新城市門谷下浦45
TEL0536-35-0955
営11:30〜14:30
休無休
CC不可
Pあり
交JR本長篠駅から豊鉄バス田口行きで鳳来寺下車、徒歩8分

食事処の隣の売店では、地元の特産品やおみやげも販売している

info 笑顔あふれる菓子店　菓匠 澤田屋のキャッチコピーは「一菓一会」。四季折々に名物が替わる和菓子と飽きの来ない洋菓子が好評だ。いちばん人気の酒まんじゅうは麹を発酵させて生地に練り込んで蒸し上げたこしあんのまんじゅう。

## 徳川家康誕生ゆかりの地

# 鳳来寺山でパワーチャージ

傘杉
仁王門
鳳来寺

鳳来寺山は修験や密教の道場として栄えた標高695mの山。松平広忠と於大の方が祈願して家康を授かったといわれる霊山を歩いてみよう。

### ❶ 山の地質と動植物を知ろう

## 鳳来寺山自然科学博物館（ほうらいじさんしぜんかがくはくぶつかん）

国指定名勝天然記念物である鳳来寺山の自然を解説している。「仏法僧（ぶっぽうそう）」と鳴く愛知県の県鳥コノハズクの鳴き声や映像を見られる。

初夏はモリアオガエルの卵の展示も

MAP 別冊 P.5-D1
住 新城市門谷森脇6　TEL 0536-35-1001　開 9:00〜17:00（入館受付〜16:30）　休 火　料 220円　CC 不可
P あり　交 JR本長篠駅から豊鉄バス田口方面または塩瀬行きで鳳来寺下車、徒歩12分

### ❷ 飛鳥時代に創建された古刹

## 鳳来寺（ほうらいじ）

大宝3（703）年に利修仙人が創建。利修は鳳凰に乗って奈良の都に行き、文武天皇の病気を治したことから「鳳来寺」と名づけられた。本尊は利修作の薬師如来。1425段の石段の参道には、仁王門やお堂跡が点在する。

麓から石段を上った先にある

MAP 別冊 P.5-D1
住 新城市門谷鳳来寺1　TEL 0536-35-1004　開 9:00〜16:30　休 無休　料 無料
P あり　交 JR本長篠駅から豊鉄バス田口方面または四谷千枚田行きで鳳来寺下車、徒歩1時間17分（登山）

❶江戸時代は本殿参拝には手形が必要だった　❷鳳来寺本堂と東照宮をつなぐ道にある狛犬　❸家康が着用した金陀美具足（きんだみぐそく）をモチーフにした金色の寅童子

### ❸ 家康を祀る杉に囲まれた神殿

## 鳳来山東照宮（ほうらいさんとうしょうぐう）

家康出生の物語を聞いた家光が建立を発願。家光の死後、慶安4（1651）年に完成した。鮮やかな彫刻が施された本殿や拝殿は国指定重要文化財。家康が寅の年、寅の月、寅の日、寅の刻に生まれたことにちなむ玩具「寅童子」も販売している。

MAP 別冊 P.5-D1
住 新城市門谷鳳来寺4　TEL 0536-35-1176　開 9:00〜16:00　休 無休　料 無料　P あり　交 JR本長篠駅から豊鉄バス田口方面または四谷千枚田行きで鳳来寺下車、徒歩1時間22分（登山）

所要4時間
ハイキングルート
仁王門
家光が寄進した。「鳳来寺」の額は光明皇后による書のレプリカ
傘杉
樹齢約800年の日本最大級の高さ（約60m）を誇る杉の木
十分な注意と装備を！
バス停鳳来寺
徒歩12分
❶鳳来寺山自然科学博物館
徒歩5分
石段上り口
徒歩1時間
❷鳳来寺
徒歩5分
❸鳳来山東照宮
徒歩45分
バス停鳳来寺
山歩きの注意点
・初めての場所には複数人で行く。
・コースは事前によく調べて必ず地図を持ち、余裕ある行動をする。
・登山は登りの人が優先。すれ違う際は下りの人が道を譲る。
・道に迷ったら戻るか上方へ行く。
・常備薬がある場合は必ず持参する。

info 鳳来寺山もみじまつり　毎年11月に開催。特に11月23日は鳳来寺・東照宮秋季大祭に合わせ、かさすぎ駐車場などで長篠陣太鼓や物産展が開かれる。同日は交通規制が敷かれ、駐車場も満車になるため注意が必要だ。

戦国時代の山城と原生林の自然が今も

# 設楽町（したらちょう）

エリアの基本情報
人口　4,437人（52位）
面積　273.94㎢（5位）
町の花　シャクナゲ
町の木　ブナノキ
町制施行日
昭和31（1956）年9月30日

設楽町は豊田市の東、新城市の北に位置する。北側を長野県と隣接する立地のため、戦国時代には武田・今川・織田の勢力争いに巻き込まれた地のひとつだ。今も面積の9割を森林が占める山あいの町には、国の重要無形民俗文化財である田峯（だみね）田楽などの伝統芸能が継承されている。北部は碁盤石山など1000m級の山々が連なり、登山客にも人気。面ノ木峠や段戸裏谷にはブナの原生林が残る。

面ノ木峠の周辺は遊歩道や展望台が備わる面ノ木園地になっている

設楽町はめっちゃいいじゃんね！

**愛知県の主要な3つの川の水源地**

設楽町の面積の約9割を占める森林は、いずれも1級河川の豊川・矢作川・天竜川の水源地となっている。

町章

高原と山、湖の豊かな自然と、歴史や文化を守り未来へ力強く発展していく決意を、設楽町の頭文字「S」の形で表現したもの。

設楽町への行き方

豊橋駅からJR飯田線に乗り本長篠駅まで約55分〜1時間10分、680円。豊鉄バス本長篠駅から田口新城線に乗り、田口まで約40分、940円。車の場合は新東名高速道路新城ICから国道151号と国道257号で約55分。

## 設楽町の歩き方

### 城の跡と、鉄道の跡、ディープな楽しみ2選

田峯歴史の里に再建された田峯城は奥三河を代表的する山城

設楽町の観光の目玉は山城巡り。なかでも**田峯城**や、そこから北へバスと徒歩で40分程度の**田内城**は、戦国時代に興味があれば見ておきたい。田峯城から北西へ10分ほど歩くと**田峰観音**があり、毎年2月の大祭では五穀豊穣を祈願する田峯田楽が披露される。車ならその北、**道の駅アグリステーションなぐら**に駐車して、南へ徒歩約45分の**寺脇城**、北へ徒歩約10分の**清水城**へも行きやすい。いずれの山城も、御城印を設楽町観光協会で入手できる。

もうひとつの楽しみが、木材輸送などのため昭和初期に造られ昭和43（1968）年に廃線となった、旧豊橋鉄道田口線の跡巡り。田峯城の南東徒歩15分ほどのところに**田峰駅跡**がある。田内城の北へ徒歩15分ほどの場所には**第四寒狭川橋梁**があり、昔のトンネルが現在も生活道路として使われている。よりディープに楽しむならツアーを利用して。手軽に楽しむなら、**道の駅したら**に併設された**奥三河郷土館**に、当時の車輌・モハ14や駅看板などが展示されている。

奥三河郷土館に展示されている豊橋鉄道田口線の木製車両・モハ14

設楽町観光協会
URL www.kankoshitara.jp

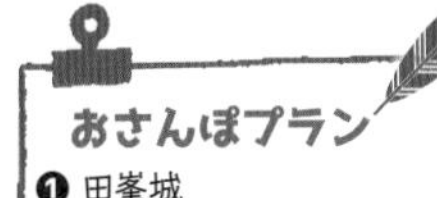

おさんぽプラン
❶ 田峯城
↓ 徒歩12分
❷ 田峰観音（谷高山高勝寺）
↓ 徒歩39分
❸ 道の駅したら・奥三河郷土館
↓ 徒歩14分
❹ 田内城

info 山城の代表格・田峯城　文明2（1470）年、奥三河で勢力を誇った菅沼定信が築いた居城。標高387mに物見台が立つ眺望の優れた代表的な山城は、田峯菅沼家が徳川方と武田方に分かれて起きた惨劇の舞台でもある。（MAP 別冊P.5-C2）

伝統の花祭が息づき希少な絹雲母が眠る

# 東栄町（とうえいちょう）

エリアの基本情報
人口　2,942人（53位）
面積　123.38㎢（11位）
町の花　ヤマユリ
町の木　スギ
町制施行日
昭和30（1955）年4月1日

東栄町はめっちゃいいじゃんね！

**日本チェンソーアートの発信地**
丸太や氷を大胆に削る北米大陸発祥の彫刻・チェンソーアートは、日本では東栄町から拡大した。全国大会の会場にもなっている。

町章

「東」「栄」の文字を図案化し、旧6カ町村の融和を表したもの。亀の形で末永い繁栄を、中心部の山形で「山の町」と発展を表現。

東栄町への行き方

豊橋駅からJR飯田線で東栄駅まで約1時間40分、990円。町営バス東栄駅前で、このバス停が始発の東栄まちなか線に乗り換え、本郷まで約10分、200円。車の場合は新東名高速道路新城ICから約1時間。

ℹ 東栄町観光まちづくり協会
URL www.toeinavi.jp

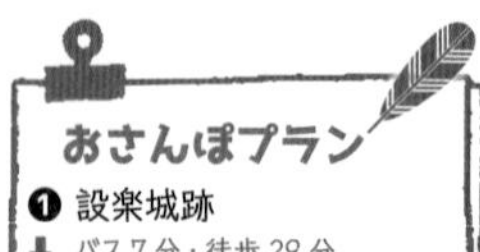

おさんぽプラン
❶ 設楽城跡
⬇ バス7分・徒歩29分
❷ 花祭会館
⬇ 徒歩23分
❸ 蔦の渕（振草渓谷）
⬇ 徒歩19分
❹ のき山学校

奥三河の町村のひとつで、伝統神事の花祭で知られる。標高700～1000m級の山々に囲まれた深い谷には、縄文時代以前から人が定住。鎌倉時代には山城・設楽城が築かれた。明治以降は養蚕や林業が主要産業に。現在は世界的に希少な絹雲母の採掘地として知られるほか、養鶏が盛んで町内にはチキングルメの店も複数。豊かな自然にひかれた移住者によるゲストハウスやベーカリーも増えている。

花祭の見どころのひとつ「鬼の舞」。観客も一体となって盛り上がる

## 東栄町の歩き方

### 歴史と自然と体験施設を町営バスで巡る

蔦の渕の迫力ある景観。滝壺が竜宮城へつながっているという伝説も

いろいろな楽しみが詰まった東栄町を巡るには、車もいいが町営バス東栄まちなか線も便利。休日はJR飯田線東栄駅からアクセスしやすい運行時間となっている。

まずは中設楽ファミリーマート東から徒歩約10分の**設楽城跡**へ。崖や川に囲まれ、ここに山城を築いた理由がよくわかる。再びバスに乗り東栄診療所前で下車。南へ徒歩約20分の**花祭会館**で、花祭の鬼の面や衣装を見学。バス停付近には東栄産のチキングルメを味わえる飲食店のほか、東栄チキンや地元産のお茶・日本酒を購入できる地元スーパー・**食彩広場東栄店**がある。食彩広場の500mほど東には、「奥三河のナイアガラ」といわれる幅約70m×落差約10mの滝・**蔦の渕**が。**とうえい温泉花まつりの湯**の奥にある展望台か、対岸からの眺望がおすすめだ。

東栄診療所前に戻りバスで5分、のき山学校下で下車し10分ほど山を登れば、**のき山学校**に到着。閉校した小学校を利用した施設で、**Caféのっきぃ**のほか、日本で唯一東栄町で採れるセリサイト（絹雲母）を使った手作りコスメの体験が人気。体験は事前予約をお忘れなく。

info 700年の伝統ある花祭　笛と太鼓、「てーほへ、てほへ」の囃子。夜通し踊り、束ねた藁で振りまかれる釜の湯を観客がこぞって浴びる、楽しくも幻想的な花祭。毎年11～3月に12地区で開催され、それぞれに違いがある。

県内最高地点の茶臼山を有する山村

# 豊根村（とよねむら）

エリアの基本情報
人口　1,017人（54位）
面積　155.88㎢（10位）
村の花　スイセン
村の木　トチノキ
村制施行日
明治22（1889）年10月1日

愛知県の北東の端、静岡・長野との県境にある豊根村は、奥三河のなかでもひときわ山深く、県内で最少人口の自治体。南北朝時代には、後醍醐天皇の孫・尹良（ゆきよし）親王の御在所があったとされ伝説が残る。県内最高の標高1415ｍの茶臼山には愛知県唯一のスキー場があるほか、全国でも珍しい方式の佐久間ダムと新豊根ダム（みどり湖）があり、それらの形を模したダムカレーも人気だ。

茶臼山を有する緑豊かな山村の風景。村の90%以上が森林に覆われている

## 豊根村の歩き方

### 茶臼山高原とダム、自然と人工の造形美

茶臼山高原の広大な敷地に芝桜が色鮮やかな花を咲かせる

愛知県最高地点の高原に広がる景色と、雄大なダム。どちらも楽しむには車の利用がいいだろう。バスを利用する場合は予約制の便もあるので、事前に綿密に計画しておきたい。

左右非対称のアーチ式ダム・**新豊根ダム（みどり湖）**は、春は桜、秋は紅葉に彩られる絶景。遊歩道が整備され展望台もある。県道428号を西へ行くと、良質な温泉が楽しめるとあってリピーターの多い**兎鹿嶋温泉 湯～らんどパルとよね**が。近くには戦国時代の**黒川城跡**がある。

ここから国道151号を北上した**道の駅 豊根グリーンポート宮嶋**は、ダムカレーとチョウザメ料理を味わえる、村内4店舗のひとつ。予約なしでチョウザメ料理を食べられるのはここだけだ。

最後は国道151号から県道506号に入り、**茶臼山高原**へ。一帯には**茶臼山高原の美術館**や、360度のパノラマが広がる展望台が。展望台付近からは、5月中旬～6月上旬なら白や濃淡ピンクの芝桜、7月中旬～10月下旬ならカラフルなサンパチェンスの絨毯越しに南アルプスを望める。茶臼山高原に目的地を絞って、ハイキングや星空観察もおすすめだ。

豊根村はめっちゃいいじゃんね！

**人より多い！**
**村の名物・チョウザメ**

豊根村のひとりの男性が始めたチョウザメ養殖。村の一大名物となった現在ではその数なんと1万匹超と、村の人口約1000人をはるかに上回る。

村章

ひらがなの「と」を、平和の象徴・鳩が舞い上がる形にデザイン。白い円は平和と発展を表現している。一般公募により選ばれた。

豊根村への行き方

豊橋駅からJR飯田線で東栄駅まで約1時間40分、990円。東栄駅前で豊根村営バスまたは東栄町営バスに乗り換え、豊根村役場前まで約50分、400円。車の場合は新東名高速道路浜松いなさICから約1時間15分。

i 豊根村観光協会
URL www.toyonemura-kanko.jp

おさんぽプラン

1. 新豊根ダム（みどり湖）
↓ 車25分
2. 兎鹿嶋温泉 湯～らんどパルとよね
↓ 車15分
3. 道の駅 豊根グリーンポート宮嶋 （▶P.97）
↓ 車15分
4. 茶臼山高原の美術館

info 年の初めの御神楽祭り　奥三河各地区に伝わる花祭がルーツの御神楽祭りは、豊根村富山地区で毎年1月3～4日に開催。みかんを食べる獅子舞「どんずく」やシラミを払うしぐさの「しらみふくい」のユーモラスな舞が特徴だ。

# エリアナビ 知多

伊勢湾と三河湾を望む南部は、清らかな景色のなかにレジャースポットが点在し、日間賀島や篠島などへの離島観光も人気。焼き物の産地や醸造の文化が残る中部、工業都市として発展し続ける北部と個性豊か。

荒熊神社の本殿まで上る参道の途中から伊勢湾を望む

## 1 無人島が多く点在する漁業の町 南知多町

P.302 MAP 別冊P.32

知多半島の最南端に位置し、三方を海に囲まれ、漁業と観光業が盛ん。伊勢神宮の方角を向き波打ち際に鳥居の立つ「つぶてヶ浦」や、「荒熊神社」など神秘的なスポットも多い。篠島や日間賀島はタコの名産地。

## 2 潮風が心地いい県最大の干潟漁場 美浜町

P.308 MAP 別冊P.32

東西の海岸線に広がる平地と知多丘陵が連なる温暖な町。白砂のビーチやゴルフ場など自然環境を生かしたレジャースポットが点在し、四季をとおして訪れる観光客も多い。野間のりの生産が盛んで、フグ料理も名物。

息の合ったイルカのパフォーマンスを楽しめる南知多ビーチランド

江戸時代の面影を伝える黒塗りの重厚な醸造蔵と運河の風景が残る

## 3 知多半島の中心都市として発展 半田市

P.314 MAP 別冊P.33

知多半島中央部の東側に位置し、海運業や醸造業で繁栄、知多地域の行政・経済の中心的存在だ。半田運河沿いには醸造蔵が残り、半田赤レンガ建物ではクラフトビールの歴史を知ることができる。「亀崎潮干祭の山車行事」はユネスコ無形文化遺産に登録。

## 4 中部国際空港がある常滑焼の町 常滑市

P.320 MAP 別冊P.34

窯のれんが煙突が立つ、常滑焼で有名な町。「やきもの散歩道」があり、常滑焼の歴史を感じながらショッピングも楽しめる。中部国際空港セントレアの完成後は、中部地方の空の玄関口としての役割も担う。

周辺におもな観光スポットが集中し散策が楽しい「やきもの散歩道」

## 5 国内初！ WHO 表彰の健康都市 大府市

P.328 MAP 別冊P.6

明治時代に大府駅が開業し、東海道本線と武豊線の分岐点として発展。大規模な工業団地を有する一方、夏になるとヒメボタルが飛び交う、自然豊かな町だ。「健康都市」を目標とし、さまざまな取り組みを行う。

大倉公園茅葺門の先にツツジなど四季折々の花が咲く庭園が広がる

恋人ブランコ→ P.75



## 6
古い街並みの残る知多木綿の発祥地
# 知多市
P.330 MAP 別冊P.6

臨海部工業地帯と住居地域が区分され、住みやすい土地柄から人口が増加。エネルギー関連の産業と、フキやペコロスなどの農業が盛んな都市。知多半島で織られる綿織物の「知多木綿」も有名。機織り体験のできる施設もある。

市内には知多木綿で作られた小物やシャツなどを販売する店が点在する

於大のみちの沿道に咲く八重桜。シーズン中は「夜桜と竹灯篭宵まつり」を開催

## 7
徳川家康の母・於大の方出生の地
# 東浦町
P.332 MAP 別冊P.6

衣浦湾の最奥に位置し、巨峰の栽培、知多木綿や家具の製造地として知られる。町内には、於大の方ゆかりの寺院や史跡も多い。県の無形民俗文化財登録の「藤江のだんつく獅子舞」や「おまんと祭」などの伝統祭りも盛んに行われている。

## 8
工業地帯と行楽地がほどよく調和
# 東海市
P.334 MAP 別冊P.8

中部圏最大の鉄鋼基地で、鉄鋼の出荷額は全国の8割を占める。工場見学を実施している食品メーカーも多く、観光と一緒に製造過程も学べる。洋ランやフキの生産地としても有名で、多くの農家が栽培に携わっている。

聚楽園の高台に鎮座する巨大な大仏。一帯は東海市の文化財に指定されている

## 9
阿久比川が田を潤す米どころ
# 阿久比町
P.338 MAP 別冊P.32

阿久比川沿いに田園風景が広がる自然豊かな町。米作りに最適な土壌から、古くより阿久比米の産地として知られる。近年は無化学肥料・減農薬で栽培される「れんげ米」の研究や生産にも取り組んでいる。

童話『ごんぎつね』の舞台といわれる自然豊かな権現山

## 10
いち早く港と鉄道を整備し成長
# 武豊町
P.339 MAP 別冊P.32

知多半島の中央にあり味噌やたまりの醸造業が盛んなエリア。銚子、龍野と並び全国3大醸造郷と呼ばれ、現在でも昔ながらの醸造法が継承されている。町内観光には、コミュニティバス「ゆめころん」の利用がおすすめ。

遊歩道が整備された別曽池公園。アヤメやアジサイ観賞も楽しめる

屋南Jct
府市
大府駅
町
三河湾
日間賀島
篠島

# 絶景や体験スポットがめじろ押し！

# 知多半島爽快ドライブ

海に囲まれた知多半島は海岸沿いに国道が走り、ドライブに最適なエリア。
人気の体験施設や景勝地に立ち寄れば、さらに旅が充実！

pick up

**観光農園花ひろば**

施設の代名詞ともいえるのが、丘一面を黄色く染めるヒマワリ畑。なんと12月上旬まで楽しめる。大輪のヒマワリに囲まれて記念撮影を。

pick up

**豊浜 魚ひろば**

県内随一の水揚げ量を誇る豊浜漁港の中央にある海産物市場。小規模ながら活気ある市場内には取れたて新鮮な魚介類がずらりと並ぶ。

pick up

**羽豆岬**

知多半島の最南端にあり、展望台に登ると眼前に三河湾と伊勢湾が広がる。美しい朝日が見られるとあって、初日の出スポットとしても人気。

**ドライブルート**

START!

❶ 半田赤レンガ建物
↓ 車20分
❷ えびせんべいの里 美浜本店
↓ 車12分
❸ 野間埼灯台
↓ 車15分
❹ 観光農園花ひろば
↓ 車5分
❺ 豊浜 魚ひろば
↓ 車10分
❻ 羽豆岬

GOAL!



info 見て楽しい＆食べておいしい　観光農園花ひろばでは、園内の花畑でエディブルフラワー（食べられる花）の栽培も行っている。育てた花はケーキにトッピングするなどして園内で食べられる。その日に咲いた分だけの提供となるため、数量限定。

半田市を象徴する建物を見る　半田市

## ❶半田赤レンガ建物

明治期に誕生したれんが建造物の見学からスタート。昭和18（1943）年まで製造されていたカブトビールの製造工場で、歴史的価値が高いことから国の登録有形文化財および近代化産業遺産に認定されている。

DATA P.319

明治建築界の巨匠・妻木頼黄（よりなか）が設計

"県民のおやつ"を試食&購入　美浜町

## ❷えびせんべいの里 美浜本店

国内シェア90%以上を誇る愛知のえびせんべい。その歴史と魅力を存分に堪能できる人気施設へ。包装・袋詰めまでの製造工程の見学やえびせんべい焼き体験も楽しみたい。

DATA P.398

衛生面に配慮した試食専用コーナーで食べ比べ

県内最古の灯台で絆を深める　美浜町

## ❸野間埼灯台

海沿いの国道247号を南下すると、青空に映える白亜の灯台が見えてくる。灯台前には「絆の鐘」があり、伊勢湾に向かって大切な人と鐘を鳴らすと絆が深まるといわれている。

DATA P.27

地元では通称の「野間灯台」の名で呼ばれることも

花観賞とあわせて味覚狩りを　南知多町

## ❹観光農園花ひろば

1万5000平方メートルの広大な敷地を歩いて色鮮やかな花畑を眺めよう。年間をとおして花が咲き誇り、つんだ花を持ち帰ることもできる。旬の時期には味覚狩りにチャレンジ！

DATA P.304

7月上旬～10月中旬が見頃のコキア

12~4月限定のいちごパフェ 900円

地場産鮮魚をとことん味わう　南知多町

## ❺豊浜 魚ひろば

市場内の食堂で、水揚げされたばかりの新鮮な海産物を使った料理に舌鼓。取れたての魚だけでなく干物などの加工品も販売しているので、おみやげを調達するのもおすすめだ。

DATA P.306

新鮮な干物をおみやげに

大小あわせて9軒の店が入る

原生林に囲まれた展望台へ　南知多町

## ❻羽豆岬

車を降りたら鳥居をくぐり、周囲にウバメガシの茂る参道を進もう。羽豆神社の社殿を参拝したら、展望台からの眺望を楽しんで。岬一帯が神社の社叢であり、国の天然記念物。

MAP 別冊P.32-B3
住 南知多町師崎明神山　TEL 0569-62-3100（南知多町観光協会）　開 散策自由　P あり

展望台からは日間賀島や篠島を望む

info ご当地ソングの歌碑　羽豆岬には平成22（2010）年に発売されたSKE48の楽曲の歌碑がある。「師崎」や「羽豆岬の展望台」といった言葉が登場する、羽豆岬を舞台にしたご当地ソングだ。同楽曲はファン投票で1位になったこともある。

岬と島が形造る海の幸豊かな漁師町

# 南知多町（みなみちたちょう）

エリアの基本情報
人口　16,617人（49位）
面積　38.37㎢（29位）
町の花　スイセン
町の木　ウバメガシ
町制施行日
昭和36（1961）年6月1日

羽豆岬展望台からの眺望。日間賀島や篠島といった離島、優れた漁場としても知られる三河湾や伊勢湾を望む

町章

「南知多」の「み」を図案化。シンプルながら躍動的なラインで町の平和と飛躍を象徴している。昭和38（1963）年5月に公募、7月に制定。

## 南知多町への行き方

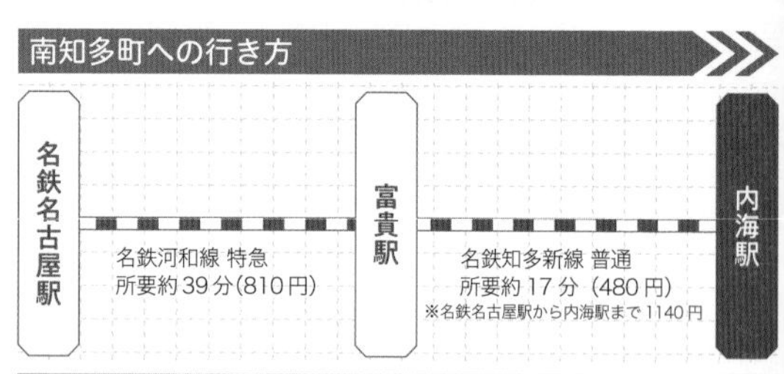


知多半島の最南端にあり、黒潮の影響で気候は温暖。江戸時代は伊勢湾や三河湾を行き来する海上交通の要衝として栄えた。内海や山海の海水浴場に加え、日間賀島や篠島といった離島を擁し、観光業が盛んだ。船びき網漁業やのり養殖業などの沿岸漁業が活発で、豊浜、師崎、片名など水揚げ量の多い漁港とそれに付随した水産加工所がある。豊浜には愛知県水産試験場が置かれている。毎年7月20日前後の土日に行われる豊浜鯛まつりは特に有名だ。大きな河川がなく丘陵地のため水不足に悩まされていたが、愛知用水の開通後は解消され農業も発展。イチゴやトマト、花などの観光農園も点在する。昭和63（1988）年にボーリングによる開湯で南知多温泉郷が形造られた。

**エリア**利用駅

◎内海駅
名鉄知多新線（特急・快速急行・急行・普通）

南知多町観光協会
minamichita-kk.com



info　昔から恵み豊かな豊浜　豊浜で取れたイワシを利用して明治37（1904）年に日本缶詰合資会社ができた。愛知県初の民間缶詰会社で、守口漬の考案や県初の水族館・名古屋教育水族館を建てた山田才吉が立ち上げた。

## 南知多町はめっちゃいいじゃんね！

**豊浜漁港は県内随一の漁獲量！**

町内の水揚げ量は豊浜、師崎、片名、篠島、大井の順。漁港ごとに取れる魚の種類が異なり、シラスを中心にタイやスズキなどが取れる。

**県内有数の湧出量！南知多温泉郷**

南知多温泉郷は、知多半島の南西海岸に湧出する温泉の総称。海岸沿いに温泉ホテルや旅館が立ち並び、温泉・絶景とともに海の幸を堪能できる。

**日本でいちばん長くヒマワリを楽しめる**

観光農園花ひろばでは、6月中旬から12月上旬まで常時14万本の満開のヒマワリが楽しめるよう種を植える場所や時期を工夫している。

## 南知多町の歩き方

### 南国風ビーチと南知多ゆかりの偉人を訪ねる

名鉄内海駅南口から出たら、まずは西へ。日本を代表する哲学者だった梅原猛の養家・**梅原邸**がある。建物は醸造業を営む梅原半兵衛の邸宅として明治初期に建てられたもの。梅原猛にまつわる資料や愛用品が展示されている。特別公開期間以外の見学は、南知多町教育委員会社会教育課（TEL 0569-65-2880）へ問い合わせが必要。梅原邸から常滑街道を南下していくと**尾州廻船内海船船主内田家**（びしゅうかいせんうつみぶねふなぬし）に着く。そこから海の方向へ歩けばヤシの木が植わる**内海海岸**だ。途中、川の対岸には唐人お吉生誕の地や唐人お吉の像がある。「唐人お吉」とは、幕末にアメリカの駐日領事ハリスの看護人として派遣された斎藤きちのことで、十一谷義三郎の小説『唐人お吉』のモデルとして知られる。内海海岸に出たら海沿いを南へ進むと、**つぶてヶ浦**に到着する。伊勢で神様たちが石の遠投げを競った際に、その投げた石が落ちたところが同所だといわれていて、鳥居は対岸にある伊勢の方角を向いて立っている。

梅原猛が青少年期を過ごした梅原邸。平成元（1989）年に南知多町へ寄贈

**おさんぽプラン**

❶ 梅原邸（▶ P.305）
⬇ 徒歩17分
❷ 尾州廻船内海船船主内田家（▶ P.303）
⬇ 徒歩5分
❸ 内海海岸
⬇ 徒歩10分
❹ つぶてヶ浦（▶ P.305）
⬇ 徒歩25分
❺ 荒熊神社（▶ P.304）

小ネタ

**朝日・夕日スポットが豊富**

南知多町は伊勢湾と三河湾に周囲を囲まれているため、東から上る朝日、西へ沈む夕日の両方を楽しめる。知多半島最南端にある羽豆岬（→ P.301）や、師崎港から高速艇で10分の篠島（→ P.77）、日間賀島（→ P.74）などが有名だ。元旦に羽豆岬で初日の出を拝んでから羽豆神社で初詣をする人も多い。

もっと知りたい！あいちの話

### 尾州廻船内海船船主内田家

江戸時代に尾張国の人が所有した荷物運搬大型船を尾州廻船といい、なかでも内海やその周辺を拠点としたものを内海船（うつみぶね）と呼んだ。全盛期は100艘の船があり、瀬戸内海から江戸にかけて活躍した。その有力船主・内田家の明治初期の建物が今も残っている（土・日・祝のみ開館）。同時期の樽廻船や菱垣（ひがき）廻船は積荷の運賃で利益を得ていたが、内海船は生産地で買い取った商品を運んだ先で売却する「買い積み方式」で大きな利益を上げた。
MAP 別冊P.32-A3

内田佐七（さしち）家の家屋と、船頭で分家の内田佐平二家の家屋からなる

info ウバメガシの原生林　羽豆岬は羽豆神社の社叢（しゃそう）となっており、ウバメガシの原生林がある。展望台へ続く、緑のトンネルのような遊歩道は「恋のロマンスロード」と呼ばれている。

■荒熊神社
住南知多町山海高座10
TEL0569-64-1828
開日の出から日没
休無休
Pあり
交名鉄知多線内海駅から海っ子バス師崎港行きで山海下車、徒歩5分

ふるべのお鈴。祈願しながら鈴を振ると願いがかなうとか

遠くからでも神社の看板が見える

数多くの赤い鳥居と灯篭が連なる　MAP 別冊P.32-B3

## 荒熊神社（あらくまじんじゃ）

赤い鳥居が立ち並ぶ170段以上の階段を上ると、伊勢湾を一望する絶景が待っている。小高い丘の山頂に鎮座する神社で、大正時代に京都の伏見稲荷大社より御分霊され、昭和41（1966）年に現在の場所に創建された。商売繁盛や縁結び、病気平癒に御利益があるとされ、伏見稲荷大社の奥の宮にある熊鷹霊場で修行を積み、人々を救うために世に出た猿田彦大神の長男が祭神。祈願絵馬に願いを書き、鈴を鳴らしながら境内にある「縁を結ぶ椿」に祈願すれば、願いがかなうといわれている。

赤い鳥居の先に伊勢湾を一望。疲れがリセットされる

■観光農園花ひろば
住南知多町豊丘高見台48
TEL0569-65-2432
開8:00～17:00　休無休、天候不順などで臨時休園あり
料800円、小学生400円、未就学児無料　CC不可　Pあり
交名鉄河和線河和駅から海っ子バス師崎港行きで花ひろば・総合体育館前下車、徒歩15分

花ひろばで育てたイチゴを使ったスムージー600円も味わえる

生メロンかき氷1800円は7～8月の限定スイーツ

見事な花畑は映画やテレビの舞台にも　MAP 別冊P.32-B3

## 観光農園花ひろば（かんこうのうえんはなひろば）

知多半島先端の丘の上にある花の農園。春はポピー、キンセンカ、ネモフィラ、夏はヒマワリ、マツバボタン、秋はコスモス、冬は菜の花と1年をとおして多彩な花が咲き誇る。ヒマワリは6月中旬から12月上旬まで毎週14万本が満開になるように11区画の畑に種をまく。1年間で250万本咲くヒマワリは、日本でいちばん長い期間楽しめると評判だ。12～3月は、つぼみの菜の花摘みとり体験もできる。

上／畑いっぱいに食用の菜の花を植えている　下／ひとり10本（ヒマワリは5本）まで花摘みができる

1300余年の歴史をもつ尾張徳川家の祈願所 MAP 別冊P.32-B3

## 岩屋寺（いわやじ）

元正天皇の勅願所。霊亀元（715）年、行基菩薩が開創した寺で、弘法大師がこの地を3度訪れ百日間の護摩修行を行ったことから身代わり弘法大師として参拝する人も多い。重要文化財「一切経」を納めていた経蔵は、マニ車（輪蔵）形式となっている。毎月17日の大祭の日にはマルシェを開催する。

本堂から徒歩3分、岩屋寺「奥之院」のシンボル三重塔

醸造業で栄えた梅原家の本家建物 MAP 別冊P.32-A3

## 梅原邸（うめはらてい）

醸造業を営む梅原半兵衛の旧邸で、哲学者でスーパー歌舞伎の脚本でも知られる梅原猛も、青少年期をこの家で過ごした。平成元（1989）年に南知多町に寄贈され、年1回、秋に特別公開される（10日程度）。敷地内には梅原猛が文化勲章を受章したときの記念樹が植えられている。

約2000平方メートルもの敷地に、昔の主屋や土蔵が残る

白木の鳥居から海越しに伊勢神宮を遥拝 MAP 別冊P.32-A3

## つぶてヶ浦（つぶてがうら）

海岸にある巨岩には、伊勢の神様たちが石の投げ比べをしたときに落ちた石だという民話が残る。白木の鳥居は伊勢の方角を向いており、南知多と伊勢神宮を結ぶパワースポットとして有名。平成29（2017）年に立てられた現3代目鳥居には、伊勢神宮の御遷宮の際のご用材が使われている。

夕日と鳥居のたたずまいが美しい。星空の下で見る鳥居も神秘的

**岩屋寺**

住南知多町山海間草109
TEL0569-62-0387 開9:00～17:00（10～3月～16:00）
休無休 料無料 Pあり 交名鉄知多新線内海駅から海っ子バス西海岸線師崎港行きでサンタバーバラサンセット（平日）下車、徒歩25分、または岩屋寺（土・休日）下車、徒歩1分

毎月17日に開催されている大祭では、奥之院護摩法要が行われる

**梅原邸**

住南知多町内海字馬場22・23合併地
TEL0569-65-2880（南知多町教育委員会社会教育課）
開秋の特別公開のみ
料無料
Pあり
交名鉄知多新線内海駅から徒歩5分

梅原猛が愛用していた机。写真や書など関連資料が展示されている

**つぶてヶ浦**

住南知多町内海小桝地先
TEL0569-62-3100（南知多町観光協会）
開見学自由
Pあり
交名鉄知多新線内海駅から海っ子バス西海岸線師崎港行きでつぶてヶ浦下車、徒歩1分

無添加・減塩のちりめんじゃこ専門店 MAP 別冊P.32-B3

## ちりめん工房 ジャコデス

平成11（1999）年の開店以来、保存料を一切使わない無添加と、塩分を控えた甘塩製法のちりめんじゃこを生産・販売している。いち押しは、ちりめん山椒70g432円。天然塩しらすや、しらすのガーリックオイル漬け、取れたて生海老の佃煮など種類も豊富。SNSでしらすレシピを発信中！

看板猫ロコが出迎えてくれる海岸沿いのアットホームな店

**ちりめん工房 ジャコデス**

住 南知多町師崎高岩29-6
TEL 0569-63-0203
営 10:00〜17:00
休 水
CC 不可
P あり
交 名鉄知多新線内海駅から海っ子バス師崎港行きで師崎西口下車、徒歩3分

南知多産しらすを使った濃厚バニラのじゃこソフト450円

新鮮な海の幸が集まる海産物市場 MAP 別冊P.32-B3

## 豊浜 魚ひろば

県下一の水揚げ量を誇る南知多豊浜漁港の市場で、伊勢湾・三河湾で取れた鮮魚や干物などを市場価格で販売。えびせんべいの里の店舗では、1袋でいろいろな味が楽しめるお買い得なえびせんべいが購入できる。市場食堂では、水揚げされたばかりの新鮮な魚介の丼や定食を堪能。

漁港の卸売市場を一般に開放した海産物市場のため、とにかく新鮮で安い！

**豊浜 魚ひろば**

住 南知多町豊浜相筆33
TEL 0569-65-0483
営 8:00〜16:00（土・日・祝〜17:00）
休 火　CC 不可
P あり
交 名鉄河和線河和駅または名鉄知多新線内海駅から海っ子バス師崎港行きで豊浜港・魚ひろば下車、徒歩1分

地元の旬の魚介が揃う場内

オーシャンビューで伊勢湾の恵みを堪能 MAP 別冊P.32-B3

## まるは食堂旅館 南知多豊浜本店

窓から伊勢湾を望む広々とした店内で、地元市場から直接仕入れた新鮮な魚介を味わえる。生けすの魚の活づくりや刺身、焼き物など、好みに応じて調理してくれるのもうれしい。ぜひ味わってほしい名物は「ジャンボエビフライ」。併設の天然温泉「うめ乃湯」や宿泊施設も利用できる。

思いっきりかぶりつきたいジャンボエビフライ1本693円

**まるは食堂旅館 南知多豊浜本店**

住 南知多町豊浜峠8
TEL 0569-65-1315
営 11:00〜15:30（L.O.14:30）、17:00〜21:00（L.O.20:00）、土・日・祝・繁忙期10:30〜21:00（L.O.20:00）　※回転まるは、うめ乃湯は異なる
休 無休
CC ADJMV
P あり
交 名鉄河和線河和駅から海っ子バス豊浜線師崎港行きで荒磯下車、徒歩1分　※無料送迎バスあり（要予約）

❶名物は地元「まるは食堂」のエビフライとのコラボメニュー「シャチホコDOG」1000円 ❷自家製のレモンシロップやジンジャーシロップを使ったオリジナルドリンク400円～

カフェメニューが豊富です

## 幸せの黄色いバスが目印
## 37カフェ（さんななかふぇ）

南知多の西海岸、目の前に海が広がる絶好のロケーションが自慢。おすすめは、海までの距離が０ｍのテラス席で味わえる、ビッグなエビフライを１尾まるごとサンドしたホットドッグ。ロコモコプレートやミーゴレンプレートなど、ワールドワイドなフードメニューが多く、スイーツメニューも充実している。地元名物のしらすをふんだんにトッピングした、しらすのペペロンチーノも人気。

MAP 別冊 P.32-A3
住 南知多町内海揚東55-1 TEL 0569-62-1937 営 11:00～18:30 (L.O.18:00)、日～18:00(L.O.17:30) ※季節により変動あり 休 月
CC ADJMV P あり 交 南知多道路南知多ICから車15分

南知多の玄関口に店を構える

VIEW POINT
特等席は隔てるものが何もないテラス席だが、店内のテーブル席からも海が見える。

# 潮風を感じながらカフェタイム 絶景ごはん 南知多編

伊勢湾の絶景を望むカフェは、知多半島ならではの魅力のひとつ。ドライブ途中に立ち寄り、至福のひとときを。

❶渡り蟹スパゲティのランチ3200円。前菜、パン、ドリンク付き ❷岐阜県美濃産の紅ほっぺを使用した、たっぷり苺のパフェ1300円。1月中旬～4月頃の限定

VIEW POINT
大きな窓の店内からはほぼ全席から海が見えるが、窓際のテーブル席ならより一層海が間近。

## クラシカルな欧風レストラン
## seaside Capri（しーさいどかぷり）

知多の漁港で水揚げされた新鮮な海の幸や、地元農家が育てる野菜をメインに調理した、パスタやピザが評判。ていねいに身をほぐしたワタリガニを贅沢に使用したパスタや、なめらかで繊細なしらすで仕上げた風味豊かなピザはいち押しのメニュー。青い空と海を望むオーシャンビューはもちろん、ディナータイムは、季節や時間ごとに景色が変化するサンセットビューを堪能できる。

MAP 別冊 P.32-A3
住 南知多町山海高峯3-4 TEL 0569-62-3791 営 11:00～16:30、17:30～20:00（平日のディナーは予約制）
休 水・金 CC ADJMV P あり 交 南知多道路南知多ICから車10分

建物は独特の重厚感を醸し出す造り

愛知有数のビーチリゾート施設が集まる

# 美浜町（みはまちょう）

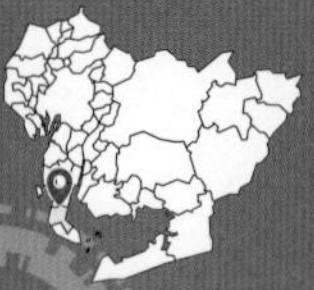

エリアの基本情報
人口　22,496人（48位）
面積　46.20㎢（26位）
町の花　ツツジ
町の木　クロマツ
町政施行日
昭和30（1955）年4月1日

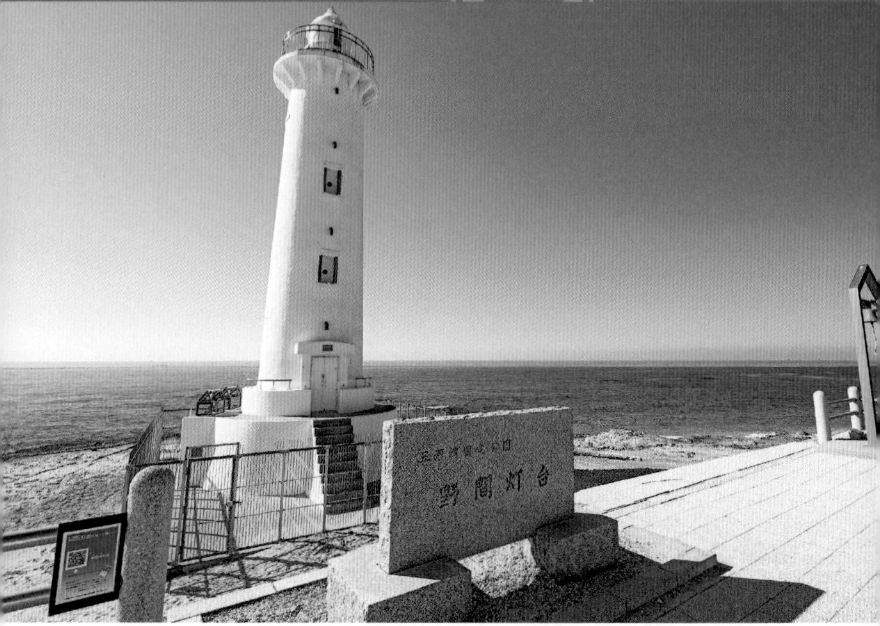

町の象徴ともいえる野間埼灯台は大正10（1921）年に設置された愛知県最古の灯台。通常は内部非公開

町章

河和町、野間町、小鈴谷町の上野間地区が合併して美浜町となったことから、3町の統合と「ハ」と「マ」の組み合わせで「ミハマ」を表現。

## 美浜町への行き方

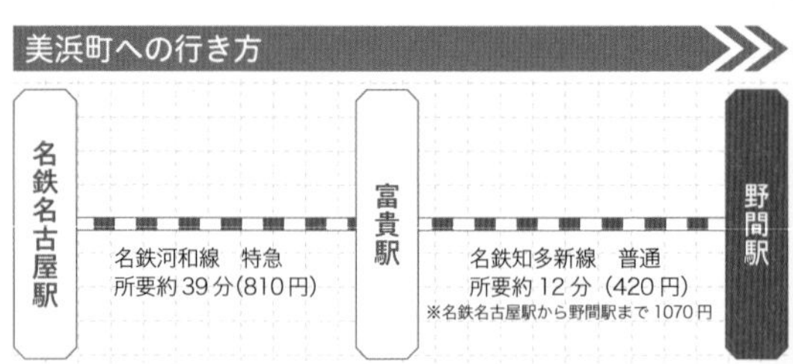


知多半島の南部にあり、三河湾国定公園に指定された美しい自然が広がる。西に伊勢湾、東に三河湾、中央部は南北に丘陵地が広がる。黒潮の影響で気候は温暖だ。国内最大級のカワウの繁殖地である天然記念物の鵜の山ウ繁殖地や、源頼朝の父・義朝が入浴中にだまし討ちに遭って亡くなった大御堂寺、野間埼灯台や南知多ビーチランドなど観光資源が多い。同町の小野浦出身の音吉、久吉、岩吉という3人の船乗りが、1年余り漂流した後にアメリカへ流れ着き、イギリス人に助けられ聖書和訳に協力したことをたたえた和訳聖書発祥の碑もある。漁業が盛んで、海産物の買い物や食事が楽しめる名古屋近郊の行楽地としても知られる。

**エリア利用駅**

◎野間駅
名鉄知多新線（特急・快速急行・急行・普通）

i 一般社団法人あいち美浜町観光協会
URL aichi-mihama.com

info 幻の南セントレア市　かつて美浜町と南知多町の合併計画で、合併協議会が南セントレア市を新市名候補としたところ議論が紛糾。住民投票は反対多数で、合併自体も断念となった。セントレアは中部国際空港の愛称で常滑市内に位置する。

## 美浜町はめっちゃいいじゃんね！

### 県民のおやつ えびせんべい店が多い

町内にはエビをはじめ、魚介を素材にした各種せんべいを扱う大型店舗が多くある。試食をしながら選べるため、お気に入りを見つけやすい。

### 至極のフグ料理を味わえるフグの町

フグは「福」に通じることから、町の旅館で「幸せを招くふく料理」をコンセプトにフグ料理を提供。町には冨具(ふぐ)神社や冨具崎漁港もある。

### 高品質の野間のり生産地

古くからのりの養殖が盛んで、県最大の干潟漁場で作られる「野間のり」(味付けのり)は町の特産品。豊かな香りとやわらかさ、甘味が特徴だ。

## 美浜町の歩き方

### 源義朝最期の地と伊勢湾の夕日を楽しむ

義朝の家来が戦った場と伝わるが、今は歴史を伝える石碑のみが残る乱橋跡

美浜町は伊勢湾側と三河湾側とで集落が大きく分かれるが、源義朝に関連した名所が多いのが名鉄知多新線野間駅周辺だ。駅を出て東、**源義朝公「湯殿跡」**へ行く途中にあるのが乱橋跡の石碑だ。義朝謀殺を聞いた家臣の渋谷金王丸(こんのうまる)や鷲栖玄光(わしのすげんこう)らが湯殿に駆けつけたとき、裏切った長田忠致(おさだただむね)・景致(かげむね)親子の家臣と同所あたりで乱戦になった。湯殿跡には石碑と義朝の座像がある。そのあとは、再び来た道を戻り線路から西側へ。地元では野間大坊という名で呼ばれることが多い**大御堂寺**には源義朝の墓がある。義朝は謀反に遭った際、「われに木太刀の１本でもあればむざむざ討たれはせん」と無念の死をとげたため、墓には木太刀が奉納される。大御堂寺から常滑街道を南西へ下った先に**冨具崎漁港**と**冨具神社**が。伊勢湾に出たら海岸沿いを南下していくと**野間埼灯台**だ。このあたりは伊勢湾に沈むサンセットのスポットとしても有名なので、夕暮れ時に合わせて訪れてもいい。縁結びの御利益で人気の恋の水神社へ参拝するのもおすすめ。

#### おさんぽプラン

1. 源義朝公「湯殿跡」
   ⬇ 徒歩15分
2. 大御堂寺（野間大坊）（▶P.311）
   ⬇ 徒歩15分
3. 冨具神社（▶P.309）
   ⬇ 徒歩15分
4. 野間埼灯台（▶P.27）
   ⬇ 徒歩3分
5. 食と健康の館（▶P.311）

小ネタ

#### 冨具神社に招ふく絵馬を奉納

美浜町の対象旅館でフグ料理を食べると、冨具神社へ奉納するための「開運招ふくの絵馬」をもらえる。冨具神社の創建年は不明だが永正6（1509）年に村の城主だった緒川氏が再建した棟札が残るため、それ以前から鎮座すると考えられている。毎年10月のフグ漁解禁前には冨具神社でフグ慰霊祭を開催。
MAP 別冊P.32-A3

もっと知りたい！ あいちの話

### 鮮魚販売の魚太郎・知多本店

BBQは年中無休。当日席があるため、飛び込み来店も可

鮮魚市場、浜焼きBBQ、市場食堂、旨いもの屋台の４エリアで構成される魚介の複合施設。南知多町の豊浜漁港および片名漁港から近く、知多半島の主要４漁港でのセリ権をもつため、それらの漁港から目利きのプロが仕入れた鮮魚をお値打ち価格で直売している。浜焼きBBQは1000席あり、市場内で購入した魚介類や肉、野菜などをその場で焼いて食べられる。120席ある市場食堂では、三河湾の眺望を楽しみながら旬の海鮮料理を堪能しよう。
MAP 別冊P.32-B3

info 合宿特化の町づくり　美浜町はスポーツ団体や部活動、ゼミ、文化サークル合宿地としての需要があり、2024年度に美浜町運動公園陸上競技場が、2028年度までに多目的広場などの施設がオープンする予定。

## 恋の病に効く？ 恋の水が湧く神社 MAP 別冊P.32-A2

# 恋の水神社（こいのみずじんじゃ）

允恭天皇の命で藤原仲興が東にある延命の神水を手に入れるため熱田神宮を訪問した際に詠まれた「尾張なる野間の知らぬ沢踏みわけて、君が恋しき水を汲むかな」の歌から、この場所から湧き出る水が「恋の水」と呼ばれるようになった。万病に効くといわれ、聖武天皇の皇后の病気もこの水のおかげで治癒したという。平安時代に桜姫が、恋人の病に効く水を求めてこの地に来たが、水にたどり着けずに亡くなったという伝説も。恋の病に効果があるとされ、縁結び神社として広く知られるようになった。

願いを書いた参拝用の紙コップ200円で拝殿前の湧き水を汲み、願かけする。拝殿には多くの水が奉納されている

**恋の水神社**

住 美浜町奥田中白沢92-91
TEL 0569-87-3133
開 参拝自由
P あり
交 名鉄知多新線知多奥田駅から徒歩20分

珍しい水色の鳥居。病気平癒や縁結びの祈願に多くの参拝者が訪れる

相合傘の札に名前を書いて縁結び守700円に入れて持ち歩くといいそう

## オリジナルせんべいが作れる体験も MAP 別冊P.32-B3

# えびせんパーク 本店（えびせんぱーく ほんてん）

知多半島で取れたエビ、タコ、イカなど、新鮮な海の幸を使った姿焼きや海鮮せんべい約55アイテムが揃う工場併設の大型販売店。職人が原料の状態を見極めていねいに作りあげるせんべい類は、食べれば磯の香りが広がり、海鮮の味が楽しめる。姿焼きを自分で作れる大人気の「ぺったん体験」500円～は、エビや大あさりなどから好みの魚介を選び、鉄板で挟んで焼き上がりを待つだけ。

上／約40cmもの大きな姿焼きせんべいが作れる「ぺったん体験」。食べる前に記念撮影を忘れずに　下／50年以上、地元の海の幸を使ったせんべいを作り続けてきたカネヨシ製菓の直営店

**えびせんパーク 本店**

住 美浜町河和上前田371-1
TEL 0569-83-0270
営 9:00～17:00（季節により変更あり）、体験受付10:00～15:00
休 無休
料 無料
CC ADJMV
P あり
交 名鉄河和線河和駅から知多バス内海駅行きで河和山下車、徒歩5分、または南知多道路南知多ICから車1分

隣接する工場から直送のできたての海鮮せんべいを数多く販売

info 御神水で良縁祈願　多くの女性が御利益を求めて訪れる恋の水神社。井戸の水を入れる紙コップに願いごとを書くための場所があるほか、マジックを借りることもできる。

源氏ゆかりの尾張地方屈指の祈祷寺 MAP 別冊P.32-A3

## 大御堂寺（野間大坊）

平治の乱で敗れた源義朝が家臣の裏切りに遭い、この地で無念の死を遂げた。その父の菩提を弔うため源頼朝が建久元（1190）年に開運延命地蔵尊と不動明王・毘沙門天を奉安し、七堂伽藍を造営。境内には義朝の墓がある。鎌倉5代将軍・藤原頼嗣寄進の梵鐘がある鐘楼堂は国の重要文化財。

豊臣秀吉晩年の居城・伏見桃山城の一部を移築した客殿

**大御堂寺（野間大坊）**

住美浜町野間東畠50
TEL0569-87-0050
開7:00～17:00
休無休
料無料、客殿参拝500円
Pあり
交名鉄知多新線野間駅から徒歩13分

義朝の首を洗ったという血の池。国家一大事のとき水が赤くなるという伝説も

イチゴ狩り農園の新鮮イチゴスイーツ MAP 別冊P.32-B3

## いちごの丘

知多半島を望む小高い丘にあるイチゴ狩り農園。大きくて甘い「章姫（あきひめ）」や、豊かな香りと甘みの「かおり野」といったおいしい完熟イチゴを60分食べ放題。フレッシュなイチゴを味わったあとは、併設するカフェの自社農園産新鮮イチゴを使ったタルトやパフェで、ティータイムを楽しもう。

三河の海が見えるカフェ。カフェだけの利用もOK！

**いちごの丘**

住美浜町豊丘樹木109-1
TEL0569-83-1519
営12月上旬～5月上旬10:00～15:00（受付時間）、イチゴ狩り60分は予約優先
休火・水（祝日の場合は翌平日）、臨時休業あり
料1200～2200円、小学生1000～1800円、3歳～未就学児800～1200円、時期により異なる
CCADJMV
Pあり
交名鉄河和線河和駅から海っ子バス豊浜線師崎港行きで蟹川橋下車、徒歩7分

100%手作りの天然塩「美浜の塩」 MAP 別冊P.32-A3

## 食と健康の館

古代から塩作りをしていた美浜町。その「美浜の塩」を作る施設で、特産物・おみやげコーナーや体験施設を併設する町の観光拠点。海水を濃縮したカン水から自然海塩を作る「塩づくり体験」ができる。併設のカフェ・レストランでは、うま味たっぷりの美浜の塩を使った料理が人気。

太陽熱と風で海水を凝縮させて塩を作る珍しい仕掛けの流下式枝条架塩田

**食と健康の館**

住美浜町小野浦西川1
TEL0569-83-3600
営9:00～17:00
休火（祝日の場合は翌平日）
料無料、塩づくり体験700円
CCADJMV
Pあり
交名鉄知多新線野間駅または知多半島道路美浜ICから車10分

info 塩ソフトが人気　食と健康の館は愛知県内でも有数の規模を誇る小野浦海水浴場近くにある。カフェ・レストランの人気No.1は、ほんのり青い美浜の塩ソフトクリーム400円。海を眺めながら味わってみては。

海に暮らす生き物たちと触れ合う　MAP 別冊P.32-A2

## 南知多ビーチランド（みなみちたびーちらんど）

約270種7400点の海の生き物を展示し、イルカ、アザラシなど海に生息する動物たちと触れ合い、約600種類のおもちゃで遊ぶことができるレジャー施設。イルカのダイナミックなパフォーマンスや、トレーナーと息のあったショー、ペンギンや水槽で泳ぐ魚への餌やりが大人気だ。

ハイジャンプはイルカショーの見せ場

素材の持ち味を生かした手焼きせんべい　MAP 別冊P.32-B2

## 香味庵本店（こうみあんほんてん）

油や化学調味料などの添加物に頼らず、噛めば噛むほど素材本来の味がにじみ出てくる本格的な手焼きのえびせんべいが評判。刺身でも提供できる新鮮な甘エビを1尾まるごと焼き上げた贅沢なせんべいや、県民になじみの深いしゃぶしゃぶ用せんべいまで、豊富なラインアップ。

その日の気温や湿度に合わせて素早く焼き上げる

くだものの産地で味わう絶品パフェ　MAP 別冊P.32-B2

## Au Fraisvert Radieux（フレベール ラデュ）

三河湾の絶景を一望するカフェ。美浜産レモンアイス入りの定番パフェから、サクラのアイスやラングドシャを飾った季節限定のパフェまで、目にも鮮やかなパフェが人気。焼きたてのキッシュとベーグル、新鮮野菜がひと皿に盛られたブランチなどのカフェメニューもある。

イチゴとピスタチオのアイスやパイを盛り付け、飴細工で冠をイメージしたティアラ1650円

### 南知多ビーチランド

住美浜町奥田428-1
TEL0569-87-2000
営9:30～17:00（時期により異なる）
休冬季期間あり（HPで事前確認）　料1900円、2歳～中学生900円　CCADJMV　Pあり
交名鉄知多新線知多奥田駅から徒歩15分

園内にはフォトスポットや解説板が多数

### 香味庵本店

住美浜町河和台1-13-1
TEL0569-47-8878
営9:00～17:30
休月
CCADJMV
Pあり
交名鉄河和線河和駅から徒歩12分

そのままでも野菜を包んでもおいしい、せんべいしゃぶしゃぶ

### Au Fraisvert Radieux

住美浜町北方立戸14-5
TEL0569-82-3568
営10:00～17:00（L.O.16:30）
休火・水（祝日の場合振替休日あり）
CC不可
Pあり
交名鉄河和線河和駅から徒歩5分

## 隠れ家的なシービューレストラン
## 納屋(なや)~Cucina creativa(くっちーな くりえいてぃゔぁ)~

目の前に広がる伊勢湾を眺めながら、掘りごたつ席で足を伸ばしてゆっくり食事が楽しめる。看板メニューは35種類ある釜飯。地元漁港から毎朝仕入れる取れたての魚介類や、みずみずしい新鮮野菜、そして釜飯の要ともいえる米は契約農家から仕入れる美浜産のコシヒカリと、こだわりの素材がひとつの釜に集結。大あさりの塩浜焼きやワタリガニの塩ゆでなど、地場の素材をシンプルに味わえる一品料理もおすすめ。

MAP 別冊 P.32-A3
住 美浜町野間本郷55　TEL 0569-87-3778
営 11:00～15:00、17:00～21:00、水は11:00～15:00のみ
休 木　CC ADJMV
P あり　交 南知多道路美浜ICから車10分

❶❷掘りごたつのカウンター席は遮るものが何もないシービュー　❸トマトにあさり、チーズが入ったイタリアン釜めし1100円は女性に大人気　❹選べる釜めし（全35種類）に知多豊浜漁港から直送の刺身などが付いた恋の水御膳2290円

# 心地よい波音に包まれゆったり過ごす
# 絶景ごはん 美浜編

知多半島の真ん中に位置する美浜町は穏やかな港町。海沿いに立つカフェやレストランで、海の幸に舌鼓を。

## 野間埼灯台を間近に魚介料理を
## TERRACE NOANOA(てらすのあのあ)

美浜町を代表する観光スポットで知られる、県内最古の灯台・野間埼灯台からすぐの好ロケーション。南国リゾートを彷彿させるぬくもりのある店内から、白亜の灯台と海、夕方からは沈む夕日を眺めながら至福の時を過ごせる。オーナー自ら市場で仕入れるエビやホタテ、手長エビなどの魚介類をふんだんに使った海の幸マリネやシーフードプレートはランチやディナーで。タヒチやハワイをイメージしたモーニングから、ハワイアンロコモコやスペアリブなどのアラカルトまで多彩な料理を楽しめる。

MAP 別冊 P.32-A3
住 美浜町小野浦岩成24
TEL 0569-87-1704
営 9:00～21:00（L.O.20:00）
休 火　CC ADJMV　P あり
交 南知多道路南知多ICから車10分

❶紺碧の海と空、白亜の灯台のコントラストは雰囲気抜群　❷周辺のロケーションとマッチした開放感のあるレストラン　❸新鮮な海の幸いっぱいのシーフードサラダ1320円

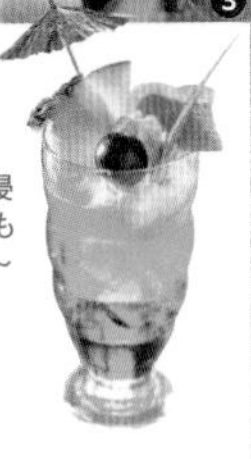

南国リゾート気分に浸れるノンアルコールも各種用意。480円～

灯台と海を
見渡せる窓際席と
開放的なテラス席が
ベストスポット！
VIEW POINT

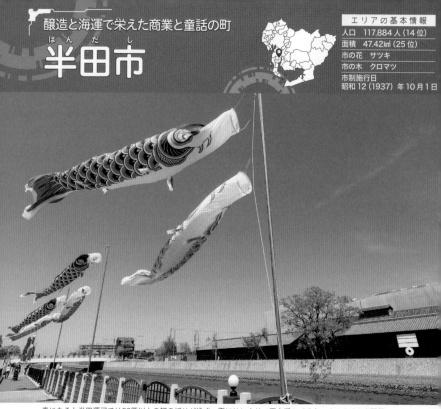

醸造と海運で栄えた商業と童話の町

# 半田市（はんだし）

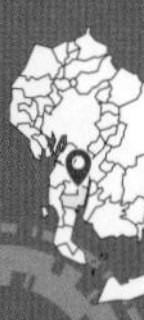

| エリアの基本情報 |
| --- |
| 人口　117,884人（14位） |
| 面積　47.42㎢（25位） |
| 市の花　サツキ |
| 市の木　クロマツ |
| 市制施行日<br>昭和12（1937）年10月1日 |

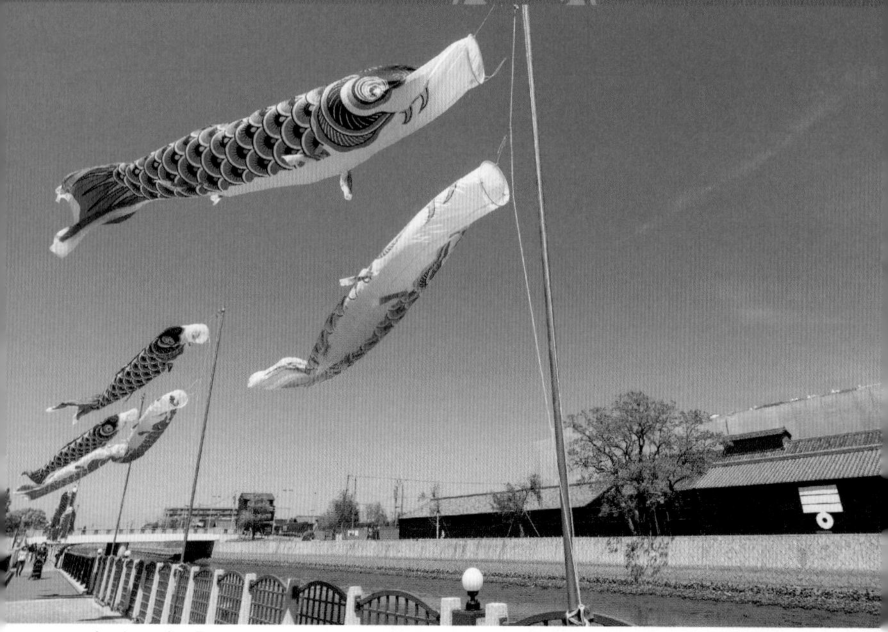

春になると半田運河では50匹以上の鯉のぼりが泳ぐ。夏にはヒカリノ玉を浮かべるキャナルナイトを開催

**市章**

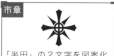

「半田」の２文字を図案化。中心の円で和を、外に向かう八先で市の発展を表現。町制時代に町章として制定されたものを引き継ぎ使用。

**エリア利用駅**

◎**半田駅、亀崎駅**
JR武豊線（区間快速・普通）
◎**知多半田駅**
名鉄河和線（特急・快速急行・急行・準急・普通）
◎**住吉町駅**
名鉄河和線（快速急行・急行・準急・普通）

半田市観光協会
www.handa-kankou.com

## 半田市への行き方

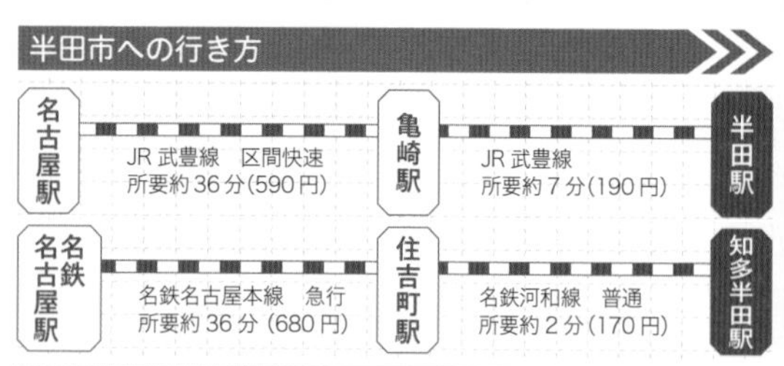


知多半島の中央東部に位置する。温暖な気候と良質な地下水に恵まれ、醸造業や海運業などで栄えた。全国的な酢メーカーであるミツカンも半田市が創業地で、半田運河沿いには黒板囲いの醸造蔵が残っている。戦前から航空産業など重工業も発達。戦時中は空襲の被害を受けたが、戦後も臨海部を中心に再び重工業が盛んになった。知多半島を管轄する国や県の分庁舎が置かれ、知多半島における行政の中心地的役割を果たしている。商都としての性格から市内には山車を擁する祭礼も多い。５年に一度、各地区の山車31輌が勢揃いする「はんだ山車まつり」が開かれる。コロナ禍で令和４（2022）年は開催されなかったため、次回は令和５（2023）年10月に開催予定。

info　知多酪農発祥の地　ミツカンの4代目中埜又左衛門が滋養と健康のために飼い始めた自家用乳牛が知多酪農の始まりだといわれている。昭和12（1937）年には牛乳メーカーの「知多牛乳」が誕生した。

## 半田市はめっちゃいいじゃんね！

### 発酵醸造の一大産地

酒、醤油、味噌、酢などの醸造業が盛んな半田市。海運が発達した江戸時代になると廻船を使って調味料が江戸などへ運ばれた。

### 明治時代に誕生した半田生まれのビール

ドイツの醸造技師と機械を導入し、当時東海地方で最大シェアを誇ったのが半田市生まれのカブトビール。半田赤レンガ建物はその工場跡。

### 焼肉店の数が愛知県１位

人口当たりの焼き肉店数が県内トップを誇る。２位は名古屋市、３位は飛島村。

※総務省「平成 26 年 経済センサス - 基礎調査結果」「住民基本台帳人口移動報告」（平成 27 年 1月1日現在）より

## 半田市の歩き方

### 醸造業で栄えた蔵と運河の町を堪能する

出発地は JR 半田駅。東へ向かっていくと**半田運河**に突き当たる。黒塀が美しい **MIZKAN MUSEUM** は運河のすぐ隣だ。同所はミツカンの酢作りの歴史などを学べる体験型博物館となっている。そこから北へ進むと**國盛 酒の文化館**に到着する。中埜酒造が営む日本酒の博物館だ。途中、江戸時代の商家であり、国の重要文化財に指定されている**小栗家住宅**の外観を見ながら向かってもいい（個人所有のため通常非公開）。その後は西方面へ戻り、JR の線路を越えてさらに進むと、明治時代の洋風住宅で国指定重要文化財の**旧中埜家住宅**に着く。設計は明治後期から昭和初期にかけて東海地方で活躍した建築家の鈴木禎次（ていじ）だ。そこから北へ向かうと、明治 31（1898）年にカブトビールの醸造工場として造られた**半田赤レンガ建物**が見えてくる。館内には同建物やカブトビールの歴史を紹介した常設展示室があるほか、ビアホール Re-BRICK では復刻版のカブトビールや食事を楽しめる。半田赤レンガ建物からの帰路は名鉄住吉町駅が近い。

カブトビールの工場だった半田赤レンガ建物は半田市のシンボル的存在

### おさんぽプラン

1. 半田運河（▶ P.318）
   ↓ 徒歩１分
2. MIZKAN MUSEUM（▶ P.316）
   ↓ 徒歩３分
3. 國盛 酒の文化館（▶ P.319）
   ↓ 徒歩 11 分
4. 旧中埜家住宅（▶ P.318）
   ↓ 徒歩９分
5. 半田赤レンガ建物（▶ P.319）

小ネタ

**自転車で市内観光**

半田運河や半田赤レンガ建物、新美南吉ゆかりのスポットなど、市内に点在する見どころを巡るのにレンタサイクルがおすすめ。貸出場所はアイプラザ半田、半田赤レンガ建物、cafe & shop ごんの贈り物（新美南吉記念館）の市内３ヵ所。料金は１日 500 円、３時間まで 300 円。蔵と醸造、童話の町で風を感じながらサイクリングしよう。

もっと知りたい！あいちの話

### 日本最古級の駅舎とセコ道散策

市北部の亀崎地区は、セコ道と呼ばれる密集した民家をとおる狭い路地が特徴的な風情あるエリアだ。おもな坂だけで 21 あり、起伏に富んだ街並みを形造る。明治 19（1886）年に開業した、現存する日本最古の駅本屋である亀崎駅舎も鉄道ファンなら必見。江戸で発祥し、諏訪と知多で発展した立川流彫刻の展示館・立川美術館もある。毎年５月３日と４日には、神前神社の祭礼である5輌の山車を干潮の海浜に曳き下ろす亀崎潮干祭（→ P.362）も行われる。

JR亀崎駅の駅舎。亀崎駅は大府から東海道線と分岐する武豊線にある

info 新美南吉の出身地 『ごんぎつね』『手袋を買いに』などで知られる童話作家・新美南吉は半田市北部・岩滑（やなべ）の出身だ。新美南吉生家があるほか、周囲には童話の舞台となった風景が残る。

## 『ごんぎつね』の南吉文学の世界へ MAP 別冊P.33-C1

## 新美南吉記念館（にいみなんきちきねんかん）

『ごんぎつね』『手袋を買いに』『おじいさんのランプ』などで知られる、半田市出身の児童文学作家・新美南吉の記念館。実筆原稿や日記、図書などの資料をとおして、南吉の生涯と文学世界を紹介。代表作のジオラマのほか、図書閲覧室の入口は『手袋を買いに』の帽子屋を原寸大で再現するなど、南吉文学の優しい世界に触れられる。記念館に隣接した童話の森は『ごんぎつね』に登場する「中山さま」の城跡といわれており、作品に出てくる里山の自然を感じながら散策してみるのもいい。

波打つ芝生のシルエットが特徴的な外観。記念館の屋根が芝生に覆われ、広場と一体化している

画像提供：新美南吉記念館

**新美南吉記念館**

住半田市岩滑西町1-10-1
TEL0569-26-4888
開9:30～17:30
休月・第2火曜（祝日の場合は翌平日）
料220円、中学生以下無料
CC不可　Pあり
交名鉄河和線半田口駅から徒歩20分

『手袋を買いに』の帽子屋を再現した原寸大のジオラマ

令和5（2023）年の生誕110年に合わせ、常設展示をリニューアルした

## 酢作りの歴史を学べる体験型博物館 MAP 別冊P.33-D2

## MIZKAN MUSEUM（みつかんみゅーじあむ）

文化元（1804）年、初代・中野又左衛門が酒粕から粕酢作りに成功し、今に続くミツカンが誕生した。同館では、その酢作りの歴史や酢を使った食文化の魅力について紹介している。完全予約制のガイドツアーで、江戸時代の酢作りと現在の醸造についての展示や、ミツカンと半田地域の歴史が学べるエリアなど、5つの展示ゾーンをガイドが解説してくれる。お楽しみは、「おすしの握り」や「マイ味ぽん」作りの体験プログラム。数量限定醸造酢などここでしか買えない商品は、ぜひ、おみやげに。

ミツカングループ創業の地に隣接する博物館。半田運河沿いの昔ながらの黒塀の景観を再現している

**MIZKAN MUSEUM**

住半田市中村町2-6
TEL0569-24-5111
開9:30～17:00（完全予約制）
休木
料300円、中・高生200円、小学生100円、小学生未満無料
CCADJMV　Pあり　交JR半田駅から徒歩5分、または名鉄河和線知多半田駅から徒歩13分

江戸時代に醸造に使われた道具が展示された「大地の蔵ゾーン」

半田から江戸に酢を運んだ弁才船。大型映像でその航海を体感できる

info 自然と調和する文学館　平成6（1994）年に新美南吉の生誕80周年・没後50周年を記念して建造された新美南吉記念館。設計は愛知県建築士会主催の全国コンペで421点のなかから選ばれた新家良浩建築工房の案によるもの。

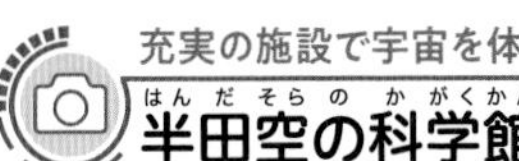

充実の施設で宇宙を体感しよう！ 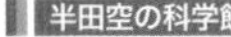 MAP 別冊P.33-C2

## 半田空の科学館

プラネタリウムと展示、天体観測所の3つの施設があり、直径18mドームのプラネタリウムでは、スターナビゲーターによる生解説の星空ライブが人気。屋上の天体観測所には口径40cmの反射望遠鏡と小型望遠鏡を4台完備。月替わりの星見会や昼の星を見る会、月の撮影、望遠鏡操作体験ができるイベントも開催する。

生解説「今夜の星空」で美しい半田の星空を紹介する

**半田空の科学館**

住 半田市桐ヶ丘4-210
TEL 0569-23-7175
開 9:00～17:00（プラネタリウム・天体観測所～21:30）
休 月（祝日の場合は翌平日）
料 無料、プラネタリウム観覧220円～、3歳～中学生110円～、番組により異なる
CC 不可
P あり
交 名鉄河和線知多半田駅または成岩駅から徒歩20分（市内巡回バスあり）

300万本の彼岸花が散策路を赤く染める MAP 別冊P.33-C1

## 矢勝川（彼岸花）

童話『ごんぎつね』の舞台となった矢勝川周辺は、里山風景が残るのどかなエリア。「でむし広場」から矢勝川南側堤をとおり新美南吉記念館への約1.5kmの道には、9月下旬、約300万本の彼岸花が咲き誇り、『ごんぎつね』で描かれた「ひがん花が、赤い布のように咲きつづいてい」るのを体感できる。

真紅の彼岸花のほかにも、季節により菜の花、ポピー、コスモスなどの花が満開に

**矢勝川（彼岸花）**

住 半田市岩滑高山町1（ででむし広場） TEL 0569-32-3264（半田市観光協会） 開 散策自由
P なし 交 名鉄河和線半田口駅から徒歩10分（ででむし広場）

**児童文学者・新美南吉**

大正2（1913）年、半田市で生まれる。本名は新美正八。『ごん狐（ごんぎつね）』や『手袋を買いに』といった作品に代表されるように、庶民の生きざまや身近な動物たちを温かな目線で描いている。初めての童話集を出版した翌年、結核のため29歳という若さでこの世を去った。

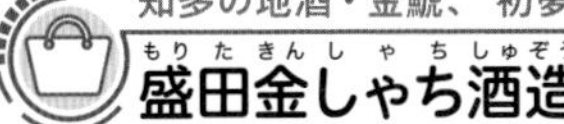

知多の地酒・金鯱、初夢桜の蔵元 MAP 別冊P.32-B1

## 盛田金しゃち酒造

嘉永元（1848）年から続く酒蔵で、手造りと地元産原料にこだわり、日本酒の半数以上を、知多半島で契約栽培した「夢吟香」という酒米で仕込むという。地元知多半島産の完熟フルーツ（苺、ブルーベリー、梅など）を使ったクラフトリキュールも好評。併設の直売店で購入できる。

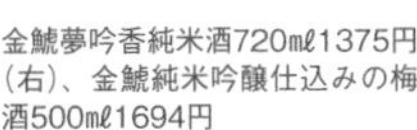

金鯱夢吟香純米酒720mℓ1375円（右）、金鯱純米吟醸仕込みの梅酒500mℓ1694円

**盛田金しゃち酒造**

住 半田市亀崎町9-112
TEL 0569-28-0250
営 8:00～17:00
休 土・日・祝
CC ADJMV
P あり
交 JR亀崎駅から徒歩15分

ていねいで繊細な仕込みが評判

# 醸造蔵が残るレトロタウン
# 蔵と運河の町をおさんぽ

知多半島にある半田は、江戸時代から醸造業と海運業で栄えてきた。当時の面影を残すスポットをふらりと訪ね歩いてみよう。

所要時間 5時間

**モデルコース**

JR 半田駅
↓ 徒歩 5 分
①半田運河
↓ 徒歩 2 分
②魚太郎 蔵のまちカフェ
↓ 徒歩 1 分
③旧中埜半六邸
↓ 徒歩すぐ
④國盛 酒の文化館
↓ 徒歩 15 分
⑤半田赤レンガ建物
↓ 徒歩 5 分
名鉄住吉町駅

### 歴史を感じる雄大な運河
## ① 半田運河

元禄年間（1688 ～ 1704 年）に 10 年に及ぶ工事で整備された半田運河。半田で醸造された酒や酢は、運河をとおって船で江戸や大坂へと運ばれていった。運河沿いには遊歩道が整備され、写真映えするスポットが多数ある。

ゴールデンウイークには鯉のぼりがはためく

MAP 別冊 P.33-D2
住 半田市中村町周辺 TEL 0569-32-3264（半田市観光協会） P 半田運河から徒歩 5 分に「蔵のまち東駐車場（無料）」あり 交 JR 半田駅から徒歩 5 分

まぐろしらす丼は、ドリンク代にプラス680円で南知多の名産・しらすを味わう

テラス席でもゆっくり過ごせる

### 海鮮の名店が運営するカフェ
## ② 魚太郎 蔵のまちカフェ

蔵造り風のオープンカフェ。ひきたてコーヒーと、ワッフルやあんみつなどのスイーツが人気だが、新鮮な魚介メニューも見逃せない。食べ歩きできるメニューも豊富。

MAP 別冊 P.33-D2
住 半田市中村町 1-33-2 TEL 0569-89-7810
営 7:30 ～ 17:30（L.O.17:00） 休 木 CC 不可
P あり 交 JR 半田駅から徒歩 3 分

### 明治の豪商の邸宅を見学
## ③ 旧中埜半六邸

江戸から明治にかけて海運・醸造で富を築いた富豪の邸宅。2 階は貸室だが、利用がなければ見学可。1 階はバームクーヘン店と予約制のフレンチレストラン。

MAP 別冊 P.33-D2
住 半田市中村町 1-7 TEL 0569-89-2925 開 10:00 ～17:00（最終入館 16:30） 休 木 料 無料 P あり
交 JR 半田駅から徒歩 7 分
※レストラン HANROK 予約 TEL 0569-47-8788

❶趣ある回遊式の庭園を見学できる ❷明治22（1889）年建築と伝わる

**ココも見て!**

### 旧中埜家住宅

MAP 別冊 P.33-D2
名鉄知多線知多半田駅から徒歩 4 分の場所にドイツ風洋館がある。第 10 代半六の別荘で、明治 44（1911）年建築。国指定の重要文化財。

info 最も古い跨線橋が存在　鉄道線路の上にまたがる跨線橋（こせんきょう）は、JR半田駅にあったものが明治43（1910）年設置と全国で最も古かった。令和5（2023）年3月現在、JR高架工事にあわせて移設保管中である。

試飲も楽しい見学スポット

## ④ 國盛(くにざかり) 酒(さけ)の文化館(ぶんかかん)

昭和 47（1972）年まで約 200 年間、実際に酒造りが行われていた酒蔵をそのまま生かした博物館。蔵で使われていた伝統の道具や資料を展示する。試飲コーナーや売店もある。

DATA P.372

中埜酒造株式会社の歴史ある酒蔵を公開

写真提供：半田赤レンガ建物

❶レトロ感いっぱいの展示スペース ❷赤レンガ建物は国の有形文化財に登録されている ❸平成になってから復刻したカブトビール

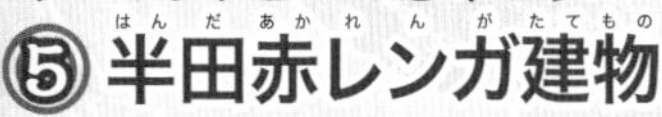

幻のカブトビールを味わう

## ⑤ 半田赤(はんだあか)レンガ建物(たてもの)

日本のビール黎明期であった明治 31（1898）年に半田で誕生したカブトビールの元製造工場。東京日本橋の装飾部などを手がけた妻木頼黄(つまきよりなか)が設計を担当した。館内にはカブトビールを楽しめるビアホールなどがある。

MAP 別冊 P.33-D2
住 半田市榎下町 8 TEL 0569-24-7031 営 10:00 ～ 17:00（最終入館 16:30、ビアホール L.O.16:30） 休 定期点検日（年 3 回） 料 常設展示室 200 円 CC ADJMV P あり 交 名鉄河和線住吉町駅から徒歩 5 分

足を延ばして地元の人気店へ

### 蔵の町でフレンチはいかが

知多産の野菜や知多牛などを使ったメニューも楽しめる。知多半島の米どころ・阿久比町で取れた古代米や名産の赤味噌を使うことも。ハレの日の食事にも、普段使いできるレストランとしても人気。

**Restaurant Lamitie**(れすとらんらみてぃえ)
MAP 別冊 P.33-D1
住 半田市岩滑中町 2-89 TEL 050-5283-3715 営 11:30 ～ 14:30（L.O. 13:00）、18:30 ～ 21:30（L.O. 19:30） 休 月・第 3 日曜 CC 不可 P あり 交 名鉄河和線半田口駅から徒歩 2 分

❶彩りも美しいフォアグラのテリーヌ ❷シェフのひとり営業が多い。夜は予約を

info 名門・中埜家の系譜　ミツカン創業者の中埜又左衛門は中埜の分家筋。敷島製パン創業者の盛田善平とソニー創業者の盛田昭夫は中埜家の縁戚。カブトビール（当時丸三ビール）は、4代目又左衛門と盛田善平が手がけた。

焼き物の歴史香る中部の空の玄関口

# 常滑市（とこなめし）

エリアの基本情報

人口　58,710人（34位）

面積　55.90㎢（22位）

市の花　サザンカ

市の木　クロマツ

市制施行日
昭和29（1954）年4月1日

土管坂の路面には土管焼成時の廃材であるケサワを滑り止めに使用している

市章

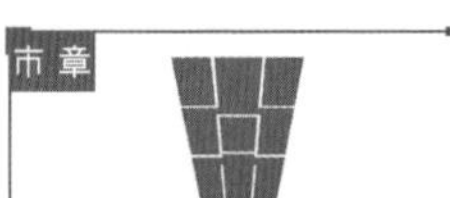

常滑市の「常」を愛知県出身の画家・杉本健吉が図案化。市民の団結と市勢の発展を表現している。昭和30（1955）年6月制定。

**エリア利用駅**

◎常滑駅
名鉄常滑線・空港線（特急・快速急行・急行・準急・普通）

一般社団法人とこなめ観光協会
URL www.tokoname-kankou.net

## 常滑市への行き方

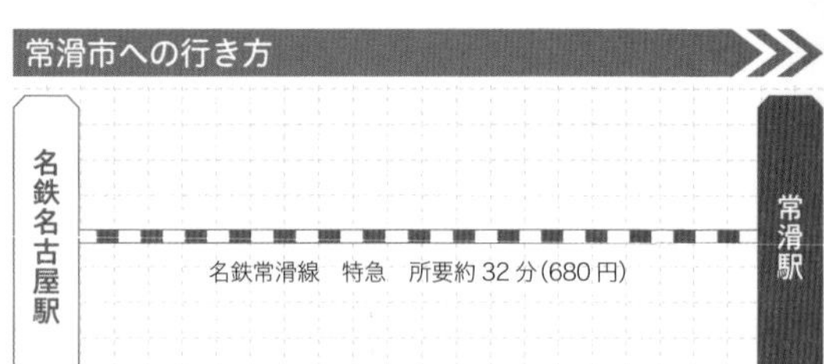


知多半島の西海岸に面する。常滑は古くから粘土層の露出が多く、土の性質がなめらかなため「とこなめ」という呼び名が定着したと考えられている。「常」とは「床」、つまり土壌のこと。丘陵地が市の大部分を覆い、平安時代末期の頃より「古常滑」と呼ばれる焼き物の産地だった。現在もLIXIL（旧INAX）など全国的な衛生陶器メーカーがある。戦国時代から江戸時代には海運業が発達し、常滑焼（→P.368）が全国へ広がる手段にもなった。れんが造りの煙突など、窯業で栄えてきた古い街並みが残る。野菜やくだものの栽培、伊勢湾で取れる魚介類やのりの養殖などが盛ん。平成17（2005）年に中部国際空港セントレアが開港し、中部地方の空の玄関口としての役割も果たしている。



info　あんかけスパといえば「カルソー」　カルボナーラにあんかけソースを加えたカルソーという料理がある。常滑市内のかじま台にあるゴンドラ（MAP 別冊P.32-A1）の名物メニューだ。生クリームを使用しないイタリア風のカルボナーラは、ソースとうまく絡む。

## 常滑市はめっちゃいいじゃんね！

### 日本六古窯のひとつ 常滑焼の発祥地

瀬戸、信楽、越前、丹波、備前と並んで日本六古窯のひとつに数えられ、そのなかで最も古く最大規模を誇る。朱色の焼き上がりが特徴。

### ボーイング 787 初号機を展示

中部国際空港セントレア内の複合商業施設ではボーイング社寄贈の787初号機（通称 ZA001）を展示する。同機の約 35% は中部地域で製造されている。

### 徳川家康 ゆかりの地が多数！

家康のいとこが住職を務め、3 度訪れたとされる常楽寺（→ P.39）や、伊賀越えの際に立ち寄った東龍寺など、家康ゆかりの寺がある。

## 常滑市の歩き方

### 焼き物が町に溶け込む路地を散策する

常滑駅東口から、巨大な招き猫**「とこにゃん」**を右手に見ながら、とこなめ招き猫通りを登っていくと、焼き物の散歩道のスタート地点であり常滑焼の展示即売を行う**常滑市陶磁器会館**に着く。陶磁器会館から南へ下ると**廻船問屋 瀧田家**がある。瀧田家は、江戸時代から明治時代にかけて廻船業を営んでいた家で、嘉永 3（1850）年頃に建てられた建物を復元・整備し、公開している。瀧田家へ向かう途中の坂では、今は使われなくなったれんが造りの煙突など、常滑をイメージする街並みを見られる。瀧田家から南へ約 10m 進んだ先にあるのが、明治期の土管と昭和初期の焼酎瓶で左右の壁面を覆った**土管坂**だ。さらに進むと**登窯広場 展示工房館**に着く。大正 10（1921）年頃に造られた両面焚倒焔式角窯（りょうめんだきとうえんしきかくがま）を保存展示し、中に入って見学することができる。2 階は陶芸教室だ。同館のすぐ近くには**登窯（陶榮窯）**も。明治 20（1887）年頃に築かれた窯で昭和 49（1974）年まで使われていた。日本に現存する登窯としては最大級だ。

ひょいと顔を出す様子がユーモラスなとこにゃん。高さ3.8m、幅6.3mもある

#### おさんぽプラン

1. 常滑市陶磁器会館（▶ P.368）
   ⬇ 徒歩 5 分
2. 廻船問屋 瀧田家（▶ P.323）
   ⬇ 徒歩 2 分
3. 土管坂
   ⬇ 徒歩 3 分
4. 登窯広場 展示工房館（▶ P.368）
   ⬇ 徒歩 1 分
5. 登窯（陶榮窯）（▶ P.368）

#### 小ネタ ソニー創業者の実家は酒蔵

市内の酒蔵「盛田」は昭和 21（1946）年に井深大と東京通信工業（現ソニー）を立ち上げた盛田昭夫の生家だ。同氏は、盛田 15 代当主でもあり盛田 味の館内には同氏の業績を扱った常設展がある。市内には同氏を紹介する記念館の盛田昭夫塾も。開館時間は 10:00 ～ 17:00 で完全予約制（800 円）。

### もっと知りたい！ あいちの話 常滑の海と飛行機を楽しめる砂浜

中部国際空港セントレアの対岸部に造られた人工海浜「**りんくうビーチ**」では、空港から離着陸する飛行機と夕日と海の、ここにしかないコラボレーションを楽しめる。波が非常に穏やかで、白砂の人工海浜としては東海地区最大級（長さ約 630m）だ。夏は BBQ やキャンプ、海水浴を楽しむ人たちでにぎわい、サウナやグランピングも楽しめる。SEA AND SKY TERRACE ではカレーや焼きそばなど軽食の提供や浮き輪のレンタルも行っている。

MAP 別冊P.32-A1

ビーチを背景に立つ黄色い「RINKU」のモニュメントはフォトスポット

info 受験NG？ 常に滑る町　受験期が近づくと常滑駅改札前に肉球がザラザラに加工された合格招き猫と「常に滑らない」神社が置かれる。滑らないのは「滑」の字が逆さ表記のため。常滑市観光プラザで合格祈願カードの限定配布も。

## ボーイング787のコックピットを見学 MAP 別冊P.32-A1

# フライト・オブ・ドリームズ

ボーイング787初号機（ZA001）の展示をメインに、本物のエンジンやコックピットを間近に見学ができる「フライトパーク」や、ボーイング創業の町・シアトルをテーマにしたショップが並ぶ「シアトルテラス」、米国外初出店のオフィシャルボーイングストアなどが入る複合施設。実は、ボーイング787の約35％が中部地方で製造されており、セントレアからアメリカのボーイングの最終組立工場に輸送される。その縁もあり飛行試験機の役目を終えた初号機が、ボーイング社からセントレアに寄贈された。

**フライト・オブ・ドリームズ**

住 常滑市セントレア1-1
TEL 0569-38-1195（テレホンセンター）
開 フライトパーク10:00～17:00、シアトルテラス10:00～18:00（店舗により異なる）
休 無休
料 無料、一部施設と体験は有料
CC ADJMV
P あり
交 名鉄空港線中部国際空港駅から徒歩5分

飛行中の状態をリアルに再現したコックピットを見学できる

全長53.7m、全幅60.1mの機体を中心に、遊具のあるキッズスペースやシアトル風のカフェなどがある

写真提供：中部国際空港株式会社

## 180年前の蔵で味わう極上味噌の料理 MAP 別冊P.32-A2

# 盛田 味の館

寛文5（1665）年から知多半島で酒の醸造業を営んできた盛田家は、宝永5（1708）年になると味噌やたまり醤油など、東海地方の食文化に欠かせない調味料の製造を始めた。盛田家の180年前の醸造蔵を改装した味の館では、地元ではおなじみの「盛田の調味料」やオリジナル商品を販売。館内で食べられる、隣接する工場の味噌を使った「みそ煮込みうどん」や「みそ田楽」がおいしいと評判。この盛田家の15代当主はソニー創業者のひとり、盛田昭夫。その常設展も設置されている。

**盛田 味の館**

住 常滑市小鈴谷脇浜10
TEL 0569-37-0733
営 10:00～16:00
休 火・水
料 無料　CC 不可　P あり
交 名鉄常滑線常滑駅から常滑コミュニティバス グルーン上野間駅行きで盛田味の館口下車、徒歩10分

古い杉樽が並ぶ館内では味の館限定の日本酒やオリジナル商品も販売

自慢の八丁味噌を使った名物「みそ煮込みうどん定食」

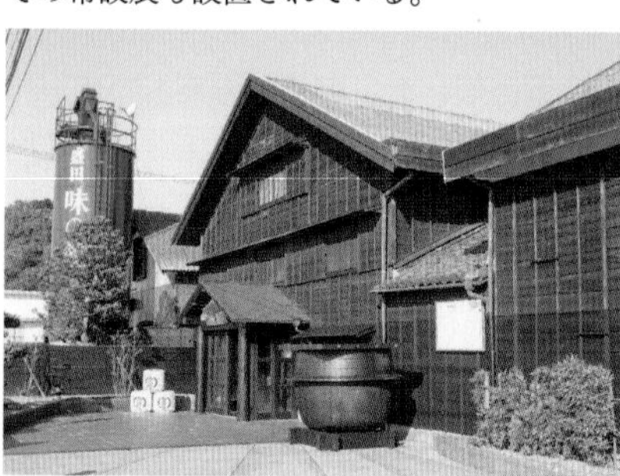
昔ながらの鎧壁の醸造蔵。味噌の醸造蔵として使われていたという

クチコミ　セントレアこと中部国際空港は、観光地でもある。商業施設やアミューズメント施設が充実し、さらには空港島内にあるAichi Sky Expo（愛知県国際展示場）は大規模コンサートも開催されるようになった。（愛知県在住・匿名希望）

常滑焼の過去・現在・未来を担う MAP 別冊P.34-B2

## とこなめ陶の森

常滑焼の振興や伝承と焼き物文化について発信する、資料館・陶芸研究所・研修工房の3施設からなる。資料館は令和3（2021）年にリニューアルオープン。国の重要有形民俗文化財「常滑の陶器の生産用具及び製品」の1655点中約300点を展示する。陶芸研究所では平安末期の常滑焼や現代陶芸作品などが見れる。モダニズム建築のパイオニアである堀口捨己設計の建物自体も見応えあり。

上／焼き物の歴史や文化を学ぶことができる資料館　下／資料館では約1000年続く常滑焼の歴史や生産道具を常設展示。企画展の開催も

**とこなめ陶の森**

住 常滑市瀬木町4-203（資料館）、常滑市奥条7-22（陶芸研究所）
TEL 0569-34-5290（資料館）、0569-35-3970（陶芸研究所）
開 9:00～17:00
休 月（祝日の場合は翌平日）
料 無料
P あり
交 名鉄常滑線常滑駅から知多バス知多半田駅行きでINAXライブミュージアム前下車、徒歩5分

建築ファンも訪れる資料館向かいの陶芸研究所

伊勢湾を望む高台にある城跡公園 MAP 別冊P.6-A1

## 大野城址

浅井長政と織田信長の妹・市の3女、後の3代将軍徳川家光の母・小督（江）が、わずか10歳で最初に嫁いだ大野領主・佐治一成の居城跡。現在は城山公園となり、城を模した展望台がある。

展望台になっている天守からは常滑の港町と伊勢湾の大パノラマを望める

**大野城址**

住 常滑市金山城山　TEL 0569-34-8888（常滑市観光プラザ）
開 展望台9:00～17:00（11～2月～16:00）　休 無休　料 無料
P あり　交 名鉄常滑線西ノ口駅から徒歩15分

対岸の工業地帯が見えることも

セントレアを見下ろす高台にある旧家 MAP 別冊P.34-A2

## 廻船問屋 瀧田家

廻船業を営んでいた瀧田家の嘉永3（1850）年頃に建築された住宅を復元・公開している。無尽灯（菜種油の照明具）や和船の模型など、当時の暮らしがわかる生活用品や調度品を展示。

セントレアが見えるでんでん坂を上り、正門を入ったところにある復元された主屋

**廻船問屋 瀧田家**

住 常滑市栄町4-75
TEL 0569-36-2031
開 9:30～16:30（最終受付16:00）
休 水（祝日の場合は開館）
料 有料、中学生以下無料
CC 不可
P なし
交 名鉄常滑線常滑駅から徒歩10分

## 知多の恵みと古式伝承製法の酒「白老」 MAP 別冊P.32-A1

# 澤田酒造（さわだしゅぞう）

嘉永元（1848）年の創業から仕込みに知多の湧水を使い、古式伝承製法で日本酒を醸造している老舗蔵元。世界最大規模のIWC 2022純米酒の部BRONZE受賞など、国内外品評会での受賞歴も多い。江戸時代の書物『本朝食鑑』の製法を復刻した梅酒など、知多でしか味わえない地酒を今宵の一杯に。

直営店では自慢の清酒や梅酒、知多の醸造調味料を販売

**澤田酒造**
住 常滑市古場町4-10
TEL 0569-35-4003
営 直売所10:00～16:30（酒蔵見学は事前予約制）
休 日・祝　CC AJMV　P あり
交 名鉄常滑線常滑駅から常滑市コミュニティバスグルーン知多武豊駅行きまたは上野間駅行きで古場下車、徒歩1分

飲み手の不老長寿を願いつけられた「白老」という屋号

## カラフルな常滑焼のオリジナル器作り MAP 別冊P.34-A1

# TOKONAME STORE（とこなめすとあ）

大きなガレージに、常滑焼ブランドTOKONAMEやMOM kitchenの陶器を販売するSTORE、陶芸体験ができるWORKSHOP小屋、コーヒーや軽食を提供するSTANDの3棟が入る。陶芸体験は、器の型に粘土を被せ周りにスタンプなどで飾りつけをする「タタラ成形」なので、子供でも楽しく器作りができる。

STOREでは暮らしに溶け込む、淡い色合いとかわいい形の陶器を販売

**TOKONAME STORE**
住 常滑市原松町6-70-2
TEL 0569-36-0655
営 11:00～18:00
休 水　料 陶芸体験3300円、小学生以下1980円、ファミリープラン小学生以下1650円
※予約優先　CC ADJMV
P あり　交 名鉄常滑線常滑駅から徒歩10分

窯元・山源陶苑運営の赤い屋根のおしゃれなガレージ

## 焼き物店が集まった専門店街 MAP 別冊P.32-A1

# とこなめセラモール（とこなめせらもーる）

伝統的な技法の常滑焼から陶芸作家の作品に、他産地の焼き物、外国のガーデニング陶器まで揃い、それをお得な価格で購入できるのが最大の魅力。盆栽鉢や急須を求めて、海外からファンも訪れるそうだ。陶芸体験や甘味を味わえる店もあるので、ゆっくりショッピングを楽しみたい。

海外でも人気が高い常滑焼の急須も豊富な品揃え

**とこなめセラモール**
住 常滑市金山上砂原99
TEL 0569-43-7111（事務局）
営 9:00～17:00（店舗により異なる）
休 無休（店舗により異なる）
CC 店舗により異なる　P あり
交 名鉄常滑線常滑駅から車10分、または知多横断道路常滑ICから車5分

5万平方メートルもの敷地にさまざまな焼き物が並び散策も楽しい

「米たまご」の優しいスイーツ　MAP 別冊P.32-A2

## とれたてたまごの店 ココテラス

こだわりの飼料や地元の米で育てた鶏の卵「米たまご」。このおいしさを味わってほしいと、卵の生産者がオープンした洋菓子店だ。卵のおいしさを素直に引き出した無添加のお菓子は、卵の味が上質で濃厚。隣には、オムライスや卵かけご飯が味わえるキッチン「レシピヲ」がある。

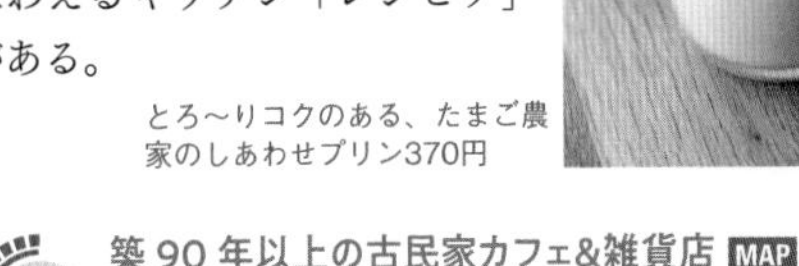

とろ〜りコクのある、たまご農家のしあわせプリン370円

**とれたてたまごの店 ココテラス**
住 常滑市大谷芦狭間249-1
TEL 0569-36-7060
営 10:00〜17:00
休 木、第1・3水曜
CC AJMV
P あり
交 南知多道路武豊ICから車10分

上質な卵を惜しげもなく使った、たまごたっぷりカステラ半斤750円

築90年以上の古民家カフェ&雑貨店　MAP 別冊P.34-A2

## ni:no

古民家を改装した店内1階は、地元常滑焼の陶器やステーショナリー、服飾雑貨など、かわいいアイテムで埋め尽くされた雑貨店。昔のままの急な階段を上った2階は、地元野菜を使ったランチや、手作りスイーツが人気のおしゃれなカフェで、焼き物作家の手作り食器で料理を楽しめる。

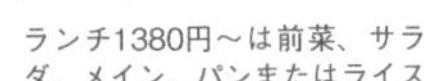

ランチ1380円〜は前菜、サラダ、メイン、パンまたはライス

**ni:no**
住 常滑市陶郷町1-1
TEL 0569-77-0157
営 10:00〜17:00（カフェ11:30〜）
休 木（祝日の場合は営業）
CC MV（カフェは利用不可）
P あり（散歩道共同駐車場）
交 名鉄常滑線常滑駅から徒歩6分

昔の建物の雰囲気が残る、居心地のいいカフェ

古窯を改装した珍しいレストラン　MAP 別冊P.34-A2

## Bar&Bistro 共栄窯

明治から昭和にかけ土管製造をとおして、常滑の繁栄を支えてきた共栄窯。その古い窯をリノベしたおしゃれなビストロでは、地元の海の幸をふんだんに使った料理が味わえる。バーにあるれんがの壁は、土管を焼成する際に付着した灰や塩分が光に反射してキラキラ光り、とても神秘的。

倒焔式角窯跡を利用した重厚な雰囲気のバーカウンター

**Bar&Bistro 共栄窯**
住 常滑市北条2-88
TEL 0569-34-7786
営 11:00〜14:30（L.O.13:30）、17:00〜24:00（L.O.23:00）
休 無休、臨時休業あり
CC ADJMV
P あり
交 名鉄常滑線常滑駅から徒歩3分

いちばん人気の知多牛と知多豚の特製ハンバーグ（セレクトケーキランチ3100円）

# 1日丸ごと楽しめる！ 愛知の空の玄関口
# 中部国際空港セントレア

飛行機に乗るだけでは終わらない。グルメ・ショッピング・入浴まで、エンタメいっぱいのセントレアを満喫しよう！

## 観光の目的地になる空港
## 中部国際空港セントレア（ちゅうぶこくさいくうこうせんとれあ）

文字どおり日本の真ん中から世界につながる「セントレア」。国内線・国際線の充実した航空網に加え、空港全体がひとつのテーマパークのように五感で楽しめる観光スポットとなっている。

MAP 別冊 P.32-A1
住常滑市セントレア 1-1 TEL 0569-38-1195（テレホンセンター） 交名鉄中部国際空港セントレア駅直結

### Check 1 飛行機がすぐ目の前！ 展望スカイデッキ

滑走路までわずか300m！ 総ウッド張りの屋外デッキで、飛行機の離着陸をすぐ間近に見られる。

営 7:00 〜 22:30
料見学自由 ※天候などにより予告なく閉鎖あり

❶夕日に照らされた飛行機のシルエット ❷滑走路の灯火が幻想的な夜景

### Check 3 空港グルメや特産品が集結！ 4階スカイタウンほか

宿場町がイメージの「ちょうちん横丁」と外国の街並みを再現した「レンガ通り」で、愛知のおいしいもの巡り。

❶令和5（2023）年オープンのカフェ「クローチェ」の名物サイコロトースト ❷銘品館「スカイスイーツ」

### Check 2 実機の迫力を間近で体感できる フライト・オブ・ドリームズ

詳細は P.322

国内最大サイズのボーイング 787 初号機を展示。楽しく遊びながら飛行機や空港について学べる。

### Check 4 飛行機を眺めながら癒やしのひととき SOLA SPA 風の湯（ふうのゆ）

飛行機の離着陸を望める日本初の展望風呂。サウナやジャクージのほか、無料のリラクゼーションスペースも併設。

伊勢湾に沈む夕日と飛行機を眺めながらの湯浴みは格別

営 10:00 〜 21:00（最終受付 20:00） 料大人タオル付 1500 円・タオルなし 1300 円、小学生タオル付 900 円・タオルなし 700 円、未就学児〜 3 歳タオル付 600 円・タオルなし 400 円、2 歳以下無料 CC ADJMV

### Check 5 誰でも自由に弾ける空港ピアノ「ひこうピ」

なぞの旅人フーたちが描かれている

開港 15 周年記念に設置された、昭和 50（1975）年製のアイボリーカラーのピアノ。人気のフォトスポットだ。

営4階スカイタウン開館時 料無料、イベント開催時は利用不可の場合あり

## セントレアをさらに深掘り！

### セグウェイ・ガイドツアー

簡単に操作できるセグウェイに乗って、ターミナルビル内やスカイデッキ、セントレアガーデンなどを巡ろう！

TEL 080-4222-2111（セグウェイ・ガイドツアー in セントレア） 営 10:00 〜、11:15 〜、13:30 〜、14:45 〜 料 60 分コース 3500 円、120 分コース 7000 円

### セントレアまるわかりツアー

通常はスタッフしか立ち入れないエリアをバスで案内。滑走路中央部で降車し、離着陸の様子を間近で見学できる。

TEL 予約 0120-17-5563（ABC 旅行センター） 営 9:00 〜、13:00 〜 料 6980 円、2 歳以下 3000 円
※ツアー開催日は HP などで要確認

info 空港内でアート散策 第1ターミナルビル内には、日本や飛行機をイメージした常滑焼の壁画やセラミックオブジェなどのアートスポットが点在。鑑賞を楽しむだけでなく、待ち合わせの目印にも活用されているそう。

## やきものの文化・技術を体感
# INAXライブミュージアム

土とやきもののミュージアム。敷地内にはテーマが異なる6つの館があり、見学や体験を通じてやきものの魅力に迫れる。

入館受付は「窯のある広場・資料館」で

❶「窯のある広場・資料館」は煙突が目印 ❷館内の窯ではプロジェクションマッピングが

## 体感型で発見がいっぱい！

株式会社 LIXIL の INAX ブランド（旧株式会社 INAX）は常滑が発祥。創業者の伊奈長三郎とその父である初之烝は、土管製造業を営む傍ら、フランク・ロイド・ライトが設計した帝国ホテル旧本館の外装タイル工場の技術顧問を務めた。日本の外装タイル黎明期の出来事だった。このミュージアムではタイルなど建築陶器の歴史を学ぶことができる。

**INAX ライブミュージアム**（いなっくすらいぶみゅーじあむ）
MAP 別冊 P.34-B3
住 常滑市奥栄町 1-130 TEL 0569-34-8282 開 10:00～17:00（最終入館16:30） 休 水（祝日の場合は開館） 料 700円 CC ADJMV P あり 交 名鉄常滑線常滑駅から知多バス知多半田駅行きでINAX ライブミュージアム前下車、徒歩2分

建築陶器のはじまり館　テラコッタパーク

### 近代建築を飾る「テラコッタ」

テラコッタとは、建築業界では建築を装飾するやきもののことを指す。このテラコッタと、建物の表面を覆うタイルを「建築陶器」と呼ぶ。大正から昭和初期にかけて、植物模様などの彫刻が施されたテラコッタが数多く建築物を飾った。「建築陶器のはじまり館」では、当時の写真とともにテラコッタの実物を観賞できる。タイルは現代でも使われているが、テラコッタが建築陶器として使われたのはわずか 20 年足らず。非常に貴重だ。

❶テラコッタを屋外展示したテラコッタパーク ❷帝国ホテル旧本館（ライト館）の柱の実物

世界のタイル博物館

### 華麗なる染付古便器の世界

全国の陶器の産地で作られた染付便器

貴人たちの間で、古くから使われてきた木製便器は、江戸末期から明治にかけて、清潔かつ耐久性に優れた陶器製便器へと置き換わっていった。明治 24（1891）年に愛知県・岐阜県を濃尾大震災が襲った後、復旧した旅館や料亭などで、染付を施した美しい便器を設置するようになり、大流行となる。衛生概念の向上とともに、釉薬の掛け流しなど、陶磁器の生産地の特色を色濃く映し出した典雅な便器が誕生した。

世界のタイル博物館

### 「タイル」という集合体が作る小宇宙

紀元前のメソポタミアでは、単調な土壁を装飾するために、頭部を着色した円錐形のクレイペグ（粘土釘）を並べて美しい模様を描き出した。最古のタイルがエジプトで生まれ、その後、各地の風土に合わせた美しいタイルが誕生する。偶像崇拝を禁じるイスラム文化では幾何学模様が発展し、ヨーロッパでは動物や草花など人々の暮らしが連想されるような図案が多い。

日本でタイルが普及し始めたのは、文明開化の頃。大正 11（1922）年に、「化粧れんが」「壁瓦」など 25 以上もの呼び名があった薄板状のやきもの建材の呼称を「タイル」に統一。清潔で耐久性があるタイルは、装飾性の面でも注目されていった。

❶クレイペグは壁装飾の原点といわれている ❷世界最古のタイルはピラミッドで使われた ❸イスラムのドーム天井は差し込む光も再現

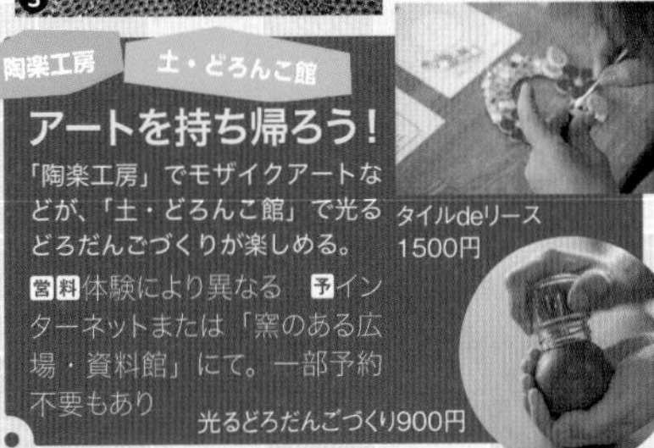

陶楽工房　土・どろんこ館

### アートを持ち帰ろう！

「陶楽工房」でモザイクアートなどが、「土・どろんこ館」で光るどろだんごづくりが楽しめる。
営 料 体験により異なる 予 インターネットまたは「窯のある広場・資料館」にて。一部予約不要もあり

タイルdeリース 1500円

光るどろだんごづくり900円

info What's? 光るどろだんごが光る球体に変貌！ やきもの用粘土の球を削り、「化粧どろ」で色をのせてから、ガラス瓶の口を使って磨くとどろだんごが光る球体に変貌！ 自宅に持ち帰ってからも磨き続け「育てる」人も。10:00、13:00、15:00の1日3回開催（変動あり）。

丘陵が広がる県下有数の健康施設集積地

# 大府市（おおぶし）

エリアの基本情報

人口　93,123人（17位）
面積　33.66㎢（32位）
市の花　クチナシ、ツツジ
市の木　クロガネモチ、サクラ
市制施行日
昭和45（1970）年9月1日

大府市はめっちゃいいじゃんね！

**日本初のバイオリン製造**

鈴木政吉は家業の三味線作りを転換し、明治30年代初頭に初の国産バイオリンを量産化。鈴木バイオリン製造として大府に本社がある。

大府の「お」を図案化。農業の「の」、工業の「工」、商業の「し」を取り入れ、7つの町が一体となって発展する様子を7本の線で表現。

**大府市への行き方**

名古屋駅からJR東海道本線で大府駅まで約15分、330円。あいち健康の森公園へ行く場合、大府駅から徒歩約20分と離れているため、体力に自信がない人は大府駅からタクシー利用が便利だ。

JAあぐりタウン げんきの郷とその前に広がる体験農場

北は名古屋、東を三河と隣接し、昔から街道がとおる交通の要衝だった。全域をなだらかな丘陵地が覆う。恒常的な水不足に悩まされていたが、昭和36（1961）年に愛知用水が開通すると灌漑状況が大きく改善され、名古屋の近郊農業地として発展した。現在ではブドウなどの栽培が盛んなほか、自動車製造業も基幹産業のひとつだ。健康都市として力を入れており、南部にはあいち健康の森公園を中心に、公的な福祉・医療施設が集まる。

## 大府市の歩き方

### 大府駅を起点に点在する名所を散策する

大府駅東口を出て師崎街道を北上すると**鈴木バイオリン製造**に着く。丸みを帯びたかわいらしい外観が特徴的で、工場見学も受け付けている。さらに南東に向かって歩くと左手に見えてくるのが**大倉公園**だ。大倉公園は日本陶器（現ノリタケ）初代社長の大倉和親の別荘だった場所で、茅葺門や離れ（現・休憩棟）が残る。園内には**大府市歴史民俗資料館**も。そこからさらに南東へ進むと、鎌倉時代創建で知多四国第4番札所の**延命寺**がある。

大倉公園の茅葺門は国の登録有形文化財

ℹ 大府市観光協会
URL www.obu-kankou.gr.jp

**おさんぽプラン**

❶ 鈴木バイオリン製造（▶ P.329）
⬇ 徒歩10分
❷ 大倉公園（▶ P.329）
⬇ 徒歩1分
❸ 大府市歴史民俗資料館（▶ P.329）
⬇ 徒歩10分
❹ 延命寺

info 大府のブドウ　大府市は昭和35（1960）年頃から丘陵地を利用したブドウ栽培が盛んで、その農業産出額は愛知県内1位。30以上の品種を栽培し、ブドウ直売所も点在しているので、収穫時期（7月下旬〜9月上旬）にのぞいてみよう。

# 大府市のおもな見どころ





大正期の趣のある建物とツツジの名所 MAP 別冊P.6-A1

## 大倉公園（おおくらこうえん）

大正時代に建築された、ノリタケの初代社長・大倉和親の別荘。深い緑の木々に囲まれ四季の花々が咲き誇る、美しい日本庭園を散策できる。毎年春につつじまつりが開催されるツツジの名所。

大正10（1921）年築造の総茅葺屋根の茅葺門。市内初の国登録有形文化財

**大倉公園**
住大府市桃山町5-74
TEL0562-45-6236（大府市 水と緑の部 水緑公園課）
開8:00～17:00（5～8月～18:30）
休無休
料無料
Pなし
交JR大府駅から徒歩15分

大府の歴史と昭和レトロな展示も MAP 別冊P.6-A1

## 大府市歴史民俗資料館（おおぶしれきしみんぞくしりょうかん）

常設展示室は、「昭和期の大府の暮らし」をテーマに、「田の字」型の民家に羽釜や氷式冷蔵庫といった日用品を展示。地元出身のペーパークラフト作家・あいばまさやすの作品も紹介している。

昭和の駄菓子屋や電気屋などの店先を再現したコーナーは、レトロ感たっぷり

**大府市歴史民俗資料館**
住大府市桃山町5-180-1
TEL0562-48-1809
開9:00～18:00（最終入館17:30）
休月（祝日の場合は翌平日）、毎月最終金曜、特別休館日
料無料
Pあり
交JR大府駅から徒歩10分

国産バイオリン製造のパイオニア MAP 別冊P.6-A1

## 鈴木バイオリン製造（すずきばいおりんせいぞう）

明治20（1887）年創業、バイオリンなど弦楽器製造のリーディング企業。工房見学、バイオリンのニスを使った駒の塗装やバイオリンの甲を削る体験ができるほか、試奏や販売も行う。

和製バイオリンの礎を築いた初代・鈴木政吉の明治21（1888）年製第1号バイオリン

**鈴木バイオリン製造**
住大府市桃山町2-23-1
TEL0562-57-5245
営9:00～18:00
休土・日・祝
料工房見学1100円、制作体験5000円（予約制）
CCADJMV
Pあり
交JR大府駅から徒歩12分

天然温泉があるファーマーズマーケット MAP 別冊P.6-A1

## JAあぐりタウン げんきの郷（じぇいえい あぐりたうん げんきのさと）

東海地区最大級の直売所で、地元の農産物や海産物を販売。切り花や海の幸、旬のフルーツのスイーツにレストラン、天然温泉「めぐみの湯」に体験農園まで揃う農・食・健康のテーマパーク。

知多半島の旬の食材がずらり。卵、精肉、米、地元食材を使った寿司や漬物も

**JAあぐりタウン げんきの郷**
住大府市吉田町正右エ門新田1-1 TEL0562-45-4080（代表） 営9:00～18:00（施設により異なる）、めぐみの湯9:00～21:00（最終受付20:30） 休1日（土・日、祝日の場合は翌平日） 料入場無料、めぐみの湯入泉料950円、小学生400円、3歳～小学生未満200円 CCADJMV Pあり
交JR大府駅から知多バス大府線循環左まわりげんきの郷行きでげんきの郷下車、徒歩1分

クチコミ 大倉和親って、日本陶器（現・ノリタケカンパニーリミテド）だけじゃなく東洋陶器（現・TOTO）や日本ガイシ（日本碍子）の社長もやってる……セラミックがらみの社長を歴任。すごっ。（ライターE）

梅香漂う木綿の里の古き街並みを歩く

# 知多市（ちたし）

エリアの基本情報
人口　84,364人（21位）
面積　45.90㎢（27位）
市の花　ツツジ、ウメ
市の木　ヤマモモ
市制施行日
昭和45（1970）年9月1日

知多市は めっちゃ いいじゃんね！

**江戸時代に誕生 知多木綿発祥の地**

最高級木綿として評判となった知多木綿は江戸時代に「江戸送り日本一」と呼ばれ、明治時代後半からは大規模工場や動力織機が同産業を牽引した。

市章

知多市の「ち」を図案化。上部は鵬（おおとり）が翼を広げて大空に舞い上がる様子を、下部は知多市民の団結と和を表現している。

### 知多市への行き方

知多市の見どころは岡田、佐布里、新舞子に分かれ、岡田と佐布里は名鉄名古屋駅から特急で約20分、510円の朝倉駅が便利。同駅から知多バスで約20分、大門前330円、梅の館口270円だ。新舞子は名鉄名古屋駅から特急が約25分、570円で結ぶ。

i 一般社団法人知多市観光協会
URL chita-kanko.com

おさんぽプラン
❶ 慈雲寺（▶ P.331）
⬇ 徒歩3分
❷ 旧竹内虎王邸
⬇ 徒歩2分
❸ 手織りの里 木綿蔵・ちた（▶ P.406）
⬇ 徒歩1分
❹ SoN by OKD KOMINKA BREWING（▶ P.373）

県内随一の本数を誇る梅の木が植えられている佐布里池

知多半島の北西部に位置する。埋立地が広がる西部は名古屋港の最南端を構成し、発電所や製油所などの工業地帯となっていて、中央部から東部は標高30mから65mまでの丘陵地が広がる。ペコロス（小粒のタマネギ）やフキの栽培が盛んなほか、約6000本の梅の木が植わる佐布里緑と花のふれあい公園の梅林や知多木綿の産地として栄え、今も古い街並みが残る岡田地区もある。1年をとおして温暖で、南部の新舞子は明治時代末から海浜行楽地として有名。

## 知多市の歩き方

### 歴史を感じる建物や蔵が残る小径を歩く

竹内式動力織機を開発した竹内虎王の邸宅

知多バス大門前で降りると、目の前に立つのが知多四国第72番札所であり南北朝時代創建の**慈雲寺**だ。趣ある建物が増えてくるのは、同寺山門から通りを挟んで向かい側に延びる道を進んだ先。T字路を左折すると、黒板壁が連なる**旧竹内虎王邸**に着く。さらに南東へ歩くと、旧竹内虎王商店の木綿蔵を利用した**手織りの里 木綿蔵・ちた**がある。古民家をリノベーションした**SoN by OKD KOMINKA BREWING**に立ち寄っても楽しい。

info 城の遺構が残る大草公園　織田長益（ながます／有楽斎）が手がけたが未完となった城跡が保存されている公園。梯郭式の水堀・土塁の大部分が残り、遊歩道から見学できる。天守を模した展望台からは伊勢湾を一望（MAP 別冊P.6-A1）。

初春には約 6000 本の梅が咲き誇る名所 MAP 別冊P.6-A1

## 佐布里緑と花のふれあい公園

そうりみどりとはなのふれあいこうえん

佐布里池のほとりに広がる自然をそのまま生かした公園。池の周辺に 25 種類約 6000 本の梅の木があり、市の天然記念物「佐布里梅」や青みがかった「青軸」など、珍しい梅の花も観賞できる。子供たちが自然と触れ合いながら思いきり遊べるプレーパークや BBQ 場もあり、市民に愛されている。

梅の見頃は毎年2月中旬～3月中旬で、梅まつりも開催

**佐布里緑と花のふれあい公園**

住 知多市佐布里台3-101
TEL 0562-54-2911
開 9:00～17:00
休 月（祝日の場合は翌平日）
料 無料
P あり
交 名鉄常滑線朝倉駅から知多バス佐布里線で梅の館口下車、徒歩5分

園内の「梅の館」は、レストランや売店を併設している

見て触れて、電気について楽しく学ぶ MAP 別冊P.6-A1

## JERA 知多電力館

じぇらちたでんりょくかん

知多火力発電所構内にあり、映像や模型、クイズなどをとおして、電気や火力発電の仕組みについて学べる。みんなで楽しめるエネルギークイズ「エネ学王」など、見て触れて、参加できるコーナーが充実。多くの野鳥や昆虫が生息する発電所構内の自然環境についても紹介している。

空からの映像が観られるディスカバリー号。楽しいコーナーがいっぱい！

**JERA 知多電力館**

住 知多市北浜町23
TEL 0562-55-8311
開 9:00～16:30
休 月（祝日の場合は翌平日）
料 無料
P あり
交 名鉄常滑線古見駅から徒歩10分

海沿いの緑豊かな場所にある

美しい竹林が連なる映えスポット MAP 別冊P.6-A1

## ちたの竹林

ちたのちくりん

旭公園西隣にある約 200 m の竹林の小径。青々とした大きな孟宗竹が連なり、まるで京都の嵯峨野を思わせる美しい風景を通年楽しめる。クリスマスには 100 個以上のライトで照らし出され、幻想的な姿を見せてくれる。生活道路として利用されているため、マナーを守って写真撮影を。

頭上をはるかに超える高さの竹が並ぶフォトジェニックな風景が話題

**ちたの竹林**

住 知多市金沢山林46-1
TEL 0562-51-5637（一般社団法人知多市観光協会）
開 散策自由
P あり
交 名鉄常滑線新舞子駅から徒歩23分



info 名刹・慈雲寺　観応元（1350）年に創建された慈雲寺（MAP 別冊P.6-A1）は、南北朝時代に北朝の足利尊氏、南朝の後醍醐天皇の双方から帰依を受けた由緒ある寺。江戸時代における尾張国の地誌である『尾張名所図会』には名勝名跡のひとつとして描かれている。

## 自然豊かな家康の母の生まれ故郷

# 東浦町（ひがしうらちょう）

**エリアの基本情報**

人口　49,596人（35位）
面積　31.14㎢（34位）
町の花　ウノハナ
町の木　クスノキ
町制施行日
昭和23（1948）年6月1日

**東浦町はめっちゃいいじゃんね！**

**徳川家康の母 於大の方の生誕地**

於大の方は緒川城主・水野忠政の娘で、水野氏が今川方の松平氏と結ぶため、松平広忠へ嫁ぎ家康が誕生した。

東浦町の「ひ」を図案化したもの。真ん中の「6」は町の6地区を表現、丸は円満和合の精神を、上部の三角は躍進する町を表す。

### 東浦町への行き方

於大の方と水野氏の史跡を巡るなら緒川駅が便利だ。名古屋駅からJR東海道本線で約32分、420円。村木砦の戦いで信長が本陣を置いた村木神社を訪れる場合は、緒川駅のひとつ前、尾張森岡駅が最寄り駅。

毎年冬に於大公園にあるこのはな館が装飾される「このはな彩」（写真は令和2年度のもの）

知多半島北東部に位置する町で、西は緩やかな丘陵地、東は衣浦湾に面して田園地帯が広がる。戦国時代に徳川家康の母・於大の方の実家である水野氏が治める緒川城があった。桶狭間の戦いより6年前の天文23（1554）年に織田信長が鉄砲を用いて今川勢に勝利した村木砦の戦いの跡がある。昭和35（1960）年あたりから丘陵地を使ったブドウ栽培が行われるようになり、現在では20種類を超えるブドウが生産・販売されている。

## 東浦町の歩き方

### 知多半島で勢力を誇った水野氏の歴史を巡る

緒川駅西口を出て西へ進むと札木の辻跡の立札が立つ交差点に出るので、そこを左折し南へ行くと、石田公園にぶつかる。その先にある明徳寺川の両岸に設けられた歴史散歩道が**於大のみち**だ。生い立ち広場から**乾坤院**（けんこんいん）までつながっている。乾坤院は文明7（1475）年に初代緒川城主・水野貞守が開いた寺。隣接して**於大公園**も広がる。公園東側には緒川城主3代の墓所がある。公園から北西へ歩いて緒川駅へ戻る途中に**緒川城址**や**地蔵院**もあるため、立ち寄りたい。

八重桜の並木が約2km続く於大のみち

ℹ 東浦町観光協会
URL higashiura-kanko.com

**おさんぽプラン**

❶ 於大のみち（▶P.333）
⬇ 徒歩15分
❷ 乾坤院
⬇ 徒歩すぐ
❸ 於大公園（▶P.333）
⬇ 徒歩15分
❹ 緒川城址

**info** 秋の祭礼おまんと祭り　鈴を背に着けた馬が神社境内の柵中を疾走し、若衆が「ハイヨー」のかけ声とともに馬につかまり伴走する祭り。村木神社のおまんとはほかの地区と比べ馬の数が多いのが特徴だ。9月から10月に行われる。

入海神社境内にある縄文早期の貝塚　MAP 別冊P.6-A1

## 入海貝塚（いりみかいづか）

入海神社の拝殿・本殿東に、段丘崖に沿って幅10m、長さ50 mの弧状に分布する約7000年前の貝塚。ハイガイを中心に構成され、縄文土器や石器、骨角器なども出土している。国指定の文化財。

関東から近畿まで広く分布する尖底型の縄文土器「入海式土器」の標式遺跡

**入海貝塚**
住 東浦町緒川屋敷壱区46
TEL 0562-82-1188（東浦町郷土資料館）
開 散策自由
P なし
交 JR緒川駅から徒歩10分

1年を通じて花や自然を楽しめる公園　MAP 別冊P.6-A1

## 於大公園（おだいこうえん）

遊具広場やマレットゴルフ場、バーベキュー広場、おもしろサイクル広場、約160種を植栽する薬木薬草園があり、しだれ梅に桜、夏には絶滅危惧種のオニバス（鬼蓮）の珍しい花も見られる。

春には約400本の桜が満開に。5～6月には花ショウブが見頃になる

**於大公園**
住 東浦町緒川沙弥田2-1
TEL 0562-84-6166
開 このはな館（公園管理事務所）9:00～16:00（6～9月～17:00）、施設により異なる（詳細は東浦町HPで確認）
休 散策自由
料 無料（一部有料施設・遊具あり）
P あり
交 JR緒川駅から徒歩20分

桜の名所として知られる歴史散策路　MAP 別冊P.6-A1

## 於大のみち（おだいのみち）

東浦町を東西に流れる明徳川沿い約2kmにわたる桜並木。徳川家康の生母・於大の方をモチーフにしていて、左岸には於大の方の物語、右岸は東浦町の歴史を紹介する陶板64枚が敷かれている。

4月中旬頃から20種類600本もの八重桜が咲き誇る。ライトアップの実施も

**於大のみち**
住 東浦町大字緒川明徳寺川沿い
TEL 0562-83-6118（東浦町観光協会）
開 散策自由
P なし
交 JR緒川駅から徒歩15分

歴史を変えた村木砦の戦いの地　MAP 別冊P.6-A1

## 村木砦跡（むらきとりであと）

天文23(1554)年、今川軍が築いた砦を織田水野軍が攻撃。初めて実戦で鉄砲を使い織田軍が勝利したといわれ、桶狭間の戦いへと続く契機となった「村木砦の戦い」が繰り広げられた古戦場跡。

八剱社を含む馬蹄形の村木砦で、今川軍と織田水野軍が激突

**村木砦跡**
住 東浦町森岡取手30（八剱社）
TEL 0562-82-1188（東浦町郷土資料館）
開 散策自由
P なし
交 JR尾張森岡駅から徒歩5分（八剱社）

info 冬季限定のステンドグラス風装飾　於大公園の「このはな館」は、毎年冬に窓ガラス全面をステンドグラス風に装飾する。窓からの太陽光によって鮮やかな色が床にも映し出され、幻想的な光景が広がる。

大仏が鎮座する日本有数の鉄鋼の町

# 東海市（とうかいし）

| エリアの基本情報 |
|---|
| 人口　113,787人（15位） |
| 面積　43.43㎢（28位） |
| 市の花　サツキ、洋ラン |
| 市の木　クスノキ |
| 市制施行日<br>昭和44（1969）年4月1日 |

名古屋港から見た工場夜景と東海まつり花火大会（8月第2土曜開催）

市章

東海市の「とう」を図案化。手を取り合うようなモチーフで市民の団結、市の発展を表している。市制施行日と同日に制定された。

**エリア**利用駅

◎聚楽園駅
名鉄常滑線（準急・普通）
◎太田川駅
名鉄常滑線（特急・快速急行・急行・準急・普通）

東海市観光協会
www.tokaikanko.com

## 東海市への行き方

名鉄名古屋駅 → 聚楽園駅：名鉄常滑線　準急　所要約17分（410円）
聚楽園駅 → 太田川駅：名鉄常滑線　準急　所要約3分（170円）
名鉄名古屋駅 → 太田川駅：名鉄常滑線　特急　所要約16分（410円）

知多半島の西北端に位置し、昭和44（1969）年に北部の上野町と南部の横須賀町が合併し発足した。かつては伊勢湾に面した漁村だったが、愛知用水の開通で農業と海浜埋立地を利用した工業が盛んになった。日本製鉄、愛知製鋼、大同特殊鋼など鉄鋼業のほかに、坂角総本舗やコカ・コーラ ボトラーズジャパン東海工場などがある。市の北部には大正期に聚楽園（しゅうらくえん）という旅館および行楽地が整備された。建物こそ残っていないが、敷地内の聚楽園大仏は現存する。中部には米沢藩9代・上杉治憲（はるのり）（鷹山）の師となった細井平洲の生誕にまつわる場所が点在。南部の横須賀にはかつて江戸時代に尾張徳川家2代・徳川光友が潮湯治のために建てた別邸・臨江亭（横須賀御殿）があった。

info　秋を彩るからくり人形　尾張横須賀まつり（9月第4土・日曜）と大田まつり（10月第1土・日曜）では、からくり人形の山車が引かれる。尾張藩の御殿があった横須賀は名古屋型、大田は知多型と、登場する山車の種類が異なる。

## 東海市はめっちゃいいじゃんね！

### 国内屈指の収穫量！フキの産地

フキ栽培の歴史は古く、大正時代にはすでに日本一の産地として知られていた。現在でも産出額は全国屈指だ。「愛知早生フキ」発祥の地でもある。

### 中部圏最大の鉄鋼基地をもつ

市内に日本製鉄、愛知製鋼、大同特殊鋼という大手鉄鋼3社の巨大工場が横たわる。「鉄」は東海市の代名詞だ。世界有数の製造規模と技術力を有す。

### 多彩な洋ランの新品種を続々育成

花き類の産出額全国1位を誇る愛知県の洋ランの主要産地。最大の特徴は品種の多彩さ。農業センターでは新品種の開発に力を入れている。



## 東海市の歩き方

### 日本最大級の大仏と地域の歴史を感じる

聚楽園駅の目の前に広がるのが**聚楽園大仏**のある**聚楽園公園**だ。同公園は実業家の山田才吉が営んでいた料理旅館・聚楽園の旧敷地がもとになっている。大仏も同氏による建立だ。公園内の旅館跡には茶室・嚶鳴庵（おうめい）（呈茶券350円）が建てられている。聚楽園大仏から南へ進むと、知多四国第86番札所であり細井平洲が幼少の頃に学んだ鎌倉時代創建の**観音寺**に到着。観音寺からは**加家公園、大窪公園、大池公園**と緑地帯が続く。大池公園は市役所に隣接した市民の憩いの場だ。大池公園を南に進むと知多四国第83番札所の**弥勒寺**にいたる。境内の宝篋印塔（ほうきょういんとう）を時計回りに3周させて参拝すると、願いがかなうといわれているので試してみたい。弥勒寺から大田川を渡って南西へ行くと、名鉄太田川駅に到達する。同駅東出口と北出口の間に**東海市観光物産プラザ**があり、東海市と知多半島のみやげ物が揃う。これら約3.2kmにわたる一連の散策路は「平洲と大仏を訪ねる花の道」として整備され、案内板が設置されている。

聚楽園大仏の背後には名古屋駅前の高層ビル群が立ち並ぶ

**おさんぽプラン**

1. 聚楽園大仏 （▶P.337）
   ↓ 徒歩14分
2. 観音寺
   ↓ 徒歩17分
3. 大池公園
   ↓ 徒歩7分
4. 弥勒寺
   ↓ 徒歩10分
5. 東海市観光物産プラザ

小ネタ

**戦前の特撮『大仏廻国』**

特撮の神様ともいわれる円谷英二の師・枝正義郎が監督し、昭和9（1934）年に製作された『大仏廻国』という映画がある。聚楽園大仏が立ち上がり、名古屋や近郊の名所を訪ね、また人々に道徳について諭すというもの。日本の巨大着ぐるみ特撮の草分けで、当時は珍しい音声付きの一部カラーだった。その20年後に円谷は特技監督として『ゴジラ』を制作した。

もっと知りたい！ あいちの話

### 世界トップクラスの技術を誇る製鉄業

東海市では豊田製鋼（現・愛知製鋼）が昭和18（1943）年、東海製鉄（現・日本製鉄）が昭和36（1961）年、大同特殊鋼が昭和37（1962）年に操業を開始した。トヨタの自動車製造に適した鋼を製造するため建てられたのが豊田製鋼であり、中部財界の要請により、銑鋼一貫（せんこういっかん）体制の製鉄所として設立されたのが東海製鉄だ。日本製鉄名古屋製鉄所では自動車・家電・容器用などの薄板類の製造が大半を占める。大同特殊鋼は特殊鋼一貫製造工場として世界最大級の規模を誇る。

日本製鉄は世界有数の規模を誇る日本を代表する製鉄メーカー

info **大仏ゆかりの守口漬**　山田才吉は守口漬の考案者でもあり、喜多福という店を明治14（1881）年に名古屋で創業。その元祖・守口漬を**東海市観光物産プラザ**（MAP 別冊P.8-B3）で購入できる。現在喜多福は東京にあり、県内で考案店の味を買えるのはここのみ。

# 東海市のおもな見どころ

## 自動車用鍛造技術と大野鍛冶の歴史を紹介 MAP 別冊P.21-D3

## 鍛造技術の館 愛知製鋼株式会社

鎌倉時代から知多半島大野谷で栄えた鍛冶職人集団「大野鍛冶」の歴史や、鍬や手斧などの実物を展示。昭和初期の鍛冶屋の風景を再現したジオラマもある。現代に続く自動車用鍛造品の役割や歴史、技術の進化、製造工程などとあわせて紹介している。工場内奥の施設のため、徒歩での来館は不可。

製品を通じて鍛造技術がもつ多様な側面を理解できる

**鍛造技術の館 愛知製鋼株式会社**

住東海市新宝町33-1 愛知製鋼株式会社鍛造総合事務所内
TEL052-603-9383
開9:00～17:00（7～9月の金曜～16:00）、最終入館は閉館1時間前、前日までに要予約
休土・日、GW、夏季連休、年末年始、会社休日
料無料
Pあり
交名鉄常滑線太田川駅から車15分、または西知多産業道路東海IC交差点から車1分

## クイズやゲームでエネルギー博士に MAP 別冊P.21-D3

## 東邦ガス ガスエネルギー館

「地球温暖化とエネルギー」をテーマに、環境とエネルギーの関わり、SDGsについて楽しく学べる。カードゲームで二酸化炭素の削減量を体感できる省エネショッピングや、－196度の液体窒素を使った実験、燃料電池の仕組みを体験できる展示など、見て・触れて・学べる工夫がされている。

都市模型にスコープの照準を合わせると、都市ガスが活躍している場所がわかる

**東邦ガス ガスエネルギー館**

住東海市新宝町507-2
TEL052-603-2527
開10:00～17:00（最終入館16:00）
休土・祝（日曜の場合は翌日）
料無料
Pあり
交名鉄常滑線大同町駅から送迎バス（要予約、日曜運休）

大きな燃料電池の中に入って仕組みや効果を体験しよう

## 江戸の伝統製法を継ぐ海老せんべい MAP 別冊P.8-B3

## 坂角総本舗本店

海老せんべい一筋130余年。本店は始祖である坂角次郎が海老せんべいの商いを始めた、坂角と看板商品「ゆかり」誕生の地に立つ。匠の技で焼き上げるゆかりは、せんべいの約7割が天然海老の極上品で、製造に7日間を要する。名古屋城の鯱にあやかった「ゆかり黄金缶」はおみやげに最適。

海老せんべいの味や風味はもちろんのこと、パッケージもおしゃれでかわいい

**坂角総本舗本店**

住東海市横須賀町三ノ割61
TEL0562-33-5111
営9:00～18:00
休日
CCADJMV
Pあり
交名鉄常滑線尾張横須賀駅から徒歩5分

現在の本店は昭和4（1929）年に2代目の鐐三が建てたもの

# たたずまいと表情に個性あり 愛知の大仏3選

建造当時は高さ日本一！奈良の大仏※よりも大きい
※座高14.98m

同じ「大仏」でもその建築素材から表情、建造理由にいたるまで千差万別。詳しくなくても会いにいきたくなるユニークな大仏をご紹介。

## 東海市 日本初の鉄筋コンクリート造大仏 聚楽園大仏（しゅうらくえんだいぶつ）

昭和2(1927)年完成

伊勢湾に面した高台で地域の人々を見守る東海市のシンボル。昭和天皇御成婚記念事業として大正13(1924)年に着工し、3年かけて造られた。台座に一切経の写経石を、胎内にはかつて観世音菩薩像が安置されていた。

MAP 別冊 P.11-C3
住 東海市荒尾町西丸山47-3 聚楽園公園内
開 見学自由 料 無料
P あり 交 名鉄常滑線聚楽園駅から徒歩5分

聚楽園公園の階段を上ると木々の間から巨大な大仏が姿を現す。階段横に立つ仁王像とともに東海市指定文化財となっている

## 西尾市 航海の安全を願い、海を見つめる 刈宿の大仏（かりやどのおおぼとけ）

座高 約8m
台座高 約6m

ふたつの光背（後光）が特徴的な黄土色の仏像。昭和の大典を記念するとともに、海難者の鎮魂と漁師の安全祈願のため開眼建立された。像内に入ることができる。

昭和3(1928)年完成

大仏が鎮座する常福寺は長徳2(996)年創建。源満国が当地を訪れたときに「仮の宿」と称して亡母の追善菩提のために建立した

MAP 別冊 P.6-B2
住 西尾市刈宿町出口50
TEL 0563-59-7549（常福寺） 開 見学自由、胎内巡り9:00〜16:00 料 無料 P あり 交 名鉄西尾線西尾駅から六万石くるりんバス寺津矢田線に乗り刈宿下車、徒歩5分。または名鉄三河線碧南駅・名鉄西尾線吉良吉田駅からふれんどバスに乗り刈宿下車、徒歩5分

近くにある踏切の信号が目の位置に重なると、サングラスをかけているように見える画像がSNSで発信され、話題になった

## 江南市 「サングラス大仏」でおなじみ 布袋の大仏（ほていのだいぶつ）

少し大きな頭部と穏やかな表情が印象的。個人所有の仏像で、夢のお告げによって建立したという。名鉄布袋駅と江南駅の間で、車窓から眺めることもできる。

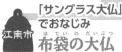

MAP 別冊 P.8-B1
住 江南市木賀町大門132 開 見学自由 料 無料
P なし 交 名鉄犬山線布袋駅から徒歩15分

昭和29(1954)年完成

info 大仏の調査　聚楽園大仏は建造当時の資料がほぼ残っていなかったことから構造や建造方法が不明だったが、平成30(2018)年度から令和2(2020)年度にかけて正確な図面の作成や構造調査を行い、その文化財的価値が明確になった。

多様な自然あふれるホタルと歴史の里

# 阿久比町（あぐいちょう）

エリアの基本情報
人口 28,383人（46位）
面積 23.80㎢（39位）
町の花 ウメ
町の木 モチノキ
町制施行日
昭和28（1953）年1月1日

阿久比町は めっちゃ いいじゃんね！

**多種多様な生物の宝庫**

板山高根湿地では、ハッチョウトンボやシラタマホシクサ、トウカイモウセンゴケなど希少種を確認できる。

町章

阿久比町の「あ」を図案化。大小ふたつの丸で平和と文化を愛する町の姿を表現し、中央の軸は町の発展向上を象徴している。

**阿久比町への行き方**

名鉄名古屋駅から名鉄河和線がつないでいる。坂部駅まで普通のみ約30分、570円。阿久比駅まで特急で約25分、620円。阿久比駅は特急などすべての列車が停車する。

知多半島の中央部に位置する。町の真ん中を阿久比川が流れ、盆地と丘陵地で構成された自然あふれる場所だ。粘土質の土壌は水もちと肥料もちがよく稲作に適していることから、阿久比米の産地として知多半島の米どころでもある。ホタルを町のシンボルとして保護しているほか、菊作りも盛ん。一部地区で同好会が菊の展示会を開くなど、子供から高齢者まで世代を超えた交流がある。

新美南吉の童話が生まれた風土を権現山などからも感じられる

## 阿久比町の歩き方

### 家康の母・於大の方が暮らした史跡を歩く

絶滅したと思われていたノハナショウブを自生の1株から増やした花かつみ園

町歩きを楽しむなら、名鉄坂部駅から名鉄阿久比駅までのルートが便利だ。坂部駅を降りたら西へ。知多四国第15番札所の**洞雲院**（とううんいん）に着く。同寺は於大の方の菩提寺だ。裏山には久松定益、定義、俊勝、於大の方、松平定綱の5基の墓もある。同寺の南方には、久松俊勝と再婚した於大の方が約15年間暮らした城である**坂部城址**があり、現在は城山公園となっている。公園から県道55号を南へ歩くと、知多に3座ある式内社のひとつ**阿久比神社**（あぐい）に到着だ。阿久比神社まで来ると阿久比駅はすぐそば。徒歩で巡るには距離が離れているが、苔むした石段や背の高い杉が茂る**箭比神社**（やひ）も風情がある。本殿途中の赤鳥居をくぐると「おこり（古代からの熱病）」にかかるとの言い伝えが。阿久比スポーツ村の野球場はかつて中日ドラゴンズの二軍の本拠地だったことでも有名。童話『ごんぎつね』の舞台である南部の権現山や、ノハナショウブが咲く西部の**花かつみ園**（6月中旬に一般公開）、北部の**白沢ホタルの里**（6月に観賞会）、東部の**板山高根湿地**（7～9月限定公開）もそれぞれの季節に訪れたい。

多いときには数万匹ものホタルが飛び交うという白沢ホタルの里

i 阿久比町観光協会
URL aguitown-kanko.com

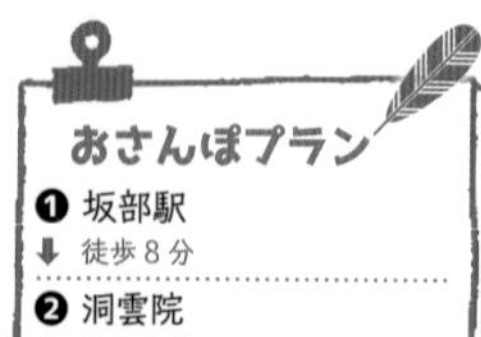

おさんぽプラン

1. 坂部駅
   ↓ 徒歩8分
2. 洞雲院
   ↓ 徒歩5分
3. 坂部城址
   ↓ 徒歩15分
4. 阿久比神社

info ホタル保護活動を推進　町では昭和58（1983）年からヘイケボタルの保護を進めている。「ほたるの飛びかう町づくり」として環境庁「ふるさといきものの里100選」に岡崎市とともに選定。見頃は6月中旬～7月中旬。

味噌とたまりで栄えた蔵の連なる港町

# 武豊町（たけとよちょう）

エリアの基本情報
人口　43,535人（40位）
面積　26.37㎢（37位）
町の花　サザンカ
町の木　クスノキ
町制施行日
昭和29（1954）年10月5日



知多半島の中央部東沿岸に位置する。温和な気候による稲作、酪農、花（カーネーション）および野菜栽培のほか、良質な水に恵まれているため、醸造に適した風土と気候があり、味噌やたまりの醸造産業が伝統的に行われている。大豆と塩を原料に3年ほど木桶で長期熟成させる、昔ながらの醸造法を用いている蔵は現在町内に5軒残る。化学製品、ガラス、薬品産業なども盛ん。

武豊の蔵では昔ながらの木桶を使い2～3年かけて天然醸造を行う

**武豊町はめっちゃいいじゃんね！**

**豆味噌とたまりの産地**

武豊町は全国的に見ても味噌、たまり醸造が盛ん。味噌、たまりを使った逸品を“たけとよめし”として認定し飲食店などで販売している。

## 武豊町の歩き方

### 郷愁を誘う蔵の町とかつての鉄道遺産を巡る

武豊駅から北上するとまず**武雄神社**に着く。戦国時代に長尾城に居城した岩田氏が武雄天神を氏神と定めたもので、周囲には**長尾城跡**や**三井家住宅（庄屋屋敷）**、味噌・たまり蔵の**中定（なかさだ）商店**などが点在する。中定商店には醸造伝承館という資料館もある。ひととおり巡ったら国道247号を南へ。左手に**豊石（とよいし）神社**が立つ。同社では毎年7月に蛇車まつりが行われ、山車の曳き回しのほかに、手筒花火を山車の上から振る蛇ノ口花火が行われる。さらに南下し、里中の交差点まで来ると武豊線で使われていた昭和2（1927）年建造の**転車台**に到着する。同交差点から西側が味噌・たまり蔵が集まる地区だ。**丸又商店**のほかに、**カクトウ醸造**、**伊藤商店**、**南蔵（みなみぐら）商店**があり、ショップも併設する。もし車で巡るなら、町の南部にある**岡川寺（こうせんじ）**も訪れたい。座高3.6mの弘法大師像があり、木造の大師像では日本一の大きさだ。鉄道ファンなら、東成岩駅と武豊駅間の**石川B**と呼ばれる橋梁は必見。イギリス人技師ボナールが設計した武豊線開業時からの構造物だ。散策のあとは、味噌・たまりを中心とした商品の販売やフードコートを備える、**まちの駅 味の蔵たけとよ**に立ち寄ってみよう。

直角二線式の転車台は武豊町にしか現存しない。国の登録有形文化財

町章

全体は明るい将来を象徴する羽ばたく鳥をイメージ。武豊の「タ」と「ケ」を合成しつつ、横線は町の発展を、上下の曲線で調和を表す。

**武豊町への行き方**

JRと名鉄の2路線があり、海近くの東側をJR、その少し奥の西側を名鉄が並走する。JR名古屋駅から武豊駅まで約1時間、770円。名鉄名古屋駅から知多武豊町駅まで約50分、750円。武豊駅と知多武豊駅は同じ場所にはなく、徒歩8分の距離。

i 武豊町観光協会
URL taketoyo.info

**おさんぽプラン**

❶ 武雄神社
↓ 徒歩5分
❷ 中定商店
↓ 徒歩15分
❸ 転車台
↓ 徒歩1分
❹ 味噌・たまり蔵
↓ 徒歩3分
❺ まちの駅 味の蔵たけとよ

info 幻の洋食「ミヤビヤ」　町内の享楽亭（MAP 別冊P.32-B1）では東海3県下4軒の洋食屋にしか残らないミヤビヤという料理を出す。鶏肉と玉ねぎを炒めケチャップで味付け、皿に盛って生卵をのせてから蒸したもの。ほかにも懐かしの洋食が揃う。

## 知多半島を縦断する巡礼路

# 知多四国 八十八ヶ所巡礼の旅

日本３大新四国霊場のひとつ知多四国は、かつて空海が立ち寄った際、生国の四国と風景が酷似して驚いたという逸話が残る場所だ。

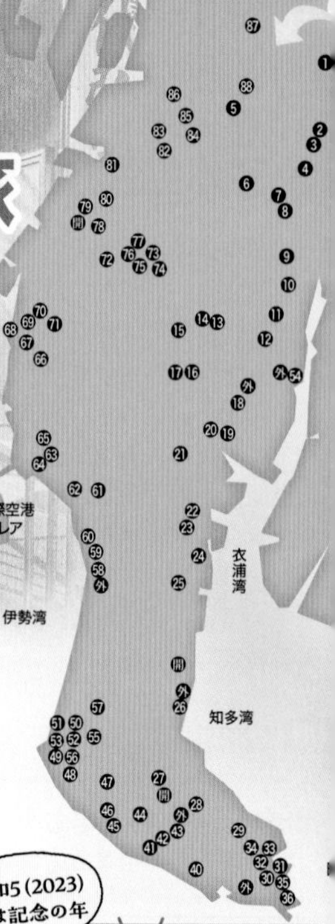

### ◆知多四国八十八ヶ所とは

文政７（1824）年に作られた霊場で、文化６（1809）年に現在の知多市古見（こみ）にある妙楽寺の住職だった亮山の夢に空海がお告げをしたことがきっかけ。亮山は本場の四国で遍路を行ったあとに岡戸半蔵、武田安兵衛という同志を得て、発願から16年後に知多四国霊場の整備を成就させた。空海が開祖の真言宗寺院は約30。残りは他宗派の寺院で構成。開山所と番外合わせて98の札所を擁し、お礼参りに名古屋市の興正寺を訪れる。

### ◆お遍路の作法と心得

1 札所へ到着したら合掌して一礼をする
2 手を洗い、口をすすいで身を清める
3 まず本堂にお参りをする
4 弘法堂でろうそくと線香を捧げ、納め札を納めてお経を唱える
5 納経所で納経印をいただく
6 合掌して一礼をしてから札所を出る

### ◆お参りの格好と持ち物

信心が第一義。加えて納経帳、経本、納め札が基本のセットになる。どんな格好でもよいが白衣やすげ笠などを着るとより遍路気分を味わえる。白衣などは第１番曹源寺、第43番岩屋寺、第71番大智院や通販で購入できる。

令和5（2023）年は記念の年

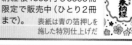

**弘法大師誕生1250年**

各寺では通常の御朱印に加えて記念法印が令和５（2023）年１月〜令和６（2024）年６月30日の期間限定で授与される（有料）。知多四国霊場会が監修した記念納経帳1500円も5000冊限定で販売中（ひとり２冊まで）。

表紙は青の箔押しを施した特別仕上げだ

### ◆札所

1 曹源寺（そうげんじ）／豊明市
2 極楽寺（ごくらくじ）／大府市
3 普門寺（ふもんじ）／大府市
4 延命寺（えんめいじ）／大府市
5 地蔵寺（じぞうじ）／大府市
6 常福寺（じょうふくじ）／大府市
7 極楽寺（ごくらくじ）／東浦町
8 傳宗院（でんそういん）／東浦町
9 明徳寺（みょうとくじ）／東浦町
10 観音寺（かんのんじ）／東浦町
11 安徳寺（あんとくじ）／東浦町
12 福住寺（ふくじゅうじ）／半田市
13 安楽寺（あんらくじ）／阿久比町
14 興昌寺（こうしょうじ）／阿久比町
15 洞雲院（とううんいん）／阿久比町
16 平泉寺（へいせんじ）／阿久比町
17 観音寺（かんのんじ）／阿久比町
18 光照寺（こうしょうじ）／半田市
19 光照院（こうしょういん）／半田市
20 龍台院（りゅうたいいん）／半田市
21 常楽寺（じょうらくじ）／半田市
22 大日寺（だいにちじ）／武豊町
23 蓮花院（れんげいん）／武豊町
24 徳正寺（とくしょうじ）／武豊町
25 円観寺（えんかんじ）／武豊町
26 弥勒寺（みろくじ）／美浜町
27 誓海寺（せいかいじ）／美浜町
28 永寿寺（えいじゅじ）／美浜町
29 正法寺（しょうぼうじ）／南知多町
30 医王寺（いおうじ）／南知多町
31 利生院（りしょういん）／南知多町
32 宝乗院（ほうじょういん）／南知多町
33 北室院（きたむろいん）／南知多町
34 性慶院（しょうけいいん）／南知多町
35 成願寺（じょうがんじ）／南知多町
36 遍照寺（へんじょうじ）／南知多町
37 大光院（だいこういん）／南知多町
38 正法禅寺（しょうぼうぜんじ）／南知多町
39 医徳院（いとくいん）／南知多町
40 影向寺（ようごうじ）／南知多町
41 西方寺（さいほうじ）／南知多町
42 天龍寺（てんりゅうじ）／南知多町
43 岩屋寺（いわやじ）／南知多町
44 大宝寺（だいほうじ）／南知多町
45 泉蔵院（せんぞういん）／南知多町
46 如意輪寺（にょいりんじ）／南知多町
47 持宝院（じほういん）／南知多町
48 良参寺（りょうさんじ）／美浜町
49 吉祥寺（きちじょうじ）／美浜町
50 大御堂寺（おおみどうじ）／美浜町
51 野間大坊（のまだいぼう）／美浜町
52 密蔵院（みつぞういん）／美浜町
53 安養院（あんよういん）／美浜町
54 海潮院（かいちょういん）／半田市
55 法山寺（ほうさんじ）／美浜町
56 瑞境寺（ずいきょうじ）／美浜町
57 報恩寺（ほうおんじ）／美浜町
58 来応寺（らいおうじ）／常滑市
59 玉泉寺（ぎょくせんじ）／常滑市
60 安楽寺（あんらくじ）／常滑市
61 高讃寺（こうさんじ）／常滑市
62 洞雲寺（とううんじ）／常滑市
63 大善院（だいぜんいん）／常滑市
64 宝全寺（ほうぜんじ）／常滑市
65 相持院（そうじいん）／常滑市
66 中之坊寺（なかのぼうじ）／常滑市
67 三光院（さんこういん）／常滑市
68 宝蔵寺（ほうぞうじ）／常滑市
69 慈光寺（じこうじ）／知多市
70 地蔵寺（じぞうじ）／知多市
71 大智院（だいちいん）／知多市
72 慈雲寺（じうんじ）／知多市
73 正法院（しょうぼういん）／知多市
74 密蔵寺（みつごんじ）／知多市
75 誕生堂（たんじょうどう）／知多市
76 如意寺（にょいじ）／知多市
77 浄蓮寺（じょうれんじ）／知多市
78 福生寺（ふくしょうじ）／知多市
79 妙楽寺（みょうらくじ）／知多市
80 栖光院（せいこういん）／知多市
81 龍蔵寺（りゅうぞうじ）／知多市
82 観福寺（かんぷくじ）／東海市
83 弥勒寺（みろくじ）／東海市
84 玄猷寺（げんにゅうじ）／東海市
85 清水寺（せいすいじ）／東海市
86 観音寺（かんのんじ）／東海市
87 長寿寺（ちょうじゅじ）／名古屋市緑区
88 円通寺（えんつうじ）／大府市
開 妙楽寺（みょうらくじ）／知多市
開 禅林堂（ぜんりんどう）／美浜町
開 葦航寺（いこうじ）／美浜町
外 海蔵寺（かいぞうじ）／半田市
外 東光寺（とうこうじ）／半田市
外 影現寺（ようげんじ）／美浜町
外 西方寺（さいほうじ）／南知多町
外 浄土寺（じょうどじ）／南知多町
外 奥之院（おくのいん）／南知多町
外 曹源寺（そうげんじ）／常滑市

※開：開山所　外：番外札所

info　歩いて巡礼（まいる）知多四国　巡礼では徒歩以外で車のほかに電車と徒歩を組み合わせて巡ることもできる。名鉄では「歩いて巡礼（まいる）知多四国」と銘打った1日約10km、全18回で満願となるコースも設定しているため参考にしてみよう。

第3章

# 歴史と文化

# 年表で見る愛知の歴史

| 時代 | 西暦 | 和暦 | 愛知のできごと | 日本・世界のできごと |
|---|---|---|---|---|
| 旧石器・縄文時代 | 約3万年前 | | ・豊橋市牛川町の石灰岩採石場で人骨（牛川原人）が発見される<br>※人骨ではなく動物の骨だとする説も有力<br>・三河（加生沢・五本松・萩平）や尾張（入鹿池・上品野）に人が居住 | ・岩宿遺跡（群馬県みどり市）から打製石器が発見され、旧石器時代の人類の存在が確認された |
| | 約1万年前 | | ・縄文時代草創期の酒呑ジュリンナ遺跡（豊田市）で微隆起線文土器や石器が出土 | |
| | 約8000年前 | | ・尾張平野に縄文人が進出 | |
| | 約3000年前 | | ・吉胡貝塚（田原市）、縄文人骨出土<br>吉胡貝塚史跡公園・吉胡貝塚資料館→P.281 | ・秦の始皇帝、中国を統一（前221年） |
| 弥生時代 | 紀元前5〜2世紀 | | ・弥生文化・稲作農業が伝来（水神平遺跡・西志賀遺跡など） | |
| | 紀元前300年前 | | ・朝日遺跡（名古屋市西区〜清須市）に東海地方最大級の環濠集落が形成される　あいち朝日遺跡ミュージアム→P.374 | ・ローマ帝国が成立（前27年）<br>・邪馬台国の卑弥呼が魏に使いを送る（239年） |
| | 113年 | 景行天皇43年 | ・熱田神宮創建　熱田神宮→P.134 | |
| 古墳時代 | 3世紀 | | ・尾張平野に古墳文化が始まる。県内最古の前方後円墳・東之宮古墳（犬山市）が築造される | |
| | 4世紀前半〜 | | ・志段味古墳群（名古屋市守山区〜瀬戸市鹿乗町）が造営される<br>体感！しだみ古墳群ミュージアム→P.374 | ・倭国の統一（大和朝廷の設立）（350年頃）<br>・ローマ帝国、東西に分裂（395年）<br>・百済から仏教伝来（538年）<br>・遣隋使が派遣される（600年〜）<br>・ムハンマド、イスラム教創始（610年）<br>・大化の改新（645年〜） |
| | 5世紀 | | ・東山の丘陵地（名古屋市東部）に窯が形成される（東山古窯址群） | |
| 飛鳥時代 | 6世紀初頭 | | ・断夫山古墳（名古屋市熱田区）が築造される<br>・継体天皇が尾張連の娘・目子媛をめとる | |
| | 654年 | 白雉5年 | ・寂光院創建　寂光院→P.37 | |
| | 672年 | 天武天皇元年 | ・壬申の乱。尾張国司は大海人皇子（天武天皇）側につく | |
| | 7世紀 | | ・焼き物の産地が猿投山西南麓地域へ拡大（猿投窯） | |
| | 701年 | 大宝元年 | ・尾張国、三河国が成立。大宝律令の施行で、尾張と三河に国郡制が敷かれる<br>・砥鹿神社（豊川市）創建（伝）　砥鹿神社→P.286 | |
| | 702年 | 大宝2年 | ・持統天皇、三河に行幸 | |
| | 703年 | 大宝3年 | ・鳳来寺開山　鳳来寺→P.294 | |
| 奈良時代 | 729年 | 天平元年 | ・荒子観音寺創建　荒子観音寺→P.152 | |
| | 741年 | 天平13年 | ・尾張国分寺（稲沢市）、三河国分寺（豊川市）建立の詔が出される | |
| | 767年 | 神護景雲元年 | ・尾張国司、尾張大國霊神社で祈祷を行う（はだか祭の起源）<br>はだか祭→P.363 | 三河国の一宮 |
| 平安時代 | 771年 | 宝亀2年 | ・日吉神社創建　日吉神社→P.38 | ・平城京遷都（710年）<br>・墾田永年私財法発布（743年）<br>・東大寺大仏開眼供養会（752年）<br>・平安京遷都（794年） |
| | 779年 | 宝亀10年 | ・伊勢神宮、本殿が焼失。尾張、三河などに再建が指示される | |
| | 782〜806年 | 延暦年間 | ・最澄、龍泉寺創建　龍泉寺→P.42 | |
| | 884年 | 元慶8年 | ・尾張国分寺、焼失 | |
| | 10世紀 | | ・猿投窯で造成された製品が全国に出荷される | |
| | 940年 | 天慶3年 | ・平将門の乱。尾張と三河から援兵を送る | |
| | 966年 | 康保3年 | ・熱田神宮、正一位を授かる | 手筒花火発祥の地 |
| | 1124年 | 天治元年 | ・吉田神社創建　吉田神社→P.268 | |
| | 1125年 | 天治2年 | ・常滑の三筋壺が今宮神社（京都）の境内の経塚に埋められる | |
| | 1140年 | 保延6年 | ・「三河守藤原朝臣顕長」銘の壺が田原市域で焼かれる | ・イングランド王国建国（829年）<br>・十字軍の派遣開始（1096年〜）<br>・平治の乱（1159年） |
| | 1147年 | 久安3年 | ・源頼朝、尾張国熱田で生まれる | |
| | 1155年 | 久寿2年 | ・この頃、熱田大宮司職が尾張氏から藤原氏に移る | |
| | 1160年 | 永暦元年 | ・源義朝、尾張国野間（現・美浜町）で家来に殺害される | |

| 時代 | 西暦 | 和暦 | 愛知のできごと | 日本・世界のできごと |
|---|---|---|---|---|
| 鎌倉時代 | 1180年 | 治承4年 | ・尾張・三河の源氏が蜂起 | |
| | 1181年 | 養和元年 | ・源行家、尾張と三河の兵を率い、墨俣川で平氏と戦い敗れる | ・壇ノ浦の戦い。平氏滅亡（1185年）<br>・源頼朝、征夷大将軍となる（1192年）<br>・チンギス・ハーン、モンゴル統一（1206年）<br>・鎌倉幕府滅亡（1333年） |
| | 1190年 | 建久元年 | ・源頼朝、上洛の途中で知多郡美浜町野間にある父・義朝の墓に詣でる | |
| | 1195年 | 建久6年 | ・東大寺大仏殿の瓦、渥美郡伊良湖（現・田原市）の瓦場で焼成される | |
| | 1221年 | 承久3年 | ・承久の乱。尾張川で京方（朝廷方）と鎌倉幕府方が戦い、京方が敗れる。尾張・三河武士の大半の兵は京方につく | |
| | 1222年 | 貞応元年 | ・足利義氏、三河守護として下向 | |
| | 1333年 | 元弘3年 | ・北野山真福寺寶生院創建　大須観音（北野山真福寺寶生院）→P.122 | |
| 室町時代 | 1335年 | 建武2年 | ・中先代（北条時行）の乱。新田義貞、矢作川で足利尊氏配下の高師泰を敗る | ・室町幕府成立（1336年）<br>・英仏百年戦争（1339年～）<br>・ヨーロッパで黒死病（ペスト）流行（1347年～）<br>・南北朝合一（1392年） |
| | 1337年 | 延元2年 | ・弥治右ェ門、現岡崎市八丁町で醸造業を始める（株式会社まるや八丁味噌の起源）　まるや八丁味噌→P.371 | |
| | 1338年 | 暦応元年 | ・北畠顕家、尾張国下津・黒田宿で足利軍と戦う | |
| | 1400年 | 応永7年 | ・斯波義重、尾張守護となる。以降、尾張は斯波氏の領国となる | |
| | 1427年 | 応永34年 | ・香積寺創建　香積寺→P.240 | |
| | 1441年 | 嘉吉元年 | ・妙厳寺開創　豊川稲荷（妙厳寺）→P.288 | |
| | 1451年 | 宝徳3年 | ・尾張守護代・織田敏広、父・郷広と守護代職を争う | |
| | 1452年 | 享徳元年 | ・斯波義敏、斯波氏の家督（武衛家）と越前・尾張・遠江守護を継承 | |
| | 1455年 | 康正元年 | ・西郷頼嗣（稠頼）、岡崎城を築城　岡崎城→P.39 | |
| | 1461年 | 寛正2年 | ・8代将軍・足利義政、斯波義廉に武衛家を継承させる | |
| | 1466年 | 文正元年 | ・幕府は斯波義敏を武衛家の家督に復す（武衛騒動）<br>・この頃、本願寺蓮如、三河に布教 | |
| | 1470年 | 文明2年 | ・伊賀八幡宮創建　伊賀八幡宮→P.233 | |
| | 1475年 | 文明7年 | ・斯波義廉、尾張に下向<br>・大樹寺（岡崎市）の創建　大樹寺→P.233 | |
| | 1476年 | 文明8年 | ・尾張守護代家で抗争が勃発 | ・応仁の乱（1467年）<br>・コロンブス、西インド諸島に着く（1492年）<br>・ルターの宗教改革（1517年）<br>・マゼラン海峡発見（1520年）<br>・ムガル帝国成立（1526年）<br>・種子島に鉄砲伝来（1543年）<br>・コペルニクス、「地動説」を唱える（1543年） |
| | 1479年 | 文明11年 | ・両織田氏が和解。尾張の分割統治が始まる | |
| | 1484年 | 文明16年 | ・常楽寺創建　常楽寺→P.39 | |
| | 1494年 | 明応3年 | ・安楽寺創建　安楽寺→P.75 | |
| | 1510年 | 永正7年 | ・三河木綿が奈良市場に出る | |
| | 1524年 | 大永4年 | ・松平清康、安城から岡崎に拠点を移転 | |
| | 1529年 | 享禄2年 | ・誓願寺創建　誓願寺→P.355 | |
| | 1534年 | 天文3年 | ・織田信長、勝幡城（伝）で生まれる　織田信長→P.37 | |
| | 1535年 | 天文4年 | ・松平清康、尾張国春日井郡守山（現・名古屋市守山区）に出陣中、家臣に暗殺される（守山崩れ） | |
| | 1537年 | 天文6年 | ・豊臣秀吉、愛知郡中村で生まれる　豊臣秀吉→P.38<br>・犬山城築城　国宝犬山城→P.44 | |
| | 1538年 | 天文7年 | ・前田利家、愛知郡荒子村で生まれる　前田利家→P.353 | |
| | 1540年 | 天文9年 | ・万松寺創建　万松寺→P.37 | |
| | 1542年 | 天文11年 | ・徳川家康、岡崎で生まれる　徳川家康→P.39 | |
| | 1545年 | 天文14年 | ・山内一豊、黒田城または岩倉で生まれる　山内一豊→P.354 | ・ザビエル来日、キリスト教伝来（1549年） |
| | 1560年 | 永禄3年 | ・桶狭間の戦い。織田信長が今川義元を討つ　桶狭間の戦い→P.40 | |

今川義元が寄進した山門

歴代徳川将軍の等身大の位牌

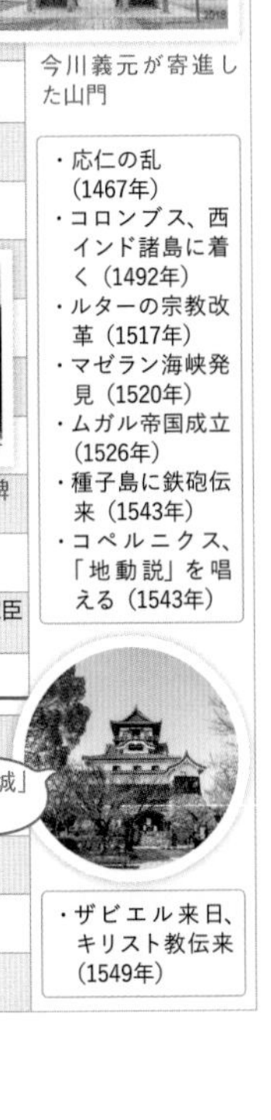

| 時代 | 西暦 | 和暦 | 愛知のできごと | 日本・世界のできごと |
|---|---|---|---|---|
| | 1561年 | 永禄4年 | ・福島正則、海東郡二ツ寺村で生まれる　福島正則→P.354 | |
| | 1562年 | 永禄5年 | ・織田信長と徳川家康が同盟を結ぶ（清須同盟）<br>・加藤清正、愛知郡中村で生まれる　加藤清正→P.352 | |
| | 1563年 | 永禄6年 | ・三河一向一揆が起こる<br>・織田信長、小牧山城建築　小牧山城→P.37 | |
| | 1567年 | 永禄10年 | ・織田信長、美濃を攻略。稲葉山城を岐阜城と改称し、本拠を岐阜城に移す | |
| 安土桃山時代 | 1568年 | 永禄11年 | ・織田信長、室町幕府15代将軍・足利義昭を奉じて上洛 | |
| | 1570年 | 元亀元年 | ・徳川家康、本拠を岡崎城から浜松城に移す | |
| | 1572年 | 元亀3年 | ・三方ヶ原の戦い。徳川家康が武田信玄に敗れる | |
| | 1573年 | 天正元年 | ・織田信長、足利義昭を京から追放 | 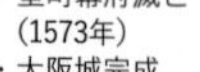<br>・室町幕府滅亡（1573年）<br>・大阪城完成（1585年）<br>・刀狩り開始（1588年）<br>・文禄の役（1592年）<br>・慶長の役（1597年）<br>・イギリス、東インド会社設立（1600年） |
| | 1574年 | 天正2年 | ・織田信長、瀬戸に焼物窯の免許を与え、他所の窯を停止させる | |
| | 1575年 | 天正3年 | ・長篠・設楽原の戦い。織田・徳川連合軍が武田勝頼軍を敗る<br>長篠・設楽原の戦い→P.41 | |
| | 1582年 | 天正10年 | ・織田信長が死亡（本能寺の変）。清須城で織田家の後継者と遺領処分を決める（清須会議）　清須会議→P.38 | |
| | 1584年 | 天正12年 | ・小牧・長久手の戦い。豊臣秀吉と徳川家康・織田信雄が戦い、和睦<br>小牧・長久手の戦い→P.42 | |
| | 1590年 | 天正18年 | ・豊臣秀吉、小田原征伐。徳川家康は関東に移封される<br>・三河で太閤検地が実施される | |
| | 1592年 | 文禄元年 | ・豊臣秀次、尾張で太閤検地を実施 | |
| | 1595年 | 文禄4年 | ・豊臣秀次、高野山に追放され自害。福島正則が清須城城主となる | |
| | 1600年 | 慶長5年 | ・関ヶ原の戦い。徳川家康が勝利し、尾張・三河に一族や譜代大名を配置 | |
| | 1601年 | 慶長6年 | ・東海道に伝馬制を敷く | |
| 江戸時代 | 1603年 | 慶長8年 | ・徳川家康、征夷大将軍となる |  |
| | 1604年 | 慶長9年 | ・大久保長安、東海道の御油の松並木を整備 | |
| | 1605年 | 慶長10年 | ・東海道をはじめとする五街道が整備される | |
| | 1607年 | 慶長12年 | ・松平忠吉の死去にともない、家康9男・徳川義直が清須に転封。<br>尾張徳川家の初代となる | 名古屋城を中心とした城下町が造られた |
| | 1608年 | 慶長13年 | ・伊奈忠次、木曽川東岸に堤を築造開始（御囲堤） | |
| | 1610年 | 慶長15年 | ・名古屋城の築城を開始（清須越）　清須越→P.39、名古屋城→P.144<br>・堀川の開削工事を開始<br>・竹田庄九郎、有松絞を開発　有松・鳴海絞→P.404 | ・大坂冬の陣（1614年）<br>・大坂夏の陣。豊臣氏滅亡（1615年）<br>・武家諸法度、禁中並びに公家諸法度制定（1615年）<br>・参勤交代制度制定（1635年）<br>・鎖国制度完成（1641年）。1854年まで続く<br>※鎖国制度の年代は諸説あり |
| | 1611年 | 慶長16年 | ・納屋橋完成　納屋橋→P.109<br>・名古屋城下町が開かれる | |
| | 1616年 | 元和2年 | ・徳川義直、尾張へ入府 | |
| | 1622年 | 元和8年 | ・大久保忠教、『三河物語』を著す | |
| | 1632年 | 寛永9年 | ・入鹿六人衆、入鹿池の築造工事を開始 | |
| | 1634年 | 寛永11年 | ・両口屋是清創業　両口屋是清 八事店→P.392 | |
| | 1635年 | 寛永12年 | ・犬山祭、針綱神社の祭礼として始まる　犬山祭→P.360 | |
| | 1645年 | 正保2年 | ・尾張藩、過去10年の平均年貢が4割になるように改定（正保四つならし）<br>・早川久右衛門、現・岡崎市八丁町で業として八丁味噌を作り始める（合資会社八丁味噌の起源）　カクキュー八丁味噌（八丁味噌の郷）→P.370 | |
| | 1649年 | 慶安2年 | ・熱田新田が完成 | 山車を海に引き入れる海中渡御 |
| | 1651年 | 慶安4年 | ・刈谷藩主・松平定政、幕府に旗本救済を訴えるも受け入れられず。所領返還、改易<br>・鳳来山東照宮創建　鳳来山東照宮→P.294 |  |
| | 1684年 | 貞享元年 | ・この頃の名古屋城下の人口が5万4118人とされる | |
| | 1696年 | 元禄9年 | ・三谷村の庄屋・武内佐左衛門、夢のお告げにより神幸の儀式を行う（三谷祭の起源）　三谷祭→P.363 | |

| 時代 | 西暦 | 和暦 | 愛知のできごと | 日本・世界のできごと |
|---|---|---|---|---|
| | 1717年 | 享保2年 | ・岡崎藩主・水野忠之、幕府の老中となり、享保の改革に参画 | ・生類憐みの令発布（1685年）<br>※開始時期は諸説あり<br>・イギリスで名誉革命（1688年）<br>・赤穂浪士の討ち入り（1702年） |
| | 1730年 | 享保15年 | ・徳川宗春、尾張藩主となる | |
| | 1731年 | 享保16年 | ・徳川宗春、『温知政要』を著す。遊郭を許可する | |
| | 1734年 | 享保19年 | ・御菓子所 絹与創業　御菓子所 絹与→P.392 | |
| | 1739年 | 元文4年 | ・徳川宗春、幕府から隠居謹慎を命じられる | |
| | 1748年 | 寛延元年 | ・尾張藩の公許により巾下学問所が創立される（明倫堂の前身） | |
| | 1749年 | 寛延2年 | ・尾張に明倫堂が創立される | |
| | 1754年 | 宝暦4年 | ・薩摩藩、木曽三川の改修工事を行う（宝暦治水） | ・イギリスの産業革命（1760年～）<br>・アメリカ合衆国独立宣言（1776年）<br>・フランス革命（1789年～）<br>・伊能忠敬、蝦夷地を測量（1800年）<br>・十返舎一九『東海道中膝栗毛』刊行（1802年）<br>・シーボルト、長崎に来航（1823年） |
| | 1782年 | 天明2年 | ・備前屋創業　備前屋 本店→P.393 | |
| | 1788年 | 天明8年 | ・吉田藩主・松平信明、幕府の老中となり、寛政の改革に参画 | |
| | 1793年 | 寛政5年 | ・岡崎藩が財政改革を開始 | |
| | 1807年 | 文化4年 | ・瀬戸の陶工・加藤民吉、磁器焼成法を習得し、九州から帰る | |
| | 1810年 | 文化7年 | ・田原藩校成章館創立 | |
| | 1813年 | 文化10年 | ・尾張の督乗丸、遠州沖で遭難し、船頭重吉ら約500日間漂流する<br>船頭重吉→P.78 | |
| | 1823年 | 文政6年 | ・新城菅沼家家臣・池田寛親、小栗重吉の漂流談『船長日記』を著す | |
| | 1824年 | 文政7年 | ・准四国霊場（知多四国霊場の起源）開創　知多四国霊場→P.340 | |
| | 1826年 | 文政9年 | ・尾張藩、焼物御蔵会所を瀬戸村に統合 | |
| | 1830年 | 天保元年 | ・中島屋茂兵衛、麹屋開業（ナカモ株式会社の起源） | |
| | 1832年 | 天保3年 | ・渡辺崋山、田原藩家老職につく | |
| | 1833年 | 天保4年 | ・田原藩、格高制を実施<br>・梶常吉、独自の製法で尾張七宝を創始　七宝焼→P.405 | |
| | 1836年 | 天保7年 | ・三河国加茂郡一帯に百姓一揆おこる（鴨の騒立） | |
| | 1839年 | 天保10年 | ・田原藩の家老・渡辺崋山が失脚、2年後自害（蛮社の獄） | |
| | 1843年 | 天保14年 | ・尾張藩編集の地誌『尾張志』完成 | ・歌川広重『東海道五十三次』刊行（1833年）<br>・大塩平八郎の乱（1837年）<br>・清でアヘン戦争勃発（1840年）<br>・ペリー、浦賀に来航（1853年）<br>・日米和親条約締結（1854年）<br>・皇女和宮の将軍家茂への降嫁が勅許される（公武合体）（1861年）<br>・リンカーン大統領暗殺（1865年）<br>・薩長同盟締結（1866年）<br>・大政奉還、王政復古の大号令（1867年）<br>・版籍奉還（1869年） |
| | 1844年 | 弘化元年 | ・『尾張名所図会』刊行<br>・中埜酒造創業 | |
| | 1848～1854年 | 嘉永年間 | ・若松屋（御菓子司 若松園の起源）創業　御菓子司 若松園本店→P.393 | |
| | 1854年 | 安政元年 | ・美濃忠創業　美濃忠 本店→P.393 | |
| | 1857年 | 安政4年 | ・田原藩の建造した洋式船・順応丸が進水し、国内交易に活躍 | |
| | 1858年 | 安政5年 | ・日米修好通商条約調印。反対した尾張藩主徳川慶勝、大老井伊直弼らにより謹慎を命じられる（安政の大獄） | |
| | 1861年 | 文久元年 | ・はと屋創業　みそぱーく→P.400 | |
| | 1864年 | 元治元年 | ・尾張藩主・徳川慶勝、征長総督となる | |
| | 1867年 | 慶応3年 | ・渥美郡牟呂村にお札が降る（お札降り騒動・ええじゃないかの始まり） | |
| | 1868年 | 慶応4年 | ・徳川慶勝、藩内の佐幕派の重臣を粛清（青松葉事件）<br>・三河県が設置される<br>・入鹿池の堤防が決壊（入鹿切れ）<br>・やまひこ創業　生鮮館やまひこ 尾張旭店→P.408 | |
| 明治時代 | 1869年 | 明治2年 | ・尾張藩、名古屋藩と改称<br>・三河県、廃止 | |
| | 1871年 | 明治4年 | ・廃藩置県。尾張に犬山県・名古屋県の2県、三河に豊橋県・岡崎県など10県が設置される<br>・三河10県を廃止して額田県を設置、犬山県が名古屋県と合併<br>・愛知初の新聞『名古屋新聞』発行（1872年廃刊） | |

第43番札所の岩屋寺

| 時代 | 西暦 | 和暦 | 愛知のできごと | 日本・世界のできごと |
|---|---|---|---|---|
| | 1872年 | 明治5年 | ・名古屋県を愛知県と改称、額田県を愛知県に統合（愛知県成立） | |
| | 1873年 | 明治6年 | ・名古屋城の金鯱、瀬戸焼がウィーン万国博覧会に出展される<br>・あつた蓬莱軒、宮宿に料亭として創業　**あつた蓬莱軒 本店→P.376** | |
| | 1874年 | 明治7年 | ・愛知県庁を名古屋城内から東本願寺名古屋別院に移す<br>・髙坂富太郎、豊橋市で佃煮製造業を開始（のちの濱金）<br>**濱金商店 魚町本店→P.271**<br>・豊川堂創業　**豊川堂→P.416** | |
| | 1877年 | 明治10年 | ・豊橋に第八国立銀行、名古屋に第十一国立銀行設立<br>・愛知県庁、南久屋町に移転<br>・額田郡で水車利用の紡績（ガラ紡）を開始 | |
| | 1879年 | 明治12年 | ・最初の愛知県会議員選挙が行われる | 尋常小学校で使う教科書を出版 |
| | 1880年 | 明治13年 | ・碧海郡新用水（明治用水）完成<br>・愛知紡績所設立（翌年開業） | |
| | 1885年 | 明治18年 | ・中村公園、整備される　**中村公園→P.38** | ・内閣制度採用。初代内閣総理大臣は伊藤博文（1885年） |
| | 1886年 | 明治19年 | ・官設鉄道「名護屋駅（翌年、名古屋駅に改称）」が開業 | |
| | 1888年 | 明治21年 | ・名古屋鎮台を廃して陸軍の第3師団を設置<br>・日刊紙『新愛知新聞』創刊<br>・杉田商店（あいや／園号：西条園の前身）創業<br>**西条園 抹茶カフェ→P.247** | |
| | 1889年 | 明治22年 | ・東海道本線、全線開通<br>・名古屋、市制施行<br>・名古屋に初めて電灯がつく | ・大日本帝国憲法発布（1889年） |
| | 1890年 | 明治23年 | ・豊田佐吉、豊田式木製人力織機を発明 | |
| | 1891年 | 明治24年 | ・濃尾地震 | |
| | 1892年 | 明治25年 | ・三浦米三郎、豊橋市で商売を開始（サンヨネの起源）<br>**サンヨネ魚町本店→P.411** | |
| | 1894年 | 明治27年 | ・愛知馬車鉄道設立（名古屋鉄道の起源） | ・日清戦争勃発（1894年） |
| | 1896年 | 明治29年 | ・名古屋に日本車輌製造会社（現・日本車輌製造株式会社）設立 | |
| | 1898年 | 明治31年 | ・名古屋電気鉄道開業<br>・名古屋市内に電話開通<br>・松鶴園創業　**松鶴園 本店 茶房 茶遊→P.247**<br>・加武登麦酒（のちのカブトビール）の醸造工場を新設<br>**半田赤レンガ建物→P.319** | 創業時から変わらぬ味 |
| | 1899年 | 明治32年 | ・武豊港、開港場に指定<br>・宮鍵創業　**宮鍵→P.389** | |
| | 1900年 | 明治33年 | ・伊藤和四五郎商店（さんわグループの起源）創業<br>**鶏三和 サカエチカ店→P.414** | |
| | 1903年 | 明治36年 | ・手打ちうどん やをよし創業　**手打ちうどん やをよし→P.387** | |
| | 1904年 | 明治37年 | ・東京砲兵工廠熱田兵器製造所が開業<br>・覚王山日暹寺（日泰寺）創建<br>・日本陶器合名会社（ノリタケカンパニーの前身）創業<br>**ノリタケの森→P.108** | ・日露戦争勃発（1904年）<br>・ポーツマス条約締結（1905年） |
| | 1906年 | 明治39年 | ・豊橋市、市制施行<br>・日刊紙『名古屋新聞』創刊 | |
| | 1907年 | 明治40年 | ・名古屋港、開港（熱田耕を改称）。開港場に指定<br>・山本屋本店創業　**山本屋本店 栄中央店→P.379** | |
| | 1909年 | 明治42年 | ・名古屋市、鶴舞公園を設置<br>・いば昇創業　**いば昇→P.376** | |
| | 1910年 | 明治43年 | ・名古屋で第10回関西府県連合共進会（博覧会）を開催<br>・いとう呉服店を株式会社化し、名古屋発のデパート型店舗を開店 | |
| 大正時代 | 1914年 | 大正3年 | ・豆腐懐石くすむら創業　**豆腐懐石くすむら→P.388** | ・第1次世界大戦勃発（1914年）<br>・関東大震災（1923年）<br>・普通選挙法公布（1925年）<br>・治安維持法公布（1925年）<br>・金融恐慌（1927年）<br>・日本初の地下鉄・銀座線開通（1927年） |
| | 1918年 | 大正7年 | ・米騒動が名古屋に波及 | |
| | 1919年 | 大正8年 | ・灯屋 迎帆楼の前身、料理旅館として開業　**灯屋 迎帆楼→P.419** | |
| | 1921年 | 大正10年 | ・川井屋創業　**川井屋→P.377** | |
| | 1922年 | 大正11年 | ・名古屋電気鉄道を名古屋市が買収、名古屋市電となる | |
| | 1923年 | 大正12年 | ・名古屋初のメーデー、鶴舞公園で行われる<br>・吉田初三郎、拠点を犬山の木曽川沿いに移す　**吉田初三郎→P.350**<br>・御幸亭創業　**御幸亭→P.126** | |

| 時代 | 西暦 | 和暦 | 愛知のできごと | 日本・世界のできごと |
|---|---|---|---|---|
| | 1925年 | 大正14年 | ・名古屋放送局、ラジオ放送開始<br>・豊橋鉄道市内線開業　豊橋鉄道市内線→P.270<br>・角上楼開業　和味の宿 角上楼→P.420 | |
| | 1926年 | 大正15年 | ・豊田自動織機製作所設立 | |
| 昭和時代 | 1927年 | 昭和2年 | ・名古屋電鉄神宮前・豊橋間全通<br>・聚楽園大仏完成　聚楽園大仏→P.337 | |
| | 1928年 | 昭和3年 | ・御大典奉祝名古屋博覧会を鶴舞公園で開催<br>・刈宿の大仏誕生　刈宿の大仏→P.337 | |
| | 1930年 | 昭和5年 | ・名古屋市営バス運行開始 | ・世界恐慌（1929年）<br>・満州事変（1931年）<br>・五・一五事件（1932年）<br>・日本、国際連盟脱退（1933年） |
| | 1931年 | 昭和6年 | ・豊橋市公会堂竣工　豊橋市公会堂→P.271 | |
| | 1932年 | 昭和7年 | ・西アサヒ（なごのやのルーツ）創業<br>喫茶、食堂、民宿。なごのや→P.112 | |
| | 1933年 | 昭和8年 | ・互楽亭創業　互楽亭→P.65<br>・現在の名古屋市役所本庁舎が完成　名古屋市役所本庁舎→P.149 | |
| | 1934年 | 昭和9年 | ・名古屋市の人口が100万人を突破<br>・朝日屋創業　朝日屋→P.377<br>・蒲郡ホテル（現・蒲郡クラシックホテル）開業<br>蒲郡クラシックホテル→P.418 | |
| | 1935年 | 昭和10年 | ・名古屋鉄道開設（名岐鉄道・愛知電鉄が合併）<br>・徳川美術館開館　徳川美術館→P.147<br>・松屋長春創業　松屋長春→P.414 | ・二・二六事件（1936年）<br>・日中戦争勃発（1937年）<br>・第2次世界大戦勃発（1939年）<br>・太平洋戦争勃発（1941年） |
| | 1936年 | 昭和11年 | ・鳴海球場で日本初のプロ野球の試合を開催<br>・トヨタ初の量産型乗用車「トヨダAA型」が販売される<br>・大日本野球連盟名古屋協会（名古屋軍）創設　中日ドラゴンズ→P.68<br>・中屋パン創業　中屋パン→P.402<br>・名古屋観光ホテル開業　名古屋観光ホテル→P.421 | |
| | 1937年 | 昭和12年 | ・名古屋汎太平洋平和博覧会開催<br>・トヨタ自動車工業株式会社設立<br>・東山動植物園が開園　東山動植物園→P.141 | |
| | 1938年 | 昭和13年 | ・松永製菓創業<br>・現在の愛知県庁本庁舎が完成　愛知県庁本庁舎→P.149 | |
| | 1939年 | 昭和14年 | ・名古屋帝国大学（名古屋大学の前身）開設<br>・豊川海軍工廠設置　豊川海軍工廠平和公園→P.287 | |
| | 1941年 | 昭和16年 | ・東海銀行設立（愛知・伊藤・名古屋銀行が合併）<br>・トヨタ自動車工業ラグビー部（現・トヨタヴェルブリッツ）創設<br>トヨタヴェルブリッツ→P.71 | |
| | 1942年 | 昭和17年 | ・『中部日本新聞』（現・中日新聞）創刊（『新愛知新聞』『名古屋新聞』が合併） | |
| | 1943年 | 昭和18年 | ・豊川・鳳来寺・三信・伊那の4私鉄が国鉄飯田線となる<br>JR飯田線→P.84 | ・広島（1945年8月6日）、長崎（1945年8月9日）に原子爆弾投下<br>・日本敗戦。ポツダム宣言受諾（1945年8月15日）<br>・日本国憲法公布（1946年）<br>・朝鮮戦争勃発（1950年）<br>・対日講和条約・日米安全保障条約調印（1951年）<br>・メーデー事件（1952年） |
| | 1944年 | 昭和19年 | ・B29による県内への本格的な空襲が始まる<br>・東南海地震 | |
| | 1945年 | 昭和20年 | ・三河地震<br>・名古屋大空襲。名古屋城焼失。豊川海軍工廠被爆。第2次世界大戦終戦<br>・オリエンタル、即席カレー販売開始　即席カレー→P.415 | |
| | 1946年 | 昭和21年 | ・甘党の店（スガキヤの前身）創業　スガキヤ→P.384 | |
| | 1947年 | 昭和22年 | ・アイシン精機バスケットボール部（現・シーホース三河）創設<br>シーホース三河→P.70 | |
| | 1948年 | 昭和23年 | ・中日スタジアム（現・ナゴヤ球場）開場<br>・白藤商店（のちの株式会社えびせんべいの里）設立<br>えびせんべいの里 美浜本店→P.398 | |
| | 1949年 | 昭和24年 | ・男子バスケ名菱会のクラブのひとつとして活動（のちの名古屋ダイヤモンドドルフィンズ）　名古屋ダイヤモンドドルフィンズ→P.70<br>・屋台きむらや（どて焼き 島正の前身）創業　どて焼き 島正→P.396<br>・味処 叶創業　味処 叶→P.378 | |
| | 1950年 | 昭和25年 | ・国鉄初の民衆駅として豊橋駅完成 | |
| | 1951年 | 昭和26年 | ・中部電力設立<br>・ボンとらや創業　ボンとらや→P.382 | |
| | 1953年 | 昭和28年 | ・丁字屋創業　丁字屋→P.127<br>・岩本製菓株式会社、タマゴボーロ販売開始　タマゴボーロ→P.413<br>・竹内宏商店、生地問屋として創業　Chita Cotton478→P.406 | |
| | 1954年 | 昭和29年 | ・名古屋テレビ塔竣工　中部電力 MIRAI TOWER→P.117<br>・NHK名古屋テレビ局開局<br>・布袋の大仏完成　布袋の大仏→P.337<br>・とんかつオゼキ創業　とんかつオゼキ鈍池店→P.378 | |
| | 1955年 | 昭和30年 | ・第1回名古屋まつり開催　名古屋まつり→P.43 | |

豊橋市内を走る路面電車

創業以来人気のあんドーナツ

大人気のピレーネ

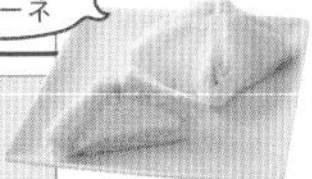

| 時代 | 西暦 | 和暦 | 愛知のできごと | 日本・世界のできごと |
|---|---|---|---|---|
| | 1956年 | 昭和31年 | ・名古屋市が政令指定都市となる<br>・伍味酉創業　伍味酉 本店→P.381 | ・東京タワー完成（1958年）<br>・カラーテレビ放送開始（1960年） |
| | 1957年 | 昭和32年 | ・名古屋市営地下鉄東山線開通（名古屋駅〜栄町駅）<br>・豊田通商バスケットボール部（現・ファイティングイーグルス名古屋）創設　ファイティングイーグルス名古屋→P.70<br>・ナゴヤ地下街（現・名駅地下街サンロード）開業　名駅地下街サンロード→P.107<br>・新名フード地下街（現・キタチカ）開業　キタチカ→P.107 | |
| | 1958年 | 昭和33年 | ・東海製鉄株式会社（現・新日本製鉄名古屋製鉄所）設立 | |
| | 1959年 | 昭和34年 | ・名古屋城、天守閣再建<br>・伊勢湾台風<br>・どての品川創業　どての品川→P.394<br>・丸川製菓株式会社、オレンジマーブルガム販売開始　オレンジマーブルガム→P.413<br>・三洋堂書店創業　三洋堂書店→P.416 | |
| | 1961年 | 昭和36年 | ・愛知用水通水 | 歩くだけでも楽しい地下街 |
| | 1962年 | 昭和37年 | ・味仙創業　味仙 今池本店→P.380 | |
| | 1963年 | 昭和38年 | ・ミヤコ地下街開業　ミヤコ地下街→P.107<br>・カクダイ製菓株式会社、クッピーラムネ販売開始　クッピーラムネ→P.413<br>・スパゲッティ・ハウス ヨコイ創業　スパゲッティ・ハウス ヨコイ 住吉本店→P.381 | ・J・F・ケネディ米大統領暗殺（1963年）<br>・東京オリンピック開催（1964年） |
| | 1964年 | 昭和39年 | ・東海道新幹線開業（新幹線の名古屋駅も開業）<br>・にこみのたから創業　にこみのたから→P.127 | |
| | 1965年 | 昭和40年 | ・日本初の高速道路、名神高速道路全通<br>・オーエスジーフェニックス（現・三遠ネオフェニックス）創設　三遠ネオフェニックス→P.70<br>・ダイナード開業　ダイナード→P.107<br>・博物館 明治村開村　博物館 明治村→P.170 | |
| | 1966年 | 昭和41年 | ・松永製菓、しるこサンドを販売開始　しるこサンド→P.414 | |
| | 1967年 | 昭和42年 | ・名鉄グランドホテル開業　名鉄グランドホテル→P.425 | |
| | 1968年 | 昭和43年 | ・豊川用水通水<br>・コメダ珈琲店創業　コメダ珈琲店 本店→P.63 | ・小笠原諸島返還、東京都に編入（1968年）<br>・沖縄返還、日本復帰（1972年）<br>・日中国交正常化（1972年） |
| | 1969年 | 昭和44年 | ・東名高速道路全通<br>・名古屋市の人口が200万人を突破 | |
| | 1970年 | 昭和45年 | ・ユニモール開業　ユニモール→P.107<br>・名糖産業株式会社、アルファベットチョコレート販売開始　アルファベットチョコレート→P.413 | |
| | 1971年 | 昭和46年 | ・エスカ開業　エスカ→P.107<br>・モンペリエ日月堂（現・仏蘭西焼菓子 Montpellier）創業　仏蘭西焼菓子 Montpellier→P.414 | |
| | 1973年 | 昭和48年 | ・衣浦海底トンネル（半田市・碧南市間）開通<br>・春日井製菓株式会社、グリーン豆販売開始　グリーン豆→P.413<br>・名古屋クラウンホテル開業　都心の天然温泉 名古屋クラウンホテル→P.425 | |
| | 1974年 | 昭和49年 | ・名古屋市電廃止<br>・三省堂書店 名古屋テルミナ店開業　三省堂書店 名古屋本店→P.416 | ・ロッキード事件、田中角栄首相逮捕（1976年） |
| | 1975年 | 昭和50年 | ・名古屋市が現在の16区制となる | |
| | 1976年 | 昭和51年 | ・名古屋駅前地下街テルミナ（現・ゲートウォーク）開業　ゲートウォーク→P.107 | |
| | 1977年 | 昭和52年 | ・愛知県の人口、600万人を突破<br>・名古屋市博物館開館<br>・喫茶ポピー（喫茶ニューポピーのルーツ）創業　喫茶ニューポピー→P.113 | |
| | 1978年 | 昭和53年 | ・ラーメン福創業　ラーメン福→P.385<br>・カレーハウスCoCo壱番屋1号店開業　カレーハウスCoCo壱番屋 西枇杷島店→P.196 | |
| | 1981年 | 昭和56年 | ・やまちゃん（現・世界の山ちゃん）創業　世界の山ちゃん 本店→P.380 | 国内外で人気を博すココイチはここから始まった |
| | 1983年 | 昭和58年 | ・野外民族博物館 リトルワールド開業　野外民族博物館 リトルワールド→P.54 | |
| | 1984年 | 昭和59年 | ・豊田自動織機シャトルズ愛知創設　豊田自動織機シャトルズ愛知→P.71 | ・東京ディズニーランド開園（1983年） |
| | 1985年 | 昭和60年 | ・国盛 酒の文化館開館　国盛 酒の文化館→P.372 | |

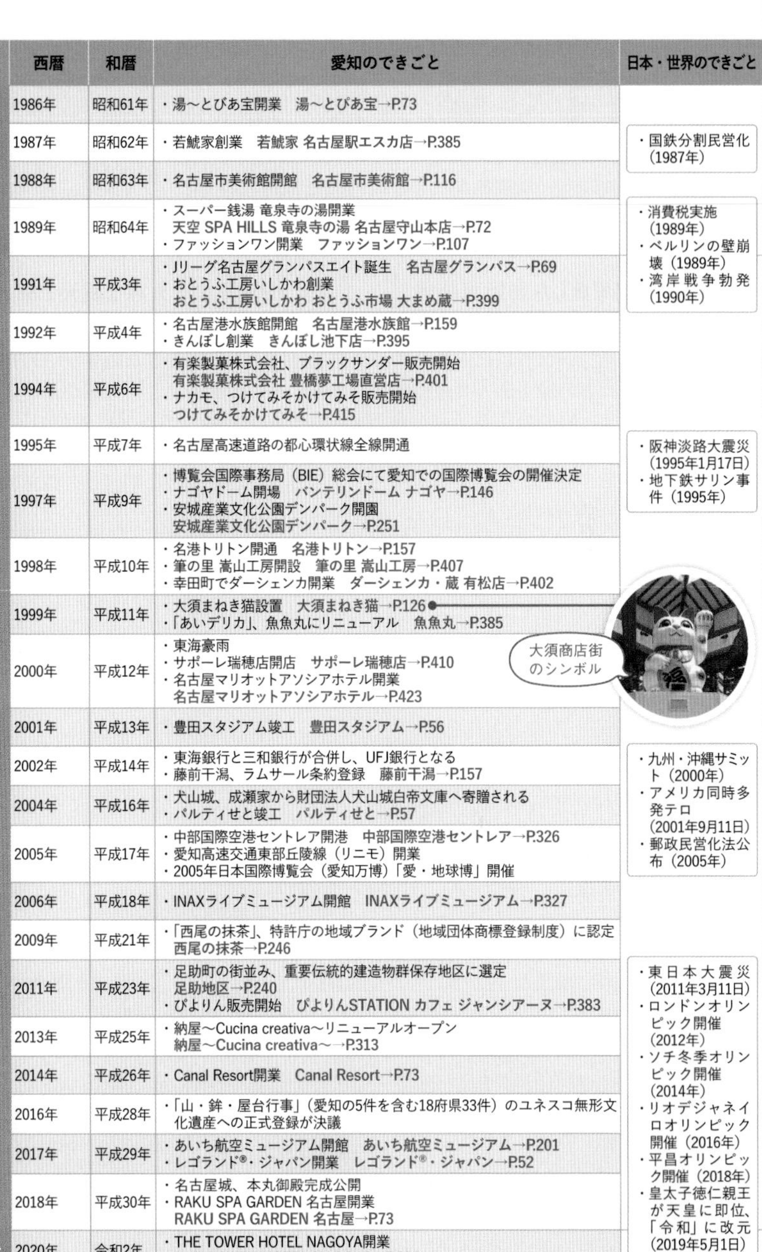


| 時代 | 西暦 | 和暦 | 愛知のできごと | 日本・世界のできごと |
|---|---|---|---|---|
| | 1986年 | 昭和61年 | ・湯〜とぴあ宝開業　湯〜とぴあ宝→P.73 | |
| | 1987年 | 昭和62年 | ・若鯱家創業　若鯱家 名古屋駅エスカ店→P.385 | ・国鉄分割民営化(1987年) |
| | 1988年 | 昭和63年 | ・名古屋市美術館開館　名古屋市美術館→P.116 | |
| | 1989年 | 昭和64年 | ・スーパー銭湯 竜泉寺の湯開業<br>天空 SPA HILLS 竜泉寺の湯 名古屋守山本店→P.72<br>・ファッションワン開業　ファッションワン→P.107 | ・消費税実施(1989年)<br>・ベルリンの壁崩壊(1989年)<br>・湾岸戦争勃発(1990年) |
| 平成時代 | 1991年 | 平成3年 | ・Jリーグ名古屋グランパスエイト誕生　名古屋グランパス→P.69<br>・おとうふ工房いしかわ創業<br>おとうふ工房いしかわ おとうふ市場 大まめ蔵→P.399 | |
| | 1992年 | 平成4年 | ・名古屋港水族館開館　名古屋港水族館→P.159<br>・きんぼし創業　きんぼし池下店→P.395 | |
| | 1994年 | 平成6年 | ・有楽製菓株式会社、ブラックサンダー販売開始<br>有楽製菓株式会社 豊橋夢工場直営店→P.401<br>・ナカモ、つけてみそかけてみそ販売開始<br>つけてみそかけてみそ→P.415 | |
| | 1995年 | 平成7年 | ・名古屋高速道路の都心環状線全線開通 | ・阪神淡路大震災(1995年1月17日)<br>・地下鉄サリン事件(1995年) |
| | 1997年 | 平成9年 | ・博覧会国際事務局(BIE)総会にて愛知での国際博覧会の開催決定<br>・ナゴヤドーム開場　バンテリンドーム ナゴヤ→P.146<br>・安城産業文化公園デンパーク開園<br>安城産業文化公園デンパーク→P.251 | |
| | 1998年 | 平成10年 | ・名港トリトン開通　名港トリトン→P.157<br>・筆の里 嵩山工房開設　筆の里 嵩山工房→P.407<br>・幸田町でダーシェンカ開業　ダーシェンカ・蔵 有松店→P.402 | |
| | 1999年 | 平成11年 | ・大須まねき猫設置　大須まねき猫→P.126<br>・「あいデリカ」、魚魚丸にリニューアル　魚魚丸→P.385 | |
| | 2000年 | 平成12年 | ・東海豪雨<br>・サポーレ瑞穂店開店　サポーレ瑞穂店→P.410<br>・名古屋マリオットアソシアホテル開業<br>名古屋マリオットアソシアホテル→P.423 | |
| | 2001年 | 平成13年 | ・豊田スタジアム竣工　豊田スタジアム→P.56 | |
| | 2002年 | 平成14年 | ・東海銀行と三和銀行が合併し、UFJ銀行となる<br>・藤前干潟、ラムサール条約登録　藤前干潟→P.157 | ・九州・沖縄サミット(2000年)<br>・アメリカ同時多発テロ(2001年9月11日)<br>・郵政民営化法公布(2005年) |
| | 2004年 | 平成16年 | ・犬山城、成瀬家から財団法人犬山城白帝文庫へ寄贈される<br>・パルティせと竣工　パルティせと→P.57 | |
| | 2005年 | 平成17年 | ・中部国際空港セントレア開港　中部国際空港セントレア→P.326<br>・愛知高速交通東部丘陵線(リニモ)開業<br>・2005年日本国際博覧会(愛知万博)「愛・地球博」開催 | |
| | 2006年 | 平成18年 | ・INAXライブミュージアム開館　INAXライブミュージアム→P.327 | |
| | 2009年 | 平成21年 | ・「西尾の抹茶」、特許庁の地域ブランド(地域団体商標登録制度)に認定<br>西尾の抹茶→P.246 | |
| | 2011年 | 平成23年 | ・足助町の街並み、重要伝統的建造物群保存地区に選定<br>足助地区→P.240<br>・ぴよりん販売開始　ぴよりんSTATION カフェ ジャンシアーヌ→P.383 | ・東日本大震災(2011年3月11日)<br>・ロンドンオリンピック開催(2012年)<br>・ソチ冬季オリンピック開催(2014年)<br>・リオデジャネイロオリンピック開催(2016年)<br>・平昌オリンピック開催(2018年)<br>・皇太子徳仁親王が天皇に即位、「令和」に改元(2019年5月1日)<br>・東京オリンピック開催(2021年) |
| | 2013年 | 平成25年 | ・納屋〜Cucina creativa〜リニューアルオープン<br>納屋〜Cucina creativa〜→P.313 | |
| | 2014年 | 平成26年 | ・Canal Resort開業　Canal Resort→P.73 | |
| | 2016年 | 平成28年 | ・「山・鉾・屋台行事」(愛知の5件を含む18府県33件)のユネスコ無形文化遺産への正式登録が決議 | |
| | 2017年 | 平成29年 | ・あいち航空ミュージアム開館　あいち航空ミュージアム→P.201<br>・レゴランド®・ジャパン開業　レゴランド®・ジャパン→P.52 | |
| | 2018年 | 平成30年 | ・名古屋城、本丸御殿完成公開<br>・RAKU SPA GARDEN 名古屋開業<br>RAKU SPA GARDEN 名古屋→P.73 | |
| 令和時代 | 2020年 | 令和2年 | ・THE TOWER HOTEL NAGOYA開業<br>THE TOWER HOTEL NAGOYA→P.424 | |
| | 2021年 | 令和3年 | ・37カフェ開業　37カフェ→P.307 | |
| | 2022年 | 令和4年 | ・ジブリパーク第1期開業　ジブリパーク→P.50<br>・憩の農園 ファーマーズマーケット開業<br>憩の農園 ファーマーズマーケット→P.409 | |

## 「大正広重」吉田初三郎の世界

# 鳥の目で見る愛知

**京都出身の吉田初三郎は大正から昭和前半にかけた観光鳥瞰図の第一人者。その初三郎が一時期拠点としたのが犬山と日本ラインだ。**

**鳥瞰図とは**

鳥が空から見ているような高所視点から斜めに見下ろした図のこと。平面図と異なり立体感がある。

### 【数多くの作品を残した鳥瞰図絵師】

大正 12（1923）年 9 月 1 日の関東大震災で被災した初三郎は、以前からの名鉄（名古屋鉄道）との縁もあって愛知県の犬山に居を移し、同社の建物だった蘇江倶楽部を仮画室とした。その後近くの旅館に画室を移転させるが、蘇江画室時代に代表作の多くが描かれた。

### 【ファンを魅了する大胆な構造と彩色】

鉄道が日本各地に敷かれると大正から昭和初期にかけて大きな観光ブームが起きる。その観光需要と初三郎が描く印象的な筆致が呼応して人気に火がついた。地理的には到底見えない場所もデフォルメして入れ込む大胆な構図と、目を引き付ける色遣いが特徴だ。

参考資料:『吉田初三郎の鳥瞰図を読む』（堀田典裕、河出書房新社）

**吉田初三郎の生涯**

| | |
|---|---|
| 明治 17（1884）年 | 京都市で生まれる |
| 大正 2（1913）年 | 京阪電車の依頼で描いた処女作『京阪電車御案内』を見た当時皇太子 だった昭和天皇から称賛を受ける |
| 大正 8（1919）年頃 | 東京を拠点に活動の場をさらに広げる |
| 大正 10（1921）年 | 鉄道省が鉄道開業 50 年を記念し初三郎の鳥瞰図を載せた『鉄道旅行案内』を出版 |
| 大正 12（1923）年 | 関東大震災で被災し愛知県・犬山の木曽川沿いへ移る |
| 昭和 7（1932）年 | 青森県八戸の種差海岸を拠点とする |
| 昭和 20（1945）年 | 原爆投下後の広島を 5 ヵ月取材して原爆八連図『HIROSHIMA』を作成 |
| 昭和 30（1955）年 | 死去 |

## 名古屋市鳥瞰図　昭和 12（1937）年発行

昭和 12（1937）年 3 月に開かれた名古屋汎太平洋平和博覧会に合わせて制作され、来場者に配られた鳥瞰図だ。博覧会は熱田神宮に近い名古屋港北部 15 万坪にて 78 日間開かれた。

所蔵：愛知 守随家

立体的な鳥瞰図とは対照的に平面的な表紙

1 名古屋城
2 熱田神宮
3 鳳来寺山

所蔵：愛知 守随家

info 日本ライン　木曽川中流の渓谷がヨーロッパのライン川に似ているとして岡崎出身の地理学者・志賀重昂が命名。当時はおもに岐阜県土田から愛知県犬山までの範囲を指した。昭和2（1927）年に大阪毎日新聞の日本八景選定で川の第1位に。

所蔵：愛知 守随家

## 愛知県鳥瞰図　昭和９（1934）年発行

熱田神宮本殿が描かれた愛知県鳥瞰図の表紙

所蔵：愛知 守随家

場所を移す前の愛知県庁（その後、名古屋市役所の隣に移転）や名古屋駅が描かれているほか、発行年２月にオープンしていた鉄道省認定の国際観光ホテル「蒲郡ホテル」や前年に開業した知多半島・内海の「サンドスキー場」など当時の最新施設も散見される。

### 4 名古屋駅

初三郎は同じ構図で何度も改訂版を描いている。昭和 12（1937）年版では、昭和８（1933）年完成の名古屋市役所の隣に移転した県庁が加わっているほか、新築の３代目名古屋駅舎が描かれている。

### 5 蘇江画室

初三郎が犬山での創作活動の拠点とし、多くの鳥瞰図を描いたアトリエ。

**昭和８（1933）年発行**

所蔵：愛知 守随家

**昭和12（1937）年発行**

所蔵：愛知 守随家

info 初三郎で地域おこし？　初三郎は鳥瞰図を描くときに土地の風土や歴史を綿密に調べた。その際に見つけた名所や景勝地も絵に加えたことで各地の認知度が上がるなど、地域振興プロデューサーとしての側面も持ち合わせていた。

三英傑を支えて尾張・三河から全国へ

# 愛知生まれの武将たち

**江戸初期の大名の多くは尾張または三河を故郷とする現在の愛知出身者だった。安土桃山から江戸初期の日本は愛知県人が主導した。**

## 江戸初期の大名の約7割は愛知で生まれた

愛知生まれの三英傑が天下を統一したことにより、彼らを支えた優秀な家臣たちが大名として各地へ配置された。そのため江戸初期における全国の約7割の大名は愛知から出ている。

江戸幕府の中枢を担った徳川家一門および分家である親藩、関ヶ原の戦い以前から家臣だった譜代大名は三河出身が大部分を占める。一方で、関ヶ原以降に家康に降った外様大名は尾張出身者が多い。

信長に仕えた前田利家、池田輝政、柴田勝家、秀吉に仕えた加藤清正、福島正則、蜂須賀正勝、家康に仕えた酒井忠次、榊原康政、本多忠勝など。個性豊かな武将たちは戦国期の武勇や知略だけでなく、天下泰平後に配置された領内で城を構え、町割りをし、領民とのさまざまな逸話を残した。彼らの子孫は265年間続いた江戸時代に代々国づくりを進め、その土地の語り草となって現在まで続いている。

## 愛知出身のおもな武将たち

七本槍として名をはせた信義の人

### 加藤清正（かとうきよまさ）

**永禄5（1562）年～慶長16（1611）年**
**尾張国愛知郡中村（現・名古屋市中村区）生まれ**

幼い頃から豊臣秀吉の小姓として仕え、秀吉が柴田勝家を破った賤ヶ岳の戦いでは「七本槍」として勇名をはせた。天正16（1588）年に肥後国を与えられ熊本城主に。秀吉が当時の中国王朝・明を征服するために、まず朝鮮半島へと出兵した文禄・慶長の役でもおおいに武功を上げた。関ヶ原の戦いでは家康の東軍に加担したが、秀吉の恩も忘れず豊臣家にも尽くした。土木の名手といわれ家康が築城を命じた名古屋城では石垣を担当した。

妙行寺にある加藤清正の像

ゆかりの地

生誕地に立つ清正建立の寺

#### 妙行寺（みょうぎょうじ）

名古屋城築城の余材などを使い、先祖と両親の菩提を弔うため清正が自身の生誕地に建てた。清正公堂の清正公御神体は、文禄の役で連れてこられて後に肥後本妙寺住職になった日遥上人の作。

MAP 別冊 P.12-A2
住 名古屋市中村区中村町木下屋敷22 TEL 052-412-3362 開 参拝自由 休 無休 P あり 交 地下鉄中村公園から徒歩10分

境内には清正生誕地の加藤肥後侯旧里碑が

秀吉と清正の事績を知る

#### 名古屋市秀吉清正記念館（なごやしひでよしきよまさきねんかん）

秀吉と清正に関する資料を収集・展示する。信長から秀吉につながる天下統一と大坂の陣で豊臣氏が滅亡するまでをテーマごとに紹介。

DATA P.153

info 国内最大級の中村遊廓　かつて中村区には大須の旭遊郭を移転させ大正から昭和前半に興隆した中村遊廓があった。戦災などで当時の妓楼建築はほぼ残っていないが、稲本楼の門は稲楼門としてジブリパーク（→P.50）に移築されている。

加賀前田家の祖になった槍の名手

# 前田利家（まえだとしいえ）

**天文7（1538）年～慶長4（1599）年**

**尾張国愛知郡荒子村（現・名古屋市中川区）生まれ**

※生誕年は諸説あり

幼少から信長に仕えた。槍の名手だったため「槍の又左」の異名を取り、桶狭間の戦いなど多くの武功を立てた。賤ヶ岳の戦いでは当初柴田勝家側についたが、後に秀吉に与して秀吉勝利のきっかけになり、加賀と越中を秀吉から与えられた。豊臣政権では家康などとともに五大老に就任。秀吉の死後は秀吉の子・秀頼の後見役となった。利家が亡くなった翌年に起きた関ヶ原の戦いでは嫡男・利長が東軍についたため、家康から所領を安堵された。

ゆかりの地

利家の軌跡を巡る散策路

## 犬千代ルート（いぬちよるーと）

利家ゆかりの場所などを幼名の犬千代にちなんで整備した「犬千代ルート」という散策コースがある。あおなみ線荒子駅前の前田利家公初陣之像を起点に、荒子観音寺、荒子城址、寶珠院、龍潭寺、前田速念寺をつなぐ。初陣之像のかたわらには、後年地元有志により建てられた妻・まつの像も。前田速念寺は前田城主・前田興十郎や前田家歴代の墓がある。寺伝では利家はここで生まれ、7歳で荒子城に移ったとされる。本尊は利家寄進の阿弥陀如来像だ。

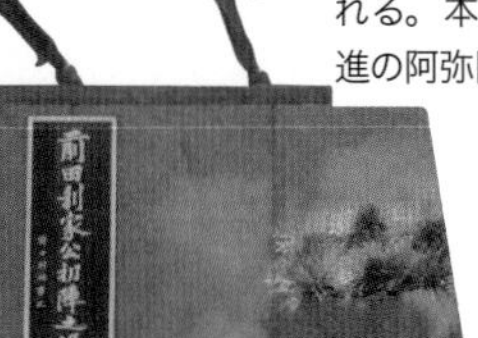

利家像は平成19（2007）年、まつ像は平成24（2012）年に建立

利家が再建した円空仏の寺

## 荒子観音寺（あらこかんのんじ）

天平元（729）年に開山した天台宗の寺で、荒子城主・前田家の元菩提寺。天正4（1576）年、利家が越前に移る際に本堂を再建したと伝わる。天文5（1536）年に建てられた多宝塔は、国の重要文化財かつ名古屋市内最古の木造建築。

DATA P.152

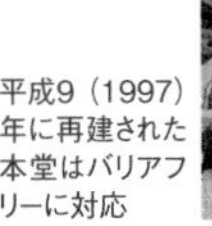

平成9（1997）年に再建された本堂はバリアフリーに対応

利家が城主を務めた城址

## 冨士権現天満宮（荒子城址）（ふじごんげんてんまんぐう（あらこじょうし））

荒子城は前田城の東方の守りとして利家の父・利昌によって建てられたとされる。永禄12（1569）年に利家が城主となり、城の鎮守神として冨士権現を勧請。後に天満天神が合祀された。この地で利家が誕生したという説もある。

DATA P.154

境内には前田利家卿誕生之遺址の碑がある

### 有名武将を多数輩出したあま市美和地区

あま市美和地区は蜂須賀正勝、福島正則、豊臣秀次、溝口秀勝ら、多くの戦国武将の出身地。美和歴史民俗資料館では、それら戦国武将に関する企画展の開催や、美和地区の遺跡から出土した考古遺物や民俗資料を展示する。

**美和歴史民俗資料館（みわれきしみんぞくしりょうかん）**

MAP 別冊 P.10-A1

住あま市花正七反地1　TEL 052-442-8522　開9:00～16:00　休水・木　料無料　Pあり　交名鉄津島線木田駅から徒歩10分

展示室は1・2階があり、季節ごとに企画展も開催される

蜂須賀正勝の菩提寺　あま市西部には蜂須賀正勝と息子・家政の菩提寺である蓮華寺がある。同寺の南には蜂須賀小六正勝公碑と蜂須賀城趾の石碑が立ち、南にある圓龍院の角には蜂須賀小六正勝公邸宅跡の石碑もある。

## 内助の功で有名な土佐藩初代藩主
# 山内一豊（やまうちかずとよ）

**天文14（1545）年〜慶長10（1605）年**

**黒田城（現・一宮市）または尾張国岩倉（現・岩倉市）**

※生誕年、出生地は諸説あり

信長に滅ぼされた岩倉織田氏の重臣・山内家に生まれる。岩倉織田氏の滅亡後は、主家を転々と変えたあと信長の配下に。後に秀吉の配下となり、中国の毛利氏と戦った。関ヶ原の戦いでは諸将が去就を迷うなか、真っ先に家康側につくことを表明し、関ヶ原の戦い後に土佐20万石を与えられた。妻・見性院には、天正9（1581）年の信長の馬揃えの際、蓄えておいた黄金で夫に鏡栗毛（かがみくりげ）の名馬を買い与え、夫の出世を助けた内助の功の話が残る。

妻が贈った名馬の手綱を持つ一豊立志像

### 一豊が生まれたとされる城
ゆかりの地
## 黒田城跡（くろだじょうあと）

山内一豊が生まれた場所のひとつとされ、信長と対立した岩倉織田氏に仕えていた一豊の父・盛豊が城代として入った。周辺は開発が進んでいて遺構などは残っておらず、敷地の大部分は一宮市立黒田小学校となっている。

MAP 別冊 P.8-A1

住 一宮市木曽川町黒田古城　開 見学自由　P なし

交 名鉄名古屋本線新木曽川駅から徒歩10分

❶学校脇に「黒田城跡」と書かれた石碑が立つ　❷小学校の一角に城門が再現されている

## 加藤清正と並ぶ七本槍のひとり
# 福島正則（ふくしままさのり）

**永禄4（1561）年〜寛永元（1624）年**

**尾張国海東郡二ツ寺村（現・あま市）生まれ**

幼少時から秀吉に仕え、賤ヶ岳の戦いではその活躍から秀吉により七本槍のひとりに数えられた。島津氏に対した九州攻め、北条氏と対した小田原攻めのほか文禄・慶長の役にも従軍したあと、文禄4（1595）年に清須城主となった。関ヶ原の戦いでは石田三成の西軍に反して、家康の東軍について安芸広島49万石を拝領。しかし、無断で広島城を改築したことで信濃川中島に流された。名古屋城の石垣普請や堀川造成などの功績を残した。

納屋橋近くの川沿いに立つ福島正則の銅像

### 家康の命により堀川を開削
ゆかりの地
## 納屋橋（なやばし）

名古屋市中区の堀川は家康の命を受けた福島正則により慶長16（1611）年に完成した。名古屋城の外濠の役割をもち、平時は運河として活用。広小路通と堀川が交差する納屋橋には正則の銅像、欄干には家紋がある。

DATA P.109

自動車に代わるまで水運は運輸の要だった

©（公財）名古屋観光コンベンションビューロー

### あま市にある菩提寺

菊泉院（MAP 別冊P.10-A1）は福島正則の菩提寺であり、正則の位牌や護持仏の毘沙門天像、肖像画がある。南には福島正則生誕地の碑、西には正則が修復造営した二ツ寺神明社（ふたつてらしんめいしゃ）も。

info 納屋橋の渡り初め　大正2（1913）年の先代納屋橋の完成時、縁起を担ぎ家業が3代続く家が渡り初めをした。饅頭屋の伊勢屋とうどん屋の山輪辨（みわべん）が選ばれ、その後、前者は納屋橋饅頭に（現在製造中止）、後者は長命うどんに店名を変更。

## まだまだいる愛知出身の武将

尾張国生まれ

### 柴田勝家（しばたかついえ）

※生誕年は諸説あり

大永2（1522）年〜天正11（1583）年

信長麾下（きか）第一の猛将で北陸方面を担当。信長の死後は秀吉と対立し、賤ヶ岳の戦いで敗れて自害した。現在の名古屋市名東区生まれ。

### 佐々成政（さっさなりまさ）

※生誕年は諸説あり

天文8（1539）年〜天正16（1588）年

一向一揆鎮圧により信長から越中富山を拝領。秀吉に対抗したが臣従。肥後をもらうも統治に失敗し切腹した。名古屋市西区出身。

### 蜂須賀正勝（はちすかまさかつ）

大永6（1526）年〜天正14（1586）年

美濃の斎藤道三に仕え、その後は織田氏に、そして秀吉に従い墨俣城築城、中国・四国征伐など活躍した。子・家政が阿波一国を拝領。

### 浅野長政（あさのながまさ）

天文16（1547）年〜慶長16（1611）年

北名古屋市生まれ。信長に仕え秀吉の与力となる。秀吉とは相婿の関係のため重用され豊臣政権で五奉行を務めた。関ヶ原は東軍に。

### 丹羽長秀（にわながひで）

天文4（1535）年〜天正13（1585）年

現在の名古屋市西区に生まれた織田家重臣。本能寺の変のあとには秀吉と合流し明智光秀を破った。子孫は二本松藩藩主として存続。

### 池田輝政（いけだてるまさ）

永禄7（1564）年〜慶長18（1613）年

信長家臣・池田恒興の二男で清須生まれ。秀吉の仲介により家康二女をめとる。関ヶ原の戦いでは東軍の主力に。姫路城を大改築した。

三河国生まれ

### 酒井忠次（さかいただつぐ）

大永7（1527）年〜慶長元（1596）年

岡崎市生まれ。家康の父・広忠の代から仕えた。今川の三河吉田城を落とし吉田城主となった。孫の忠勝は出羽庄内藩初代藩主。

### 本多忠勝（ほんだただかつ）

天文17（1548）年〜慶長15（1610）年

50余の戦いに参加して一度も傷を負ったことがないという猛将。岡崎市生まれで、関ヶ原の戦いのあとは桑名藩の初代藩主となった。

### 榊原康政（さかきばらやすまさ）

天文17（1548）年〜慶長11（1606）年

三河一向一揆で初陣を飾り、武功で家康から「康」の字をもらう。秀吉による家康の関東移封で館林10万石を拝領。豊田市生まれ。

### 服部正成（はっとりまさなり）

天文11（1542）年〜慶長元（1596）年

岡崎市出身。俗に忍者・服部半蔵として知られる。本能寺の変で家康に危機が迫った際に伊賀衆と甲賀衆を指揮して無事三河に送り届けた。

### 戦国武将相関図

—— 主従関係

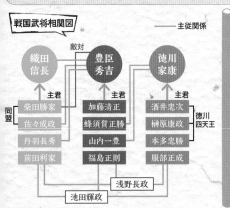

敵対

織田信長 ← 主君：柴田勝家、佐々成政、丹羽長秀、前田利家（同盟：柴田勝家・佐々成政）

豊臣秀吉 ← 主君：加藤清正、蜂須賀正勝、山内一豊、福島正則

徳川家康 ← 主君：酒井忠次、榊原康政、本多忠勝、服部正成（徳川四天王）

浅野長政

池田輝政

### 「鎌倉殿」も愛知出身

武将だけじゃない!

鎌倉幕府を開いた源頼朝も実は愛知出身だ。諸説あるが熱田神宮大宮司・藤原季範（すえのり）の下屋敷にて、源義朝と季範の娘・由良御前との間に生まれたとされる。享禄2（1529）年、その屋敷跡に織田信秀が援助して日秀妙光が誓願寺（MAP 別冊P.20-A1）を開山した。昭和20（1945）年の空襲で焼失したため、現在ある本堂と源頼朝の産湯の池は戦後の再建だ。山門には伊藤萬蔵が建立した「右大将頼朝公誕生舊地」碑が残る。

info 尾張の篤志家・伊藤萬蔵　一宮生まれの実業家・伊藤萬蔵は、名古屋米商所設立の発起人などを務めたほか篤志家としても知られ、尾張を中心に各地の社寺に寄進したため、ほぼすべての都道府県に名が残る。墓所は誓願寺だ。

# 往時のにぎわいをしのぶ
# 東海道９つの宿場を歩く

風光明媚な場所や名所旧跡もあり、多くの旅人でにぎわった東海道。県内に点在する宿場をたどりながら、当時の旅に想いをはせてみたい。

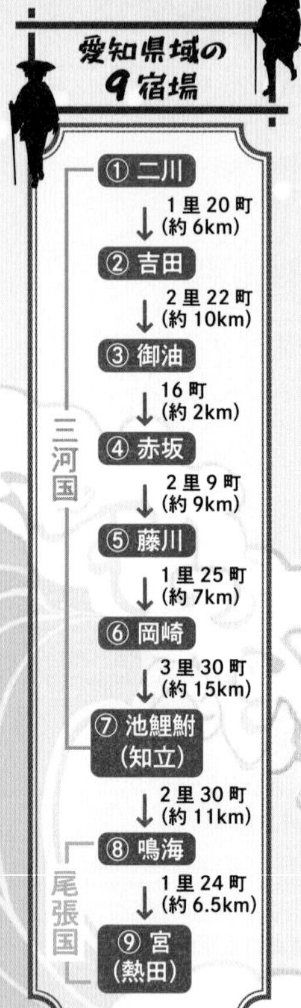


※「宿場データ」は『東海道宿村大概帳』天保14(1843)年の記録を参照。1里＝約4km、1町＝約110m

## 日本橋～京都を結ぶ約 500km の大動脈

徳川家康は、関ヶ原の戦い以降、江戸日本橋を起点とする東海道、中山道、日光街道、奥州街道、甲州街道の５つの街道を整備し、政治的支配を強化した。この五街道のうち、最も重要とされたのが、江戸と京都を結ぶ東海道だった。松並木や一里塚のほか、公用の旅人や物資の輸送を行う宿駅伝馬制度なども本格的に整えられ、道中の宿場町はおおいににぎわったという。品川から大津まで 53 の宿場があり、東西の文化が交流する道でもあった。

## 歌川広重の描いた『東海道五十三次』

東海道は見どころが多く、浮世絵や道中記などでたびたび取り上げられた。なかでも歌川広重が東海道にある 53 の宿場を描いた浮世絵『東海道五十三次』は街道を歩く旅人や天候、自然の様子にいたるまでリアルに描写しているのが特徴。大人気シリーズとなり、広重は人気浮世絵師の地位を不動のものにした。十返舎一九の滑稽本『東海道中膝栗毛』や、街道沿いの風景や街並みなどを描いた菱川師宣の墨絵『東海道分間絵図』などもある。

## 知っておきたい用語集

**宿場（宿・宿駅）**（しゅくば（しゅく・しゅくえき））
旅行者が休憩する茶屋や宿泊施設が整えられ、人馬の用意をするための屋敷なども設けられた場所。街道の要所要所にあった。

**門屋場**（とんやば）
伝馬や人足などを用意した役所で、五街道では宿場ごとに置かれていた。宿場によって数などは異なり、駅停、問屋、伝場所ともいう。

**本陣と脇本陣**（ほんじんとわきほんじん）
大名や公家、幕府役人などの旅宿。宿場にあり、参勤交代とともに公式化された。本陣だけでは足りない場合に脇本陣が設けられた。

**飯盛女**（めしもりおんな）
旅籠に泊まる旅行者の寝食の世話をした女。公認ではないが、事実上は遊女と同様で、原則として旅籠１軒にふたりの飯盛女をおいた。

**旅籠**（はたご）
宿場などで武家や一般庶民が寝泊まりをした宿屋。江戸時代の初期に始まり、宿屋が食事を用意して客に提供したのが特徴とされる。

**一里塚**（いちりづか）
主要な街道の両脇に１里ごとに築かれた塚。江戸時代に整備された里程で、盛り土の上に、原則としてエノキが植えられた。

**参勤交代**（さんきんこうたい）
江戸幕府が大名統制と権力集中のために作った制度。諸大名を一定期間の交代で江戸に参勤させ、人質として妻子を江戸に住まわせた。

info 歌川広重とは？　代表的な作品は天保5(1834)年頃の保永堂版の浮世絵『東海道五十三次』。晩年の『名所江戸百景』はゴッホが模写をし、広重の使った藍色は「ジャパンブルー」などと呼ばれ、西洋画壇にも影響を与えた。

## 1 本陣、旅籠、商家が揃う

二川宿（現・豊橋市）

比較的小さな宿場だった。現在も江戸時代の町割りがほぼそのまま残り、往時の面影をしのぶことができる出格子の家並みが見られる。本陣は豊橋市の史跡に指定されており、「二川宿本陣資料館」では、江戸時代そのままの本陣や旅籠の様子を見学できる。江戸時代後期から明治にかけて宿屋をしていた、倉橋家の「清明屋」は典型的な旅籠建築。二川宿で米穀屋と質屋を営んだ豪商の「駒屋」もあり、いずれも一般公開されている。

**宿場データ**

| 街並みの長さ | |
|---|---|
| 12町16間<br>(約1.3km) | |
| 人口 | 1468人 |
| 家数 | 328軒 |
| 本陣 | 1軒 |
| 脇本陣 | 1軒 |
| 旅籠 | 38軒 |

見どころ

宿場町のにぎわいを体感

### 豊橋市二川宿本陣資料館

本陣と旅籠の清明屋を保存し公開するとともに、二川宿のなり立ちや近世の旅、交通の様子が、体験コーナーも交えて展示されている。本陣には土蔵や主屋、玄関棟や表門が残されているほか、書院棟も復元されている。

MAP 別冊P.7-D2

住豊橋市二川町中町65　TEL0532-41-8580
開9:00〜17:00（入館〜16:30）　休月（祝日または振替休日の場合は翌平日）　料400円　Pあり　交JR二川駅から徒歩15分

❶ 大名や公家などの宿舎だった二川宿本陣　❷ 宿場の様子を模型で再現したもの　❸ 江戸時代の姿に復元された旅籠「清明屋」

## 2 東西の要衝として栄えた

吉田宿（現・豊橋市）

江戸と京都のほぼ中間点にあたる。吉田城の城下町で、「吉田橋」や「御橋」と呼ばれた大橋もあり、人と物、情報が行き交うにぎやかな宿場だった。かつては、軍事目的から数多くの曲がり角が設けられていたといい、「曲尺手町（かねんてちょう）」という地名が残る。太平洋戦争の豊橋空襲によって町の多くが焼失し、往時の建物などは残っていない。

江戸時代から続く、菜飯田楽が食べられる「きく宗」(→P.386)がある

**宿場データ**

| 街並みの長さ | |
|---|---|
| 23町30間<br>(約2.6km) | |
| 人口 | 5277人 |
| 家数 | 1293軒 |
| 本陣 | 2軒 |
| 脇本陣 | 1軒 |
| 旅籠 | 65軒 |

日本橋　品川　川崎　神奈川　保土ケ谷　戸塚　藤沢　平塚　大磯　小田原　箱根　三島　沼津　原　吉原　蒲原　由比　興津　江尻　府中　丸子　岡部　藤枝　島田　金谷　日坂　掛川　袋井　▲富士山

**東海道五十七次とは**

品川宿〜大津宿までを「東海道五十三次」というが、豊臣家を滅ぼした後、江戸幕府はこれに京街道を加えた。終点大阪までは57の宿場となり「東海道五十七次」と呼ばれた。

info 飯盛女が多かった宿場　吉田宿は、赤坂宿や御油宿とともに飯盛女が多かったことでも知られており、「吉田通れば二階から招く、しかも鹿の子の振り袖が」「吉田宿皆あをむいて通るなり」と川柳などで詠まれたという。

## 3 街道の面影を残す松並木が美しい

**御油宿**（現・豊川市）

| 宿場データ | |
|---|---|
| 街並みの長さ | 9町32間（約1km） |
| 人口 | 1298人 |
| 家数 | 316軒 |
| 本陣 | 4軒 |
| 脇本陣 | 0軒 |
| 旅籠 | 62軒 |

北部をとおる姫街道の西の起点であり、交通の要衝として繁栄した。歌川広重の浮世絵に描かれたように、旅籠の飯盛女も多かったと推測される。江戸幕府は、旅人たちのために風よけや防寒対策として松並木を作ったが、御油には今も当時のクロマツ並木が残っている。御油の松並木資料館には、松並木や御油宿に関する資料が展示されている。

見どころ

国の天然記念物に指定された
### 御油のマツ並木

御油宿から赤坂宿にかけて、約330本のクロマツが600mにわたって並び、街道の面影を感じさせる。『東海道中膝栗毛』の舞台にもなった。

MAP 別冊P.7-C2
住 豊川市御油町一ノ橋ほか
TEL 0533-88-5120（御油の松並木資料館） 営 散策自由 P なし 交 名鉄名古屋本線御油駅から徒歩15分

## 4 往時の旅籠を見学できる

**赤坂宿**（現・豊川市）

| 宿場データ | |
|---|---|
| 街並みの長さ | 8町30間（約930m） |
| 人口 | 1304人 |
| 家数 | 349軒 |
| 本陣 | 3軒 |
| 脇本陣 | 1軒 |
| 旅籠 | 62軒 |

御油宿から近いこともあり、当初は赤坂と御油宿は一宿として扱われていたとされる。松尾芭蕉も「夏の月御油より出でて赤坂や」という、距離の短さを詠んだ句を残しており、関川神社境内に句碑が立つ。宝永8（1711）年当時は4軒あった本陣のなかでも、伝統のある彦十郎家は畳数422畳という立派なものだったという。

見どころ

現代に残る旧旅籠建築
### 豊川市大橋屋

江戸中期創業とされる宿屋で、元の屋号は「鯉屋」。後に「大橋屋」と改名され、平成27（2015）年まで旅館として営業していた。

MAP 別冊P.7-C2
住 豊川市赤坂町紅里127-1 TEL 0533-56-2677 開 10:00～16:00 休 月（祝日の場合は開館） 料 無料 P あり 交 名鉄名古屋本線名電赤坂駅から徒歩10分

## 5 広重の「棒鼻ノ図」で知られる

**藤川宿**（現・岡崎市）

| 宿場データ | |
|---|---|
| 街並みの長さ | 9町20間（約1km） |
| 人口 | 1213人 |
| 家数 | 302軒 |
| 本陣 | 1軒 |
| 脇本陣 | 1軒 |
| 旅籠 | 36軒 |

歌川広重の浮世絵に描かれた東棒鼻（宿場の東出入口）が再現された跡地のほか、クロマツ約90本が並び立つ「藤川の松並木」、江戸時代の門が残る「脇本陣跡」、連子格子の商家などが見られ、歴史国道に認定されている。

藤川宿の象徴ともいわれる東棒鼻跡

## 6 徳川家康が生まれた城も立つ

**岡崎宿**（現・岡崎市）

| 宿場データ | |
|---|---|
| 街並みの長さ | 36町51間（約4km） |
| 人口 | 6494人 |
| 家数 | 1565軒 |
| 本陣 | 3軒 |
| 脇本陣 | 3軒 |
| 旅籠 | 112軒 |

東海道でも屈指の規模を誇り、矢作川の水運や奥三河からの物資集積で栄えた。城下を抜ける曲がりくねった街道は「岡崎二十七曲り」と呼ばれ、防衛とともに、道沿いの店などに旅人をとどまらせる経済効果も狙ったとされる。

岡崎二十七曲りに設けられた門

info 藤川のむらさき麦　江戸時代、藤川宿周辺にはむらさき麦の畑が広がっており、芭蕉も句に詠んでいる。この幻の麦を復活させるプロジェクトが発足し、東棒鼻、西棒鼻、本陣跡広場などで栽培されている。

## 7 馬市が立ったことでも知られる

### 池鯉鮒宿（ちりゅう）（現・知立市）

| 宿場データ | |
|---|---|
| 街並みの長さ | 12町35間（約1.4km） |
| 人口 | 1620人 |
| 家数 | 292軒 |
| 本陣 | 1軒 |
| 脇本陣 | 1軒 |
| 旅籠 | 35軒 |

西三河の交通の要であり、知立神社への参拝でもにぎわった宿場。現在は「知立」と書くが、江戸時代には「池鯉鮒」と表記されていた。これは、知立神社の御手洗池に鯉や鮒が多くいたことに由来するといわれている。

長さ約500mにわたる知立の松並木

## 8 桶狭間の戦いゆかりの地

### 鳴海宿（なるみ）（現・名古屋市緑区）

| 宿場データ | |
|---|---|
| 街並みの長さ | 15町18間（約1.7km） |
| 人口 | 3643人 |
| 家数 | 847軒 |
| 本陣 | 1軒 |
| 脇本陣 | 2軒 |
| 旅籠 | 68軒 |

江戸の頃には海が迫っており、鳴海潟沿岸の宿場だったという。応永年間（1394～1428年）に安原宗範が築城した鳴海城は、桶狭間の戦いで今川義元軍の武将が織田軍と戦った場所。現在は記念碑や城跡公園がある。西と東の宿場入口には常夜灯が建てられており、ところどころに残る格子付きの家も往時の風情を感じさせる。松尾芭蕉は鳴海を幾度も訪れていたといい、芭蕉の筆による「千鳥塚」の文字が彫られた芭蕉千鳥塚もある。

見どころ

エノキの大樹が見事
**笠寺一里塚**（かさでらいちりづか）

名古屋市に現存する唯一の一里塚。盛土の上に残るエノキが、400年以上人々を見守ってきた。かつては一対の塚で、大正時代までは道を隔てた南側にムクノキの塚もあった。

MAP 別冊P.11-C3
住 名古屋市南区笠寺町下新町　開 散策自由　P なし
交 名鉄名古屋本線本笠寺駅から徒歩15分

## 9 東海道最大の宿場町

### 宮（熱田）宿（みや（あつた））（現・名古屋市熱田区）

| 宿場データ | |
|---|---|
| 街並みの長さ | 11町15間（約1.2km） |
| 人口 | 1万342人 |
| 家数 | 2924軒 |
| 本陣 | 2軒 |
| 脇本陣 | 1軒 |
| 旅籠 | 248軒 |

多くの旅籠が並ぶ大規模な宿場で、美濃路や佐屋街道との分岐点でもあった。ここから桑名宿までは船で渡り、その距離が七里（27km）だったことから、「七里の渡し」と呼ばれた。船出を待つ貴人や豪商が遊ぶ全国有数の歓楽街として、高級料亭も立ち並んでいたという。熱田神宮の門前町であり、魚市場も立つ港町としても栄えた。尾張藩は大名たちを招待する場として東西に壮麗な浜御殿を築いたというが、現在は残っていない。

見どころ

尾張藩の海の玄関となった
**宮の渡し公園**（みやのわたしこうえん）

宮宿と桑名宿をつないだ船着き場で、ここから「七里の渡し」へと旅立った。船の出入りの目印となる常夜灯のほか、時間を把握するために聞いたという時の鐘も復元されている。

MAP 別冊P.20-A2
住 名古屋市熱田区内田町
開 散策自由　P あり（仮設）
交 地下鉄熱田神宮伝馬町駅から徒歩10分

info 「七里の渡し」の迂回路　「七里の渡し」は、東海道中でも難所だった。風雨など悪天候で船が欠航することもあり、船酔いを嫌う旅人らは海路を避けた。迂回ルートとして、宮宿から陸路で佐屋街道を行く人も多かったという。

ユネスコ無形文化遺産

犬山市

城下町に並ぶ13輌の車山

# 犬山祭

寛永12（1635）年に始まった針綱神社の祭礼。神社前に13輌の車山が勢揃いする「車山ぞろえ」や、暗闇を照らす提灯が幻想的な夜車山の巡行などが見どころだ。

開催地 針綱神社
MAP 別冊 P.22-A1

開催日 4月第1土・日曜

継承される技術と地域の誇りを体感

# 愛知の祭り

地域の伝統工芸・技術を結集する山車祭りや、天下の奇祭として全国に知られる神事など、世代を超えて大切に守られる伝統的祭礼を見にいこう！

ここに注目

重さ3トン超の車山を前輪を上げて方向転換する「どんでん」、車輪をずらしながら進行方向を転換する「車切(しゃぎり)」は勇壮な妙技だ。

桜が美しく咲き誇る犬山の城下町を車山が巡行

## 尾張地方の山車の形態

愛知で山車が発生したのは室町時代。神の依代とされる山車は各地域で独自に工夫・洗練されたため、地域によって形態や名称が異なる。

### 名古屋型

一木四輪※の外輪で格子状の輪掛けがある。唐破風の屋根を４本の柱で支え、正面に前棚が付いているものが多い。

※１本の木を輪切りにした車輪

2層

### 犬山型

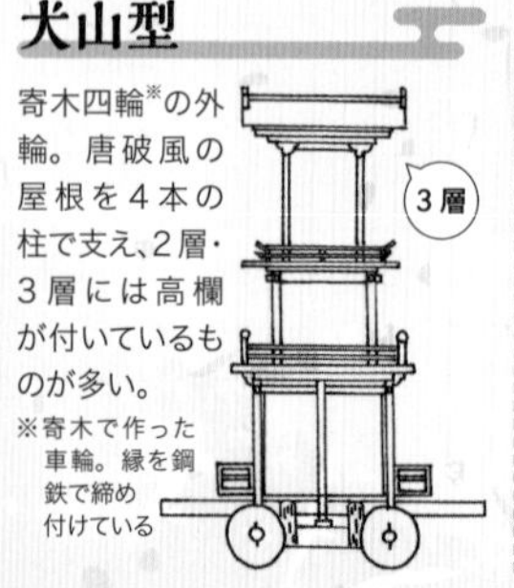


寄木四輪※の外輪。唐破風の屋根を４本の柱で支え、２層・３層には高欄が付いているものが多い。

※寄木で作った車輪。縁を鋼鉄で締め付けている

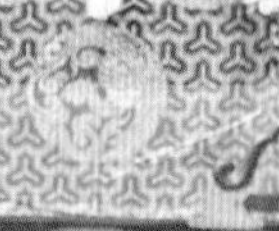

### 知多型

一本四輪の内輪。全体を素木の彫刻で装飾し、後部に吹き流しが付いているのが特徴的。唐破風の屋根、高欄下の唐破風をそれぞれ４本の丸柱で支える。

info ユネスコ無形文化遺産　平成28（2016）年、東北から九州まで18府県33件の祭礼「山・鉾・屋台行事」がユネスコ無形文化遺産に登録。「山車祭り日本一」を謳う愛知からは最多の5つが登録された。平和や災厄防除を願う重要な祭礼だ。

ユネスコ無形文化遺産

津島市

日本3大川祭りのひとつ

# 尾張津島天王祭

600年近い歴史のある津島神社の祭礼。提灯をともした5艘の巻藁船が津島笛と太鼓を奏しながら天王川を渡る宵祭と、市江車を先頭に車楽舟が川を渡る朝祭からなる。

開催地 津島神社 MAP 別冊 P.8-A2、天王川公園 MAP 別冊 P.8-A2

開催日 7月第4土曜（宵祭）、翌日（朝祭）

ここに注目

朝祭では市江車から布鉾を持った10人の若者が天王川へ飛び込み、川を泳いで津島神社の拝殿前に布鉾を奉納する。

市江車は朝祭のみ参加。津島の5艘は夜を徹して朝祭用に飾り変えする

ユネスコ無形文化遺産

知立市

山車文楽とからくりは必見

# 知立まつり

江戸時代より続くと伝えられる祭礼。1年おきに本祭と間祭が行われ、本祭では5台の山車が町内を練り歩く。最大の特徴は山車で上演される文楽とからくりだ。

開催地 知立神社 MAP 別冊 P.6-B1

開催日 5月2日（試楽）、3日（本楽）

ここに注目

3人が息をあわせて人形を操る文楽と、糸を使って人形を動かすからくり人形芝居はどちらも江戸時代から続く。

山車の上で文楽を演じる山車文楽は日本で知立のみ

写真提供：知立市

半田市

海辺を鮮やかに彩る５輌の山車

# 亀崎潮干祭（かめざきしおひまつり）

ユネスコ無形文化遺産

約300年以上続く祭礼。精緻な彫刻や華麗な刺繍幕、螺鈿や七宝焼を施した４本柱などで装飾された５輌の山車が、掛け声とともに潮が引いた浜に引き下ろされる。

開催地 神前（かみさき）神社 MAP 別冊 P.32-B1 など亀崎地区

開催日 5月3・4日

ここに注目

祭りのハイライトは坂を駆け下りた山車が水際で方向転換し、縦列する場面。華やかな山車が波打ち際を進む様子は必見。

祭神である神武天皇が海から当地に上陸したという伝説にちなむ

蟹江町

数多の祭事を行う「百日祭」

# 須成祭（すなりまつり）

ユネスコ無形文化遺産

疫病退散を祈願し、約100日かけて数々の祭事が行われることから「百日祭」の異名をもつ。特に有名なのは車楽船（だんじりぶね）行事の宵祭と朝祭。

開催地 冨吉建速（とみよしたけはや）神社・八剱社（はっけんしゃ） MAP 別冊 P.10-A2

開催日 8月第1土曜（宵祭）、翌日（朝祭）

ここに注目

蟹江川の途中にある御葮橋（みよしばし）は須成祭のときにだけ祭船を通過させるために跳ね上がる。

宵祭では1年の日数を表す提灯をともした薪藁船が川を上る
画像提供：蟹江町歴史民俗資料館

## 豊橋市

豊橋に本格的な夏の訪れを告げる

# 豊橋祇園祭（とよはしぎおんまつり）

吉田神社への手筒花火の奉納から発展。江戸時代には日本３大花火と称され、現在は豊川河川敷で打ち上げ花火が上がるなど、夏の一大風物詩として親しまれている。

開催地　吉田神社 DATA P.268 ほか、豊川河川敷

開催日　７月第３金～日曜

**ここに注目**
吉田神社が発祥とされる手筒花火は、火薬を詰めた筒を脇に抱えて奉納する。最大10数mを超える巨大な火柱が噴出する。

鎌倉時代初期頃に始まったとされる疫病払いを祈願する祭り

## 稲沢市

裸の男たちがぶつかり合う

# はだか祭（はだかまつり）

起源は奈良時代の「儺追（なおい）神事（しんじ）」。神籤で選ばれた神男に触れて厄を落とそうと、裸の男たちが激しくもみ合う。

開催地　尾張大國霊神社（国府宮）DATA P.215

開催日　２月頃（旧正月13日）

**ここに注目**
拝殿に入ろうとする神男に迫る人々に浴びせられる水は熱気で湯煙になる。

## 蒲郡市

絢爛豪華な山車が海を渡る

# 三谷祭（みやまつり）

氏子が４輌の山車を引いて八劔神社と若宮神社の間を練り歩く。山車が海を進む「海中渡御（かいちゅうとぎょ）」が最大の見どころ。

開催地　八劔（やつるぎ）神社 MAP 別冊 P.31-C3、若宮神社 MAP 別冊 P.31-C3 など蒲郡市三谷町地内

開催日　10月第３または第４土・日曜

**ここに注目**
水しぶきを上げながら山車が約300mも海の中を渡る様子は迫力満点！

info　裸になれない人たちは　氏名や年齢を書いて厄除け祈願をした「なおい布」を「なおい笹」に結ぶと、裸男たちによって境内へ奉納される。また、神事の翌日ふるまわれる大鏡餅は、食べると無病息災で過ごせるといわれている。

瀬戸

ギャラリーが点在し、窯元では陶芸体験が楽しめる。陶磁器全般を指す「せともの」の語源は瀬戸焼である

## 愛知が誇る焼き物の2大産地へ

# 瀬戸焼・常滑焼

1000年以上焼き物を作り続け、歴史と伝統を紡ぐ瀬戸と常滑。
「日本六古窯」にも名を連ねる焼き物の里を訪ねてみよう。

瀬戸
名古屋
常滑

### 日本六古窯とは

中世（鎌倉～室町時代）から現在まで焼き物の生産を行う愛知の瀬戸・常滑、福井の越前、滋賀の信楽、兵庫の丹波、岡山の備前の6つの産地の総称。日本古来の技術を継承している産地として、平成29（2017）年に日本遺産に認定された。

町なかでは陶器が生活になじんだ特徴的な風景に出合える。常滑焼は土に含まれる鉄分によって朱泥（しゅでい）色になるのが特徴

常滑

## 歴史

釉薬（ゆうやく・うわぐすり）をかけた施釉陶器を、日本で最初期に始めた猿投窯をルーツとする瀬戸焼。鎌倉時代には灰釉（はいゆう・かいゆう）を使用した古瀬戸の生産が始まった。19 世紀には磁器生産も開始。輸出や万博への出品を行うことで、西洋の技術を取り入れながら発展していく。時代とともに移り変わる生活様式に応じて、柔軟に変化を遂げながら伝統と技術を継承している。

## 特徴

木節粘土や蛙目粘土といった瀬戸の土は、耐火性が強く、かつ形成しやすいやわらかさをもつ。鉄の成分がほとんど含まれないため、白く美しい素地となり、それを生かした施釉陶器が生まれた。土味を生かした茶陶や、染付製品、セトノベルティと呼ばれる精巧な人形なども生み出した。現在は、建築陶材からファインセラミックスまで幅広く生産。

木の灰を用いた灰釉は、日本最古の釉薬だ

瀬戸焼の代表的な柄である「馬の目」紋様

point
繊細な濃淡で描かれた染付画は、瀬戸染付の大きな特徴

point
馬の目は一つひとつ手書き。それぞれに違った表情を楽しめる

染付焼の磁器。青の顔料は呉須（ごす）という酸化コバルト

## 歴史

六古窯のうち日本最古の歴史がある常滑焼。平安時代から茶碗や甕が焼かれ、丹波や信楽などにも影響を与えた。三方を海に囲まれ、海運に恵まれたことから全国各地へ輸送しやすく大型の焼き物が多く生産されてきた。鎌倉時代には 50cm を超える大きな壺を、江戸時代には土管の生産を開始。良質な粘土ができたのは、650 万年前～ 100 万年前に存在した東海湖の影響といわれる。現在はタイルや衛生陶器などでも有名。

## 特徴

釉薬を用いず、高温で焼成するのが特徴。東海湖の地層は鉄分を多く含み、比較的低い温度でも完成するために、大型陶器を作るのに適していた。現在は、急須や招き猫などが有名であるが、平安時代から今もって製造されている甕こそが、常滑を代表する陶器だ。粘土に含まれた鉄分が発色し、赤褐色の陶器が完成する。

point
2頭身のずんぐりとした招き猫をデザインし、さらには小判を持たせたところ大ヒットに

近代の常滑焼を代表する招き猫

point
内側の茶こし網も陶器製。常滑の陶土に含まれる鉄分とお茶のカテキンが反応し、味がまろやかになるという。フタと本体の密閉性が高く、十分に茶葉が蒸されるのも特徴

常滑の土の特徴がよく出た朱泥の急須

info 猿投窯　猿投窯は、名古屋東部に広がる1000基の古窯跡。朝鮮半島から伝来した須恵器（すえき）という焼き物の技術を応用し、古墳時代から鎌倉時代まで約1000年間操業。瀬戸焼や常滑焼の源流とされる。

# 焼き物の里を散策
# 瀬戸焼

陶磁器全般を「せともの」と呼ぶように、日本の“陶都”を自負する町。陶芸体験後は、市内散策を。

瀬戸の町歩きは P.172 もチェック

かつては陶磁器を運ぶ瀬戸のメインストリートだった

## 1 瀬戸にしかない景色！ 窯垣の小径（かまがきのこみち）

「窯垣」とは使わなくなった古い窯道具を積み上げた塀や壁のこと。幾何学模様の窯垣が約 400m の細い路地を彩る瀬戸ならではの景観が見られる。周辺には窯元やギャラリーが点在。

MAP 別冊 P.23-D1
住 瀬戸市仲洞町 39　TEL 0561-85-2730　営 散策自由　P あり　交 名鉄瀬戸線尾張瀬戸駅から名鉄バス瀬戸北線で陶祖公園下車、徒歩 5 分

❶明治時代に建てられた工房。原料や製品の乾燥を防ぐため窓は少なめ　❷初心者にもていねいにレクチャーしてくれる　❸ギャラリーだけの利用も OK。馬の目皿などが購入できる

## 2 生活のなかで光る瀬戸焼を 一里塚本業窯（いちりづかほんぎょうがま）

体験あり

ギャラリーと工房のある窯元。予約制で陶芸体験もできる。「鑑賞にも耐え得るけど、当たり前に日常で使い、器ものせた料理も美しい。それこそ瀬戸焼の神髄です」と作り手の水野雅之さん。

MAP 別冊 P.23-D2
住 瀬戸市一里塚町 27　TEL 0561-82-4022　営 9:00 ～ 17:00　休 不定休　料 体験 3850 円～　CC 不可　P あり
交 名鉄瀬戸線尾張瀬戸駅から車 5 分

## 3 瀬戸・赤津焼を探すなら 喜多窯 霞仙（きたがま かせん）

体験あり

尾張藩の御用窯が置かれた赤津。その伝統的な窯元で、食器を中心に制作し「伝統」と「モダン」の 2 ブランド展開で使いやすく人気。ギャラリーでは、窯元価格で購入できる。

MAP 別冊 P.9-C2
住 瀬戸市赤津町 71　TEL 0561-82-3255
営 10:00 ～ 16:00（陶芸体験の最終受付～ 15:00）　休 不定休（臨時休業が多いため HP で要確認）　料 体験料 2500 円、作品焼成料 1 点につき 500 円（送料別）　CC AJMV　P あり　交 名鉄瀬戸線尾張瀬戸駅から名鉄バス赤津行きで大松下車、徒歩 5 分

❶予約制の陶芸体験は1時間半程度で3～4点作れる　❷伝統的な赤津焼の「霞仙クラシカルシリーズ」　❸現代の食卓に合わせた「KASEN モダンシリーズ」

info 瀬戸・赤津焼とは？　戦国期に瀬戸の陶工が美濃へ移る「瀬戸山離散」が発生。江戸時代になり瀬戸窯を復興すべく（名古屋開府にあわせたという説もある）「窯屋呼び戻し」を行った。赤津もそのひとつ。藩の庇護下で発展した。

4 瀬戸アートの今を発見

## 綱具屋 SETORe

　瀬戸の窯元、作り手とローカルクリエイターを応援するのがコンセプトのギャラリー＆ショップ。銀座通り商店街の入口に位置し、瀬戸にある3つの商店街巡りの起点にぴったり。

MAP 別冊 P.23-C1
住瀬戸市朝日町 36　TEL 0561-57-9470　営 11:00 ～ 17:00　休月～水（月曜が祝日の場合は営業）　CC ADJMV　P なし　交名鉄瀬戸線尾張瀬戸駅から徒歩 3 分

❶明治 45（1912）年造の古民家をリノベーション　❷ティラノサウルスの瀬戸染付の豆皿 3300 円　❸瀬戸焼のオリジナルタンブラー 1320 円～

5 瀬戸窯元の伝統の味

## 名代五目めし 四季乃舎

　仕事始めなどに瀬戸の窯元では「ゴモ」と呼ばれる五目めしを陶工に振る舞い、ゴモを食べた回数で経験が測れたという。瀬戸伝統のゴモが瀬戸焼の器で食べられる。

MAP 別冊 P.9-C2
住瀬戸市東横山町 188-1　TEL 0561-83-9294
営 11:30 ～ 14:00（L.O.13:00）、17:00 ～ 21:30（L.O.19:00）、夜は要予約　休月　CC 不可　P あり
交名鉄瀬戸線新瀬戸駅または愛知環状鉄道瀬戸市駅から徒歩 5 分

❶ゴモと小鉢がついた「黄瀬戸」2700 円　❷舎主の実家である窯元を再現した店内

6 店主は日本茶ソムリエ

## 茶のいろは

　茶農家＆茶屋の家に生まれた店主が切り盛りする日本茶カフェ。全国各地の銘茶や抹茶スイーツ、自家製シロップ等を使ったかき氷が一年中楽しめる。

MAP 別冊 P.9-C2
住瀬戸市平町 1-76　TEL 0561-58-3149　営 10:00 ～ 18:00（L.O.17:30）　休火・水　CC 不可　P あり
交名鉄瀬戸線水野駅から徒歩 12 分

❶お茶屋さんの抹茶のかき氷瀬戸おりべ 950 円　❷お茶色の看板が目印！

**おもてなし観光タクシーツアーが便利**

瀬戸市まるっとミュージアム・観光協会と旅行会社が企画する「おもてなし観光タクシー」が便利。テーマが決まったツアー形式で見どころを巡ってくれる。事前予約必須。問い合わせは瀬戸市まるっとミュージアム・観光協会（TEL 0561-85-2730）へ。

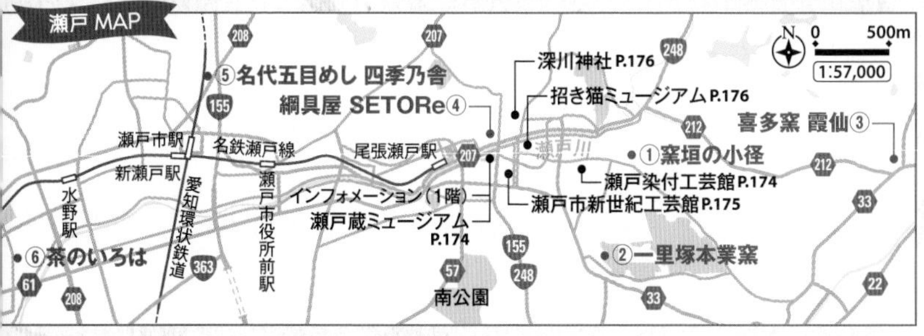


info せともの祭　瀬戸の染付磁器を進歩させ、「磁祖」と称される加藤民吉の功績をたたえて9月の第2土・日曜に開催される祭り。最大の催しは市内の問屋や窯元など約150軒が陶磁器を販売する「せともの大廉売市」だ。

## 焼き物の里を散策

# 常滑焼

日本六古窯最大の生産地。「やきもの散歩道」を散策すると、焼き物の里ならではの光景に出合える。

常滑の町歩きはP.320もチェック

## 1 明治末期の姿をとどめる

### 登窯（陶榮窯）

約20度の傾斜地に、8つの焼成室（製品を焼く部屋）を備え、10本の煙突がそびえたっている。全長22m、最大幅9.6m。明治末期の常滑にはこのような登窯が60基ほどあった。

MAP 別冊P.34-A2
住 常滑市栄町6　TEL 0569-35-0292（登窯広場 展示工房館）　営 9:00～17:00　休 見学自由　P あり　交 名鉄常滑線常滑駅から徒歩9分

❶茶碗・皿など2点作れる　❷予約はメールでも受付可　❸14種類から色を選んで　❹伝統工芸士が在籍

## 2 ろくろ体験ならココ！

### 角山陶苑 体験あり

やきもの散歩道内にあり、散策前後に陶芸体験をするのにピッタリ。一度はやってみたい電動ろくろも職人がていねいにサポートしてくれる。要予約。

MAP 別冊P.34-A2
住 常滑市栄町3-116　TEL 0569-34-4152　営 9:00～17:00　休 不定休　料 電動ろくろコース3500円　CC 不可　P あり　交 名鉄常滑線常滑駅から徒歩10分

## 3 手軽に陶芸体験を 体験あり

### 登窯広場 展示工房館

昭和50（1975）年頃まで使用されていたという窯や煙突を見学できるほか、常滑焼作家の作品の展示と販売も行っている。さらに招き猫や器に絵付け体験ができる。

MAP 別冊P.34-A2
住 常滑市栄町6-145　TEL 0569-35-0292　開 10:00～16:00　休 水（祝日の場合は開館）　料 入館無料、体験は別料金　CC ADJMV　P なし　交 名鉄常滑線常滑駅から徒歩10分

❶3mほどの高さがある窯　❷体験は当日受付も可能

## 4 散歩道のスタート地点

### 常滑市陶磁器会館

急須、招き猫、食器、花器などさまざまなジャンルの常滑焼の展示販売のほか、散歩道MAPなど観光パンフレットが充実。

MAP 別冊P.34-A2
住 常滑市栄町3-8　TEL 0569-35-2033　開 9:00～17:00　休 無休　料 無料　P あり　交 名鉄常滑線常滑駅から徒歩5分

❶常滑焼の幅広いラインアップをチェック　❷まずはここで情報を収集

info 散策に便利な駐車場　やきもの散歩道は入り組んだ細い道があり、車両通行禁止の場所もある。車で来た場合には、常滑市陶磁器会館（平日無料、土・日・祝は1回500円）か、やきもの散歩道駐車場（8時間300円）の利用を。

## 5 常滑の美しさを再発見
# morrina（もりーな）

旧土管工場を生かした店内には、常滑焼が美術館のように並ぶ。地元育ちの知識豊富な店主やスタッフに、常滑焼のあれこれを聞くのも楽しい。奥の間には高級茶器が並ぶ。

MAP 別冊 P.34-A2
住 常滑市栄町 7-3　TEL 0569-34-6566
営 10:00 ～ 17:00　休 水　CC AJMV　P なし　交 名鉄常滑線常滑駅から徒歩 10 分

❶飽きのこない愛着の湧くものを探そう　❷２階はギャラリーになっている　❸「質感に宿る美」でセレクトされた品々

## 6 常滑にとことんこだわる
# 常滑屋（とこなめや）

１階はレストランと催事スペース、２階は常滑焼のギャラリー。レストランでは、地の魚が楽しめる常滑ちらしのほか、常滑焼の急須でお茶を楽しむ煎茶セット 750 円が人気。

MAP 別冊 P.34-A2
住 常滑市栄町 3-111　TEL 0569-35-0470　営 10:00 ～ 16:00、金 18:00 ～ 22:00　休 月
CC 不可　P あり　交 名鉄常滑線常滑駅から徒歩 8 分

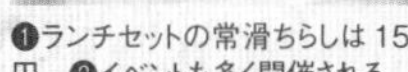

❶ランチセットの常滑ちらしは 1500 円　❷イベントも多く開催される

### 散策中に便利!
### 蔵のトイレ（くらのといれ）

改築した土蔵の１階に、市内トイレメーカー「LIXIL」「Janis」「TOTO」の協力で造られた個室トイレがある。広くてゆっくり使える。

２階には女性用のパウダールームも

MAP 別冊 P.34-A2

### 常滑焼の即売イベント
### 常滑焼まつり（とこなめやきまつり）

昭和42（1967）年から開催されている「常滑焼まつり」では、窯元や陶芸家から直接、作品を購入できるチャンス。複数会場があり、期間中は無料のシャトルバスで移動できる。

例年 10 月初旬に開催される

TEL 0569-34-3200（常滑商工会議所）

info 常滑の地名の由来　常は「床」＝地盤、滑は「なめらか」。粘土層の露出が多い土地の特徴が地名になった。『万葉集』に「常滑」という語を詠んだ歌があるなど、歴史のある言葉でもある。

愛知の醸造 ❶

# 八丁味噌の歴史を学ぶ 2大味噌蔵へ

岡崎城から西へ八丁（約870m）の距離にある八丁村（現八丁町）。ここで作られる豆味噌は、八丁味噌と呼ばれる。

温度調整は一切せず、八丁町の自然の力で熟成

史料館（大蔵）

明治40（1907）年造の味噌蔵を改装した史料館。味噌の製造工程が学べる

味噌をはじめとした醸造文化を紹介している

### 正保2（1645）年から19代目

## カクキュー八丁味噌（八丁味噌の郷）

江戸時代初期より、伝統製法で八丁味噌を作り続ける。本物の木桶と、味噌作りの工程が実物大で再現されたジオラマは迫力満点。史料の数々も見応えあり。売店では幻と呼ばれる地物の矢作大豆が桶１本分だけ収穫できたときのみ仕込みが行われる「矢作大豆 八丁味噌」や、使いやすい八丁味噌のパウダー、スイーツなどを購入できる。

MAP 別冊 P.26-A2
住 岡崎市八丁町69　TEL 0564-21-1355　営 9:00 ～ 17:00（売店）　休 無休　CC ADJMV
P あり　交 名鉄名古屋本線岡崎公園前駅または愛知環状鉄道中岡崎駅から徒歩5分

**見学データ**

予 当日売店にて受付　営 10:00～16:00 平日 毎時00分、土・日・祝 毎時00分、30分（12:30の回は休み）　料 無料

本社屋は県内初の登録文化財

おすすめレシピ

**創業家・早川家流 おつまみ焼味噌**

刻みショウガと白ゴマ各大さじ1/2を味噌60gに混ぜ、4等分にしてから平らに丸めて、軽く焦げ目がつくまで両面焼く。ネギや大葉を加えても美味。

おみやげをCheck

焼味噌作りに便利な八丁味噌の焼き皿 1枚500円

矢作大豆 八丁味噌 2200円は5年以上熟成される

味噌ソフトクリーム 400円

カクキューの皆さんにうかがいました

左から企画室長兼品質管理部長の野村健治さん、第19代早川久右衛門社長、副社長の早川昌吾さん

### 八丁味噌の始まりは？

時は永禄3（1560）年。桶狭間の戦いで織田信長に敗れた今川義元。その家臣にカクキューの当主、早川家の先祖早川新六郎勝久（後に久右衛門と改名）がいた。彼は追っ手から逃れるため、岡崎の願照寺で「味噌すり坊主」となる。「元武士だからこそ、保存食にもなる味噌の有益性を知っていたのでしょう」（19代久右衛門さん）。数代あとの久右衛門が八丁味噌作りを商いとした。「八丁村は3つの川に囲まれた高温多湿な地域。米や麦の味噌よりも、保存性に優れた豆味噌が適したのです」（昌吾さん）。時は下って明治44（1911）年、ドイツで開催された「万国衛生博覧会」に八丁味噌が出品される。「赤道を超える1ヵ月の航海を経ても、品質に異常は出ず、世界から評価されました」（野村さん）。江戸時代初期からカクキュー、

info 八丁味噌の歴史について　八丁味噌について詳しく知りたいなら、19代早川久右衛門社長著の『カクキュー八丁味噌の今昔』（中部経済新聞社刊）が詳しい。八丁味噌を守り続けた人々の思いが伝わってくる一冊だ。

日吉丸（豊臣秀吉）が石を投げた逸話が残る

少ない水分を桶全体に行き渡らせる重石

八丁味噌のアレンジが学べる。月1回開催（有料、要予約）

八丁味噌のたれがかかったコンニャクを試食できる

おみやげをCheck

おすすめレシピ チーズ×クラッカー×八丁味噌パウダー
クラッカーにマスカルポーネチーズをのせ、上からパウダーを振りかけるだけ。バニラアイスにかけるのもおすすめ。

コクを加える八丁味噌の香味パウダー550円

有機大豆使用のサスティナブルな有機八丁味噌798円

## サスティナブル味噌を作る
# まるや八丁味噌

延元2（1337）年に醸造業で創業。当時の製法を守りながら、サスティナブルな製品作りに挑戦する。無料の蔵見学では、約２ｍの大きな木桶に約３トンの重石が円錐上に積まれている様子など、八丁味噌の伝統的かつ代表的な製法を見ることができる。見学終わりにコンニャク田楽の試食あり。直売所でショッピングも楽しめる。

MAP 別冊 P.26-A2
住岡崎市八丁町52　TEL0564-22-0678　営9:00～最終入場 16:20　休無休　CCADJMV　Pあり
交名鉄名古屋本線岡崎公園前駅または愛知環状鉄道中岡崎駅から徒歩１分

所要時間30分

**見学データ**
予蔵見学案内にて受付　営9:00～16:20　毎時00分、30分（16:00の回のみ20分開始、12:00～13:00は休み）　料無料

東海道沿いにある

まるやの2社がこの場所で八丁味噌を作り続けている。切磋琢磨しながら「重石を積み上げた木桶仕込みで、二夏二冬、天然醸造する」という伝統製法を守っている。

### 勃発・八丁味噌問題

八丁味噌は矢作大豆の復活や木桶など文化保護にもひと役買っている。「木桶は長持ちするので、一度作れば百年以上替える必要はありません。でもそれでは技術が廃れてしまいかねない。当社では技術承継の目的で毎年、木桶を新調しています」（野村さん）。木桶にすむ微生物が各社独自の味わいを生み出すそうだ。「ほかにも、重石の積み方が石垣で用いられる『野面積み』に似ていることから、岡崎城の石垣とも関係があるのでは?ともいわれています」（昌吾さん）。岡崎の風土に支えられ、岡崎城から西へ八丁（約870m）の距離にある旧八丁村で製造されるから「八丁味噌」であることは歴史の事実。しかし農水省の地理的表示（GI）保護制度に、愛知のとある味噌組合が「八丁味噌」を登録した結果、組合未加盟の八丁町の2社が「八丁味噌」の名称で販売することに問題が生じる事態に。「由々しき問題です。この地で八丁味噌の伝統製法と文化を守り続けることがわれわれの使命なんです」（久右衛門さん）。

info 赤味噌と八丁味噌の違い　製法や原料に関係なく、赤い色をした味噌を赤味噌と呼ぶ。ちなみに赤だし味噌は、豆味噌に米味噌を混ぜて作る合わせ味噌。豆味噌に少ない糖分が補充され飲みやすくなるので、赤味噌が苦手な人にも好まれやすい。

# 日本酒・ビール・ワイン
# 愛知が醸す「酒」

発酵王国といわれる愛知の「酒」にスポットを当て、老舗の酒蔵と新興のブルワリー&ワイナリーをご紹介。

半田市

## 弘化元(1844)年創業の酒蔵
## 國盛 酒の文化館

（くにざかり さけのぶんかかん）

昭和47（1972）年まで約200年にわたり、実際に酒造りが行われていた酒蔵を、そのまま生かした日本酒の博物館。日本固有の文化である「日本酒」の知識と理解が深まるような解説パネル、製造工程を紹介する映画の視聴などとともに、酒蔵で実際に使われていた伝統の道具や資料を展示。見学後には試飲も楽しめる。ここだけの限定品やオリジナルグッズ、珍しい調味料など、中埜酒造の豊富な製品が揃う売店でのおみやげ選びも楽しみのひとつ。

MAP 別冊 P.33-D2
住 半田市東本町2-24　TEL 0569-23-1499　開 10:00～16:00（最終入館15:30）　休 木（祝日の場合は翌日）　料 無料　CC ADJMV　P あり　交 JR半田駅から徒歩7分

❶ 古い蔵を活用しているためバリアフリーは非対応　❷ 和紙で作られたミニチュアの人形で酒造りを解説　❸ 古い道具についてはスタッフに聞いてみよう　❹ ドライバーにはノンアルドリンクを提供

日本酒

おみやげをCheck

日本古来の調味料を再現した國盛煎り酒864円

文化館オリジナルラベルの黒松純米吟醸1700円



info 煎り酒って？　室町時代に考案された、梅と酒で作られる万能調味料。中埜酒造では、梅酒作りを行うために知多半島に梅園を所有していることから、煎り酒を製品化。塩分が控えめで、醤油代わりに使える。

## 地元のおいしいを発信する 知多市
# SoN by OKD KOMINKA BREWING

ビール醸造家の新美泰樹氏が、地元・岡田をよりおもしろい場所にするため、地元食材を使ったビールの醸造所（ブルワリー）を令和元（2019）年に設立。3年後、近隣の築86年になる古民家を改築し、カフェやベーカリーを有する発信型複合施設SoNをオープン。OKDのタップルームでもあるSoNのダイニングでは限定ビール含め最大16タップが楽しめる。

ビール

❶ 規格外の果実や食材を使用し、クラフトビールに変貌させる ❷ SoNへはブルワリーから徒歩1分 ❸ 独自レシピで地場食材の新たなおいしさを引き出す多国籍料理 ❹ ブルワリーの一般公開は行っていない

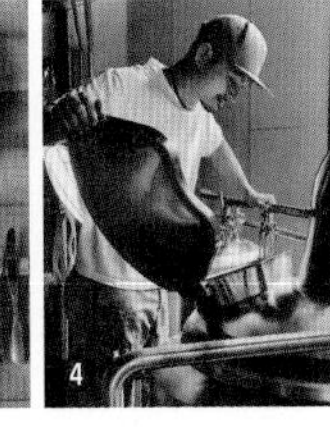

MAP 別冊 P.6-A1
住知多市岡田東島9 TEL 0562-77-4901 営カフェ9:30〜17:00（L.O.16:00）／ダイニング水・木・日11:00〜17:00、金・土11:00〜21:00(L.O.ランチ〜14:30、デザート、アラカルト、ドリンクは曜日により異なる) 休月・火 CC不可 Pなし 交名鉄常滑線朝倉駅から知多バス東岡田行きで岡田下車、徒歩3分

ワイン

❶ ピノ・ノワール、シャルドネなどを栽培 ❷ 果実味が豊かでブドウの力を感じる ❸ 農家レストラン・サンセットウォーカーヒル ❹ フレッシュに仕上がるステンレスタンク醸造

## 気軽に飲めるフレッシュなワイン 常滑市
# 常滑ワイナリー ネイバーフッド

夏は気温40度にも達する太平洋側海沿いに位置するワイナリー。常滑焼で知られる朱泥が混ざる地質が鮮やかな酸をもつワインを生み出す。令和3(2021)年には専門誌のブラインドテイスティングで、5つ星の最高賞を受賞。ワインの販売・試飲は併設レストランで。ブドウ畑と醸造所の見学、食事がセットになった完全予約制のツアーもある。

ピノ・ノワール・アンフォラは甕で寝かせる

地元の食材・ワインと景色を楽しんで

オーナー 馬場憲之さん

MAP 別冊 P.32-A1
住常滑市金山上白田130 TEL 0569-47-9478 営11:00〜21:00 休木 CC ADJMV Pあり 交名鉄常滑線蒲池駅から徒歩15分

info 愛知は「たまり」 わかりやすく「たまり醤油」と呼ばれるが、醤油とたまりは別物。醤油は小麦と大豆に麹を加えて作るが、たまりはほぼ大豆。豆味噌を作るときに染み出た液体がその正体だ。味噌たまりとも呼ぶ。

歴史ロマンを体感
# 古墳・遺跡巡り

あいち朝日遺跡ミュージアムの敷地内にある弥生時代の貝塚

## 古代から人々が暮らした肥沃な大地

伊勢湾と三河湾に面する愛知県は、多くの川が流れ、周囲に平野が広がる。約3万年前から河川沿い（当時の海岸線）に人々が暮らした痕跡が残されていて、遺跡の数は100以上に上る。

東海地方最大級の弥生集落といえば、清須市と名古屋市西区の東西約1.4km、南北約0.8kmにも及ぶ「朝日遺跡」だ。遺跡からは弥生時代全期にわたる多くの遺物が出土し、2000点以上が国の重要文化財に指定された。

名古屋市内で確認された約200基の古墳のうち、66基もの古墳が集中するのが守山区上志段味（かみしだみ）。周辺は「歴史の里 しだみ古墳群」として整備されている。

## 弥生時代の生活や文化を知る

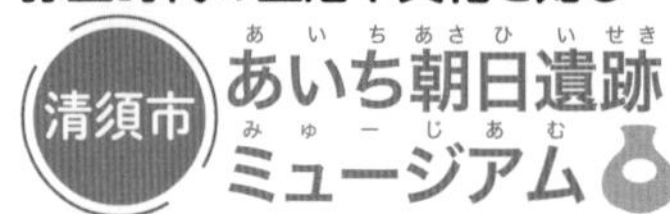

清須市
あいち朝日遺跡（あいちあさひいせき）
ミュージアム（みゅーじあむ）


東海地方を代表する弥生時代の集落・朝日遺跡について、ジオラマ模型や映像、出土品をとおして紹介。最新の弥生時代の研究や発掘調査、地域の歴史文化を紹介する企画展も開催している。

MAP 別冊 P.10-B1
住清須市朝日貝塚1 TEL 052-409-1467 開 9:30〜17:00 休月（祝日の場合は翌平日） 料 300円、高・大学生200円、中学生以下無料 CC MV P あり 交 東海交通事業城北線尾張星の宮駅から徒歩9分または名鉄名古屋本線新清洲駅から徒歩22分

写真提供：あいち朝日遺跡ミュージアム

朝日集落全体をジオラマで再現

❶映像や緻密な模型で朝日遺跡を紹介する基本展示室1 ❷基本展示室2では国の重要文化財に指定された出土品を展示

復元された竪穴住居や高床倉庫、体験水田で弥生時代の生活を体験できる「体験弥生ムラ」

体験

火起こし体験など各種古代体験プログラムを実施

## 古墳と古代を1日中楽しめる

名古屋市
体感！しだみ古墳群（たいかん しだみこふんぐん）
ミュージアム（みゅーじあむ）


「歴史の里 しだみ古墳群」のガイダンス施設として開館した博物館で、愛称は「SHIDAMU（しだみゅー）」。志段味古墳群の出土品の鑑賞や日替わり体験プログラムをとおして、古墳や古代への興味が深まる。

MAP 別冊 P.9-C2
住名古屋市守山区上志段味前山1367 TEL 052-739-0520 開 9:00〜17:00（展示室への最終入館16:30） 休月（祝日の場合は翌平日） 料入館無料、展示室200円、中学生以下無料 CC 不可 P あり 交 JR・地下鉄大曽根駅からゆとりーとラインで上志段味下車、徒歩7分。またはJR・愛知環状鉄道高蔵寺駅から市バス志段味巡回で勝手塚下車、徒歩1分

復元された志段味大塚古墳の王の騎馬像を中心とした展示室

巫女形埴輪

東海地方以東で最古の巫女形埴輪。西大久手古墳出土

馬形埴輪

人物や馬形のほかにも、家形・猪形などさまざまな形象埴輪を展示

東海地方最古級の円筒埴輪が並ぶ中社古墳。展示室には中社古墳を復元した触れる模型がある

体験

手乗りサイズの埴輪を作る「埴輪づくり」は参加費300円

info 2施設共通券　あいち朝日遺跡ミュージアムと体感！しだみ古墳群ミュージアムの共通券は400円、高・大学生300円。各施設の窓口で販売している。有効期間は半年間なので、時間に余裕をもって行けるのがうれしい。

# 第４章 グルメ

# ひつまぶし

**ひつ - まぶし【櫃まぶし】**

短冊状にカットしたウナギの蒲焼をご飯の上にのせ、おひつで提供する料理。そのまま食べるほか、薬味などを加えたり、だしやお茶をかけたりと、食べる側で味わうスタイルを変えながら楽しむ。近年ではウナギにかぎらず、同じようなスタイルで楽しむ料理全般について「ひつまぶし（風）」の名称で提供されることが多い。

**[成り立ち]**

出前で割れない木の器に、鰻丼を人数分まとめて提供したところ、ウナギだけが取られてしまう。そこで蒲焼きを細かく切ってまぶす（＝混ぜる）ようにして提供するようになったなど諸説あり。

**[食べ方]**

たれが染みたご飯を蒲焼と一緒に。次に薬味やわさび、のりを加えて。最後にだしをかけて味わう。最初に4分の1に分けて、ラスト一膳はいちばん好みの食べ方で楽しむのがおすすめ。

ひつまぶし 4600円

❶備長炭でふっくら香ばしく焼き上げる
❷料亭時代の名残を感じる趣がある本店

**秘伝のたれは140年継ぎ足し**

## あつた蓬莱軒本店

東海道五十三次の宿場町・宮町に料亭として創業。トチノキをくりぬいて作った1人前のおひつに、炊きたてご飯と香ばしいウナギがたっぷり。たれは明治6（1837）年の創業以来、継ぎ足しで守られている。

MAP 別冊 P.20-B2
住 名古屋市熱田区神戸町503 TEL 052-671-8686 営 11:30～L.O.14:00、16:30～L.O.20:30 休 水（祝日の場合営業、振替休日あり）、第2・4木曜 CC ADJMV P あり 交 地下鉄熱田神宮伝馬町駅から徒歩7分

カジュアルな雰囲気のテーブル席もある

# 名古屋めし

「名古屋めし」は、名
地方全域のご当地グル
圏のうま味で育った人

櫃まぶし 3750円

〆はお茶をかけてお茶漬けにして食べる。自分好みにアレンジできるよう、たれの小瓶が添えられる気遣いがうれしい。

**名古屋の町を見守り続ける**

## いば昇

地元産のたまり醤油が決め手のたれは、甘さ控えめでウナギの風味が引き立つようブレンドされている。「変貌が目まぐるしい、名古屋屈指の繁華街・錦でなるべくお客様が慣れ親しんだ姿のままで」という店主の思いから、終戦後より変わらぬたたずまいで店を構える。錦の喧騒がうそのような風情ある雰囲気も含め根強いファンがいる。

伝統の味をご賞味ください

店主 木村勧さん

❶着席時に提供されるお茶をかけて食べる。椀別途250円
❷甘いだしがじゅわっと広がる。う巻き600円

MAP 別冊 P.17-C2
住 名古屋市中区錦3-13-22 TEL 052-951-1166
営 11:00～L.O.14:30、16:00～L.O.20:00
休 日、第2・3月曜 CC 不可 P なし 交 地下鉄栄駅から徒歩3分

坪庭が眺められる席も。ひとりでも気軽に入れる

info ひつまぶし発祥の別説　「いば昇」には「養殖技術が未熟だった頃はウナギの品質にばらつきがあった。皮が硬くても"なんとかうまい料理にしたい"と店主が工夫し、誕生したのがひつまぶしだった」という由来が伝わる。

### 純手打ちにこだわる本格派

## 川井屋(かわいや)

大正10（1921）年創業。「手捏(こ)ね、手延べ、手切り」の純手打ちにこだわり、注文を受けてから釜でゆでる。できたての麺は、まるで光り輝くようにつややかで、のど越しも抜群。「名古屋のきしめんは世界一」と胸を張る3代目で現当主の櫻井太郎さん。春になると、お店の前の桜が美しい。こちらも楽しみに訪れたい。

MAP 別冊 P.13-C2
住 名古屋市東区飯田町31
TEL 052-931-0474　営 11:00～L.O.14:00、17:00～20:00(L.O.19:20)、麺がなくなり次第終了　休 日・祝　CC 不可
P あり　交 地下鉄高岳駅から徒歩15分

揚げたての
大エビも
おいしいですよ


えびおろし
きしめん
1570円
わさびと大根おろしを、きしめんに絡ませてさっぱりと。レモンを搾るとまた風味が変わる。カマボコは名古屋伝統の朱色のもの。

4代目 櫻井良樹さん

浅草・やげん堀の七味で風味を加えて

❶「きしころ（冷たいきしめん）」こそ、麺のよさが際立つ　❷駅から少しあるが足を運ぶべき名店だ　❸店内は広くゆったりしている

を遂げた
大事典

古屋を中心とした東海
メのこと。豆味噌文化
が好む味わいだ。

## きしめん

**きし - めん【棊子麺】**

幅広く薄い麺、またはその麺を使った料理のこと。乾麺はJAS規格（日本農林規格）で、幅4.5mm以上、厚さ2mm未満と規定されている。きしめんの名は、小麦粉を練って平たく伸ばし、竹筒などで碁石の形に抜いてゆでたものにきなこをかける中国菓子の「碁石麺(きしめん)」が由来とされる。

**［成り立ち］**
三河国芋川（現刈谷市）で食べられていた平麺の「いもかわ」または「ひもかわ」がルーツという説が有力。ちなみに、群馬県の郷土料理「ひもかわ」も芋川がルーツとされる。

**［食べ方］**
温かいだしつゆに、かつお節を躍らせて食べるほか、冷たい麺とつゆで食べるざるそばならぬ「ざるきしめん」がある。冷たいきしめんは「きしころ」「ころきし」とも呼ばれる。

❶バリエーションが多く、リピート客多数　❷製麺屋から贈られた招き猫が店内を見守る

### 女将のひらめきで誕生

## 朝日屋(あさひや)

焼き太きしめんは、リーマンショックのときに「今ある食材を工夫して、新メニューを作ろう！」と女将が考案。味の決め手は、焼肉定食でも使う秘伝のたれと桜エビ。見た目、音、匂い、のど越し、味と五感が刺激される。

焼き太
きしめん
770円

名古屋駅西口から歩いて行ける

MAP 別冊 P.14-A2
住 名古屋市中村区則武1-18-16
TEL 052-451-5930　営 11:00～15:00（L.O.14:45）、17:00～21:00（L.O.20:45）、土～20:00（L.O.19:45）、混雑状況で営業時間短縮の場合あり　休 日
CC 不可　P あり　交 JR名古屋駅から徒歩5分、または地下鉄亀島駅から徒歩7分

info 名古屋以外の発祥でも「名古屋めし」　名古屋めし＝名古屋で生まれた料理ではない。さらに言えば愛知でなくてもOK。広くは東海地方特有のうま味の強い豆味噌で育ち、舌が肥えた人々が生み出した料理を名古屋めしと呼んでいる。

# 味噌かつ

**みそ - かつ【味噌かつ】**

八丁味噌に代表される東海のご当地味噌である豆味噌。これをベースにした味噌だれで楽しむとんかつのこと。たれの配合はお店により異なり、さらさらしたものから、ドロッとこってりタイプまで多彩。東海地方では味噌かつ用のたれが市販されており、家庭料理としても楽しまれている。

**[成り立ち]**

味処 叶の創業者・杉本利資氏考案の味噌だれ味のかつ丼が始まり。客の要望に応え、丼ではなく別皿で提供していたものが、いつしか「味噌かつ」という単品料理として広まった。

**[食べ方]**

かつ丼、かつサンドなど食べ方はバラエティ豊か。近年はさらなる進化を遂げ、味噌だれの中華風やフレンチ風のアレンジ、天むすのようにおにぎりの具で食べるなどのパターンも。

元祖 味噌カツ丼 1600円

❶190度という高温でサッと揚げ、余熱でしっかり火を通す　❷昭和の名優もこぞって訪れた歴史ある店　❸「夢は叶う」という願いが込められた屋号　❹味噌カツのたれ（2〜3人前300g）1600円

名古屋市内の味噌かつ元祖

## 味処 叶（あじどころ かのう）

割烹料理店として昭和 24（1949）年に創業し、ランチ限定メニューとして、先代が味噌カツ丼を考案。豆味噌を使ったのは、天丼のタレに着想を得て「醤油で作れるなら、味噌でもできるはず」という発想から。

MAP 別冊 P.17-C3
住 名古屋市中区栄 3-4-110　TEL 052-241-3471　営 11:00〜14:30（L.O.14:00）、夜営業は HP 参照　休 不定休　CC 不可　P なし　交 地下鉄栄駅から徒歩 3 分

とんかつ 1500円
自家製のタルタルソースはとんかつと一緒に食べてもうまい。ライスと赤だしが付いたとんかつ定食1800円もある

タルタルとソースの相性に自信あり！

❶左から味噌だれ、ソース、タルタルソース　❷店内はかなり広いが混雑は必至

3 代目 尾関匠さん

揚げない“焼きとんかつ”

## とんかつオゼキ 鈍池店（とんかつおぜき にぶいけてん）

洋食のコックだった創業者が、カツレツの原型になったフランス料理の“コートレット”をヒントに油で揚げるのではなく揚げ焼きにするとんかつを考案。フライパンではなく、大きな鉄板で焼くのがオゼキ流。薄い衣はサクサクとして、肉はやわらかくとにかく食べやすい。開店と同時に地元客が押し寄せる。洋食メニューも豊富。

MAP 別冊 P.12-A2
住 名古屋市中村区鈍池町 3-6　TEL 052-482-5525　営 11:00〜14:30（L.O.14:00）、土・日・祝〜15:00（L.O.14:30）、17:00〜21:30（L.O.21:00）　休 木（祝日の場合は営業）、第 3 金曜　CC ADJMV　P あり　交 地下鉄岩塚駅から徒歩 6 分

「とんかつ」のロゴがかわいい！

info 味噌かつ発祥の諸説　豆味噌が日常的に食べられている東海地方のさまざまな飲食店で「串かつをどて鍋（味噌煮込み）につけた」「洋食メニューのソースに豆味噌を用いた」など、独自の由来が伝わっている。

味噌煮込みうどんの代名詞

## 山本屋本店 栄中央店

味噌煮込うどん 1144円
麺のアルデンテ加減を一度は堪能したい。味噌のブレンドの配合は、社内でもごくかぎられた人しか知らないという秘伝中の秘伝。

専属の職人が、気温や湿度を見ながら全店舗分の麺を毎日打ち、それを店舗で煮方が、ひと鍋ずつていねいに炊いて芯が残るアルデンテで仕上げる。地元特産の赤味噌に白味噌とザラメをブレンドし、カツオの削り節を効かせたスープは見た目より優しい。土鍋のふたを皿にして食べるのが山本屋本店の流儀だ。

MAP 別冊 P.17-C3
住 名古屋市中区栄3-3-21 セントライズ栄地下1階 TEL 052-252-0253 営 11:00～15:00（L.O.14:30）、17:00～21:00（L.O.20:30）、土・日・祝 11:00～21:00（L.O.20:30） 休 月・火 CC ADJMV P なし 交 地下鉄栄駅から徒歩1分

伊賀の陶土で焼き上げるオリジナルの土鍋

セントライズ栄は安藤忠雄の設計

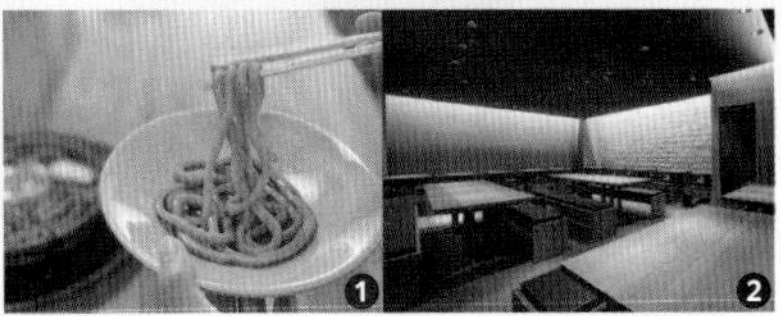
❶土鍋のふたには湯気抜きの穴が開いていない ❷飛騨高山のものづくり集団が手がけた内装

# 味噌煮込みうどん

みそ-に-こみ-うどん

【味噌煮込み饂飩】

豆味噌仕立てのつゆで煮込んだうどん。一般的な味噌とは違い、煮込んでも香りが飛ばない豆味噌だからこその調理方法。味噌煮込み用のうどんは塩を入れず、小麦粉と水だけで作るため、煮込んでもやわらかくなりにくく、できあがりの状態で芯が残っている店も。提供される土鍋で調理され、最後に卵を割り入れるのが特徴。

**[成り立ち]**
家庭料理として食べられており発祥は不明だが、「味噌汁にうどんを入れたのが始まり」または「山梨の郷土料理のほうとうがヒントになった」など諸説唱えられている。

**[食べ方]**
〆は残り汁にご飯を入れて、おじやのように食べる。店舗でもご飯や漬物を添えて定食形式で提供しているケースが多い。カレー味や激辛など、味のバリエーションも増えている。

角打ち麺が煮汁と絡む

## 角丸

みそ煮込み 松（卵入り） 980円

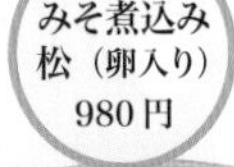

豆味噌やたまりなどパンチのある調味料がだしと調和し、風味は際立ちクセが消える。「角丸で食べて味噌煮込みうどんのイメージが変わった」という声も。時間の経過とともに、土鍋の熱で深みが増す味わいを楽しもう。

MAP 別冊 P.17-D1
住 名古屋市東区泉1-18-33 TEL 052-971-2068
営 11:00～L.O.15:00、17:00～L.O.19:00、土 11:00～L.O.14:00 休 日・祝（夜営業は不定休） CC 不可 P なし 交 地下鉄久屋大通駅から徒歩5分

英語のメニューあり。観光客にも優しい店だ

芯が残らない細麺。ぜひお試しを
3代目 日比野宏紀さん

❶〆はチーズリゾット風がおすすめ ❷断面が四角い"角打ち麺"。細麺に味噌が絡む

info 味噌煮込みうどんの秘密　一般的なうどんは、ゆでると塩が抜け煮汁がしょっぱくなる。一方、味噌煮込み用のうどんは塩を使わないため、下ゆでせずに鍋で煮込むことができる。山梨の郷土料理「ほうとう」も塩を使わない。

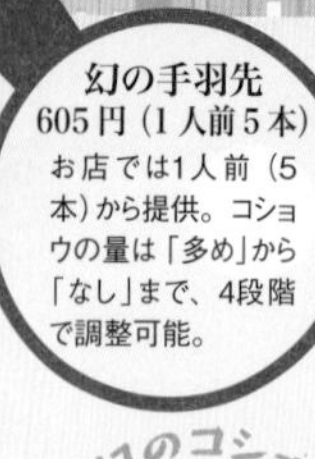

幻の手羽先
605円（1人前5本）
お店では1人前（5本）から提供。コショウの量は「多め」から「なし」まで、4段階で調整可能。

ドドーンと
100本！
20人前

幻のコショウ

創業者一族とかぎられた者しか製法を知らない

「幻のコショウ」が効いた手羽先が人気

## 世界の山ちゃん 本店

パリッと香ばしく揚げられ、辛さと風味が際立つ「幻のコショウ」で味つけされた「幻の手羽先」がやみつきになる世界の山ちゃん。名古屋めしがいろいろ揃う点でも人気が高い。本店はいつも大にぎわいだが、いつ訪れてもスタッフは元気いっぱいに迎えてくれる。有名人も多く訪れており、店内にあふれるサインも必見だ。

MAP 別冊 P.17-D3
住 名古屋市中区栄4-9-6 TEL 052-242-1342 営 16:00～23:15（L.O.22:30）、土15:00～翌0:15（L.O.23:30）、日・祝15:00～23:15(L.O.22:30) 休 なし CC ADJMV P なし 交 地下鉄栄駅から徒歩5分

# 手羽先

**てば - さき【手羽先】**

鶏の翼の先端部である手羽先肉を用いたから揚げのこと。スープの材料くらいにしか使い道がなかった手羽先に、風来坊（→P.119）でたれを絡めスパイスで味つけして提供すると大ヒット。名古屋の居酒屋メニューの定番となった。

❶山ちゃんは「鳥男」が目印だ ❷「鳥男」のモデルは創業者の故山本重雄氏

近隣の葵店には「山ちゃん博物館」がある

味仙

うまい辛さに要注意！

## 味仙 今池本店

台湾ラーメン発祥の店。鷹の爪がゴロゴロと入っているので、辛いのが苦手な人はかみ砕かないように注意を。夜から深夜にかけての営業で、本格台湾料理も楽しめる。全商品テイクアウトにも対応している。

MAP 別冊 P.13-D2
住 名古屋市千種区今池1-12-10 TEL 052-733-7670 営 17:30～翌2:00（L.O.翌1:30） 休 無休 CC MV P あり 交 地下鉄今池駅から徒歩3分

夜営業のみだが、深夜まで開いている

台湾ラーメン
750円
1辛～4辛までチョイスできる。2辛以上は60円ずつアップ。小さめなので、初心者(?)も安心。

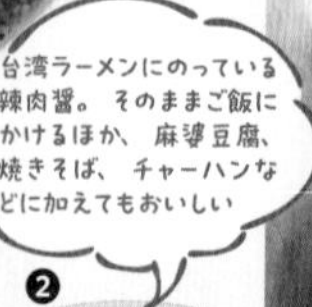

台湾ラーメンにのっている辣肉醤。そのままご飯にかけるほか、麻婆豆腐、焼きそば、チャーハンなどに加えてもおいしい

❶福の神が見守る店内。運がよくなるかも!? ❷辣肉醤（ラーロージャン）300g1450円

# 台湾ラーメン

**たいわん - らー - めん【台湾拉麺】**

台湾で小皿に盛って食べる担仔麺。これを名古屋市内の台湾料理店「味仙」が激辛にアレンジし、まかないで出したのが始まり。台湾ラーメンは台湾に逆輸入され「名古屋拉麺」の名で親しまれている。

info 『孤独のグルメ』に登場　テレビ東京系の人気ドラマ『孤独のグルメ』に名古屋市西区にある「台湾ラーメン光陽」（MAP 別冊P.11-C1）が登場！　主人公の五郎は中辛をチョイス。光陽では辛さ控えめタイプを「アメリカン」と名づけている。

# あんかけスパ

あん - かけ - スパ【餡掛けスパ】

ピリッとコショウの効いたあんをかけたスパゲティ。洋食のシェフだった横井博氏が「イタリア料理を根づかせたい」と、ミートソースと得意のデミグラスソースを融合させ考案。他店も追随し、名古屋めしとして定着。

ミラカン 990円
創業時にあった「ミラネーズ」に、利用客の声でオニオン、ピーマンをプラスしたヨコイの人気No.1。

ご来店をお待ちしています!

3代目 横井慎也さん

## あんかけスパゲティの元祖 スパゲッティ・ハウス ヨコイ 住吉本店

野菜や肉をたっぷり使い1週間以上の時間をかけて完成させるコショウの効いたピリッとパンチのあるソースと「日本一太いパスタ」といわれる2.2mmのオリジナル極太麺が相性抜群。元祖だからこその味を堪能しよう。

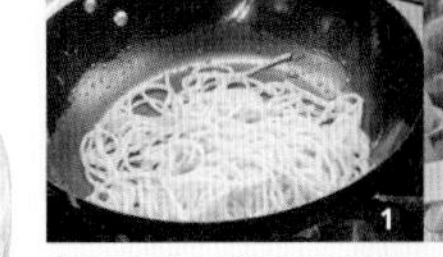

❶ゆでた極太麺をラードで炒めコクをプラス ❷2年の歳月をかけて生み出した絶品のあん

MAP 別冊 P.16-B3
住 名古屋市中区栄3-10-11 サントウビル2階 TEL 052-241-5571 営 11:00～15:00（L.O.14:30)、17:00～21:00（L.O.20:30)、火・日・祝はランチのみ、ソースがなくなり次第終了 休 月 CC ADJMV
P なし 交 地下鉄栄駅から徒歩5分

本店はヨコイファンにとっての聖地だ

## "名古屋めし居酒屋"でまるごと食べ尽くす

ご当地めしの宝庫、名古屋グルメを短時間で楽しみたいなら、名古屋めし居酒屋がおすすめ。名物グルメを食べ尽くそう!

### どて味噌串かつ

岡崎の老舗「カクキュー」の八丁味噌をたっぷり使用した甘味噌がどっぷり付けてある。1本198円

### どて味噌煮込み

同じく八丁味噌入り赤味噌で国産牛すじやコンニャクなど手間ひまかけて仕込んだ逸品。660円

### エビフライ

大ぶりの有頭エビを使用。名古屋の金シャチをイメージした。ジャンボ海老フライ1本858円

### 天むす

名古屋市公式マスコット「はち丸」をイメージしたおむすび。名古屋のはち丸君天むす1個308円

❶会社帰りの人など、地元の利用客も多い ❷家族連れも歓迎してくれるのがうれしい

## 接待や会食にも人気 伍味酉 本店

昭和31（1956）年創業。ブランド鶏「名古屋コーチン」の料理を筆頭に、名古屋めしが豊富に揃う老舗居酒屋として知られている。栄にある本店は、昭和レトロな骨董品に埋め尽くされ、木のぬくもりが懐かしい雰囲気。

MAP 別冊 P.16-B3
住 名古屋市中区栄3-9-13
TEL 052-241-0041 営 17:00～翌5:00（L.O.翌4:00)
休 無休 CC ADJMV
P なし 交 地下鉄栄駅から徒歩5分

info 「鶏肉＝かしわ」はなぜ？ 日本在来種のニワトリは茶色い羽をもつ。この色が柏の葉に似ていることから「かしわ」と呼ばれるようになった。日本3大地鶏に数えられるブランド鶏「名古屋コーチン」も茶色い鶏である。

全部わかったら愛知ツウ!

# 県民激推しソウルフード 5選

県民に愛されるソウルフードは、地元の食材を使ったり、手作りだったり、歴史を感じるものもある。知る人ぞ知る逸品をご紹介。

舌でとろける
ほろほろスポンジに
優しい甘さの
生クリーム

## 1 豊橋市の ピレーネ

昭和45（1970）年発売、50年以上の歴史をもつ。スポンジに4種をブレンドした生クリームをのせ、ふんわりと包み込んだケーキ。素材にこだわったシンプルなおいしさが自慢だ。ふわふわのスポンジなので、包むのはていねいな手作業。

**ピレーネバニラ 185円**

豊橋市民なら誰でも知っている、1日5000個を販売する人気商品。作業台に並ぶ姿がピレネー山脈を思わせることから名づけられた

心を込めて手作りしています

3代目社長の佐藤昌也さん

❶初代の頃から70年以上続く本店　❷ショーケースには、たくさんのピレーネが並ぶ

MAP 別冊 P.28-A2
住 豊橋市羽田町66　TEL 0532-31-6116
営 8:00～20:00　休 無休　CC MV　P あり
交 JR豊橋駅から徒歩5分

### 老舗の和洋菓子店 ボンとらや

昭和26（1951）年、和菓子店として創業。2代目時代にピレーネなどの洋菓子部門も始め、現在は本店や豊橋駅構内のほか、豊川、田原、湖西に13店舗を展開している。ピレーネはバニラ以外にもチョコや季節限定の味など数種類ある。初代寅蔵どらやきも人気商品。

## 2 知立市の 大あんまき

江戸時代から、知立神社への参拝客や街道を行き交う旅人たちに喜ばれていたという老舗の味。大きさと甘さのバランスを維持するため、控えめな甘さにこだわっている。

**大あんまき あずき 210円**

深みのある手作りあんの甘味をふっくらした生地の食感とともに楽しめる

甘さを抑えたたっぷりのあんで懐かしさを感じさせる味

❶職人が腕を振るった大あんまきが並ぶ　❷国道1号沿いで広い駐車場がある知立本店

愛知大学×知立市×藤田屋のコラボ商品の大あんまき クリーム&オレオ300円も人気

### 大あんまきで知られる 藤田屋 知立本店

大あんまきは、定番のあずき以外にも、白あん、チーズ、カスタード、抹茶、栗、限定商品があり、大あんまきの天ぷらも人気。おいしさにこだわり、適度な通気性を持つ木箱に入れて、当日製造・当日出荷している。

MAP 別冊 P.6-B1
住 知立市山町小林24-1　TEL 0566-81-1284　営 8:00～20:00　休 不定休　CC 不可　P あり　交 名鉄三河線三河知立駅から徒歩10分

毎日手作り&作りたてのおいしさです

info ピレーネには別名多数　「パリジャン」「アントルメ」など、違う名前で同様のケーキが愛知県には複数ある。その理由は、今はなき一宮の「ボンボヌール」で開発された「ファンシー」というケーキが、仲間や弟子に伝えられていったためとのこと。

# 3 東栄町の 東栄チキン

豊かな自然のなか、おいしい空気ときれいな水で育てられた若鶏で、やわらかく鶏特有の匂いが少ない肉質が特徴。ムネ肉を使った「若どりのみそ味」「若どりのしょうゆ味」は大人気商品。

から揚げや味噌炒めなどアレンジ自由。下味が付いているので調味の手間を省ける。から揚げのレシピはページ下のinfo参照

**焼いても、から揚げでもいろいろな料理に使えて便利**

**若どりのみそ味（右）、しょうゆ味（左）**
**メーカー希望価格各 350 円**
ニンニク風味の赤味噌、生姜風味の醤油ベースで味付けしている

**ここで買える**

JA 愛知東 こんたく長篠（→P.293）など JA 愛知東各店、食彩広場 東栄店（MAP 別冊 P.5-D2）、丸ト鶏卵販売株式会社 たまご村（MAP 別冊 P.7-D1）、とうえい温泉（MAP 別冊 P.5-D2）、新城市や東栄町にある一部のファミリーマートなどで購入可能。東栄チキンの公式ウェブサイトや電話でも購入受付をしている。

**東栄チキン**（とうえいちきん）
TEL 0536-76-0638
URL www.toei-chicken.com

## 西尾の郷土料理も味わえる
# 道の駅にしお岡ノ山（みちのえきにしおおかのやま）

レストランでは、イカフライレモン煮御膳のほか、郷土料理を詰めた「驛弁」、濃厚な西尾抹茶が楽しめる稲荷山モンブランも人気。ショップには、地元一色産のウナギやえびせん、抹茶、和菓子や抹茶スイーツも並ぶ。

MAP 別冊 P.6-B1
住 西尾市小島町岡ノ山 105-57
TEL 0563-55-5821 営 7:00～15:00、ショップ6:00～18:00 休 無休 CC JMV P あり
交 名鉄西尾線桜町駅から車 5 分

イカフライレモン煮3個入300 円のほか、新鮮な産直野菜や果物も買える

# 4 西尾市の イカフライのレモン煮

カリッと揚げたイカのフライをレモン風味の甘辛い醤油だれでからめたもの。食育推進で展開された学校給食人気 No.1 のメニューで、地元で育った人には懐かしの味でもある。

**甘酢っぱい香りと味 しっとりとした食感が人気**

**イカフライ レモン煮御膳 950 円**
イカフライレモン煮に味噌汁や小鉢が付いた定食はレストランでも人気No.1

# 5 名古屋市の ぴよりん

「名古屋コーチン」の卵を使ったプリンをバニラの香り豊かなババロアで包み、粉末状にしたスポンジをまとわせた生スイーツ。キュートな「ひよこ」の形で、ほんのり甘くてなめらかなくちどけが特徴。JR 名古屋駅限定販売。

❶ぴよりんの店頭販売もあり ❷ぴよりんサンデー 850 円

カフェモカ風味のトアルコトラジャぴよりん 450円

**ラブリーなひよこ形は一つひとつ手作り**

**ぴよりん 420 円**
こだわりの製法で、愛情たっぷりに作られる。ひとつずつ表情が異なっていてかわいい

## 大人気のぴよりんメニューも
# ぴよりん STATION カフェ ジャンシアーヌ（ぴよりんすてーしょん かふぇじゃんしあーぬ）

ぴよりんとコーヒーのセット、トーストサンドセットにぴよりんが付いたぴよりんプレートなど、ぴよりん付きメニューも充実。ティータイムやランチのほか、モーニングにも利用できる。コーヒーはさわやかな酸味と深いコクが味わい深いトアルコトラジャを使っている。

MAP 別冊 P.14-B3
住 名古屋市中村区名駅 1-1-4 JR 名古屋駅 名古屋中央通り TEL 052-533-6001
営 7:00 ～ 22:00(L.O.21:30) 休 無休
CC ADJMV P なし 交 JR 名古屋駅中央改札から徒歩 1 分（中央コンコース内）

info 東栄チキンのから揚げレシピ 東栄チキンを解凍する。解凍したチキンと片栗粉大さじ2をボウルに入れ混ぜ合わせる。大きい肉と小さい肉を組み合わせてゴルフボールくらいの大きさにし、180度の油で3分半～4分くらい揚げる。

愛され続けるには
理由(ワケ)がある

# 愛知生まれの飲食チェーン

ラーメンやカレーうどんに回転寿司。いずれも気軽に食べることができる庶民の味方だ。多くの地元民が利用する便利なチェーン店をチェック！

手軽に食べられるリーズナブルなラーメンは、愛知県民にはおなじみの地元の味。ラーメンと一緒に甘味をいただけるのも魅力。

## ①豚骨&魚介のWスープ

ベースのスープは、「豚ガラ」から抽出した豚骨スープと、昆布や魚介から取った「だし」を合わせた「和風とんこつ」味。ふたつのうま味をかけ合わせることで、基本的に創業当時から変わらぬ「スガキヤの味」に。

「ラーメン」はスガキヤ伝統の味

## ②優れ物のラーメンフォーク

大量に捨てられる割り箸をなくしたいというエコの観点から誕生。スプーンとフォークが一体化したことで、麺とスープを同時に食べられる。スガキヤのトレードマークでもあり、ユニバーサルデザインを取り入れている。

MoMAのデザインストアで販売されている

## ③手軽に食べられる「お値打ち感」

王道のラーメン390円、チャーシュー5枚と半熟卵までのった特製でも560円という、何ともうれしいお値段。クリームぜんざい280円、ソフトクリームレギュラー190円と、甘味もリーズナブルで利用しやすい。（価格は2023年4月現在）

クリームぜんざいはスガキヤを代表するロングセラーデザート

小豆は北海道産大納言の希少品種を使っています

❶ スガキヤ特製肉と半熟卵が入った特製ラーメン ❷ 昭和33（1958）年に一般公募から生まれたスガキヤのアイドル スーちゃん ❸ カウンター席もある大須赤門店

人気のソフトクリーム

即席ラーメンとチルドの和風とんこつラーメン

料理の味付けにも使える中華風と和風のスープの素

## 甘味も食べられるのがうれしい スガキヤ

県内全165店舗

　昭和21（1946）年の創業時は「甘党の店」だったが、数年後にラーメンをメニューに加え、現在の「ラーメンと甘党の店」が誕生した。創業当時の名残もあり、今でもデザート類のラインアップが豊富で、ラーメンとデザートをセットで食べるのが定番。変わらぬスガキヤの味を楽しめる「ラーメン」と「クリームぜんざい」の組み合わせが人気。

**大須赤門店**（おおすあかもんてん） MAP 別冊 P.19-C1

住 名古屋市中区大須3-30-8 市野ビル1階 TEL 052-261-0895 営 10:30～20:30（L.O. 20:00） 休 無休 CC JMV P なし 交 地下鉄上前津駅から徒歩5分

スガキヤ スーちゃんがいる赤い看板が目印

学食はさらにお値打ち！　スガキヤは愛知学院大学、愛知工業大学、名城大学、京都産業大学、中部大学の学食も手がけており、ラーメン290円、大盛ラーメン370円、プラス260円で五目ごはんとサラダのセットにできる。（価格は2023年4月現在）

## カレーうどんの名店
# 若鯱家（わかしゃちや） 県内全23店舗

昭和62（1987）年創業で、ピリ辛カレールゥのカレーうどんが名物。天ぷらなどのトッピングもある。天むすや手羽先、味噌煮込みうどん、味噌カツ丼といった「名古屋めし」も提供。

**名古屋駅エスカ店（なごやえきえすかてん）** MAP 別冊 P.14-B3
住 名古屋市中村区椿町6-9先 TEL 052-453-5516 営 11:00～15:00（L.O.14:30）、17:00～22:00（L.O.21:15）、土・日・祝11:00～22:00（L.O.21:15） 休 エスカ地下街に準ずる（1/1、2月第3木曜、9月第2木曜） CC ADJMV P あり 交 JR名古屋駅から徒歩3分

### 愛され続ける3つのワケ
名古屋栄発！
名物カレーうどん 若鯱家 WAKASHACHIYA

**①オリジナル配合のカレールゥ**
数種類のスパイスをオリジナル配合した秘伝のカレー粉を使用。火加減やルゥ作りの技によって独特のコクや辛味、とろみが生まれる。

**②モチモチの麺**
とろみのあるカレールゥがよく絡むように計算された極太麺を使っている。小麦粉や塩と水の配合を調整することでモチモチ食感に。

**③具材は名古屋の老舗から**
豚肉は「スギモト」、揚げは「くすむら」という、地元の老舗から取り寄せている。ネギも時期によって味や香りがよいものを使用。

名物カレーうどん1050円は極太麺が特徴の自慢の逸品

## 廻鮮江戸前すし
# 魚魚丸（ととまる） 県内全24店舗

平成11（1999）年創業、新鮮なネタが自慢のグルメ回転寿司店。「藁焼きショー」や「マグロの解体ショー」などの多彩なイベントも楽しめることから、おいしい上におもしろい店としても評判を集めている。

**知立本店（ちりゅうほんてん）** MAP 別冊 P.6-B1
住 知立市宝3-14-2 TEL 0566-83-4499 営 11:00～21:00（L.O.20:45）、土・日・祝～22:00（L.O.21:45） 休 無休 CC AJMV P あり 交 名鉄名古屋本線・三河線知立駅から徒歩10分

### 愛され続ける3つのワケ
三河発！
廻鮮江戸前すし 魚魚丸

**①市場直送の新鮮な地魚**
こだわりのネタには、毎日市場から直送される三河湾で取れたばかりの地元の魚を使っている。生きたまま捌くので新鮮。

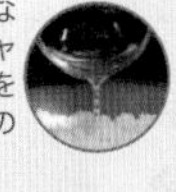

**②自家炊飯のシャリ&オリジナル酢**
火力や水加減に気を配りながら炊いたツヤのある銀シャリに、甘味、酸味、塩味をバランスよく配合した秘伝のすし酢を合わせている。

**③ライブ感のあるイベントがいっぱい**
燃え上がる藁で魚を炙る「藁焼きショー」は、素材の味が引き立つ人気イベント。職人が目の前で焼いてくれる焼玉子もある。

季節によって違うネタは新鮮で大ぶり。ランチ1500円～

## 時代を超えて愛され続ける
# ラーメン福（らーめんふく） 県内全10店舗

昭和53（1978）年創業時にはまだ珍しかった、もやしたっぷりの背脂醤油ラーメンで人気店に。時代を経ても変わらないおいしさを守り続けている。秘伝のスタミナ辛子を入れれば、味の変化も楽しめる。

**土古店（どんこてん）** MAP 別冊 P.10-B2
住 名古屋市港区川西通3-9 TEL 052-653-1587 営 11:00～23:00 休 火 CC 不可 P あり 交 名古屋臨海高速鉄道あおなみ線港北駅から徒歩9分

### 愛され続ける3つのワケ
名古屋港区発！
ラーメン福

**①こだわりのスープ**
創業時から変わらず守り続けている秘伝のスープは、その日の素材の状況に応じて、じっくり煮込んだもの。各店で毎日仕込んでいる。

**②自家製麺**
スープにうまく絡みつくように何年も研究を重ねた麺は、自社工場で製造している。歯切れよく、すすり心地も抜群の味わい深い中太麺。

**③たっぷりの国産もやし**
ラーメン福の代名詞にもなっている、そびえ立つもやしの山。あふれんばかりの大盛りもやしは、自家製麺と背脂醤油のスープによく合う。

一度食べたらやみつきになる人気No.1のラーメン650円

info コスパ抜群の店　名古屋屈指のコストパフォーマンスを誇るラーメン福では、もやしやネギを無料で増量してくれる。福のラーメンファンなら、11枚綴りのラーメン回数券を買っておけば、ラーメン1杯分がお得に。

＼地元密着／

シブい！　けれどウマい！

# 老舗の名物

独特の食文化をもつ愛知には、
100年以上ののれんを守る名店が少なくない。
伝統を引き継ぐひと品を味わえば、
長く愛される理由も納得できる。

名物
菜めし田楽定食
1903円

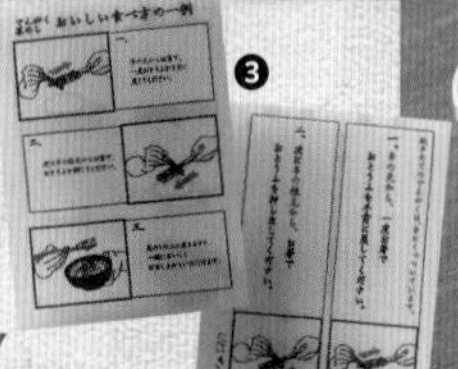

❶8代目当主の太田さんが秘伝の味を守る　❷つやつやの味噌と菜飯の鮮やかな緑が食欲を誘う　❸店内にある田楽と菜飯の「おいしい食べ方」も一読しておこう　❹栗ぜんざい803円は冬季限定の人気メニュー

創業
文政年間
(1818～1830年)
豊橋市

江戸時代から伝わる郷土の味

## きく宗(そう)の菜飯田楽

200年以上の歴史を誇る菜飯田楽ひと筋の老舗。国産大豆で作る自家製豆腐は竹串に刺しても崩れないほどよいやわらかさで、味噌に負けない豆のうま味が凝縮されている。注文を受けてから丹念に焼き付け、秘伝の八丁味噌たれを数回に分けてたっぷり両面に。仕上げにスッと引かれた辛子が味を引き締める。田楽のこってりした甘辛さと、地元の畑で取れた大根葉をまぶしたさっぱり味の菜飯は相性抜群だ。

名物を深掘り

### 吉田宿に伝わる名物料理

豆腐田楽の発祥は室町時代で、古くからお寺の僧侶たちに食されていたとされる。豆腐を串に刺した姿が、豊作を祈って田の神に奉納した田楽舞と似ていることが名前の由来とか。江戸時代に東海道きってのにぎわいを見せた吉田宿（現在の豊橋市中心部）で、田楽は旅人の胃袋を満たす郷土料理として発展した。

きく宗
MAP 別冊 P.28-B1
住 豊橋市新本町40
TEL 0532-52-5473　営 11:30～15:00(L.O. 14:30)、16:30～21:30(L.O.19:30)　休 水（祝日の場合は営業）、月1回連休あり　CC 不可　P あり
交 豊鉄市内線札木から徒歩4分

旧東海道で200年のれんを守る

info スイーツも外せない　きく宗の看板は田楽だけにあらず。自家製あんなどを使ったスイーツがお目当ての客も多い。田舎しるこや栗ぜんざいのほか、1年中メニューにあるかき氷は食後でもさっぱりいただけると評判。

名物
弁天うどん（温）
1790円

じっくり仕込んだ絶品うどん

# 手打ちうどん やをよしの 弁天うどん

創業
明治36（1903）年
蒲郡市

　初代から脈々と受け継がれた伝統の三河手打ちうどんの老舗。地元製粉所の小麦粉を使用し、足踏み・寝かし・コネを2日間繰り返すことで、滑らかでコシの強い麺に仕上げる。釜調理により、常にゆでたてがいただけるのもうれしい。圧巻の特大エビ天ぷらが2本も付いた弁天うどんをはじめ、オリジナルメニューが豊富。春はあさりたっぷりの竹島うどん、冬は牡蠣うどんなど、旬の食材を取り入れた季節物にも力を入れている。

**手打ちうどん やをよし** MAP 別冊 P.30-B3
住蒲郡市竹島町7-12　TEL 0533-68-3804　営 11:00～14:30（L.O. 14:20）、17:00～20:30（L.O.20:00）　休月、第2・4火曜　CC 不可　P あり　交 JR蒲郡駅から徒歩15分

❶つゆが注ぎやすい土瓶蒸し状の器で提供　❷冬は太め、夏は細めと麺の切り方を変える　❸龍神うどん1160円は卵入りあんかけとフライのコラボ　❹創業当初のままの趣ある空間

こだわりうどんを食べてみりんね

観光名所・竹島のすぐそば

名物を深掘り

## 宗田鰹枯節の豊かな香り

やをよしでは土佐清水から取り寄せた最高級宗田鰹の枯節（カビ付けされた鰹節）を使用。独自に蒸しと削りを行うことで、香り高くクリアなだしに仕上がる。赤つゆ（つけ汁）は愛知県産の特級たまりをオリジナルにブレンドし、白つゆ（かけ汁）には特級白醤油を使用。ごま油やみりんなども地元産にこだわっている。

info 店名の由来　初代梅吉と2代目義二が開業した当初は、野菜（八百屋）と菓子を売る一方で、小麦粉を預かってうどんに製麺する委託加工をしていた。2代目の愛称「八百屋の義っちゃん」が転じて屋号の「やをよし」となったという。

❶いちばん人気の「舞姫」は焼物・油物・蒸物・デザートなど全9品　❷自分で焼いて楽しむ田楽コース　❸できたてのおぼろ豆腐はお替わり自由　❹厨房を指揮する総料理長の柘植友晴さん

創業
大正 3
(1914) 年
名古屋市

100 年磨き続けた匠の味

# 豆腐懐石くすむらの懐石コース

厳選された国産大豆や木曽川伏流水がルーツの井戸水を使い、昔ながらの製法を 100 年以上守りとおしてきた豆腐の名店「くすむら」が営む懐石料理店。自慢の手作り豆腐がコース仕立てで提供され、照り焼き、天ぷら、鍋、スイーツなどメインにも名脇役にもなる豆腐の奥深さが味わえる。旬の素材を生かした料理は月替わりで飽きがこない。民族・宗教を超え世界中の人々に豆腐の魅力を伝えるため、ヴィーガンやハラールメニューにも対応している。

名物を深掘り

## 工場と店舗が隣接する理由

都心の名古屋市東区に工場を構えたのは、「おいしい地下水」を求めた結果だという。市の水脈事情により、この地が豆腐作りに最適とされたからだ。「自分で作って自分で売る」がくすむらのモットー。豆腐や湯葉は鮮度が命だけに、できたての香りや甘味を保てるよう、工場の隣に懐石料理店を開業することとなった。

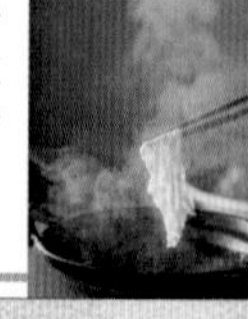

**豆腐懐石くすむら**
MAP 別冊 P.13-C2
住 名古屋市東区飯田町 56　TEL 052-937-0345　営 11:00～14:30 (L.O. 13:30)、17:00 ～ 21:30 (L.O.20:30)　休 月（祝日の場合は翌平日）　CC ADJMV　P あり　交 地下鉄高岳駅から徒歩 10 分

落ち着いたたたずまいの外観

info 花見ルートの終着点　地下鉄高岳駅からくすむらまでは、市内一早い開花といわれるオオカンザクラの並木道になっている。文化のみちで大正ロマンあふれる建物や花見を満喫後、くすむらの豆腐料理で締めくくるルートもおすすめ。

### 代々受け継ぐウナギと鶏料理

# 宮鍵（みやかぎ）のひつまぶし

明治 32（1899）年の創業当初から変わらぬ味を守り続ける、ウナギと鶏料理の名店。ひつまぶしは創業時より伝わる秘伝のたれを使用。ウナギの脂を適度に残しつつ遠赤外線でふっくら焼き上げ、うま味を引き出している。う巻きと肝吸いが付くひつまぶし定食は 5050 円。地鶏の鍋料理は、すきやき・白炊き・味噌すきの３種類から選べる。かしわと野菜をすき焼き風に煮た「とりすき」（現・寿きやき）は、食通で知られる作家・池波正太郎にも絶賛された。

❶鶏ひき肉の親子丼720円はランチの人気メニュー　❷壁の陶板が印象的な座敷席　❸鶏本来のうま味を生かした料理をコースで味わえる　❹香ばしく焼かれた国産ウナギがぎっしり

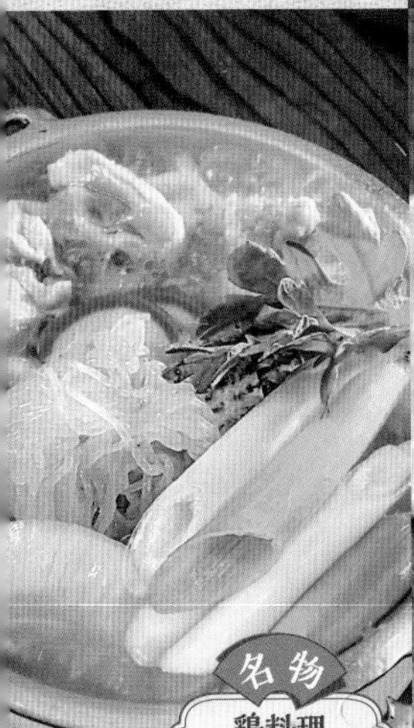

**名物を深掘り**

## 歯応えとうま味が自慢の三河地鶏

かしわと呼ばれる鶏肉料理は、名古屋グルメの定番のひとつ。鶏の胸肉の形が柏葉に似ていることが名称の由来とされる。宮鍵がこだわるのは、歯応えしっかり・うま味たっぷりの三河地鶏。いちばん人気の八丁味噌ベースの鶏鍋「味噌すき」は、煮立ったところを溶き卵につけて食べるため見た目よりマイルドな味わいだ。

**宮鍵**　MAP 別冊 P.15-D3
住 名古屋市中村区名駅南 1-2-13　TEL 052-541-0760　営 11:30～L.O.14:00、17:00～L.O.21:00　休 土・第４水曜　CC ADJMV（5000 円以上の利用）　P あり（契約）
交 地下鉄伏見駅から徒歩７分

明治から堀川沿いの柳橋に店舗を構える

名物
ひつまぶし
4500 円

名物
鶏料理
白炊きコース
7400 円

info レトロな建物も必見　名古屋の中心街でひと際目を引く風情ある木製格子の建物が宮鍵。4階建ての店内には、テーブル席や小上がり席、人数に合わせて利用できる大小さまざまな個室がある。階段や手すりも木製で趣たっぷり。

創業
明治中期
岡崎市

「釜揚げうどん」の元祖

# 大正庵釜春のもろこしうどん

今や全国的に普及した、釜揚げうどん発祥の店。先代主人が熱々のうどんを食べてもらいたいと、ゆで上がりを釜から直接取ることを発案したのがきっかけだ。名物・もろこしうどんは、とろみのある絶妙な濃さの和風だしに、溶き卵とプチプチした食感のコーンの甘味が絡み合う優しい味で、世代を問わず大人気。こちらのオリジナルメニューだったが、テレビ番組などで話題となり、現在は岡崎の不動の名物となった。

**大正庵釜春 本店** MAP 別冊 P.26-A2
住 岡崎市中岡崎町6-9 TEL 0564-21-0517
営 11:00～16:00（L.O.15:30）、17:00～21:00（L.O.20:30） 休 水（祝日の場合は営業）
CC ADJMV P あり 交 名鉄名古屋本線岡崎公園前駅から徒歩1分

2階には最大80名収容の宴会場も完備

❶釜揚げうどん専用桶は日本橋の漆器店に依頼した特注品 ❷テーブル席と小上がりのあるゆったりした店内 ❸おみやげ品販売コーナーでは各種乾麺セットを用意

名物を深掘り

## 手打ち麺と門外不出のつゆ

上質な西尾産の専用粉を用いて、昔ながらの手ごね製法で作る手打ち麺は、独特のコシとツヤ、歯応えが特徴。歴代店主のみが知る秘伝のつゆは、鮮度と香りを逃さないようじっくり手間暇かけてだしを取る。ほのかな昆布の香りとキレのある鰹節の風味がじんわり広がり、まさに妥協を許さない味わいだ。

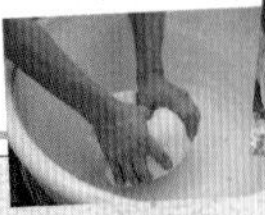

名物
もろこしうどん
980円

「おかざきめし総選挙」でも第1位に輝いた

創業
明治年間
(1868～1912年)
犬山市

140年親しまれる田楽専門店

# 松野屋(まつのや)の田楽

明治時代から田楽専門店として140年の伝統を守り続ける。豆腐には富山と新潟の「エンレイ」や岐阜の「フクユタカ」など、厳選された国産大豆を使用。味噌は八丁味噌をブレンドした門外不出のオリジナルレシピ。田楽は豆腐・里芋・豚肉の3種類で、注文後に季節の青菜をご飯と混ぜ合わせる菜飯とともに味わえる。

松野屋 MAP 別冊 P.22-A3
住犬山市犬山北首塚28-1 TEL 0568-61-2417 営11:00～15:00（L.O. 14:30） 休木 CC不可 Pあり
交名鉄犬山線犬山駅から徒歩15分

芋でんがく
8本690円

名物を深掘り

## ピリリと辛い名脇役

こんがり焼かれた田楽はそのまま食べてもおいしいが、せっかくなら京都から取り寄せた黒七味で味変も楽しみたい。甘めの田楽味噌の味をピリリと引き締めてくれる名脇役だ。

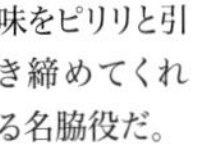

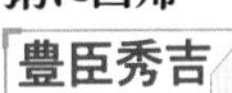
❶松野屋の定番メニューで菜飯の量を選べる ❷奥行きある店内には座敷席も ❸犬山の城下町で140年の歴史を刻む

信長 秀吉 家康

# 三英傑が好んだ郷土の味

戦国のカリスマ「信長」、農民から出世した「秀吉」、太平の世を築いた「家康」。三英傑のパワーの源は郷土の味だった！？

## こってり味がお好み
### 織田信長

「早食いだった」「好き嫌いが多かった」など、せっかちで気難しいとされた信長の人物像は食にも反映？上品な薄味の京料理より、豆味噌と薬味で作る尾張の郷土食「焼き味噌」など田舎風の濃い味付けが好みだった。

豆味噌は東海3県の郷土食

## 晩年は質素な粥に回帰
### 豊臣秀吉

貧しい農民の子として生まれた秀吉の幼い頃の栄養源はどじょう鍋だったという。天下人となってからは贅沢のかぎりを尽くすも、晩年は質素な麦飯や石臼で米粒を砕いて作る割粥、故郷の味である尾張大根などを好んだ。

ウナギにも負けないドジョウの栄養価

## 長寿の源は豆味噌と麦飯
### 徳川家康

天下統一後も豆味噌や麦飯、旬の野菜などの健康食を心がけ、75歳の長寿をまっとうした家康。白米よりも安価で栄養価の高い麦飯を好んだのは有名で、麦飯の下に白米を隠して供した家臣に激怒したという。

麦飯はミネラルや食物繊維が豊富

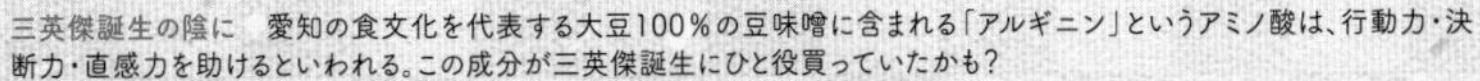
info 三英傑誕生の陰に　愛知の食文化を代表する大豆100％の豆味噌に含まれる「アルギニン」というアミノ酸は、行動力・決断力・直感力を助けるといわれる。この成分が三英傑誕生にひと役買っていたかも？

時を超えて愛される老舗の名物

## 茶の湯文化に磨かれた技と味わい
# 和菓子の銘店を訪ねて

**お茶どころ愛知では、江戸時代から茶席用の和菓子作りが盛んだった。伝統の技と心意気を受け継ぐ厳選5店の逸品を紹介しよう。**

伝統を受け継ぎ新感覚の味を追求

## 両口屋是清 八事店

創業 寛永11（1634）年 名古屋市

かつて尾張藩の御用菓子を務め、現在も尾張徳川家が開催する茶会に上生菓子を提供する老舗。長く愛される伝統の味を大切にしつつも、和と洋の素材をミックスするなど、時代や食の嗜好に合わせて改良を重ねてきた。八事店には茶室も併設。季節の生菓子と抹茶のセットや、丹波大納言小豆をていねいに炊き上げたぜんざいが味わえる。

MAP 別冊 P.11-D2
住 名古屋市天白区八事天道 302　TEL 052-834-6161　営 9:00～18:00、喫茶 11:00～17:30(L.O. 17:00)　休 水　CC ADJMV　P あり　交 地下鉄八事駅から徒歩 3 分

**千なり**
5個入 918円

23年振りにリニューアルしたロングセラー商品。3年以上かけて改良されたふわふわの焼皮に包まれたあんは、小豆粒・抹茶・林檎の3種類

**二人静**
平箱1入20粒 1026円

徳島の和三盆糖を使用した紅白一対の干菓子

❶抹茶・生菓子セット924円～。ぜんざい770円などもある　❷知る人ぞ知る隠れ家的な茶室

気軽にお寄りください

店舗設計は数寄屋建築の第一人者・中村昌生氏

創業 享保19（1734）年 豊橋市

手間暇かけた昔ながらの絶品羊羹

## 御菓子所 絹与

享保年間以来 10 代にわたり、高品質の素材と昔ながらのシンプルな製法で菓子作りを行ってきた。「豆を厳選し、あんから自分で作れ」という先代の教えを踏襲。羊羹をはじめすべての商品に使うあんのもとになる濾し粉には、厳選した北海道産小豆を使用。豆の風味を残すべく、粒子を壊さないよう手間暇かけて焚き上げている。

MAP 別冊 P.28-B2
住 豊橋市呉服町 61　TEL 0532-52-4149
営 9:00～18:15　休 日　CC 不可　P あり
交 豊鉄市内線札木から徒歩 2 分

徳島産の和三盆糖と信州産寒天を使い、均等に熱が伝わる釜で職人がていねいに練り上げる。型に流して1週間後、上澄みと四隅をスパッと切り落とすことで角の立った端正な羊羹に。独特の香りとコクのある甘さが特徴

羊羹を作る釜と竈

**今宵の友**
1棹 1728円

夏は水羊羹もおすすめです

市内には同店から独立した店も多い

**久礼羽**
1棹 1404円

白大福豆（しろおおふくまめ）の自家製こしあんを紅白に染め分けた、目にも美しい羊羹。お祝い事にもぴったり

info 和菓子店ならではのかき氷　両口屋是清 八事店の茶席では、夏にはかき氷も登場。定番の抹茶や黒蜜きな粉のほか、季節のフルーツの生シロップがけも好評だ。各880円。白玉・粒あん・アイスクリームなどお好みのトッピングも楽しめる。

香ばしい米粉のおこしであんを挟んだ独特の食感と素朴な甘味。昭和天皇即位の際に献上された歴史もあり、豊橋名物として1世紀近く不動の人気を誇る

ゆたかおこし
半棹432円・1棹864円

黄色いゼリー
1個378円

### 文豪が愛した至福の味わい

## 御菓子司 若松園本店

江戸期から現在地に店を構え、豊川稲荷御用達の和菓子店として発展。最高の材料を使った真摯な菓子作りで長年顧客の心をつかんできた。戦禍で失われていたレシピを復活させた「黄色いゼリー」は文豪・井上靖が愛した絶品。

MAP 別冊 P.28-B2
住豊橋市札木町87　TEL 0532-52-4641　営8:00～18:00　休水（祝日の場合は営業）　CC AMV　P あり　交豊鉄市内線札木から徒歩2分

東海道のにぎわいを見つめ続けた本店

井上靖が自伝小説『しろばんば』のなかで、言葉では表せないほどのおいしさと絶賛。日向夏の生果汁と果実を贅沢に使ったさわやかな甘酸っぱさと、ぷるぷるの食感がたまらない

創業時より伝わる伝統銘菓。とろけるようななめらかな舌触りと小豆の風味、上品な甘さが絶妙だ。名前の由来は尾張徳川家への献上菓子だったこと。9月下旬～5月上旬の販売

上り羊羹（あがりようかん）
1棹2484円

### 大人気の上り羊羹は予約必須

## 美濃忠 本店

尾張藩御用達の桔梗屋の流れをくみ、名古屋城下で創業。同店の代名詞である上り羊羹は、寒天を使わず少量の小麦粉を混ぜたこしあんをゆっくり蒸して作る季節商品。直営店は名古屋市内のみだが、発売時には注文が殺到する。

MAP 別冊 P.15-D1
住名古屋市中区丸ノ内1-5-31　TEL 052-231-3904　営9:00～18:00　休無休　CC ADJMV　P あり　交地下鉄丸の内駅から徒歩3分

風格ある門構えの本店

ごっさま
5個入756円

古い名古屋の方言で「奥様・女性」を意味。もちもちのカステラ生地に、しっとりしたこしあんが調和する

白ザラメと寒天、卵白で作られた春の淡雪のようにはかない口どけが特徴。明治時代に3代目主人が考案して以来、基本的な製法は変わらない。コーヒー、抹茶、桃など味の種類も豊富

あわ雪
1棹594円

### 三河銘菓「あわ雪」の元祖

## 備前屋 本店

江戸時代中期に東海道岡崎宿で創業以来、240年以上9代にわたり和菓子を作り続ける老舗。西三河地方を代表する銘菓として知られる「あわ雪」は、同店の登録商標だ。地元の八丁味噌を使ったせんべいや季節の生菓子も評判。

MAP 別冊 P.26-B2
住岡崎市伝馬通2-17　TEL 0120-234-232　営9:00～19:00　休無休　CC ADJMV　P あり　交名鉄名古屋本線東岡崎駅から徒歩10分

9代240年ののれんを守る

手風琴のしらべ（てふうきん）
1個140円

発酵バターが香る折り込みパイ。しっとりなめらかなこしあんを包んで焼き上げた、同店でいちばん人気のお菓子

info 朝ドラに登場の銘菓　作曲家・小関裕而の妻の金子夫人は豊橋出身。夫妻がモデルの朝ドラでは、若松園のゆたかおこしをおいしそうに食べる場面があった。また黄色いゼリーはふたりの初恋の味だったのでは？とラジオで紹介されたこともある。

名物料理で一杯やろまい！

# 名古屋の居酒屋 必訪の5軒

軒先で揺れるのれん、活気に満ちた店内。自慢の料理を肴に気軽に一杯！ 地元の食通・酒通が足しげく通うとっておきの名店をご紹介しよう。

きもやきととんやき（てり味）

串カツ

こんにゃくとどてやき（味噌味）

## 軒先で味わう名物どてやき
## どての品川（どてのしながわ）

住宅街の一角に店舗を構え、昭和34（1959）年の創業以来、変わらぬ味を守るどてやきが評判。新鮮なモツなどの食材を毎日手作業でていねいに仕込み、大きな鍋でぐつぐつ煮込む。鍋は八丁味噌ベースの味噌味と醤油ベースのてり味の２種類で、いずれも開業から継ぎ足して今に続く秘伝の味だ。ホルモン独特のクセもなく、コクとうま味のある甘だれが具材によく染みてどんどん串が進む。この味と雰囲気を求めて、海外から足を運ぶ客もいるほど。

MAP 別冊 P.11-C2
住 名古屋市瑞穂区下坂町1-23　TEL 052-881-5529　営 17:30～21:30(L.O.21:00)　休 日、第２・３月曜　CC 不可　交 名鉄名古屋本線堀田駅から徒歩７分

❶串カツの味付けは味噌・てり・ソースから選べる。いずれも1本120円　❷昭和の香り漂う軒先で1杯！ 客同士の会話も弾む　❸週4で通う常連さんも　❹もっちりした衣を串カツに巻き付けるには長年の経験が必要

### 串の本数で明朗会計

立ち飲み客は鍋の中のどて焼きやこんにゃく、バットに並んだ揚げたての串カツなどから好きなものを小皿に取り、食べた串の本数で会計。煮込みと串カツは１本から、ネギマ・砂肝・心臓などの焼き物は１種類３本から注文できる。

info 串カツは2代目にお任せ　代々家族で営む「品川」は現店主で3代目。2代目の大田裕美さんは昭和7（1932）年生まれで今も現役。若い頃デパートの喫茶部でホットケーキを作った経験が、串カツの衣作りに生きる。まだまだ右に出る者はいないとか。

焼きトマトバジル添え 253円

せせり（たれ・塩） 220円

注文は2本単位、各1本の価格。特製コーチン串は名古屋コーチンのもも肉・砂肝・心臓・レバーをひと串で味わえる

特製コーチン串 539円

串物8本と季節の料理2品が付くいちばん人気の「志野コース」3410円（写真は2名分）

つくね（たれ・塩） 165円

ていねいな仕事が生む絶品焼き鳥

## きんぼし池下店

（きんぼしいけしたてん）

「味は本格的でも値段は高級になり過ぎない」をポリシーに、手間を惜しまず工夫を凝らした手作り焼き鳥料理を提供。根強い人気を支えるのはおいしさへの徹底的なこだわりだ。焼き上がりにムラが出ないよう具材を同じ厚みでていねいに串に刺し、自家製塩と備長炭で焼き上げることで素材のうま味を存分に引き出している。焼き鳥は季節感に乏しいとされるが、ここではフレンチやイタリアンのテイストを取り入れた旬の食材を織り交ぜ、創作料理のような多彩な味わいを醸し出している。焼き鳥との相性を考えたワインや吟醸ハイボールなど、ドリンク類も豊富だ。

❶焼き台の前に立てるまでには何年もかかる　❷レバーパテと鶏ハムサラダ　❸吟醸ハイボール　❹従来の焼き鳥店のイメージを払拭する内装　❺令和5（2023）年3月に30年営業した今池店から池下店に拡張移転した

MAP 別冊 P.13-D2
住 名古屋市千種区池下町2-28 カルチェラタンビル1階
TEL 052-888-3636　営 17:30～23:00（L.O. 22:30）、土・日・祝16:30～22:30（L.O. 22:00）　休 月（臨時営業日あり）　CC ADJMV　交 地下鉄池下駅から徒歩3分

### 焼き鳥に最適な自家製塩

天然昆布と鰹だしに海水塩を入れて、サラサラになるまで煮詰めたきんぼしの自家製塩。調味料なしでも鶏のうま味を引き出すまろやかな味わいだ。焼くときは鶏の部位ごとに最適な量の塩を、人の指先から直接落とすのが秘訣。

info おいしさのための工夫　焼き鳥は串にかぶりつくのが最もおいしい食べ方。「きんぼし」ではせせりの場合、脂身の部位と締まった部位を交互に刺してある。串から抜いてお皿にバラして食べるのは、味のバランスを損なうためNGとか。

普通のおでんと違い、大鍋で煮る具に味の付いた練り物は一切使わない。盛り合わせ1320円も人気

3代目店主の喜邑竜治さん(左)とスタッフ

❶コの字型のカウンター席 ❷2階の座敷席は予約必須 ❸屋台で創業した当時の写真 ❹軽く一杯やるのに最適な立地のため仕事帰りの客も多い

### 屋台が原点の伝統の味噌おでん

## どて焼き 島正（どてやき しましょう）

昭和24(1949)年に屋台「きむらや」として創業以来、味噌おでん（名古屋ではどて焼きと呼ぶ）の名店として愛されてきた。八丁味噌でじっくり煮込んだおでんは、黒々としたルックスに反して甘過ぎず辛過ぎずまろやかな味わいだ。厚さ5cmはあろうかという大根は、シャキシャキした歯応えを残しつつ串で切れるほどやわらかくジューシー。アク抜きに3日、味噌を芯まで染み込ませるのに7日と、仕込みに計10日もかける。店内は20人ほどで満席となるため待ちが出ることもあるが、軽く飲んで食べて席を立つ“通”が多いため回転は早い。

MAP 別冊 P.16-B3
住 名古屋市中区栄2-1-19 TEL 052-231-5977
営 17:00〜22:00 休 土・日・祝 CC ADJMV
交 地下鉄伏見駅から徒歩3分

### 名優にちなんだ店名

昭和35(1960)年、新国劇の看板役者・島田正吾が同店を気に入り、サイン入り暖簾を贈った。これがシンボルとなり、客から「島正の店」と呼ばれるようになったため、店名もきむらやから島正に改めたという。

島田正吾氏のサイン

info ほぼ24時間営業だった？ 今も家族で切り盛りする島正は初代・喜邑信彦さんが戦後に脱サラし、東京銀行の軒先を借りてスタート。毎日始発まで営業し、昼頃には屋台を組み立てたというから、寝る暇もないほどの繁盛ぶりだった。

❶刺身は3種盛りが5種、5種盛りは7種と表記より2種類多く盛りつけられる ❷柳橋中央市場から通りを1本隔てた場所にある ❸開店は15時で昼飲みにも使える

**はちみつサワー**

養蜂場とのコラボで生まれたオリジナルカクテル「すごいはちみつ」。ヘルシーでさわやかな甘さで人気だ。

市場直送の刺身と天ぷらで一杯

## 立呑み魚椿 柳橋店

毎朝市場から仕入れる鮮度抜群の刺身と、旬の食材を生かした揚げたて天ぷらを立ち飲みスタイルでリーズナブルに楽しめる。会社帰りのサラリーマンから一見の観光客まで、誰もが入りやすい雰囲気も魅力のひとつだ。愛知県産を中心とする日本酒や超炭酸ハイボール、酎ハイなどのドリンクは438円から提供。飲んで食べて、ひとり2000～3000円の予算で満足できるのがうれしい。その日の仕入れによって変わる限定メニューも見逃せない。

MAP 別冊 P.15-C3
住 名古屋市中村区名駅4-25-2 加賀ビル1階
TEL 052-586-2777 営 15:00～24:00（L.O. 23:30） 休 無休 CC ADJMV 交 JR・地下鉄名古屋駅から徒歩5分

ライブ感ある店内で焼きとんに舌鼓

## 立呑み焼きとん大黒 名駅西口店

名古屋の立ち飲みチェーンの草分けとして根強いファンをもつ。社内の認定焼き師が目の前で焼き上げる新鮮な牛や豚のもつなどが、1本99円からとお手頃。1頭から1.5本分しか取れない珍しい部位もある。定番のホルモンは臭みがなくやわらかで、誰でも食べやすいようていねいに下処理。とろけるような食感の名物「ればテキ」は、ネギたれと相性抜群。スペアリブでだしを取ったおでんはうま味たっぷりだ。懐かしのBGMをバックにお酒が進む。

MAP 別冊 P.14-B3
住 名古屋市中村区椿町8-6 TEL 052-453-3077
営 15:00～24:00（L.O. 23:30） 休 無休
CC ADJMV
交 JR・地下鉄名古屋駅から徒歩3分

**スタッフ渾身の月替わりメニュー**

毎月スタッフ考案の創作メニュー2品を150円（税込165円）の均一価格で提供する「150（いこ～）珍道中」は要チェック！

❶開放的な雰囲気で立ち飲みが初めてでも入りやすい。2階にはテーブル席も ❷カウンターから焼いている様子が見られる

迷ったときには串焼き5本盛りがおすすめ

info 名駅のハシゴ酒にぴったり 立呑み魚椿の系列店として同じ名駅エリアに誕生した「立ち喰い寿司魚椿」。種類豊富な日本酒と一緒に寿司を楽しめるようシャリは小さめ。他店からの流れで締めに立ち寄る客が多い。

人気商品誕生のワケを探る!

# 「食」の製造現場で特別体験

“でらうみゃあ（＝とてもおいしい）”な食べ物も人気の愛知。ご当地名産品の製造現場を訪れて“でらうみゃあ”をより楽しもう！

1日の生産量およそ400万枚

製造ライン見学

製造ラインでは、焼き上げられたえびせんべいがベルトコンベアに乗って運ばれていく。検品～袋詰めまでの工程が見学可能。

所要時間 15～20分

見学ルート

製造ライン見学
↓
展示資料見学
↓
試食・販売コーナー

工場見学データ

予不要　営8:00～15:30頃まで　※展示コーナーは～17:00　料無料

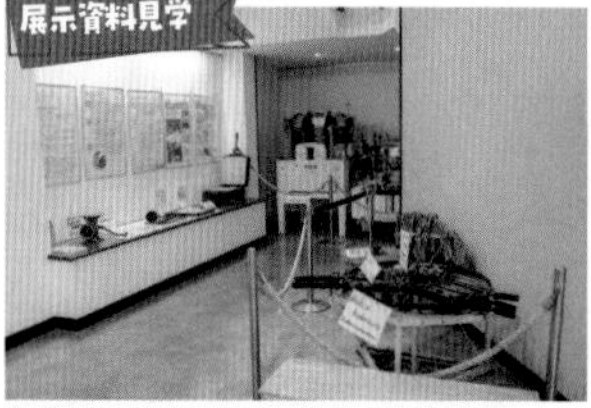

展示資料見学

創業当時の道具や江戸後期の漁法にまつわる展示もあり、えびせんべいの歴史をたどれる資料館

日・祝日は名鉄河和駅から無料巡回バスあり

コーヒーやお茶が無料の広々とした休憩コーナー

おみやげをCheck

えび姿1620円。地元で水揚げされたあかしゃエビを焼いてフライに

いろいろなえびせんべいが試食し放題！

トマトとバジルがさわやか。個包装で配りやすいちび丸・トマト&バジル味756円

チョコの甘さとほのかな塩味が癖になるりんちょこ432円は冬季限定

体験

## えびせんべい焼き体験

30cmの特大！

休憩コーナーの一角にある体験コーナーでは、えびせんべいを焼いてソースや醤油で絵を描く体験ができる。その場で食べて帰るもよし、おみやげにするもよし！体験時間は15分ほど。

予不可（当日先着順受付）　営土・日・祝9:00～10:30、13:00～14:30　料1枚440円

えびせんべい

美浜町

豊富なえびせんが約40種類

## えびせんべいの里 美浜本店

伊勢湾と三河湾に挟まれた知多半島は、黒潮の恩恵を受けて四季を通じて温暖な気候である。そんな気候風土を背景に、知多半島南部の師崎・豊浜地区は漁業の町として栄えてきた。底引網漁で取れる名産品のエビを、銘菓「えびせんべい」に仕立てた株式会社えびせんべいの里は昭和23（1948）年の創業以来、「選ぶ楽しさ、食べる楽しさ」を追求し続け、現在はえびせんべいだけで約40種類製造している。美浜本店では工場見学が楽しめる。

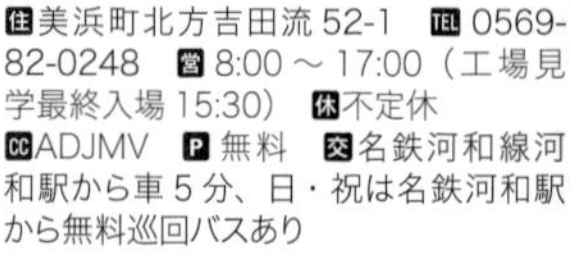

MAP 別冊 P.32-B2
住美浜町北方吉田流52-1　TEL 0569-82-0248　営8:00～17:00（工場見学最終入場15:30）　休不定休　CC ADJMV　P無料　交名鉄河和線河和駅から車5分、日・祝は名鉄河和駅から無料巡回バスあり

写真提供：えびせんべいの里

info ぜひ食べたい名物　休憩コーナーで販売される「いかのワイン焼き」540円は隠れた人気商品。赤ワインにつけ込んだイカが、香ばしくやわらかく焼き上げられている。「これを目当てに来た」というファンもいるほどだ。

高浜市　豆腐

まるで豆腐のテーマパーク

# おとうふ工房いしかわ おとうふ市場 大まめ蔵

平成3（1991）年設立のおとうふ工房いしかわは「自分の子どもに食べさせたい豆腐」をコンセプトに「お母さんの声」を大事にしながら、商品開発を進めてきた。大型店舗の大まめ蔵では、月1回青空朝市が開催される。この朝市開催期間中、工場も自由に見学できる。見学後は「おとうふバー」が人気の併設レストランでモーニングやランチを楽しもう。工場直売店限定で、おから入り食パンやアウトレット豆腐の販売が不定期で行われる。

MAP 別冊 P.31-D1
住 高浜市豊田町 1-205-5　TEL 0566-52-0140
営 9:00～18:00、レストラン～16:00（L.O. 15:30）、青空朝市開催時はショップ、レストランともに 7:00～
休 無休　CC ADJMV
P あり　交 JR三河安城駅から車 20 分

おとうふ工房いしかわでは、全店舗で毎月第1土・日曜にまめの市を開催。毎月12日の「トーフの日」にもイベントを開催している

所要時間 20～30分

**見学ルート**

概要説明 → 展示資料見学 → 撮影コーナー → DVD 鑑賞 → 製造ライン見学 → 大まめ蔵

**工場見学データ**

予 不要　営 毎月第1土曜7:00～9:00（青空朝市開催時）　料 無料

おみやげをCheck

きらず揚げ324円は、国産小麦と自家製おからを圧搾一番しぼりの菜種油で香ばしく揚げたお菓子

中国・台湾の伝統的な食材で極限まで水を絞り、麺状に仕上げた豆腐の豆干絲（トーカンスー）594円は、高たんぱく低糖質でモデルにもファン多し

併設レストランで人気のおとうふデリランチプレート1188円

展示資料見学

前身である石川豆腐店時代に使用していたラッパやそろばん、貴重な記事などの歴史的資料が並ぶ

撮影コーナー

おとうふ工房いしかわのキャラクターまめぞうくんや豆腐ドーナツなどのかぶり物が用意されている

DVD 鑑賞

豆腐に詳しくなれる動画を観賞できる。上映時間が決まっているので、当日スタッフに確認を

製造ライン見学

豆腐の製造～カット～包装を見学できる。白い制服、青い手袋、床の緑は衛生の証

究極のきぬ・至高のもめん各324円

1日の製造量3万丁以上!

体験

**お豆腐作り体験教室**

完全予約制で、お豆腐作り体験教室を開催している。工場見学や豆腐の歴史のレクチャーがあり、豆乳、できたての豆腐、お菓子の試食までできる盛りだくさんの内容だ。作った豆腐は持ち帰って、夕飯のおかずに。

予 10日前までに要予約　営 公式サイトにて告知　料 1丁 550円（当日現金払い）

水に浸しておいた大豆をすり潰し、布に入れて絞って豆乳に

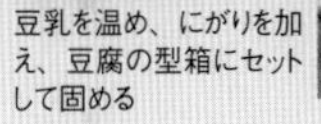

上手にできるかな？

豆乳を温め、にがりを加え、豆腐の型箱にセットして固める

info 経営手腕がすごい！　4代目社長の石川伸氏は、町の豆腐屋を25年で年商50億円の大企業に躍進させた。そのノウハウをまとめた経営戦略本『「おとうふ工房いしかわ」年商50億のまっすぐ経営術』も刊行している。

木桶ひとつで
4.5トン!
味噌汁
30万杯分
味噌蔵見学

味噌蔵は作業がなく、所定時間内であれば見学が可能。売店にひと声かけて。有料の「味噌知るツアー」は、1週間前までの予約制

所要時間 30分

**見学ルート**

味噌蔵見学
↓
味噌講座受講
↓
蔵売店

**蔵見学データ**

予 1週間前までに電話にて要予約
TEL 0120-181084
営 10:00〜、14:00〜 ※10〜3月は仕込みのため午前の部の開催はなし
料 小学生以上100円

※予約制有料の「味噌知るツアー」の場合

はと屋資料館

❶「会社同士やお客様とのつながり」がテーマ ❷社名に由来したハトのコレクションなどが並ぶ

# 味噌を楽しむ総合施設 みそぱーく

味噌

文久元（1861）年創業の味噌・醤油醸造元である株式会社はと屋が運営するテーマパーク。はと屋は百年前の杉の大桶に仕込む昔ながらの製法を守り続け、製品は名古屋を中心に専門店に提供している。名古屋めしを支える企業だ。平成 21（2009）年に「味噌を楽しむ」をコンセプトに、見学・体験・買物ができる施設としてみそぱーくをオープンした。実際に味噌を仕込んでいる約２mの木桶を間近に見られるほか、売店では３年仕込みの豆味噌などが買える。

MAP 別冊 P.30-B2
住 西尾市吾妻町 21-1 TEL 0563-56-7373 営 蔵見学 10:00 〜（最終入場 15:00)、売店 10:00 〜 17:00、Bar 傳の蔵 18:00 〜 24:00 (L.O. 23:30) 休 日（Bar 傳の蔵は不定休） CC 不可 P あり 交 名鉄西尾線西尾駅から徒歩８分

プレゼントももらえる！

有料の「味噌知るツアー」を予約して見学すると、「国産無添加かける味噌」50gの試供品と、売店で使える100円の金券がもらえる。予約して見学したほうが断然お得だ

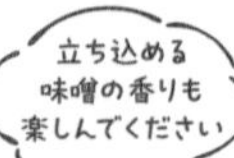

立ち込める
味噌の香りも
楽しんでください

10代目
鳥山大輔さん

**おみやげをCheck**

愛知県産大豆「フクユタカ」を使用した豆味噌の最高峰。参年仕込 摺500g 800円

一般的な濃口醤油よりうま味成分が1.7倍というたまり醤油の昔たまり360mℓ 550円

オリジナル調味料なども販売している

**体験**

**みそまる体験教室**

合わせ味噌について学び、実際に合わせ豆味噌（赤味噌）と米味噌（白味噌）に麩などの乾燥素材を混ぜて、お湯を注ぐだけでひとり用の味噌汁になる「みそまる」を作る。完成したみそまるは持ち帰りできる。

予 1週間前までに予約。5名以上から受付 料 1000円

目鼻をつけて、ユーモラスな顔にデザイン

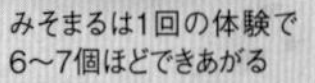
みそまるは1回の体験で6〜7個ほどできあがる

築100年の蔵を改装したBar。来店時には事前に必ず要予約とのこと

info はと屋の由来　7代目が、当時流行作家だった野口雨情＆中山晋平のコンビにCMソングを依頼。「鳩さん鳩さん豆が好き、お味噌も豆から味噌も好き」というフレーズが気に入って「鳥山本店」から社名変更した。

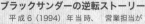

年間販売本数2億本※!!

# ブラックサンダーの聖地

※2018年度シリーズ累計出荷データ

工場直営店へ

豊橋市

ブラックサンダーの聖地

## 有楽製菓株式会社 豊橋夢工場直営店

全国各地で限定販売しているご当地ブラックサンダーなどが揃う、有楽製菓豊橋夢工場直営店。ここでしか買えない限定品や、昭和54(1979)年からロングセラーを続け、地元では知らない人はいないのではというほどの名品であるデラックスミルクチョコレートなどを販売している。工場見学は実施していないものの、ブラックサンダーの詰め放題や社長と出会える(?)トリックアート、歴代パッケージの展示など、楽しい試みが盛りだくさんのスポットだ。

MAP 別冊 P.7-D2
住 豊橋市原町蔵社88 TEL 0532-35-6620
営 10:00～17:00 休 不定休 CC ADJMV
P あり 交 JR新所原駅から車10分

### ブラックサンダーの逆転ストーリー

平成6(1994)年当時、同社の看板商品であった「チョコナッツスリー」に続くヒット商品を、と開発され、戦隊モノ風に「BLACK THUNDER」という英語名でデビュー。しかし、「チョコナッツスリー」より10円高く、子供向け商品なのに英語表記で親しみにくいなど不利な条件が重なり1年で販売休止に。そんな時、九州の営業担当が「九州では売れている。こっちだけでも残してほしい」と懇願し、エリア限定で生き残ることができた。その後、カタカナ表記に変更し、大学生協に卸すと人気に火がつき、オリンピック出場の体操選手が「好物」と紹介したことで全国区へ。「一目で義理とわかるチョコ」という自虐広告も話題となり、多くのファンを獲得した。

ご当地ブラックサンダーは素材にもこだわっています。ブラックサンダーで全国ご当地の味を楽しんでください!
おいしさの秘密は!?
ザクザク食感のアクセントとなるプレーンビスケット
2種類をブレンドし後味を追求したチョコレートコーティング
重めでハードな食感をプラスするほろ苦いココアクッキー
圧倒的ザクザク感!
ブラックサンダー
おいしさイナズマ級!

経営品質部　牧宏郎さん

### ブラックサンダー詰め放題に挑戦

**体験データ**
〈制限時間〉10分
予 当日現地受付1日80名まで 料 1000円

透明の袋にブラックサンダーを割れないように詰めていこう。予約不可・組数限定なので早めの来店がおすすめ

慎重に詰めて……
横18cm
縦30cm
まだまだ入る……!
全部で39個詰めました!
たくさん詰めるぞ!
1日80名限定
1回1,000円

### 上手に詰めるコツを教えてもらいました

❶袋は伸びない素材。破れたらアウトなので、1～2段目はブラックサンダーを縦に、3段目から横に入れよう
❷すき間に指が1本入れば「もう1本入る!」と心得て
❸過去最大の詰め放題は45個ほど。29個で元が取れる計算なので欲張りは禁物!
❹制限時間内であれば詰め直しOK。落ち着いてトライして

豊橋夢工場直営店 店長　伴紀枝さん

### おもしろスポット

入口に入ってすぐのところにあるのは、社長のトリックアート

顔はめパネルは2種類。子供でも楽しめる高さになっている

### おみやげをCheck

ブラックサンダーあん巻き900円は地元和菓子店・お亀堂とコラボ

Deluxe Milk Chocolate

名品デラックスミルクチョコレート大判800円

ロゴ入りTシャツ2000円なども販売

道産ミルクや発酵バターを使用したホワイトサンダー14袋入り1310円

info 繊細なブラックサンダー　お手軽価格も魅力のブラックサンダーだが、ビスケットを組み合わせて製造するため、実は、とても繊細。工場では崩れや欠けがないかひとつずつ目視でチェックしている。詰め放題でも優しく扱おう。

## 絞りの町・有松の自然派ベーカリー
### ダーシェンカ・蔵 有松店

昭和初期に建てられた旧絞り問屋商家の一角で営業。自家製酵母を使用したパンを中心に、毎朝石窯で焼き上げる約30種類のパンが店内に並ぶ。パンの種類によって酵母を使い分けるため、生地の種類だけで10～12種類。パン生地だけでもおいしいが、手作りのあんこやクリームをあわせることで、唯一無二の逸品に仕上げている。

MAP 別冊 P.20-A3
住名古屋市緑区有松町有松2304 TEL 052-624-0050 営10:00～17:00、カフェ11:00～16:00（L.O.15:00） 休月・火 CC ADJMV P なし 交名鉄名古屋本線有松駅から徒歩3分

must buy! あいち LOVE

**有松絞りぱん**
1本1200円、1/2本600円、1/4本300円
地元の高校生とのコラボで生まれた、有松絞がモチーフのパン。季節によって練り込む食材が変わる

ニンジン、チョコ、豆乳、ブルーベリー 4種の生地

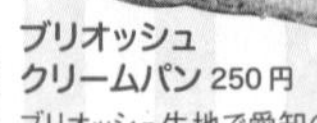

**ブリオッシュクリームパン** 250円
ブリオッシュ生地で愛知のブランド鶏「岡崎おうはん」の卵を使った自家製カスタードを包んでいる

隠れ家的な店でくつろいでいってください

こちらもおすすめ
**ダーシェンカ**
1個1070円、1/2個540円
店の名前を冠した開業時からある看板メニュー。噛めば噛むほどおいしい生地にクルミとレーズンがたっぷり！

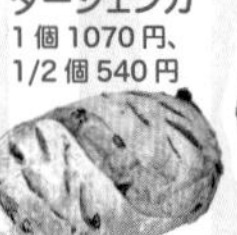

内田智久さん

❶細い路地を進んで店内へ ❷2階のほか中庭にもカフェスペースがある

# あふれる愛知LOVEを感じる 絶品ご当地パン

モーニング文化が発達している愛知はハイレベルなパン屋が多数。なかでも「愛知らしさ」を感じるパンを提供する3軒をご紹介。

must buy! あいち LOVE

**名古屋あんパン** 213円
たっぷり入った粒あんと生クリームの組み合わせが絶品

こちらもおすすめ

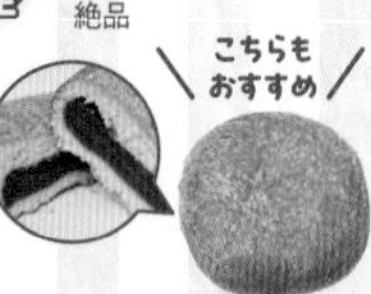

**あんドーナツ** 178円
シナモンの風味と砂糖のシャリシャリ食感がアクセント

## 愛知を代表する老舗パン屋
### 中屋パン

昭和11（1936）年創業。こぢんまりとした店内には約100種類のパンがずらり。店の看板は1日800個売れるという「あんドーナツ」。酒種発酵のもっちりしたパンで甘さ控えめのこしあんを包んでいる。

まずは来て食べてみて！

平井成明さん

MAP 別冊 P.13-D2
住名古屋市千種区今池1-9-16 TEL 052-731-7945 営9:30～19:00 休土・日・祝 CC 不可 P あり 交地下鉄今池駅から徒歩1分

## 地元の米を使った驚きのパン
### おこめのパン屋さん

「米離れを解決したい」との思いから地元の米「あいちのかおり」を使った米粉パンが好評。米を店内の製粉機で粉にして、できたてを販売する。バターを贅沢に使ったパンは、午前中に売り切れる場合も。

MAP 別冊 P.8-A2
住一宮市南小渕小森6 JA愛知西 産直広場 南小渕店内
TEL 0586-81-2022
営9:00～15:00、土・日・祝～16:00
休水 CC ADJMV
P あり 交名神高速道路一宮ICから車で10分

**おにぎりパン（明太ポテト）**
180円

must buy! あいち LOVE

見た目はおにぎりそのものだが、食べるとふっくらもちもち。白ゴマがのった「ツナマヨ」もある

**こめこ** 100円
赤ちゃんでも食べられるやわらか食感。パンにかかった粉も米粉だ

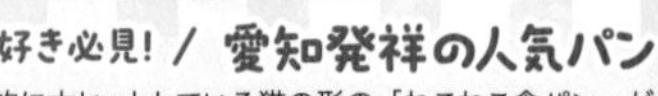

## 猫好き必見！ 愛知発祥の人気パン

全国的に大ヒットしている猫の形の「ねこねこ食パン」が生まれたのは、実は愛知県の東浦町。同店ではパンはもちろん、「ねこねこチーズタルト」などのスイーツも揃う。

**ねこねこファクトリー 東浦店**
MAP 別冊 P.6-A1
住東浦町森岡田面160-1 TEL 0562-84-1332 営9:00～19:00（イートインL.O.18:00）、モーニング9:00～11:00、ランチ11:00～14:30
休無休 CC ADJMV P あり
交JR大府駅から徒歩15分

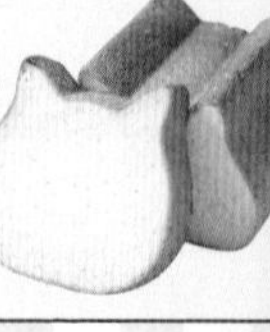

info ココイチベーカリー　ココイチによるカレーパンとスパイスパンの専門店「SPICE UP! COCOICHI BAKERY 名駅サンロード店」（MAP 別冊P.15-C3）が名古屋駅の地下街サンロードにオープン。カレーパンの品揃えだけで20種類以上！

# 第5章 ショップ

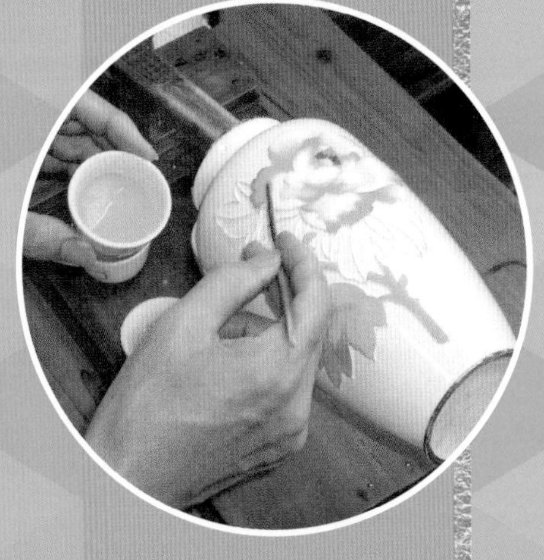

受け継がれる技と心意気

# ものづくり王国の伝統工芸

愛知が誇る工芸品はものづくりの豊かな伝統に支えられ、絶えず新しいものを吸収し発展してきた。見て触れて体験して、その魅力を肌で感じたい。

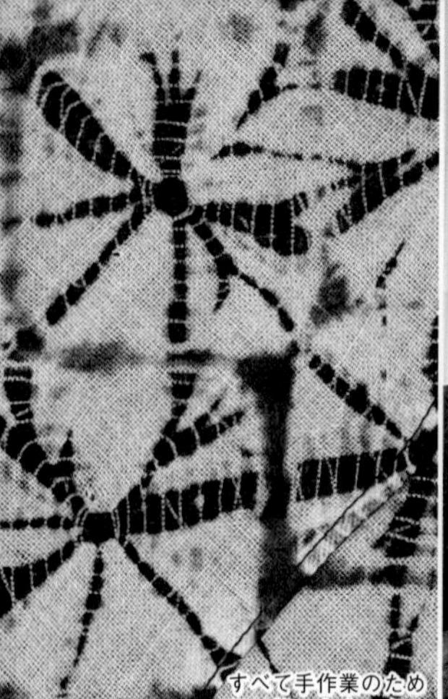

すべて手作業のため同じ柄は存在しない

糸を使って布に絞り加工を施す

お話をうかがいました!

**株式会社スズサン取締役会長 村瀬 裕さん**
●デザイン・企画・絵刷りまで一連の工程を担う職人として、スズサンを牽引。絞り体験のワークショップでは自ら講師を務め、幅広い世代に有松絞の魅力を伝えている。

伝統の絞り技法が現代の暮らしを豊かに彩る

## 有松・鳴海絞

国の伝統工芸品に指定された有松絞は、知多から移住した竹田庄九郎が慶長15（1610）年に開発したのが始まり。縫う・くくる・畳むという素朴な技法をとおして500種類以上の柄が生み出された。スズサンの前身である鈴三商店は、この地で100年以上にわたり事業を継承。“ひとり一技法”による分業体制が有松絞の基本だったが、「技術の蓄積を図るため企画・製造・小売りまでの一貫体制を構築しました」と4代目の村瀬裕さん。同社は現在、伝統的な絞り技法のベーシック雑貨を扱う「tetof 1608」と、ドイツ・デュッセルドルフを起点としファッションからホームアイテムまで手がけるブランド「suzusan」を展開。有松絞の多彩な魅力を国内外に発信している。

### 体験する　有松絞体験

※別途教材費。希望日の3日前までに要予約

● Aコース【時間】約40分　【料金】2500円
● Bコース【時間】約1～2時間　【料金】3000円

子供から大人まで気軽に楽しめるワークショップ。
布を広げると初めて現れる模様にワクワクする。

**Aコース　布を畳み板で挟んで作る初級コース**

手ぬぐいを縦方向3分の1に畳む

布を三角に畳み板で挟む

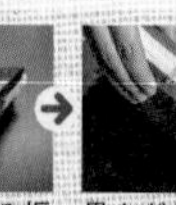

畳んだ布の左右を染める

完成

**Bコース　縫う・くくるなどの伝統的技法が学べる本格コース**

巻上げ絞り

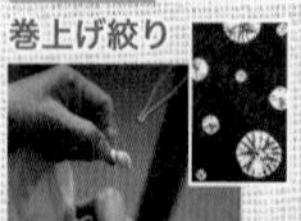

糸を台の金具に掛けて巻き上げる

手筋絞り

均一に筋をとり5mm間隔で固く巻き下げる

手蜘蛛絞り

針にひっかけ糸を巻き上げる

### 買う

tetof 1608
❶手ぬぐい3190円～
❷ハンカチ2750円

suzusan factory shop
❸カシミヤのニットウエア7万4800円～　❹テーブルランプ4万7300円

絞り技術を次世代につなぐ拠点

名古屋市 **株式会社スズサン**

伝統的な手仕事を継承するため、一貫体制による有松絞の生産拠点として発足。工房では熟練の絞り職人と若手職人がともに作業を行っている。

**本社・スタジオ** 住名古屋市緑区有松 3305　TEL 052-693-9624
**tetof 1608** MAP 別冊 P.20-B3 住名古屋市緑区有松 3016　営 11:00～17:00（土・日 10:00～）　休火
**suzusan factory shop** MAP 別冊 P.20-B3 住名古屋市緑区有松 3026　営 11:00～17:00　休水（祝日は営業）
CC ADJMV ※2 店舗共通　交名鉄名古屋本線有松駅から徒歩3～6分

info 誕生の陰に追い剥ぎ!?　江戸時代初期、ひと気のない東海道で旅人を狙う追い剥ぎが出没。尾張藩が治安維持のため慶長13（1608）年に鳴海宿と池鯉鮒（ちりゅう）宿の間に設けたのが有松村だ。有松絞は藩の財政を支える目的で生まれたという。

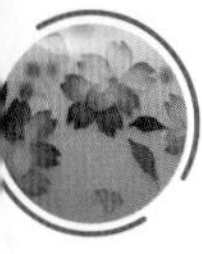

焼成によって生まれる
宝石のような色みと輝き

# 七宝焼（しっぽうやき）

七宝焼とは金属の表面に色とりどりのガラス質の釉薬をのせて焼き付けた工芸品で、仏教の経典にある7つの宝（金・銀・真珠・瑠璃・石英・メノウ・シャコ）が語源だ。紀元前から作られていたとされるが、愛知県では天保4（1833）年に尾張の梶常吉が尾張七宝を創始。以来、あま市周辺が七宝製造の中心地となった。焼成により生まれる深い色みと輝きが特徴で、国の伝統的工芸品にも指定された尾張七宝。「あま市七宝焼アートヴィレッジ」でその奥深さに触れよう。

下絵の上にテープ状の金属を慎重に植え付ける

## 七宝焼の製作工程

**素地作り**
七宝焼の素地となる銅板をたたいて成形する

**植線**
下書きに沿って金属線を貼り付け輪郭を作る

**施釉（せゆう）**
水と糊を混ぜた釉薬で金属線の隙間を埋めていく

**焼成**
700～800度の窯で10分ほど焼く

**研磨＆覆輪付け**
砥石で磨いて光沢を出し、口と底部分に金属リングを締めて完成

### 体験する　七宝焼体験教室

※時間、料金は作品によって異なる。予約不要

- 【時間】1～3時間
- 【料金】1000～5000円

ストラップやブローチなどオリジナルの七宝焼作りを体験。焼き上がった作品はその日に持ち帰れる。

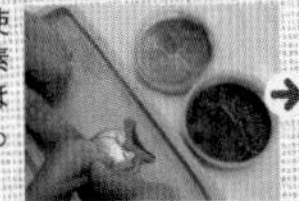
木のヘラを使い、銅板の素地が隠れるほど釉薬をたっぷりのせる

釉薬がほかの色と重ならないよう、順番に置いていくイメージで

電気炉で1～2分焼く。熱く危険なのでスタッフに任せよう

焼き上がると粉状だった釉薬のガラス質が溶けて光沢が出現

### 買う

ミュージアムショップで七宝焼製品が買える

銘々皿3850円
ミニ花瓶 2万2000円

### 名品ギャラリー

明治後期の作とされる直径92cmの「孔雀に牡丹文大皿」。七宝焼の皿では最大級で現在は再現困難

ひと際目を引く高さ152cmの大作「間取り花鳥文大花瓶」。特別な窯と熟練職人の技の結晶

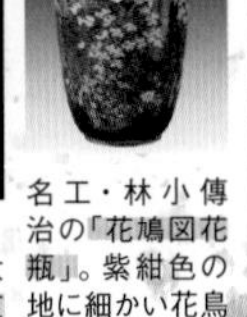
名工・林小傳治の「花鳩図花瓶」。紫紺色の地に細かい花鳥の図柄が描かれた、尾張七宝の典型的な作品

七宝焼と触れ合う総合施設

## あま市　あま市七宝焼アートヴィレッジ（あまししっぽうやきあーとゔぃれっじ）

約190年の歴史と伝統をもつ尾張七宝をテーマとした施設。作品の鑑賞、歴史や製作工程の見学、体験教室など総合的に学び楽しめる。

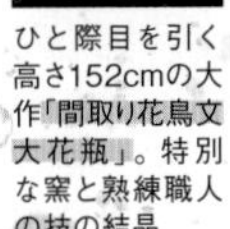

MAP 別冊 P.10-A1
住 あま市七宝町遠島十三割 2000　TEL 052-443-7588　開 9:00～17:00　休 月、祝日の翌平日　料 常設展示室 310円、小・中学生 100円　CC 不可　P あり　交 名鉄津島線七宝駅から徒歩 25 分、または木田駅から車5分

info 世界が認めた美と技　七宝焼の起源は紀元前18世紀頃の古代メソポタミア文明に遡る。それがヨーロッパ、中国を経て日本に伝わったとされる。尾張七宝は19世紀半ばに万国博覧会に出品され、世界的に人気を博した。

日本の衣文化を支えた
柔らかで良質な小幅木綿

# 知多木綿（ちたもめん）

江戸時代から知多半島で織られてきた知多木綿。幅38cmほどの小幅が特徴で、手ぬぐいや浴衣、半纏用の生地として全国約50%の生産量を占める。この地域では今も昭和時代のシャトル織機がゆったりと稼働。昔ながらのシンプルな織り方で木綿本来のやわらかな風合いを引き出している。竹内宏商店は昭和28(1953)年に生地問屋として創業し、全国の染物屋に印染用の木綿を納めてきた。3代目の竹内亮さんが「どの家庭にも手ぬぐいはあるが、知多木綿は業務用の扱いで一般に知られていない。見て触って使って、もっと身近に感じてもらいたい」との思いから、令和元(2019)年に「Chita Cotton478」をオープン。衣類から雑貨まで知多木綿尽くしの画期的なショップだ。

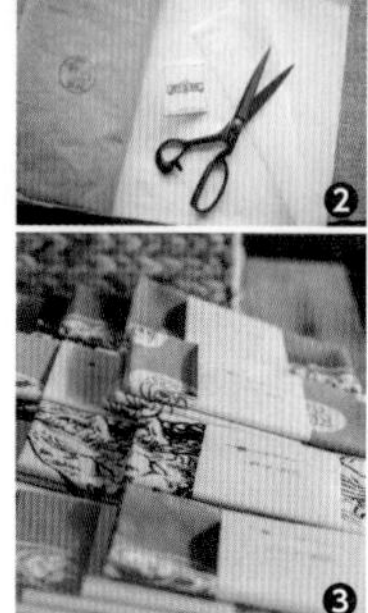

❶手織りの風合いにいちばん近いシャトル織機を使用　❷Chita Cotton478では市場に流通しにくい反物もカット販売している　❸彩り豊かな手ぬぐい

お話をうかがいました！

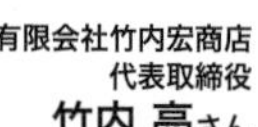

有限会社竹内宏商店
代表取締役
竹内 亮さん

●創業65年目の平成30（2018）年に現職就任後、知多木綿という地域の伝統産業に改めて着目。全国の手染め印染職人とネットワークを形成し、知多木綿の魅力を広く発信している。

## 買う

オリジナルブランド「watakumi」

手ぬぐい生地をシャツ用に改良した木綿の白シャツ「棉匠・わたくみ」。大量生産品には出せない味わいだ。1万8150円～

衣服から雑貨まで高感度アイテムがずらり

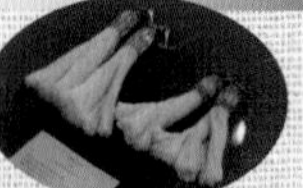

織る工程での余り糸を使ったイヤリング「menshi no mimikazari」各3630円

軽くて丈夫な帆布のボストンバッグ。Lサイズ2万2000円、Mサイズ1万9800円

## 生活を彩る「印染」

印染とは、顧客の注文を受けて織物に固有の名称・文字・紋章・記号などを染め付ける伝統技法。生地や用途によって、藍染・引染・注染・デジタル染色などを使い分ける。

オーダー制作の印染半纏

## 体験する

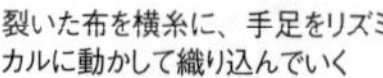

裂いた布を横糸に、手足をリズミカルに動かして織り込んでいく

趣ある土蔵で機織りに挑戦

### 知多市 手織りの里 木綿蔵・ちた（ておりのさと もめんぐら ちた）

明治後期から大正初期に建てられた木綿蔵は国の登録有形文化財。ここで昔ながらの機織を使ってコースターや敷物作りを体験しよう。

MAP 別冊 P.6-A1
住 知多市岡田中谷9　TEL 0562-56-4722
営 10:00 ～ 16:00　休 月・火・水　料 コースター 500円、敷物（小）800円・（中）1500円　CC 不可　P あり　交 名鉄常滑線朝倉駅から知多バス東岡田方面行きで岡田下車、徒歩1分

お好みの知多木綿を発見！

### 知多市 Chita Cotton478（ちた こっとん よんななはち）

竹内宏商店の生地で全国展開中のブランドも多数取り扱う。店名の478は郵便番号で、知多の特産品を扱うため地域性を表現した。

MAP 別冊 P.6-A1
住 知多市岡田開戸28-1　TEL 0562-55-3239　営 10:00 ～ 16:00　休 月・火・水　CC ADJMV　P あり　交 名鉄常滑線朝倉駅から知多バス東岡田方面行きで大門前下車、徒歩1分

info 岡田の町でレトロ散歩　岡田の町では緩やかなカーブを描く道筋に、江戸から明治期の土蔵や黒板塀などのノスタルジックな風景が多く残っている。水色の壁と赤いポストがレトロかわいい郵便局は、明治35（1902）年の建築で今も現役！

なめらかで弾力ある書き味で
高級筆トップシェアを誇る

# 豊橋筆（とよはしふで）

豊橋の筆作りは江戸時代に吉田藩の下級武士の内職から始まったとされる。山間部で材料の動物の毛が調達しやすかったからだ。墨になじみやすくなめらかな書き味が豊橋筆の特徴で、これは水に浸して混ぜる独自技法「練り混ぜ」によるもの。毛がムラなく均一になるため、墨含みがよく墨はけの遅い良質な筆に仕上がる。書道家に愛用される高級筆としては、全国シェア70%に当たる年間115万本を生産。国の伝統工芸品にも指定された。しかし多くが問屋に卸され他産地の筆として販売されるため、名前が出ることは少ない。そこで「嵩山工房」を営む伝統工芸士・山崎亘弘さんは、筆作りのかたわら豊橋筆のブランド力を高め、次世代に魅力を伝える活動にも取り組んでいる。

全36工程が職人による一貫した手作業

お話をうかがいました！

嵩山工房 代表
山崎亘弘さん

●筆作り歴65年。生活環境の変化により筆の需要が減少するなかで、小学校での出前講座や筆作り体験などを通して、豊橋筆の伝承と観光資源としての発展に尽力している。

## おもな原材料と特徴

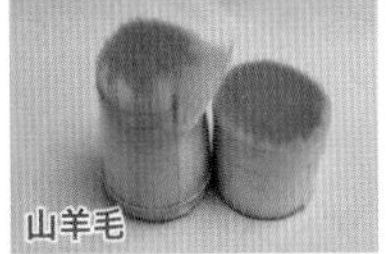

山羊毛

寒い山間地域に生息する長毛山羊の毛。非常にやわらかいため穂先が鋭く墨含みがよいのが特徴。

馬毛

光沢・粘り・ほどよい弾力があり、おもに太筆の原料として使われる。毛丈の長い尾は特大筆の原料に。

いたち毛

弾力と墨含みのよい毛質で、おもに細筆の原料となる。高級毛として知られるが、現在は入手困難。

狸毛

弾力が非常によく、毛先にボリュームがある。おもにほかの原毛と混ぜ合わせて使用される。

体験する

### 筆作り体験

※1週間前までに要予約

●【時間】15〜20分
●【料金】太筆1500円、細筆1000円

伝統工芸士の指導で筆作りを体験。
36工程の最終作業である「糊入れ」「櫛入れ」「糸仕上げ」に挑戦！

毛をしっかり開き、根元まで糊をたっぷり含ませる

金属製の櫛で絡まった毛を真っすぐに整える

根本に糸を巻き付け、筆を回しながら余分な糊を絞り取る

買う

ペットの毛を使って注文できる「ペット筆チャームはなゆら」各1万9800円

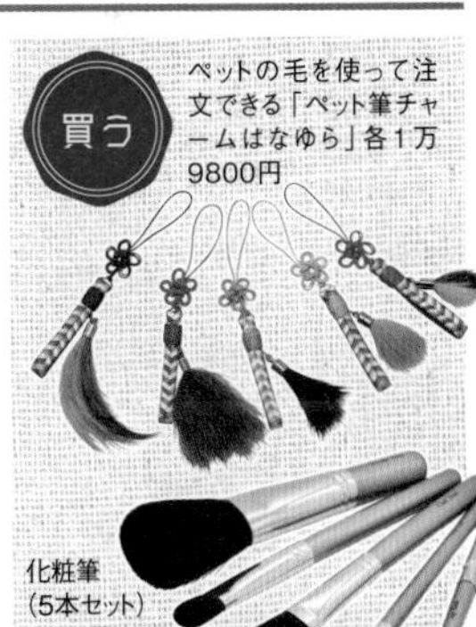

化粧筆（5本セット）8800円

200年の伝統技法を公開

## 豊橋市 筆の里 嵩山工房（ふでのさと すせこうぼう）

豊橋市北部、嵩山町の静かな田園地帯で数名の職人が伝統技法で筆を生産。工房を一般公開し、見学や筆作り体験を受け付けている（要予約）。

MAP 別冊 P.7-D2
住 豊橋市嵩山町下角庵1-8 TEL 0532-88-2504 営 9:00〜15:00 休 土・日・祝 CC ADJMV P あり 交 JR・名鉄名古屋本線豊橋駅から豊鉄バス豊橋和田辻線で自由ケ丘下車、徒歩1分
※ペット筆チャームは受注生産につき要問い合わせ

info 広がる筆の可能性　多様な毛の特性を知り尽くした職人が長さ・硬さ・弾力性を使い分け、筆作りの技術を多彩なアイテムに生かしている。嵩山工房のネットショップでは、ペットチャームが書道筆と並ぶほどの人気なのだとか。

# お值打ち系から健康重視系まで!
# ご当地スーパーマーケット&ファーマーズマーケット

近海の新鮮な魚介類や、地元の素材を使ったオリジナル商品、全国の農家とコラボしたPB商品など、見ているだけでもわくわくする個性豊かなマーケットは、おみやげ探しにもおすすめ。

尾張旭市

県内トップクラスの総菜バリエーション

## 生鮮館やまひこ 尾張旭店

「日替わりフェス」(販売メニュー)をInstagramなどのSNSで告知

インスタで情報発信してます!

総菜チーフ 太田さん

明治元(1868)年創業、愛知県内に8店舗と、三重県に1店舗をもつスーパーマーケット。売り場作りは各店舗に任せる自由な社風で、スタッフの士気を高めている。ここ尾張旭店の名物といえば、知る人ぞ知る総菜チーフの太田典子さん。どこから食べても具ばかりの「ほぼ具おにぎり」や、旬のフルーツをデコレーションしたスイーツなど、次々と魅力的な商品を開発。遠方から訪れるファンも多い。

土・日は開店前から行列が。平日でも総菜目当てなら品数が揃う開店直後が狙い目

MAP 別冊 P.9-C2
住 尾張旭市狩宿町4-59 TEL 0561-56-3120 営 10:00～20:00 休 無休 CC ADJMV P あり 交 名鉄瀬戸線三郷駅から徒歩20分

### 注目1 「ほぼ具おにぎり」は通常の2.5倍!

月に5～6回登場する「ほぼ具おにぎり」。人気の鮭&イクラをはじめ、穴子や飛騨牛などの高級食材が並ぶことも。具の多さと種類、そしてリーズナブルな価格で、開店から2時間で完売も珍しくない。

ラップを外すと

1個376円。購入は1名5個まで。500個のうち1個だけ超特大がある。ゲットできたらラッキー!

### 注目2 見た目楽しく、味はしっかり

杏仁豆腐やタピオカなどのスイーツメニューにも力を入れており、なかでも旬のフルーツをふんだんに使用したスムージーは主力商品。まるでくだものを丸ごと飲んでいるかのようなボリュームで、贅沢な気分にさせてくれる。

「イチゴろう」、「甘平くん」各970円など、ネーミングもユニークなスムージー

季節のフルーツがのった「杏仁豆腐」(オレンジ538円など)も超特大! 甘さ控えめであっさり味

「抹茶タピオカミルクバニラアイスのせ」538円。やまひこシールを集めると1杯無料になる

### 注目3 総菜の9割以上が手作り

「手作りスイートポテト」538円はデザートに

市場から直接仕入れた素材で作る弁当類や総菜は、店内のキッチンで調理。弁当の種類は仕入れの状況で変わるが、重量約1kgの「ほぼ具のり弁」はぜひ試してみたい。鮭やローストビーフなど15種類以上のおかずがご飯の上にのった超豪華弁当だ。

売り場面積の3割を占める総菜コーナー

人気の総菜がたくさん入った「ほぼ具のり弁」1490円～は2～3人分のボリューム

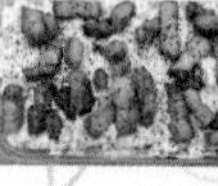
厚切りのベーコンと黒コショウがたっぷりの「大人のポテサラ」646円

info 目当ての総菜は早めに入手 オープンから2時間で、総菜類は売り切れに! 遠方からも各種総菜狙いで来店する人も多いのでSNSでの告知は要チェック。ホルモンやエビの麻婆豆腐もおすすめ。新作も続々登場するので目が離せない!

西尾市 "とれたて・つみたて・できたて"が即店頭に

# 憩の農園 ファーマーズマーケット

県下有数の農業産地を誇る西尾市に令和4(2022)年にオープンしたファーマーズマーケット。メイドイン西尾にこだわり、地元で生産された野菜はもちろん、新鮮な魚や肉、地域ブランドの西尾の抹茶や三河一色のえびせんべいなどの銘菓が店内を埋め尽くす。隣接するファーマーズガーデンでは、多種多様な苗木や植木、贈答用の鉢花を販売している。

店長 鳥居さん

弁当類や切り花の購入は午前中がおすすめ。みやげ物は午後のすいた時間帯に

MAP 別冊 P.6-B2
住 西尾市斉藤町大割7 TEL 0563-65-3900 営 9:00～18:00 休 第2水曜 CC ADJMV P あり 交 名鉄名古屋線福地駅から徒歩17分

## 注目1 西尾のブランド品や特産品が充実

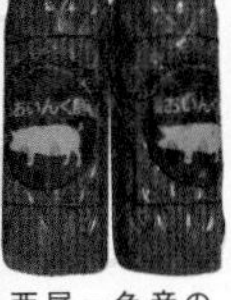

西尾一色産の三河おいんく豚を使用したポークハム1080円。食品添加物使用を極力控えたハムは根強い地元ファンもいる

西尾の抹茶は深い緑と上品な香りが特徴

一色産ウナギは焼きと生を用意。一色町の養鰻池は、矢作川の清流水を利用し、天然に近い状態で育てる。脂ののりもよく皮もやわらかで美味

全国でもトップクラスの生産量を誇る一色産ウナギや、西尾の抹茶は地域ブランドに認定される特産品。鮮魚は一色漁港で当日取れた魚を仕入れ、名古屋では見られない珍しい魚が並ぶことも。えびせんべい発祥の地を誇る、三河一色えびせんべいの種類も豊富に揃う。

## 注目2 農産物の生産量は県内トップクラス!

おもに「章姫」と「紅ほっぺ」の2種類を栽培するイチゴの生産量は年間947トン※1、カーネーションは約1900万本の出荷量※2を誇る西尾市。「三河みどり」というブランドのきゅうりはエコファーマーの手により生産された、安全安心の野菜。ここでは、生産者の努力によって作られた農産物が一度に購入できる。

※1 平成31(2019)年のデータ ※2 令和3(2021)年現在

冬場でも温暖で日射量が多い西尾市はイチゴ栽培に最適

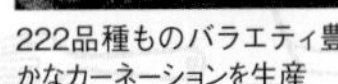

222品種ものバラエティ豊かなカーネーションを生産

三河みどりは、水分が多くさわやかな味わいが特徴

## 注目3 ファーマーズガーデンは花や苗木の宝庫

全国有数の花木の産地で知られる西尾市。地域の気候と花の生育条件がよく合うことから、バラや洋ランなどの鉢花が1年を通して販売される。植木産地であることから、植木や苗木の品数も豊富だ。

コチョウランから多肉植物までさまざまな種類の花がずらりと並ぶ

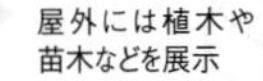

屋外には植木や苗木などを展示

ハウス内の通路は広く、ゆったりと花の見比べができる

info 葛餅がアイスに!? 憩の農園 ファーマーズマーケットで人気の「くず餅バー」は、葛餅にフルーツや抹茶などを練り込んだ新食感のスイーツ。アイスクリーム仕立てだけど、お餅で作ってあるので暑い日でも溶けにくいのが特徴。

名古屋市

## 全国のハイクオリティな食が集結

# サポーレ瑞穂店

くだもの専門店としてスタートし、平成12（2000）年に瑞穂店がオープン。名古屋屈指の高品質のスーパーマーケットで知られ、売り場の約65%を占める生鮮食品は群を抜く品揃え。店内の床下には空気浄化のための備長炭を敷き詰め、野菜の洗浄含め店内で使用する水は、マイナスイオン水。健康への配慮と安心安全な食材を提供している。

SaPoRe
地域の皆様のお役に立てるよう日々努力してます


店長
武田さん

国内外のワインが豊富に揃う

MAP 別冊 P.13-D3
住 名古屋市瑞穂区初日町2-57　TEL 052-837-3000　営 10:00～21:00　休 無休　CC ADJMV　P あり　交 地下鉄瑞穂区役所駅から徒歩12分

## 注目1 名古屋でも良質な魚や肉が手に入る

魚介類は三河湾や伊勢湾で水揚げされた高鮮度の旬魚を仕入れ、お造りや切り身は、その場で捌いて店頭に並べる。三重県にあるサポーレ牧場で育てる未経産の黒毛和牛は、うま味の決め手といわれるオレイン酸含有率が50%以上と、松阪牛などと肩を並べるおいしさ。

松阪牛のあらゆる部位を販売する

大きな品書きが目を引く鮮魚売り場

## 注目2 こだわりのオリジナル食品

ソーセージやパン、牛乳など、多品目のオリジナル商品を展開。厳選した製造業者とともに商品開発を行っている。

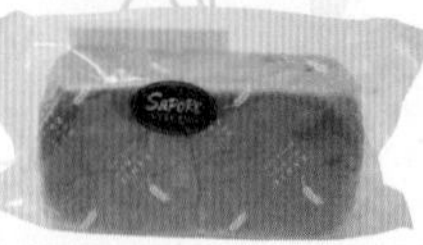

老舗製粉メーカープロデュースのカニエベーカリーが製造する、「贅沢生食パン」638円。生クリーム、国産バター、ハチミツがたっぷり

山梨県の盛田甲州ワイナリーとのコラボワイン1628円

「ピッツァミックスチーズ」1059円。原産国はデンマークとオランダで、専門業者も買いにくるほどのおいしさ

絹豚を使用したウインナー430円

## 注目3 超充実の自家製お弁当

弁当や総菜はバックヤードで調理。うな重弁当やサポーレ牧場で育てた黒毛和牛のステーキ重など、ボリュームたっぷりの弁当がリーズナブルな価格で並ぶ。限定販売のサポーレ牧場黒毛和牛サーロイン重は大人気。

「うな重弁当」1490円。三河一色産のウナギを店内で焼いている

「国産黒毛和牛ステーキ重」1490円は総菜売り場の人気No.1弁当

天然紅鮭を惜しげもなくご飯にのせた、「特製鮭弁当」638円

info 旬のフルーツを使ったスイーツ　サポーレ瑞穂店の向かい側にあるパティスリー＆フルーツパーラー「ア・メルベイユ」では、旬の完熟フルーツを贅沢に使ったタルトなど、まるで宝石箱のようなスイーツを販売している。

豊橋市

作り手の顔が見える食材がずらり

# サンヨネ魚町本店

東三河地域を地盤に、5店舗をもつ食品スーパー。1年をとおして旬の食材を全国各地から仕入れる。産地や生産者の顔、名前を明記している商品も多く、安心して購入できるのが魅力だ。海産物問屋として創業以来、のりや削り節などの乾物は、他店に引けを取らない品数の多さ。ハートのロゴが目印のPB商品にも注目を。

MAP 別冊 P.28-B2
住 豊橋市魚町120 TEL 0532-53-1112 営 10:00～19:00（日・祝9:30～） 休 無休 CC ADJMV P あり 交 JR豊橋駅から徒歩10分

店長 伊藤さん

明治25（1892）年創業。チラシやCMなどの広告宣伝を行わず地元客の口コミで高い評価を得ている

## 注目1 ハートのロゴが目印 こだわりのPB商品

野菜や加工品、冷凍食品まで、約370種類の自社ブランド商品を展開。信頼できる生産者と企画し、安心安全とおいしさに追求して製造している。

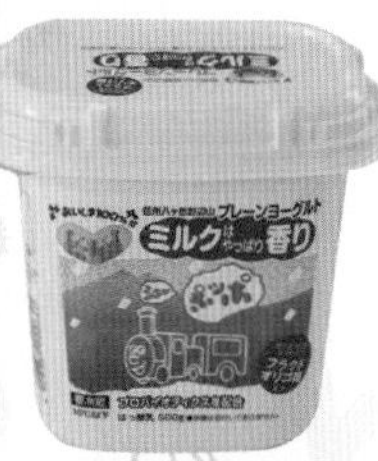


酸味が少なく食べやすい、「ミルクはやっぱり香りヨーグルト」168円。腸内善玉菌を活性化するフラクトオリゴ糖配合

サンヨネの天保蔵醤油にオレイン酸豊富なひまわり油など、原料にこだわった大人気の「胡麻ドレッシング」280mℓ 398円

北海道の生産者限定のグラニュー糖で炊きあげた大正金時豆・黒豆各198円。遠赤外線効果でレトルト臭を排除する工夫も

## 注目2 天然ものが豊富な 鮮魚コーナー

対面コーナーを設けた鮮魚売り場には、渥美半島など地元で取れたものを中心に、北海道や九州からピチピチの魚介類が届く。魚1匹を調理に見合った状態に捌いてくれるのもうれしい。

エアポンプで管理する活魚は新鮮そのもの。高値のミル貝もお値打ちに提供

開店と同時に選りすぐりの魚が並ぶ

## 注目3 のりや削り節など 乾物が大充実

のりやかつお節、昆布などの乾物食品が大きな陳列棚を占める。のりの種類だけでも30種以上ある。

かつお節専用コーナーもあり、おみやげにもおすすめ

info 「よねか」でちょっと得しよう　小銭いらずでスピード決済できるプリペイドカード「よねか」は、チャージ機で1万円以上チャージすると0.5%のプレミアが付くお得なカード。万一カードを紛失した際には自分で利用を停止できるので安心。

お菓子天国 愛知で見つけた!

# ヒット商品カタログ

洋生菓子出荷額全国1位、和生菓子も1位。愛知は菓子製造事業所数日本一のお菓子天国だ。おみやげの定番・えびせんに超ロングセラーの駄菓子まで、これを押さえておけば間違いなし！

## 国内シェアNo.1 えびせん

国内シェア90%以上を誇るだけあって、とにかく種類豊富。愛知ではスーパーの棚1台を占拠するほど身近なおやつとして親しまれている。

こちらもcheck!

えびせんべいの里 美浜本店 →P.398

### 桂新堂（けいしんどう）

焼き　車エビなど4種

**海老づくし**（2カップ11袋入り）3564円

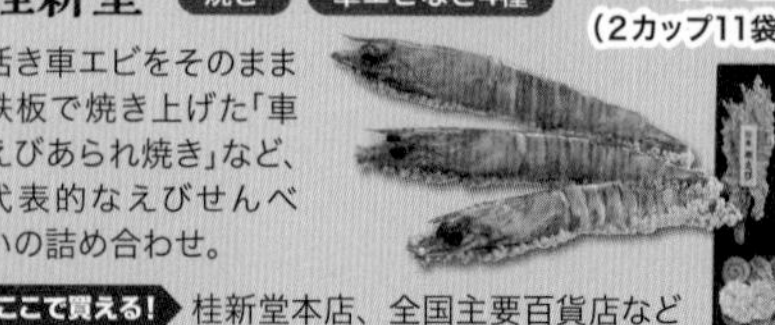

活き車エビをそのまま鉄板で焼き上げた「車えびあられ焼き」など、代表的なえびせんべいの詰め合わせ。

ここで買える! 桂新堂本店、全国主要百貨店など

MAP 別冊 P.18-B3　住 名古屋市熱田区金山町 1-5-4　TEL 0120-08-766

### 南知多 あかしゃ海老せんべい（1枚×15袋入り）650円

**えびせんパーク本店（えびせんぱーくほんてん）**

焼き　あかしゃエビ

馬鈴薯でんぷん生地に南知多産あかしゃエビのミンチを練り込み、軽やかでシンプルな塩味に仕上げている。

ここで買える! えびせんパーク本店→P.310

**香味庵本店（こうみあんほんてん）**

### 甘えび姿焼（5尾入り）540円

焼き　甘エビ

刺身にもなる甘エビ1尾をそのまま焼き上げた逸品。足1本1本まで残した素材の香味を堪能できる。

ここで買える! 香味庵本店→P.312

### ゆかり（8枚入り）691円

**坂角総本舗（ばんかくそうほんぽ）**

焼き　天然エビ

季節ごとに最もおいしい産地から選んだ天然エビの身だけを使用。味と香りが際立つ2度焼き製法が特徴。

ここで買える! 坂角総本舗本店→P.336など

### いかちび（150g）400円

**一色屋（いっしきや）**

焼き　鉄殻エビなど

イカとエビをミックスして焼き上げ、自家製甘だれで味付け。サクサクとふわふわの食感バランスが絶妙。

ここで買える! えびせん工房 一色屋

MAP 別冊 P.7-C2

住 蒲郡市清田町上大内 33-1

TEL 0120-50-1001

**味の老舗 青山（あじのしにせ あおやま）**

### 特上フライ小花（80g）783円

フライ仕上げ　あかしゃエビなど

三河湾や伊勢湾で水揚げされた新鮮なエビを贅沢に使用。手焼き・揚げと手間暇かけたひと味違う逸品。

ここで買える! 味の老舗 青山本店など

MAP 別冊 P.6-B2

住 西尾市一色町一色下乾地 43

TEL 0563-72-8682

### えび道楽 540円

**丸政製菓（まるまさせいか）**

フライ仕上げ　べにすじエビなど

尾と殻付きのエビを1尾ずつ生地にのせ1度焼いてから揚げるため、エビフライのようなサクッとした食感に。

ここで買える! 丸政製菓

MAP 別冊 P.6-B2

住 西尾市一色町対米蒲池 5-5

TEL 0563-72-8221

info えびせんができるまで　愛知県の三河と知多が主要生産地のえびせん。エビのすり身（甘エビ・赤エビ・ぼたんエビなど）とでんぷんを混ぜ合わせ、型に詰めて成形。それを焼き板に挟んで焼いたり、焼いたあとに油で揚げたりして仕上げる。

## 長～く愛される 駄菓子

全国的に知られる、あの個性豊かなお菓子たちも実は愛知発。素朴で懐かしい味わいは、世代を超えて多くの人をトリコにしている。

### A 岩本製菓（いわもとせいか）

昭和28(1953)年誕生

**タマゴボーロ**

口に入れるとふわっと溶けて、卵とミルクの優しい風味が広がる。赤ちゃんが初めて食べるお菓子としても長く支持されてきた。

### B カクダイ製菓（かくだいせいか）

昭和38(1963)年誕生

**クッピーラムネ**

オレンジ、イチゴ、レモン味の甘酸っぱく口どけのよいラムネ。熱帯魚のグッピーの濁点を外して呼びやすくしたのがネーミングの由来。

### C 丸川製菓（まるかわせいか）

昭和34(1959)年誕生

**オレンジマーブルガム**

四角い箱にフルーツのイラストの変わらぬパッケージで、3世代に愛される味。当たりが出るかドキドキしながら買った人も多いはず。

### D 名糖産業（めいとうさんぎょう）

昭和45(1970)年誕生

**アルファベットチョコレート**

自社内でローストしたカカオを独自にブレンドするなど、元祖ひとくちチョコならではのこだわりが光る。レアなアルファベットを見つける楽しみも。

### E 春日井製菓（かすがいせいか）

昭和48(1973)年誕生

**グリーン豆**

さまざまな栄養素を含むえんどう豆を丸ごと使ったサクッと軽い食感で、晩酌のおつまみにも最適。ロレーヌ産岩塩が、より豆のうま味や甘味を引き立てる。

### メーカー情報

A 岩本製菓株式会社 MAP 別冊 P.8-A2 住稲沢市日下部北町4-5 TEL0587-32-8758（お客様相談室）

B カクダイ製菓株式会社 MAP 別冊 P.12-B1 住名古屋市西区名西1-9-38 TEL052-531-9281

C 丸川製菓株式会社 MAP 別冊 P.15-D1 住名古屋市西区新道1-9-9

D 名糖産業株式会社 MAP 別冊 P.12-B1 住名古屋市西区笹塚町2-41 TEL0120-855-337（お客様相談室）

E 春日井製菓株式会社 MAP 別冊 P.12-B1 住名古屋市西区花の木1-3-14 TEL052-531-3700（お客様相談室）

info 知る人ぞ知る駄菓子の聖地　名古屋市西区明道町には戦前から「中京菓子玩具卸市場」があった名残で、現在も駄菓子メーカーや問屋が集積。店先にはカラフルなパッケージがところ狭しと並ぶ。まとめ売りなら一般客も購入可能だ。

## \プレゼントにも自分にもうれしい/
# 味なみやげを持ち帰り

旅の締めくくりに欠かせないのがおみやげ探し。
老舗の銘品からスーパー＆コンビニで買えるローカルグルメまでピックアップ！

## わざわざ \買いにいきたい/ ご当地菓子

愛知の伝統的銘菓は大切な人へのギフトや自分へのごほうびにぴったり

**Ⓐ星の雫**　1200円
5色に染めた和三盆糖をサイコロ状に型抜きした干菓子。口に入れるとほろりと溶ける。5月末～8月末頃に登場

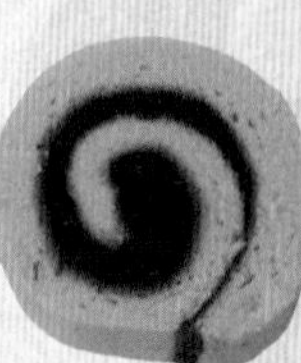

**Ⓐ溜ロール**　800円
自家製粒あんを巻いた和風ロールケーキ。スポンジ生地に地元・半田市特産のたまり醤油を練り込んでいる。10～3月のみ

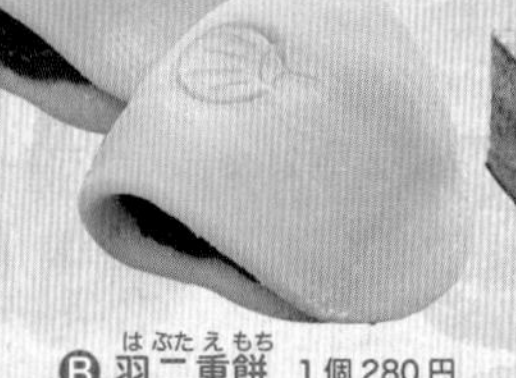

**Ⓑ羽二重餅**（はぶたえもち）　1個280円
驚くほどやわらかな餅で、希少な丹波春日大納言を使ったあんを包んだ看板商品。当日予約分は朝7時から受け付け

ごとう製茶→P.265

**Ⓒ豊橋紅茶の呉羽（くれは）カステラ**
1350円
生地にごとう製茶による無農薬・無化学肥料の「豊橋紅茶」をふんだんに使用。しっかり香る紅茶の風味を楽しめる

### プレミアムな「しるこサンド」

全国区の人気を誇る松永製菓のしるこサンドが半生菓子に。しっとりとしたビスケットであんこクリームをサンド。

生しるこサンドつぶあん　5個入り1188円。こしあんと抹茶もある

ここで買える

松永製菓直営店 パインツリーファクトリー MAP 別冊 P.8-B2、銘菓百選（ジェイアール名古屋タカシマヤ地下1階 MAP 別冊 P.14-B3）、公式通販など

**Ⓓ三和の純鶏名古屋コーチンたまごぷりん**
飲食（1人前）440円、
テイクアウト（3・4人前）1296円
名古屋コーチンの卵を100％使用した、もっちり濃厚なプリン。半解凍でシャリッとした食感を堪能するのもおすすめ

## ここで買える

全国の茶会で選ばれる菓子
### Ⓐ松華堂菓子舗（しょうかどうかしほ）
MAP 別冊 P.33-D2
住 半田市御幸町103　TEL 0569-21-0046　営 8:30～17:30　休 水、第3火曜　CC ADJMV　P あり　交 JR半田駅から徒歩3分、または名鉄知多半田駅から徒歩10分

江戸時代後期創業。明治30年代に現在地へ移転

常時約15種類の生菓子が並ぶ
### Ⓑ松屋長春（まつやちょうしゅん）
MAP 別冊 P.8-A2
住 稲沢市小沢3-13-21　TEL 0587-32-0253　営 8:00～18:00　休 月（祝日の場合は翌日）、火曜不定休　CC 不可　P あり　交 名鉄名古屋本線国府宮駅から徒歩11分

約90年前の創業以来、国府宮（→P.215）と取引がある

創業50年超の老舗洋菓子店
### Ⓒ仏蘭西焼菓子（ふらんすやきがし） Montpellier（もんぺりえ）
MAP 別冊 P.28-B2
住 豊橋市呉服町35-1　TEL 0532-52-2432　営 9:00～19:00　休 月　CC 不可　P あり　交 豊鉄市内線札木から徒歩3分

平成31（2019）年リニューアル。喫茶スペースを併設

明治33（1900）年創業の鶏専門店
### Ⓓ鶏三和（とりさんわ） サカエチカ店（さかえちかてん）
MAP 別冊 P.17-C2
住 名古屋市中区栄3-4-6先 サカエチカ　TEL 052-253-6700　営 10:00～21:00（L.O.20:30）　休 施設の営業日に準ずる　CC ADJMV　P 提携駐車場あり　交 地下鉄栄駅直結

名古屋コーチンを使った定食や総菜などの販売も行う

info しるこサンド　昭和41（1966）年の発売以来人気の愛知が誇るロングセラー商品。北海道産あずきを使ったあんをぱりりん食感のビスケット生地で挟んだひと口サイズのお菓子だ。隠し味はリンゴジャムとはちみつ。

# スーパー＆コンビニで買える 調味料＆レトルト食品

県民の胃袋を満たすソウルフードを自宅で気軽に味わえる

スガキヤ →P.384

**カップ SUGAKIYA ラーメン**
メーカー希望小売価格 296 円
カップ麺になってさらに手軽に！ もっちりとした食感のノンフライ麺にスガキヤ伝統のオリジナルスープが絡む。平成12（2000）年発売

**つけてみそ かけてみそ 400g**
メーカー希望小売価格 1 本 387 円
愛知県民が冷蔵庫に常備するといわれる「県民の調味料」。コクのある赤だしをベースにした味噌だれは、肉や野菜などすべてを名古屋の味に変える

**即席カレー 95g**
メーカー希望小売価格 162 円
昭和20（1945）年の発売当時から今も変わらない味で愛される、元祖インスタントカレー。優しい味付けなので、素材を生かした料理やアレンジ料理にも最適。チャーハンやカレーうどんなどにも使える粉末タイプ

**即席 SUGAKIYA ラーメン**
メーカー希望小売価格 202 円
人気ラーメンチェーン「スガキヤ」の味を再現。和風だしが効いた豚骨ベースのスープに別添えのかくし味を加えて。平成9（1997）年発売

スーパーでは買えない4食分が入った箱入りタイプはおみやげに



創業当時の味を再現した（創業）

現在提供しているソースを商品化した（現在）

**ヨコイソース （現在）／（創業）**
各 4 人前 800 円
「あんかけスパゲティ」でおなじみ、スパゲッティ・ハウスヨコイのオリジナルミートソースがレトルトに。

スパゲッティ・ハウスヨコイ →P.381

## 新幹線改札口すぐ！ 名古屋駅構内最大のギフトショップでおみやげ探し

新幹線に乗る前にサッとおみやげを探すなら「グランドキヨスク名古屋」へ。定番みやげのほか、ご当地弁当や飲み物も。グランドキヨスク名古屋 DATA P.109

**シュガーバターサンドの木 お抹茶ショコラ** 12 個入り 1274 円
中のショコラはもちろん生地にも西尾抹茶を練り込んだ抹茶尽くしの一品

**小倉トースト ラングドシャ** 10 枚入り 900 円

食パンに似せたラングドシャで小倉あんの風味がきいたチョコをサンド

**ゆかり黄金缶** 10 枚入り 918 円
えびせんべい「ゆかり」のパッケージに名古屋城をあしらった名古屋限定品

**青柳ういろう ひとくち** 10 個入り 1080 円
名古屋みやげの定番「青柳ういろう」が食べやすいひと口サイズに

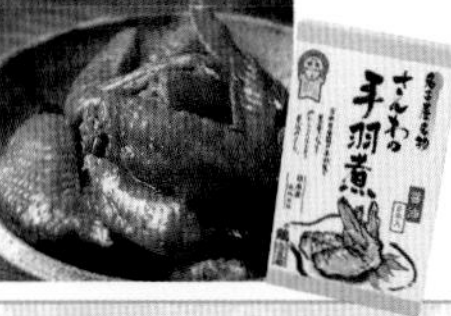


**さんわの手羽煮** 6 本入り 1080 円
若鶏の手羽先をじっくり煮込んで、やわらかく仕上げたロングセラー商品

info 駅近のみやげ物店　名古屋駅近くでひと味違うグルメみやげを探すなら、名鉄百貨店本店 メンズ館1階の名鉄商店（MAP 別冊P.15-C3）がおすすめ。老舗の逸品から注目ショップの最新商品まで幅広く取り揃える。

「町の本屋さん」で運命の一冊を発掘

# 愛知発！ 地元の愛され書店

愛知は東京・大阪・神奈川に次いで書店の多い県※。
書店員の愛とこだわりが詰まった地元に根付いた本屋さんへ行ってみよう。

※日本出版販売株式会社「出版物販売額の実態 2022」より

「ふるほん」もゲームも！ハイブリッド型の大型書店



❶子供向けのおもちゃやお菓子、花火などの季節催事も ❷文芸書コーナーには手書きポップや著者のサインが並ぶ ❸子供から大人まで幅広い層に人気の「トレカ館」

## 書籍だけじゃない！独自の商品展開で人気

## 三洋堂書店（さんようどうしょてん）

昭和 34（1959）年 名古屋で創業

「ほんとの出会いのおてつだい」をモットーに出店地域を拡大し、全国 74 店舗、愛知県内 25 店舗※を展開。ウェブサイトで書籍の予約や注文、在庫検索、取り置きの依頼ができる。

※令和 5（2023）年 1 月末現在

**新開橋店**（しんかいばしてん） MAP 別冊 P.11-C2

住 名古屋市瑞穂区新開町 18-22 TEL 052-871-3934 営 10:00 ～ 23:00 、トレカ売場 12:00 ～ 21:00（土・日・祝 10:00 ～） 休 無休 CC ADJMV（一部使用制限あり） P あり 交 名鉄名古屋本線神宮前駅または堀田駅から徒歩 10 分

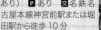

新開橋店より

新本と「ふるほん」の品揃えは 20 万冊以上！ 1 階は新本、雑誌、お菓子など、2 階はゲーム、トレカ館、CD・DVD の販売とレンタル。3 階は、地域最大級のコミック・ラノベ館、ふるほんなどが揃います。「トレカ館」は、デュエルスペースを完備し、公認大会も開催。担当者こだわりの文芸書コーナーでは、青山美智子先生など愛知県作家を推しています！

名古屋地区 地区長 西谷直樹さん

---

## 東三河随一の規模を誇る郷土本コーナーは必見

## 豊川堂（ほうせんどう）

明治 7（1874）年 豊橋で創業

本店は豊橋市の旧中心部にある

ルーツは約 430 年前に髙須家初代が始めた味噌醤油製造販売「髙須屋」に遡るが、書店としてのスタートは明治期の教科書の発行から。地域とのつながりを大切に、三河エリアで 5 店舗を運営する。

**本店**（ほんてん） MAP 別冊 P.28-B2

住 豊橋市呉服町 40 TEL 0532-54-6688 営 9:00 ～ 20:00 休 無休 CC ADJMV（一部使用制限あり） P あり 交 JR 豊橋駅から徒歩 15 分、または豊鉄市内線札木から徒歩 3 分

本店より

郷土本の販売に力を入れており、出版も行っています。店舗 2 階のイベントスペース「本屋の 2 階」では、地元出身の著者や地域団体と協働して、定期的にトークイベントやサイン会などの開催も。

❶店の前は旧東海道、近くを全国的にも珍しい路面電車が走る ❷大型書棚が整然と並ぶ。新学期は学生でいっぱいに

JR 名古屋駅直結！

## 東海地区最大級※の書店

創業 140 年以上、東京の神保町で産声を上げた三省堂書店の東海地区の旗艦店。趣味から専門書まで各ジャンルの書籍を揃え、店内にはカフェも併設。サイン会などのイベントも多数開催。

※ 1 フロアの造りとして

**三省堂書店 名古屋本店**（さんせいどうしょてん なごやほんてん）

MAP 別冊 P.14-B2

住 名古屋市中村区名駅 1-1-3 タカシマヤゲートタワーモール 8 階 TEL 052-566-6801 営 10:00 ～ 21:00 休 無休 CC ADJMV（一部使用制限あり） P あり（契約） 交 JR 名古屋駅直結

待ち合わせにも便利な立地。広い店内にはレジが3ヵ所



info 豊川堂出版の郷土本　昔から多くの妖怪がすんでいたという豊橋市の各所に伝わる民話をアレンジした『豊橋妖怪百物語』や、豊川海軍工廠の学徒動員としての体験をテーマにした『砂の記憶』など多数。

# 第6章 宿泊

# 歴史ある伝統と品格が漂う 格調高い老舗ホテル＆旅館

貴重な建物や壮麗な調度品、心のこもったおもてなしにいたるまで、すべてが最上級。非日常な滞在を優雅に演出してくれる憧れの宿をご紹介。

**つつじの名所**
広大な庭園に4月下旬～5月上旬にかけて約3000本のつつじが華やかな花を咲かせる。

①

蒲郡市

三河湾国定公園内と一体化した正統派ホテル

## 蒲郡(がまごおり)クラシックホテル(くらしっくほてる)

　目の前に国天然記念物の竹島と三河湾を望む、自然豊かなロケーション。昭和期には池波正太郎や川端康成といった多くの文豪たちが滞在し、作品を残したことでも知られる。

　城郭風の外観でありながら、内部はクラシカルなアールデコ様式で統一され、淡い色調の内装と大きな窓を配した客室は、落ち着いた趣でゆったりと過ごせる。ディナーは、フレンチ、日本料理、鉄板焼きからチョイス。文豪たちが好んで食したといわれる「伝統のビーフカツレツ」は、人気メニューのひとつ。

MAP 別冊 P.31-C3
住 蒲郡市竹島町15-1
TEL 0533-68-1111
IN 15:00　OUT 10:00
CC ADJMV
室 27　P あり
交 JR・名鉄蒲郡線蒲郡駅から車5分

くつろぎのステイを

ドアマン 袴田さん

②③

④

❶令和4（2022）年2月、国の有形文化財に登録。名建築を身近に感じることができる　❷三河湾と日本庭園を望む海側スイートルーム。洗練された雰囲気が漂う　❸エレベータの指針盤は昭和9（1934）年の創業当時のもの　❹蒲郡のシンボルとも称される三河湾の夕景が眺められる

⑤⑥⑦

❺フレンチのディナーは、ソムリエおすすめの有名銘柄ワインとともに味わいたい　❻三河湾を一望するメインダイニング　❼ラウンジ・バー・アゼリアから続くベランダデッキ。朝の静寂な竹島の風景が印象的

クチコミ　メインダイニングでのディナーはテラス席がおすすめ。特に南西角のテーブル席からの眺めが最高。予約はできないので早めに着くように。（愛知県在住・T）

犬山城をひとり占め
絶景と美肌効果が期待できる半露天風呂はチェックイン時に予約を。

犬山市

国宝犬山城を望む
オールスイートの宿

# 灯屋 迎帆楼

（あかりや げいはんろう）

大正 8（1919）年、料理旅館として創業したあと、平成 29（2017）年に全 10 室露天風呂付きと開放的なぬれ縁テラスを設けたラグジュアリーな宿に生まれ変わった。当時の調度品を継承しつつ、それぞれに設えが異なるすべての客室から、犬山城と木曽川の絶景を楽しめるのが魅力。尾張・美濃地方の農家から直接仕入れた野菜や、飛騨牛のステーキなど、料理旅館で名をはせた多彩な料理も楽しみのひとつ。犬山唯一の天然温泉「白帝の湯」で 1 日の疲れを癒やし、ほかではできない特別な体験が旅に彩りを添えてくれる。

MAP 別冊 P.22-A1
住 犬山市犬山北古券41-6
TEL 0568-61-2204　IN 15:00　OUT 11:00
CC ADJMV　客室 10　P あり
交 名鉄名古屋本線犬山駅から徒歩15分

❶犬山城の別名「白帝城」にちなんで名づけられた貸切風呂「ひすずし（灯涼し）」。早朝から夕暮れまで異なる絶景を堪能　❷1階にベッド、リビング、和室、半露天風呂、2階に展望テラスを設けたKISOプレミアムスイートルーム　❸開放感あふれる客室2階のキャッスルビューテラス　❹❺夕食は山の幸や飛騨牛がテーブルを彩る（料理は季節により異なる）

❻歴史の重みを感じる犬山最古の宿　❼夕食までの時間はラウンジでティータイム。数種類の紅茶やコーヒーがフリー。19:00〜21:30はバータイムに

info 食事処「色葉繧繝（いろはうげん）」　名前の由来の色葉は、いろは歌四十七字の総称で、繧繝は色の濃淡を繰り返す色彩手法のこと。宿が作った遊び心を表現した造語だそう。

別注料理も堪能したい！
春のアワビやミル貝、夏のハモ、秋の伊勢エビと、時期最良の旬魚は別注文で。

田原市

素材のよさを引き出した
最良の旬の海の幸

# 和味(なごみ)の宿 角上楼(かくじょうろう)

約1000坪の広大な敷地に、大正14（1925）年創業時に建てられた本館、全室露天風呂付きの「別館翠上楼」「新館雲上楼」、約200年の旅籠をリノベーションした「井筒楼」の4つの棟がある。造りがすべて異なる和モダンな空間の客室は、落ち着きのあるたたずまい。最大の楽しみは、伊良湖の魚市場より毎日仕入れる近海の海の幸。春の鯛、夏の岩ガキやハモ、秋の伊勢エビ、そして冬は天然とらふぐと、どの季節に訪れても満足できるのがうれしい。保湿性が高く冷え性に効果的、殺菌効果も高い伊良湖温泉の湯にも癒やされる。

❶夕食は当日仕入れた旬の魚介と地元の野菜をふんだんに使用した会席料理（仕入れにより献立は異なる） ❷映画『釣りバカ日誌2』の舞台となった宿名物の部屋、角上楼「萩」 ❸露天風呂にジャクージを設えた女性大浴場「あかねの湯」。美人の湯で知られる伊良湖温泉の湯が満ちる ❹湯上り庵「炎」で火照った体をクールダウン ❺読書や語らいのひとときを過ごせる2階テラス

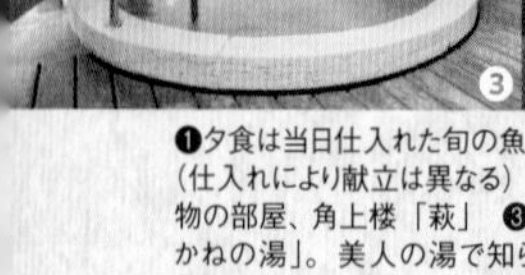

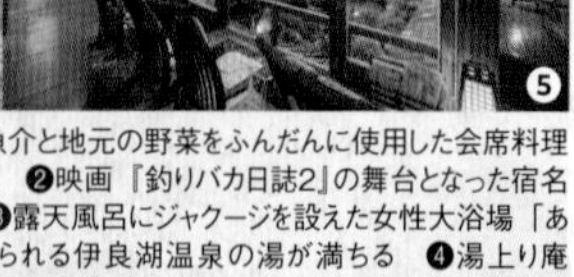

❻純和風な空間にモダンな照明やカウンターを取り入れたダイニング
❼国の有形文化財に登録された歴史息づくたたずまい

料理と温泉に癒やされてください

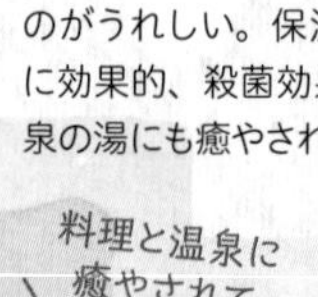

女将 上村好美さん

MAP 別冊 P.6-B3
住 田原市福江町下地38
TEL 0531-32-1155
IN 15:00
OUT 11:00
CC ADJMV
客室 10 P あり
交 豊鉄渥美線三河田原駅から車30分

クチコミ 地元のたまり醤油と、カツオと昆布のだしを効かせた自家製のぽん酢「角上楼謹製 手造りぽん酢」を販売。刺身や鍋のおともにおすすめ。（愛知県在住・A）

クラシックとモダンが融合
名古屋を代表するホテル

# 名古屋観光ホテル

（なごやかんこうほてる）

名古屋随一を誇る歴史と伝統が息づく高級ホテル。昭和 11（1936）年の開業から、上質なサービスとホスピタリティで、各国の国賓や数々の VIP を迎えてきた。陶芸家が手がけるモダンな陶壁や、瀬戸焼のタイルを敷き詰めた床でデザインされたロビーから、優雅な滞在のスタートが期待できる。客室は、くつろぎを重視したラグジュアリータイプや機能的なビジネスタイプ、ファミリータイプなど多彩なスタイルを用意。フレンチや中国料理など、趣向の異なるレストランでの食事もぜひ味わってみたい。

**夜景を一望**
15～17階のニュークラシックフロアから眺める名古屋市内の夜景も楽しんで。

MAP 別冊 P.16-A2
住 名古屋市中区錦1-19-30
TEL 052-231-7711
IN 15:00　OUT 12:00
CC ADJMV　客室 277　P あり
交 地下鉄伏見駅から徒歩2分

❶赤とゴールドのインテリアを基調としたクラシック エレガント ツイン　❷フレンチレストラン「エスコフィエ」。料理はもちろん、家具や調度品、カトラリーにいたるまで高級感あふれる　❸テイクアウトショップ「ル・シュッド」の彩り豊かなスイーツやパンも楽しめる　❹夜はカクテルメニューが豊富な「プエルト」でバータイム　❺ダイナミックに焼き上げる鉄板焼きカウンター「昇龍」

名古屋駅から車で約５分と好アクセス

❻バスアメニティはさわやかな香りのブルガリ・ホテル・コレクション。オーガニックコットンのベッドリネンも心地いい　❼宿泊者専用の無料フィットネスジムもあり、気分転換に利用したい。シューズ、ウエア類は各自用意を

クチコミ　日本料理「呉竹」では、ソムリエが在籍し、四季折々の料理とともに厳選したワインや全国47都道府県の日本酒とのマリアージュが楽しめる。（愛知県在住・G）

# 海、島、都会の美しい景色は感動的
# 絶景宿で極上ステイ

大パノラマを目前に温泉につかり、ライトアップされた夜景にうっとり。何度訪れても見飽きることのない絶景宿へ。

**新源泉発見！**
塩分やカルシウム分の少ないアルカリ性で各種イオンを含む湯は大浴場で。

蒲郡市

西浦半島の絶景を望む天空露天風呂

## 天空海遊の宿（てんくうかいゆうのやど）末広（すえひろ）

　三河湾に沈む夕日と、風光明媚な西浦半島を一望できる、西浦温泉街随一の絶景宿。昼間は屋上に設えた天空露天風呂と足湯から海辺を望み、西側からは三河湾に沈む夕日を観賞できる。1階の大浴場では、地下1200 mから湧き出る美肌の湯も、ぜひ堪能してほしい。夕食は、地のものにこだわった創作会席。近海で水揚げされた新鮮な魚を地酒と一緒に味わいたい。夜食には自慢のスープが好評のミニラーメンを無料で用意している。

MAP 別冊 P.6-B2
住 蒲郡市西浦町大山17
TEL 0533-57-9111
IN 15:00
OUT 11:00
CC ADJMV
客室 44　P あり
交 名鉄蒲郡線西浦駅から無料送迎バス（要事前連絡・運行は20:00まで）で10分

❶屋上の天空露天風呂「天音の湯」の足湯。春は桜見物もできる ❷夕景自慢の天空露天風呂（女湯）。地下1200 mから湧き出る肌に優しい湯は「美白泉」と命名 ❸旅館には珍しい足湯付きの客室。桜、海、夕日をひとり占めできる ❹客室は全室オーシャンビュー。露天風呂付きの部屋も用意 ❺伊勢エビのお造りなど旬の素材を取り入れた夕食（写真は一例）

info 貸切が嬉しい岩盤浴　温度約40度、湿度約45％に保つ岩盤浴は女性専用とカップルや家族で利用できる貸切を用意。作務衣とバスマット付きで1名60分1500円。

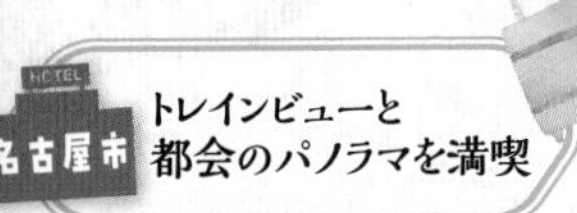

名古屋市 トレインビューと都会のパノラマを満喫

# 名古屋マリオットアソシアホテル

なごやまりおっとあそしあほてる

JR名古屋駅直上に位置し、20～49階の高層フロアにある客室から、名古屋の夜景と鉄道を一望できる。眺望のよさに加え、和・洋・中など国際色豊かな8つのレストランやフィットネスクラブを併設。朝食はオールデイダイニング「パーゴラ」で約30種類の和洋ビュッフェを楽しめる。

MAP 別冊 P.14-B3
住 名古屋市中村区名駅1-1-4
TEL 052-584-1111（代表）
IN 15:00
OUT 12:00
CC ADJMV
客室 769
P あり
交 JR名古屋駅直上

**お風呂からも絶景を**
夜景を眺めくつろげるビューバスルーム確約プランもおすすめ。

❶朝食は名古屋めしも用意の「パーゴラ」で絶景とともに堪能 ❷約38平方メートルの広々としたデラックスツイン。都会のパノラマも必見 ❸18階からの景色を眺めながら全長20mのプールやジャクージを楽しめる ❹アフタヌーンティーやカクテルなど時間帯に合わせた食事ができるコンシェルジュラウンジ

❶標高380mからの眺望を天望露天風呂から楽しめる ❷落ち着いた雰囲気の純和風客室「南星宮」 ❸夕食はみかわ牛や伊勢エビのお造りなど土地の名物を味わえる（写真は一例）

幸田町 満点の星空とオーシャンビュー

# 銀河伝説煌めく天空の宿 天の丸

ぎんがでんせつきらめくてんくうのやど てんのまる

三河湾を間近に、全客室、展望風呂、レストランのどこからでも、遠州灘に昇る朝日や、満天に輝く星空と、ダイナミックな景観を望める。館内に展示された、天体写真家・藤井旭氏と書道家・土門琳氏による星と書のオリジナルアートも一見の価値あり。

MAP 別冊 P.7-C2
住 幸田町荻遠峰10
TEL 0564-62-1751
IN 15:00 OUT 10:00 CC AJMV 客室 40 P あり
交 JR蒲郡駅から車20分

**幅広い客層に対応**
露天風呂付き、純和風、温泉宿では希少なシングルルームの用意もある。

info 銀河伝説煌めく天空の宿 天の丸　夕食時の天ぷらは、海鮮や野菜など8種類のなかから4種類を選ぶスタイル。天つゆと抹茶塩をお好みで。フレッシュなみかんの味とサイダーが絶妙な「蒲郡みかんサイダー」（季節限定）もおすすめ。

# 名古屋の"今"を体感できる コンセプトホテル@名古屋

創意あふれるテーマがコンセプト、テレワークのオフィス代わりに最適など、滞在そのものを満喫できるホテルが急増中。

**構造材は鉄骨**
塔を支える鉄骨が部屋の内部を貫く斬新な造り。国の重要文化財を生かした演出。

アート
## アーティストたちの作品と間近に触れ合い眠る

# THE TOWER HOTEL NAGOYA

令和2（2020）年10月、町のシンボルとして親しまれてきた名古屋テレビ塔の内部に誕生したタワーホテル。「ローカライジング」をコンセプトに、東海地区の文化や伝統、アート&クラフト、食材などを国内外に発信する。15室ある1室のギャラリールームでは、テレビもソファもないシンプルな空間で、地元アーティストたちによる作品と心ゆくまで向き合える。そのほかの客室にも東海地方にゆかりのある気鋭アーティストたちの作品が飾られ、非日常を体感できる。

❶地元の伝統工芸やアートを施したL04 フォレストビューダブル37平方メートル ❷久屋大通公園を眼下に栄の夜景を一望できるゲスト専用のルーフトップサロン。利用は22:00～翌2:00 ❸愛知出身のアーティスト、杉戸洋氏が南側の公園の景色をモザイクタイルの壁画で表現したレセプション ❹フランスと京都メイドのルームウエアは着心地抜群 ❺ナチュラルコスメ「F organics」とコラボのアメニティ。プラスチック不使用でSDGsにも配慮 ❻地元を拠点に活躍するグラフィックデザイナー白澤真生氏デザインのルームキー ❼glycine（藤）の花言葉のような最高のもてなしと地元作家のインテリアが彩る上質な空間。地産地消の滋味が溶け合う郷土料理を堪能 ❽"記憶に残る朝食"と称されるglycineが提供する朝食。宿泊者のみが食せる

MAP 別冊 P.17-C2
住 名古屋市中区錦3-6-15先
TEL 052-953-4450
IN 15:00 OUT 12:00
CC ADJMV 客室 15
P あり 交 地下鉄久屋大通駅または栄駅から徒歩5分

info SLHに認定　小規模かつ世界最高峰のラグジュアリーホテルと認められたホテルのみ加盟できる「スモール・ラグジュアリー・ホテルズ・オブ・ザ・ワールド」に認定。審査基準が厳しいことでも知られるSLHに愛知県で初めて認定された。

天然温泉
都心の温泉でゆったりくつろぐ

# 都心の天然温泉 名古屋クラウンホテル

（としんのてんねんおんせん なごやくらうんほてる）

　ホテルの地下から湧き出る三蔵温泉は、かけ流しの贅沢な天然温泉。シングルルームの広さもさまざまで、用途に応じてチョイスを。木曽岬産のコシヒカリや西三河の濃厚卵、名物の八丁味噌といった、こだわりの食材を使った朝食の名古屋めしも大好評。

**自然の風が心地いい**
木造りの浴槽のある「弐の湯」には外湯があり、露天風呂感覚で湯浴みを堪能できる。

MAP 別冊 P.16-A3
住 名古屋市中区栄1-8-33
TEL 052-211-6633
IN 15:00　OUT 10:00
CC ADJMV
客室 600　P あり（有料）
交 地下鉄伏見駅から徒歩5分

❶夜どおし入れる自家源泉の天然温泉大浴場。遅いチェックインでも安心　❷朝食は名古屋めしも楽しめる和食中心のバイキング　❸明るく機能的なシングルルーム。約10～14平方メートル　❹名古屋の中心部・伏見に位置し名古屋駅や栄へのアクセスも便利

電車
電車好きなら一度は泊まりたい！

# 名鉄グランドホテル

（めいてつぐらんどほてる）

　名古屋駅前の好ロケーションに位置するシティホテル。名鉄電車の人気車両パノラマ DX8800 系のコンセプトルーム「名鉄電車ルーム 8802」は、パノラマ DX で実際に使われていたリクライニングシートを設置するなど、鉄道ファンにはたまらないこだわりが詰まっている。

**うれしい特典**
名鉄電車ルーム宿泊者限定でオリジナル硬券とドリンクコースターのプレゼントがある。

MAP 別冊 P.15-C3
住 名古屋市中村区名駅1-2-4
TEL 052-582-2211（代）
IN 14:00　OUT 11:00
CC ADJMV　客室 240　P 要問い合わせ
交 名鉄名古屋駅から徒歩3分またはJR名古屋駅から徒歩5分

❶パノラマDXの装飾に彩られたコンセプトルーム　❷実際に教習で使用していたシミュレーターから部品を取り外して制作した模擬運転台　❸部屋の窓から電車が行き交うトレインビューが楽しめる
※模擬運転台と走行動画は連動して動作しません。

名古屋駅前通りに位置する抜群の立地

# 愛知の泊まり方

名古屋市内だけでもホテルや旅館の数は200軒近く、県全体の宿泊施設は2万6000軒にのぼる。さまざまな旅行者の要望に応える多彩な宿が揃っているため、旅立つ前にまずは宿選びから楽しんでみよう。

## ◆立地で選ぶ

高級ホテルから格安宿までバリエーション豊かな宿泊施設がある大都市・名古屋をはじめ、岡崎や豊橋など各エリアの観光拠点となる都市は宿が充実している。また、海を望む絶景宿や島の民宿など、滞在自体を楽しめる施設も多い。旅の目的に応じて宿選びを楽しもう。

**[アクティブに動くなら]**

愛知県内をとことん見て回りたいというアクティブ派は、県内各地への交通の便がいい名古屋市、それも名古屋駅や栄周辺に宿を取るのがいい。JRや地下鉄の駅から徒歩圏内に、高級ホテルやビジネスホテルなど予算に合わせて選べる宿がたくさんある。

**[歴史を体験するなら]**

NHKの大河ドラマ『どうする家康』で一躍脚光を浴びた、徳川家康生誕の地・岡崎。尾張と三河のほぼ中間で、名古屋鉄道やJRを利用すれば犬山や浜松など家康ゆかりの地へのアクセスもいい。町を散策しながらふと顔を上げると岡崎城の天守閣が目に入り、気分を盛り上げてくれる。

**[自然を満喫するなら]**

緑濃い奥三河の山地や、陽光あふれる三河湾など、自然にも恵まれた愛知。山ならば矢作川上流の足助や香嵐渓などにある温泉宿に逗留してみては。海なら、三河湾に浮かぶ佐久島や日間賀島など、のどかな島にのんびり滞在するのもおすすめ。

## ◆宿泊スタイルで選ぶ

宿のタイプは大きく分けると「ホテル」「旅館」「民宿」「その他」となる。ホテルは食事なしもしくは朝食付きで、寝るのはベッド。旅館や民宿は基本的に1泊2食付きで、布団で寝る。宿によってはベッドが用意されているところもある。

### 高級ホテル

ヒルトンやマリオットなど有名外資系だけでなく、名古屋観光ホテル、蒲郡クラシックホテルなど、古くから地元で親しまれ安心して利用できる老舗ホテルも多い。おこもりステイやホテルフリークはぜひ。

### シティホテル

高級ホテルよりはカジュアルで、それでいてビジネスホテルよりは客室が広く、館内にレストランやフィットネスルームなどの設備が整っている。料金も手頃なのでファミリーや若者も気軽に利用できる。

### ビジネスホテル

駅の周辺や繁華街に立地していることが多く、ビジネスユースだけでなく忙しい旅人にも便利。東横イン、アパホテルなどの有名チェーンだけでなく、名古屋笠寺ホテルなど独立系の人気ホテルもある。

### 高級旅館

温泉地や城下町など、歴史のある町にはたいてい高級旅館がある。建物の外観や館内の造り、客室からの眺め、贅沢な浴室、地元の特産品などをふんだんに使った食事など、何もかも格別で、旅の非日常を満喫できる。

### 民宿

旅館よりも規模の小さな宿泊施設で、風呂やトイレは共同のところがほとんど。親戚の家に泊めてもらっているような、アットホームな雰囲気を楽しめる。布団は自分で上げ下げするところも。

### ゲストハウス

外国人バックパッカーだけでなく日本人の若者も利用する手頃な宿。基本的にドミトリー形式で、共用スペースでは各地から来た旅行者と情報交換できる。外観や内装など、一軒一軒個性的な宿が多いのも楽しい。

### 一棟貸し

数は少ないものの一軒家を丸ごと貸し出す宿泊施設もある。従業員は常駐せず食事の提供もないが、周囲の目を気にせず滞在できる気楽さで人気。料金も一棟単位なので、多人数のグループで利用するとお得感がある。

## ◆予約について

日程が決まったら早めに予約したい。愛知の宿は数が多く、万が一目的地周辺の宿が埋まっていても、鉄道などで少し移動すれば空室があることが多い。とはいえ連休や行楽シーズンは値上がりし、客室も埋まりがち。少しでも安く泊まりたい場合は、連休や行楽シーズンの少し前またはあと、そして平日を狙おう。

### 予約サイトの利用

ほとんどのホテルは予約サイトから予約可能。エリアや料金で検索でき、サイトによっては「朝食付き」「前日までキャンセル無料」など旅のタイプや食事の有無など各種条件で絞り込める。激安価格の場合は予約即キャンセル不可のこともあるので、条件は事前にしっかり確認しよう。

**【おもな予約サイト】**

じゃらん URL www.jalan.net
一休 URL www.ikyu.com
楽天トラベル URL travel.rakuten.co.jp
エクスペディア URL www.expedia.co.jp
ブッキングドットコム URL www.booking.com

# 第7章 旅の準備と技術

# 旅のプランニング

旅の拠点とするのに便利な名古屋駅周辺には多くのホテルが集まる

■ツアーは予算に合わせて
パッケージツアーでは、乗り物の座席クラスや宿のグレードを、予算に合わせて選べることが多い。旅行会社によっては、ラグジュアリーな高価格帯のツアーとエコノミーな格安ツアーで、ブランド名を変えているところもある。最近では女性限定のツアーや、ひとり参加でも追加料金がそれほどかからないツアーもある。

■フリーツアーもおすすめ
航空券や新幹線などの乗り物と宿がセットになったフリーツアー（フリープラン）は、パッケージツアーと個人旅行の中間的な存在。出発地から目的地までの乗り物と宿を旅行会社が手配してくれるので、観光に集中できる。乗り物の時間や宿のグレードも各種選べる。

■特別なツアーの手配も
ジブリパークやレゴランド®・ジャパン・リゾートなど、テーマパークの入場券がセットになったツアーもある。ツアーに申し込めば乗り物、宿、入場券がまとめて手配できるのでとても楽。そのほか祭りや特別な催事への参加など、特定の目的に沿ったパッケージツアーは利用価値が高い。

## パッケージツアーVS個人旅行

旅を充実したものにするためには、しっかりとしたプランニングが大切。愛知へいつ、どこへ行き、何をしたいのか。予算はどれくらいか。まずはこれらをはっきりさせてから、パッケージツアーに参加するか、個人旅行にするかなど、旅のスタイルを考えよう。

## パッケージツアーのメリットとデメリット

愛知を訪れるパッケージツアーは通年各種催行されている。公共の交通機関では行くのが難しい場所でも、専用バスなどで行けるのは大きなメリットのひとつといえるだろう。

### ◆個人旅行に比べてリーズナブル

パッケージツアーでは乗り物の運賃や宿泊料金などに、割安な団体料金が適用されている。ゴールデンウイークなどの連休やお盆、年末年始といった行楽シーズンには高くなるが、それでも個人で手配するよりは安くなることが多い。

### ◆面倒な手配はすべてお任せ

旅のさまざまな手続きは、選択肢が多く決めるのに時間がかかり、慣れないとかなり面倒。パッケージツアーならすべて旅行会社にお任せなので、時間の節約になり気分的にも楽。行程も効率よく組まれており、全体に無駄がない。

### ◆宿泊施設の質が安定している

宿の評価はツアーの印象を大きく左右するので、旅行会社は細心の注意を払って宿を選定している。安さのみを追求するようなツアーを除けば、ツアーで利用する宿に大きなハズレはないと考えていい。特徴のある人気の宿滞在を売りにしているツアーも。

### ◆旅の印象が残りにくいことも

旅行会社が作成した行程どおりに、添乗員やガイドの引率で巡るパッケージツアー。楽ちんな半面、個人旅行に比べて旅の印象が薄くなってしまうことも。当然ながら訪れる見どころや観光地も、すべてが自分の興味がある場所とは限らない。

### ◆時間や行動が制限される

パッケージツアーは乗り物や宿、訪問先などの行程がすべて事前に決まっているため、参加者の行動は時間厳守が求められる。ある見どころが気に入って少し長く滞在したい、宿の居心地がよくて延泊したい、などの希望は通らない。



info 不測の事態に備える　予定どおり出発できなくなる場合に備えて、パッケージツアーはキャンセル条件を必ず確認しておくこと。「変更可」「全額返金」などのプランが選べることも。

## 個人旅行のメリットとデメリット

旅のすべてを自分で手配する個人旅行は、団体旅行にはない魅力がある。初めての旅ではパッケージツアーを利用した人が、2回目からは個人旅行にするケースも多い。

**◆自由に旅をアレンジする楽しみがある**

行き先、移動手段、宿泊先などあらゆる情報を自分で探して選択しながら旅をアレンジできるのが、個人旅行の醍醐味だ。動物園や水族館を巡る、歴史を感じさせる古い町をじっくり歩く、スポーツチームのホームゲームを観戦するなど、アイデアは無限。

**◆地元の人との交流が生まれやすい**

道に迷ったら、通りかかった人に尋ねてみよう。食堂に入ったら、店の人におすすめスポットを聞いてみよう。神社仏閣の境内にいるお年寄りに話しかけてみれば、地域の歴史などの話が聞けるかもしれない。地元の人との触れ合いは、旅をより豊かにしてくれる。

**◆旅が記憶に強く残る**

自分の力だけで知らない土地を歩く際、人は五感をフルに活用し、集中力も高まる。地図や案内看板、車内のアナウンスなど、周囲の情報を脳内で処理しながら活動する結果として、短時間であっても旅の記憶は濃くなるのだ。

**◆予算が高くつく場合がある**

とにかく節約したいなら、乗り物と宿がセットになったフリーツアーがおすすめ。多少割高になっても、個人旅行は自由を手に入れる手段だと割り切ることが必要。周遊券や各種割引チケットなど、節約する方法はいろいろあるので工夫しよう。

**◆トラブルに遭った場合が心配**

個人旅行で最も心配なのは、トラブルが発生したとき。しかしここは日本。誰にでも言葉は通じ、病院も薬局もたくさんあるし救急車もすぐに来る。いざとなったら警察も頼りになる。ちょっとしたハプニングは旅のアクセントとして楽しむぐらいの度量が欲しい。

## 旅のプランニングのヒントと注意点

フリーツアーにしろ個人旅行にしろ、現地では自分で行程を組み立てることになる。失敗しないための注意点や、より充実した旅にするためのヒントを挙げておく。

**◆予定を詰め過ぎない**

旅に必要なのは「ゆとり」だと強く述べておきたい。行程を詰め込み過ぎるとどこかで無理が発生し、ひとつ歯車が狂うとすべてが破綻しかねない。時間に余裕があれば予定の乗り物に乗り遅れても、取り返しがつく。

**■情報収集が成功のカギ**

目的の場所が臨時休業していないか、お目当てのイベントが予定どおり開催されるのかなどの最新情報は、ウェブサイトなどで確認しておこう。旅の印象は天気にも大きく左右されるので、天気予報もチェックしておきたい。愛知にゆかりのある小説や写真集、映画やドラマなどで予習しておけば、旅の印象もより深まるだろう。

**■現地発着ツアー**

各種体験やアクティビティなど、気軽に参加できる現地発着ツアーを旅に組み込むのもおもしろい。県や市町村の観光協会が運営するウェブサイトなどにいろいろ紹介されているので、探してみよう。

**●なごやんツアー**

名古屋市内を流れる堀川のクルーズツアーが楽しい。

URL nagoyantour.com

**■体調に気をつける**

せっかくの休みに出かけるからといって、体調がすぐれなかったり疲れがたまっているような場合は、旅程や計画にはこだわらず宿でのんびりしたり、移動にもタクシーを利用するなど、無理せず臨機応変に対応を。

**■緊急用のメモを作ろう**

個人旅行の場合はトラブル対処も自力となる。いざというとき慌てないように、出発前に簡単な備忘録を作っておくと安心。あらゆる情報はスマホで管理できるとはいえ、そのスマホを紛失するケースも考えられる。クレジットカードとキャッシュカードの紛失時連絡先、宿泊予定ホテルの電話番号、服用中の薬品があれば名称などは紙のメモにして、旅行用バッグ（持ち歩き用バッグではないほう）の目立たない所へ入れておこう。

info 名古屋でひとり旅　愛知県の県庁所在地名古屋は、繁華街や見どころが比較的コンパクトにまとまっている。公共交通機関も充実しているので、ひとりで気軽に楽しめる。疲れたら喫茶店で名古屋名物小倉トーストを。

# 愛知への道

**■主要航空会社問い合わせ先**

**●全日空 ANA**
TEL 0570-029-222
URL www.ana.co.jp

**●日本航空 JAL**
TEL 0570-025-071
URL www.jal.co.jp

**●スカイマーク SKY**
TEL 0570-039-283
URL www.skymark.co.jp

**●フジドリームエアラインズ FDA**
TEL 0570-55-0489
URL www.fujidream.co.jp

**●エア・ドゥ ADO**
TEL 0120-057-333
URL www.airdo.jp

**●スターフライヤー SFJ**
TEL 0570-07-3200
URL www.starflyer.jp

**●ソラシドエア SNA**
TEL 0570-037-283
URL www.solaseedair.jp

**● IBEX エアラインズ IBX**
TEL 0120-686-009
URL www.ibexair.co.jp

**●日本トランスオーシャン航空 JTA**
TEL 0570-025-071
URL jta-okinawa.com

**■航空券の子供運賃**

3～11歳の小児料金は普通運賃の半額。ただし割引率の高い航空券の場合は、1～2割程度しか安くならない。3歳未満の幼児は大人1名につき1名無料だが、座席を利用する場合は前記小児料金が必要。小型旅客機の場合、1機当たりの幼児搭乗数に制限があるので、早めに予約しよう。

**■そのほかの割引運賃**

65歳以上向けのシニア割引、12～25歳の若者向け割引、4名以下のグループ向け割引などもある。

**■日本航空の運賃体系が変更**

日本航空は、令和5（2023）年4月12日搭乗分から「先得」などの早期割引を廃止。予約残席数に応じて、予約する時期や人数により運賃が変動する。

日本列島のほぼ真ん中にある愛知。国内各地からのアクセスは良好だ。予算と時間に合わせて豊富な選択肢がある。所要時間で比べるなら、実際に乗っている時間ではなく、出発時間（家を出る時間）と到着時間（目的地に何時に着くか）で考えるのがポイント。飛行機の場合、中部国際空港セントレアや県営名古屋空港から市街への移動時間も必要となる。愛知県東部が目的地なら、豊橋も起点となる。

## 飛行機で愛知へ

愛知には空港がふたつある。ひとつは世界各地を結ぶ国際線も発着する中部国際空港セントレア（→ P.326）。もうひとつは小牧空港とも呼ばれる県営名古屋空港（名古屋飛行場／→ P.200）で、国内線のみ発着する。

### ◆航空会社のチョイスも豊富

▶全日空と日本航空：路線も便数も圧倒的に多い。大手ならではの安心感があり、マイルを貯める楽しみもある。

▶スカイマーク：大手2社より運賃が安く、定時運航率の高さで定評がある。

▶フジドリームエアラインズ：名古屋空港と青森、いわて花巻、山形、新潟、出雲縁結び、高知龍馬、福岡、阿蘇くまもとの各空港を結ぶ。日本航空とコードシェア。

▶ Peach：全日空系の LCC（格安航空会社）。中部国際空港セントレアと札幌（新千歳）、仙台、沖縄（那覇）、石垣の各空港を結ぶ。

▶コードシェア便：エア・ドゥ（札幌、函館）、スターフライヤー（福岡）、ソラシドエア（宮崎、鹿児島、那覇）、IBEX エアラインズ（仙台、福岡、大分）は全日空とコードシェア。ジェットスター・ジャパン（福岡、那覇）、日本トランスオーシャン航空(沖縄)は日本航空とコードシェア。

### ◆大手は早めの予約がお得

航空券の価格は予約のタイミングで大きく異なる。一般に、早めの予約ほど安くなる。予約開始は、大手では日本航空が330日前、全日空は355日前からで、割引率も最大80%近くになる。なかには売れ残りの予測値によって割引率を変更する航空券もあり、購入後にさらに安くなっていることもあり得るため、どの時期が最も安いとは言い切れない。季節、曜日のほか発着時間によっても料金は異なり、ビジネス需要の多い朝晩は高く、日中や深夜早朝の便は安い傾向がある。キャンセル可能時期、マイル加算率などの細かな規定にも注意が必要。



info 空港でミニコンサート　県営名古屋空港では、地元の名古屋芸術大学との連携事業として、年に数回ミニコンサートを開催している。本格的なクラシックの生演奏が楽しめるので、タイミングが合ったらぜひ鑑賞したい。

### ◆飛行機の荷物について

機内持ち込み荷物と受託手荷物（預ける荷物）に重さやサイズの制限があるので注意したい。条件は航空会社によって異なる。全日空の場合、機内持ち込み荷物はひとり10kgまで、サイズは100席以上の場合3辺（縦、横、高さ）の合計が115cm以内かつ3辺それぞれの長さが55cm×40cm×25cm以内、手荷物1個と身の回り品1個の計2個まで。受託手荷物の重量はひとり20kgまで（プレミアムクラスは40kgまで）、3辺の合計が203cm以内、重さとサイズの条件を満たしていれば数の制限はない。

### ◆札幌、福岡、那覇発ならLCCも選択肢に

同一路線ならLCCは大手航空会社に比べて航空券がかなり安い。札幌、福岡、那覇から愛知へはPeachとジェットスター・ジャパンの2社が就航しているので検討してみよう。LCCでは航空運賃のほかに下記の各種費用がかかるので注意。

▶受託手荷物：予約時に申し込めば1個1290～1950円。空港で追加すると1個3050～4500円と、航空券より高くなる。

▶一部の空港の施設使用料：福岡110円など。

▶予約手数料：ネット経由は無料。電話だと2000～3000円。

▶支払手数料：クレジットカードを利用すると640円。

▶座席指定料：クラスによって480～2000円。

これらのほか機内での飲食（ジュース200円、カップ麺400円など）も有料。変更やキャンセルも、その都度手数料がかかる。

### ◆航空会社や旅行会社が催行するフリーツアー

フリーツアーとは、旅行会社が催行する「フリープラン」「ダイナミックパッケージ」などと呼ばれるツアー。料金には往復の航空券と宿だけが含まれており、空港から宿までの移動は自費となる。宿はビジネスホテルを中心に好みのものを選ぶことができる。日本航空の「JALパック」、全日空の「ANAトラベラーズ ダイナミックパッケージ」、スカイマークの「スカイパックツアーズ」などがこれに当たる。大手旅行会社も同様のパッケージを販売している。

旅行会社が販売するフリーツアーは、JTBの「ダイナミックパッケージ」、楽天トラベルの「楽パック」、じゃらんnetの「じゃらんパック」などがある。時期により値段はさまざまなので、いろいろ調べて比較してから決めたい。旅行会社を使うと、航空会社のマイルと旅行会社のポイント両方が貯められることも。

#### ■フェリーで愛知へ船の旅

苫小牧～仙台～名古屋を結ぶ太平洋フェリー（苫小牧～仙台は毎日、仙台～名古屋は隔日運航）、三重県の鳥羽と伊良湖を1日9往復結ぶ伊勢湾フェリーなど、愛車とともに船旅でのんびり愛知を目指す旅もある。

**●太平洋フェリー**
TEL 050-3535-1163(予約センター)
URL www.taiheiyo-ferry.co.jp

**●伊勢湾フェリー**
TEL 0531-35-6217(伊良湖のりば)
URL www.isewanferry.co.jp

#### ■LCCの問い合わせ先

**●Peach APJ**
TEL 0570-001-292
URL www.flypeach.com

**●ジェットスター・ジャパン JJP**
TEL 0570-550-538
URL www.jetstar.com/jp

Peachは中部国際空港セントレアの第1ターミナル、ジェットスター・ジャパンは第2ターミナルを利用

#### ■航空会社系フリーツアー

**●JALパック**
TEL 050-3155-3330
URL www.jal.co.jp/jp/ja/tour
例：札幌～名古屋往復＋三井ガーデンホテル名古屋プレミア1泊で5万400円～。

**●ANAトラベラーズ**
TEL 0570-022-860
URL www.ana.co.jp/ja/jp/domestic/dp/
例：札幌～名古屋往復＋名鉄イン名古屋錦2泊で7万7000円～。

#### ■旅行会社系フリーツアー

**●JTB**
TEL 0570-060-489(旅の予約センター)
URL www.jtb.co.jp

**●楽天トラベル**
URL travel.rakuten.co.jp

**●じゃらん net**
URL www.jalan.net

info 旅の思い出に御船印を　御船印は、神社仏閣で授与される御朱印の船版。太平洋フェリーは第四六番社として、伊勢湾フェリーは第四番社として、乗船者に300円で御船印を販売。公式の船印帳（1980円）もある。

# 新幹線で愛知へ

安全性の高さと、全国に張り巡らされたネットワークを世界に誇る新幹線。北海道からでも九州からでも、最低1回の乗り換えで愛知へ行ける時代になった。青森や鹿児島からなら約5時間30分、東京からは約1時間40分。車窓の風景を楽しみながらの旅も魅力的だ。新幹線はJR5社によって運営されており、割引プランも各社で異なる。料金は日によって変動するので、乗りたい新幹線のウェブサイトで確認しよう。

### ◆スマートEX（JR東海）

東海道・山陽新幹線の会員向けインターネット予約サービス。年会費無料で、クレジットカードと交通系ICカードを登録するだけ。登録した交通系ICカードを改札にかざすと乗車できる。早めの予約でお得に乗車できる設定が各種ある。1ヵ月前から発車4分前まで予約可能、予約変更は何度でも無料。1年中、終日全列車利用可。

### ◆EX予約（JR東海）

年会費1100円の会員登録で、1年中お得な会員価格で東海道・山陽・九州新幹線が利用できる会員制ネット予約サービス。窓口に並ぶ必要がなく、窓口で購入するよりも割安。特定都区市内制度は適用されないので、新幹線乗車駅から在来線利用の場合別途運賃が必要。利用区間によってはほかの割引プランのほうが安くなることも。

**おもな区間の運賃（のぞみ普通車指定席、大人1名片道、通常期）**

| 着駅 | 発駅 | 通常 | スマートEX | EX早特 | EX早特21ワイド | EX予約 |
|---|---|---|---|---|---|---|
| 名古屋 | 東京・品川 | 1万1300円 | 1万1100円<br>▲200円 | × | 9800円<br>▲1500円 | 1万310円<br>▲990円 |
| | 新大阪 | 6680円 | 6480円<br>▲200円 | × | × | 5680円<br>▲1000円 |
| | 広島 | 1万4810円 | 1万4290円<br>▲520円 | × | × | 1万3060円<br>▲1750円 |
| | 博多 | 1万9310円 | 1万8690円<br>▲620円 | 1万4460円<br>▲4850円 | 1万4100円<br>▲5210円 | 1万6960円<br>▲2350円 |

### ◆ぷらっとこだま（JR東海ツアーズ）

新幹線こだま号限定の普通車指定席＋1ドリンク付きのお得なチケット。乗車日の1ヵ月前（前月の同じ日）から購入でき、通常期の場合、東京～名古屋が22%割引になる。JR東海ツアーズのウェブサイト上で予約からクレジットカード決済まで完結し、チケットは乗車する新幹線駅で受け取る。1000円追加でグリーン車にアップグレード可。

### ◆新幹線回数券

JR各社が扱っており、2枚、4枚、6枚つづりがある。誰でも使えるので、例えば4人家族で4枚回数券を使うことも可能。割引率は2～10%程度。座席指定ができる

#### ■JR問い合わせ先

●JR東海
TEL 050-3772-3910
URL jr-central.co.jp
●JR東海ツアーズ
TEL 03-3274-9785（お客様相談室）
URL www.jrtours.co.jp

#### ■JRの子供運賃

小学生半額。未就学児・乳児は大人1名につき2名まで無料。

#### ■スマートEXの早特商品

**●EX早特**
3日前までの予約で運賃が約20%割引。出発1ヵ月～21日前までの予約で約20～30%安くなる。
**●EX早特21ワイド**
21日前までの予約で、のぞみ普通車指定席を最もお得に利用可。予定が決まっている人向き。
**●EXグリーン早特ワイド**
乗車日の1ヵ月前から3日前までの予約で、のぞみかひかりのグリーン車をお得に利用できる。
**●EXこだまグリーン早特**
乗車日の1ヵ月前から3日前までの予約で、こだまのグリーン車がお得に利用できる。
**●EXのぞみファミリー早特**
3日前までの予約で、土日休日ののぞみ普通指定席とグリーン車が2名以上でお得に利用できる。
**●EXこだまファミリー早特**
3日前までの予約で、こだま普通車指定席を2名以上で最もお得に利用できる。子供用設定あり。
URL smart-ex.jp/product/

#### ■EX予約の往復割引乗車券

往復の行程を一括購入することでお得になる、往復割引商品。片道の営業キロが600kmを超える区間に設定されており、博多～名古屋間で利用できる。新幹線専用商品なので、在来線に乗り換える場合別途運賃が必要。
**●EX予約**
URL jr-central.co.jp/ex/express/

#### ■JR株主優待券を利用

株主優待券は、株主でなくてもネットオークションや金券ショップなどで購入可能。JR東海の株主優待券は、1枚につき運賃・料金が10%割引になる。割引額と販売価格をよく見比べ、お得になるようなら購入しよう。

info **JR名古屋駅での待ち合わせ**　新幹線で名古屋駅へ行くなら、新幹線改札口を出てすぐ目に入る「銀の時計」が待ち合わせの定番だ。比較的人が少なく、穴場なのが「名古屋市観光案内所」。中央コンコースを桜通口方向へ進んだところにある。

ものもある。有効期限は3ヵ月で、使い残しの回数券が金券ショップに出回ることもある。繁忙期は利用できない。

◆JR日帰りツアー

往復の新幹線がセットになった、日帰り専用のツアーパッケージ。週末やピーク時間を避けたJR東海の「ずらし旅」シリーズなら、首都圏発名古屋往復1万7200～2万300円、関西地区発名古屋往復1万～1万400円など、お得な料金で利用できる。

◆新幹線＋宿泊のセットプラン

往復の新幹線と宿泊がセットになったツアーパッケージ。JR各社や各旅行会社で販売されている。新幹線往復の通常料金と同程度の金額（2万円前後）でさらにホテルが付くことを考えると、かなりお得感がある。予約もまとめて完了で楽。ホテルは手頃なビジネスホテルが主。

## 高速バスで愛知へ

愛知への直行バスがある都道府県は、北は宮城から南は福岡まで。新幹線と比べると所要時間は倍以上、ただし料金は半額以下。大半の路線が名古屋発着となる。夜行バスを利用すれば宿泊費を浮かせることもできる。料金は時期や曜日で変動し、早期割引もある。最近の夜行バスは、3列シートは当たり前で、各座席がカーテンで仕切れるようになっておりプライバシーも守られる。電源やWi-Fi付きのバスもあり、快適に過ごせる。

◆主要バスターミナルと停留所

**JR名古屋 バスターミナル**

JRゲートタワーとJPタワーの1階にあり、JR東海バスを中心とした、首都圏・関西方面を結ぶJRグループのバスが発着。

JRハイウェイバスきっぷうりばの案内モニターで発着時間がわかる

**名鉄バスセンター**

名鉄名古屋駅の地上にあり、国内各地を結ぶ中・長距離のバスが発着する、昭和42（1967）年竣工の大きなターミナル。

**名古屋南ささしまライブ**

JR名古屋駅から南へ徒歩約12分の場所にあるターミナル。おもに関東・関西方面と名古屋を結ぶバスが発着。

**栄バスターミナル（オアシス21）**

商業施設や空中庭園などの複合施設に併設された、名鉄バスや市バスなど市内交通のターミナル。全国を結ぶ高速バスも発着。

**■ダイナミックパッケージ**

JTBダイナミックパッケージ My Styleは、新幹線・JRと宿泊プランを自由に組み合わせて作れるJTBが販売するオリジナルツアー。列車とホテルの組み合わせの自由度が高い。出発の前日まで予約できる。

**●JTBダイナミックパッケージ My Style**

URL www.jtb.co.jp/kokunai/dynamic/service/jr.asp

**■高速バス比較サイト**

バスの便は多いので、各社の情報を一度に表示でき比較できるサイトが便利。車内の設備やサービスで絞り込みできるサイトや、座席を指定して予約できるサイトやアプリもある。

**●バス比較ナビ**

URL www.bushikaku.net

**●高速バスドットコム**

URL www.kosokubus.com

**●バス市場**

URL www.bus-ichiba.jp

**■高級高速バス**

国内各地に路線をもつWILLER EXPRESS社の「ラクシア」は、3列独立シート、全24席のゴージャスなバス。シート幅51.5cm、リクライニングは最大145度、カーテンで仕切ればもはや個室感覚。

**●WILLER EXPRESS社「ラクシア」**

URL travel.willer.co.jp/seat/luxia/

**■豊橋駅バスターミナル**

名古屋に次ぐ愛知の主要都市豊橋からは、渋谷・新宿や京都を結ぶ高速夜行バス「ほの国号」がある。バスはJR豊橋駅東口、駅の真正面にある豊橋駅バスターミナルに発着する。

**●ほの国号**

URL www.kanto-bus.co.jp/nightway/honokuni.php

info バス乗車時の目印は「ゆり」？　名古屋駅太閤口にある彫像がゆりの噴水。名古屋発の夜行バスは、ここを集合場所にしている会社が多い。名称は噴水ながら、実際には花弁の形をしたモニュメントに近いので注意。

# 愛知へのアクセス早わかり

全国の主要都市から愛知へのおもな交通手段には新幹線、飛行機、高速バス、フェリーなどがある。時間を優先するのか、はたまた運賃優先か、旅のスタイルに合わせ、好みや目的に沿ったプランニングをしよう。

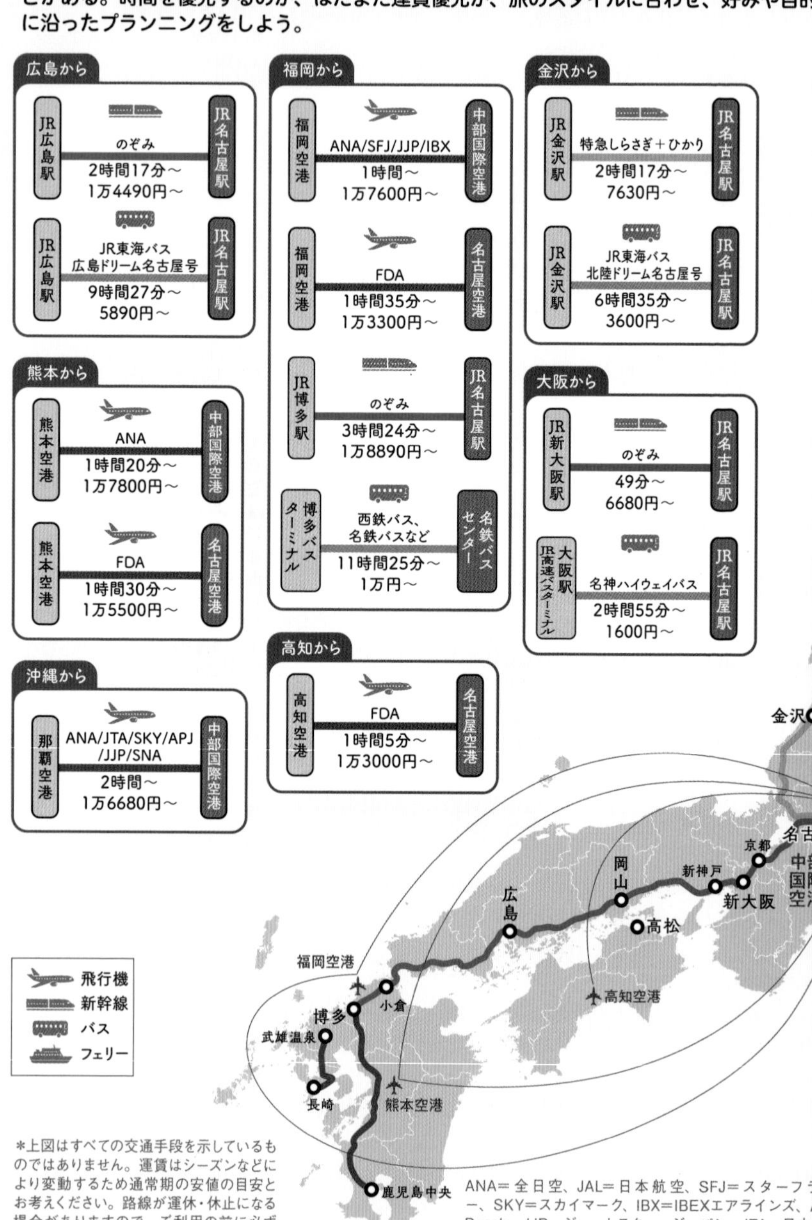


＊上図はすべての交通手段を示しているものではありません。運賃はシーズンなどにより変動するため通常期の安値の目安とお考えください。路線が運休・休止になる場合がありますので、ご利用の前に必ずご確認ください。

ANA＝全日空、JAL＝日本航空、SFJ＝スターフラー、SKY＝スカイマーク、IBX＝IBEXエアラインズ、A Peach、JJP＝ジェットスター・ジャパン、JTA＝日本トスオーシャン航空、SNA＝ソラシドエア、ADO＝エア・FDA＝フジドリームエアラインズ

## 愛知へのアクセス早わかり

札幌
新千歳空港
苫小牧港
新函館北斗
函館空港
新青森
盛岡
秋田
新庄
山形空港
山形
仙台港
仙台
仙台空港
福島

札幌から

函館から

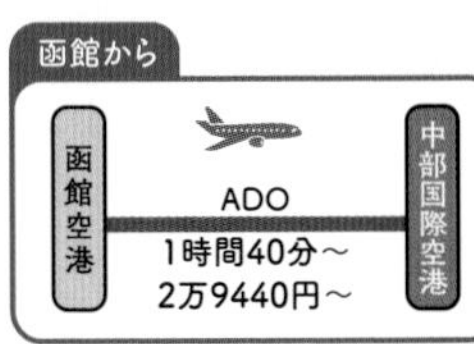


山形から

山形空港
FDA
1時間5分～
1万7000円～
名古屋空港

苫小牧から

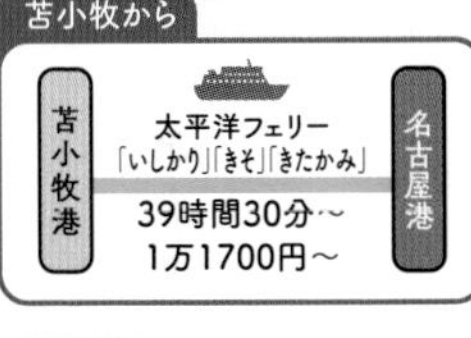

苫小牧港
太平洋フェリー
「いしかり」「きそ」「きたかみ」
39時間30分～
1万1700円～
名古屋港


新潟から

新潟空港
FDA
55分～
1万5500円～
名古屋空港

JR新潟駅
とき＋のぞみ
3時間50分～
2万300円～
JR名古屋駅

JR新潟駅
名鉄バス
7時間5分～
7200円～
名鉄バスセンター

仙台から

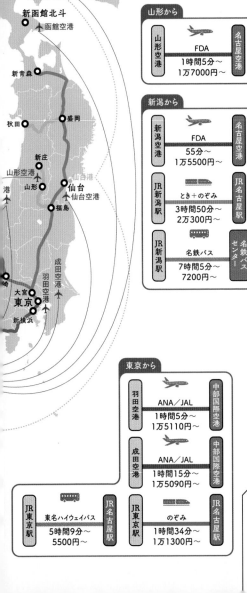

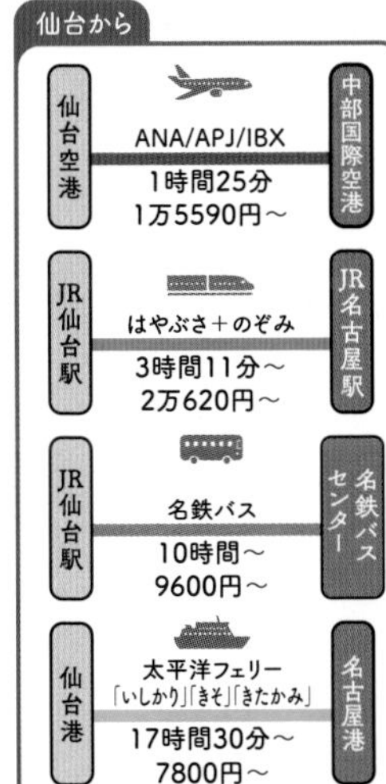

仙台空港
ANA/APJ/IBX
1時間25分
1万5590円～
中部国際空港
JR仙台駅
はやぶさ＋のぞみ
3時間11分～
2万620円～
JR名古屋駅
JR仙台駅
名鉄バス
10時間～
9600円～
名鉄バスセンター
仙台港
太平洋フェリー
「いしかり」「きそ」「きたかみ」
17時間30分～
7800円～
名古屋港


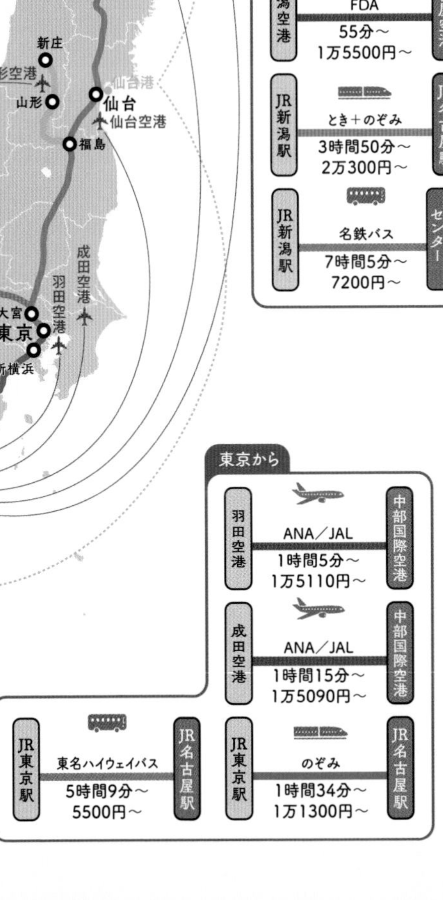

沖縄

# 県内各地への行き方

■問い合わせ先
●中部国際空港セントレア
TEL 0569-38-1195
URL www.centrair.jp
●アクセスプラザ
URL www.centrair.jp/access/access-plaza/index.html

■中部国際空港セントレアからの電車運賃
●名鉄名古屋駅：890円
●愛・地球博記念公園駅（ジブリパーク）：1920円
●金城ふ頭駅：1610円
●知立駅：1090円
●知多半田駅：830円

■中部国際空港セントレアからの空港バス運賃
●名古屋駅（名鉄バスセンター）：1300円
●愛・地球博記念公園駅（ジブリパーク）：2000円
●金城ふ頭駅：1000円
●知立駅：1600円
●知多半田駅：750円
＊コロナウイルスの影響による運休についてはウェブサイトを参照のこと。
URL www.centrair.jp/access/bus.html

■ミュースカイ（名古屋鉄道）
リクライニングシートや大型スーツケース置き場、トイレなどを備えた特別車両を利用した名古屋鉄道の特急列車。名鉄名古屋までの停車駅は3駅で、所要27分。運賃のほか追加料金360円が必要。
●名鉄名古屋駅：1250円
●名古屋鉄道
TEL 052-582-5151
URL www.meitetsu.co.jp/train/guidance/first_class_car/

愛知県の空の玄関は中部国際空港セントレアと県営名古屋空港の2ヵ所。どちらも市街からはやや離れているので、鉄道やバスを使っての移動が必要。中部国際空港は知多半島沖の人工島で、橋で結ばれている。

## 中部国際空港セントレアから

### ◆名古屋へ

中部国際空港から名古屋市内へは、名古屋鉄道の列車と空港バスが利用できる。中部国際空港駅は第1ターミナルビル前にあるアクセスプラザと直結しており便利。名古屋鉄道は空港アクセスの特急ミュースカイ（乗車券のほか360円必要）、特急、準急、普通があり、ミュースカイは名古屋駅まで最速27分で到着する。普通は所要1時間程度。空港バスは名古屋駅（名鉄バスセンター）まで所要1時間25分～、栄までは55分～。

### ◆尾張（名古屋近郊）へ

尾張地方へ移動する場合は、まず名古屋鉄道かバスを利用して名古屋駅まで行き、そこからJR、名古屋鉄道、近畿日本鉄道、名古屋市営地下鉄やバスなどに乗り換えるのが便利。名古屋鉄道で名古屋から一宮まで15分、犬山まで25分、近畿日本鉄道で名古屋から近鉄弥富まで14分、JRで名古屋から稲沢まで11分など、おもな町はどこも近い。愛・地球博記念公園（ジブリパーク）（→P.50、180）へは、中部国際空港からの直行バスもある（所要約1時間25分）。

### ◆三河へ

三河地方への移動は、名古屋鉄道か空港バスを利用しよう。鉄道は空港から名古屋方面行きの列車に乗って名古屋本線の神宮前か名鉄名古屋まで行き、三河方面行きの列車に乗り換える。豊橋までは、神宮前乗り換えで所要約1時間20分。三河湾に面した蒲郡までは名古屋鉄道とJRを乗り継いで所要約1時間30分（名古屋鉄道だけで行く場合は所要約2時間）。空港バスは名古屋鉄道の豊田市駅行きと刈谷駅前、知立駅行きがある。

### ◆知多半島へ

知多半島は自然豊かで見どころも多い、愛知県民にも人気のエリア。ただ、残念ながら中部国際空港からの公共交通を利用したアクセスはあまりよくない。名古屋鉄道を利用する場合は、ミュースカイ以外の列車で太田川まで移動

info 三重まで高速船で45分　中部国際空港と伊勢湾の対岸にある三重県の津を結ぶ高速船がある。1日6便あり所要約45分、2520円。出発港の津なぎさまちへは津駅からバスで11分。URL www.tsu-airportline.co.jp

し、河和行き、内海行きなどに乗り換え。中部国際空港から河和まで所要約1時間。空港バスで対岸の常滑や知多半田駅まで移動し、そこからは名古屋鉄道かバスなどを利用。知多半島だけならレンタカーも便利。

◆中部国際空港セントレア利用術

ターミナルビルと隣接したアクセスプラザは、電車やバスなどの交通機関とインフォメーションの複合施設。ボーイング787初号機が展示された複合商業施設のフライト・オブ・ドリームズ（→ P.322）は買い物に便利。

## 県営名古屋空港から

県営名古屋空港は名古屋市街北部の西春日井郡にあり、おもなアクセス手段はバスで、徒歩で行ける最寄りの鉄道駅はない（名古屋鉄道春日井駅は距離的に近いが、ターミナルビルとは滑走路を挟んだ反対側にあり、アクセスする方法がない）。バスは実質的な最寄り駅となる名古屋鉄道西春駅、JR 勝川駅、栄経由名古屋駅ミッドランドスクエア前などを結ぶ路線がある。県内各地へ移動する場合、犬山方面へ行くなら西春駅へ、それ以外は栄や名古屋駅まで移動してから鉄道などに乗り換えるのが便利。

◆県営名古屋空港利用術

国内線のみが就航するコンパクトな空港で、移動距離も少なく迷わず利用できる。空港内のショップには名古屋名物の和洋菓子や名古屋めしの品揃えが充実しており、おみやげを買い忘れても安心。

## 陸の玄関口・名古屋駅

明治19（1886）年に開通した熱田〜清洲間の鉄道に設置された「名護屋」駅（翌年「名古屋」駅に改称）が発展し、やがて東海道線、中央線、関西線などが開通して中部地方を代表するターミナル駅となった。現在ではJR、名古屋臨海高速鉄道、名古屋市営地下鉄が乗り入れている。東海道新幹線は全列車停車するほか、在来線の列車も多数発着する。駅のホームで食べられる名古屋名物のきしめんが人気。名古屋鉄道、近畿日本鉄道にはそれぞれ独立した名古屋駅があり、名古屋名物の地下街で連絡している。地元の人は親しみを込めて「名駅（めいえき）」と呼ぶ。

◆名古屋駅利用術

名古屋駅は、ホテル（名古屋マリオットアソシアホテル）やショッピングセンター（ジェイアール名古屋タカシマヤ）の複合施設「JR セントラルタワーズ」と一体化している。飲食店やショップは駅の構内ではなく、JR セントラルタワーズ内を始め、縦横に伸びる地下街（→ P.106）に多数ある。

■空港直通シャトル

小型のバンを使ったバス。空港からの利用も可で、名古屋市内まで1名3980円〜とタクシーよりお得。名古屋市、豊明市、東郷町、日進市、長久手市、尾張旭市、刈谷市、豊田市（一部エリア除く）で利用可。

● nearMe.Airport
URL https://app.nearme.jp/airport-shuttle/?airport=chubu&utm_source=online&utm_medium=web&utm_campaign=chubu_airport_lp

■問い合わせ先

●県営名古屋空港
TEL 0568-28-5633
URL nagoya-airport.jp

■県営名古屋空港からのバス運賃

●名古屋駅ミッドランドスクエア前：700円
●栄：600円
●名古屋鉄道西春駅：350円
● JR 勝川駅：300円

●あおい交通
TEL 0568-77-0001
URL aoi-komaki.jp
●名鉄バス
TEL 052-582-5151
URL www.meitetsu-bus.co.jp

■名古屋駅のコインロッカー

名古屋駅周辺のコインロッカーは、JR 名古屋駅だけでも地上階に7ヵ所、地下2ヵ所。地下鉄東山線や桜通線、名古屋鉄道、近畿日本鉄道の駅も含めて20ヵ所以上。預けたコインロッカーの場所を忘れないように。

●コインロッカーなび
URL www.coinlocker-navi.com

タッチパネル式案内モニターでコインロッカーの空き状況を確認

Info エアポートウォーク名古屋（→P.200）　名古屋空港の旧国際線ターミナルを改装したショッピングセンターがエアポートウォーク名古屋。あいち航空ミュージアムと連絡通路で往来可能。空港に隣接しているが、空港施設ではない。

# 旅の予算

愛知の旅を楽しむためには、どの程度の予算が必要なのか。以下の情報を参考に、自分の旅のスタイルや目的に合わせてシミュレートしてみよう。

## 宿泊費は？

宿泊費は宿のグレードやロケーションだけでなく曜日、時期などにより大きく変動する。週末や連休、年末年始などのハイシーズンは高くなる。名古屋は大都市だけに1泊3万円を超える高級ホテルから1万円以下で利用できるビジネスホテル、2000～3000円程度で寝床が確保できるゲストハウスやホステルまで選択の幅は広く数も多い。

宿泊すること自体を目的に訪れたくなるような宿なら、三河湾を望む高台に立つ蒲郡クラシックホテル（→P.418）は2名で1部屋2万5000円程度～、ミシュランガイドにも掲載された田原市の和味の宿角上楼（→P.420）で1泊2食付き1名3万5000円程度～。県内のおもな市町村、特に名古屋鉄道やJRの駅があるような町にはたいていビジネスホテルがあり、5000円程度の手頃な料金で滞在できる。奥三河や三河湾の島などには民宿もある。

## 飲食費は？

「お値打ち」好きの堅実な県民性もあってか、おいしいものが比較的リーズナブルに食べられるのが愛知のいいところ。ファストフード店やコンビニも多く、節約も可能。

### ◆朝食

ホテルは朝食が料金に含まれていることが多い。別料金なら1500～3000円ほど。喫茶店で愛知名物モーニングを試すのもアリ。コーヒー代のみかわずかな追加料金(450～1000円弱）で食べられる。

### ◆昼食

喫茶店で鉄板にのったナポリタンスパゲティー、食堂ではきしめんや志の田丼（油揚げ、かまぼこ、長ネギの具がのった素朴な丼）を試してみたい。この手のランチで1000円を超えることはまずない。

### ◆夕食

味噌煮込みうどんからひつまぶし、100年以上の歴史がある高級料亭までよりどりみどり。イタリアンやフレンチなどもリーズナブルかつおいしい店が多い。気軽な店なら飲み物を付けて2000円程度～。

**■宿泊は直前割引も狙い目**

ホテルの料金は、早めに予約するほど割安。でも運がよければ、直前まで予約が入らないなどの理由で大幅に安い料金が出ることもある。出発直前に決まった旅行でも、諦めずに検索サイトなどで探してみよう。

**■おもな予約サイト**

**●JTB**
URL www.jtb.co.jp
**●近畿日本ツーリスト**
URL www.knt.co.jp
**●じゃらん**
URL www.jalan.net
**●楽天トラベル**
URL travel.rakuten.co.jp
**●トラベルコ**
URL www.tour.ne.jp
**●Yahoo！トラベル**
URL travel.yahoo.co.jp
**●一休.com**
URL www.ikyu.com
**●ブッキングドットコム**
URL www.booking.com/index.ja.html
**●エクスペディア**
URL www.expedia.co.jp

**■レストラン予約サイトを活用**

レストランによっては、レストラン予約サイトに特別メニューを用意していたり、お得なクーポンがゲットできたりすることもある。まずは行ってみたいレストランが予約サイトにあるかどうかチェックしてみよう。

**●食べログ**
URL tabelog.com
**●ぐるなび**
URL www.gnavi.co.jp
**●Ozmall**
URL www.ozmall.co.jp

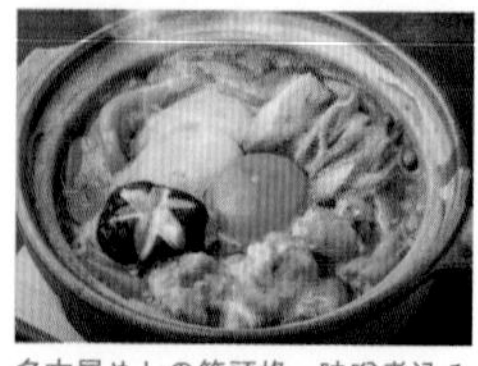
名古屋めしの筆頭格、味噌煮込みうどん。熱々の土鍋で提供される

info 名古屋めしの予算　名古屋でぜひ味わってみたい名古屋めし。味噌煮込みうどんは個人店なら1000円以下、人気チェーン店の山本屋（→P.379）は支店によって異なり1000円前後。ひつまぶしは3000円以上と考えよう。

## 観光費は？

愛知県内を移動するには鉄道やバスの利用が必要。テーマパークや遊園地、博物館や美術館の入館料もかかる。せっかくなので愛知ならではのおみやげも購入したい。場合によってはタクシーを利用することにもなる。

おもな施設の大人料金の目安

| | |
|---|---|
| レゴランド®・ジャパン（→ P.52） | 4500 円～（1DAY パスポート） |
| ラグーナテンボス（→ P.274） | 2250 ～ 2650 円（入園券） |
| トヨタ産業技術記念館（→ P.108） | 500 円 |
| 愛知県美術館（→ P.117） | 500 円 |
| 徳川美術館（→ P.147） | 1600 円 |
| リニア・鉄道館（→ P.158） | 1000 円 |

◆**買い物**

何も買わなければ費用はゼロ。しかし地元の名産品や限定商品など、おもわず欲しくなる品々が、行く先々の店先に並んでいるはずだ。重たい瀬戸物や大量の有松絞を買ってしまっても、宅配便で送ってしまえば荷物も増えない。あとは予算と相談し、あまりケチらず、かといって使い過ぎには注意して、買い物を楽しみたい。

◆**交通費**

名古屋市内のバス・地下鉄が乗り放題になる 1 日乗車券は 870 円。地下鉄の初乗り運賃は 210 円なのでアクティブ派にはかなりお得。名古屋から豊橋まで名古屋鉄道で 1140 円、JR は 1340 円と 200 円の差がある。名古屋周辺では JR のほうが名古屋鉄道より安い区間も多いので、乗り換えアプリなどで確認を。

## 結局かかる費用は……

高級ホテルに宿泊して移動はタクシー、夜は高級料亭やステーキハウスなどで舌鼓を打つなら 1 泊で 6 万円以上は必要。ビジネスホテルを利用してテーマパークや美術館などを巡り、気軽な名古屋めしを楽しむならば 1 泊で 1 万 5000 ～ 2 万円程度。ゲストハウスやホステルに宿泊し移動は公共交通か徒歩、食事はコンビニや気軽な食堂、観光施設には入らずに町歩きを楽しんで過ごすなら 1 泊で 5000 ～ 1 万円程度で収まるはず。これとは別に買い物代やリフレッシュメント代、交通費を足せば、おおよその 1 日の予算が算出できる。

### ■お金をかけずに楽しむなら

愛知には無料で楽しめる場所がいろいろある。緑豊かな公園や工場見学で 1 日遊べるところも。

**●無料観光スポット 10 選**

①ノリタケの森（名古屋市／ P.108）
②オアシス 21（名古屋市／ P.116）
③名古屋市市電・地下鉄保存館 レトロでんしゃ館（日進市／ P.207）
④トヨタ会館（豊田市／ P.227）
⑤刈谷ハイウェイオアシス（刈谷市／ P.94）
⑥愛・地球博記念公園（モリコロパーク）（長久手市／ P.180）
⑦中部国際空港セントレア（常滑市／ P.326）
⑧ JA あぐりタウン げんきの郷（大府市／ P.329）
⑨カクキュー 八丁味噌（八丁味噌の郷）（岡崎市／ P.370）
⑩えびせんべいの里 美浜本店（美浜町／ P.398）

県内屈指の人気レジャーエリア「刈谷ハイウェイオアシス」

### ■時間がないときのおみやげ探し

観光や食事に時間を使い過ぎておみやげ買ってない！　そんなときには中部国際空港の「セントレアおみやげ館」や、JR 名古屋駅の「ギフトキヨスク」、名古屋駅太閤通口（新幹線口）地下街の「エスカ」が便利。愛知県内各地や名古屋の名物、本来伊勢の名物なのになぜか名古屋みやげにされる「赤福」などがよりどりみどり。

新幹線の待ち時間に短時間でおみやげを探すなら「エスカ」へ

info レンタカーの駐車場代　車社会の愛知県はコインパーキングも安い。1時間100円、1日駐車しても500円、600円という有料駐車場はザラ。最大料金が決まっているかどうかを確認してから利用しよう。

# 旅のシーズン

●愛知県観光協会
URL aichinavi.jp

　広大な濃尾平野、穏やかな三河湾、緑豊かな奥三河と、自然に恵まれた愛知県は、日本のよいところをぎゅっと凝縮したような土地。古くから伝わる祭りやさまざまな伝統行事、自然のなかで楽しむアクティビティなど、四季折々の楽しみがある。花や紅葉、各地域の祭りなどの情報は、愛知県観光協会のウェブサイトでも確認できる。

■桜（ソメイヨシノ）の開花日
＊満開になるのは約１週間後

| | |
|---|---|
| 平年 | 3月24日 |
| 2023年 | 3月17日 |
| 2022年 | 3月22日 |
| 2021年 | 3月17日 |
| 2020年 | 3月22日 |

## 春

桜の便りが県内各地から聞こえてくると、愛知県にも春が訪れる。毎年3月下旬から4月上旬にかけて、岡崎城がある岡崎公園（→P.230）や吉田城鉄櫓を望む吉田城（豊橋公園）（→P.266）、国宝犬山城（→P.44）、名古屋城（→P.144）では、咲き誇る桜に彩られる城の景観が楽しめる。名古屋市内なら、瑞穂区を流れる山崎川沿い、東山動植物園（→P.141）、東谷山フルーツパーク（→P.148）、徳川園（→P.146）などが花見客に人気。5月には豊根村の茶臼山高原（→P.26）で、約40万株の芝桜が咲き誇る天空の花回廊「芝桜の丘」がオープン。春は田植えのシーズンでもあり、豊作を祈る神事が現在でも古くから各地に伝えられている。直径約60cm、長さ2mの巨大な男根をかたどった神輿を厄男が担いで通りを練り歩く小牧市田縣神社（→P.189）の豊年祭は全国的に有名で、毎年3月15日に行われる。これを見に訪れる海外からの旅行者も多い。

名古屋城と桜の対比が美しい
写真提供：名古屋城総合事務所

■梅雨入りと梅雨明け

| | 入り | 明け |
|---|---|---|
| 平年 | 6月6日 | 7月19日 |
| 2022年 | 6月14日 | 7月23日 |
| 2021年 | 6月13日 | 7月17日 |
| 2020年 | 6月10日 | 8月1日 |

## 夏

愛知の夏は暑い。鈴鹿山脈から吹き下ろす風がフェーン現象を起こして名古屋を襲い、ヒートアイランド効果をともなって岡崎や豊田の気温も上げる。町歩きの際は無理をせず、涼しい地下街を散策するのが無難。年に6回開催される大相撲本場所のひとつ・名古屋場所は、7月に名古屋の愛知県体育館で行われる。大勢のお相撲さんが集まって、蒸し暑い名古屋がさらに暑くなる夏の風物詩。そんな暑さを少しでも和らげようと、各地で納涼花火大会や七夕祭りなど、風情ある行事が涼しい夜に行われる。犬山市で行われる木曽川鵜飼遊覧は毎年6月1日から10月半ばまで開催。全長10m近くにもなる巨大な提灯が登場する三河一色諏訪神社の大提灯祭りや三好大提灯まつりは8月末。提灯には色鮮やかな時代絵巻や独特の柄が描かれ、幻想的に夜空に浮かぶ。

国宝犬山城と花火が同時に見られる木曽川鵜飼開き花火大会

info あいち県民の日　「愛知県」が誕生した日を記念して、毎年11月27日は「あいち県民の日」。これにちなんでジブリパークは毎月27日を「県民デー」とし、愛知県民は優先的にチケットが購入できる。毎月なのが太っ腹。

**秋** 毎年10月半ばの週末に行われる名古屋まつり（→ P.43）。郷土が生んだ織田信長、豊臣秀吉、徳川家康の三英傑（毎年公募で選ばれた名古屋人が扮する）が約600人の兵卒を従えて大通りを行進する郷土英傑行列や、生花で飾られたフラワーカーなども登場する、愛知の秋最大のイベント。三河地方は紅葉の名所が多い。4000本ともいわれる紅葉が鮮やかに色づく香嵐渓（→ P.24）のもみじまつりや、鳳来寺山もみじまつりは、どちらも11月いっぱい。豊田市の小原町で11月半ばに行われる小原四季桜まつりは、春と秋の2度開花する四季桜と、赤と黄色の紅葉が織りなす美しい景観を堪能できる。瀬戸物の町・瀬戸市では、9月半ばの週末にせともの祭が行われる。市内を流れる瀬戸川沿いに約150軒の露店が並ぶ「せともの大廉売市」で、掘り出し物を探してみては。

香嵐渓の紅葉は例年11月中旬～下旬頃に見頃を迎える

**冬** 名古屋を中心に特に尾張地方は、冬は冬で伊吹おろしの影響でかなり寒い。町歩きで凍えたら、空調された地下街で温まろう。冬に行われる祭りや神事は、ほぼ同じ時期（2月半ば）に行われるので、事前に見たい行事を絞っておこう。西尾市鳥羽神社の鳥羽の火祭りは、約1200年前に始まったとされる行事。竹と茅で作った高さ5mの「すずみ」に火を放ち、地域の男たちが燃えるすずみの中から神木と十二縄を取り出す早さを競って豊凶を占う。忘れてはならないのが、旧暦の正月13日に尾張大國霊神社（国府宮）で行われるはだか祭（→ P.363）。25歳と42歳の厄男を中心に数千人の男性が集まり、サラシのふんどしと白足袋姿で儺負人（神男）に触れようともみ合い、すさまじい熱気を帯びる迫力満点のお祭り。奉納される50俵取り（約4トン）の大鏡餅も一見の価値あり。

天下の奇祭と名高いはだか祭は稲沢市にある国府宮で行われる

## 服装について

愛知、特に尾張地方は夏暑く冬寒い。夏はTシャツにジーンズなどの軽装で、帽子や日傘など日差し対策をしておきたい。奥三河などの山地へ行く場合は、軽めの上着が1枚あると安心。秋冬は寒さ対策として、防寒性の高い上着を用意しよう。名古屋市街の散策は、地下街巡りなどで歩く距離が長くなりがち。足元は履きなれた靴で。おしゃれなレストランや料亭などへ行くのなら、襟のあるシャツやジャケット、革靴は用意しよう。

### おすすめの持ち物

- **帽子**：夏は日射病予防、冬は防寒。特に子供は必須。
- **雨具**：旅のスタイルによっては、傘よりもポンチョや雨合羽が便利。
- **健康保険証**：体調をくずしたりけがをしたときのために。
- **運転免許証（あれば）**：急にレンタカーを借りたくなることも。身分証明書にもなる。
- **モバイルバッテリーと充電器**：普段よりスマホで調べ物をすることの多い旅先ではあると安心。

### 荷物が増えてしまったら

旅の途中で買い物などをして荷物が増えてしまったら、無理して持ち帰るのではなく、宅配便で送ってしまえば楽。特にLCCは荷物の重量制限が厳しいので、宅配便の送料と荷物重量の超過料金とを比べて考えよう。

info まだある秋イベント　刈谷市で毎年秋に開催されている「刈谷アニメコレクション（刈谷アニコレ）」は、アニメ・漫画の総合イベント。声優トークショーやライブ、2000人は集まるというコスプレイヤーでにぎわう。

# 旅に役立つ情報源

■公式観光情報サイト
**●あいち観光ナビ**
URL aichinavi.jp
**● Aichi Now**
URL www.aichi-now.jp
**●名古屋コンシェルジュ**
URL www.nagoya-info.jp

　愛知への旅を計画する段階で役に立つのが、インターネット上の情報。ただしネット上の情報は玉石混交なので、自分の旅に有益な情報を見つけ出す確かな目をもつ必要がある。基本的な情報は、愛知県観光協会の公式ウェブサイト「あいち観光ナビ」や、各市町村の役所や観光協会のウェブサイトで確認できる。

## 観光案内所を利用する

　現地到着後に頼りになるのが観光案内所。愛知県内各地には空港や主要鉄道駅、道の駅、繁華街や観光地などに計50ヵ所以上の観光案内所がある。乗り物の乗り方や目的地までの行き方など、ていねいに教えてくれる。

**◆名古屋市観光案内所**

　名古屋観光コンベンションビューローが運営する案内所。JR名古屋駅構内、栄のオアシス21 iセンター、JR中央線と東海道線や名古屋鉄道の乗換駅でもある金山駅の3ヵ所。市内にある見どころのパンフレット類配布のほか、市内交通の乗車券類や観光関連のチケット類販売も行っている。「？（はてなマーク）」の看板が目印。

**◆各市町村の観光案内所**

　県内各地の主要市町村や観光地には、それぞれの観光案内所がある。例えば岡崎市はJR岡崎駅と名古屋鉄道東岡崎駅、岡崎サービスエリアの**NEOPASA岡崎**（→P.95）店内の3ヵ所、瀬戸市は名古屋鉄道尾張瀬戸駅隣、豊橋市は豊橋駅構内、常滑市は名古屋鉄道常滑駅を出てすぐの高架下など、わかりやすく便利な場所にある。パンフレット類の配布や観光のアドバイスなどはもちろん、各種アクティビティの紹介や予約、地域の特産品を扱う物販コーナー、ギャラリーを併設したりと、それぞれに趣向を凝らしたサービスを展開。**道の駅 どんぐりの里いなぶ**(→P.97)に併設されたいなぶ観光案内所では、道の駅で販売される取れたての地元産野菜やくだものなども購入できる。

■名古屋市のおもな観光案内所

**●名古屋市名古屋駅観光案内所**
住 名古屋市中村区名駅1-1-4（JR名古屋駅構内）
TEL 052-541-4301
開 8:30～19:00（1月2・3日～17:00）
休 無休

**●オアシス21 iセンター**
住 名古屋市東区東桜1-11-1（オアシス21地下1階）
TEL 052-963-5252
開 10:00～20:00（物販・12月31日～18:00）
休 法定点検日

**●名古屋市金山観光案内所**
住 名古屋市中区金山1-17-18（ループ金山1階）
TEL 052-323-0161
開 9:00～19:00（物販・1月2・3日～17:00）
休 無休

## ローカル情報を入手する

　観光案内所や駅構内のラック、おみやげ店、飲食店などで手に入れることができるのが、各地で発行されているフリーペーパーやフリーマガジン。イベントやショップ情報など、旅行者にも役に立つ情報が多数掲載されている。地元のコアな情報が聴けるコミュニティラジオもおもしろい。アプリを使えば放送エリア外でも聴ける。

info ウェブ情報誌もチェック　「ペコロス」は知多半島と名古屋南部の情報をFacebookやインスタ、X（Twitter）で発信。公式LINEでフレンドになると、各種クーポンが手に入る。

◆無料タウン誌

**名鉄グループエリア 魅力発見マガジン Wind**（名古屋鉄道沿線）

名古屋鉄道が月１回発行する無料情報誌。名鉄沿線の特産品や名物、地域の歴史などにちなんだ特集と関連するショップ紹介など充実した内容で、毎号読み応えあり。

**くれよん**（尾張）

平成 12（2000）年に一宮市で創刊。現在は西尾張を中心に毎月 6 誌のフリーマガジンを発刊する。20 ～ 50 代の女性読者を主要ターゲットに地域密着情報をたっぷり発信。

**HANAMARU PLUS**（はなまるプラス：東三河）

東三河（豊橋、豊川、田原、新城、静岡県湖西の各市）の月刊タウン情報誌。約 100 ページある冊子とアプリで地域のさまざまな情報を発信。お店で使える割引などのクーポンも。

**chaoo**（西三河）

20 年以上の歴史がある老舗情報誌。豊田、岡崎、安城、刈谷、知立、西尾、碧南、高浜などをカバーし、毎月 1 回発行。グルメ情報に強く、ウェブサイトや SNS とも連携。

◆コミュニティラジオ

**MID-FM**（ミッドエフエム）**76.1MHz**

名古屋市と県西部をカバー。洋楽を中心とした音楽重視の放送。名古屋市と災害協定を締結しており、アプリを入れておけば災害時にはスマホが自動的に放送を受信。

**United North 84.2**（愛知北エフエム）**84.2MHz**

国宝犬山城の城下町、古い街並みにある古民家がスタジオという異色の局。サービスエリアは犬山市を中心に春日井市、小牧市など尾張地方北部から岐阜県可児市周辺。

**やしの実 FM**（エフエム豊橋）**84.3MHz**

サービスエリアは豊橋を中心に蒲郡から新城、静岡県の遠州地域。局がある豊橋を中心に東三河全域の最新情報が聴ける。ポルトガル語講座があるのも東三河ならでは。

**まだある愛知のローカルラジオ**

●**エフエム EGAO（エフエム岡崎）**
岡崎市を中心に西三河の一部をカバー。76.3MHz。

●**RADIO LOVEAT(エフエムとよた)**
豊田市とみよし市周辺をカバー。78.6MHz。

●**Pitch FM 83.8(エフエムキャッチ)**
碧南市や刈谷市、安城市、知立市、高浜市で聴ける。83.8MHz。

●**メディアスエフエム**
東海市と知多市周辺のコミュニティラジオ。83.4MHz。

●**i-wave 76.5FM(FM いちのみや)**
一宮市を中心にカバー。市議会一般質問の放送も。76.5MHz。

●**エフエムななみ**
津島市周辺など愛知県西部をカバー。77.3MHz。

●**名鉄グループエリア 魅力発見マガジン Wind**
URL www.meitetsu.co.jp/wind/
配布場所：名鉄各駅、ミュースカイ（空港線特急）車内など

●**くれよん**
URL www.k-create.co.jp/business_01.html
配布場所：ショッピングモールや岐阜信用金庫各支店、掲載店舗など

●**HANAMARU PLUS**
URL 870palette.com
配布場所：スーパーマーケットやドラッグストアなど

●**chaoo**
URL chaoo.jp
配布場所：ショッピングモールやドラッグストア、飲食店など

●**MID-FM（ミッドエフエム）**
URL midfm761.com

●**United North 84.2（愛知北エフエム）**
URL 842fm.jp

●**やしの実 FM（エフエム豊橋）**
URL 843fm.co.jp

**コミュニティラジオが聴けるアプリ**

コミュニティラジオのポータルサイトとアプリ。全国約 100 局の多彩な番組が楽しめる。

●**Listen Radio（リスラジ）**
URL listenradio.jp

info RADIO SANQ（ラジオサンキュー） 瀬戸市、尾張旭市、長久手市がサービスエリアのコミュニティラジオ。スタジオは当初、明治7（1874）年に建築された瀬戸焼の窯元・旧川本桝吉邸にあり、一部番組の収録を行っていた。FM84.5MHz。

## 無料アプリで情報収集

旅に便利な無料アプリがいろいろある。スマホ利用者は活用したい。出発前にインストールしておこう。

◆乗り換えナビタイム

全国の鉄道、高速バス、飛行機、フェリーの乗り換え情報が表示できるアプリ。運賃、所要時間、列車の何両目に乗ると乗り換え口に近いかもわかる。遅延情報や迂回ルートの表示（有料機能）もありがたい。

◆名古屋乗り換えナビ

出発地と目的地を選ぶだけで、名古屋市の市バスや地下鉄などを利用しての行き方、所要時間や運賃、また徒歩での経路も案内できる親切仕様。

◆ロッカーコンシェルジュ

コインロッカーの空き情報がほぼリアルタイムでサイズごとにわかる。駅構内図でフロアごとにロッカーの位置が表示され見つけやすい。愛知では名古屋駅のみ対応。

◆トイレ探しに役立つアプリ

「トイレ情報共有マップくん」は現在位置から最も近いトイレをGoogle Map上に表示し、ナビもしてくれる。洗浄機能、車椅子などの条件検索もできる。一般ユーザーが情報を更新できるため最新情報が反映される一方、正確さはユーザー個人の感覚やモラル次第という側面も。「Check a Toilet」は、ユニバーサルデザインの多機能トイレを探せるアプリ。

●乗り換えナビタイム
URL www.navitime.co.jp/transfer/
●ロッカーコンシェルジュ
URL www.fujielectric.co.jp/fit/solution/locker/

■名古屋の交通系アプリ
●名古屋乗り換えナビ
URL www.kotsu.city.nagoya.jp/jp/pc/route/
●名古屋市営地下鉄ガイド
URL metroguides.info/city/nagoya?ln=ja#scheme/0/0
●名古屋市バス時刻表検索
URL www.kotsu.city.nagoya.jp/jp/pc/bus/timetable_list.html

■トイレを探せるアプリ
●トイレ情報共有マップくん
URL share-map.net/toilet/
● Check a Toilet
URL www.checkatoilet.com

## スマホの充電サービス

バッテリー残量を気にしながらの旅はストレスになるもの。モバイルバッテリーは用意しておこう。それでも電池が切れた場合は、以下の方法で充電スポットを探そう。

◆充電スポットをアプリで探す

地図上に充電スポットを表示するアプリを活用したい。GPS連動で最寄りの充電スポットまでの最短経路もナビしてくれる。便利ではあるがナビ自体がバッテリーを消費するので、電池切れにならないうちに早めに対処したい。「Aircharge」はQi（チー）と呼ばれるワイヤレス充電パッド、いわゆる「置くだけ充電」を検索するアプリ。自分のスマホが対応している機種かどうか確認を。

◆モバイルバッテリーシェアサービス　ChargeSPOT

コンビニなどでモバイルバッテリーを借り、移動しながら充電、ほかの店舗で返却できる。USB Type-C、iOS、Micro USBのケーブル内蔵。事前にアプリをダウンロードし登録が必要。最寄りの設置場所、返却場所も検索でき、貸し出し可能台数も表示される。

■充電スポットを探せるアプリ
●電源カフェ
URL dengen-cafe.com
● Aircharge
URL www.air-charge.com/app

● ChargeSPOT
URL chargespot.jp
料 30分未満165円、6時間未満330円、24時間未満480円、48時間未満660円など。120時間を超えた場合は利用料1650円、違約金1650円で合計3300円の支払いが必要。
設置場所：ローソン、ファミリーマート、ドコモやソフトバンクの携帯ショップ、カラオケ館、シダックス、TULLY'S コーヒーなど。

info OSを確認しよう　各アプリは対応OSのバージョンが異なる。バージョンが古いと、ダウンロードはできても動きが遅くて使い物にならないことが多い。逆に最新バージョン未対応のアプリもある。

## 荷物を預けて身軽に観光

目的地に到着してからホテルにチェックインするまで、あるいはホテルをチェックアウトしてから飛行機や列車の時間まで、荷物をどうするかは悩ましい問題。最も簡単なのは宿泊するホテルで預かってもらうか、コインロッカーの利用。ホテルでは宿泊客ならチェックインするまで、チェックアウト後も通常当日なら無料で、荷物を預かってくれる。ただしホテルの場所が最寄りの駅やバス乗り場などから離れていると、ホテルとの往復だけでも時間のロスになる。その点駅にあるコインロッカーは有料だが便利。大きな駅ならスーツケースが入るようなサイズのものもある。駅以外にも、JR名古屋駅直結のKITTE名古屋1階にあるローソン北側、名古屋駅地下街と直結したウインクあいち地下にもコインロッカーがある。空きが見つけられない場合は、名古屋駅周辺ならジェイアール名古屋タカシマヤのサービスカウンターで荷物を預かってもらえる。

◈エクボクローク

荷物を預けたい人と、荷物を預けるスペースのある店舗をつなぐ予約サービス。スマホのアプリを使って、2ヵ月前〜当日まで予約が可能。アプリに登録したクレジットカードで支払いを済ませれば、預ける際に二次元コードを見せるだけなので、混雑時も待ち時間はほとんどない。荷物の大きさや形に制限が少なく、ひとりで持てるサイズの荷物であれば預け入れ可。名古屋駅周辺で3ヵ所、栄エリアで12ヵ所と数は限られている。基本的に当日のみのサービスだが、店舗により最長14日まで預かり可能。

## 手荷物配送を利用する

大きなスーツケースを抱えて混雑した電車に乗るのは大変だし、通勤通学客の迷惑にもなる。身軽に旅するために、積極的に荷物の宅配サービスを利用したい。最も簡単なのは、到着当日にホテルで荷物を受け取れるように宅配便で発送すること。送り先により配達所要日数が異なるので、事前に宅配便会社に確認しよう。また、ANA便を利用して中部国際空港へ11:00以前に到着する場合、スーパー宅空便が利用できる。出発空港で出発時刻の20分前までにチェックインカウンターで快速宅空便の手続きをすれば、名古屋到着後に手荷物を引き取る必要はなく、荷物はホテルなど指定した場所で受け取れる。配送可能地域は名古屋市と周辺市町村で、三河地方はエリア外となる。ヤマト運輸の手ぶら観光サービスは、中部国際空港到着後に空港内の手荷物サービスカウンターで11:00までに手続きすると、当日18:00〜21:00までに愛知県内に配達してくれる。

**■コインロッカー利用の注意**
名古屋駅には何ヵ所もコインロッカーがあるので、場所を忘れないよう注意。支払いに交通系ICカードが使えるタッチスクリーン式もある。スマホで二次元コードを読み取り空き状況がわかり便利。

**■コインロッカーの大きさ**

| | 幅×奥行き×高さ(cm) | 料金 |
|---|---|---|
| S | 34×57×20〜40 | 300円〜 |
| M | 34×57×55 | 400円〜 |
| L | 34×57×84 | 500〜700円 |
| LL | 34×57×103 | 600〜700円 |

＊標準的なサイズ

**●エクボクローク**
URL cloak.ecbo.io/ja
料 最大辺が45cm未満は1個1日500円、最大辺が45cm以上は1個1日800円。

**■当日配送利用の注意**
飛行機の遅延などによって予定時刻に荷物が届かないこともある。最悪の場合翌日になってしまうこともあるので、1泊分の着替え、身だしなみセットなどは必ず持ち歩き用バッグに入れておこう。

**●スーパー宅空便**
URL www.ana.co.jp/ja/jp/guide/boarding-procedures/baggage/domestic/delivery/
料 当日配送2000円、翌日配送(快速宅空便)1000円。

**●ヤマト運輸手ぶら観光サービス**
URL www.kuronekoyamato.co.jp/ytc/customer/send/services/hands-freetravel/

info テロ対策で閉鎖も　手荷物預かり所やコインロッカーは情勢などによって利用が制限されることも。特に国賓の来日などでテロ警戒レベルが引き上げられると、閉鎖される場合もある。

# 旅の安全情報とトラブル対策

日本3大都市圏のひとつ名古屋を抱える愛知県。人口が多ければ犯罪の発生数も増えるので、統計だけから治安のよい悪いを判断するのは難しい。旅行者が訪れる場所は繁華街や人気観光地など多くの人が集まるところが多いので、気を緩め過ぎず、最低限の注意を怠らず、トラブルに巻き込まれないように気をつけたい。

●愛知県警察
TEL 052-951-1611（代表）
URL www.pref.aichi.jp/police/

■安心・安全マップ
愛知県内の不審者情報、ぼったくり条例違反店などの情報が地図上で確認できる。
URL map.police.aichi.dsvc.jp

■愛知県警察公式アプリ「アイチポリス」
犯罪発生状況や犯罪重点エリアなどが表示される地図、警察からの配信情報など。
URL www.pref.aichi.jp/police/anzen/anmachi/aichipolice2020.html

## 愛知の治安

名古屋の中心にある大きな夜の繁華街を除けば、旅行者が訪れるようなエリアは概して治安はいい。ただし、祭りや季節のイベントなど、多くの人が集中する時期やエリアはトラブルも増える。また、大きな町には人目につかない路地や建物の影などの死角が多いので、油断は禁物。

### ◆ひったくり、置き引き

被害者の約7割は女性といわれており、抵抗して引きずられけがをするケースも。バッグなどは車道側には持たず、万が一ひったくられたら諦めて手を放そう。荷物で場所取りをすると、置き引き被害に遭う可能性も。

### ◆歓楽街で

歓楽街での悪質な客引きによるぼったくりや、泥酔客のカードで架空決済する事案も発生している。節度ある行動を心がけたい。また、繁華街では違法薬物の取引が行われるケースも。「いい店を教えてあげる」「肌がキレイになるハーブがある」などの甘い言葉に騙されないように。

### ◆交通事故

愛知県は車社会。よく整備された道路は走りやすく、ついつい速度も速くなる。幹線道路はもちろん、対面通行の道路や住宅街でも思いのほか交通量は多い。歩道のない場所もあるので、道路を歩く際はくれぐれも車に注意。逆に運転する場合は、世に言われる「名古屋走り」（→ P.449）などのローカルルールは気にせず、交通法規の遵守を心がけること。マナーうんぬんは別にしても、愛知県の都道府県別年間交通事故死者数は毎年上位常連。どうかご安全に。

■医療機関・薬局を探す
●あいち医療情報ネット
URL iryojoho.pref.aichi.jp
●深夜、24時間営業の薬局検索
URL www.kusurinomadoguchi.com/aichi/

## おもなトラブル対策

### ◆体調不良やけが

急に具合が悪くなったり、けがをしたりした際は、落ち着いて周囲の人に相談を。診察や薬が必要になったら、あいち医療情報ネットのウェブサイトで、近隣の医療機関を探そう。

info 客引きに注意　基本的に、客引きに連れて行かれる店にいい所はない。名古屋市の繁華街は客引き行為禁止地区に指定されている所が多く、違法行為でもある。うまい話には必ず裏がある。相手にしないこと。

◆航空券や乗車券をなくしたら

紛失を防ぐ意味でも、チケット類はできるだけスマホのアプリを利用したデジタル形式を使いたい。航空券ならスマホだけでチェックインから搭乗まで可能だし、仮にスマホを紛失してもチェックイン時に身分証明書を提示すれば搭乗券を発行してもらえる。紙の航空券を紛失したら、紛失届を出して代替航空券を購入する必要がある。

◆忘れ物、落とし物をしたとき

列車内や駅構内での落とし物は、当日中なら各駅または列車の終着駅に電話で問い合わせる。翌日以降は集約駅でシステムに登録されるので、電話などで問い合わせて検索してもらう。見つかった場合、受け取りには身分証明書が必要。取りに行けない場合は、着払いで送ってもらうことも可。持ち主不明のまま数日経過すると、警察へ引き渡される。タクシー車内に忘れ物をした場合は、タクシー事業者に問い合わせを。領収書には連絡先が記載されているので、必ずもらっておこう。

## 自然災害

ゲリラ豪雨による洪水は毎年のように発生している。そのため県や各市町村では、さまざまな注意喚起を行っている。台風の接近が予想される場合、公共交通機関の計画運休が実施されることもある。自治体や交通機関のウェブサイトなどに目を通しておこう。

南海トラフ地震が発生すれば､大きな被害が予想される。建物の中で大きな揺れを感じても､外へ飛び出すのは危険。ビルの窓ガラスや外壁、看板などが降ってくるかもしれない。鳥居、石垣、門、灯籠、塀などからも離れる。外出時にはバッグなどで頭部を保護するといい。ホテルの客室内なら、まずドアを開放し、揺れが収まるのを冷静に待とう。

◆旅先で災害に遭ったら

愛知県や名古屋市はウェブやアプリで台風、大雨、大雪、地震などの防災情報や注意喚起を発信している。

**防災アプリ**

インターネット上で災害情報が確認できるウェブサイトとアプリがあるので活用したい。愛知県防災 Web は、注意情報や警報が地図上で表示されわかりやすい。名古屋市防災アプリは、名古屋市の地震、洪水などの災害情報や、公共交通機関が止まった場合の帰宅支援情報などが確認できる。

**災害用伝言ダイヤル**

災害時の通信量増加で電話がつながりにくくなった場合に提供される、声の伝言板。緊急時の安否確認に、固定電話や携帯電話などほぼすべての一般用電話から利用できる。

■航空券や乗車券の紛失、忘れ物時の連絡先

●JAL
TEL 0570-025-071
●ANA
TEL 0569-38-8610（名古屋）
●JR 東海
TEL 050-3772-3910
●名古屋鉄道
TEL 052-582-5151
●近畿日本鉄道
TEL 050-3536-3942
●名古屋市交通局
TEL 052-959-3847
●あおなみ線
TEL 052-383-0960
●愛知環状鉄道
TEL 0565-39-0550
●リニモ
TEL 0561-61-4751
●城北線
TEL 052-504-3002
●豊橋鉄道（渥美線）
TEL 0532-52-5108
●豊橋鉄道（豊橋市内線）
TEL 0532-61-5771
●愛知県警察本部 落とし物・忘れ物情報
URL otoshimono.police.pref.aichi.jp/

■愛知県防災情報

●愛知県防災 Web
URL www-bousai1.koudoka.pref.aichi.jp/pub_sp/portal-top/
●名古屋市防災アプリ
URL www.city.nagoya.jp/bosaikikikanri/page/0000057745.html

■災害用伝言ダイヤル

☎171
使い方 URL www.ntt-east.co.jp/saigai/voice171/
ウェブ版 URL www.ntt-east.co.jp/saigai/web171/

info 高層階は揺れを覚悟しよう　高層ビルやホテルの上層階では、耐震構造のために揺れが増幅される。驚くほど大きな揺れが長時間続くことがあるので落ち着いて。窓から離れ、動いた家具などに気をつけながら廊下へ出よう。

# 習慣とマナー

## 皆のまねをすれば大丈夫

愛知県とて同じ日本。外国ではないので、たいていの習慣やマナーはわかっているか、聞いたことがあるはず。愛知県は就学や就職などで他地域や国外から来ている人も多い。それほど神経質にならず、一般常識と思いやりの心をもって行動すれば大丈夫。

## 電車でのマナー

**◆乗車するとき**

朝の通勤通学の時間帯は非常に混むことがある。特に名古屋市の地下鉄では、平日の朝7:30頃～8:30頃にかけて、名古屋駅、今池駅、八事駅前後の区間は混雑が激しいので、子供連れの場合などは注意。県内鉄道各路線では基本的に整列乗車が実施されており、ホームに表示されたライン上で待つ。凹凸がある黄色い線は点字ブロックなので、上に立ち止まったり荷物を置いたりしないこと。

**◆車内で**

混雑時にはリュックやポーチなどは体の前に抱えるか、足元、網棚などへ。携帯電話はマナーモードに設定し、通話は控える。ドア付近に立っていて途中駅に停車した際は、乗降客の邪魔にならないよういったんホームへ降りよう。山間部も走るJR線などでは、冷暖房の効率を下げないためドア横に開閉用押しボタンがある。駅に停車してもドアが開かなかったら、ボタンを押すと開く。

## バスでのマナー

**◆乗車するとき**

名古屋市内や、鉄道が走っていない地域では、路線バスを利用することになる。運賃は地域により定額制か距離制のどちらか。

・定額制のバスは、前方扉から乗車し、後方扉から下車。距離制のバスは、後方扉から乗車し前方扉から下車する。

・定額制のバスでは、乗車時に運転席脇の料金箱に、交通系ICカードの場合はタッチ、現金の場合は運賃を投入する。お札の場合は、運転手に両替してもらう。5000円札、1万円札は両替できない場合もあるので、小銭を用意しておくこと。

・距離制の場合は、乗車時に交通系ICカードを読み取り機にタッチ。現金の場合は整理券を取る。降車時は運転席

**■エスカレーターの利用**

急ぐ人のために一般に東京では右を空け、大阪では左を空けるのが暗黙のマナーとされているエスカレーター。名古屋では東京同様左側に立つのがマナーになっている。令和5（2023）年10月には歩かないよう求める条例が制定される予定。日本エレベーター協会も、安全基準に則って立ち止まっての利用を推奨している。キャリーバッグやスーツケースはしっかりと保持し、黄色い線の内側に立とう。

**■名古屋地下鉄の混雑状況**

名古屋市交通局のウェブサイトに、各路線の時間帯別混雑状況が掲載されているので参考にしよう。

URL www.kotsu.city.nagoya.jp/jp/pc/SUBWAY/TRP0004057.htm

**■女性専用車両**

名古屋市営地下鉄では東山線、名城線、名港線に女性専用車両がある。平日の始発から午前9時まで、1編成6両につき先頭から4両目か3両目の1両が女性専用になる。女性と同行する小学生以下の男児や女性介護または女性による要介護の男性も利用可。

**■電車・バス車内での飲食**

新幹線や長距離列車は別として、バスや地下鉄などの車内では、軽い水分補給以外の飲食はできないと考えよう。よほどの早朝でないかぎり、周囲の乗客に迷惑をかけずに飲食するのは難しい。

info 電車の混雑のピーク　名古屋市営地下鉄に女性専用車両が設定されている平日の始発から朝9時までは、都市周辺の路線を中心にラッシュとなる。駅構内も混雑するので、大きな荷物を持って移動する際は注意したい。

脇の料金箱に交通系ICカードをタッチするか、運賃を整理券と一緒に投入する。現金の場合は、運転席上部などに整理券番号ごとの運賃が表示されている。

◆車内で

座席が埋まっている場合は、できるだけ奥から詰めて立とう。降車する際は、バスが停止してから移動すること。

## タクシーでのマナー

◆乗車するとき

駅などのタクシー乗り場や観光地のタクシー乗り場で待つのが一般的。大きな道路の道端で手を上げて「空車」と表示された流しのタクシーを呼び止める、配車アプリで呼ぶ、などの方法もある。乗車したら後部座席でもシートベルトを締め、運転手に行き先を告げる。支払いにクレジットカードや交通系ICカードなど現金以外を利用する場合、乗車時に利用可能かどうか確認すること。まれに利用不可のタクシーもあるからだ。

◆観光タクシー

タクシードライバーが観光案内をしてくれる観光タクシーも利用できる。家族や仲間など少人数で好きな場所を回ることができ、プライバシーも気にせず観光できる。ドライバーは現地の事情に詳しく、安心して旅が楽しめる。ルートが決まっているプランと、行きたい場所を相談しながら回れるフリープランがある。

## レンタカーでのマナー

◆借りるときと返すとき

飛び込みでは車が出払っていることもあるので、必ず予約しよう。その際チャイルドシートやスタッドレスタイヤなどのリクエストも伝えておくこと。ショップに到着したら運転免許証とクレジットカードなどを提示、貸渡契約書を作成し、借り出す車の傷や凹みなどの有無を確認したらいよいよ出発。返却時は、通常ガソリンは満タンにしておくこと。店のスタッフが傷の有無などを確認し、何も問題がなければ精算して終了。

◆運転するとき

普段車に乗り慣れている人でも、車種が変われば操作方法や車両感覚が異なる。長さや幅には注意したい。またドアロックの解除、エンジンのかけ方、シフトチェンジ、サイドブレーキ、カーナビやオーディオ、エアコンなどの操作もとまどいがち。出発前にしっかり確認しておこう。

◆事故に遭ったら

けが人がいれば何はともあれまず救護、その後警察とレンタカー会社へ連絡して指示に従うこと。

**■交通系ICカードが便利**

TOICA（JR東海）、manaca（名古屋交通開発機構）、Suica、ICOCA、PASMO、Kitaca、PiTaPa、はやかけん、nimoca、SUGOCAなど10種類の交通系ICカードが利用可。

**■タクシー配車アプリ**

**●GO**

クレジットカードを登録しておけば、降車時に車内のタブレットとアプリの連携で支払い可能。

URL go.mo-t.com

**●DiDi**

乗車地と目的地を入力するだけ。配車決定から平均5分で来るのがウリ。

URL didimobility.co.jp

**■タクシー運賃の目安**

一般的な普通車の初乗り運賃は600円。時間と距離に応じて加算。

**●愛知県タクシー協会**

URL www.aitakyo.com/ryoukin/

**■観光タクシーたびの足**

名古屋市内発着で名古屋城と熱田神宮を回ると普通車1台（定員4名）で1万9800円。

URL taxi-kanko.com/price/aichi/

**■チャイルドシート**

6歳未満の子供を乗車させる場合は、チャイルドシートの利用が義務づけられている。年齢や身長によって対応サイズも異なるので、レンタカー利用時は事前にチャイルドシートの予約も忘れずに。

**■名古屋走りとは**

愛知県は都道府県別年間交通事故死者数ワーストワンの常連。「信号無視」「ノーウインカー」「車線またぎ」「スピード違反」「右折時の早曲がり」が特に多いとされ、「名古屋走り」と呼ばれて恐れられている。充実した道路インフラがドライバーを甘やかしたツケとも……。運転する際はマナーを守りましょう。

URL matome.response.jp/articles/4660

info 愛知は交通事故が多い？　愛知県の交通事故死者数は、平成15（2003）年から平成30（2018）年まで16年連続でワースト1位（その後は千葉、東京など）。交通弱者に対するいたわりの心、譲り合う気持ちをもって運転したい。

## 携帯電話のマナー

列車やバスなど公共交通機関の車内ではマナーモードに設定し、通話は控えよう。優先席の近くでは、混雑時には電源を切ることも求められている。神社や寺院、美術館、博物館、劇場内などでも、マナーモードにするのを忘れないように。歩きスマホは他人にぶつかったり交通事故のリスクが高まり危険。携帯、スマホを利用する際は、人の迷惑にならない場所で。

## 写真撮影は周囲に気を使って

スマホでもデジタルカメラでも、撮影の際は肖像権、著作権など他人の権利を侵害することのないよう気をつけたい。他人が写り込んでいる写真は、場合によっては肖像権侵害になることがある。特に、かわいいからといって幼児や子供を勝手に撮影するのはトラブルの元。必ず親の承諾を得てからにしよう。撮影写真をSNSなどにアップするときは、肖像権侵害に十分注意し、必要に応じてボカシなどを入れるのが賢明だ。美術館や博物館は館内撮影不可のところが多いので、入館時に確認を。駅のホーム、列車やバスの車内などではフラッシュ利用不可のことがあるので、オフにしておくこと。

## 喫煙には配慮を

愛知県では受動喫煙防止対策として、学校、医療施設は原則として敷地内禁煙、オフィスや店舗は原則として屋内禁煙。令和2（2020）年4月2日以降に開設された飲食店では規模に関わらず、原則的に屋内禁煙にすることと、喫煙室での飲食が禁止されている。それ以前から営業している飲食店は規模により異なる。全館禁煙のホテルも多いし、公共交通機関は車内だけでなく駅構内、バス停周辺も禁煙。電子タバコも同様の扱い。喫煙したい場合は、指定された喫煙場所を利用すること。屋外でも、周囲への配慮を忘れずに。もちろん携帯灰皿も必携。ヘビースモーカーはそれなりの覚悟をもって旅をしよう。

## 飲酒の注意

日本は公共の場所での飲酒に比較的寛容な国。お花見時期の桜の名所や花火大会の観覧場所などでも、飲酒している人が多い。しかし公共の場所で酔っ払うほど飲酒するのはマナー違反。周囲の迷惑にならないよう、ほどほどに。愛知県への移動に高速バスを利用する場合、車内での飲酒を禁止しているバス会社もあるので、予約時に飲酒のルールについて確認しておくこと。

### ■外国人への配慮

入国規制も緩和されて外国人旅行者の姿も徐々に戻りつつある。旅先で外国人旅行者と触れ合う機会も多いはず。言葉や宗教もさまざま、習慣やマナーも異なる人々だ。基本的に彼らは日本の習慣に従っているが、受け入れられないこともある。例えば子供の頭をなでたり、赤ちゃんをかわいいと褒めたりすると「縁起が悪い」と感じる人もいる。子供や女性には、こちらから手を触れないほうがいい。宗教上禁忌される食材や、アルコールが禁止という人もいる。むやみに食べ物や飲み物をすすめるのも慎みたい。

### ■ドローン撮影について

空港など重要施設とその周辺でのドローン飛行は禁止。人口集中地などで、原則として無許可でドローンは飛ばせない。ドローンを使いたい場合は、飛ばせる場所があるかどうかを地元の市町村役場に確認すること。

### ■名古屋の路上禁煙地区

人の多い名古屋駅地区、栄地区、金山地区、藤が丘地区は路上禁煙地区に指定されている。地区内の路上で喫煙した場合、過料2000円が科される。
URL www.city.nagoya.jp/kurashi/category/2-4-2-0-0-0-0-0-0-0.html

### ■温泉やスーパー銭湯でのマナー

愛知県内の温泉やスーパー銭湯を旅の途中で利用することもあるだろう。たいていタオルやミニ石鹸、ミニシャンプーが入った入浴セットが販売されているので、手ぶらで利用できる。湯船に入る前にはかけ湯をして体をさっと流すのがマナー。タオルは体を洗ったり拭いたりするときに使う物で、湯船には入れないように。髪が長い人は、湯船につからないように束ねておこう。そして湯上りには、脱衣所の床をぬらさないよう、絞ったタオルで全身をひと拭きしてから出ること。なお、入れ墨が入っていたり、タトゥーシールなどを貼っている人は、入浴を断られる場合もある（施設により異なる）。

info 自撮り棒に注意　愛知の観光スポットは、自撮り棒を規制しているところもある。駅の構内、ホーム、車内では全面禁止。トラブルや苦情が多いので、使用する場合は周囲の迷惑にならないよう配慮しよう。

## 旅で使える（?）愛知の言葉

愛知県に「愛知弁」はなく、方言は尾張弁と三河弁に大別される。尾張の「だがや」「だがね」、三河の「じゃん」「だら」「りん」など、特徴的な語尾が多い。

### ◆尾張と三河の言葉の違い

尾張の言葉は名古屋の発展にともなって流入した京・大阪をはじめとする全国の言葉に影響され、三河はさほど影響を受けず古い言葉が残っているため、両者は異なっている。尾張弁は名古屋、知多、瀬戸、北尾張のそれぞれで、三河弁は東部と西部でも、微妙な違いがある。

| 標準語 | いらっしゃい | 行きなさい | そうだよ（肯定） | ハヤシもあるよ |
|---|---|---|---|---|
| 尾張弁（名古屋弁） | いりゃーせ | 行きゃー | そうだて | ハヤシもあるでよ |
| 三河弁（西三河弁） | おいでん | 行きん | ほうだよ、ほだよ | ハヤシもあるだよ |

＊「ハヤシもあるでよ」は名古屋で人気のカレーのCM。ハヤシライスのハヤシ

### ◆特徴的なアクセント

尾張弁（名古屋弁）の文法には関西的要素が見られ、アクセントは尾張弁、三河弁ともに東日本的要素がある。また尾張弁（名古屋弁）と三河弁では、同じ単語でもイントネーションが微妙に異なることがある。

| 尾張・三河 | だれ、どれ、なに | 標準語 | だれ、どれ、なに |
|---|---|---|---|
| 尾張・三河 | ありがとう | 標準語 | ありがとう |
| 尾張・三河 | いつも | 標準語 | いつも |
| 尾張・三河 | なごや | 標準語 | なごや |
| 尾張・三河 | おかざき | 標準語 | おかざき |

### ◆愛知県外では通じない言葉

愛知県民は標準語だと思っているのに県外では通じない言葉もある。例として「放課」（授業と授業の間の休憩）、「けったマシン」（自転車）、「ちんちん」（お湯などが熱いこと。とても熱いと「ちんちこちん」）など。

### ■伝統的な方言

名古屋城の周辺で話された上町言葉は、語尾が「なも」「えも」などやわらかく上品。残念ながら現在ではほぼ消滅状態。名古屋人でも耳にする機会の少ない伝統的な言い回しが多い。そのほかの伝統的な方言は下記。

・あんき→安心
・かんこうする→工夫する
・きいない→黄色い
・でら、どえりゃあ、もえりゃあ→とても
・はやいなも→おはよう
・やっとかめ→久しぶり
・やっとかめだなも→久しぶりですね

### ■「たわけ」のエスカレーション

罵倒の名古屋弁「たわけ」（発音は「たーけ」）。強調で「どたわけ」、最上級は「くそたわけ」。「たわけ」は関西弁における「あほ」のように親しみの表現にもなるが、「くそたわけ」はニュアンスが理解できない県外人は使わないこと。

### ■「お値打ち」好きの県民性

愛知県民、なかでも名古屋人は「お値打ち」が好き。よく「ケチ」と誤解されるが、これは「得をした感じになる」のを重視する感覚。大切なのは「安さ」ではなく、値段以上の価値があると感じられることにある。

### 愛知のご当地あるある

愛知県独特の豊かなご当地文化。県外からの旅行者も、ぜひ愛知県民と触れ合って、愛知ならではの文化を体験してみたい。

**●喫茶店の飲み物におつまみが付く**

モーニング以外の時間帯でもコーヒーなど飲み物には豆などのおつまみが付く。県外の喫茶店はそのようなサービスを行っていないので、ケチくさいと愛知県人は感じる。

**●尾張と三河を分けたがる**

例えば名古屋出身者に豊橋の話を振ると「そこは三河だから……」と冷淡な対応をする。当然逆のパターンも。

**●「メーダイ」は「名古屋大学」で「明治大学」にあらず**

とにかく「名古屋○○」は「名○○（めい○○）」と略されがち。名古屋駅は名駅（めいえき）、名古屋城は名城（めいじょう）、名古屋鉄道は名鉄（めいてつ）。ただし、名城大学は名古屋城大学の略称ではない。

**●新装開店に贈られる花輪の花を開店と同時に引っこ抜く**

お店が新装開店する際店の前に並ぶ祝花。これは開店と同時に持ち去ってもいいと考えられており、特に並ぶ数が多いパチンコ屋などは格好のターゲット。商売繁盛の証拠と好意的に捉えられていたこの風習も、残念ながら廃れ気味。

**●おでんは味噌で食べる**

家庭ではおでん鍋の中に大きな湯呑を入れ、そこに味噌だれが入っていることも。コンビニでもおでんを買うと味噌だれをくれる。

**●味噌の調味料が豊富**

スーパーの商品棚に並ぶチューブタイプの味噌だれなど、味噌調味料の種類の豊富さに県外人は驚く。

info 名古屋弁を話すキャラクター　『Dr.スランプ』のニコチャン大王、アニメ版『ドラゴンボール』のヤジロベー、名古屋のご当地漫画『八十亀ちゃんかんさつにっき』の八十亀最中（やとがめもなか）など。

# 索引 INDEX

# 索引

# 索引

# 地球の歩き方 シリーズ一覧

2023年8月現在

＊地球の歩き方ガイドブックは、改訂時に価格が変わることがあります。＊表示価格は定価（税込）です。＊最新情報は、ホームページをご覧ください。www.arukikata.co.jp/guideb

## 地球の歩き方 ガイドブック

### A ヨーロッパ

| | | |
|---|---|---|
| A01 | ヨーロッパ | ¥1870 |
| A02 | イギリス | ¥1870 |
| A03 | ロンドン | ¥1980 |
| A04 | 湖水地方＆スコットランド | ¥1870 |
| A05 | アイルランド | ¥1980 |
| A06 | フランス | ¥2420 |
| A07 | パリ＆近郊の町 | ¥1980 |
| A08 | 南仏プロヴァンス コート・ダジュール＆モナコ | ¥1760 |
| A09 | イタリア | ¥1870 |
| A10 | ローマ | ¥1760 |
| A11 | ミラノ ヴェネツィアと湖水地方 | ¥1870 |
| A12 | フィレンツェとトスカーナ | ¥1870 |
| A13 | 南イタリアとシチリア | ¥1870 |
| A14 | ドイツ | ¥1980 |
| A15 | 南ドイツ フランクフルト ミュンヘン ロマンチック街道 古城街道 | ¥1760 |
| A16 | ベルリンと北ドイツ ハンブルク ドレスデン ライプツィヒ | ¥1870 |
| A17 | ウィーンとオーストリア | ¥2090 |
| A18 | スイス | ¥2200 |
| A19 | オランダ ベルギー ルクセンブルク | ¥1870 |
| A20 | スペイン | ¥2420 |
| A21 | マドリードとアンダルシア | ¥1760 |
| A22 | バルセロナ＆近郊の町 イビサ島／マヨルカ島 | ¥1760 |
| A23 | ポルトガル | ¥1815 |
| A24 | ギリシアとエーゲ海の島々＆キプロス | ¥1870 |
| A25 | 中欧 | ¥1980 |
| A26 | チェコ ポーランド スロヴァキア | ¥1870 |
| A27 | ハンガリー | ¥1870 |
| A28 | ブルガリア ルーマニア | ¥1980 |
| A29 | 北欧 デンマーク ノルウェー スウェーデン フィンランド | ¥1870 |
| A30 | バルトの国々 エストニア ラトヴィア リトアニア | ¥1870 |
| A31 | ロシア ベラルーシ ウクライナ モルドヴァ コーカサスの国々 | ¥2090 |
| A32 | 極東ロシア シベリア サハリン | ¥1980 |
| A34 | クロアチア スロヴェニア | ¥1760 |

### B 南北アメリカ

| | | |
|---|---|---|
| B01 | アメリカ | ¥2090 |
| B02 | アメリカ西海岸 | ¥1870 |
| B03 | ロスアンゼルス | ¥2090 |
| B04 | サンフランシスコとシリコンバレー | ¥1870 |
| B05 | シアトル ポートランド | ¥1870 |
| B06 | ニューヨーク マンハッタン＆ブルックリン | ¥1980 |
| B07 | ボストン | ¥1980 |
| B08 | ワシントンDC | ¥2420 |
| B09 | ラスベガス セドナ＆グランドキャニオンと大西部 | ¥2090 |
| B10 | フロリダ | ¥2310 |
| B11 | シカゴ | ¥1870 |
| B12 | アメリカ南部 | ¥1980 |
| B13 | アメリカの国立公園 | ¥2090 |
| B14 | ダラス ヒューストン デンバー グランドサークル フェニックス サンタフェ | ¥1980 |
| B15 | アラスカ | ¥1980 |
| B16 | カナダ | ¥1870 |
| B17 | カナダ西部 カナディアン・ロッキーとバンクーバー | ¥2090 |
| B18 | カナダ東部 ナイアガラ・フォールズ メープル街道 プリンス・エドワード島 トロント オタワ モントリオール ケベック・シティ | ¥2090 |
| B19 | メキシコ | ¥1980 |
| B20 | 中米 | ¥2090 |
| B21 | ブラジル ベネズエラ | ¥2200 |
| B22 | アルゼンチン チリ パラグアイ ウルグアイ | ¥2200 |
| B23 | ペルー ボリビア エクアドル コロンビア | ¥2200 |
| B24 | キューバ バハマ ジャマイカ カリブの島々 | ¥2035 |
| B25 | アメリカ・ドライブ | ¥1980 |

### C 太平洋／インド洋島々

| | | |
|---|---|---|
| C01 | ハワイ1 オアフ島＆ホノルル | ¥1980 |
| C02 | ハワイ島 | ¥2200 |
| C03 | サイパン ロタ＆テニアン | ¥1540 |
| C04 | グアム | ¥1980 |
| C05 | タヒチ イースター島 | ¥1870 |
| C06 | フィジー | ¥1650 |
| C07 | ニューカレドニア | ¥1650 |
| C08 | モルディブ | ¥1870 |
| C10 | ニュージーランド | ¥2200 |
| C11 | オーストラリア | ¥2200 |
| C12 | ゴールドコースト＆ケアンズ | ¥2420 |
| C13 | シドニー＆メルボルン | ¥1760 |

### D アジア

| | | |
|---|---|---|
| D01 | 中国 | ¥2090 |
| D02 | 上海 杭州 蘇州 | ¥1870 |
| D03 | 北京 | ¥1760 |
| D04 | 大連 瀋陽 ハルビン 中国東北部の自然と文化 | ¥1980 |
| D05 | 広州 アモイ 桂林 珠江デルタと華南地方 | ¥1980 |
| D06 | 成都 重慶 九寨溝 麗江 四川 雲南 | ¥1980 |
| D07 | 西安 敦煌 ウルムチ シルクロードと中国北西部 | ¥1980 |
| D08 | チベット | ¥2090 |
| D09 | 香港 マカオ 深セン | ¥1870 |
| D10 | 台湾 | ¥2090 |
| D11 | 台北 | ¥1650 |
| D13 | 台南 高雄 屏東＆南台湾の町 | |
| D14 | モンゴル | |
| D15 | 中央アジア サマルカンドとシルクロードの国々 | |
| D16 | 東南アジア | |
| D17 | タイ | |
| D18 | バンコク | |
| D19 | マレーシア ブルネイ | |
| D20 | シンガポール | |
| D21 | ベトナム | |
| D22 | アンコール・ワットとカンボジア | |
| D23 | ラオス | |
| D24 | ミャンマー（ビルマ） | |
| D25 | インドネシア | |
| D26 | バリ島 | |
| D27 | フィリピン マニラ セブ ボラカイ ボホール エルニド | |
| D28 | インド | |
| D29 | ネパールとヒマラヤトレッキング | |
| D30 | スリランカ | |
| D31 | ブータン | |
| D33 | マカオ | |
| D34 | 釜山 慶州 | |
| D35 | バングラデシュ | |
| D37 | 韓国 | |
| D38 | ソウル | |

### E 中近東 アフリカ

| | |
|---|---|
| E01 | ドバイとアラビア半島の国々 |
| E02 | エジプト |
| E03 | イスタンブールとトルコの大地 |
| E04 | ペトラ遺跡とヨルダン レバノン |
| E05 | イスラエル |
| E06 | イラン ペルシアの旅 |
| E07 | モロッコ |
| E08 | チュニジア |
| E09 | 東アフリカ ウガンダ エチオピア ケニア タンザニア ルワンダ |
| E10 | 南アフリカ |
| E11 | リビア |
| E12 | マダガスカル |

### J 国内版

| | |
|---|---|
| J00 | 日本 |
| J01 | 東京 23区 |
| J02 | 東京 多摩地域 |
| J03 | 京都 |
| J04 | 沖縄 |
| J05 | 北海道 |
| J07 | 埼玉 |
| J08 | 千葉 |
| J09 | 札幌・小樽 |
| J10 | 愛知 |

## 地球の歩き方 aruco

●海外

| | | |
|---|---|---|
| 1 | パリ | ¥1320 |
| 2 | ソウル | ¥1650 |
| 3 | 台北 | ¥1650 |
| 4 | トルコ | ¥1430 |
| 5 | インド | ¥1540 |
| 6 | ロンドン | ¥1650 |
| 7 | 香港 | ¥1320 |
| 9 | ニューヨーク | ¥1320 |
| 10 | ホーチミン ダナン ホイアン | ¥1430 |
| 11 | ホノルル | ¥1320 |
| 12 | バリ島 | ¥1320 |
| 13 | 上海 | ¥1320 |
| 14 | モロッコ | ¥1540 |
| 15 | チェコ | ¥1320 |
| 16 | ベルギー | ¥1430 |
| 17 | ウィーン ブダペスト | ¥1320 |
| 18 | イタリア | ¥1320 |
| 19 | スリランカ | ¥1540 |
| 20 | クロアチア スロヴェニア | ¥1430 |
| 21 | スペイン | ¥1320 |
| 22 | シンガポール | ¥1650 |
| 23 | バンコク | ¥1650 |
| 24 | グアム | ¥1320 |
| 25 | オーストラリア | ¥1430 |
| 26 | フィンランド エストニア | ¥1430 |
| 27 | アンコール・ワット | ¥1430 |
| 28 | ドイツ | ¥1430 |
| 29 | ハノイ | ¥1430 |
| 30 | 台湾 | ¥1320 |
| 31 | カナダ | ¥1320 |
| 33 | サイパン テニアン ロタ | ¥1320 |
| 34 | セブ ボホール エルニド | ¥1320 |
| 35 | ロスアンゼルス | ¥1320 |
| 36 | フランス | ¥1430 |
| 37 | ポルトガル | ¥1650 |
| 38 | ダナン ホイアン フエ | ¥1430 |

●国内

| | |
|---|---|
| 東京 | ¥1540 |
| 東京で楽しむフランス | ¥1430 |
| 東京で楽しむ韓国 | ¥1430 |
| 東京で楽しむ台湾 | ¥1430 |
| 東京の手みやげ | ¥1430 |
| 東京おやつさんぽ | ¥1430 |
| 東京のパン屋さん | ¥1430 |
| 東京で楽しむ北欧 | ¥1430 |
| 東京のカフェめぐり | ¥1480 |
| 東京で楽しむハワイ | ¥1480 |
| nyaruco 東京ねこさんぽ | ¥1480 |
| 東京で楽しむイタリア＆スペイン | ¥1480 |
| 東京で楽しむアジアの国々 | ¥1480 |
| 東京ひとりさんぽ | ¥1480 |
| 東京パワースポットさんぽ | ¥1599 |
| 東京で楽しむ英国 | ¥1599 |

## 地球の歩き方 Plat

| | | |
|---|---|---|
| 1 | パリ | ¥1320 |
| 2 | ニューヨーク | ¥1320 |
| 3 | 台北 | ¥1100 |
| 4 | ロンドン | ¥1320 |
| 6 | ドイツ | ¥1320 |
| 7 | ホーチミン／ハノイ／ダナン／ホイアン | ¥1320 |
| 8 | スペイン | ¥1320 |
| 10 | シンガポール | ¥1100 |
| 11 | アイスランド | ¥1540 |
| 14 | マルタ | ¥1540 |
| 15 | フィンランド | ¥1320 |
| 16 | クアラルンプール／マラッカ | ¥1100 |
| 17 | ウラジオストク／ハバロフスク | ¥1430 |
| 18 | サンクトペテルブルク／モスクワ | ¥1540 |
| 19 | エジプト | ¥1320 |
| 20 | 香港 | ¥1100 |
| 22 | ブルネイ | ¥1430 |
| 23 | ウズベキスタン サマルカンド ブハラ ヒヴァ タシケント | |
| 24 | ドバイ | |
| 25 | サンフランシスコ | |
| 26 | パース／西オーストラリア | |
| 27 | ジョージア | |
| 28 | 台南 | |

## 地球の歩き方 リゾート

| | |
|---|---|
| R02 | ハワイ島 |
| R03 | マウイ島 |
| R04 | カウアイ島 |
| R05 | こどもと行くハワイ |
| R06 | ハワイ ドライブ・マップ |
| R07 | ハワイ バスの旅 |
| R08 | グアム |
| R09 | こどもと行くグアム |
| R10 | パラオ |
| R12 | プーケット サムイ島 ピピ島 |
| R13 | ペナン ランカウイ クアラルンプール |
| R14 | バリ島 |
| R15 | セブ＆ボラカイ ボホール シキホール |
| R16 | テーマパークｉｎオーランド |
| R17 | カンクン コスメル イスラ・ムヘーレス |
| R20 | ダナン ホイアン ホーチミン ハノイ |

## 地球の歩き方　御朱印

| | |
|---|---|
| 印でめぐる鎌倉のお寺　三十三観 全掲載　三訂版 | ¥1650 |
| 印でめぐる京都のお寺　改訂版 | ¥1650 |
| 印でめぐる奈良の古寺　改訂版 | ¥1650 |
| 印でめぐる東京のお寺 | ¥1650 |
| 全国この御朱印が凄い！　第壱集 改訂版 | ¥1650 |
| 全国この御朱印が凄い！　第弐集 府県網羅版 | ¥1650 |
| 印でめぐる全国の神社 さんぽ | ¥1430 |
| 印でめぐる高野山　改訂版 | ¥1650 |
| でめぐる関東の神社　週末開運さんぽ | ¥1430 |
| 印でめぐる秩父の寺社　三十四観 全掲載　改訂版 | ¥1650 |
| 印でめぐる関東の百寺 三十三観音と古寺 | ¥1650 |
| でめぐる関西の神社　週末開運さんぽ | ¥1430 |
| 印でめぐる関西の百寺 三十三所と古寺 | ¥1650 |
| 印でめぐる東京の神社 開運さんぽ　改訂版 | ¥1540 |
| 印でめぐる神奈川の神社 開運さんぽ　改訂版 | ¥1540 |
| 印でめぐる埼玉の神社 開運さんぽ | ¥1430 |
| 印でめぐる北海道の神社 開運さんぽ | ¥1430 |
| 印でめぐる九州の神社 開運さんぽ　改訂版 | ¥1540 |
| 印でめぐる千葉の神社 開運さんぽ　改訂版 | ¥1540 |
| 印でめぐる東海の神社 開運さんぽ | ¥1430 |
| 印でめぐる京都の神社 開運さんぽ　改訂版 | ¥1540 |
| 印でめぐる神奈川のお寺 | ¥1650 |
| 印でめぐる大阪 の神社　週末開運さんぽ | ¥1430 |
| 印でめぐる愛知の神社 開運さんぽ　改訂版 | ¥1540 |
| 印でめぐる栃木 の神社　週末開運さんぽ | ¥1430 |
| 印でめぐる福岡の神社 開運さんぽ　改訂版 | ¥1540 |
| 印でめぐる広島 の神社　週末開運さんぽ | ¥1430 |
| 印でめぐる山陰 の神社　週末開運さんぽ | ¥1430 |
| 印でめぐる埼玉のお寺 | ¥1650 |
| 印でめぐる千葉のお寺 | ¥1650 |
| 印でめぐる東京の七福神 | ¥1540 |
| 印でめぐる東北の神社 開運さんぽ　改訂版 | ¥1540 |
| 印でめぐる全国の稲荷神社 開運さんぽ | ¥1430 |
| 印でめぐる新潟 佐渡の神社 開運さんぽ | ¥1430 |
| 印でめぐる静岡 富士 伊豆の神社 開運さんぽ | ¥1430 |
| 印でめぐる四国の神社 開運さんぽ | ¥1430 |
| 印でめぐる中央線沿線の寺社 開運さんぽ | ¥1540 |
| 印でめぐる東急線沿線の寺社 開運さんぽ | ¥1540 |
| 印でめぐる茨城の神社 開運さんぽ | ¥1430 |
| 印でめぐる関東の聖地 開運さんぽ | ¥1430 |
| 印でめぐる東海のお寺 | ¥1650 |
| 全国ねこの御朱印＆お守りめぐり 開運にゃんさんぽ | ¥1760 |
| 印でめぐる信州 甲州の神社 開運さんぽ | ¥1430 |
| 印でめぐる全国の聖地 開運さんぽ | ¥1430 |
| 印でめぐる全国の魅力的な船旅 | ¥1650 |
| 印でめぐる茨城のお寺 | ¥1650 |
| 印でめぐる全国のお寺 開運さんぽ | ¥1540 |
| 全国 日本酒でめぐる &ちょこっと御朱印〈東日本編〉 | ¥1760 |
| 全国 日本酒でめぐる &ちょこっと御朱印〈西日本編〉 | ¥1760 |
| 版ねこの御朱印＆お守りめぐり 開運にゃんさんぽ | ¥1760 |
| 52 一生に一度は参りたい！ 御朱印でめぐる全国の絶景寺社図鑑 | ¥2479 |
| D51 鉄印帳でめぐる全国の魅力的な鉄道４０ | ¥1650 |
| 御朱印はじめました 関東の神社　週末開運さんぽ | ¥1210 |

## 地球の歩き方　島旅

| | | |
|---|---|---|
| 1 | 五島列島　３訂版 | ¥1650 |
| 2 | 奄美大島～奄美群島１～　３訂版 | ¥1650 |
| 3 | 与論島　沖永良部島　徳之島（奄美群島②）改訂版 | ¥1650 |
| 4 | 利尻　礼文　４訂版 | ¥1650 |
| 5 | 天草　改訂版 | ¥1760 |
| 6 | 壱岐　４訂版 | ¥1650 |
| 7 | 種子島　３訂版 | ¥1650 |
| 8 | 小笠原　父島　母島　３訂版 | ¥1650 |
| 9 | 隠岐　３訂版 | ¥1870 |
| 10 | 佐渡　３訂版 | ¥1650 |
| 11 | 宮古島　伊良部島　下地島　来間島　池間島　多良間島　大神島　改訂版 | ¥1650 |
| 12 | 久米島　渡名喜島　改訂版 | ¥1650 |
| 13 | 小豆島～瀬戸内の島々１～　改訂版 | ¥1650 |
| 14 | 直島　豊島　女木島　男木島　犬島～瀬戸内の島々２～ | ¥1650 |
| 15 | 伊豆大島　利島～伊豆諸島１～　改訂版 | ¥1650 |
| 16 | 新島　式根島　神津島～伊豆諸島２～改訂版 | ¥1650 |
| 17 | 沖縄本島周辺１５離島 | ¥1650 |
| 18 | たけとみの島々　竹富島　西表島　波照間島　小浜島　黒島　鳩間島　新城島　由布島　加屋 | ¥1650 |
| 19 | 淡路島～瀬戸内の島々３～ | ¥1650 |
| 20 | 石垣島　竹富島 西表島 小浜島 由布島 新城島 波照間島 | ¥1650 |
| 21 | 対馬 | ¥1650 |
| 22 | 島旅ねこ　にゃんこの島の歩き方 | ¥1344 |

## 地球の歩き方　旅の図鑑

| | | |
|---|---|---|
| W01 | 世界２４４の国と地域 | ¥1760 |
| W02 | 世界の指導者図鑑 | ¥1650 |
| W03 | 世界の魅力的な奇岩と巨石１３９選 | ¥1760 |
| W04 | 世界２４６の首都と主要都市 | ¥1760 |
| W05 | 世界のすごい島３００ | ¥1760 |
| W06 | 地球の歩き方的！ 世界なんでもランキング | ¥1760 |
| W07 | 世界のグルメ図鑑 １１６の国と地域の名物料理を 食の雑学とともに解説 | ¥1760 |
| W08 | 世界のすごい巨像 | ¥1760 |
| W09 | 世界のすごい城と宮殿３３３ | ¥1760 |
| W10 | 世界197ヵ国のふしぎな聖地＆パワースポット | ¥1870 |
| W11 | 世界の祝祭 | ¥1760 |
| W12 | 世界のカレー図鑑 | ¥1980 |
| W13 | 世界遺産　絶景でめぐる自然遺産　完全版 | ¥1980 |
| W15 | 地球の果ての歩き方 | ¥1980 |
| W16 | 世界の中華料理図鑑 | ¥1980 |
| W17 | 世界の地元メシ図鑑 | ¥1980 |
| W18 | 世界遺産の歩き方　学んで旅する！ すごい世界遺産190選 | ¥1980 |
| W19 | 世界の魅力的なビーチと湖 | ¥1980 |
| W20 | 世界のすごい駅 | ¥1980 |
| W21 | 世界のおみやげ図鑑 | ¥1980 |
| W22 | いつか旅してみたい世界の美しい古都 | ¥1980 |
| W23 | 世界のすごいホテル | ¥1980 |
| W24 | 日本の凄い神木 | ¥2200 |
| W25 | 世界のお菓子図鑑 | ¥1980 |
| W26 | 世界の麺図鑑 | ¥1980 |
| W27 | 世界のお酒図鑑 | ¥1980 |
| W28 | 世界の魅力的な道 | ¥1980 |
| W29 | 世界の映画の舞台＆ロケ地 | ¥2090 |
| W30 | すごい地球！ | ¥2200 |
| W31 | 世界のすごい墓 | ¥1980 |

## 地球の歩き方　旅の名言＆絶景

| | |
|---|---|
| ALOHAを感じるハワイのことばと絶景100 | ¥1650 |
| 自分らしく生きるフランスのことばと絶景100 | ¥1650 |
| 人生観が変わるインドのことばと絶景100 | ¥1650 |
| 生きる知恵を授かるアラブのことばと絶景100 | ¥1650 |
| 心に寄り添う台湾のことばと絶景100 | ¥1650 |
| 道しるべとなるドイツのことばと絶景100 | ¥1650 |
| 共感と勇気がわく韓国のことばと絶景100 | ¥1650 |
| 人生を楽しみ尽くすイタリアのことばと絶景100 | ¥1650 |
| 今すぐ旅に出たくなる！ 地球の歩き方のことばと絶景100 | ¥1650 |
| 悠久の教えをひもとく 中国のことばと絶景100 | ¥1650 |

## 地球の歩き方　旅と健康

| | |
|---|---|
| 地球のなぞり方 旅地図 アメリカ大陸編 | ¥1430 |
| 地球のなぞり方 旅地図 ヨーロッパ編 | ¥1430 |
| 地球のなぞり方 旅地図 アジア編 | ¥1430 |
| 地球のなぞり方 旅地図 日本編 | ¥1430 |
| 脳がどんどん強くなる！ すごい地球の歩き方 | ¥1650 |

## 地球の歩き方　GEMSTONE

| | |
|---|---|
| とっておきのポーランド　増補改訂版 | ¥1760 |
| ラダック　ザンスカール　スピティ　北インドのリトル・チベット　増補改訂版 | ¥1925 |

## 地球の歩き方　旅の読み物

| | |
|---|---|
| 今こそ学びたい日本のこと | ¥1760 |
| 週末だけで70ヵ国159都市を旅したリーマントラベラーが教える自分の時間の作り方 | ¥1540 |

## 地球の歩き方　BOOKS

| | |
|---|---|
| BRAND NEW HAWAII とびきりリアルな最新ハワイガイド | ¥1650 |
| FAMILY TAIWAN TRIP #子連れ台湾 | ¥1518 |
| GIRL'S GETAWAY TO LOS ANGELES | ¥1760 |
| HAWAII RISA'S FAVORITES 大人女子はハワイで美味しく美しく | ¥1650 |
| LOVELY GREEN NEW ZEALAND 未来の国を旅するガイドブック | ¥1760 |
| MAKI'S DEAREST HAWAII | ¥1540 |
| MY TRAVEL, MY LIFE Maki's Family Travel Book | ¥1760 |
| WORLD FORTUNE TRIP イヴルルド遙華の世界開運★旅案内 | ¥1650 |
| いろはに北欧 | ¥1760 |
| ヴィクトリア朝が教えてくれる英国の魅力 | ¥1320 |
| ダナン＆ホイアン PHOTO TRAVEL GUIDE | ¥1650 |
| とっておきのフィンランド | ¥1760 |
| フィンランドでかなえる１００の夢 | ¥1760 |
| マレーシア 地元で愛される名物食堂 | ¥1430 |
| やり直し英語革命 | ¥1100 |
| 気軽に始める！大人の男海外ひとり旅 | ¥1100 |
| 気軽に出かける！ 大人の男アジアひとり旅 | ¥1100 |
| 香港　地元で愛される名物食堂 | ¥1540 |
| 最高のハワイの過ごし方 | ¥1540 |
| 子連れで沖縄　旅のアドレス＆テクニック１１７ | ¥1100 |
| 純情ヨーロッパ 呑んで、祈って、脱いでみて | ¥1408 |
| 食事作りに手間暇かけないドイツ人、手料理神話にこだわり続ける日本人 | ¥1100 |
| 親の介護をはじめる人へ 伝えておきたい１０のこと | ¥1000 |
| 人情ヨーロッパ 人生、ゆるして、ゆるされて | ¥1518 |
| 総予算３３万円・９日間から行く！ 世界一周 | ¥1100 |
| 台北　メトロさんぽ　MRTを使って、おいしいとかわいいを巡る旅 | ¥1518 |
| 鳥居りんこ　親の介護をはじめたら お金の話で泣き見てばかり | ¥1320 |
| 鳥居りんこの親の介護は 知らなきゃバカ見ることだらけ | ¥1320 |
| 北欧が好き！ フィンランド・スウェーデン・デンマーク・ノルウェーの素敵な町めぐり | ¥1210 |
| 北欧が好き！２ 建築＆デザインでめぐるフィンランド・スウェーデン・デンマーク・ノルウェー | ¥1210 |
| 地球の歩き方ＪＡＰＡＮ ダムの歩き方　全国版 初めてのダム旅入門ガイド | ¥1712 |
| 日本全国　開運神社 このお守りがすごい！ | ¥1522 |

## 地球の歩き方　スペシャルコラボ BOOK

| | |
|---|---|
| 地球の歩き方　ムー | ¥2420 |
| 地球の歩き方　JOJO ジョジョの奇妙な冒険 | ¥2420 |

# 地球の歩き方 関連書籍のご案内

愛知、東海地方の寺社巡りに最適な「地球の歩き方」があります!

24 御朱印でめぐる愛知の神社 改訂版 ¥1540

41 御朱印でめぐる東海のお寺 ¥1650

20 御朱印でめぐる東海の神社 ¥1430

※表示価格は定価(税込)です。改訂時に価格が変更になる場合があります。

# あなたの**旅の体験談**をお送りください

「地球の歩き方」は、たくさんの旅行者からご協力をいただいて、
改訂版や新刊を制作しています。
**あなたの旅の体験や貴重な情報を、これから旅に出る人たちへ分けてあげてください。**
なお、お送りいただいたご投稿がガイドブックに掲載された場合は、
初回掲載本を1冊プレゼントします！

## ご投稿はインターネットから！

**URL www.arukikata.co.jp/guidebook/toukou.html**
**画像も送れるカンタン「投稿フォーム」**
※左記のQRコードをスマートフォンなどで読み取ってアクセス！

**または「地球の歩き方　投稿」で検索してもすぐに見つかります**

地球の歩き方　投稿  

### ▶投稿にあたってのお願い

**★ご投稿は、次のような《テーマ》に分けてお書きください。**

**《新発見》**————ガイドブック未掲載のレストラン、ホテル、ショップなどの情報
**《旅の提案》**———未掲載の町や見どころ、新しいルートや楽しみ方などの情報
**《アドバイス》**——旅先で工夫したこと、注意したこと、トラブル体験など
**《訂正・反論》**——掲載されている記事・データの追加修正や更新、異論、反論など

※記入例「○○編20XX年度版△△ページ掲載の□□ホテルが移転していました……」

**★データはできるだけ正確に。**
ホテルやレストランなどの情報は、名称、住所、電話番号、アクセスなどを正確にお書きください。ウェブサイトのURLや地図などは画像でご投稿いただくのもおすすめです。

**★ご自身の体験をお寄せください。**
雑誌やインターネット上の情報などの丸写しはせず、実際の体験に基づいた具体的な情報をお待ちしています。

### ▶ご確認ください

※採用されたご投稿は、必ずしも該当タイトルに掲載されるわけではありません。関連他タイトルへの掲載もありえます。
※例えば「新しい市内交通パスが発売されている」など、すでに編集部で取材・調査を終えているものと同内容のご投稿をいただいた場合は、ご投稿を採用したとはみなされず掲載本をプレゼントできないケースがあります。
※当社は個人情報を第三者へ提供いたしません。また、ご記入いただきましたご自身の情報については、ご投稿内容の確認や掲載本の送付などの用途以外には使用いたしません。
※ご投稿の採用の可否についてのお問い合わせはご遠慮ください。
※原稿は原文を尊重しますが、スペースなどの関係で編集部でリライトする場合があります。

## あとがき

歴史、文化、グルメ、ものづくり……。個性豊かで独自の発展を遂げる愛知は、知れば知るほど深掘りしたくなる魅力にあふれています。54市町村、どの町にもほかに負けないご当地自慢があるのも愛知のすごいところ。本書が、旅人のみなさまにも地元の方々にも、新しく深い発見のある一冊になることを願っています。

## STAFF


制作：由良暁世

編集：株式会社カピケーラ　佐藤恵美子、野副美子、弘瀬恵子

執筆：株式会社カピケーラ　安藤玲子　遠藤修代　川口裕子　守随亨延　田仲直美　カース 平林加奈子　水野純

写真：伊東宏子　堀勝志古　関係各市町村　関係各施設　株式会社カピケーラ　PIXTA

デザイン：MEGA STUDIO　又吉るみ子、伊藤和美、大井洋司

DTP：冨田麻衣子（開成堂印刷株式会社）

表紙：日出嶋昭男

地図：株式会社周地社

校正：株式会社東京出版サービスセンター

地図の制作にあたっては、国土地理院発行1万分1地形図、2.5万分1地形図、20万分1地勢図を加工して作成


本書についてのご意見・ご感想はこちらまで

**読者投稿**　〒141-8425　東京都品川区西五反田2-11-8
株式会社地球の歩き方
地球の歩き方サービスデスク「愛知編」投稿係
https://www.arukikata.co.jp/guidebook/toukou.html

**地球の歩き方ホームページ**（海外・国内旅行の総合情報）
https://www.arukikata.co.jp/

**ガイドブック『地球の歩き方』公式サイト**
https://www.arukikata.co.jp/guidebook/

**あなたの声をお聞かせください！**

**毎月3名様に読者プレゼント！**

ウェブアンケートにお答えいただいた方の中から毎月抽選で3名様に地球の歩き方オリジナル御朱印帳または地球の歩き方オリジナルクオカード(500円)をプレゼントいたします。あなたの声が改訂版に掲載されるかも！？
（応募の締め切り：2025年7月31日）

https://arukikata.jp/hufdnx/

※個人情報の取り扱いについての注意事項はWEBページをご覧ください。


**地球の歩き方 J10**
**愛知**
**2024-2025年版**

2023年 8月22日　初版第1刷発行
**2023年10月 3 日　初版第2刷発行**

Published by Arukikata. Co., Ltd.
2-11-8 Nishigotanda, Shinagawa-ku, Tokyo, 141-8425, Japan

著作編集　地球の歩き方編集室
発 行 人　新井 邦弘
編 集 人　宮田 崇
発 行 所　株式会社地球の歩き方
〒141-8425　東京都品川区西五反田2-11-8
発 売 元　株式会社Gakken
〒141-8416　東京都品川区西五反田2-11-8
印刷製本　開成堂印刷株式会社

※本書は基本的に2023年1～5月の取材データに基づいて作られています。
発行後に料金、営業時間、定休日などが変更になる場合がありますのでご了承ください。
更新・訂正情報：https://book.arukikata.co.jp/support/

●この本に関する各種お問い合わせ先
・本の内容については、下記サイトのお問い合わせフォームよりお願いします。
URL ▶ https://www.arukikata.co.jp/guidebook/contact.html
・広告については、下記サイトのお問い合わせフォームよりお願いします。
URL ▶ https://www.arukikata.co.jp/ad_contact/
・在庫については　Tel 03-6431-1250（販売部）
・不良品（乱丁、落丁）については　Tel 0570-000577
学研業務センター　〒354-0045　埼玉県入間郡三芳町上富279-1
・上記以外のお問い合わせは　Tel 0570-056-710（学研グループ総合案内）




学研グループの書籍・雑誌についての新刊情報・詳細情報は、下記をご覧ください。
学研出版サイト　https://hon.gakken.jp/